珍藏本

纪念版

汉译世界学术名著丛书

现代英国经济史

中卷

自由贸易和钢
（1850–1886年）

〔英〕克拉潘 著

姚曾廙 译

2017年·北京

J. H. Clapham

AN ECONOMIC HISTORY OF MODERN BRITAIN

Free Trade and Steel

1850—1886

Cambridge

at the University Press 1932

本书根据英国剑桥大学出版社 1932 年版译出

汉译世界学术名著丛书
（120年纪念版·珍藏本）
出版说明

2017年2月11日，商务印书馆迎来120岁的生日。120年前，商务印书馆前贤怀揣文化救国的理想，抱持“昌明教育，开启民智”的使命，立足本土，放眼寰宇，以出版为津梁，沟通中西，为中国、为世界提供最富智慧的思想文化成果。无论世事白云苍狗，潮流左右激荡，甚至战火硝烟弥漫，始终践行学术报国之志，无改初心。

迻译世界各国学术名著，即其一端。早在20世纪初年便出版《原富》《天演论》等影响至今的代表性著作，1950年代后更致力于外国哲学和社会科学经典的译介，及至1980年代，辑为“汉译世界学术名著丛书”，汇涓为流，蔚为大观。丛书自1981年开始出版，历时三十余年，迄今已推出七百种，是我国现代出版史上规模最大、最为重要的学术翻译工程。

丛书所选之书，立场观点不囿于一派，学科领域不限于一门，皆为文明开启以来，各时代、各国家、各民族的思想与文化精粹，代表着人类已经到达过的精神境界。丛书系统译介世界学术经典，引领时代思想，为本土原创学术的发展提供丰富的文化滋养，为推动中国现代学术和现代化进程做出了突出的贡献。

为纪念商务印书馆成立120周年，我们整体推出“汉译世界学术名著丛书”120年纪念版的珍藏本，寄望既利于文化积累，又便于研读查考，同时向长期支持丛书出版的译者、编者和读者致以敬意。

两甲子后的今天，商务印书馆又站在了一个新的历史时间节点上。我们不仅要铭记先辈的身影和足迹，更须让我们的步伐充满新的时代精神。这是商务人代代相传的事业，更是与国家和民族的命运始终紧密相连的事业。我们责无旁贷，必须做好我们这代人的传承与创造，让我们的努力和成果不仅凝聚成民族文化的记忆，还能成为后来人可以接续的事业。唯此，才能不负前贤，无愧来者。

商务印书馆编辑部

2017年10月

目　　录

图表

序

本卷所以没有如我所希望的那样相当快地踵随上卷之后出版，我想主要是因为材料不太宜于迅速处理的缘故。材料为量既巨而又残缺不全；其中很多都没有经过精细拣选。其次是由于，愈靠近社会和经济统计数字完备的现代时期，某些部分的记述，就愈难下笔。英国卷入“世界经济”愈深，叙述也就愈不应局限于本岛一隅。艾尔弗雷德·马夏尔常常这样说：在1870年以后你就无法编写英国经济史了。他未始不可把日期再提早一些。以统计数字适应文字记述和以英格兰适应世界的这种写法，究竟取得了多大成就，这是有待读者评断的。然而试图这样去做却着实花费了一番工夫。

材料所以残缺不全，部分原因是维多利亚朝中叶人生活于的确愈来愈舒适而又运行得没有太多摩擦的一个世界中，所以没有指派像维多利亚朝初叶人那样多的调查委员会和审查委员会。历来有这样一种说法：专凭赖事实上主要关系于经济和社会病理学的那些日积月累的调查，使我们狃于十九世纪早期的看法而不能自拔。有时我也的确认为如此。但是细心阅读这些报告书，则发现有关正常社会细胞的叙述也几乎同有关病态社会细胞的论列不相上下。例如卡尔·马克思大加利用的少数得自维多利亚朝中叶的较早形式的报告书之一,即有关十九世纪六十年代童工问题的那一件,就是充满了关于工业组织的附带材料的。六十年代的职工会调查亦复如此。幸而八十年代和九十年代的维多利亚朝末叶人在社会和经济方面已渐抱杞忧,又恢复了对各种情况的调查,而且规模之大,几令人却步。在四五大本《工商业萧条》之中有追述过去的丰富材料;而在九十年代的那六十七大本《劳工皇家调查委员会报告书》——附有编制完美的索引,裨益学者匪浅——以及在查尔斯·布思的九卷《伦敦人的生活和劳动》之中,则材料更加丰富。

凡官方和其他精确的原始材料缺乏之处,就深深感觉到第一流地方史籍和行业记录的不够充分。我总念念于劳埃德的《刀具业》(1913 年版)、赖特和费尔的《劳埃德咖啡店史》(1928 年版)或艾伦的《伯明翰和黑乡的工业发展》(1929 年版)这类书籍。鉴于自本书上卷出版以来,最后两书和我所利用的包括韦伯夫妇有关济贫法等著述在内的其他很多书籍和论文的问世,可知本卷如欲求精进而再候——我们可否说?——十年出版,将会有多少材料可供汲取。但是我无法再候十年了;不过我相信我所利用的材料是信实可靠的,虽则仍有不详不尽之处。

就本卷而论,我叨惠于艾尔弗雷德·马夏尔的厚赐为独多。在他逝世之前几年,承他将四十年代至七十年代的那套装订成册的《经济学家周刊》委托给我保管,并惠允我直到写完这一段时期之后再移交给马夏尔图书馆。有幸和这段时期的编者华尔特·白哲特漫步于六十年代和七十年代的实业界,而且可以说步随其左右,这的确是一种不平常的权益。比之大多数经济学家、行业史学

家或调查委员会的秘书们，他是更加精力充沛，更加渊博的。

为搜求格拉斯哥、利物浦和格里姆兹比方面的材料，承蒙提文斯先生、哈巴克先生和约瑟夫·贝奈特先生惠助，良深铭感。在第497—498页上所利用和引证的有关郊区建筑术的材料，则叨惠于莫伯利先生者实多。在英王学院的同事之中，我应该感谢庇古教授，他或惠假书籍，或在那个经济学家的我对于那个历史学家的我的繁重无比的工作感到不耐烦时惠予鼓励——这是他所早已忘记了的；感谢约翰·索耳特马希先生惠允从我们的契据之中选取材料供我个人使用；感谢马考莱先生惠允借重于他狩猎方面的回忆和他对于塞提斯的工作的全部知识，并感谢汉密尔顿·麦孔比先生惠为核对化学工业方面的参考书籍。对于最后一位则尤应特致谢忱，因为我深信一个惯于过分烦琐的著者，只能自己去冒错失的风险，而不应该以他的校样去麻烦朋友的。因此，对其他一些段落，以及对这些段落，我就自冒风险了。

我不能因为以《一千零六十六行》(*1066 and All That*)为题的那部记录的问世，就不感谢我的妻子在索引方面所作的一些极其繁重的工作。英国当代人自会了解如何查阅参考书籍，但是我的这部书果能流传一二十年，使外籍人士和后进学子有此索引可供查阅，会是不无裨益的。

克 拉 潘

1932年5月1日于剑桥

第三编 自由贸易和钢

这不再是一个神秘的时代。不再是给民族工业以人为保护的时代。

里昂·李维教授,1863 年

铁的气质……已经把我们的大好英格兰变成了一个戴铁面罩的人。

约翰·腊斯金,1880 年

1865 年 8 月 18 日。大西洋海底电线突然折断,大东公司正在寻找断头。

1878 年 3 月 18 日。出去看一看电话和留声机,同后者相比,前者简直不足惊奇了。

玛丽·格拉德斯通的日记

亨利·乔治:《进步与贫困》(纽约 1879 年版;伦敦 1881 年版。)

第一章　英国和世界各国，1848—1853年 1

“我国国会将在星期二闭幕，并将在同一日解散。”维多利亚在1852年6月29日给她的比利时舅父[①]的信中这样说：“德尔比勋爵亲口对我说，他认为保护政策已经完全成为陈迹了。可惜他们没有早一点发现，不然可以省掉多少麻烦，多少困难。”[②]早在十四个月以前，女王和她的配偶和英格兰就已经在大博览会的“灿烂光辉的玻璃顶下举行了他们的工业和和平的凯旋式”。当他们缓步于陈列品中间的时候，都不禁感到自负，感到对世界的慷慨大方：

看那儿机器在运转不息：
英国的这些征服的武器
是它不流血战争的胜利品：
　　　　这些多么卓越的利器。
战胜了波涛和大地，

---

① 按即比利时国王利奥波德一世(Leopold I)。——译者

② 西奥多·马丁：《艾伯特亲王传》(Martin，Theodore，*The Life of His Royal Highness the Prince Consort*)，第2卷，第451页。

靠它们航行，织造和耕犁，
洞穿了绵亘不断的丘陵，
横跨过重洋万里。[①]

让机器和看管机器的人自由地得到供应吧，让世界各国的工艺和财富自由地进入英国吧。“艾伯特的名字是永垂不朽的，那批自命的时髦人物和最激烈的保护贸易主义者所散布的如何有种种危险的那些居心叵测和荒诞不经的传说，都平息下去了。”[②]

在1852年已“成陈迹”的是任何试图推翻辉格人自1846年以来实施的皮尔经济政策的前景，那项经济政策尽管在税率表上还保留了一长串应税货品的残余，却已经取消了对农业大宗产品、采掘工业和几乎所有制造品的有效保护。为拆卸而进口的船舶征收25%的从价税，手工假花也征收25%；但享有最惠待遇的丝绸那
2 项英国的重要制造品，现在却只用15%的关税予以保护了，而三十年前则是采用绝对禁止进口办法的。其他任何制造品的关税没有一种在10%以上；很多工业或工业部门则完全没有关税。铁、羊毛和皮革都可以自由进口；煤也可以自由进口，如果有任何人愿意输入的话，密陀僧和“作为自然史标本的各种生物”，以及“magna grœcia ware”(大希腊货)、甘露蜜和肥料都是如此。殖民地木材可以按一先令一罗德的税率，也就是照普通木材来说大约从价2%的税率进口；小麦可以按一先令一夸脱的税率，也就是照

① 萨克莱：《五朔节短歌》(Thackeray，W. M.，*May-Day Ode*)。
② 马丁：前引书，第2卷，第368页。

1850—1852年的市价来说稍稍超过2%的税率进口。[①] 事实上,不列颠几乎是除开酒精以外它所生产的一切物品的一个开放的市场了;而且本国制造的酒精也必须承担国产税。中世纪英国的历代国王所赖以为生的那些出口税的最后一项也作为1850年航海法的废止的一个必然结果而取消了。这最后一项就是外国船舶载运出口的煤炭关税。

这个开放的市场在爱尔兰饥馑时期一直运行得很好,虽则在1850—1852年农场主对于谷物的价格很不满意[②]。当1849年爱尔兰的马铃薯产区还没有从病害中恢复起来,爱尔兰还有大约一百四十万人,即将近四分之一的残存人口在请领济贫金的时候,联合王国各种谷物和面粉的进口曾经达到了最高额。[③] 随着情况的愈来愈正常化,进口贸易的经过情形如下。数字是贸易部为供国内消费而进口的"谷物、面粉和作粮食用的麦片"按百万夸脱计的数字[④]。

1849年	11.9	1852年	7.8
1850年	9.1	1853年	10.1
1851年	9.7	1854年	7.8

① 关于这个时期的关税,参阅《1800年至1897年联合王国的关税》(*Customs Tariffs of the United Kingdom from 1800 to 1897*),第717页及以下。丝织品有若干从量税:在从价征收时,一般最高的税率是15%。价格见图克和纽马奇:《价格史》(*Tooke and Newmarch, History of Prices*),第5卷,和《经济学家周刊》的每周市价表。

② 参阅上卷,第455页。

③ 贫民数字见《联合王国统计摘要》(*Statistical Abstracts for the United Kingdom*)。

④ 所有这些数字都取自贸易部的月度和年度报告书。对于各年度的《报告和文件》似乎并无一一注明的必要。在《经济学家周刊》的合订本中,也有报告书可供充分利用。

除开在1849年凭以制止了饥荒的玉米货载还是异乎寻常之大外，
3 进口的一半以上是小麦或面粉。其余则主要是燕麦和玉米，而这两种粮食却是英国人不大吃的。依赖外国统计学家来理解1850—1852年这三年间每年平均大约四百九十万夸脱小麦进口的意义[①]，是靠不住的；因为他们不了解英国究竟生产多少小麦，或者究竟吃多少燕麦和大麦片。但是他们的计算却可以暗示出在人口调查和大博览会的那一年英国现存的二千一百一十八万五千人之中，"靠外国面包生活的"已经大约有五六百万之多[②]，也就是说每一人所吃的面包约有四分之一是外国货。1853年的大量进口和价格的昂贵很可以表明：如果没有外国的进口，情况会是怎样严重。

在过去五十年中的任何时候，只要多少有一点小麦进口，就总有一些是以面粉形式进口的。来自美洲的桶装面粉是一种标准商品，尤其是就利物浦贸易而论。在1851年，这种半制成食品的进口有过一次猛烈的——虽则如所证明，只是暂时的——上升，以致贸易保护主义者和面粉厂主议论纷纭，颇为焦虑[③]。在1849年，联合王国为国内消费而输入的面粉并没有超过十九万七千吨这个原已相当可观的数字。1850年的进口还要少一点。1851年，进口数字一跃而至二十七万吨。在这一年年初，"国内面粉厂的动力就

---

①　这是收成比较不好的三个年头。图克和纽马奇：《价格史》，第5卷，第223—225页。在1853年，小麦价格从四十五先令一步步上升到八十先令。

②　参阅波尔特：《国家的进步》(1851年版)，第143页中的估计数字。劳斯和吉耳伯特(Gilbert，J. H.)在1880年《皇家农学会学报》中估计1852—1859年这几年进口的小麦为消费额的26.5%。

③　参阅下文引证的《经济学家周刊》中的那篇论文。

已经有了相当程度的闲置，尤其在爱尔兰方面。”[1]爱尔兰面粉厂常常购买英格兰和其他国家的小麦，而把面粉运往英格兰。现在它们却渐渐被卢昂和巴黎实力雄厚的面粉厂主夺去了这宗贸易。自由贸易主义者的评论是恰当而又有预见性的。他们认为，“位于离港口既远而当地又没有小麦供应的那些面粉厂”，像爱尔兰的面粉厂那样，“势将遭到一些困难”，又说，在管理的方式上，法国面粉厂主也“比英国面粉厂主高明……”；但是他们却辩称，我们的“大蒸汽面粉厂”，既有廉价的煤炭和精良的机器，必会吸取他们的经验教训——而且事实上早已在吸取中——并赶过法国人。[2] 自由贸易正产生着它的正常结果——对所有各厂来说，是虽令人厌倦 4
但不失为健康的刺激；对力量薄弱而又位置失宜的各厂来说，是位于经济学家的“边际”以外的那道鸿沟，对实力雄厚而又有适应力的各厂来说，是更多的力量。面粉进口的降低到 1852—1856 年这五年的十八万吨年度平均数给予自由贸易主义者的论证以支持。[3]

同小麦的进口相比，其他主要的和具有竞争性的食品进口仍然是比较无关重要的。固然各种活牛的进口从 1850 年的六万六千头上升到了 1853 年的十二万七千头，羊从十三万五千只上升到了二十四万九千只，但是英国拥有几百万头牛和几千万只羊，而且

① 《经济学家周刊》，1851 年 3 月 29 日号。

② 同上。

③ 见上卷第 500 页所举的 1847 年小麦和面粉的供应来源一直没有什么重要变化。

每年还从爱尔兰进口各十五万至二十万头，并进口大量的奶油。[①]随着爱尔兰逐渐从饥荒中恢复起来，在1847年就已经达到一万五千吨的完税外国黄油的进口一直无所增减，直到1853年方始上升到二万吨。干酪的进口上升得更慢；腌肉的进口微乎其微；同五十年代初期的消费量相仿的每人每年五个完税外国鸡蛋，对于英国和爱尔兰的鸡蛋市场原不会有多大影响。几乎所有外国牲畜以及菜蔬和奶制品都是轮船横渡英吉利海峡和北海而装运进口的；其中大部分都运入泰晤士河去供应伦敦。兰开郡和克来德河则有爱尔兰在近边。1852年，外国牲畜——牛、羊和猪——的总进口额据报告为三十三万四千头。伦敦市场每周到货报告书中所列那里的交货数字计不下二十六万八千头。[②] 荷兰或许是牛和奶制品最重要的单一来源：它的弗里斯兰奶油是伦敦的标准牌价。从斯科角以北或菲尼斯特雷角以南运来的牲畜很少，来自欧波尔图的"超级牛"的到货竟成为照例缄默不语的市场报告书1854年2月号上的一个评论的问题。[③]

5 伦敦谷物市场的开放已经使谷物的进口几乎可以在散仓贸易方面同三十年前曾经是唯一正规散仓进口贸易的木材贸易相抗衡了。英国的林业既然久已衰落，而皇家海军的需求却还依然如故(海军的官方发言人在1851年还说"铁未必可以用于战舰"[④])，所

① 来自爱尔兰的进口，见《报告和文件》，第65卷，第367页的一项1854年报告书。大不列颠拥有的牛数曾达到六百万头或者少些，拥有的羊数曾达到二千八百万只或者多些。正式的农业报告书尚未开始。

② 从《经济学家周刊》所引斯密菲尔德市场每周报告书中计算出来的。

③ 《经济学家周刊》，1854年2月11日号。

④ 华盛顿大佐语，见《1851年博览会演讲集》，第1卷，第563页。

以若干年来不曾有过什么保护国产木材的真正问题。争论之点一直是在外国木材和帝国木材的取舍之间。皮尔曾经在外国伐取的木材上保留了十五先令一罗德的关税，这项关税常常会折合到从价 20%以上，1851 年虽然减少了一半，但依旧是贸易的一道障碍。虽然如此，来自斯堪的纳维亚和波罗的海的供应所占的天然便利条件却重又起了作用。[①] 到 1853 年，在输入联合王国的二百四十万零四千罗德的木材之中，来自英国属地的仅仅占一半有奇。

本国伐取木材的重量究竟有多大固然不得而知，总计起来一定是很大的。许多地产，或许大部分地产，就本身的一般用途来说，都几近自给自足。英国白杨用作刀柄和把手是无比优越的。英国橡木和槲木有很多公认的用途。橡木、白杨、槲木以及建造房子的木匠久已喜欢用松软的枞木来代替的那种不容易加工的榆木，在乡间车轮匠和制车匠的设计上仍各自保持着甚至三十年后还没有开始丧失的那个地位而未受到任何挑衅。[②] 在铁路客车和货车方面消费的大量木材，无疑其中多数是本国生产的。曾经触怒了科贝特的那种小落叶松和虎尾枞，如果地点适宜，也会伐作矿井柱材之用，虽则大的矿井柱材常常是来自海外。海军当局对于美国独立战争时期所种植而现已成材的橡树的大木材，仍然实行某种监督，至少在残存的御林中如此。但是早在对法战争时期就已经把“海军橡木”伐除殆尽的海军部，尽管对于英国橡木抱有顽固成见，现在却在造船厂里堆满了愈来愈多的代用品——诸如麻栗木、波罗

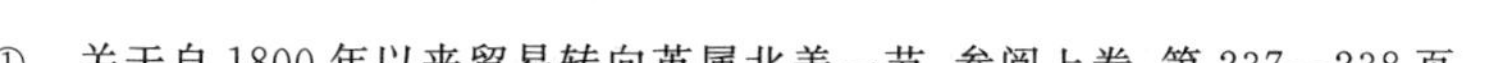

① 关于自 1800 年以来贸易转向英属北美一节，参阅上卷，第 237—238 页。

② 关于八十年代的情况，参阅司徒特，乔治：《车轮作坊》(Sturt，George，*The Wheelwright's Shop*)(1923 年版)。

的海橡木、意大利橡木、脂松和枞木等。德特福德造船厂在1855年贮存了四千五百九十六罗德的这类代用品，而英国橡木则只有
6 一千八百六十八罗德。① 铁路大部分是敷设在进口枞木的枕材上。其余一些是用在城市建筑方面。商船建造商虽然还使用大量的英国木材，但已就代用品的价值给了海军部一些教训。就任何一种主要用途来说，英国木材都不是必需的；英国木材固然同样可用，但是没有足够地点适宜的英国木材可供大量采伐，来满足任何一种用途的需要，而且显然没有一个人认为会有足够的一天。

在羊毛方面，开放的市场对于生产者、消费者和商贩都继续运行得非常顺利，并继续成为地域性劳动分工和约翰·穆勒最近重申的自由国际贸易原则的一个漂亮的例解。有九种等级的羊毛照例是联合王国卖给它的大陆邻国，特别是法国的。在1850年，重量是一千二百万磅，公布的价值是六十二万四千镑——自有记载以来的最高数字。② 这是得自每年所剪的羊毛（也包括已宰羊只的皮毛在内），每年所剪的羊毛据一位专家的估计是一亿五千七百五十万磅，而据另一位的估计则是二亿千八百万磅——这些估计数可以反映出真正的无知。③ 进口的外国羊毛和殖民地羊毛在1850年上升到七千三百万磅，其中有一千四百万磅是复出口的，

① 阿耳比恩：《森林和海权》（Albion，R. G.，*Forests and Sea Power*）（1926年版），第403页。

② 其中很少数量是爱尔兰羊毛，但无数字可供利用。

③ 第一个数字是詹姆斯《毛丝织造史》（James，J.，*History of the Worsted Manufacture*）（1857年版）第542页中所引证的娄教授（Prof. Low）的数字；第二个数字是福贝斯《毛丝织造》（Forbes，H.，*The Worsted Manufacture*）所载的骚锡（Southey）那位伦敦羊毛经纪人的数字；《1851年博览会演讲集》，第8卷，第321页。

也主要是输往法国。每一个大陆和几乎每一个国家都运一点羊毛到英国，但是到 1850 年，来自澳洲的羊毛已占一半以上，澳洲自 1835 年以来就已经取代德国而成为上等羊毛的主要来源。最好的（萨克森）“精选毛”售价仍然最高；而西班牙羊毛却照市场报告书的旧例列在首位；但是来自西班牙的进口货已差不多绝迹，来自德国的进口货在 1850 年也已经不到 1840 年的一半，而仅及 1830 年的三分之一了。在 1835 年，进口羊毛的一半以上是德国羊毛，到了 1855 年，这项比数恰恰是十六分之一，正如每五年计算一次的数字所表明的那样[①]。

1845 年和 1855 年之间复出口贸易的增长是伦敦最后建成为澳洲羊毛集散中心的标志[②]。法国买主在伦敦的竞争既维持了进 7
口羊毛的价格，也维持了英国羊毛的价格。在 1851 年 1 月和 1853 年 1 月之间，林肯长羊毛上升了 22％以上，同澳洲毛性质最相近的良好的南原毛上升了 25％。在这方面是没有任何事情会让任何人试图推翻这项显然成功的政策的。

	英国羊毛的出口按百万磅计	总进口量按百万磅计	来自德国的进口货	来自西班牙的进口货	来自澳洲的进口货	羊毛的复出口
1835	4.6	42.6	23.8	1.6	4.2	4.1
1840	4.8	46.9	21.8	1.3	9.7	1.0
1845	9.1	75.5	18.5	1.1	24.2	2.6
1850	12.0	75.3	9.2	0.4	39.0	14.4
1855	16.2	99.3	6.1	0.07	49.1	29.4

① 参阅本页附表。

② 参阅尚恩：《澳洲经济史》（Shann，E.，*An Economic History of Australia*）（1930 年版），第 1 编，特别是第六章《英国的大羊毛囊》。

在采掘工业方面也没有任何事情表明自由贸易主义者是错误的。的确也没有任何保护贸易主义者对他们有过这样的议论；何况有些采掘工业，例如铜和锡的开采，依然还受到一点保护。[1] 康沃耳各矿都非常活跃。虽然在 1850 年和 1851 年这两年各有大约五千吨未制和半制自然铜以及四万多吨铜矿进口，但是出口的生“铜砖和铜块”却有六千五百多吨；铜片、铜钉和其他简单形式的铜约一万二千吨；此外，还有各种自然铜和黄铜制造品。铝和铜一样，出口仍然远超过进口。粗粗看来，锡并不是居于这样一个强有力的地位。为国内消费而进口的锡块比出口的未制锡还多几百吨；但是锡板贸易却在 1851 年把它的出口价值提高到了一百万镑。锡也成为许多出口制造品之一。英国锡的价格很好，而且逐渐上升，康沃耳和得文的就业人数都增长起来。在煤铁方面，英国是唯我独尊的。在这一世纪的前二十五年所赢得的地位，不但保持住了，而且还有所改进。煤的出口在慢慢地增长（在五十年代之初起伏于三百二十五万和四百万吨之间），而且从来没有出现过任何煤炭进口的问题。若不是其他国家的保护政策，出口的增长还
8 会更快一点。法国不但对煤炭加征苛重的关税，而且还给比利时的陆运煤以优惠税率[2]。铁的大量进口——三万吨至四万吨——

---

① 铜税这时是无足轻重的：铜矿每吨征收一先令，生铜二先令六便士。价格在 1853 年上升到一百多镑一吨。直到 1848 年为止，关税一直是保护性质的，约计为从价 10%。外国锡的关税在五十年代初期约为从价 6%（六镑一吨）。

② 法国的煤炭关税是非常复杂的：陆运煤和海运煤各有不同的税率，短程海运煤也比长程海运煤征收得多。参阅登纳姆：《1860 年的英法商约和法国工业革命的进展》(Dunham, A. L., *The Anglo-French Treaty of Commerce of 1860 and the Progress of the Industrial Revolution in France*)(1930 年版)，第 9、19 页。

与其说是衡量英国铁匠师傅所遇到的有效外国竞争的一个尺度，毋宁说是衡量设菲尔德的繁荣的一个标准。来自瑞典或俄国的炭铁条特别适合于制造刀具之用，这种炭铁的价值在 1850—1853 年比主要由炭铁制成的钢的价值少得多，而英国所出口的未制钢却远超过刃具和刀具。

随着一国接着一国进入了铁路时代，英国鼓风炉、搅炼炉和辗铁厂的产品正以看上去不可能的数量在海外倾销。五十五万四千吨糙铁——铁坯、铸铁和制铁——的货载在 1849 年已经非同小可；因为在 1839 年这个数字还只不过是十九万一千吨[①]。到了 1853 年，货载已经达到了一百二十六万吨，其中三分之二都不是生铁或铸铁，而是比较贵重的炼铁——铁条、铁杆、铁棒和各种制铁。美国依旧是大买主：美国快船总是满载斯塔福德郡的铁条从默尔西河启程而去[②]。铁和钢的制成品出口的增长虽不如过去那样蓬勃，然而却是健康的。英国没有任何铁制品的进口，至少在五十年代初期的正式贸易报告书中没有列入。现在海关职员在所谓"外国和殖民地贸易主要品目"的商品表内不时增加新项目。由于进口货的性质随着各国生产能力和英国税率表的变动而有所变动，他们在 1848 年和 1853 年之间增列了许多新项目。但是他们并不认为在"未制铁条"和"未制钢"这两项传统的铁类中有增加项目的必要。前者包括供应设菲尔德的炭铁条；后者虽一度非常重要[③]，现在却几乎是空白了。

---

① 参阅上卷，第 483 页附图。

② 得自一个安排过货运的铁商的回忆。

③ 参阅上卷，第 150 页。

使邻近海面所环绕的不列颠的那个小小地区成为地质构成的一个几乎十分完备的陈列橱的那种地质的多样性和地理的形势，
9 特别有利于它的采掘工业。它的大部分铁矿不是靠近煤矿，就是临海，或者邻近两者。铜矿深深埋藏在冲刷过威尔士煤田边缘的海洋附近。在柴郡、斯塔福德和伍斯特的三叠纪层中上叠纪层的盐——在诺思威奇、希尔利威奇和多亚特威奇附近——都是靠近煤层的[①]。在每一个接续的文化层上容易开采的食盐，都是靠了这个运河、蒸汽和铁路新时代的特殊方便而开采和转运的。虽然还有少量的盐来自“海湾”，但出口却稳步增长。1852—1853 年，数量约为 1842—1843 年的一倍，虽然仅仅值大约二十五万镑一年。真正以食盐贸易为转移的是苏打贸易和它在南兰开郡和克来德河畔的大本营。出口已经从大约二十年前的小小开端发展到了 1853 年的大约每年五十万镑。食盐出口是同其他一些不那样有价值的重化学用品和工业用酸的出口相联系的，这些重化学用品和工业用酸的原料是本国提炼的硫化矿和盐以及一些进口的硫化矿和硫黄。

假使能够靠得住有爱尔兰的正常食品供应，那么尽管这时在平均年份里吃外国面包的有几百万人，不列颠在谷物收成好的时候，就狭义的食品供应而言，还是相当自给自足的。如果能从一次收成到另一次收成作出一番努力，那么纵使失去了外海的控制权，它还是可以过活大半年。但是照当时的世界形势，并且的确从根本上来说，这是最不重要的一个结论。它对外海的控制几乎同它

---

① 伍德华：《英格兰和爱尔兰的地质》，第 240 页。

对索冷特海峡的控制一样是完全的。在 1851 年，可能成为它的威胁的任何联合都不可想象。唯一的海军危险——随着一位拿破仑的东山再起，就不会不多少有一点——几乎完全局限于英吉利海峡一隅之地。果真有一个不可想象的联合完全控制了东、西、南三面的海洋，那么它等不到为肉类或面包的缺乏而被迫求和，就会为棉、麻、木材、糖、烟草、硝石、市场和帝国的缺乏而被迫求和了。作为保险单的谷物法的价值很容易被估计得太高。防范英国制海权的一时中断的保险简直是不必要的：几乎在每一年的每一个季度里英国都贮有足敷几个月之用的面包和肉类。防范最终和遥遥 10
无期的一次殊死战的危险的保险，只能得之于压倒之势的舰队，保持平衡的机警的外交，或彻头彻尾的和平政策。自由贸易主义者相信最近在他们的启发下所做的一切正是对这种政策的一个贡献。

有一些领袖对于一个良好的国际先例的力量所作的估计的确过于乐观。甚至小心谨慎的皮尔，虽“不敢保证其他各国会立刻步我们的后尘”，却也深信它“终于会风行的”。他在 1846 年就“已经”看到了“它的预兆”。[①] 但是自由贸易派的领袖们并不认为英国，虽有它的新廉价食品，它的煤、铁、机器和资本，就能长此居于工商业领导地位。自然会有一个居于领导地位的时期，这是不错的，但是多久呢？他们了解美国，正如他们的大师亚当·斯密面临帝国资本有“在一个多一点世纪的时间内”转移到大西洋彼岸的可

① 1846 年 1 月 27 日。《韩氏国会实录》，第 3 集，第 83 卷，第 277—278 页。废除谷物法的演讲。

能性时所了解的那样[1]。还没有成为政治家的科布登在1835年从劳雷耳山俯视往北流向匹兹堡的蒙农加希拉河河谷时，就已经认为“这里早晚会有一天成为全世界文明、财富和力量的中心”了[2]。

> “那里的人民”，他的报业同盟《经济学家周刊》在1851年写道，“既拥有我们的知识，我们的技巧，和比我们更多的活力……又有一个广袤的大陆供他们自由支配，并且从英国和欧洲的每一个国家不断地吸收新增的资本和人口。从近六十年来两国的相对进步之中可以得出这样一个推论：美国终必驾凌英国之上，其肯定无异于下一次的日蚀。”[3]

所谓“终必”：在这位经济学家的心目中究竟认为这个最后结局是再等七十年呢？还是仅仅五十年呢？还是，更可能因为在他有生之日根本不会有这么一天，因为在1851年英国的优越地位还根本不成问题，他就没有再去多加思索呢？在同年早一些时候的一篇论文里，他，或者他的一位同事曾经讨论过贸易平衡的问
11 题。[4] 他对于有关统计数字的缺乏深以为憾。固然我们知道我国出口的公布价值，他这样写道。至于进口，我们虽有准确的数量，

---

① 《国富论》(坎南版)，第2卷，第124页。

② 摩莱：《理查德·科布登传》(Morley, J., *The Life of Richard Cobden*)，第1卷，第31页。

③ 《经济学家周刊》，1851年3月8日号。

④ 《经济学家周刊》，1851年1月11日号。这篇论文是对现代贸易平衡各个项目的分析的一篇很早的，也许最早的论文，虽则必然不可能以统计数字为依据，但仍不失其为完善。

但却只有一些“显然表示不出任何当代价值的古老的官方价值”。所以抱杞忧的人们总是说贸易平衡是对我们不利的。他怀疑是否能有一天得到一切必要的材料；但是他对于短缺的材料所作的注解却具有英国式的雄辩力。在公布的出口价值之外，他又加上了“大部分付……给英国船主的”那笔运费作为假定的第八项：尽管有美国快船，英国还是承担了它本身的大部分运输工作。其次他提到了“为英国银行家装运的货物在国外所获得的不拘多少的利润”那笔不得而知的庞大款项。（英国人掌握了这类贸易的起迄两端的大部分。在波罗的海所有各重要城市都有英国商行，在地中海的每一个港口也都有英国银行[①]。）继而他谈到了“不列颠在世界各地所使用的庞大资本”那笔不得而知的收益，以及从利润和海外公务人员的收入中汇回的那笔数目不详的款项。“澳洲、西印度群岛和加拿大的大多数银行都是由英国资本经营的”；“我国各殖民地的垦殖工作”也是如此。他进而列举了对美国的贷款，在欧洲铁路方面的投资等等。这些都是，或者应该是司空见惯的事情，据他这样说。但是这些对于贸易平衡最关重要的事实，也许“太常常被完全忽视了”。“英国照例给全世界以信贷，而自己不借入分文。”“在印度、中国、北美和我们的所有市场上”，我们在出口时，总要给以“长达若干月的”信用，“虽则在我们的大陆贸易方面，程度上要差得多”——这是一项重要的限制条件；而在我们进口时，海外售货人立刻就凭货开出汇票，而且汇票“照例是在货到之日或者

① 参阅詹克斯：《1875年以前英国资本的外移》（Jenks, L. H., *The Migration of British Capital to 1875*）（1927年版），第188—189页。

货到不久之后就兑付的。实际上，英国对于它的出口货总是给以长期信用，而进口货却以现钱支付。”[①]所以，他不妨补充说，全世界的商业生活是由伦敦汇票这种国际通货所左右，并且在很大程
12 度上是通过伦敦来通融资金的。“英国信贷供应了差不多全世界的资本。”[②]他虽没有引证《申命记》第二十八章第十二节至第十三节，但是熟知他们的《旧约全书》的许多维多利亚时代的商人总会想起：“你们必须借给许多国民，却不至向他们借贷。耶和华就必会使你作首不作尾。”[③]

在商业和银钱贷放方面的不容争辩的优越地位是和制造业方面更加显著的优越地位偕以俱来的，后者之所以更加显著，是因为它在世界的主要需用品的制造方面最可看出。这种优越地位自然不能指望在每一方面都显示出来。见闻广博的人早已知道美国人比英国人更会利用机器来代替自己既繁重而又浪费人力的手工操作。这一点，举一个突出的例子来说，在毛纺织业务的一个关键性阶段早已可以看出，虽则多数英国制造商还未予以注意。用机械把梳毛的薄丝纤维从梳毛滚筒上剥下来并为精纺机提供整理好的松毛纱的这种“搓条”法，在1832年以前就已经由马萨诸塞州的约

① 关于比较有批评性的和出之以对比方式的陈述，参阅欧威兰·葛尼公司的查普曼的证词，见《银行条例审查委员会》，1857年，第10卷，询问案第4840号及以下，尤其第5130—5146号。

② 《银行条例和最近商业难关审查委员会》，1857—1858年，第5卷，约翰·鲍尔的证词，询问案第1702号。

③ 录《新旧约全书》第245页原译文。——译者

翰·古耳丁完全设计出来了[①]。这就省掉了落后的初纺的手工操作，也就是在一种手工操作的“毛纺粗纱机”这种纺机上整理松毛纱的工作，而这项工作因介于机器梳毛和精纺机纺绩之间，从而破坏了机器的协作。这也省掉了毛纺粗纱机的滚筒，也就是在讲述工厂粗暴行为的早期故事中，野蛮的初纺工常常用来打接线童的那种东西。到了 1850 年，向来称作是“在毛纺织方面同珍妮纺机本身一样伟大的一项进步”[②]的古耳丁搓条法，在新英格兰已经广泛地，虽非普遍地使用；它已经在加拉设尔和霍伊克使用了几年之久，在这两个地方，它的优点还是三十年代一位曾经到过美国的当
地人予以宣扬的[③]；而在其他各地，还向无所闻。 13

落后于美国的情形还不仅仅在毛纺方面。新型的棉纺锭，“帽”锭和“环”锭都是起源于美国的；1847 年的十小时条例的批评者正以“纵未赶过，但是已经可以相抗衡”的那些不受限制的美国棉纺织厂的竞争对英国进行着威胁[④]。美国人在制造各种针和螺旋钉的机器设计方面，也比英国人表现出更大的兴趣。在大博览

① 参阅柯尔：《美国的毛纺织》（1926 年版），第 1 卷，第 102—103 页。古耳丁像阿克赖特一样，似乎是创造发明的组织者的成分比发明家的成分要多。他吸取了别人的重要观念。在英国，机械搓条法的专利证在 1834 年就已经发出（参阅上卷，第 190 页），但未见普遍应用。

② 海斯：《美国羊毛制造商公报》（Hayes, G. L., *Bulletin of American Wool Manufacturers*），1894 年版，第 329 页中语，引证于柯尔：前引书，第 1 卷，第 103 页。

③ 布雷姆讷：《苏格兰的工业》（1869 年版），第 160—162 页。另参阅本卷，第 83 页。

④ 休姆语，见《韩氏国会实录》，第 89 卷，第 1077 号（1847 年 2 月 10 日）。关于纺锤，参阅查普曼：《兰开郡棉纺业》，第 71 页注，普里斯特曼：《毛丝纺绩的原则》（H. Priestman, *Principles of Worsted Spinning*），第 23 页。

会上以及后来在1851年9月在希伦塞斯特当着一千二百个农场主进行试验时最引人注意的，就是一台美国麦考密克式收割机[1]。展出的还有另一种优良的美国式收割机；至于英国式的收割机则只有一两种模型。在1851年早已不成其为新颖事物的这项美国发明造成了如此之大的骚动，以致苏格兰人不能不指出如何在哥里的卡斯用贝尔式（Bell’s）机器收割谷物已经有十四年之久。爱国宣传刺激了贝尔式机器的使用和改良[2]；但是毫无疑问，美国的各式机器不但更好，而且更容易改进。今天世界上的主要收割机就是从它们演化而来的。

1851年在美国馆中还展出了一种迥然不同的节省劳动的机械，但是它引起的兴趣不大。在知名人士为宣扬博览会的主要成绩而作的一系列演讲中，也没有提到它。但是有些报刊却注意到了。《经济学家周刊》在论博览会中所显示的国家工业特色的一件长篇的哲学性论文中说[3]："有一部以惊人速度运转的缝纫机。"这部机器是同既可用于盐水也可用于清水的去污皂和"有无限……
14 用途的橡皮"一起选出来作为美国精神的典型启示的。"他们的农具，他们的银板照相法以及其他现代发明的应用，都不落后于他们的东方竞争者，而我们却熟视无睹。"美国的发明家迫于美国家庭中节约精力的必要，已经继英、德、法先驱者之后和他们并肩从事于

---

① 《经济学家周刊》，1851年9月13日号。据称麦考密克利用了诺森伯兰的登尼克的约翰·康芒的观念〔伍德爵士：《皇家工艺学会史》（Wood, Sir H. T., *A History of the Royal Society of Arts*），第129页〕，正如阿克赖特利用他前辈的观念一样。

② 参阅《1851年博览会演讲集》，第2卷，第15页；赖特逊教授：《英国制造业》（Prof. Wrightson, *In British Manufacturing Industries*）（1876年版），第8卷，第153页。

③ 1851年6月28日号。

缝纫机的钻研有年。美国是有相应需要的。在 1850 年,艾萨克·辛格尔以不到十二天的工夫制成了“据说使制造商满意的第一部机器”。[①]

美国人尽管富于发明,他们最典型的发明仍难以同英国的制造业竞争。它们或是补英国制造业的不足;或是在它的范围以外;或是满足还不要求它去满足的需要。直到这个时候,所有这些东西或由它们制造的东西的进口还是微不足道的,而且在贸易报告书上也没有留下任何痕迹。有些欧洲制造品的情形就不是这样了。在税率仍然很高的时候,而且不借助于走私,欧洲就有少数,很少数几种制造品能以在英国市场上竞争了。“我认为玩具税纵使是百分之百,也不成其为保护;我发现这个国家所用的几乎每一种玩具都是……来自瑞士以及巴伐利亚和德意志中部各邦的。”约翰·麦格雷戈在 1840 年对进口税委员会这样说[②]。他是想到了木偶和小马车以及生活艰苦的农民在冬季晚间所生产的其他产品。许多法国装饰品和时髦用品由于不同的理由也属于这一类。“在一切风调问题上,法国人似乎都高我们一筹”,另一位本人即丝

① 博耳斯:《美国工业史》(Bolles, A. S., *Industrial History of the United States*)(1881 年版),第 245 页。关于早期的历史,参阅同上书,第 243—245 页;勒瓦塞:《1789 年至 1870 年工人阶级和法国工业史》,第 2 卷,第 550 页;利诺:《靴鞋制造的技术》(Leno, J. B., *The Art of Boot and Shoe Making*)(1885 版),第 160 号及以下;塞威尔:《缝纫机的诞生》(Sewell, *The Birth of the Sewing Machine*)(1892 年版)。一种优良的法国机器,德蒙尼埃式缝纫机(Thémonnier's)之所以没有在博览会中出现,完全是由于偶然的原因;利诺,前引书,第 160 页。关于美国机器的整个问题,参阅伯恩:《美国工程业竞争的起源》(Burn, D. L., *The Genesis of American Engineering Competition*),《经济季刊》(经济史),1931 年 1 月号。

② 对询问案第 186 号的答复。

绸制造商的证人这样说[①]。有时风调、时尚和手艺合起来使法国商品得以越过高关税而进口。“我从来没有穿过一双英国皮靴”——讲话的还是麦格雷戈——“我找不到一双我欢喜的；我要付30%的关税从巴黎进口自己的皮靴，与其说是为了价钱的缘故，毋宁说是为了皮革质量的缘故。”[②]

在一些粗制品的关税业经取消而精制品的关税已降至10%的标准时，经过了一段时期之后，衡量它们渗透英国市场的能力，已渐渐有了可能。前几年没有多少证据可供研讨。随着欧洲在1848年以后安定下来工作，同新关税条件相适应的一种商业平衡才渐渐建立起来。欧洲大陆像世界其他各地一样，对英国的大部分债务都是用食品、原料以及诸如法国酒、西班牙酒和意大利油脂之类无竞争性商品支付的。但是它的精制品进口数量却日益增加，主要是来自法国和瑞士。除开少数例外，它们都不是某种变相的新机器工业的产品，而是商业中间人所领导和组织的一些廉价的、精巧而又别有风调的手工艺产品。在法国的制革业或制鞋业和手套制造业中很少使用或完全不使用机器，但是，正如约翰·麦格雷戈原会预料的那样，法国靴、鞋和手套的进口却日益增加。到了1853年，“女鞋和头巾，软木底和双层底女鞋以及绸面、缎面、呢面或皮面女鞋”[③]的进口已经上升到十八万四千双，几乎全部是“为国内消费而进口的”。进口的男式鞋靴达八万四千双，但大部分是复出口的。供国内用的手套已经达到三百万副，想到全国戴

① 吉布逊，询问案第2274号。

② 询问案第152号。

③ 贸易部报告书中的关税分类。

手套的人恐怕不过二千二百万,这个数字不禁令人大吃一惊。六十万双海关所谓的“靴面皮”的进口,不是可以不解自明的。这就是解释。“从经验得知”,查尔斯·巴贝治在1851年这样写道[1],“法国鞋的鞋面比……英国鞋面要好些。”皮底则恰恰相反,所以你们只进口皮面,即“鞋面”。经验证明麦格雷戈的话是有道理的,而且也为经济学家提供了在自由贸易之下地域性劳动分工的另一个真正例解,但是据记忆所及,他们从未加以利用。

由一种精密分工的手工艺制度制造出来的法国和瑞士的廉价钟表,形成进口货的另一个重要类别。直到1853年,报告书还都
是无足轻重的,因为还都是官方价值;但是在那一年格拉德斯通修 16
改关税之后,数目就开始登记了。在前七个月(1853年6月至12月),进口的钟计有十三万五千只,表四万三千只。在1854年,钟计有二十二万八千只,表七万九千五百只。供国内消费的既有这样的数字,看来英国人的壁炉架上很快地都放上法国钟,而口袋里都装上瑞士表了。

种类繁多而且来自许多国家的外国玻璃的进口也日益增加——诸如来自法国、意大利、波希米亚和萨克森的窗用玻璃、玻璃板、铅玻璃,尤其是有色和五彩玻璃。靠五十年代初期的海关报告无法对贸易作确切的研究:价值还是无足重视,而且重量和玻璃的面积等等都无法同国内产量和消费方面的任何数字进行比较。但是无可怀疑,这至少在某些部门是一种竞争性的而并非仅仅补充性的重要进口。在1840年,当玻璃税之高对于普通玻璃已无异

① 《1851年的博览会》(*The Exposition of 1851*)(第2版),第8页。

是寓禁于征，而英国制造商又因为他的货物是“大量的散仓的危险货载”，所以受不到走私侵害的时候，玻璃制造商就是真正关心保护关税的“极少数人之一”了①。当时玻璃工业仍然征收国产税；无疑，这种国产税的实施不但妨害了玻璃工业，使它僵化，而且使它缺乏适应力。例如眼镜玻璃，因为国产税章程不许可它使用所能凭以进行适当制造的仅有的一些方法，所以几乎全部是进口货②。在 1831 年和 1845 年之间，南希尔兹的库克森号为灯塔制造了一些透镜和棱柱，但它们不是第一流的，而且抵不上工本。在 1840 年，多数制造商对于外国工业，除去它的声誉之外，是一无所知，他们也深以这种无知为虑。麦格雷戈无疑是一个抱有自由贸易主义偏见的人，他认为他们所以要求“保护，就是因为他们对于事情的无知”。③ 在 1845 年，皮尔废除了国产税，牺牲了将近六十万镑的税收。但是英国玻璃制造业立刻有了突飞猛进。斯托尔布里治的钱斯兄弟公司在 1845 年开始生产灯塔的设备，并且继续进
17 行过去对眼镜玻璃所做的试验。但是，在 1848 年朋汤和塔布里这两位法国专家流亡到英国并且在斯托尔布里治担任课室主任以前，据说“进步不大”。④ 所以钱斯厂不但制造了 1851 年“灿烂屋

① 《进口税报告书》，询问案第 80、82 号。

② 波尔特：前引书，第 256 页；鲍威尔：《英国的玻璃制造》(1923 年版)，第 108、110 页。

③ 询问案第 83 号。根据格拉德斯通的说法，麦格雷戈是“思想不周密的”。参阅上卷，第 491 页注 2。

④ 这种说法是以鲍威尔前引书第 110 页为依据的。《玻璃制造商指南》(*Le guide du verrier*)的著者刷西—勒—罗埃的乔治·朋汤过去曾经同钱斯合作，他在英国居住了不短的一段时期。

顶”的玻璃板，而且制造了在玻璃顶下展览出的全套灯塔设备和望远镜的圆片。除开制造其他东西的圣海斯的皮耳金顿号这个可能的例外，它是全国实力最雄厚的玻璃公司。实力薄弱的各厂则随着外国竞争的日益尖锐而纷纷减产或倒闭了。

最常常听到的竞争性的进口货，无可避免地是在纺织业方面。法国丝绸窥伺着每一次关税降低的机会。这正是丝绸何以保留下值百抽五的附加税的原因。在棉布方面，无论法国或其他国家都不能同兰开郡和克来德斯达尔相抗衡，或许印度是例外。在 1853 年仍然有公布价值达十九万镑的东印度匹头货进口。另外还进口了一些欧洲的线手套和线袜及棉纱，但其中大部分是复出口的；其余则是每年价值七万五千镑至十万镑的一批未列举的“其他品目”。这是和行销全世界的价值在三千万镑以上的棉布和棉纱的出口不成比例的，而且这些微不足道的进口毋宁是补充性而不是竞争性的。曼彻斯特和格拉斯哥对其中任何一种都并不担心。毛织品的进口一部分也是补充性质的，但是它们却是英国没有理由引为自豪的那样一种意义的补充性质的，也就是说它还有一个很有价值的制造业领域不能同法国抗衡，它也不否认这一点。它的专家所提出的理由有时是技术性质的，有时是财政性质的，有时是商业性质的，也有时是工艺性质的。最后他们中间的一部分人竟退到一种神秘或宿命论的理由上去。所谈论的货物被称为美利奴呢，因为它是由法国的美利奴羊毛织成或者由法国和澳洲的美利奴羊毛合织而成的，它又叫做细洋纱，俗称棉毛布。羊毛是经过精梳，用动力纺绩后再由手工织成。棉毛布主要来自鲁贝、兰斯和圣康坦的乡间，如今支配着全行业的罗迪埃公司恰恰是在

18 1853 年[①]，即毛织品向联合王国进口的价值猛涨 60%的那一年在博安开业的。

对于法国方面的成功所提出的技术性的理由是：羊毛制得“很干”，也就是说没有油质，所以色泽比较好；在精梳之后，以一种特别有效的处理方法为纺绩工序做好“准备”，并且它是在精纺机而不是在张得比较紧的纺机上纺绩的，所以毛纱纺得比较细软。财政性质的理由是一个重要的理由：法国的政策鼓励这类货物的出口。商业性质的理由也是既重要而又贴切的：“英国制造商所遵守的原则毋宁是薄利多销，而不是厚利少销”[②]，这类奢侈织物织造得很少因而不能不宽打利润，所以这并不是英国制造商所要织造的那类织物，而且只要纺机和动力织机还有大量活计可做，像五十年代初期的一般情形那样，这类织物事实上就不会有什么竞争性。毛丝厂数目的稳步增加证明了这一点。宿命论的理由是 1855 年布莱德福商会代表团的一项报告中提出的，正如布莱德福的大制造商太特斯·索耳特所解释的那样。

> 法国的产品……由于它们的质地和染料的内在美的缘故，使一切竞争者都望尘莫及。价格……是我们久已不再制造的那种东西的价格；本代表团既无法找出这种无可否认的优越地位的原因，也就不能不归之于这样一项尽人皆知的真理了，即一个行业既经在某一地区奠定下来，就无法再在另一

① 布吕纳：《法国的人文地理》(Brunhes, J., *Géographie humaine de la France*)(1920 年版)，第 2 卷，第 545 页。

② 福贝斯：《1851 年博览会演讲集》，第 2 卷，第 325 页。

个地方同样成功地经营下去，虽则后者也许在表面上甚至占有更大的便利。①

法国也曾经把它的丝绸工业凭以成为一个不可轻视的行业的那种风调、技艺和商业企业用之于这类新设计的、昂贵的精梳羊毛的织物上。为了制毛，它曾经求助于新式机器。固然它拥有牟罗兹的约苏埃·埃耳曼②这样一位精梳机的发明家，固然没有这种精梳机，棉毛布是不会这样“便宜地”运到市场上来的，但是自从杰卡德式织机在 1810 年和 1825 年之间在里昂奠定基础之后，那里 19
的纺织业中一直没有出现过多少新机器。在捻丝厂里利用了一点蒸汽动力来补水力的不足。在 1843—1844 年，就素绸动力机进行了一些试验；但是甚至三十年之后，在里昂及其附近一带，动力织机对手工织机的比例也还不过是六千比十一万③。动力的迟迟采用是英国的可乘之机。自从赫斯基森开放英国市场以来，它事实上已经凭靠动力——凭靠动力，并凭靠东印度的生丝和对法国织物的研究以及 30％或 15％的关税——抵挡住法国的竞争。在 1840 年，英国动力运转的捻丝机被认为是“优越于其他任何国家”的④。自三十年代以来，曼彻斯特已经用动力纺织廉价丝绸和混

① 詹姆斯：前引书，第 526 页注。对于报告书的评论，载《经济学家周刊》，1855 年 12 月 8 日号。

② 他死于 1848 年。关于他的生平，参阅伯恩利：《羊毛和梳毛业史》（1899 年版），第 9 章。

③ 取材于《纺织业状况调查》（*Enquête sur Iétat de l'industrie textile*）（1904 年版）第 3 卷第 46 页中对 1873 年的估计数字。

④ 《进口税报告书》，询问案第 2236 号。

合织物[①]。在四十年代，麦克雷斯菲尔德和其他各地正把英国所“垄断”的孟加拉生丝织成丝巾，而且事实上不断以这种丝巾和其他几种丝织品向法国出口，这一事实在波尔特看来“是紧随我国在这项制造品的制度方面的全面变革而来的毫不足奇的结果”。[②]运往法国的这类货载只不过是丝、半丝纱和织物的出口总额中很小的、虽则很重要的一部分，而这项出口总额的维持和显然增长却是自由贸易主义者最引以为慰的，因为他们对于英国工业的旧壁垒一经触及，总崩溃就在所难免云云这项预言，不能不予以回答。英国丝织品和半丝织品的出口在1845年已经值七十三万六千镑，在1846年已经值八十三万八千镑。在原料价格和1845—1846年大致相同的情况下[③]，1852年的数字是一百一十五万六千镑，1853年的数字是一百五十九万五千镑。1852—1853年欧洲丝织品的进口价值约增加一倍；但是因为没有价值数字可供利用，所以答数只能根据波尔特对每磅丝绸的平均价值所作的最低估计，即至少三镑这个数目，乘以按磅计的登记重量并已考虑走私之数而约略
20 算出[④]。显然法国和其他一些大陆国家的制造商充分利用着他们的新机会在英国大做其赚钱的生意。同样显然的是，英国工业是

---

① 参阅上卷，第196、554页。

② 《国家的进步》，第219页。

③ 1852—1853年的丝绸标准价格多少比1845—1846年低一点。《经济学家周刊》的每周市价表，散见各期。

④ 波尔特：前引书，第573页。按三镑计，1852—1853年的登记进口货应值三百九十八万一千镑，而出口货应值二百七十五万一千镑。进口货既然大部分是法国上等丝绸，三镑之数也许太低。无疑走私是在所难免的。按匹而不是按磅进口的东方丝绸未计算在内。

活跃的，比在赫斯基森的暖房制度下更加有适应能力，而且，果真要求它牺牲它向所享有的特殊保护的话还可以有更大的适应力——虽则也许免不了麻烦和损失。从整个国民经济的观点来看，丝绸工业充其量也只是一种次要的工业，但是所有那些真正有外国竞争的工业当时无一不是次要的，因为它只不过是法国所支配的羊毛制造业一个部门中的一个类别而已。

对于它所选择的领域，它的机器运转不息的那个领域，英国的控制事实上几乎是完全的。在美国机器固然也运转不息，但是为出口货而运转的却不多①，为对英国的出口货而运转的则几乎完全没有。比利时的机器虽然多而且精，但比利时是一个很小的国家，法国的机器比较起来是既少而又差的。荷兰简直不能认为是一个工业国，它转向新工业技术很晚，而且没有“重”工业。② 德国的机器，的确德国的一般制造品，总起来说，是既差而又是模仿性的——这至少是不抱反德偏见的一些博览会观光者所得的印象。“在机器方面——也许除开野炮之外——德国人显得非常贫乏”，《经济学家周刊》这样写道③。它进而引证了《总汇报》(*Allgemeine Zeitung*)一位记者的评论：“我们不能否认德国工业缺乏特色。在博览会上(我们单单就这方面来评断)，它似乎是小心翼翼

① 美国有相当数量的棉织品是远程出口的。在1847年兰开郡之所以惶惶不安正是为此。美国对加拿大、墨西哥和西印度群岛等地也有杂项制造品的出口，但是它买进的棉织品远比售出的为多。

② 巴施：《荷兰经济史》(Baasch, E., *Holländische Wirtschaftsgeschichte*)(1927年版)，第415及以下各页。关于比利时和法国，参阅克拉潘：《法国和德国的经济发展》，第59、63、70页，并散见各处。

③ 1851年6月20日号。

地避免一切民族特色。德国工业似乎到处都要依靠某种外国工业，模仿某种外国工业。……在这里看到法国的援助，在那里看到英国的支持。”这不是对 1850—1851 年的德国工业的一个完全的或最后的定评[①]。但它却是英国人自然而然地作出或反复重申的
21 一项评语，其中也并非没有真实性。美国经济演进的前景业经眼光远大的人们预见到了。法国经济演进的前景显然决定于它的过去，并且也是可以预见的。德国的情况则模糊不清。至于其他各国，英国尽管会利用其产品，重视其市场，或钦佩其技艺，但是却不欢喜把它们和自己同列在一个经济类别之中。

① 参阅本卷，第 111 页。

第二章　1851 年的工业领域 22

不列颠已经开始面临新工业——铁轮和放汽的嘶鸣声。此后这不独是它的力量和财富之所寄，抑且是它生存之所寄。它不能不冒以出口制造品为生的“工业国”的风险，因为它别无他策。[①]很多英国人不胜其自豪地承担起这些风险，正如北部的工业自由主义者那样。大多数则是鉴于今日的便宜面包或明日的有利平衡表而莫名其妙地承担起来的。出身乡村世家的知识分子是勉强承担的，他们对于安排得很不错的城乡生活的渐成陈迹，犹不胜怅惘。像詹姆斯·格里姆爵士那些有意识地追随于皮尔之后的人所以要这样做，则是因为人口正以“每年三十万的速率”增长着。[②]生命和食物之间的竞赛一直是当代的问题。在这类人看来，自由贸易乃是应该正视的一个需要而不是有待赢得的一个宝藏。

走向“工业国”的路线已经确定，但是所走的路还不到一半。英国固然是靠船舶为生的，但是靠船舶为生的程度迄还不如荷兰

---

① 关于“工业国”的经济概念，参阅两代之后德国面临这个岔路时，德国人所提出的论辩，尤其是华格纳：《农业国和工业国》（Wagner, A., *Agrar-und Industriestaat*）（1906 年版）一书。

② 格里姆致皮尔函，1842 年 12 月 30 日，帕克：《詹姆斯·格里姆传和函札》，第 1 卷，第 332 页。

人之甚——“他们除非有船只移动，人民就无以为食。”[①]农业还是英国最大的行业。包括地主、代理人、租地农场主和各种农业工人在内，直接从事于农业的人口共占年满二十岁以上男子的26%。各种年龄和各种类别的男性农业工人，在年满十岁以上的七百六十一万六千名男性人口之中计有一百二十八万四千人。要得出男性农业劳动力的一个准确数字，原应该再加上二十七万九千个租地农场主和租地牧场主的大部分以及他们为数不详的子弟。[②] 在
23 一千零七十三万六千名妇女之中，有七万一千名是户外农业工人，十二万八千名是户内农场佣仆，二万八千名是农场主。单单根据数字来判断，仅次于农业的行业就是家庭服务业。[③] 各种年龄的家庭佣仆的总数是：男性十三万四千人；女性九十万零五千人，也就是说在每九名年满十岁以上的一切妇女之中几乎占整整一名。把这两大集团同采掘业和制造业的各主要集团以及手工业、商贩和中间商的一些重要集团作一比较，就可以为走上“工业国”的不列颠在人事方面的全国平衡表，提供一个略图了。这些集团在组成上是极其悬殊的。[④] 煤矿业和棉纺织业主要是工资劳动者；制鞋业和成衣业大部分是小师傅和小店主；铁匠几乎都是带有伙友

① 托马斯·孟：《英国得自对外贸易的财富》(Mun, T., *England's Treasure by Foreign Trade*)(艾希利版)，第107页。

② 关于本段的数字，参阅《1851年的人口调查》，“年龄和职业”(1052—1853年，第88卷，第1和第2编)。

③ 包括马车夫、园丁和旅店佣工，但不包括按日计酬的女仆、男女职业护士和农场佣工。

④ 人口调查中的各个集团包括在煤、铁和皮革等业“劳动或经营的”一切人们在内。

1851 年英国主要职业集团表 24

（按规模大小排列）

	男 性	女 性
总人口	10,224,000	10,736,000
十岁以上的人口	7,616,000	8,155,000
农业：租地农场主、租地牧场主、工人、佣仆	1,563,000	227,000
家庭服务业（不包括农场服务在内）	134,000	905,000
各类棉纺织工连同印工和染工	255,000	272,000
建筑业工匠：木匠、砌砖匠、泥水匠和铅管匠等	442,000	1,000
工人（未填明职业的）	367,000	9,000
女帽匠、女服裁缝、女裁缝（裁缝）	494	340,000
各种羊毛工连同毯工	171,000	113,000
鞋匠	243,000	31,000
煤矿工	216,000	3,000
成衣匠	135,000	18,000
洗衣妇		145,000
商船海员、领港	144,000	
丝绸工	53,000	80,000
铁匠	112,000	592
麻布、麻线工	47,000	56,000
二轮载货马车夫、车夫、四轮载货马车夫、邮童、出差马车夫、公共马车夫等	83,000	1,000
铁工、铸工、制模工（包括铁厂、钉、铁器、刀具、锉具、工具、机器等）	79,000	590
铁路司机等、挑夫等、工人、铺轨工	65,000	54
针织工	35,000	30,000
花边工	10,000	54,000
机器、锅炉制造匠	63,000	647
面包师	56,000	7,000
铜、锡、铅矿的矿工	53,000	7,000
杂役女工		55,000
商业职员	44,000	19
渔人	37,000	1,000
磨坊主	37,000	562
陶器工	25,000	11,000
锯匠	35,000	23
造船匠、造艇匠、船台船桅制造匠	32,000	28
草帽编工	4,000	28,000

车轮匠	30,000	106
手套工	4,500	25,000
钉工	19,000	10,000
铁矿工	27,000	910
制革匠、鞣皮匠、皮毛商	25,000	276
印刷工人	22,000	222

和学徒的手艺工匠。建筑业也有很多小工匠师傅，他们不是充作经纪人就是充作建筑师手下的小包工等等。建筑业和铁路工程业方面的数字（其他一些数字则在较小的程度上）都受这样一个事实的影响，即有三十六万七千名男子和九千名妇女简单地填报为工人，其中许多人是在一年之中不同时期在不同行业中劳动的。这类事实往往造成职业调查的不准确。况且，1851 年的人口调查既是迄今所举行的最周密的一次，而英国的文盲又依然还占很高的比例，则差误的余地自然比今天的一次人口调查中所可预期的要更大些。至于选择哪一些行业填入上表所列举的哪一集团之中，也难免有一些武断的成分。[①] 但是这个略图恐怕还是比任何较早时期任何国家所能勾画出的都更加准确的一个。

不特别是机器时代之特征的那些职业之所以名列前茅，一部分是因为机器正使人民从事于自由选择职业。煤矿工人自 1831 年以来已大为增加——虽然他们还没有超过制鞋匠[②]——因为矿工虽然供应机器并靠机器减轻了自己的劳动，但是当他们在煤的

① 人口调查中的某些集团经予归并，以便更好地进行工业方面的比较。不能不残缺不全的人口调查中海员数字是用 1851 年《统计摘要》中有关联合王国的数字来代替的。这项数字虽略有夸大，但是比之人口统计员力所能及的那个低估得很多的人口调查中的海员数字还要更可取些。

② 参阅上卷，第 173 页。

表层上劳动时，却不使用任何机器。棉纺织业尽管有了巨大的发展，但是棉纺织工人在这二十年之中一直增加不很快，这是因为不但纺机更加有效得多，而且普通织工现在都照管两部动力织机。如果算上建筑工人，那么这个非机械化的建筑业，不难预料，在数量上同纺织业相对而言一定比 1831 年时更加重要①。在三十四万女帽工、女服裁缝和女裁缝之中可以说没有一个人使用缝纫机；成衣匠和制鞋匠亦复如此。手工铁匠比大铁工厂的工人为数更多，纵使有些填报为铁匠的人事实上是纺织厂的锻工或工程作坊的打铁工。在数字上——可是数字在这一点上特别不确实，虽则事实也许尽够说明问题——雇佣于同道路上的马匹有关的职业方面的人比雇佣于年轻的铁路系统各项工程上的人要多。机器制造业在报表上是笼统填写的；但是有少数几个专门化的纺织机器业却是分别开列的（诸如卷线车制造业者、梳毛机制造业者、梭子制造业者、纺麻机制造业者等），四千多名工具制造业者也包括在这个总数之中②。为将近二千一百万人的需要服务的制革匠和造船匠比较起来是如何之少，倒是值得注意的。皮革有大量的进口，船舶的进口却不多。十九名商业女职员不应忽视，五十四名铁路女佣工和二十三名女锯匠也不应忽视。后者和在不像会有妇女的职业——这些职业单位都在表上列举了出来——中发现的其他几小批妇女多半都是经营业务而不一定参加劳动的孀妇。

① 参阅上卷，第 71—72 页。

② 不是机器工具制造业者而是锉刀等等的制造业者。

大体上试用很成功的任何一种职业分布地图，在1851年的人口调查委员看来，都不能不遇到这样一个棘手的问题，即如何处理几乎准确地按人口比例分布从而没有明显集中区域的那一类的职业。这类职业当时包括绝大多数以妇女为主的一些职业，以及建
26 筑业、制鞋业、成衣业、铁匠业、锯匠、车轮匠和印刷工人的工作，连同一切零售商业及国内运输业务。奥古斯塔斯·彼得曼为了说明人口调查报告而绘制的那幅巧妙的地图，因为略去了所有这些职业，所以与其说是一幅职业分布地图（虽则它以此命名），不如说是一幅非为当地市场劳动的工业分布地图[①]。例如在有一万三千名为“出口”而劳动的鞋匠的北安普敦，制鞋业是用惠灵顿式长靴标识出来的，而在行业可能更大、但主要供应当地市场的那些郡却没有加以任何标识。斯塔福德郡也可以说是一个“出口”郡，但在地图上却没有靴的标志，这大概是因为它的鞋匠人口超过全国标准数不多的缘故——每六十三人一名对每七十六人一名，北安普敦则是每十六人一名。为英格兰和威尔士所采用的一种图解法——即任何一种工业在哪一个济贫法联合教区里“多少有一点”，就在哪里加上一个标志——有夸大地方化工业外地分支的重要性的倾向。[②] 这个地图给人以这样一个印象：羊毛制造业在康沃耳和南威尔士，即自卡尔迪根和腊德纳至布利斯托尔湾一带是具有相当重要性的。事实上，同羊毛制造业多少有点牵连的人在康沃耳约

① 已在本书之末加以改写。可用它同《康涅狄格学院学报》（*Trans. Conncсticut Acad.*）1927年号所载克莱夫·戴伊（Day，Clive）《1841—1861年英国工业职业的分布》一文中详尽的统计讨论作一比较。

② 在苏格兰，这类标志分别填入各郡和各重要城市中。

仅四百五十人，在这六个郡也约仅二千五百人；而在地图上并看不出比康沃耳重要得多的得文郡却拥有四千三百名毛纺织工人。幸而除羊毛业以外，这种画法所会造成误解的只有麻布业一项工业。总括起来说，彼得曼地图的启发性正和它手法的巧妙不相上下。依靠在数量上居于前列的那些职业的上开人口调查数字的帮助，这个地图说明了它所要说明的整个故事——即在早期铁路时代之末制造业地方化的故事。

最值得注意的莫过于某些纺织工业的完全地方化和其他工业所达到的虽不完全，但此后五十年将无显著变动的地方化。在四十年代不景气的压力下，棉纺织业退缩到南兰开郡、柴郡的邻近地方和西莱定，而只在克来德斯达尔留下了一支强大的孤军，并在其他各区留下了一点各式各样的薄弱力量。在英格兰和苏格兰有将 27
近十二个郡发出了怨言，抱怨因棉纺织厂的倒闭而造成当地人口的减少[①]。那个比较具有竞争便利的地区却通过一段贸易不景气而取得了最优越的地位。在全国大约五十二万七千名棉纺织工人之中，约有三十一万二千人在兰开郡，五万五千人在柴郡和西莱定，五万八千人在拉纳克。[②]

最完全的集中就是毛丝工业在西莱定的集中。毛丝工业最老的发祥地瑙威治自十八世纪以来就已渐渐没落，但是在 1831 年仍不失为一个相当活跃的制造业中心，虽则它简直没有采用现代机

① 雷德福德：《1800—1850 年英国的劳工外移》(1926 年版)，第 9、111 页。

② “棉纺织工人”一词在这里是按照本卷第 24 页附表中所采取的综合意义使用的。

器。到了 1841 年，贸易已奄奄一息：在那十年之中，瑙威治的人口一直停滞不动。在 1840 年左右有过一次为时已晚的努力，试图建立纺织厂以期恢复旧观[①]。瑙威治向来是从约克郡买进纱支，它希望结束这种依附地位。但是来不及了，因为在随后几年之中，约克郡已经改良了梳毛机，重又走在前面。在 1850 年，据工厂视察员报告说，英格兰有将近八十六万五千个毛丝纺锭和三万二千六百一十七台毛丝动力织机，而苏格兰和威尔士则几乎完全没有。其中有七十四万六千个纺锭和三万零八百五十台织机在兰开郡。瑙威治共有一万九千二百一十六个纺锭和四百二十八台织机[②]。大势已定，一次彻底的决定性的失败。毛丝工业已经变成约克郡的工业，并且将长此保持下去。

羊毛制造业已经几乎达到了二十世纪所看到的那种集中的最高峰。但是它的集中过去就不如现在仍不如棉纺织业，更加不如毛丝纺织业。1851 年，在自称从事羊毛制造的十三万八千人之中，只有五万六千人在西莱定，有一万五千人在苏格兰，一万一千人在兰开郡，九千人在格拉斯特郡，七千人在威尔特郡，其余则像工业地图所提示的那样，散布在英格兰和威尔士的其他各郡，而在重要性上，得文是仅次于威尔特的一郡。五十年后，西莱定也不过占有全国毛纺锭的半数，这无异是说，在经济上具有决定性作用的
28 那段漫长的时期，集中的趋势只不过稍稍加强而已。

---

① 布莱思：《瑙威治指南和行名录》(Blyth, *The Norwich Guide and Directory*)，1842 年版，第 62 页。克拉潘：《毛丝工业从东安格利亚往西莱定的转移》，见《经济季刊》1910 年第 195 页及以下。

② 《财政季度报告书》，1851 年；《报告和文件》，第 23 卷，第 117 页。

正如棉纺织业的被吸引进兰开郡和毛纺织业的被吸引进西莱定，麻纺织业也同样地渐渐往北被吸引进苏格兰，又从大不列颠引出而集中于阿尔斯特。它早已不再是一种真正重要的英格兰工业了，因为在不列颠从事麻纺织的大约十万零三千人之中，至少有七万七千人是苏格兰人，其中大部分是手织机织工。[①]

丝绸织造仍然同促致集中的机械和地理的力量相持不下。在机械化的兰开郡，丝绸工人固然比其他任何一郡都多一点[②]，但是在三十年前兰开郡还不能说是一个丝绸郡。在柴郡，工人的旧核心已经在机器的帮助下增长到了二万二千个。但很多是在不大使用动力的考文垂附近，伦敦仍然有一万六千个，在其他六个郡也各有二千至六千个。在几乎每一个多少有一点纺织业的地方，都织造一点丝绸，在别无其他纺织业的地方，这项工业很少能继续维持下去。

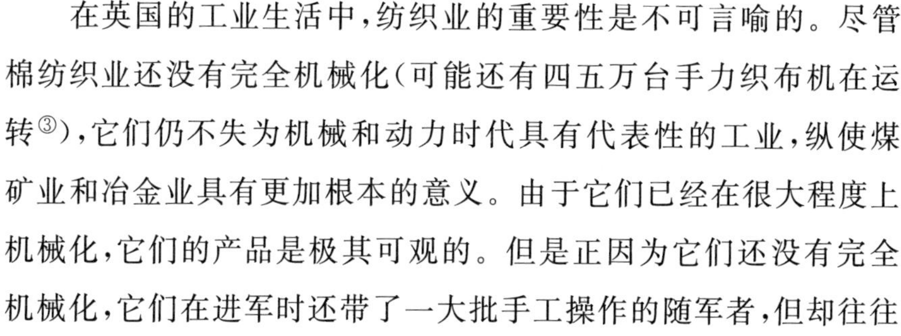

在英国的工业生活中，纺织业的重要性是不可言喻的。尽管棉纺织业还没有完全机械化（可能还有四五万台手力织布机在运转[③]），它们仍不失为机械和动力时代具有代表性的工业，纵使煤矿业和冶金业具有更加根本的意义。由于它们已经在很大程度上机械化，它们的产品是极其可观的。但是正因为它们还没有完全机械化，它们在进军时还带了一大批手工操作的随军者，但却往往

① 克拉潘：《羊毛和毛丝工业》（1907 年版），第 20 页。

② 但是其中很多是手织机织工，他们的职业一直残存到遭受 1860 年“科布登”条约下的法国进口货损害时为止。

③ 参阅上卷，第 554 页。

任其在路旁跌倒下去而不加扶持。不算针织业和花边业，它们给了将近一百一十万人以就业机会(还是应该说给以职业名称呢?)。

1851 年同 1901 年的一项对比也许可以给它们的社会重要性以最清楚的说明。这项对比并不是全部都有统计上的准确性的，但是从说明问题这一点看，它也够准确了[①]：

29

	1851 年	1901 年
大不列颠的人口	20,960,000	37,000,000
棉纺织工(1851 年连同印工、染工等)	527,000	544,000
羊毛工人	284,000	235,000
丝绸工人	133,000	37,000
亚麻和大麻工人(1901 年连同苎麻工人)	134,000	99,000
纺织印工、染工等		79,000
	1,078,000	994,000

这就是说，在二十世纪初期全国人口之中每三十七人雇用一人的这些行业，或同它们最近似的行业，在大博览会那一年已经是每十九人雇用一人了。厂外手工操作的随军者和厂内比较不完善的机器，可以给 1851 年的惊人数字以说明。应该记住，虽则在 1850 年的织布工业中有将近二十五万台动力织机，可是在毛丝工业中则不到三万三千台，而在丝织业中还不到一千二百台。[②]

甚至在纺绩方面，机械化也不完全，虽则真正的手纺在各工厂区已经绝迹并且几乎所有决定性的创造发明都已经完成。在

---

① 1901 年的数字录自《第十八次劳工统计摘要》(*The Eighteenth Abstract of Labour Statistics*)1926 年版第 20 页中改写的《工业关系综述》(1926 年版)一文。在"亚麻和大麻工人"项下，包括同 1926 年《综述》中"亚麻、大麻、黄麻、麻绳、帆布和帆布制品"项下的类别最相近的那些取自 1851 年职业调查中的类别(即本卷第 41 页所使用的)。黄麻在 1851 年不是一种独立的工业。参阅本卷，第 84 页。

② 见上卷，第 544 页。

1830年左右，美国发明家已经采用了帽锭和环锭[①]，这两者在毛丝和棉纺工业中都将变成非常重要的东西。但是任何一种在经济上都还不是决定性的，因为没有一种影响到工业组织，或者大大地扩展了机器的领域；它们只不过是对阿克赖特仿照纺车制成的翼锭的一些改进而已。到1850年，任何一种都没有在英国取得一稳固立脚点，而且此后的进步也很缓慢。英国发明的走锭精纺机的进步一直就不快，而且也不会快起来；这倒是一个特别重要的事实，因为只有随着走锭精纺机的到来，精纺机纺绩才能变成为完全自动的。在旧式的“手力精纺机”中，虽则动力是由主要力源供应，但是其上排列纱锭的那些“游架”还必须由纺工拉出推进，纱很细地抽出来，边抽边捻，并缠绕到转回来的筒管上。一个棉纺工的代表团一度在帕默斯通勋爵的客厅里用一张沉重的安乐椅表演给他看 30
的，正是这种推进拉出的苦活。[②] 有效的走锭精纺机已经在1825年由曼彻斯特的罗伯茨发明出来。到了1834年，他的公司已经制造了五百二十台走锭精纺机连同二十万个纱锭，他们希望在1834—1835年把这个数字增加一倍。[③] 但是像很多新机器一样，走锭精纺机也有很长时期都嫌过于粗糙而不适宜于最精细的工作（它不能把纱很好地缠在筒管上，这是一方面），对于小纺工来说，价钱也嫌太高。在1851年新拉纳克的大棉纺厂第二次或第三次

① 本卷，第13页。

② 霍德：《沙甫慈伯里勋爵传》（Hodder, *Life of Lord Shaftesbury*）第2卷第19—21页所引用的格兰特：《十小时法案》（Grant, P., *The Ten Hours Bill*）（1866年版）。

③ 贝恩斯：《棉纺织业史》（1885年版），第207—208页。

出售时，它们虽有二万八千个走锭精纺机的纱锭，但是也有一万三千六百个“手力精纺机的纱锭”。[①]“由于成本过高，很少几家公司能购买走锭精纺机”，奥耳德姆棉纺工匠师傅联合会的一位秘书在很久以后这样写道，“所以手力精纺机是原则，而走锭精纺机却是例外”。[②]在五十年代初期，在像博耳顿那样的精纺区，走锭精纺机还很少使用，就是在纺织中等纱和粗纱的区域也还不是普遍的。[③]

在毛纺方面，正如上文所指出的，安德鲁·尤尔在1834年曾经称之为手工艺的初纺工序，一直没有什么变革。原来的“毛纺粗纱机”是像原来珍妮纺机一样的一种手操作的机器。接线童把梳毛机上出来的毛篠纱捻结起来，以供在珍妮纺机或精纺机上进行最后纺绩之前在毛纺粗纱机上进行粗纺。到了1850年，毛纺粗纱机可能是用动力运转了，但是为粗纺进行的吃力的接线工作却依然如故。甚至八年之后，利兹的爱德华·贝恩斯在英国协会描述这项地方工业时，还说毛纺粗纱机是通用的，虽则他也提到了可以省去毛纺粗纱机和接线童而把梳毛机同精纺机直接联接起来的那种“叫做搓条机的新机器”。[④]

为英格兰完成一项比走锭精纺机或许更加有决定性的纺织方面的发明恰恰是在1851年，当尼索普和利斯特改良了一种羊毛精

① 《经济学家周刊》1851年12月27日号上的广告。

② 录自1887年英国协会宣读的一篇文件，引证于克拉潘：《兰开郡棉纺织业》，第69页。

③ 克拉潘：前引书，第70页。

④ 录自1858年宣读的一篇文件，刊载于他所著的《约克郡的今昔》，第2卷，第632页。另参阅本卷，第12页和第83页。

梳机，这种机器在商业上立刻获得了成功。自卡特赖特时代以来
就已经有了精梳机，但是他的精梳机（Big Ben）虽然使手工梳毛工 31
大为惊慌，却既没有使他们破产，也没有给卡特赖特挣下一笔财产。手工梳毛工所做的活计还是比任何机器都精细。直到 1840 年左右，他们的地位仍然是相当安全的——虽则是由于机器而不是由于他们本身的缘故；因为他们这一行并不难学，而且内迁的爱尔兰人以及其他不熟练和半熟练的工人都已经开始改操此业。[①]继而有效的机器出现了。历经四十年代，在英国和法国终于成功的发明家——诸如当尼索普、利斯特、霍尔敦和诺布尔等——都在埋首钻研。埃耳曼首先获得成功，他的专利权以最优厚的利润卖给了英国的公司，不独可供毛丝工业使用，而且可供棉麻工业使用。利斯特和当尼索普采取了他的一项中心原则，虽则利斯特自称“在听到埃耳曼的专利证以前”，他们就已经掌握了有关这项发明的一切困难问题，但是埃耳曼的代表却在 1852 年拿到了一项判处他们犯侵害罪的判决书。第二年以诺布尔命名的那种梳毛机——虽则似乎主要是当尼索普的功绩——上市了；几年之后，利斯特的第二个合作者霍尔敦完成了另一种形式的梳毛机，这种梳毛机是他在 1847—1848 年或更早的时候就开始研究的。[②]

这两个人并不是单纯的发明家，他们都是第一流的工业组织者和战士，而且系出乡绅的利斯特是以相当的资本来创业的。他

① 詹姆斯：前引书，第 501 页。

② 关于专利证技术方面的故事，伯恩利的《羊毛和梳毛业史》中有最详尽的叙述。利斯特自称先于埃耳曼的说法见伯恩利的前引书第 221 页所引用的一篇公开演讲。

们具有欧洲人的眼光。在 1849 年他们在圣德尼共同创办了一个梳毛厂。不到几年的工夫利斯特就支配了这个行业。他按每部一千镑的专利费出售机器给毛纺业者。到 1855 年,他已经有了五个英国厂、三个法国厂和一个德国厂代毛纺业者梳毛。从来没有一种工厂工业在漫长的妊娠期一旦过去之后诞生得比它更快,也没有一种工厂工业成长得比它更快。到了 1857 年,当代的毛丝工业史学家詹姆斯就能以写道,"在毛丝部门中绝大部分加工的羊毛是用机器梳理的",并且能以补充说,"在目前梳好的羊毛之中绝大部分是用利斯特式机器进行的"。[①] 单单一部利斯特式机器就可以
32 轻而易举地做一百个熟练工人的工作,而且远比他们做得精细。梳毛工业就这样地机械化了。

在依存于主要纺织品的针织和花边工业中,非常进步的手摇机已经存在了几世纪之久。这类机器虽已使用动力,但只散见于各地,而且用于花边制造比用于针织品制造方面的要常见得多。用机器进行的花边制造在 1760 年和 1770 年之间就已经从用针织机进行的花袜制造中发展出来。[②] 不久之后又出现了"经线"机,这种机器,顾名思义,可以把一台织机上的经线同针织物的圈孔针脚联结起来。接着出现了许多型式精致的花边和编网机器。1816 年,机器破坏党工人在拉夫伯勒的希思科特工厂里捣毁的就是五

① 前引书,第 564、573 页。关于利斯特和霍尔敦的梳毛厂,参阅伯恩利:前引书,第 275、300 页。

② 一般的记述见费尔金:《机器针织和花边织制商史》(1867 年版)。关于十九世纪初期,另参阅尤尔:《棉纺织业》,第 2 卷,第 342 页及以下,第 420 页。

十五台这类的机器——即约翰·希思科特式的“管纱往返编网机”。他们的领袖詹姆斯·透耳以谋杀未遂罪在累斯特“在看上去热情洋溢地唱着赞美歌的广大群众……面前”处绞刑。[1] 希思科特在得文棉布业已经江河日下[2]的提佛顿买下了一个旧纱厂，并用动力运转他的新机器。他的公司在 1836 年雇用了一千二百名工人，在五十年代雇用了一千二百名至二千名。在这期间已经有很多其他的“花边”制造商仿效他的工厂方法，尤其是在诺丁汉一带。在 1831 年，全国计有二十二个动力工厂，大约装有一千台机器，直接雇用了大约三千工人。也有手力机工厂，装有大约五千台机器，但在针织物的整理和镶边工作方面还存在着很复杂的厂外加工制[3]。五十年代初期的动力使用范围或许是 1831 年的四倍；但是要讨论随时尚而转移的这样复杂的一种工业，是很难做到准确无误的。一个工厂可能使用动力，同时也雇用一半手工工人。它的货可能由“整理间”发给工作比“并条、松棉和梳棉方面”的女工集团做得多的“女工匠师傅”去加工，但是整个说来，这个行业比较小，动力工厂工作的绝对量是微不足道的。 33

在针织业方面，动力工厂工作还几乎无足轻重。早在 1840 年以前就已经有了“针织作坊”——没有动力的小工厂——和少数动

① 费尔金：前引书，第 238 页。

② 参阅上卷，第 45 页，注 3。

③ 费尔金：前引书，第 340 页。这些数字都是本人即从事这个行业的费尔金的个人估计。到 1840 年，在某一工厂视察区域中，手摇机和动力机的比例是二又二分之一比一。《纱厂和工厂审查委员会》，询问案第 3085 号。在 1843 年，“约有一半”花边织机是手摇机。《花边制造〔和〕……工厂条例报告书》(1861 年，第 22 卷，第 461 号)，第 6 页。

力针织厂[①]，但是当1844年威廉·费尔金主动进行针织机调查时，他发现整个工业——包括丝、棉和羊毛在内——"在一个屋顶下的针织机的数目平均……不止三台"。[②] 约有一万五千名工匠师傅和三万三千名散匠。工匠师傅作为一个阶级来说在经济上是不独立的。其中大多数是为针织商或针织商的中间人而劳动的，但他们却不是工厂工人。他们果真是工厂工人，那倒会好得多了。但是在四十年代末和五十年代初，到处编织宽货的"磨车式"机和编织无缝袜筒的环形针织机都使了动力，后者是老伊萨姆巴德·布鲁内耳在1816年发明的一种机器，但是由于故步自封并因怕同针织工人发生纠纷而被束诸高阁达三十年之久，直到1847年以后方始真正采用。[③]

只要能够设法把资本设备或雇用数字测定出来，那么英国其余大部分工业的机械化是怎样的不完全也就可以看出了。虽然有些巨型铁工厂这时已经在设备之中增添了内斯密斯蒸汽锤，虽然也有一些公司整体化到了包括自煤铁矿直至成品的整个领域，但只拥有一两个小鼓风炉的铁工企业仍是比较典型的。[④] 在各式各样的轻金属和刀具业中，则以非机械化的或租用动力的小型企业

---

① 《纱厂和工厂审查委员会》，1840年，第10卷，询问案第3108号："针织机近来已经用动力运转了。"

② 费尔金：前引书，第464页。

③ 同上书，第496—499页。

④ 参阅上卷，第428—430页。但是在1848年有57%的铣铁是22%的"铁工厂"制造的。方显廷：《工厂制度在英国的胜利》(Fong，H. D.，*Triumph of Factory System in England*)(天津，1930年版)，第140页。

占支配地位。有一个行业却在各处都有了转变。虽然有十二家钢笔公司平均各雇用一百五十四名工人[①]；但是累昂·弗谢尔在1845 年所写的关于伯明翰的情况对于伯明翰市内和附近一带还普遍适用——“像法国的农业一样”，它们已经“陷入割裂状态中”。[②] 在这里和其他各地，机械化工程业本身正在突飞猛进，它的最大的公司也正在很快地成长起来。但是在人口调查时填报了 34
雇用数字的六百七十七家英格兰和威尔士的引擎和机器制造商之中，虽则有十四家各雇用了三百五十多人，可是雇用不到二十人的有五百三十七家，不到五十人的有七十二家。[③]

在各港口和一些最大的城市中可以看到《经济学家周刊》所期以击败法国竞争的大蒸汽面粉厂。[④] 它并没有注意到它们既没有采取法国的“精磙”制度，也没有试用在佩思已经成功了若干年的辗粉机。[⑤] 它也没有提到自威廉一世时代编制土地丈量清册以来规模和厂址一直没有多大变化的一、两千家地方性的水力面粉厂，而其中有代表性的磨粉企业，即磨坊主，只雇用一、两名工人。铁路用木料的需求曾经鼓励了各港口蒸汽运转的锯木厂的建立和拓展，有一批就这一行业的规模而论算是相当大的木材商和锯木商

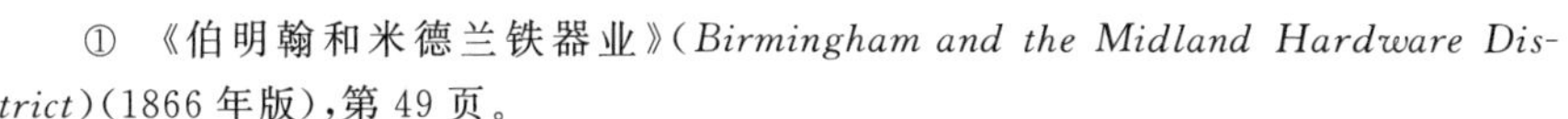

① 《伯明翰和米德兰铁器业》(*Birmingham and the Midland Hardware District*)(1866 年版)，第 49 页。

② 引证于上卷，第 175 页。

③ 《1851 年的人口调查》，“年龄和职业”，第 1 卷，第 276 页。在这个项目下的苏格兰数字是那样残缺不全，以致无法表列。参阅上卷，第 448 页。

④ 本卷，第 13 页。

⑤ 关于磙粉机的早期历史，参阅贝奈特和埃尔顿：《磨谷业史》(1898—1904 年)，第 3 卷，第 296 页及以下。在十八世纪英国就有了辗粉机的专利证。

自称雇用的人数在二十名以上；但是在填报的四百一十六家之中只有四家自称雇用的人数在五十人以上，大锯木厂的确是不常见的。

这里所引用的雇用报表必须小心地加以利用。“很多工人的雇主——在某些行业中几乎全部——虽没有遵照”[①]指示填报，但是这些报表也包括了将近七十五万名工人，它们不但是可从中得到有关十九世纪中叶纺织厂以外的企业单位的正确材料的仅有的一些数字，而且就某些工业来说，也有足够多的报表来提供一个很不错的统计范例。下页简表中只引证了确实能提供这样一个范例，关乎具有头等重要性的行业，并且同用其他方法大体得知的实际情况也相符合的那些统计数字。[②] 第三栏中的数字是模糊的。
35 其中包括自称没有工人和不耐烦填报工人数目的那些工匠师傅。就这类人数最高和最低的行业（如鞋匠和建筑师）来判断，似乎它基本上是由自己单独操作的工匠师傅构成的，虽则棉纺织业的数字不容作这样的解释。在这些工匠师傅之中究竟有多少是发料的雇主的厂外加工工人，从这些数字中看不出。雇主也没有说明他的工人是否在他的场所劳动。这些数字只是工业组织领域内的一些指路标，而不是一幅地图，但却不失为有用的指路标。

显然，就工匠师傅、散匠和学徒的名称仍然相当明确的那些手艺行来说，数字虽非详尽无遗，也差不多是完全有代表性的。铁匠和车轮匠的数字说明了这一点。成衣匠和鞋匠的数字则比较麻烦，

① 《1851 年的人口调查》，《磨谷业史》。

② 原件载有更多的细目和更多的行业。

1851 年英格兰和威尔士填报数字的雇主和某些行业的雇工一览表

Ⅰ	Ⅱ	Ⅲ	Ⅳ	Ⅴ	Ⅵ	Ⅶ	Ⅷ	Ⅸ
行　业	填报数字的工匠师傅	没有工人或没有填报人数	1 至 2 人	3 至 9 人	10 至 19 人	20 至 49 人	50 至 59 人	100 人以上
成衣匠	10,991	4,239	3,852	2,456	343	80	10	1
鞋匠	17,665	7,311	6,016	3,644	444	181	38	31
发动机和机器制造匠	837	160	152	295	90	72	49	34
建筑师	3,614	292	417	1,541	701	498	113	52
车轮匠	2,057	670	982	33	20	11	1	—
制革匠	349	31	41	147	68	39	8	5
呢绒制造	1,107	131	199	329	156	179	41	82
毛丝制造	154	27	14	24	20	26	12	31
丝绸制造	272	36	30	72	22	37	29	46
磨坊主	2,394	403	1,147	722	84	23	13	2
啤酒酿制者	776	120	228	319	67	34	3	5
花边制造	317	58	54	123	28	26	9	19
棉货制造	1,670	482	81	174	124	216	172	411
陶器制造	378	68	68	112	31	56	7	36
铁匠	7,331	2,282	4,035	967	31	15	1	—

因为其中掺杂进厂外加工和小店主的因素；但是它们却充分表明了大成衣企业的罕见以及在靴鞋制造业中相当数目的大型的—— 36
事实上是厂外加工制的——企业和无数修鞋匠及小手工零售商的并存。工程业的数字已经讨论过了。建筑业的数字对于特别不容易以固定不变的眼光去观察其变动的一个行业史，是一个非常有价值的贡献。[①] 它们十分清楚地表明了砌砖匠和木匠师傅怎样作

① 在 1861 年《社会科学协会的行业公会报告书》(*The Social Science Association's Report on Trade Societies*)第 53 页中载有 1860 年伦敦建筑业的一些差强人意的数字。

为一个建筑师而带同少数几个工人去开始经营，怎样往往归于失败或一无发展，又怎样有时也变成一个殷实的雇主或偶尔跻身于建筑业的大包工集团之列。有五个行号自报是拥有三百五十多个工人的雇主。

制革匠正开始变动。三十年前，就所得而知的来说，它们一直是毫无例外地以极小的规模经营的。① 它还没有受到无论是机器或者变革的影响。正如莱昂·普累费尔不胜其诙谐地说，要是家住在焦帕海滨的那位制革匠西蒙能活到在大博览会上一竞其所长，"无疑地他会得到一枚奖章"。② 但是对皮革的需要从没有减少过，尤其在用它大量供作机器轮带和千百种用途之用的北部工业区。所以，典型的制革匠虽然仍只不过是雇用三至九人的雇主，但已有少数上升到最大的企业集团之列。

在纺织业的数字中，毛丝方面的数字显然是残缺不全的，虽则也许具有代表性，呢绒方面的数字同棉纺织的数字相比则很有启发性。呢绒业的整个第四和第五两栏都是残存的家庭织呢工，第六和第七两栏则是棉纺织业中也很有代表性的小工厂。呢绒业的第八和第九两栏同棉纺织业的第八和第九两栏之间的对比是相去悬殊的。棉纺织业第九栏包括雇用数字在三百五十人以上的公司一百一十三家，而呢绒业第九栏则只有二十一家。针织品制造业的数字所以没有开列，则是因为调查委员把针织品的制造同零售混为一谈了。

① 参阅上卷，第 170 页。

② 《1851 年博览会演讲集》，第 1 卷，第 175 页。

陶器显示出一种相当发展的工厂制度，虽则由于工序的性质它是不大使用动力的一种制度。从数字中可以看出，集中的程度比呢绒业稍稍大一点，但是不如毛丝业，更加不如棉布业。在磨粉方面，在以显而易见的大蒸汽磨粉厂那个很小的集团、或许全部是由蒸汽运转的大约一百个很有规模的磨粉厂集团以及一般多半是用水力 37
运转的那个比较大也比较有决定性的集团为一方，以磨坊主偕同他的伙友和店童经营的旧式磨坊的广大群体为另一方之间的对照，是非常鲜明的。在啤酒酿制业的数字中，最高一级显然有重要的遗漏；但是在相当大的旧式啤酒酿制厂中也可能有三四十人劳动，所以从第七栏至第九栏的数字和或许第五栏的一部分数字中可以看出向来所谓的手工酿制者，也就是自行酿制并且在二十年前供应了全国很多地方所售啤酒大部分的自酿酒店业者的普遍存在。[①] 事实上，1853 年在英格兰和威尔士共有啤酒酿制者二千四百七十人，消费麦芽达二千一百万蒲式耳，自酿啤酒的酒店业者和啤酒销商三万一千人，消费麦芽达一千一百万蒲式耳。伦敦有七十九个啤酒酿制业者、一个自酿啤酒的酒店业者和六十一个自酿啤酒的销售商。[②] 在这一场合下，1851 年数字中所举的这一行业的范例是不适当的，很有低估小企业重要性的倾向，这也许是因为有很多酒店业者和啤酒销售商原来没有自报为啤酒酿制者的缘故。

不多年前曾经有过这样一个时期，在那个时期中，工程业在一

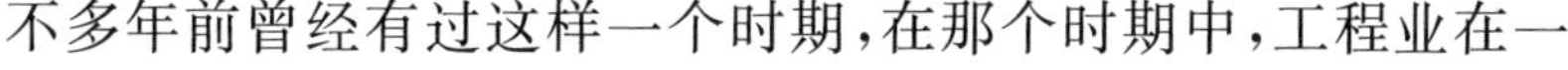

① 见上卷，第 170—171 页。

② 1853 年国产税收表，见《报告和文件》，1854 年，第 65 卷，第 325 页。

次职业调查中不会留下什么痕迹，在彼得曼之类的地图上也未必会加以标识。同样，在 1851 年，对于将来会有特殊重要意义的少数年轻工业也没有任何官方记载，一部分固然是因为它们数量很小，但主要也是因为官方还没有认识到它们的重要性。其中主要是处理一直被忽视的废料或无法利用的或不得而知的原料的那些工业。自从开始利用动物身上的废料制胶和利用废麻造纸以来，就有了废品工业；其中之一的造纸业，尽管同垃圾箱和"拾垃圾"的人结下不解之缘，却取得了一定的清高地位；但只是在十九世纪，而且一般说来只是在十九世纪后期，废品工业才独立起来。正如世所共知，有两种迥然不同的人物在为促进这种工业而努力：一种
38 是拿着粪耙在垃圾堆里找廉价代用品和收入的人，一种是探求事物的真理和功用并且认为没有一种东西是寻常的和不清洁的科学家。恐怕这两种人在史学家看来只不过是一种人物的两方面而已，因为收入和功用正是同胞兄弟，而货物的减价正是清洁的侍女。

几世纪来，廉价代用品一直是行会和政府以法律禁止的一项著名的弊端，尤其在纺织业方面。在行会很少而法律又不易推行的贫瘠边远地区，这种廉价代用品使用得最多。约克郡的呢绒商多半是用粗毛"以及麻和线头"织造呢绒。[①] 在 1821 年试图迫使他们转业的那些法律的最后残余废除以前，[②]他们已经开始使用现代的"掺杂物"——碎绒，也就是翻造毛。约克郡的传说把 1813

① 希顿：《约克郡羊毛工业》(1920 年版)，第 145 页。另参阅第 97、131 页。

② 见上卷，第 339 页。

年作为发现翻造毛的年份，这确是采用廉价代用品的一个适当的年份——十九世纪物价最高的一年。[1] 在伦敦，为马具店把废绒碾成毛屑的机器在这个日期以前就已经使用。最早的和唯一的一位废绒史专家认为这种机器不是 1770 年左右英国造纸业从大陆运入的废布碾磨机的改良，[2]就多半是同 1801 年苏格兰人的一项用碾碎的“旧衣物制造丝绸”的专利权有关，这种揣测是不无道理的。[3] 在巴特莱、杜斯伯里和布里季候斯，约克郡第一批使用这种机器的人都是特别守口如瓶的。

到了 1828 年，新的“掺杂物”已经在国会洞鉴之中。伦敦的羊毛商告诉那一年的上院羊毛贸易委员会说，为供杜斯伯里方面使用，早已有大量废绒进口。据他说，这种翻造毛都是掺进“低级地毯和毛毯”，即“非供穿着用的货物”中的。第二个证人说，从来没有把这类废绒掺进“外面穿着的”东西。使用这类废绒的第三个证人承认“供习艺所用的”衣料是用废绒制成的，“为买不起好衣料的 39
下等人穿着的”廉价“粗呢”料也是用一部分废绒和毛屑掺和在新毛里织成的。制造这种东西的机器，据他们中间的一位证人解释说，叫做“制造商的魔鬼”。[4][5]

---

[1] 朱布，塞缪尔：《翻造毛业史》(Jubb, Saml, *The History of the Shoddy Trade*)(1860 年版)，第 17 页。在 1828 年以前“十年或十五年以前”，伯斯塔耳的约翰·努塞的词证，见《上院羊毛业审查委员会》，1828 年，第 248 页。

[2] 朱布，前引书，第 19 页。关于造纸机，参阅斯派塞：《造纸业》(1907 年版)，第 55—57 页。

[3] 华尔纳爵士：《联合王国的丝绸工业》(Warner, Sir F., *The Silk Industry of the United Kingdoms*)(无出版年月，实际上是 1921 年)，第 426 页。

[4] 原文是 manufacturers' devil，即摧裂机之意。——译者

[5] 《上院审查委员会》，第 86、54、141 页。

这个名称，连同它的派生物“魔鬼的垃圾”[①]是愤世嫉俗的知识分子和宪章运动演讲家的一个意外幸事。印刷业者和律师各有其魔鬼[②]，而废料碾磨机却制造碎绒。翻造毛，如使用合理，并不比向来掺和进廉价呢的各种废毛更差，也不比用来造纸的废料更糟。“粗呢”比粗斜纹布、旧衣服或托马斯·卡来尔的《往事》(*Past*)中的粗麻布这些可供选择的东西更能使“下等人”保暖。废绒并不总是合理使用的，碾磨碎绒是一种既不愉快又往往不卫生的工作，翻造毛一词倒多半是名副其实的。但是其中也有欺诈和在用废纸代替牛犊纸时大概就已经有的那种“非法”利润。但是废羊毛这种东西并没有什么可令人望而生畏的。如果它不曾被发现，那么十九世纪后期一定会更冷些或更污浊些，或两者兼而有之。

在1828年和1850年之间，依然为英国人所垄断的这种废毛的使用，正在卡尔德河和埃尔河两河谷之间的“厚呢区”私下里不胜其羞答答地扩展着。最初只是把毛袜和法兰绒之类的柔软废料撕成碎绒。从大约三十年代中叶起，摧裂机就已经用于密厚的毡料、旧制服、大呢和成衣店的碎绒了。它把它们更缓慢地撕成为“碎毛”。接缝的地方和撕不开的布头则在腐烂之后同真正的碎绒这种无法纺绩的残屑一并用作忽布园的肥料。到了五十年代，碎条已开始按不同的颜色分别保存，供作制造“毛粉”糊墙纸之用。所以这位独一无二的史学家在九年之后写道，“属于废料和翻造毛

① 原文是devils'dust，即碎绒之意。——译者

② 原文是printer's devil和barrister's devils，都是幼年学徒之意。——译者

系统的东西没有一件是没有价值或没有用处的”。[①]

由于废绒同纯毛制造业的密切但多少带几分秘密的联系，工厂视察员和人口调查员在他们的统计数字中遗漏掉了这一行。但是一个独立的工商业组织却早已存在。在横贯巴特莱的那条新铁 40
路的旁边，正规的废料销售是在五十年代早期“按照和伦敦的殖民地羊毛销售完全相同的计划”组织起来的。[②] 废料是由来自巴特莱和杜斯伯里的移民大量输入，甚至在国外“碾磨的”。整理废料的特殊集团和买卖翻造毛的行号已经发展起来。后者不是自备摧裂机就是把废料委由别人替他们碾磨。呢绒制造商原来都是自磨自用，而且常常继续这样去做，但是现在已有很多废毛供这项业务的发祥地以外的地方出售和使用了，因为在五十年代，“碎绒”已“渐渐溜进了细呢制造区”[③]，因而有了专家去采办。但是很多废毛不是不掺和多少新毛就用于衬里料、粗呢、“习艺所呢”、“犯人呢”、“奴隶呢”和初加以使用的廉价毛毯，就是——而且多半主要是——以新毛作胎而用之于已成为这一区大宗产品的经久耐穿的“领港呢”。

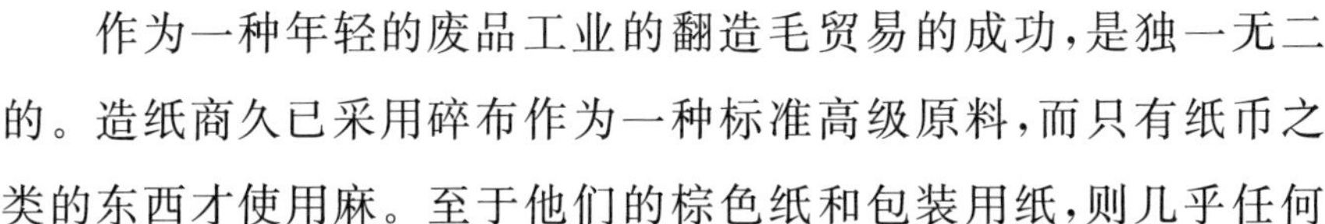

作为一种年轻的废品工业的翻造毛贸易的成功，是独一无二的。造纸商久已采用碎布作为一种标准高级原料，而只有纸币之类的东西才使用麻。至于他们的棕色纸和包装用纸，则几乎任何

① 朱布：前引书，第 24 页。朱布所提出的“旧绒”的传说的日期是 1834 年。传说来源是：当工人说硬碎绒不好时，约克郡的雇主说“好用”。

② 朱布：前引书，第 36 页。

③ 诸如哈德兹菲尔德，同前书，第 30 页。

一种菜蔬的废纤维都可以合用；但是也许除开某几种纸用并非废品的中国胶泥“涂抹”外，近来一直没有任何重要的新发明。① 因为大陆上的大多数国家现在都极力把他们好的废纸保存在国内，所以英国对于合用的原料作了很彻底的搜寻。虽然试制过马粪纸，但是任何新的废料都没有找到。制胶业者、糨糊制造业者、兽角兽骨工、煤烟制造业者、肠线扭股业者和用牛毛刷的墁匠等等对于动物身上的废料的标准用途并没有学到什么新东西，虽则作为一种工业的骨肥制造只是最近的产物。② 不列颠大抵还是听任它的废品糟蹋掉的。黑油中所含的一切功用都还没有被化学家揭露
41 出来。它把成千上万吨未完全消费掉的煤炭送进大气中去污染天空、损害城市的健康和建筑物，正如把洗毛槽中的丰富油脂和城市中许多可以肥田的家庭垃圾送去污染它的川流和运河一样。但是早在1850年以前就有一些聪明的农场主利用把爱丁堡的“污水坑、阴沟和厕所的大部分东西”带下来的福耳·伯恩河去灌溉霍利罗德附近的田野了。③ 它的焦炭常常是在露天燃烧着的成堆煤炭中制炼的，而从不顾虑到什么热力或副产品的节约。④ 它的鼓风炉一直是何其壮观地、毫不吝惜地燃烧到深夜。在1851年，这些鼓风炉对于“废煤气”多少加以利用的“还不到半打之数”。⑤ 这却

① 参阅斯派塞：前引书，第12、26页；另参阅上卷，第325—326页。

② 见上卷，第456页。

③ 查德韦克的《劳动人口的卫生状况报告书》，1842年，第48页。

④ 参阅洛席安·贝尔迟至1851年对这种形式的废料所提的抗议，见《英国机械学会会报》(*Trans. Inst. Mech. Eng.*)，1881年，第432页；再度提出于1884年，见所著《钢铁制造原理》(*Principles of the Manufacture of Iron and Steel*)，第50页。

⑤ 普累费尔，莱昂的讲演，《1851年博览会演讲集》，第1卷，第169页。

至少是一个开端，纵使是一个小小的开端，但并不是一种新工业的创始。

在凭靠新原料或新近可加以利用的原料，但依然很年轻，而且小到可以从通常统计的网眼中漏出去的那些工业之中，就重要性而论，无疑应首推橡皮工业——照知识分子以至实业家仍然喜欢用的这个称呼。① 橡皮"现在几乎是一种生活必需品了"，1851 年博览会的一位演讲员这样说。② 然而，它在那一年的非常缜密的人口调查数字上也还没有留下丝毫痕迹③，从对外贸易报表中也只能看出，这项必需品的进口已从公布的记录最初加以考虑的 1846 年的一百五十吨，经过 1848 年的二百九十吨而增加到 1850 年的三百八十吨。这项工业在当时也只有二十五年多一点的历史。眼光远大的人在十八世纪五十年代科学刚刚对它真正有所了解的时候，就已经看到了这种奇妙物质的种种可能用途。南美的印第安人已经给我们指出了一条路。"On en fait des bottines impénétrables à l'eau, des balles qui rebondissent avec beaucoup de force,"（我们可以用它做不透水的短筒靴，弹力很大的皮球），

① 关于它的早期历史，参阅汉考克：《马来橡胶或印度橡皮的制造在英国的起源和进步的亲身见闻录》（Hancock, T., *Personal Narrative of the Origin and Progress of the Caoutchouc or India Rubber Manufacture in England*），1857 年版。另参阅柯林斯的论文，见《英国制造业》（*British Manufacturing Industries*），1878 年版，第 7 卷，第 97 页。

② 索利：《印度橡皮或马来橡胶》（Solly, E., *India Rubber or Caoutchouc*），第 1 卷，第 255 页。

③ 雇用人数一直是比较小的。在 1911—1921 年这十年中才刚刚增加到二万五千多人。《第十八次统计摘要》，第 27 页。

42 杜尔哥在 1769 年这样写道[1]；也可以做“peuvent servir de seringues”（可供作灌肠用的）有弹性的瓶子。我们也可以做有伸缩性的皮管、外科用绷带、“la machine pneumatique”（空气发动机）的活门、防水布和帐篷等很多有用的东西。不幸，“la gomme élastique”（弹性橡胶）还是罕见的。他本来可以补充说，如果他了解的话，它在机械上既很难处理，在化学上也是很棘手的。

五十年来只有少数化学家进行了橡胶的试验，少数发明家领得了毫无价值的利用橡胶的专利证，另一些人则用它去擦铅笔字迹。在 1820 年，其中有一位发明家，伦敦的托马斯·汉考克领得了一项松紧袖口的专利证。三年之后，格拉斯哥的查尔斯·马金托斯领得了防水漆的专利权，这是以化学家早已知道的橡胶可溶解于石脑油这一事实为依据的。由于使橡胶成为可以在机器上处理的东西，汉考克真正创立了一种工业。在他能以用他的“碎胶器”把它们摧裂或压碎之前，他很难把材料的碎块联结起来，因而无法制成他所要求的式样。所谓“碎胶器”就是在有凹形齿的实心滚筒上运转的一种有凸形齿的实心滚筒，同翻造毛制造者的摧裂机并非完全不同的一种东西。他用这种东西私下里为自己工作了十二年左右，在这期间他领到了外科用绷带、软管和水垫之类图戈持所预见到的那些东西的专利证。啤酒酿制者巴克利号不顾“软皮管制造者的纷纷反对”而首先采用了橡皮管。[2] 如今司空见惯的种种用途一个接一个地登记下来了。到了 1885 年，碎胶器这种

① 《全集》(Œuvres)（舍耳版），第 3 卷，第 103 页。

② 《亲身见闻录》，第 61 页。汉考克和马金托斯均见《英国人名词典》。

比较简单的秘密已经公开，但是这项小工业仍然是唯汉考克号的马首是瞻。

人们一直苦于橡皮货这种物质化学上的缺点，冷度稍差一点它就会变硬，热度稍差一点又会分解，并且会快慢不同地分解在包括人的汗水在内的不同油脂里——虽则在前一场合下溶解得很慢。这一事实可能有助于说明何以早期的橡皮雨衣和胶鞋遭到了医学界的反对。托马斯·汉考克一直在用他的橡胶进行各种化学合成的试验。从大约1840年起他就用硫黄进行着种种秘密试验，到1843年他已经在请领“橡皮硬化法”的专利权了，这种硬化法——连同其他方法——产生了大博览会的橡皮雕像。① 他总说，要认为在这项最后的发明出现以前没有大量使用橡皮，那是误 43
解。早在1837—1838年，据他说，他的公司就常常每星期使用三四吨。② 他并没有说明“常常”到怎样的程度，然而从进口数字中可以看出消费的真正上升开始于什么时候。他的“弹性硬橡皮”能以抵抗普通橡皮所经不起的温度，不论是上升或下降，因而在一个机械化时代它才有了作为必需品的地位。单单举一个当时的著名

① 据说在1842年他就研究过和他同时代的美国人查尔斯·古德伊尔用秘密方法“制成的”某种橡皮，而这项发明在美国照例是归功于古德伊尔的〔例如博耳斯：《美国工业史》(Bolles, A. S., *Industrial History of the United States*)，第485页〕。此外还有一个以发明者自居的德国人，兴德斯道夫，见《英国制造业》，第7卷，第135页。最稳当的办法或许就是把这项功绩平分给古德伊尔和汉考克，见勒瓦塞：《1789年至1870年的工人阶级和工业史》，第4卷，注556，虽则古德伊尔利用硫黄确实是在汉考克领得利用硫黄的专利权之前。意义深长的是，1855年的北英格兰橡皮公司的机器和资金都是来自美国的。布雷姆纳：《英格兰的工业》(1869年版)，第363页。

② 《亲身见闻录》，第140页。

例子来说，它供作活门用的这项用途就大大有助于船用高速螺旋发动机的采用。[①] 各种不同程度的无弹性硬橡皮也在寻找数不清的种种用途。因此，橡皮的进口在 1846 年仅一百五十吨，而在 1850—1859 年将是：

	吨　数		吨　数
1850	380	1855	2,230
1851	760	1856	1,440
1852	980	1857	1,100
1853	870	1858	1,250
1854	1,380	1859	1,060

从 1846 年起汉考克号就在斯特腊特弗德·勒·布有了橡胶厂。在那里他们还掌握了一种更新的原料，即马来橡胶。[②] 在 1842 年新加坡的蒙哥马利博士才刚刚唤起英格兰公众对这种橡胶的注意，但是到了 1845 年，需求就迫切到了在马来半岛把树木乱砍乱伐的地步。1845 年正是马来橡胶在伦敦第一次正式出售的那一年。汉考克厂采用了这种新原料，经过试验和处理，开始提出了外科和其他用途的样品。这时恰好在试装海底电报，于是马来橡胶立刻被维尔纳·西门子采用作为海底电线的包皮。他在 1847 年把它用于横贯莱茵河的一条试验性的海底电线，在 1848 年又把它用于基尔港。它曾经先后用于 1849 年的哈德孙海底电线和 1850—1851 年的多佛尔—加来海底电线。威廉·西门子曾
44 经在 1850 年 3 月把它推荐给英国电话公司，并且为它的制造作好

① 《1851 年博览会演讲集》，第 1 卷，第 409 页。

② 在《英国制造业》第 7 卷第 72 页及以下各页中有柯林斯最初使用的第一手记述。关于汉考克的成绩，参阅《维多利亚地方志，艾塞克斯郡志》，第 2 卷，第 495 页。

安排。[①] 发展成为大工业的条件渐渐成熟了。在 1852 年，西尔弗公司把他们的防水材料厂从格林威治迁移到泰晤士河对岸去同汉考克厂合并。并开始大规模地制造橡皮和马来橡胶。起初它们“各种形式的硬化和非硬化印度橡皮”的广告都是从“北乌里治”发出的，到了 1858 年，标题则是“西尔弗城”了。[②]

在十九世纪蒸蒸日上的，实际上已经兴隆的水泥工业很难列入以迄今仍是废料或新原料或无法利用的原料——虽则一直还有无法利用的成分——为基础的那类工业之中。但是它却像翻造毛和橡皮一样地被 1851 年编制所谓仿造和经营皮革和羽管的小工业一览表的那些人口统计员忽略掉了。它也像橡皮一样，由于未来的发展而具有同 1851 年它的职业集团和它的企业单位的规模不成比例的重要性。它的过去和现在就是以经验为基础而进行试验的那种小型的、稍稍机械化的工业的过去和现在。它已经随着前六十年的新港口、运河和铁路工程的发展而发展起来。[③] 十八世纪虽然不懂什么“水硬”（即抗水）水泥，但是靠了煅烧黏土质石灰石的方法，已经产生了如今所谓的水硬石灰，其中有一些在构成上和现代的波特兰水泥非常近似。在泰晤士河三角洲的伦敦黏质

① 波耳：《威廉·西门子爵士传》（Pole, W., *The Life of Sir William Siemens*）（1888 年版），第 86、113 页；琼斯：《钢铁时代的制造者》（Jeans, W. T., *Creators of the Age of Steel*）（1885 年第 2 版），第 194 页；波耳：前引书，第 436 页；克拉潘：《法国和德国的经济发展》，第 157 页。

② 《经济学家周刊》1858 年 3 月 27 日号中的广告。

③ 《大英百科全书》，第 11 版，“水泥”条；巴特勒：《波特兰水泥》（Butler, D. B., *Portland Cement*）（1899 年版）。关于港口工程，参阅本卷，第 520 页及以下。

土上，和这种构成相同的石灰球一定是常常被送进石灰窑去煅烧的。它们或许经过煅烧之后不期而然地产生了一种水泥。碎开来的黏土和石灰石提供出一种石灰、矽土和矾土的混合物，这种混合物在加热到化学上的混合点之后，再加以碾磨，就是一切水硬水泥的原料。在1796年，肯特郡诺斯弗利特的詹姆斯·帕克领得了后来叫做“水泥石”的那种东西的非常简单的处理方法的专利权。[①]擅长宣传的帕克一直把他的产品叫做罗马水泥。

45 伦敦黏质土的一般“水泥石”，除开许多其他的东西外，确实包括一些硬化得很快但凝结得不很牢固的基素[②]，因而搜求水泥石的工作就开始了。水泥石可以挖掘，或者用比较省钱的方法去捞取。挖掘工作在艾塞克斯的黏土崖上进行最为方便。结果这些黏土崖大遭其殃。在十八世纪初叶，捞取工作变成了泰晤士河、布拉克沃特河和斯土尔河上的一项重要工业，在1850年左右有几百艘渔船赖此为生，虽则到那时这个行业已日趋衰落了。[③]

“罗马水泥”的需求在命名差不多同样好的“波特兰水泥”出现以前就衰退了，“波特兰水泥”显然是1824年领得专利证的一个名叫约瑟夫·阿斯普丁的利兹石匠所命名的，因为波特兰石是一种好东西，所以他的水泥也是，而且看上去也很相像。[④] 大自然所混合在水泥石里面的，原来正是经过煅烧和碾磨的石灰和黏土这些

① 《维多利亚地方志，艾塞克斯郡志》，第2卷，第405页。

② 巴特勒：前引书，第3页。

③ 《维多利亚地方志，艾塞克斯郡志》，第2卷，第405页。

④ 参阅1924年报刊上百年庆典的通告，例如《观察家》杂志1924年11月7日号。

物质的混合物。阿斯普丁把它当作约克郡的一项真正秘密,据传他的儿子是在威克菲尔德二十尺高的围墙后面进行工作的。另一些人一直在泰晤士河畔研究着这个比较触目的问题。当他们在阿斯普丁还在那个天然不是理想水泥制造区保守糁粉法秘密的当口就解决了这个问题时,他的专利证的优先权在历史上也就无足轻重了。到 1833 年左右,查塔姆的陆军少将帕斯利爵士和诺斯弗利特的弗罗斯特公司已利用当地的材料——白垩和米德威泥——制出了上好的水泥。[①] 虽然对于各种成分的化学知识尚不完全,虽然它们的煅烧和化合也有缺点,碾磨非常不完善,但是在任何一种水泥都被认为是很不错的时代里,这种用已经控制的原料进行制造的方法就恰好风行了。经过反复试验,能以产生最大强度的混合物终于找到,水泥也制造得相当划一了。在 1850 年左右,在米德威它的这个发祥地渐渐成长起来的"波特兰"工业已开始为出口而工作。

最初海关当局没有编制任何报告,但据悉,在 1853 年有二万一千吨出口,价值四万六千镑,到 1860 年已上升到七万九千吨,价值二十一万五千镑。[②]

从组织方面来说,十九世纪中叶的水泥工业是同开采白垩和 46
烧石灰这类简单的非熟练劳动的工业归为一类的。其中大部分工人在 1851 年多半自行简单地填报为工人。在煅烧以前已经由人工处理过的这种烧好的材料是先用人力锤碎,再车到磨盘去碾磨,

---

① 巴特勒:前引书,第 2—3 页。

② 《贸易年报》(*Annual Statement of Trade*),1854—1855 年,第 51 卷,1861 年,第 60 卷。五十年代的出口大部分是输往法国的。

然后送到堆场。此后二十一年一直没有采用过什么节约劳动力的重要办法；大企业单位的出现还远在未来；这种煅烧得既差，碾磨得又不精细的产品，其产量之巨是四十年后“真正投机建筑商”[①]都会敬谢不敏的。但是，尽管如此，像五十年代的其他许多英国产品一样，它在国内既没有要去抵抗的竞争，而且在国外还拥有类似垄断的优势。

① 巴特勒：前引书，第 4 页。节约劳动力的第一个重要办法直到 1872 年方始出现。

第三章　工业变革的过程，1850—1886年 47

从1880年回顾自他的《建筑学上的七盏灯》初版问世以来那三十一年间英国人的生活时，约翰·腊金斯写到了他当时“目睹其迅速发展并从那时起已经把我们的大好英国变成为戴铁面罩的人”的那种“铁的气质”。①（在他执笔时，这种铁面罩又显而易见地渐渐变成为钢面罩了。）这种“铁的气质”可以远溯自1849年以前，正如他所暗示和我们所了解的那样。在二十年代时，外国人就已经看到在碾压英国公园散步场的“巨型铁碾”中表现出的这种气质了。② 在1848—1849年这种气质刚刚发展起来的时候，世界上就大概有一半的铣铁是大不列颠生产的，而对于它是否有力量维持这样庞大的一个产量在1853年就有人表示怀疑③。但是在此后三十年间它把产量又提高了三倍，并且它的生产继续超过大大工业化了的世界全部生产达十八年之久。而且它已经从一个经验主义时代，从溯自1828年④以来就没有取得任何重要进展——至

---

① 《建筑学上的七盏灯》(1880年版)，第70页注。

② 杜宾：《大不列颠的商业实力》(1825年英国版)第1卷，第165页。

③ 参阅上卷，第425页。

④ 当时纳尔逊采用了热鼓风炉。参阅上卷，第51、426页。

少在钢铁制造的基本方法方面——的一种技术之中，过渡到了这样一个时代，在这个时代中，不独铁、矿渣、焦煤、煤气、钢和温度都可以用准确的方法去研究，而且对于同贝塞默尔、西门子和托马斯的发明有关的整系列的问题无不予以正视了，虽则已经登峰造极的还不多。在约瑟夫·惠特沃思的领导下，五金工人正在学习着准确性。冶金术和五金工人在现代制造业史上已经占有绝对优越地位。在任何一代之中，那种优越地位都没有这样显而易见。

在1830年至1850年这二十年之中，一度是无关重要的生产区的苏格兰西部已经变成不列颠四分之一以上铣铁的产地了。在斯塔福德郡，熔铁炉已经停止鼓风，南威尔士已经失去了它的支配
48 地位。[①] 但是据知苏格兰最优良的铁矿石，“碳铁矿”的蕴藏量是有限的。正是由于这种认识，再加上人们抱有早期铁路时代的那样一种直觉的信念，以为这种一往直前的步伐一定是一个过渡状态，所以那个时代的铁业史学家在1853年才有这样一种设想：“除非能有目前不得而知的矿场投入生产”，“我们就非倒退不可”。[②] 但是苏格兰还是设法增加铁“产量”又十七年之久，虽则它在英国的全部“产量”中所占的份额已不如他执笔时那样大了；[③]而且早

① 见上卷，第425—426、第428—430页。

② 斯克里夫纳：《铁业史》（1854年版），第6页。

③ 据洛席安·贝尔的计算，在1830年曾经占全部产量5.52%的苏格兰“产量”，在1852年是28.69%，1855年25.74%，1870年20.5%，1880年13.53%。参阅《工商业萧条调查委员会第二次报告书》（1886年），第1编，第320页，他的备忘录的附表一。这项备忘录重又以《同其他主要产铁国比较下的英国铁业》（*The Iron Trade of the U.K. Compared with That of the Other Chief Iron-producing Nations*）这个书名刊行，1886年版，转引于贝尔：《铁业史》。

已有新矿场投入了生产。土煤层铁矿规模既有限而产量又不很丰富的南威尔士已经挖掘到了坎伯兰和福内斯的赤铁矿"矿穴"。[①]在初次搜集 1854 年度的正式矿石统计数字时，似乎在那一年曾经开采了平均含铁量约为 55%的这种矿石五十多万吨，它几乎全部是装运出口的，一部分运往斯塔福德郡和苏格兰，而大部分运往威尔士。[②] 自 1836 年起，克利夫兰的贫瘠得多的黑侏罗纪铁矿石——含铁量平均仅 30%——已经在惠特比上面的埃斯克河流域中正式开采，并且先后运往太恩河和提兹河去掺和当地的煤层

	吨　数	1855 年	1865 年	1875 年	1885 年
斯塔福德郡	所采矿石	2,500,000	1,485,000	1,654,000	1,830,000
	所产铣铁	855,000	899,000	712,000	545,000
威尔士和蒙默思	所采矿石	1,665,000	485,000	538,00	68,000
	所产铣铁	871,000	917,000	597,000	833,000
苏　格　兰	所采矿石	2,400,000	1,470,000*	2,452,000	1,838,000
	所产铣铁	827,000	1,163,000	1,050,000	1,004,000
约　克　郡：	所采矿石	255,000	575,000	354,000	127,000
西　莱　定	所产铣铁	91,000	123,000	267,000	166,000
东　北　区	所采矿石	1,155,000	2,882,000	6,182,000	5,972,000
	所产铣铁	298,000	1,012,000	2,049,000	2,478,000
希　罗　卜　郡	所采矿石	365,000	274,000	240,000	178,000
	所产铣铁	122,000	117,000	121,000	45,000
坎伯兰和兰开郡	所采矿石	538,000	1,504,000	1,983,000	2,438,000
	所产铣铁	17,000	312,000	1,045,000	1,384,000
德　尔　比　郡	所采矿石	409,000	350,000	218,000	18,000
	所产铣铁	117,000	189,000	272,000	361,000
林肯郡和北安普敦	所采矿石	74,000	489,000	1,660,000	2,349,000
	所产铣铁	—	26,000	192,000	426,000
所用外国矿石		—	—	738,000	3,313,000

*　这项数字可能有严重错误。

① 见上卷，第 50、189 页。

② 第 1 次矿产报表，见《报告和文件》，1856 年，第 55 卷，第 469 页及以下各页。

铁矿进行熔炼。[①] 到了1850年，东北区的产量已经提高到十五万吨左右。在那一年，约翰·伏恩肯定黑侏罗纪铁矿的主要矿层是横穿克利夫兰的丘陵而来，直到同潮水和米德耳兹布勒的南达拉姆焦煤接触时为止。他的公司早在四年前就在焦煤和泥滩铁矿附近的威顿公园建置了熔炉。1851年克利夫兰的铁矿石开始向这
49 些熔炉移动。熔炉随即进入了米德耳兹布勒。[②] 兹将作为铁矿产地和产铁地的主要铁业区的今后起伏情形简述如下[③]：

除坎伯兰和福内斯的赤铁矿平均为55%外，这一时期英国所开采的矿石的含铁量既然是自30%左右至34%左右不等，像1855年时的斯塔福德郡或苏格兰那样的矿石数字约为铁的数字三倍大的一个地区所熔炼的矿石自然是本地的矿石，而不会有多少是外地运入的。在铁的数字远高于矿石数字三分之一时，像历来在威尔士和蒙默思的情形那样，就可以看出一定有其他区域的矿石输入，就这个场合而言，是来自坎伯兰，或者，在稍晚一些时候，来自海外的。东北区既然从来没有输出过矿石，那么从1855年它的铁远不到它的矿石30%这一事实中就可以看出，那里不是熔炼得太差，就是有矿石堆积以待新熔炉，再不然就是在这项新的棘手的统计数字的搜集上有偏差。在1875年，坎伯兰和兰开郡已经差不多达到了消费它们本身全部矿石（按55%的含铁量计）的

① 贝尔，洛席安，见《维多利亚女王的朝代》(*The Reign of Queen Victoria*)，第2卷，第203—204页和《太恩河、维尔河和提兹河的工业资源》(*The Industrial Resources of the Tyne, Wear and Tees*)(1864年版)，第79页。

② 汤林森：《东北铁路史》，第405、507页，赫德：《克利夫兰钢铁工业的最近发展》，见《英国机械学会会报》，1893年，第225页。

③ 贝尔：《铁业史》，第11页；1886年的《矿产报表》。

程度。巴罗已经诞生[①]。在弗罗丁干、凯特林附近和其他各地的那些林肯郡和北安普敦郡的矿山都坐落在自克利夫兰直贯牛津郡、格拉斯特郡和西南区的黑侏罗纪矿床的弓形地带上。它们随着米德耳兹布勒的黑侏罗纪铁矿工业的勃兴而发展起来；但是由 50
于它们距离焦煤较远，所以在这整个时期，它们基本上一直是供应德尔比郡、西莱定和黑乡的一个矿石出口区。[②] 在 1870 年以前开始以相当数量输入的外国矿石，由于显而易见的原因首先是运往南威尔士的；后来则由于同钢业史有关的原因而改运苏格兰和东北海岸。[③]

米德耳兹布勒工业的勃兴给了最著名的熔炼法以应用的机会。南威尔士的少数熔炉早已采用并且改进了法国利用燃烧着的废煤气的方法，但不是用于乡间的照明而是用来产生水蒸气和给鼓风炉加热。[④] 这种办法在米德耳兹布勒是一上来就采用的，据最终估计，每年可节省煤炭一百五十万吨。最初建造的熔炉并不比当时开工的最好的熔炉更大，高度自四十五英尺至五十英尺，容积是五千立方英尺[⑤]；但是由于废煤气的利用和温度的提高，它们

① 斯太耳曼：《论福内斯的巴罗码头和铁路交通》（Stileman F. C.，*On the Docks and Railway Approaches of Barrow-in-Furress*），见《英国机械学会会报》，1880 年号。

② 达夫：《弗罗丁干的铁工业》（Dove，G.，*The Iron Industry of Frodingham*），《英国机械学会会报》，1885 年号。另参阅《钢铁学会季刊》，1876 年号。

③ 贝尔：《铁业史》，第 16 页。第一批西班牙矿石是在 1861 年运到东北海岸的。汤林森：前引书，第 576 页。

④ 贝尔，洛席安：《钢铁制造原理》（Bell，Lowthian，*Principles of the Manufacture of Iron and Steel*），1884 年，第 23 页，转引于贝尔：《铁的制造》（Bell，*Manufacture of Iron*）。另参阅《维多利亚女王的朝代》，第 2 卷，第 215 页。

⑤ 见上卷，第 428 页。

的产量不久就提高到二百二十吨一星期，而其他各地的热鼓风炉在四十年代后期的最高产量则约仅一百二十吨。1864 年，约翰·伏恩为了提高每星期的“生产”，试用了一种七十五英尺的熔炉。他发现这种熔炉不但可以出更多的铁，而且可以得到比大型炉更加有利的铁对燃料的比率。不久高八十英尺、容积二万立方英尺的熔炉就变成标准型了。“提兹河两岸的小熔炉不久就全部销毁。”①到了 1870 年，八十英尺的庞然大物已经比过去更加炽热，它们的产量以每吨铁两吨煤的消耗量提高到了一天四百五十吨至五百五十五吨。在此后二十年间，“当时所设计的最好的熔炉无论在体积、式样或操作方面都没有很大的改变”。②

不妨称之为米德耳兹布勒惯行办法的这一切自然也为巴罗区
51 和林肯郡之类的新熔铁区域所采用。旧熔铁区则比较保守。在 1866 年，黑乡有将近 90%的熔炉都是把煤气浪费掉的。③ 在 1869 年，“寇特布里治（仍然）有不下五十座鼓风炉的火焰照得通街明亮，既不收费，也没有任何麻烦”，这种火焰从教区教堂的塔上就可以看到。“这种火焰的确蔚为奇观。任何一个焰火匠的产品都不能同它们的那种旋回环荡相比美。”④在 1867 年，一本铁工业通俗

---

① 贝尔：《铁的制造》，第 24 页。八十英尺依旧是 1907 年的标准大小。贝尔夫人：《在工厂中，一个制造业城市的研究》(Bell Lady, *At the Works, a Study of a Manufacturing Town*)，第 23 页。

② 赫德文，见《英国机械学会会报》，1893 年，第 231 页。

③ 《伯明翰和米德兰铁器区》(*Birmigham and the Midland Hardware District*)，第 59—68 页。在一百七十个鼓风炉中的一百一十九个开工的炉子当中，“有大约二十个”利用废煤气。

④ 布雷姆讷：《苏格兰的工业》，第 36 页。

手册的作者只谈到了利用废煤气的“最现代的熔炉”：从他对于一座典型熔炉的描绘——想来是抄袭一本更早的著作——中，可以看出是一座没有利用废煤气的熔炉。[①] 八十年代在铁匠师傅中间有这样一个普遍的信念，认为只有按照老法使用冷鼓风方能造出最精的可锻铁；虽则洛席安，贝尔提醒他们不要忘记“完全而又有系统地进行的实验过程”从没有证实过这一点，他不是把“最优良的约克郡”铁不容置疑的优点归功于鼓风的温度，而是把它归功于“锻冶和碾轧方面的格外当心。”[②]

至于炼焦，贝尔在 1884 年写道：“直到最近为止，近五十年来在方法上没有取得任何进步。”[③]在达拉姆这个主要炼焦郡中，不但由于处理不当，从煤中炼出的焦炭低于应有标准 15%，而且随着“达拉姆炼焦厂中冒出来的大量火焰使四乡浓烟蔽空、人迹罕至”，热量的浪费也是惊人的。[④] 但是自从 1860 年以来，甚或从更早的时候起，在法国和比利时就有少数几个公司靠了科学和经济的炼焦法避免了这种令人难以置信的浪费。在 1884 年，只有贝尔自己和威根的某些煤矿试图节约热量，节约炼焦的这种珍贵副产品。达拉姆郡单单从它的炼焦炉中散失到大气中去的硫黄每年就有四万五千吨。[⑤]

在第一批矿产报表刊行的时候，钢铁史还没有揭开新的一页。52

① 威廉斯语，见《英国的制造业》(*British Manufacturing Industries*)，第 1 卷，第 15 页。

② 贝尔：《铁的制造》，第 148、154 页。

③ 同上书，第 47 页。

④ 同上书，第 50 页；同样的怨言见《英国机械学会会报》，1881 年号，第 432 页。

⑤ 贝尔：《铁的制造》，第 40—53 页。

钢的制炼既慢而又昂贵，只能供作工具、武器、弹簧和各种特殊用途之用。铁路真正是 chemin de fer（铁的道路）；铁板造的机车在铁轨上奔驰；机车的轴是熔锻而成的。在熔炉前偕同“下手”制炼可锻铁的汗流浃背的炼铁工是冶金关口上的中坚砥柱。[①] 炼铁工的被取代在此后三十年间是非常缓慢的，甚至在钢铁史揭开新的一页以后，亦复如此。他们有将近二十年完全没有被取代；钢供应了一部分日益增长的需求，其余则由更多的炼铁去供应。在八十年代初期，炼铁的产量比五十年代和六十年代更大，多半还大得多。[②] 甚至在 1873—1883 年这十年中，产量是否已经降低，都不能肯定。在 1855 年，英国铣铁的总“产量”是三百二十一万八千吨，在 1865 年则是四百八十一万九千吨。在钢的大量生产有了相当基础之后，约有 50％至 55％的铣铁不是制成炼铁，就是制成为钢；但是没有理由认为在钢的产量还微不足道或很小的时候，比重就这样高。在 1855 年炼铁的最高额大概是一百二十五万吨，在 1865 年是一百七十五万吨。在七十年代初期产量无疑高得多，因为 1874 年不景气的那一年“产量”一个相当可靠的数字是一百八十万吨。[③] 但是洛席安·贝尔却怀疑在 1872—1873 年贸易活动处于最高峰的时候是否有过一年三百万吨以上的产量。八十年代初期相当可靠的数字如下：

---

① 见上卷，第 149、189、426—427 页。

② 五十年代和六十年代的产量没有可靠的数字；但是从 1860 年起直到 1873—1875 年，炼铁炉的数目是稳步增加的。在 1884 年它还没有降到 1860 年的数字。贝尔：《铁业史》，第 20 页注。

③ 同上书。

	1881 年	1882 年	1883 年	1884 年
炼铁的“产量”（按百万吨计）	2.7	2.8	2.7	2.2

1883—1884 年的下降将是此后稳步下降的一个标志。当 1884 年它们的巨大产量仍然可以和这个行业的鼎盛时期媲美的时候，英国开工的熔铁炉共有四千五百七十七座，在 1885 年则只有三千八百七十六座了。①

到那时，炼铁工正渐渐集中到距海遥远的各区。固然在达拉 53
姆有四百三十八座熔铁炉，但是在三千八百七十六座之中有一千五百多座在斯塔福德郡，另有三百八十二座在西莱定，一百三十三座在希罗普郡。在一度把搅炼法叫做威尔士炼铁法的威尔士，熔铁炉已将近绝迹——在格拉摩根只剩下一百九十二座，在蒙默思只剩下五十六座。十五年前这几个郡都曾经是铁轨业的主要所在地。从它们的放弃炼铁炉中可以看出的钢轨的胜利。东北铁路——举例来说——在 1877 年就不再购买铁轨；虽则甚至在 1884 年洛席安·贝尔还是把“等到铁完全被淘汰之后，应该把钢看作是铁路最适当的材料”一节作为论证的一部分而不是作为一个不解自明的命题而提出的。②

在炼铁工支配制铁过程的时候，如何省去这道最辛苦、最费人力的工序，自然是经济学家和发明家所研究的一个问题。钢铁研究会在 1869 年刚刚成立就设置了一个机械搅炼委员会去调查道莱斯厂的旋转炉这类的实验，这种旋转炉是以本身的运动来搅铁，

① 矿产报表，《报告和文件》，1888 年，第 71 卷，第 225 页。

② 贝尔：《铁的制造》，第 378 页，关于轨条，参阅本卷，第 57 页。

以代替炼铁工的搅动。[①] 在 1871 年，研究会派遣的一个专门调查团在道莱斯厂的化学家斯内勒斯的领导下前往辛辛那提，据说那里塞缪尔·丹克斯发明的一种机械搅炼器，取得了惊人的成绩。[②]不久之后，米德耳兹布勒的一个企业承接了东北铁路的一批批订货，订购在旋转炉中精炼过的铁所制的铁轨。但是在七十年代后期开始有了这样一种可能，即炼铁法如果还能残存下去的话，会主要作为一种制炼高级条铁的方法而残存下去，因为高级条铁是以质量而不是以价格的低廉为要件的。“关于炼铁前途的舆论方面的变化”，贝尔在 1884 年写道，“使人们对于同它的生产有关的种种问题所感到的兴趣大为减少”[③]，虽则甚至在两年之后，他还对一个调查委员会说，“今后所需要的可锻铁(或钢)的整个一半将继续是在炼铁炉中制炼的”。[④]

自从职业发明家亨利·贝塞默尔在 1856 年 8 月 11 日在切尔
54 特讷姆英国协会宣读他的“不需燃料的铁的制造”那篇论文以来，已经三十年了。[⑤] 在这三十年中，西门子的平炉炼钢法和托马斯—吉耳克里斯特对贝塞默尔制炼法的改进都已差不多臻于尽善尽美。

贝塞默尔在他的挑衅性题目中所提到的燃料，并不是熔炼所需要的燃料，而是用于搅炼、掺碳制炼或坩埚铸钢等方面的燃料。

① 《会报》，1871 年的第 1 卷，第 392 页。

② 1871 年的第 2 卷，第 250 页；1872 年的第 1 卷，第 1 页。

③ 贝尔：《铁的制造》，第 370 页。

④ 贝尔：《铁业史》，第 16 页。

⑤ 亨利·贝塞默尔爵士，《自传》(1905 年版)，第 156 页及以下，《泰晤士报》，1855 年 8 月 14 日号。

他原来的计划是让铁液直接泻入一个“转炉”中，再从下面送进一股强烈的鼓风，如果要制出可锻铁的话，就通过熔化物把一切化学杂质——主要是矽和碳——烧掉，如果要制出钢的话，就把除适当比例的碳以外的一切杂质烧掉。“这种制法在不同的时间可以得出各种不同质量的金属”，他对切尔特讷姆的听众这样说。在空气鼓风的帮助下对铁加以精炼的办法是金属工人从经验中得来的最古老知识的一部分。新颖的东西是在铁熔化时用很大的速度把空气从下面大量注入。钢在旧法精炼中，一如在搅炼中的情形，铁充其量是黏稠状的。在贝塞默尔制法中，矽和碳的迅速燃烧不但可以提高温度而且可以保持物质的纯液体状态。

起初，正如评论家所指出，贝塞默尔忽视了硫黄，而硫黄在英国铁中却非常普遍。他的试验恰巧是用一种显然没有硫黄的铁进行的。当他再用含有硫黄的铁进行试验时，他的制法却去不掉硫黄，而硫黄的比重只要稍微多一点，就会使金属成为不可锻的。由于这个原因而造成的失败，据他说，对于他“无异是一个晴天霹雳”。[①] 他开始寻找不含硫黄的铁，他发现坎伯兰的赤铁矿正是他所需要的东西，所以后来有“贝塞默尔”矿石之称。这个问题，连同其他一切困难，使他又努力了大约三年之久才在几乎所有取得了利用他的第一项专利权许可证的人们心灰气馁之后，准备亲自去攻取市场。另外还有两个主要的困难。他找不出什么有效方法来确定如何让“鼓风”恰到好处，以便使金属吸取足够变成为钢的含碳量。所以他要先把它完全提净，然后再加进含有已知量的碳和 55

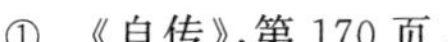

① 《自传》，第 170 页。

锰的生铁，也就是通称的铁锰混合物。锰在制钢方面的价值是久已有了认识的，虽则不知其所以然，尤其在大陆方面。“这是一个人所共知的问题”，他后来这样写道。[①] 另一个困难是机械方面的。他的第一批转炉是固定装置。但是要取得准确的结果，他就必须能随意开关全部鼓风，并且在关掉鼓风的时候，可以把固定转炉下面的通气管堵塞。所以他把转炉改装到一个轴上，使它可以倾斜到使管子露在熔化物的表层上面。

在早期(1856—1859 年)，贝塞默尔用在钢上面的心思比用在炼铁方面的要多，这或许是因为钢可以给发明家带来最高利润的缘故。他决定在设菲尔德开始制钢是具有重要技术和经济后果的。为什么作这项决定，他在若干年后曾予以说明。[②] 设菲尔德没有一个会试用他的方法，或付给他的专利权以许可证费，所以他不能不到那里去“用贱卖的方法迫使这个行业加以采用”。他找到了一个合伙人，并且在 1858 年去到那里。他生产了一些工具钢，但是他们所制造的最成功的东西并不是到当时为止一直用工具钢和在设菲尔德制造的那种东西，而是用约克郡或黑乡最精良的炼铁所制造的那些——诸如供火车头用的弯轴、车轴、推进轴系和火车轮胎等。原来他们制造这类东西都是用纯瑞士铁，后来他们就用英国的“贝塞默尔”铁了。因为不是在设菲尔德熔炼的，所以让铁溶液从鼓风炉流入转炉的计划不能不放弃。他们必须熔炼铣铁。所以钢虽然制造得很便宜，却不是“没有燃料”制成的。而且

① 《自传》，第 264 页。

② 同上书，第 175 页。

贝塞默尔虽始终相信他的钢对于板、杆、托梁和各种经济用途都会合用（在 1861 年他宣读了关于“铸钢及其在建筑方面的应用”的一篇论文①），他自己的公司却是那样地“充满了”更有利可图的东西的“订单”②，以致他把简单的工作都留给特许证领受人按各自的步伐去承办了。像克虏伯之类的一些大陆上的特许证领受人比英国特许证领受人步伐更加快一些。在此期间，贝塞默尔自己的公司在这十四年合伙期间（1858—1872 年）是按照，据他想，“商业史上”无出其右的利润率赚钱的。包括企业最后的售价，但不包括出售许可证的巨大利润在内，原有资本在整个十四年中的平均利润 56
是“每两个月百分之百”。③

这种材料在早期就几乎每一种用途都试用过了。在设菲尔德第一批信赖这种材料的人，大力神厂的约翰·布朗和艾利斯在 1860 年就碾轧了钢轨。他们都不是刀具制造者，而是拥有一个年轻而又有适应能力的企业的制钢者。④ 图多的维尔达耳公司凭许可证试制贝塞默尔钢轨，已经在 1862 年 4 月铺设在纽卡斯耳的高水平线桥上。第二年 5 月，伦敦·西北铁路也在坎登城试用了一些贝塞默尔钢轨。⑤ 在 1862 年的博览会上，贝塞默尔的公司，除

① 《英国机械学会会报》，1861 年 7 月号。

② 《自传》，第 225 页。

③ 《自传》，第 179 页。

④ 约翰·布朗原来是一个刀具代理商。他在 1844 年变成了钢制造者。此后他的企业总是一马当先。在 1860 年，它试制装甲板。琼斯：《钢时代的创造者》（Jeans W. T., *The Creators of the Age of Steel*）（1885 年版），第 275—286 页。

⑤ 《工程学》，1866 年 1 月 5 日；贝塞默尔：《自传》，第 335 页；汤林森：《东北铁路》，第 648 页。

开各种工具和武器外，还展出了轴、胎、棒、杆、条和制绳索用的钢丝。在 1863 年，三百二十九吨的暗轮轮船“鹈鹕号”(Pelican)用钢板建成。到了 1865 年年底，另十七艘各种不同种类的钢船已经下水，一千二百五十一吨的“克莱坦内斯特拉号”(Clytemnestra)帆船就是其中之一。贝塞默尔白白花了若干年的气力去反对陆军部和海军部的顽固态度，而拿破仑三世却敏锐地注意观察他的大炮，法国海军部则研究如何利用他的钢去制造战舰。[①] 但是要很快地扩大钢的大规模使用显然是有限度的。第一，专利证领受人的许可证费太高，钢轨定为每吨一镑，用于其他用途的钢则定为每吨两镑。[②] 第二，贝塞默尔的原料也比较昂贵，这种原料，连同许可证，使早期的钢板和钢条比铁制品昂贵得多。第三，要证明这种比较昂贵的原料是真正比较经济的，对于路盘、锅炉或船舶方面的耐久性不能不有一年的实验期。[③] 最后，资本和头等技术人才的大量固定于炼铁业，以及英国铁工业在世界市场上至今仍保持的唯我独尊的地位，都不利于迅速的变革。在 1870—1880 年这十年间，
57 半垄断地位的丧失和偕以俱来的生产方面的种种节约——一部分是被迫而不得不然——乃是最终转变的决定因素。

在这种种节约之中，突出的是，正如贝塞默尔原来建议的那样，制钢业结合着炼铁业而取得的发展，这种发展主要是在威尔士

① 均取材于《自传》。

② 琼斯：前引书，第 282 页。

③ 参阅东北铁路总经理西雇尔・克拉克(Seymour Clarke)的证词，见《铁路皇家调查委员会》，1867 年(第 38 卷，第 1 和第 2 编)，询问案第 12933 号：“这是一个成本问题。”

和西北及东北海岸。同这种从设菲尔德往沿海的局部转移密切相关的是矿石进口的增加。如果没有贝塞默尔法和类似方法的推广同日益增长的矿石进口——主要是西班牙“赤”矿石的进口——相配合，存量有限的英国赤铁矿的相对高的价格未始不会压低钢的生产。在赤铁矿价格上升时，“各式各样的投机家就赶往西班牙”[①]去猎取采矿权。1870 年，矿石的进口总额只不过是四十万吨，钢锭的产量二十四万吨，1880 年，矿石的进口是三百零六万吨，钢的产量是一百二十五万吨。生产方面的种种节约，连同把钢用于重工程方面现已证实的优点，在这十年之中已经导致铁路公司大规模的改弦易辙。在 1872 年，东北铁路，尽管有十年前的一番试验，只不过在车站和交叉点上使用了钢轨。到 1877 年，它已经不再发出订购铁轨的订货单了。[②] 新轨条的最后从铁制变成为钢制，是“真正开始后不到两三年的工夫完成的”。[③] 到 1875 年，西北铁路上所有机车锅炉都用钢板制造了，而且公司还在克鲁有了自己的贝塞默尔厂。[④] 在这方面质量可能是决定性因素；至于轨条，则决定性因素是价格。东北铁路在 1879 年业务不振的那一年，曾靠了购买极低廉的钢来减少它的经营开支；并且在 1884 年洛席安·贝尔断言“今后必须把〔钢〕视为铁路的适当材料”时，他是根据下述一点而得出他的上项断言的：现在用“甚至比较昂贵的赤铁矿”炼成的钢制造新轨条“也比用低廉的克利夫兰铁矿石炼成

① 洛席安·贝尔，转引于琼斯；前引书，第 300 页。

② 汤林森：前引书，第 648 页；贝尔：《铁的制造》，第 379 页。

③ 赫德，主席致问，《英国机械学会会报》，1885 年号，第 309 页。

④ 贝塞默尔：《自传》，第 250 页。

铁”所能“生产的质量好的轨条……还要经济些”。[①]

当英国的钢“产量”在1870年停滞于二十四万吨左右时，据说有二十二万五千吨是用贝塞默尔转炉制炼的，另一万五千吨则是
58 用同威廉·西门子的名字有关的“平炉”法制炼的。七十年代后期有了托马斯的盐基性法。此后生产的消长情形如下：

	1878年	1880年	1883年	1884年	1885年
贝塞默尔法	800,000	1,000,000	1,550,000	1,300,000	1,250,000
平炉法	174,000	251,000	455,000	475,000	610,000
盐基性法	—	—	121,000	179,000	140,000

在这样波动的一个工业中，平炉钢稳步上升的过程足可作为这种制法的功效的一个明证。[②]

贝塞默尔在他暮年时，回想到自己在五十年代就曾经进行过平炉试验，甚至在1855年10月在“把钢熔解在铸铁液盘里的办法”，亦即希勒伊耳的马丁于整整十年之后在英国领得专利证的那项后来通称为西门子—马丁法的主要特点方面，就已经领得了专利证。贝塞默尔说他怀疑他自己放弃这些试验是否明智。[③] 显然他多半已经预见到他的那种巧妙但煞费心思的转炉在他死后三十年之内会遭到摒弃[④]，但是他留心不要掠西门子和托马斯之美。他对西门子——一位实用科学家和像他自己一样的一个普通发明

① 《铁的制造》，第378页。

② 早期的数字有一点不可靠。贝尔《铁的制造》第432页所列的数字是以铁业联合会的报告书为依据的，但是往往和官方的矿产统计数字不符。著者依据的是矿产统计。

③ 贝塞默尔：《自传》，第141页。

④ 他死于1898年。1893年以后，在平炉中炼的钢一直比在转炉中炼得多。到1925年，只有6%是在转炉中制炼的了，到了1930年，转炉已形绝迹。

家——特别敬重。西门子对金属制炼的主要贡献是他以毕生之力专心致志于能量节约之余的一项副产品。① 他——据说是按照他的兄弟弗雷德里克的建议——从引擎方面的节约转而致力于熔矿炉方面的节约。多年努力的结果生产了煤气回热炉,这种煤气炉在 1861 年首先在伯明翰的劳埃德·萨默菲尔德铅玻璃厂作了工业上的使用,继而又使用于钱斯的斯托尔布里治厂,迈克尔·法拉第就是在这个厂里见到这种煤气炉的。炉里有一股用各种不同但总归是廉价的燃料燃烧起来的煤气气流把蓄热器的火砖气道烘热,通过气道送进来的第二股煤气和空气的气流,把热量吸进之后,以远比第一股气流高得多的热度来燃烧等等。气流和温度可 59
准确地加以控制,熔矿炉的结构经得起多少热就可产生多少热。这个原则对于各种用途的熔矿炉都适用,因而不到七八年的工夫,全世界都这样加以应用了。西门子自始就认为它不仅对于钢的熔解显然合用,而且对于钢的制炼也是可以使用的。②

特许证领受人的早期试验都归于失败,但是在 1865 年,希勒伊耳的马丁厂靠了把碎钢熔解在西门子平炉的铣铁熔液盘中的方法,成功地制成了铸钢。在那一年,西门子在伯明翰创办了模范钢厂,将他的制炼法公开。三年之后,他同一批赞助人在斯温西的兰多尔地方建立了西门子钢铁公司,以采用他自己的方法——比马丁厂更根本的方法。在炽热的铣铁熔液中加进小量的纯矿石。

① 波耳:《威廉·西门子爵士传》(1888 年版);奥巴赫:《作为发明家和研究家的威廉·西门子爵士》(Obach, E., *Sir Wm. Siemens als Erfinder und Forscher*)(1884 年版);《英国人名词典》。

② 波耳:前引书,第 143 页。

在从而引起的燃烧之中，成为氧化碳的碳和成为矽酸的矽都一并流到熔液中去。由于西门子熔矿炉对于气体燃料和温度完全可以控制，所以炼钢工人可以很准确地进行操作。矿石加进去以保持经常的沸腾。熔炉里的东西则不时取出来加以鉴定。火候到了，就用锰加以“处理”，正如设菲尔德的炼钢老工人惯常所说的那样。[①]

兰多尔厂在1889年年中开始制钢，每星期生产七十五吨。在那一年，其他三个重要的厂也正使用这种制炼法。[②] 到1873年，兰多尔厂有了它自己的鼓风炉和煤矿，每星期可产一千吨，有时用西门子法，有时用西门子—马丁法。西门子在他一生的最后十年之中，满怀希望地致力于他久已醉心的一种更加根本的方法——不用一点先行熔化了的铣铁而直接由矿石制钢。从表面上看，这是比他和他的同辈已经掌握了的很多事物都更加简单的一种东西，他的冶金界的朋友却非常郑重地对待它；但是洛席安·贝尔在1878年写道，“我有一种直觉的想法，认为鼓风炉是很难消灭
60 的。”[③]这句话依然站得住。在这期间，贝塞默尔转炉已经开始慢慢地趋于消灭了，正如制钢数字所证明的那样。

但是吉耳克里斯特·托马斯这位受过古典教育并对冶金术具有热情的泰晤士河违警裁判所的青年书记和他的表兄弟佩西·吉耳克里斯特那位南威尔士的铁工厂化学师的盐基性法试验，却是

① 在贝尔《铁的制造》第431页中有一段描述。

② 波耳：前引书，第154页；琼斯：前引书，第159页。

③ 转引自波耳：前引书，第199页。

在一个模范转炉中进行的。[①] 目的就是要使新制钢法可以利用含硫黄的矿石。整个冶金界都深知其中定有一番好运，因为已经有过无数试验和若干专利证。七十年代初期最有利的看法是洛席安·贝尔的看法，他认为贝塞默尔转炉中“鼓风”的高温和时间的短暂是铁中的磷质所以不能去掉的原因。托马斯把这种困难的原因归之于转炉火砖壁中的矽质，因为矽同磷不会化合。他决定把它调换成一种可以化合的东西，即某种石灰质的东西——石灰石粉之类的砖。但是在操作方面还有很大的困难。1877—1878 年在吉耳克里斯特的工作地点布兰纳旺和在道莱斯所进行的规模不够适当的实验中，这些困难都没有克服。继而米德耳兹布勒的博耳考·伏恩厂的经理理查兹把自己的资产和经验供发明家随意运用，于是大功告成，这是在 1879 年。为了经济的缘故，他把石灰这种更加基本的材料掺混进去，以便吸取磷质来避免转炉中用含镁石灰石作衬料的浪费。[②]

世界含硫黄的矿石既那样之多，这个问题在各地冶金家的心目中又是那样重要，所以它的解决方案的公布无异是一个国际事件。“米德耳兹布勒立刻就被比、法、普、奥、美联军包围起来。”[③] 来自国外的自封特许证领受人在早餐之前就纷纷前来访问托马斯。[④] 办法立即付诸实施，在国外比在英国更快；这是因为英国既

① 伯尼：《悉尼·吉耳克里斯特·托马斯的回忆录和函札》(Burnie, R. W., *Memoir and Letters of Sidney Gilchrist Thomas*)(1891 年版)。

② 参阅理查德在克利夫兰工程师学会的演讲，1880 年 11 月 15 日，全文载琼斯：前引节，第 307—313 页。

③ 贝尔：《铁的制造》，第 407 页。

④ 伯尼：前引书，第 120—129 页。

有贝塞默尔矿石的相当供应，又有一套充分发展了的商业组织把采自西班牙近海各矿中的矿石运到米德耳兹布勒、斯温西或克来德河畔的近海的熔矿炉的缘故。到1882年，英国已经有了十二座适应新制法的转炉，其中有六座在博耳考·伏恩厂，另有十座在准
61 备中。[①] 托马斯的原则可以适用于平炉制钢法而并没有多大困难，但是盐基性转炉在英国继续占优势地位还将有若干年之久。[②] 在1882年9月30日至1883年3月31日这半年之间有二十八万一千吨钢是用新法生产的。[③] 但在这个吨数之中只有五万八千吨是英国钢，德国钢则不下十五万二千吨。在1884—1885年，由于贸易不振，贝塞默尔转炉和盐基性转炉在大不列颠相对地空闲下来。但是当他在那几年周游世界时，这位大名鼎鼎但肺病已深的托马斯看到了他已有的成就，看到了他一定知道他所会取得的成就，因为他不是一个单纯凭经验的发明家，而是一个受过充分教育的人，理解自己的问题及其所牵涉的一切。对不列颠来说，他给它以自由使用它的几乎取之不尽的含磷矿石的办法，同时他也降低了它的岛国地位在贝塞默尔时代所给它的那种价值。对美国来说，他并没有给它什么，因为它拥有那样巨大的无磷矿藏。对法国和中欧来说，尤其是对洛林这片争议不决的地方来说，他却给了一切，因为那里几乎所有最丰富而又容易取得的矿石都是含磷的，并

① 矿产报表，《报告和文件》，1884年，第85卷，第535页及以下各页。

② 当1888年马克西米利安·曼纳堡在林肯郡的弗罗丁干建立一个盐基性平炉工厂时，才首次作了具有重要性的应用。参阅1929年12月21日《泰晤士报》，曼纳堡的讣告。在他逝世时，70％的英国钢是在这种工厂中生产的。

③ 吉耳克里斯特的数字补充了贝尔：前引书，第407页。

且距海很远。

在 1873—1883 年这十年间，既面临着来自转炉和平炉方面的竞争，所有各大公司在 1879 年以前又不再以它作为铁路用金属，炼铁产量之所以还能令人不胜惊奇地保持原状①，主要就是由于造船业对于铁板和角材的需求的大幅度增加。这种变化可以用 1883 年为当时作为不列颠主要产铁区和铁船制造区的东北海岸搜集的产量数字予以清楚说明。② 数字虽不十分详尽，但未始不可说明真相：

	1873 年	1882 年
轨条	374,000 吨	7,000 吨
板材	191,000 吨	498,000 吨
角材	51,000 吨	150,000 吨

在紧接着 1873 年这个畅销年而来的那些年的起起伏伏之中
(1877 年克利夫兰这类铁材的总产量比 1873 年降低了 35%以 62
上)，板材对总产量的比例已稳步上升。造船的情况可以从 1882 年 9 月 30 日所掌握的各种远洋帆船和轮船的数字中看出。数字是：木船五十五艘，钢船一百艘，铁船六百二十五艘。在八十年代，钢正很快地风行起来。在 1875 年 9 月 30 日还没有任何钢船的制造。到 1876—1877 年，形势为之一变。在 1880 年，劳埃德船舶事业及海上保险组合的检查员检查了三万五千吨的钢船；在 1885 年检查了十六万六千吨的钢船，但也检查了九十三万四千吨

① 参阅本卷，第 52 页。

② 贝尔：《铁的制造》，第 459 页。在 1872 年，东北海岸“不生产任何一种钢”，赫德：《克利夫兰钢铁工业的最近发展》，《英国机械学会会报》，1893 年，第 226 页。

的铁船。[①] 钢的迟迟其来初看上去是令人惊奇的，因为，正如上文所述，在1863—1865年就已经有许多各种不同的船舶用贝塞默尔钢建造了。其中最大的一艘，“克莱坦内斯特拉号”快船已经驶过了1864年10月加尔各答的旋风而载誉归来。但是承造这艘船的公司遭到了财政上的困难，尽管得到了贝塞默尔本人的财政支援，还是未能免于破产。同铁相比，钢是昂贵的。要采用钢，就非证明它有显著的优越性不可。但是证明尚有待于来日，所以“此后十年几乎没有听到过钢船的建造”。[②] 无疑，正如贝塞默尔始终而且无可避免地相信的那样，造船厂的故步自封是一个相当重要的原因。作为它的后盾的则是海军部的保守主义。1864年，在查塔姆对贝塞默尔钢板进行的一些缜密的试验，已经证明它们照例比铁坚牢，但是断口容易游移。1868年，劳埃德船舶事业及海上保险组合的检查员奉派对于用“核定质量”的钢所建造的船舶进行分等，他们曾经检验了一些贝塞默尔钢板（并非贝塞默尔厂的产品），但不予采纳。[③] 七年之后，海军部的首席技师在海军设计师研究会着重指出钢的“不稳定性和不可靠性”。如果制造者能给他像铜板一样的“既规则而又准确的”钢板，他准备把“整个船只，船底板以及所有各部分”都用钢来建造。贝塞默尔提出了“克莱坦内斯特拉号”

① 参阅赫德文：《英国机械学会会报》，1885年，第314页；《世界船舶等级年表》(*Annals of Lloyd's Register*)(1884年)，第123页；霍姆斯爵士：《古代和现代的船舶》(Holmes, Sir G. C. V., *Ships Ancient and Modern*)，第2卷，第40页；康沃耳一琼斯，《英国商人的服务》(Cornewall-Jones, R. J., *The British Merchant Service*)(1898年版)，第120页。

② 琼斯：前引书，第100页。

③ 波耳：《西门子》，第192页；《世界船舶等级年表》，第118页。

和火车头的钢锅炉来反驳这整个一套论证。西门子起而应对海军部的挑衅，并且在 1876 年以“虹之女神号”(Iris)和“商业之神号” 63
(Mercury)快船所用的划一规格的软钢满足了他们最严格的条件，因而在 1877 年有航运业所谓的钢的“复活”。①

到八十年代，划一和低廉到足符某些商船条件的钢正在用贝塞默尔法和西门子法进行制造。到 1885，海军用锅炉“很少再用铁建造”了。② 普遍用钢建造船身已经变成一个单纯的成本问题。“建造海军船舶，钢比铁优越是没有人怀疑的。单纯用钢的唯一障碍就是价格方面的障碍，而价格方面的障碍则是由于碾钢厂本身之中一种机械规程的问题。”这是洛席安・贝尔在 1884 年所抱的看法。③ 翌年，继他而任机械工程师协会主席的人指出，“按照劳埃德船舶事业及海上保险组合提出的质量要求制成的钢条、钢角材和钢板……比用普通炼铁所制成的大约贵 46%”。④

在七十年代中叶以前船舶建造商所以不愿对钢板进行太多的试验是很容易理解的。在 1855—1865 年这十年之前，铁还没有普遍用于轮船；在 1860—1870 年这十年之间，也只用于一些最好的帆船。要迅速换用另一种更加昂贵、更加带试验性的原料，鉴于劳埃德船舶事业和海上保险组合和海军部的方针和决定，是难以期

① 这一词汇用于《世界船舶等级年表》，第 119 页；关于海军部的插曲，参阅普赖斯：《论作为船舶建筑材料的铁和钢》(Price，J.，*On Iron and Steel as Constructive Material for Ships*)，《英国机械学会会报》(1881 年版)，第 553 页，以及关于这篇论文的商榷。

② 赫德：《英国机械学会会报》，第 319 页。

③ 贝尔：《铁的制造》，第 460 页。

④ 赫德：《英国机械学会会报》，第 311 页。

待于这样古老的一个行业的。在1875年9月30日甚至还有几艘小型木制汽船在建造中。①

早在二十五年前铁帆船就人所共知了。1880年利物浦建造的“大力士号”(Ironside)一般算作是第一艘铁船,因为它是劳埃德船舶事业及海上保险组合列入等级的第一艘②;但是很可能在这之前就有铁驳船航行。铁轮船已经很著名。早在1844年大英轮船公司的常务董事就预料到它的胜利,在1848年布莱克沃耳造船
64 厂的马尼·威格腊姆也承认它对于那时新采用的“暗轮汽船”有很大功用。③ 但是在1850年登记为英国商船的三百四十万吨帆船和十七万吨轮船之中,铁建的只占很小一部分。除开属于大英轮船公司的一两艘之外,最著名的轮船都不是。不列颠和北美皇家邮船公司——按其迄今仍正式称呼的名称,虽则一般人是用它的发起人兼董事长塞缪尔·丘纳德的名字来称呼,它的船只是全部木建的。发给它们津贴的政府要求它们必须用木材建造。直到1856年三千七百六十六吨的明轮铁船“波斯号”(Persia)建成并由罗伯特·纳皮尔在克莱德河上驾驶时,政府还没有放宽它的条件。④ 但是1850—1880年它的主要美国竞争者柯林斯轮船公司

① 事实上是六艘,总吨位是一千零六十五吨。康沃耳—琼斯:前引书,第120页。

② 参阅拉伯克,巴兹耳:《殖民地的快船》(Lubbock, Basil, *The Colonial Clippers*)(1921年版),第200页;《世界船舶等级年表》,第75页。

③ 见上卷,第441页。

④ 纳皮尔自始就供给丘纳德船厂的发动机并帮助筹募公司的原始资本,以便他们可以像他所宣传的那样雄厚。在二十七万镑的创业资本之中,丘纳德承担五万五千镑。纳皮尔:《罗伯特·纳皮尔传》(1904年版),第124页及以下。关于“波斯号”,同上书,第192页及以下。

的轮船，虽然没有任何这样的限制，却也是木建的——用美国槲木和脂松建造的。[①]

那时美国的木建轻快邮船，即悬挂著名公司旗帜的邮船，仍然在同蒸汽进行竞争。在丘纳德公司的早期（1840—1845 年），它们不费多大气力就保住了自己的地位，常常以十二天至十四天的时间横渡大西洋——它们的船长，据利物浦方面这样相信，甘冒中酒麻痹症的危险用黑咖啡提神。[②] 随着轮船竞争在四十年代后期的开始有效，其中有一些撤出了利物浦线而投入绕道合恩角前往加利福尼亚和金矿的那个新的、利润极厚的贸易中。但是海洋编年史上最著名的船只之一，红十字公司的“无畏号”在 1853 年才刚刚下水，十年之后方始被轮船逐出大西洋贸易。[③]

在英国靠战争和商务赢得了世界各大洋的控制权的整个时代中，英国木船制造的技术史是奇特的，而且直到最后一章都是不很光荣的。大家一致认为法国战舰的设计在八十年代时比英国高明。甚至在 1845 年，英国的一艘“绝伦号”（Sanspareil）还是模仿
1794 年从法国方面捕获的“绝伦号”设计出来的。[④] 据说美国快船 65
的设计可溯源于法国的模式。不论是否如此，至少直到 1840—1850 年这十年，美国造船商的优越性总是无可怀疑的。在滑铁卢

---

① 康沃耳—琼斯：前引书，第 134—135 页；霍姆斯：前引书，第 2 卷，第 22、29 页。

② 一个利物浦商人的私人回忆，拉伯克，巴兹耳：《西洋邮船》（Lubbock, Basil, *The Western Ocean Packets*）（1925 年版）。

③ 拉伯克：《殖民地的快船》，第 12 页；《西洋邮船》，第 59 页及以下。

④ 它始终没有下水。克劳斯：《英国海军史》（Clowes, *History of British Navy*），第 6 卷，第 191 页。另参阅霍姆斯：前引书，第 1 卷，第 125、486—487 页。

战役以后的二十多年间，英国商船队纵有增加也微乎其微。[①] 所谓建造只不过是以新易旧，有很多旧船已为"殖民地造"所代替；在设计方面毫无进步可言。东印度贸易船是造船匠的精品，是不惜工本用最好的材料建造的，但仍是旧式的。东印度公司的"滑铁卢号"仿佛未始不可偕同"霍克号"（Hawke）驶入基布隆湾。[②] 随着东印度公司在印度的贸易逐渐停歇，经营东方贸易的船舶在体积和质量方面都有所降低。[③] 在这期间，对"殖民地建造的船只"的大量购买使魁北克、新斯科夏和新不伦瑞克的造船厂既得到了业务又得到了设计方面的经验。[④] 有少数英国船主曾经在美国进行建造。利物浦的詹姆斯·埃肯在1833年前不久就开始这样办了，因为马萨诸塞州的价格比利物浦低三十先令一吨，而且在利物浦，还可记得，船匠工会是很难应付的。[⑤] 在1844年另一个利物浦的厂主曾经说过，"非有北美船"，就无法在北大西洋贸易上进行竞争。"我们无法用英国船进行那项贸易"。[⑥]

---

① 见上卷，第1—2页。

② 参阅马士：《东印度公司对华贸易编年史》（Morse，H. B.，*The Chronicles of the East India Co. Trading to China*）（1926年版），第4卷，封里附图。

③ 拉伯克·巴兹耳：《布莱克沃耳巡洋舰》（*The Blackwall Frigates*）（1922年版），第44页。

④ 关于加拿大的造船业，参阅《剑桥英帝国史》（*Cambridge Hist. of the British Empire*），第6卷（1930年版），第569页及以下；华莱斯：《木船和铁人》（Wallace，F W.，*Wooden Ships and Iron Men*）（1924年版），《追风船》（*In the Wake of the Wind Ships*）（1927年版）；《加拿大船舶的记录》（*Record of Canadian Shipping*）（1929年版）。

⑤ 《工商业审查委员会》，1833年（第6卷，第1编），询问案第7172号及以下。关于船匠工会，参阅上卷，第270—272页。

⑥ 《英国船舶审查委员会》，1844年（第8卷，第1编），询问案第770号。

但是还剩下了往东去的贸易——往地中海、好望角、印度以及特别在黄金发现之后往澳洲的突击贸易。在这方面有足够的回旋余地。在五十年代的澳洲贸易方面有些最好的船舶是美国人为英国船主建造的。直到 1859 年，美国建造和美国人所有的快船都参加了从中国装运茶叶的竞赛；但是自从四十年代初期以来，就已经有了英国建造的有效竞争者。在 1837 年和 1848 年之间已经看到
了英国设计的复兴[1]，这是以木船上的多多少少非木制附件的跌 66
价和改良为先导的。船舶并不是完全用木料建造的，“像一只盒子一样”，正如科布登对于那些硬说由于英国木材昂贵，所以造价高，采行保护政策就不无理由的人们惯常所说的那样。[2]

船舶史学家把 1837 年格林的布莱克沃耳造船厂的“西林加帕塔姆号”(Seringapatam)的下水作为开始恢复的日期。[3] 在为头等旅客和货运而建造并以快速见称的那一长列光荣的布莱克沃耳巡洋舰之中，它是首屈一指的。从技术上讲它们不是快船，而毋宁是大加改进了的东印度贸易船。“狄基”格林死于 1863 年。“在他健在的时候，布莱克沃耳造船厂里甚至连铁船的影子还没有。”[4]在“西林加帕塔姆号”下水后不到几年的工夫，散德兰的拉恩和马歇尔两厂都建造同一类型的船舶了。同旧式的东印度贸易船相比，起初“布莱克沃耳式船”是小型的，远不到一千吨，而通常的东印度

---

① 参阅康沃耳一琼斯：前引书，第 233 页；拉伯克：《中国快船》，第 144 页及以下。

② 1840 年 6 月 9 日的演讲。《韩氏国会实录》，第 90 卷，第 605 号。

③ 拉伯克：《布莱克沃耳巡洋舰》，第 150 页；恰特顿：《帆船》(Chatterton, E. K., *The Ship under Sail*)(1926 年)，第 134 页。

④ 拉伯克：《布莱克沃耳巡洋舰》，第 103 页。

贸易船则是一千三百吨。到四十年代之末，一批有代表性的布莱克沃耳式船平均是一千零五十吨。拉恩建造出高达一千五百吨的船舶，泰晤士河上建造的最后一般布莱克沃耳式船是一千八百五十七吨。它在 1875 年下水，是铁制的。①

正如它们的名称所暗示，格林的船舶同法国战争结束以来为求快速而设计的新型皇家海军巡洋帆舰很有共同之点。首先在形式上，虽则不是在体积上向美国快船挑衅的英国船舶，就是阿伯丁的霍尔在四十年代初期所建造的那些。② 当 1851—1852 年澳洲的客运贸易突然上升到重要地位时，利物浦的船主因为对美国造船业有长期的经验，把他们的主要定货单都交到马萨诸塞州、新斯科夏和新不伦瑞克，尤其是马萨诸塞州。③ 为詹姆斯·贝恩斯的黑球轮船公司建造了恐怕是五十年代最著名的一批帆船的，就是居住在波士顿的一个叫做当纳德麦凯的新斯科夏人，当 1855 年贝
67 塞默尔正解决他的制钢问题时下水的“当纳德·麦凯号”那艘自利物浦至墨尔本以平均八十三天的速率连续出航了六次的船就是其中的一艘。④ 但是五十年代后期阿伯丁白星公司的一些阿伯丁快船，虽然比较小，至少在质量上并无逊色。其中“犹太的侍女号”(The Maid of Judah)在 1880 年从伦敦开出，七十八天就驶过了悉尼的湾头。为中国贸易用的英国第一批装运茶叶的快船，1851 年

---

① 拉伯克：前引书，第 274、290 页；恰特顿：前引书，第 134 页。

② 拉伯克：《中国快船》，第 108 页。

③ 拉伯克：《殖民地快船》，第 22 页及以下。

④ 同上书：第 83—84 页；康沃耳一琼斯；前引书，第 230 页；麦凯：《一些著名的帆船及其建造者当纳德·麦凯》(McKay, R. C., *Some Famous Sailing Ships and Their Builder Donald McKay*)(1928 年版)。

的“斯陶诺威号”(Stornoway)和“黄玉号”(Chrysolite)也是来自阿伯丁的霍尔造船厂。[①]

这是从英国帆船最后伟大时代遗留下来的仅有的几个船名。船舶登记的数字可以表明当时造船和购船是怎样的活跃。在1850 年以前的二十五年中,英国帆船的吨位从大约二百四十万吨增加到了三百四十万吨;在随后十五年中,尽管轮船吨位有迅速的增加,它还是达到了四百九十三万六千七百七十六吨的绝对最高额,配备的海员达十五万八千人(1865 年)。在 1857 年美国商业崩溃之后,虽然购自美国破产公司的美国快船为数甚巨[②],并且在英属美洲一直不断地进行购买,但是在泰晤士河、默尔西河、维尔河、迪河以及许多比较小的河湾和港口上,造船业务还是极其活跃。在 1850 年,绍里阿姆可以建造达五百吨的“以快速著名”的船舶。[③] 1857 年散德兰有七十一个木船建造商。[④] 在七十年代初期拉伊仍然可以下水一艘二百吨的船舶。[⑤] 在 1863—1865 年、1868—1869 年或 1875—1876 年那些造船业务活跃的年份中,联合王国可以建造帆船二十三万多吨。绝对最高数字是 1864 年的二十七万五千吨。[⑥]

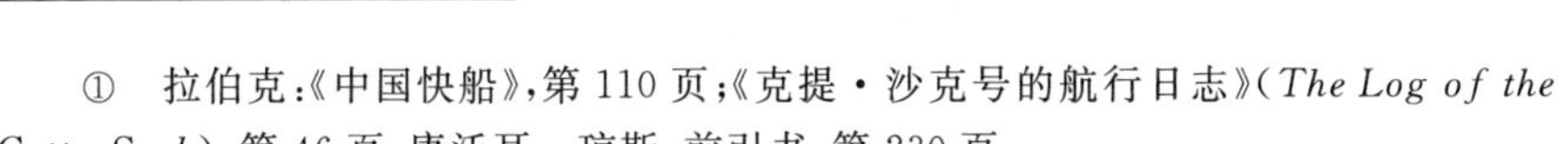

① 拉伯克:《中国快船》,第 110 页;《克提·沙克号的航行日志》(*The Log of the Cutty Sark*),第 46 页;康沃耳一琼斯:前引书,第 230 页。

② 拉伯克:《殖民地的快船》,第 113 页。

③ 《维多利亚地方志,苏塞克斯郡志》,第 2 卷,第 234—235 页。

④ 《维多利亚地方志,达拉姆郡志》,第 2 卷,第 304 页。

⑤ 《维多利亚地方志,苏塞克斯郡志》,第 2 卷,第 234—235 页。

⑥ 《商船进步示意图》(*Tables Showing the Progress of Merchant Shipping*),1902 年(敕令第 329 号),第 56 页。

自四十年代以来，登记簿上总是有少数帆船。到了1865年，虽然在绍里阿姆和伊拉还没有用铁造船，但是在比较大的地方使用铁材却已司空见惯。铁轮船已经起了带头作用。为尺寸不拘多大的船舶获取“大木材”的困难久已使海军部伤透脑筋。[①] 对于大快船的建造商来说，铁已经成为一种价格既廉而又最为有效的代替物。经验表明：同那个时代的铁板相比，一艘镶铁边的船虽更可
68 乘风破浪，而包铜皮的木船则船底不大会有覆被，因而行驶得更快。因为疾行的快船必须破浪前进和迅速回航，所以这种混合结构——木板镶铁边——对它颇为合用。这种方法是和新近的半个世纪偕以俱来的，在劳埃德船舶事业和海上保险组合的名单上第一艘混制船是1851年的“屠巴尔·克安号”(Tubal Cain)。[②] 在较早的一批名噪一时的混制船之中，有罗瑟海斯公司建造的1857年的“红巾号”(Red Riding Hood)。[③] 自1853年起，阿伯丁东方航运公司从这一家公司和阿伯丁的霍尔厂订购了一系列的快船。在1867年出现了九百六十二吨的“太阿提拉号”(the Thyatira)，阿伯丁白星航运公司的第一般混制快船。这样直到由一家后来倒闭了的杜巴顿公司着手建造而在1869年由这个伟大造船时代硕果仅存的丹尼厂在那里予以完工的混制船“克提·沙克号”。[④]

① 阿耳比恩：《森林和海权》，散见各页。

② 《世界船舶等级年表》，第84页。但是一部分用铁骨的办法则远溯自1810—1815年。伍德爵士：《皇家工艺学会史》(*A Hist. of the Royal Society of Arts*)，第255页。

③ 拉伯克：《殖民地的快船》，第147页。

④ 拉伯克：《克提·沙克号航海日志》，第31—32页。

混合造船是从木船向铁船的过渡的一个副产品，并且渐渐变得专门用于疾行快船。在另几类高等帆船之中，这个过渡是一直发展下去的。到 1855 年，《世界船舶等级年表》(Lloyd's Register)已经就铁船的检查和分类公布了完备而又令人满意的章程。这些章程虽然是为轮船而设，但是却使铁帆船的制造轻而易举了。意义深长的是：章程所依据的草案是劳埃德船舶事业和海上保险组合的克来德河检查员提出的，克来德河现在已经成为早年在默尔西河和泰晤士河上比较杰出的一项工业的大本营了。[①] 撇开造价的低廉和功效不谈，铁帆船起火的危险就比旧式木船少得多；只要对于公海上的火灾稍稍有点认识，就可以了解这对于减少人类的灾害和保险费的意义如何了。最厚不过一又十六分之一英寸的铁板和分量很轻的桁梁骨架使铁船得有很大的运载量。在任何一个国家里都不能把它建造得像英国那样价廉而又物美。

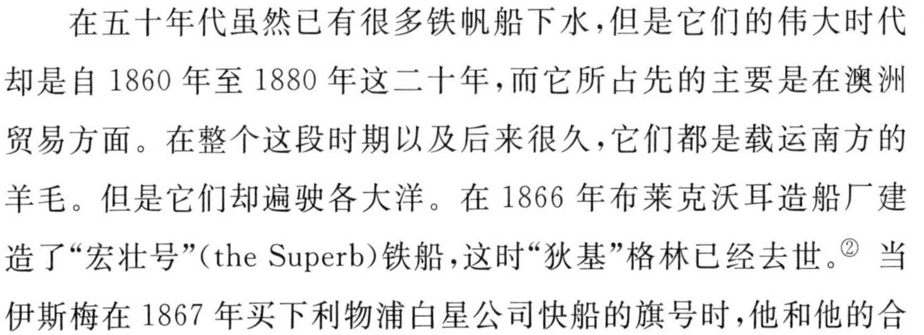

在五十年代虽然已有很多铁帆船下水，但是它们的伟大时代 69
却是自 1860 年至 1880 年这二十年，而它所占先的主要是在澳洲贸易方面。在整个这段时期以及后来很久，它们都是载运南方的羊毛。但是它们却遍驶各大洋。在 1866 年布莱克沃耳造船厂建造了“宏壮号”(the Superb)铁船，这时“狄基”格林已经去世。[②] 当伊斯梅在 1867 年买下利物浦白星公司快船的旗号时，他和他的合

---

① 《世界船舶等级年表》，第 76 页；第 1 卷，第 439—440 页。起初只建造发动机的罗伯特·纳皮尔在 1841 年开始建造铁船。《自传》，第 149 页。威廉·丹尼是他的制图员，老约翰是他的发动机厂的经理；“沿河的大多数厂都是跟他和他的堂兄弟戴维德工作过的人创办的”。同上书，第 243 页。参阅格洛弗：《论泰晤士河畔造船业的衰落》，《统计学报》，1869 年号，该文曾经对它的原因做了讨论。

② 拉伯克：《布莱克沃耳巡洋舰》，第 282 页。

伙人经营着这一段时期的铁帆船。[①] 阿伯丁白星航运公司在1869年建成它的第一艘快船。东方公司在1873年踵随其后。1875年——即散德兰建造的最后一艘木船下水的那一年[②]——在克来德河上建成了被认为是世界上最好的一艘船，一千五百吨的“洛克·加里号”(the Loch Garry)铁船，十九世纪末叶在长程贸易方面非常著名的洛克航运公司的第一艘船。此后千年左右，这类船都是用铁建造的。继而开始了钢和帆的混合时代；因为直到十九世纪末叶，有“很多商业部门用帆船比用轮船更加有利可图”。[③]现在仍有少数几个部门如此。

在1850年春初托德·麦格雷戈公司已经将一千六百吨的暗轮轮船“格拉斯哥城号”(City of Glasgow)下水之后，使用铁建远洋轮船究竟是否有利可图，恐怕还不肯定。四年之后，它载同大约五百个人出海，从此消息渺然；但是在它的短暂寿命中，对于大西洋铁轮的第一个公司——威廉·英曼所创办的利物浦、纽约和费拉德耳菲亚轮船公司——已经起了先驱者的作用。作为一种投机而建造的“格拉斯哥城号”在1850年下半年被这家公司买进。翌年，托德·麦格雷戈公司供应了一艘更大的“曼彻斯特城号”(City of Manchester)，紧接着又是一系列“城”字号的船——其中唯一的一个例外是“袋鼠号”(Kangaroo)——装以快船式的船头、牙

① 肯尼迪：《汽船航行史》(Kennedy, J., *The History of Steam Navigation*)(1903年版)，第301页。

② 《维多利亚地方志，达拉姆郡志》，第2卷，第304页。

③ 康沃耳—琼斯：前引书(1898年版)，第237页。

樯、前横帆装置和主桅。当柯林斯轮船公司由于一连串出乎寻常的海上损失和 1857 年美国的财政危机所造成的困难而破产时，英曼采用了它们的出航日期，开始了从纽约启航的每周班船，并且取得了装运美国邮件的合同。那时丘纳德公司正在建造铁船，但是它供作大西洋贸易用的第一艘暗轮铁船“中国号”是直到 1862 年方始订购的。①

既是一个示范也是一个炯戒的“大东号”(Great Eastern)的那 70
段奇特的穿插，对于向铁暗轮客轮的过渡究竟有什么影响，是不容易断定的。1852—1853 年设计的一艘既有明轮又有暗轮，长六百七十五英尺，宽八十三英尺的铁轮船，在同长二百七十四英尺，宽三十八英尺的“曼彻斯特城号”相形之下，表明了所敢于和所能取得的成就。它在 1858 年 1 月下水，或者毋宁说是在第四次试探时被一股大潮水横着冲下水去，因为它的建造人已经决定把整个船舷向外，侧身放进泰晤士河。② 它曾经有三十年的寿命。但是它搞垮了它的建造人密尔瓦尔的斯科特·鲁塞尔和许许多多付不出所认股款的股东，它没有完工就在它下水的那一年以多于下水费用无几的价格售出了。它是靠“家庭佣仆、水果担贩、蔬菜贩和工人这些生活最卑微的人”认募的股金帮同完成的。③ 它的完成与否已经成为一个国家威望的问题，一项必须完成的事关成败的事

---

① 肯尼迪：前引书，第 106、107、227 页。肯尼迪写自利物浦，他熟悉当地情况。霍姆斯：前引书，第 2 卷，第 30 页。

② 这是一种新办法。罗伯特的兄弟詹姆斯·纳皮尔根据自己的经验曾经预言以船舷向外侧放下水非失败不可。《罗伯特·纳皮尔传》，第 42 页。

③ 《伦敦画报》(*Illustrated London News*)，1859 年 8 月 13 日。《伦敦画报》是“大东号”故事的最可靠来源之一。另参阅肯尼迪，前引书，第 119 页及以下。

情，但是它始终没有偿付那些水果担贩的股本。经过八年无利可图的使用之后，有十年作为海底电线敷设船而发挥了相当的功用(1866—1875 年)，最后走上了作为默尔西河上一个大“百货”商店的浮动招牌这个不光荣的暮年。它 1888 年被拆掉。“它那时的所有主恐怕是从它身上得到一笔可观利润的唯一的一批人了。”[①]在它存在期间，大西洋的第一流轮船已经从“曼彻斯特城号”的二百七十四英尺乘三十八英尺增加到了丘纳德式钢船“塞尔维亚号”(Servia)那艘装有复式引擎和白炽电灯的八十年代初期的怪船的五百十五英尺乘五十八英尺。[②]“大东号”的寿命虽然短暂，但是单单它的建造就已经是那一世纪机械方面的主要奇迹之一了。

在 1850 年以前暗轮木船就已经在大不列颠和爱尔兰之间的海峡和英吉利海峡以及各大洋上载运旅客、邮件和贵重货载了，但是还没有触及散装货。到 1850—1851 年，东北海岸和泰晤士河之
71 间的煤炭贸易已受到新兴铁路的损害。为应付这方面的竞争，纽卡斯耳的帕麦尔有了一艘名为“约翰·博斯号”(John Bowes)的暗轮铁煤船。它驶行五天就可以做出两艘运煤帆船在一个月内所做不出的工作。无论偏见或极古老的沿海帆船贸易的既得利益集团都无法抵拒这样显著的效能了。此外，暗轮煤船还解决了克里米亚战争中的供应问题。到 1864 年，它们单单运往伦敦一地的煤炭就有九十多万吨，其中配备了二十一名海员的“詹姆斯·迪克逊

① 《伦敦画报》，第 127 页。“大东号”的可耻的目的几乎成了凡是从舍斯顿，《关于船舶的儿童读物》(Kingston, W H. G. , *The Boys' Own Book of Boats*)这类书籍中读过它的一切的八十年代的儿童个人的一个耻辱。

② 肯尼迪：前引书，第 230 页。

号"(James Dixon)在一年之内做了原需十六艘帆船和一百四十四人做的工作。铁轮船,帕麦尔在那一年这样写道,承担了"波罗的海和地中海的大部分运输贸易"[①]。这种说法虽不免言过其实,但是若说它承担了十九世纪后期英国散装货轮船贸易所凭以奠定的煤炭出口业务的大部分,倒不失为真实的。

五十年代和六十年代的暗轮铁班船,像明轮木班船一样,主要是客船和邮船。但是在 1863 年,国民轮船航运公司是特别为了货载——为了退出美国联邦的南部各州的运输贸易——而在利物浦创办起来的。贸易虽不如所预期,但是公司经营得很好,以六十年代最大的轮船往来航行,而且大西洋班船上的第一批复式蒸汽机就是装在其中之一的 1868 年的"意大利号"上面的。[②]

1781 年,利用两个汽缸中不同气压的蒸汽张力的所谓"复合法"已经由乔纳森·霍恩布娄领得了专利证。博尔顿和瓦特基于不同的原因以侵害专利权而使他陷于破产。在 1810 年,曾经在布腊默手下充任水车匠的阿瑟·伍尔夫领得了另一个双汽缸蒸汽机的专利证。但是复合张力"这个自从瓦特时代以来蒸汽机所获得的唯一重大改进"[③],在早期铁路时代无论在陆上或海上都没有见诸普遍使用——一部分是因为高压蒸汽在那个时代的单薄汽锅里的危险性。普通的瓦特式蒸汽机则由麦克诺特在 1845 年予以恢

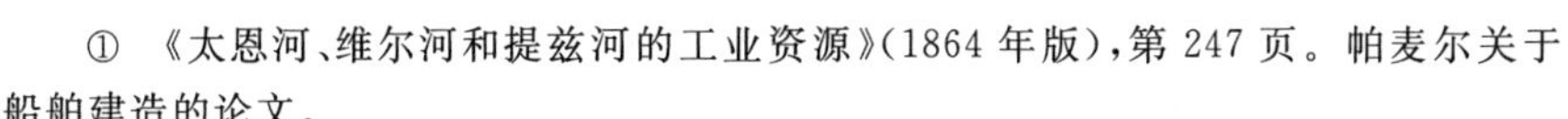

① 《太恩河、维尔河和提兹河的工业资源》(1864 年版),第 247 页。帕麦尔关于船舶建造的论文。

② 肯尼迪:前引书,第 109、301 页。

③ 尤因:《蒸汽机和其他热引擎》(Ewing, J. A., *The Steam-engine and Other Heat Engines*)(1894 年版),第 24 页。

复。工厂和其他的蒸汽机都是由于加上了一个小小的高压汽缸而制造得更有效能和更加经济的麦克诺特式机。继而在1854—1856年，老约翰又把这项原则应用于克来德河上的船用蒸汽机。
72 这仅仅是一个开端，在蒸汽机和汽锅的制造上非有重大的进步，复式机是无法驱逐掉它的前驱者的。汽锅的压力，举例来说，在五十年代初期很少超过每方英寸二十磅或二十五磅。在二十年后复式蒸汽机真正出现的时候，它们的压力自四十五磅至六十五磅不等；在1881年，随着三重张力的到来，从一张典型的新蒸汽机表上得出的平均数则是七十七磅了。[①]

1860—1861年大英轮船公司在“穆耳坦号”(Mooltan)上安装了复式机。燃料有了大量的节约，并经反复加以实验。但是蒸汽机却证明是不可靠的，因而全部撤除。直到1869年这家公司才得到了一部“可以认为是完全令人满意的高压和低压的机器”。[②] 在1863年和1872年之间，良好的新式船用蒸汽机的燃料消费量减少了一半[③]，这就给货载腾出了位置。在这期间苏伊士运河已经把东方的所有各海洋公诸铁船或钢船以及复式蒸汽机了。

发展迅速起来了，汽船承接了一条又一条航线的大量运输。甚至在1865年英国船舶登记簿上的九十万一千吨轮船就可以比

① 马歇尔：《论船用蒸汽机的进步和发展》(Marshall, F. C., *On the Progress and Development of the Marine Engine*)，《机械工程学会会报》，1881年，第449页及以下。关于八十年代初期的三重张力，参阅魏利的论文，同上书，1886年，第473页。关于埃耳德，参阅《英国人名词典》。他在1881年采用了三重张力机。关于复式机车，参阅本卷，第235页。

② 肯尼迪：前引书，第54页引用大英轮船公司托马斯·萨瑟兰爵士语。

③ 琼斯：《钢铁时代的创造者》，第147页。

同年四百九十三万七千吨帆船承担更多的运输工作，1875 年的一百九十万吨的轮船则肯定比 1875 年的四百二十万吨帆船承担得更多。在 1882 年，轮船吨位的上升曲线已横穿帆船吨位的下降曲线。到 1885 年，四百万吨的轮船连同它们的十万八千人也许作了三百四十万吨帆船和它们的九万一千人六七倍的工作。

当商船队正在这样转变的时候，渔船队在体积、配置和它的单位功能方面已经比它们在材料和动力方面有了更大的变化。在三十年代和四十年代初期，整个说来英国的渔业已经没落了。船艇很小；深海捕鱼已经荒废；渔夫和他们的赞助人正为外国竞争而哀鸣——法国人已经深入到三英里的界线以内；甚至在他们自己封港的季节还为投饵而来疏浚我们的海湾。在 1833 年，一个审查委 73
员会经过仔细考虑的看法是：溯自和平以来，从雅茅斯到西角[①]一带的渔业就渐趋衰落了。[②] 括网捕鱼虽然在西部，尤其对于布里克萨姆人来说，是著名的，但在北海却完全无法进行，而且在英吉利海峡方面也渐趋没落。在赫尔，在选举改革法案的那一年出现了第一艘括网渔船。[③] 这个行业已经从西部经由腊姆兹格特而发展过来。括网渔船在三十年代后期正从内银坑和板鱼坑外移。在

① 按指康沃耳。——译者

② 见上卷，第 322 页，《英吉利海峡渔业审查委员会》，1833 年（第 14 卷，第 60 页）是一篇很好的报告。

③ 《括网捕鱼皇家调查委员会》，1885 年（第 16 卷，第 471 页）。罗利特代表赫尔船主的证词，询问案第 8648 号。一般参阅霍尔兹沃思：《深海捕鱼和渔船》（Holdsworth, E. W. H., *Deep Sea Fishing and Fishing Boats*）（1874 年版），该书是以《1866 年海上渔业调查委员会》为依据的，霍尔兹沃思是这个委员会的秘书。

1843年的严冬，它们以惊人的成绩在多季尔堤下的大银坑进行捕鱼。但是渔船又少又小。在1844—1845年，赫尔的二十一艘渔船只不过是从二十三吨到三十二吨；到1883年，它已经有了自六十五吨至九十吨的头等渔船四百艘，较小的船只数百条。[①] 格里姆斯比有更多的头等渔船和钓鳕鱼的渔船。括网捕鱼是在1858年，也就是通往格里姆斯比的那条铁路竣工的前一年"有四五艘渔船从赫尔迁移到那里时方才开始的"[②]；但是深海钓鱼却历史悠久得多。自雅茅斯到洛威斯托夫特和东海岸的其他许多港口，尤其在彼得赫德和阿伯丁，青鱼漂网渔船是像长久以来的情形那样按季出发的。自大约1850年以来，它们的数目和体积都有了增加，它们的设计也有了改进，虽则始终没有发展到括网渔船那样大小。西海岸有些渔业公司也得到了发展，但是重大的活动和改进却在东岸。到1878年，在英格兰和威尔士由铁路运往内地的十七万六千吨鱼中，有十二万四千吨来自格里姆斯比、赫尔、雅茅斯和洛威斯托夫特，而单单来自格里姆斯比一地的就有五万九千吨。[③]

除铁路外，没有任何东西比塞穆尔·休伊特在1855年左右为他以雅茅斯为根据地的括网渔船队所采用的冰的使用法更有助于深海括网捕渔了。[④] 冰是从挪威进口或是把英国的冬季供应贮藏在冰窖里的。最后出现了蒸汽，但是蒸汽的作用直到八十年代还是辅助性的。在1865年和1875年之间，把鱼竞送到市场上去的

① 《括网捕鱼皇家调查委员会》，询问案第8631、8627号。

② 霍尔兹沃思：前引书，第251页。

③ 《括网捕鱼皇家调查委员会》，附录4。

④ 霍尔兹沃思：前引书，第244—245页。

单桅小帆船已开始为轮船所取代，而漂网渔船和括网渔船的往来海上则由拖船予以协助。在七十年代后期（那时括网捕鱼已经扩 74
展到日德兰半岛以外的大渔夫堤，而括网渔船则往往“差不多可以望见挪威角”[①]），蒸汽括网渔船出现了，首先有若干艘出现于福思河，而那里的任何一种括网渔船还都是一种新发展。在 1879 年和 1883 年之间，利兹有十二艘蒸汽括网渔船登记；在 1881 年和 1883 年之间，格兰顿也有几艘登记，那里设有一个自备括网渔船的公司。到 1883 年年底，在整个苏格兰据说大约有三十艘。[②] 赫尔虽有四百艘头等渔船，但“除开运艇和单桅快船外，没有一艘是用蒸汽发动的”，格里姆斯比只有一艘。[③] 在 1883—1886 年期间也没有取得多大进展。价格日趋跌落，各种船舶的建造都呈现停滞状态。1886 年，在苏格兰仅仅建造了四艘蒸汽括网渔船；当一位英格兰和威尔士的渔业视察员在第二年发表第一件空洞的报告时，他对于括网渔船和蒸汽所能谈论的只不过是：大多数括网渔船都“装置了蒸汽绞盘”以供拉网之用。[④]

要是没有惠特沃思把处理钢的准确方法和新办法以及同阿姆

① 《括网捕鱼皇家调查委员会》，询问案第 8655 号。

② 同上书，询问案第 5410 号，并散见各号。

③ 同上书，赫尔，询问案第 8640 号；格里姆斯比，询问案第 9182 号。但是我听说在 1881 年组织的格里姆斯比和北海括网捕鱼公司在 1888 年以前就有“白羊宫号”（the Aries）和“黄道带号”（the Zodiac）两艘。

④ 苏格兰的正式报告已经有了若干年，爱尔兰的正式报告则有了很多年。这里所引征的 1887 年的英格兰和苏格兰的报告，载《报告和文件》，1887 年，第 21 卷，第 147、245 页。

斯特朗的名字特别有关的水力机介绍给英国工程界广泛使用，八十年代钢铁建造的船舶，连同改进了的船用蒸汽机会是不大可能的。虽然在三十年代惠特沃思已经在他自己的曼彻斯特作坊里使用他的真正平面，虽然在1840年已经把他的方法公布，虽然在1841年已经把他的螺旋、螺纹和其他机械要件标准化的计划报告给土木工程学会，但是十年之后，当他的整套领得专利的机器工具，他的较准到千分之十英寸的标准尺和他的标准化螺旋和机器零件的制度博得大博览会审查员异口同声的赞美时，尽管审查员
75 说什么他的标准制“早已得到了”“大力的推广”，他们获得印象最深的显然是尚有待占领的那个广大领域和未标准化的机械世界的“紊乱和耽延”。这也是休韦耳博士应邀对人民发表关于博览会的讲演时给他印象最深的一件事。①

在五十年代时，已经成名的惠特沃思正凭着他的威望向他的同辈工程师进行宣传。他在1856年对机械工程师们说：“我对……这个学会和一切同机械多少有点关系的人把掌握一个真正平面作为一个参考标准的广泛重要性不论怎样强调，也不为过分。工艺方面的精良与否端赖于此。……重要性仅次于一个真正平面的就是”他的衡量机和他的标准尺所提供的“衡量力”。② 这不大像是一个传教士对教徒惯用的语气。在螺钉和螺旋的问题上他最

① 这个报告引征于惠特沃思的大多数记述中，例如琼斯：《钢铁时代的创造者》，第228页。另参阅上卷，第446页。惠特沃思的许多工作是以莫兹利的工作为基础的，例如惠特沃思的真正平面。《詹姆斯·内斯密斯自传》(*James Nasmyth's an Autobiography*)(1885年第2版)，第144页。

② 《机械工程学会会报》，1856年，第127页。

后取得了彻头彻尾的成功。一位赞美者在 1885 年，即惠特沃思逝世的前两年写道：“现在英国的每一部船用蒸汽机和每一部机车对于一切特定的直径都有同样的螺钉了。他的制度……世界上凡制造蒸汽机和机器的地方无不采用，生产整套螺钉的铸模原来都是由他的曼彻斯特工厂供应的。”[①]按照标准尺进行的操作在五十年代和六十年代也推广得很快，所以在纺织工程之类的工程工业的比较先进部门中，机器零件变得完全可以互换了。已经不再像过去的情形那样，必须用手把棉纺机上的锭子一个个配到它的承受器上去了。但是迟至 1886 年，机械工程学会的主席在对他的同事扼述他们最近访问第一流工程作坊之际“给他们以深刻印象的”那些东西时，特别加以强调的是“完全按照标准尺操作”的习惯。[②]这种习惯显然还不在无须一提的事物之列。

个人主义的，执拗的年轻工程工业和蒸汽机的使用者，在十九世纪的第三个二十五年中，已情愿接受像螺钉之类的少数几种要件的标准化了，但也止此而已。如果避免机器类型过早的僵化，这 76
也未始不是一件好事。但是类型和规格的多样化，正如一个发展的时代中理所当然的那样，也有一些重大的缺点。一个极端的案例就是机车那个案例。在 1850 年以前，它在罗伯特·斯蒂芬逊等人的手里已经达到了一个相对高的完善水平，正如从一些早期机车寿命之长以及一部 1845—1850 年普通机车和一部 1880—1885 年普通机车之间的差别之小所能看出的那样。斯蒂芬逊在 1837

① 琼斯：前引书，第 224 页。

② 《机械工程学会会报》，1886 年，第 225 页。

年卖给大西铁路的装有新式锅炉的“北极星号”一直行驶到1870年。他在1847年为大东铁路建造并于1867年加以改造的那部长汽锅蒸汽机，一直使用到八十年代。这种几乎定型化的机器继续产生出无数的类型。[1]“大概只要有五种不同类别的机车，也就尽够多样化，足可适应铁路的各种货运了”，一位专家在1855年这样写道，“可是据我猜想，在英国和其他各地实际上运行的各式各样的机车，恐不下五百种。”他建议类别的标准化，但是却怀疑：“如果各铁路利益集团不合并，这样一种办法是否拟订得出来。”[2]七年之后，在英国，这种办法已在讨论之中，而在德国，在把旧式机车强制移交给战胜的协约国之后，则已经获得了成功。

一位叫做威廉·阿姆斯特朗的职业律师早已领得了一种水力起重机的专利证，并且在1847年盘进了艾尔西克厂之后，还有过其他一些创造发明。他在那里进而发展了各种水力机，诸如起重机，升降机，绞盘，旋开桥和吊桥，闸门和水门，吊谷机，抽水机，矿坑起重机以及供移动陆上和海上塔楼之用的机器。[3]这种工作继续了一代之久，在这一代之中，除前十年外，阿姆斯特朗用之于军火和大炮方面的精力比用之于和平事物方面的更多。他在这方面的工作以1882年在艾尔西克船厂开始建造军舰时达于最高峰。
77 惠特沃思则由于1854年在恩菲尔德建立官营工厂给国家建造制

① 沃伦：《罗伯特·斯蒂芬逊公司机车建造一百周年》(1923年版)，第339、355、329页。

② 克拉克：《火车》(Clark, D. K., *Railway Machinery*)，1855年，第7页，引用于沃伦，第414页。

③ 阿姆斯特朗的论文以及关于他和他的工作的论文，见《机械工程学会会报》，1858年、1868年、1869年、1874年和1881年各期。另参阅《英国人名词典》。

来福枪的机器时接受了聘书，而早已同军火问题发生了正式接触。他认定先从经验中找出究应制造哪一种来福枪乃是当务之急，并且也发展出以他的名字命名的那种式样，但是政府未予采用。他从来福枪进而制造惠特沃思式大炮，这种大炮在美国南北战争时联邦方面曾经有过最早的，同时也是非常成功的实地试验。到 1868 年，他曾经建造了一种阵地炮，可以把二百五十磅重的炮弹射到六英里半远近。

在这期间，由于小武器的需求，用机器进行的大规模生产和协作已经加速起来。首先开始于美国。美国的官营兵工厂在二十年代就已经对于机制的可互换零件进行了试验。在 1840 年左右，布兰沙德的切截不规则形状的车床在斯普林菲尔德兵工厂已经用于枪壳制造。塞缪尔·寇耳特在三十年代发明的连发手枪，从加利福尼亚“采掘黄金的冒险家”方面得到了第一批大规模的需求，并且在大博览会上使惠灵顿公爵为之倾倒。寇耳特用机器制造他的可互换零件。在博览会以后，他把这部机器运到英国，供皮姆利科的一家工厂使用。[①] 在官营小武器工厂在恩菲尔德创立之前，曾经派遣了一个调查团到美国去。在 1858 年，这个工厂用美国机器装备了起来。[②] 在利兹，全套二十一部机器已经先行安装起来以

① 内斯密斯的《自传》（1885 年），第 348 页。

② 博耳斯：《美国工业史》（Bolles, *Ind. Hist. of the U. S. A.*），第 254—256 页。《伯明翰和米德兰铁器区》（1886 年版），第 396 页及以下。亚伦：《伯明翰和黑乡的工业发展》（Allen, G. C., *The Industrial Development of Birmingham and the Black Country*）（1929 年版），第 188 页及以下。伯恩：《1850—1870 年美国工程业竞争的起源》（Burn, D. L., *The Genesis of American Engineering Competition, 1850—1870*），《经济季刊》（经济史），1931 年。

应付克里米亚战争的弹药需求。[①] 继而在伯明翰，那些分工极其细碎的伯明翰手工制炮业的工匠师傅所组织的小武器业公会成立了第一个伯明翰小武器工厂(B. S. A.)，并且备有购自美国的枪壳制造机和购自利兹的镗床。[②]

军火和军舰的故事却是另一回事。它对于工业史的意义，固
78 然在任何时期，在工业发展的任何阶段上都是重要的[③]，但是却没有一个时期比这准确技艺、水力机和钢的时代的初期更为重要。国家军事部门是金属加工的发明家的理想顾主，这些顾主对于材料的绝对坚牢度和技艺的绝对完善的要求在任何时候都是，或至少应该是没有伸缩性的，而在战时则更会变成是无止境的。惠特沃思在1856年9月曾经以机械工程学会主席的身份对于贝塞默尔最近的声明所提出的制炼“质量更好的钢铁”的前景，深表欢迎。[④] 他后来对大炮进行的实验使他相信，不论前此专门用于大炮制造的任何一种铁，还是一般的新式贝塞默尔硬钢，都不是他所需要的。在整个六十年代，他一直致力于如何在钢仍呈液体状态时用水力机进行碾压的问题。他的专利证虽然在1865年已经领得，但是在此后四年之内他还没有作好开始商业性制造的准备。

---

① 梅塞一汤普森:《论利兹工程业史》(Mersey-Thompson, A. H., *On the History of Engineering in Leeds*)，《机械工程学会会报》，1882年，第270页。

② 《伯明翰和米德兰铁器区》，第403页及以下；古德曼:《论小武器制造的进步》(Goodman, J. D., *On the Progress of the Small Arms Manufacture*)，《统计学报》，1865年，第494页。

③ 参阅桑巴特:《战争和资本主义》(Sombart W., *Krieg und Kapitalismus*)，1913年版中的论证和他的《现代资本主义》，1919年第3版，散见各页，尤其是第1卷第750页及以下各页中修正了的论点。

④ 《机械工程学会会报》，1856年，第126页。

那时用西门子—马丁法生产的质量划一的钢铁刚刚进入市场。[①]这就是可用惠特沃思式舂杵压进一块具有最大强度和最大韧性的压缩钢所能提供的最好材料了。[②]

原为大炮设计的压缩钢不久就找到了其他的用途。随着各种船舶的愈来愈大，制造蒸汽机和推进轴需要比炼铁更加好的材料了。在 1856 年，为当时英国海军最重的船舶“刚强号”（Inflexible）制造推进轴使用了压缩钢。不到几年的工夫，作成像枪筒一样的钢管以便把轻度和坚牢度结合起来的惠特沃思轴系，也渐渐使用于商船。它不只是既轻而又坚牢。“钢轴对轴承所呈现的表面”，纽卡斯耳的马歇尔在 1881 年这样写道，“可以毫不过分地说，比起使蒸汽机大受损伤的那种满布皱纹、网状结构和铁剥皮的炼铁轴也不知完善多少。所以摩擦一定大大地减少。”[③]他刚刚完成了六对钢轴蒸汽机，所以这是经验之谈。他虽然还使用炼铁作活 79
塞和连接杆，但是却认为就大轮船而论，“钢建的起重机轴系一定愈来愈通用。铁起重机的经常不合用……对于船舶所有主已经成为不能长此置之不理的一个严重问题。”刚刚为英曼航运公司下水的世界第二艘最大的轮船“罗马城号”，装有用空心管制成的惠特沃思压缩钢的起重机轴系。[④] 所以八十年代向钢船的过渡是同船

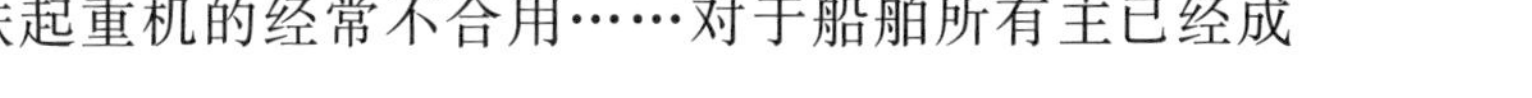

① 《机械工程学会会报》，第 63 页。

② 除其他各书外，可参阅卡布特：《五十年来枪炮制造方面的进步》（Carbutt, E. H., *Fifty Years Progress in Gun Making*），《机械工程学会会报》，1887 年，第 167 页。

③ 《船用发动机的进步和发展》，《机械工程学会会报》，1881 年，第 475 页。

④ 《机械工程学会会报》，1880 年，第 341 页，正在巴罗建造的那艘船的一篇记述。

内部向全钢机器的过渡齐头并进的。

在压缩钢还没有在可供利用的领域内占多大比重时，惠特沃思就在 1887 年逝世了。他殷切希望看到把钢用在火车的建造上，因为用钢建造会导致所曳空车重量的剧减。但是普遍采用压缩钢来做火车的骨架，则既不是在这个时期，也不是在英国进行的。[①] 不过惠特沃思在他的晚年确看到了很得利于他的成就的那种用机器进行的机器制造的大肆推广，纵然“完全按照标准尺的操作”还不普遍。由于七十年代后期美国机器的突飞猛进而激起相互竞争的各种木料加工机，在八十年代初期正取得特别迅速的进步。[②] 在制造方面它比金属加工机更加需要技巧，在掌握方面也更加需要熟练；因为金属加工机的切截工具是以大致不变的速度，在不大变动的角度上对一种相当划一的材料进行切截的；而木材却没有两种在密度和纹理上相似，它们必须在不同的角度上进行切截，因而工具的速度势必有，或者毋宁说在那时的确有每分钟自五百至
80 八千英尺的变动。[③] 在普通的制钢作坊里，车床和刨“这类主要工具”虽然同“它们原来的形式”没有多大改变[④]，但是进行凸缘加工和钉帽钉的工作却渐渐有了水力机；复式打孔机和复式钻凿机也

① 在 1885 年很少。赫德，主席致词，《机械工程学会会报》，1885 年，第 321 页。

② 理查兹：《切木机最近的改良》(Richards, G., *Recent Improvements in Wood-cutting Machinery*)，同上书，第 77 页及以下。另参阅主席致词，《会报》，1886 年，第 275 页。木工机在美国的广泛利用曾经在 1854 年由派赴 1853—1854 年纽约博览会委员华利斯和惠特沃思提出了报告；此后二十年美国一直居于领先地位。伯恩的论文，见《经济季刊》(经济史)，1931 年 1 月号，第 294、299 页。

③ 同上书。

④ 梅塞一汤普森的论文，见《会报》，1882 年，第 269 页。

渐渐普遍起来并且正取代着人力劳动;考文垂脚踏车工业的迅速成长为打模机提供了新的作业,而形式比较简单的打模机却是伯明翰区各种轻工业久已经常使用的。①

紧随大博览之后的那一代中制钢方面的革命和比较精确的工程技术,对于比较陈旧的机械化工业不断地发生影响。除开少数几种特别用途尚需用外,任何新纺织厂里都不用木材了。发动机不断地变得愈来愈强有力,愈来愈有效。凭靠继续不断的零星改进,机器已经制造得更加完全自动了。按照标准尺生产的钢制零件的毫厘不爽使得更加迅速的运转容易了,调换也迅速了。在整个这些年的故事中始终贯穿着"加速操作"的问题。但是至少在棉纺织业机械方面并没有什么突出的革新,除非是把五十年代初期为取代纺绩最细纱支用的棉花的最后一步精梳工序而输入的埃耳曼式精梳器和七十年代自美国输入的环锤纺机当作这种革新。精梳器一经输入,三十年没有什么变革;但是它却用于愈来愈粗的纱支了(直到四十支和三十支,而不是起初的二百支或三百支),并且像所有其他机器一样,能率提高了很多。② 经纱的环锭精纺在1860 年以前在美国已经有了相当基础,但是在英国,直到七十年代后期还处于试验阶段。我们说不出它"在……棉纺织业经济中

① 赫德,主席致词,1886 年,《会报》,第 275 页及以下。

② 普腊特:《论整理和纺棉用的机器》(Platt,J.,*On Machinery for the Preparing and Spinning of Cotton*)和斯潘塞,伊莱:《整理和纺棉机器最近的改良》(Spencer,Eli,*Recent Improvements in the Machinery for Preparing and Spinning Cotton*),《机械工程学会会报》,1866、1880 年。

的真正地位如何”，一位专家在1880年这样写道。[①] 它的真正迅速采用是随着九十年代的到来方才开始的。

在这期间走锤精纺机有了不断的虽则是缓慢的进步。“在棉
81 荒(1861—1864年)以前，(它)究竟是不是一个完全的成功，人们还心存疑虑，全部订购走锤精纺机的只不过是比较富有冒险性的纺绩者。”[②]所以它在粗纺方面的最后征服实现得很快，而在精纺方面却拖延了很久。“对于最细纱支的纺绩……手摇精纺机已经达到了尽善尽美的程度”，奥耳德姆的伊莱·斯潘塞迟至1880年还这样写道。[③] 他又补充说：手摇精纺机变得更加自动化了，纺绩者只须“提供一点力量来控制某一些动作”；并且说，正因为这样，“具有第一流纺绩技术的人一年比一年少了”。两年之后，最精纺绩的发祥地博耳顿区工人的秘书报告说：自1877年以来的五年之间，他那一区的手摇精纺机已经从一千三百对降到五百一十六对，它们的终于绝迹是必然的。[④] 据说1887年前后在格拉斯哥就已经绝迹。在二十世纪之初，在英格兰奔宁峡谷仍然可以看到很少数手摇精纺机。[⑤]

在这期间，就整个纺绩工业来说(就精纺机、粗纺机和一切准备工序的机器来说)，工人同机器的关系的逐渐变化以及机器本身

---

① 前引书斯潘塞，伊莱的论文，第527页。另参阅克拉潘：《兰开郡棉纺织工业》，第71页注。

② 安德鲁：《五十年来的棉纺织业》(Andrew, S., *Fifty Years of the Cotton Trade*)(1887年版)，引用于克拉潘：前引书，第70页。

③ 同上书，第516页。

④ 克拉潘：前引书，第71页。

⑤ 得自私人的材料。

的种种变化，已经产生了下述的结果：①

	纱绩厂工人的人数	每个工人所生产的纱的磅数
1844—1846 年	190,000	2,800
1859—1861 年	248,000	3,700
1880—1882 年	240,000	5,500

作为工业的一个有效因素的手织机久已绝迹了。诚然，甚至在 1891—1892 年，一个德国调查者还在博耳顿的光线充足的地下室里发现有几个白发老翁和老媪用手织造"特殊形式的被单……被单上面织了一些字，多半是圣经上的诗句"。他们都抱有"作自己的这一行最后残余的直言无隐的决心，而并不把他们的手艺传给任何一个年青人"。儿孙辈都到工厂去做工了，他们在工厂里所挣的钱有他们祖辈"三倍之多"。② 但是早在 1856 年，残存到这一世纪的手摇织布机就已经降到了几千台；到 1885 年则只剩几百台 82
了。在这两个年份之间，动力机已经从二十九万九千台增加到五十六万一千台，它们的运转也快得多了，大概总加快了 50%以上。所以在 1850 年是每一点六台织机一个织工；在 1878 年是每二点一台一个，在 1882 年则是每二点二台一个了。照上文所列纺绩方面的表式，其结果如下：③

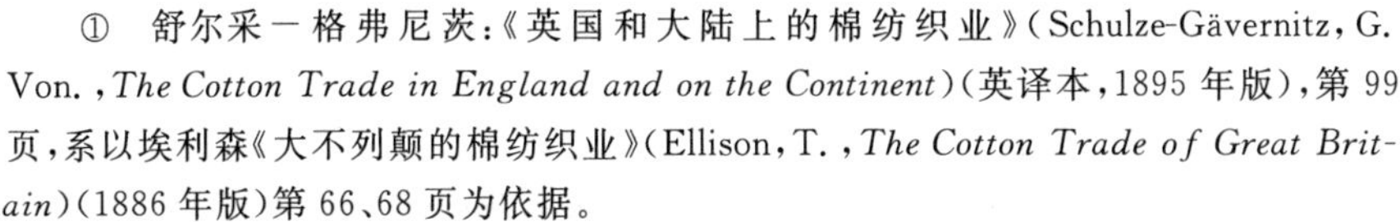

① 舒尔采—格弗尼茨：《英国和大陆上的棉纺织业》(Schulze-Gävernitz, G. Von., *The Cotton Trade in England and on the Continent*)(英译本，1895 年版)，第 99 页，系以埃利森《大不列颠的棉纺织业》(Ellison, T., *The Cotton Trade of Great Britain*)(1886 年版)第 66、68 页为依据。

② 舒尔采—格弗尼茨：前引书，第 105 页。

③ 舒尔采—格弗尼茨：前引书，第 108、112 页，系以埃利森《大不列颠的棉纺织业》第 66、69 页为依据。"织工"的数字包括在杼路及其附近劳动的所有人们在内。

	织造厂工人的人数	每个工人所生产的布的磅数
1844—1845 年	210,000	1,700
1859—1861 年	203,000	3,200
1880—1882 年	246,000	4,000

毛丝业一直追随于它已经几乎成为其中一部分的棉纺织工业之后，因为在大约 1840 年和 1870 年之间，它的大部分女衣料都开始用棉经纱织造。[①] 诚然，它一旦投入精梳方面的革命，这就是说自从大约 1855 年以来[②]，它就甚至比棉织业更加十足地机械化了。它完全没有用过精纺机，所以没有任何手摇精纺机纺工。[③] 当 1857 年约翰·詹姆斯编写这个行业的历史时，除非在伍瑟林高地的一些地方，手织机毛丝织工已很难见到了。其中有一些人直到七十年代，也许更晚的时候还株守旧业。但是甚至在詹姆斯时代以前，因为他们已不再是一个工业阶层，所以已无法引证他们的劳动收入的总数字了。在工厂里，铁织机改换得比较快，钢纺锭、粗梳毛机和梳器都运转得更加顺畅了，劳动也像棉纺方面一样地有了节省。零星的改进一直继续不断，但是若说自六十年代至八十年代毛丝工业的领袖人物们在得到完美机器之后，已经满足于已有的成就，倒也不为过分。[④]

在更加多样化和更加分散的毛纺业中，情况则迥然不同。直

① 参阅例如密契尔的证词，见《工商业萧条皇家调查委员会》，1886 年，询问案第 3860 号。

② 本卷，第 31 页。

③ 准确地说，它还完全没有使用精纺机。用精纺机的“法国纺绩”在八十年代已渐渐出现。《工商业萧条皇家调查委员会》，1886 年，询问案第 6731 号（雅各布·贝伦斯爵士）。

④ “帽”锭是最近的改良或变化之一，本卷，第 13 页。

到 1850 年，精纺机本身在科次窝尔德峡谷就根本没有使用过，纺绩是用手摇珍妮机进行的。[①] 机器"搓条"方面的进步到处都迟迟其来。到 1870 年，各主要地区都一般加以采用了[②]；但是根据工 83
厂视察报告，在 1871 年，在约克郡以外，英格兰和威尔士共总不过只有五部"搓条机"。"毛纺粗纱机纱锭"报表在 1875 年尚在编制中。[③] 当时在仍然为数很多的约克郡小呢绒商的公司纺织工厂中还有很老式的机器，在威尔士或苏格兰僻远的粗梳和纺绩厂中则更多。在利兹的方圆几里以内，在卡耳弗利和法尔斯雷一带，历经整个七十年代都还有一个强大的手织机织工集团在进行着织造。"在 1876 年我的生意歇掉了"，卡耳弗利的一个退休制造家在 1902 年这样说，"但是我们的企业从来没有用动力织过一匹呢绒"。[④] 哈德兹菲尔德区重要的花呢业也是一样，这一区除生产他种花呢外，还生产约翰·利奇[⑤]的画像上那种漂亮的维多利亚式背心，并且和特威河畔的各城同是生产和旧式大呢、粗毛布和粗呢相抗衡的男用花呢的先驱者。在 1866 年，手织工所控制的织机约

① 《维多利亚地方志，格拉斯特郡志》，第 2 卷，第 194 页。直到 1829 年利兹的戈特还没有采用精纺机。克隆普：《利兹的呢绒工业，1780—1820 年》（Crump, W. B., *The Leeds Woollen Industry, 1780—1820*）（1931 年版），第 264 页。

② 贝恩斯：《约克郡的今昔》，第 2 卷，第 665 页。

③ 关于"搓条"和手摇"毛纺粗纱机"，参阅本卷，第 28、49 页。所引用的视察员的统计数字，见《报告和文件》，1871 年，第 62 卷，第 105 号；1875 年，第 71 卷，第 57 号。在下一集《报告和文件》，1878—1879 年，第 65 卷，第 201 号中，没有"搓条机"和"毛纺粗纱机"的数字。

④ 私人的材料。

⑤ 英国漫画家和木刻家（1817—1864 年）。——译者

占全行业四分之一，二十年后他们仍具有相当重要性。[①] 1855—1856 年，在基德明斯特的织毯业中，动力以灾害性的速度出现了；所以在 1866 年，为防卫起见，一部分工人成立了一个动力织机织工联合会。但是在 1868 年，历史悠久得多的英国（手织机）地毯织工联合会在约克郡和其他各地，包括基德敏斯特区的若干地方在内，拥有会员三千多人；直到 1876 年以后，已经在这期间发展到了苏格兰的这个联合会，方始在漆布、油布和动力织地毯的竞争下，随同这个行业一并趋于没落。[②] 至于手织机在威尔士、高原和赫布里底群岛一直维持到很多年以后，是无须在这里加以证明的。

84 在英国亚麻工业中，尤其在 1850 年以后从它渐渐分裂出去的黄麻工业中，动力机已经很占优势，供梳理、搓条和纺绩用的机器也点点滴滴地一步一步地取得了改进。在 1870 年，亚麻动力织机仅仅有六千零九十二台，而毛丝动力织机却有三万二千六百十七台，动力织布机二十四万九千六百二十七台。[③] 那六千零九十二台织机也包括黄麻织机在内。自拿破仑战争以来，黄麻已为人所共知，当时东印度公司曾经试行把它作为大麻的代用品进口。黄麻首先试用于英格兰，在二十年代则已进入敦提，但是当时运转的机器对它不很合用。进口商徒劳地向制造商推销了好几年；但是在 1833 年和 1848 年之间，它已经在用大麻和亚麻作经的麻袋和

---

① 克拉潘：《手织机在英国和德国的衰落》（Clapham，J. H.，*The Decline of the Handloom in England and Germany*），《布莱德福德纺织季刊》（*Bradford Textile Journal*），1905 年 6 月号，第 45 页。

② 职工会方面的事实取材于伦敦经济学院韦伯的手稿。工业方面的事实取材于《维多利亚地方志，伍斯特郡志》，第 2 卷，第 298 页及以下。

③ 见上卷，第 554 页。

其他粗织物的制造上逐渐供作纬纱之用了。直到 1848 年，用黄麻作经纱的技术困难方终于克服，而为纯黄麻工业开辟了道路。大约也正是在那个时候，由于梳麻机从利兹推广到了苏格兰，整理工序上的一个手工艺操作的瓶颈方得以消除。[①] 但是黄麻工业还没有真正同亚麻工业分离开来。机器几乎是一样的，为旧原料建造的工厂可以毫不费事地改供新原料之用；迟至 1864 年它们的史学家还以二十年后不能再用的词句写道，“敦提织造的麻布包括有亚麻布、大麻布和黄麻布。”[②]

在那个日期以后，分离就一年比一年显著了。[③] 到 1867 年，敦提为供本城以及福尔法尔、法夫和佩思等邻近各城使用而进口的黄麻已达六万四千吨（而在 1838 年仅一千一百吨），当时全国进口的“苎麻、黄麻和其他大麻类植物”，根据国家统计所提供的最准确数字，只不过八万吨。在那一年，单单苏格兰就有了织造亚麻、黄麻和大麻的动力织机二万台，其中有八千台在敦提——比十七年前整个不列颠的台数还要多出很多。在敦提手织机尽管还没有绝迹，却“正在迅速地消失”，甚至在大量织造餐桌布的敦菲尔姆林 85
的精织物工业中，亦复如此。[④] 手织机的消失是以那里的一种寿命很短的工厂手织机制度为先导的。在英格兰，因为亚麻织造既已停滞，以至日趋衰落，而大规模的黄麻工业又没有成长起来，所

① 参阅上卷，第 146 页。

② 沃登：《古代和现代的麻布业》（1864 年），第 630 页。关于黄麻的来源；参阅前引书，第 50 页及以下和布雷姆讷：《苏格兰的工业》（1869 年版）第 251 页及以下。

③ 关于后期的历史，最好的资料来源可得之于《贸易萧条皇家调查委员会》，1886 年，询问案第 6175 号及以下，三位敦提证人的证词。

④ 沃登：前引书，第 557 页。

以在这个行业集团之中，从来没有过很多的动力织机。在六十年代，亚麻的工厂纺绩甚至在它的发祥地利兹都呈现了停滞状态。[①]在整个英格兰，亚麻纺锭在1860年或1860年以前就已经开始下降。但是阿尔斯特的所得不但补英格兰的全部所失而有余，而且东苏格兰在黄麻方面的所得也远可让它在亚麻方面丧失给阿尔斯特的而有余。绝对有所失的只是英格兰一地。它的亚麻动力织机在1875年攀登到了五千六百台的最高额，但是十年之后，又降到了四千台，手工织机在这整个时期却一直是趋于下降的。它的工厂纺锭从1857年的四十四万二千台，降到了1885年的十一万八千台。

在1885年，动力运转的亚麻纺织机在联合王国三部分的分配情形如下：

	英格兰和威尔士	苏格兰	爱尔兰
纺锭	118,000	221,000	817,000
织机	4,000	21,600	22,000

苏格兰亚麻厂所雇用的工人计有三万九千名，英格兰则只有一万一千名；苏格兰的黄麻厂有三万六千名，英格兰则只有四千名。此外，还各有两三千名工厂大麻工人。[②]

当工厂条件日益加强，而大麻、亚麻和黄麻工厂的厂址正在变化中的时候，针织业已渐渐变成为工厂工业，但是变化却很慢。在

---

① 但是在1871年，利兹仍然有二十九个工厂，八千名工人。贝恩斯：《约克郡的今昔》，第3卷，第193页。

② 工厂报表，《报告和文件》，1875年，第71卷，第57号；1884—1885年，第71卷，第1087号。

1850 年，针织业已经是一种发料加工制的工业，有一些中央货栈，若干非动力的“针织机作坊”和屈指可数的几项借重动力的试验。[①] 十年之后，据诺丁汉商会报告说，在所有磨车式机、环形机或“整经机”上工作的工厂工人只不过三四千人，而旧式的家庭针织机织工却有五万多人。[②] 在 1862 年童工就业调查委员会委员把同针织业有关的人估计为十二万人时，在工厂法实施范围以内的只有四千四百八十七人。后一数字无疑是准确的。[③] 在 1866 86
年，针织机历史家费尔金说，“广大群众的吸取窄幅手摇机，甚至现在也只能说是刚刚开始”。他正在推测动力时代的后果，推测它如何会使乡村人口减少并“使当地住户有所变化”，很像七十年前一位有公益心的棉布大王所推测的那样。[④] 随着七十年代的到来，以约舒亚·费尔登为首的一个国会工厂集团开始策动通过一些议案，来限制针织业发料加工制所带来的弊害，尤其是中间针织商出租针织机那种根深蒂固的弊端。他们是消息灵通的，因为在 1871 年视察员只查报了共有工人九千七百名的一百二十九家针织厂。在这些工厂之中有七十四家在累斯特，四十五家在诺丁汉，三家大厂在罗克斯伯罗。其中很多仍拥有大量手摇针织机，其实不过是一些针织作坊而美其名为工厂而已。[⑤] 由于费尔登和他那个集团成功地把 1874 年的维多利亚法令，第 37、38 年，第 48 章著诸法

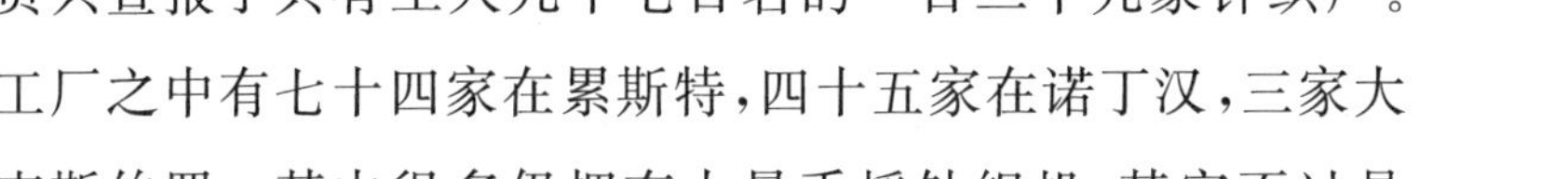

① 本卷，第 33 页。

② 费尔金：《机器针织品和花边工业史》，第 514 页。

③ 这是取材于工厂视察报告，《报告和文件》，1862 年，第 55 卷，第 629 号。这项估计数见《童工就业调查委员会第二次报告书》，1864 年，第 22 卷，第 32 页。

④ 前引书，第 464 页。

⑤ 工厂和作坊报表，《报告和文件》，1871 年，第 62 卷，第 105 号。

典，中间商对针织工的压榨受到了干涉，从而无异是帮助了工厂。视察员所报告的工厂发展过程如下：[①]

	大不列颠的针织工厂	雇用人数
1871 年	129	9,700
1878 年	185	4,900
1885 年	227	9,500

在视察所及的工厂以外，手摇针织机方面偕以俱来的衰落情形却没有这样准确的数字；但据知，到了 1892 年，手摇针织机在米德兰已经从 1850 年著名的五万台降到了著名的五千台。那时作坊里的针织机比家庭里的还多。它们所以能保存下来，除为制造针织手套或很高级的针织品以外，主要是因为陆军部对于军裤有特定的规格。在这方面仍然存在有中间商，但是同业公会却正试图把业务集中到工厂里去。[②]

87 在复杂的机器花边工业中，没有决定性的技术革命。因为所用的机器既大而又昂贵，所以花边工业不能不是一种工厂工业。但是花边工厂却很会是，而且往往也的确是比针织工厂更加不够机械化，更加类似作坊。[③] 花边工厂在 1871 年和 1885 年之间数目增长之快同针织工厂不相上下；但是在这两个年份却平均少得多。它们大部分都是在诺丁汉及其附近。其数字如下：

---

① 《报告和文件》，1871 年，第 62 卷，第 105 号；1878—1879 年，第 65 卷，第 201 号；1884—1885 年，第 71 卷，第 1087 号。

② 《劳工皇家调查委员会》，1892 年，第 36 卷，第 2 编，询问案第 12668 及以下各号（机器工人），询问案第 13324 号及以下（手工工人）。军裤则见询问案第 13358 号。

③ 本卷，第 32 页。

	大不列颠的花边工厂	雇用人数
1871 年	223	8,300
1885 年	431	15,000

在 1873—1883 年这十年间，主要因为维多利亚式编花窗帘的缘故而盛极一时的英格兰工厂，并没有采用花边刺绣机那种当时最了不起的发明。这一个时期是以它们的代表对一个皇家调查委员会所作的下述解释为结束的，据他们解释说，只有圣加仑和普劳恩有这种机器运转，而诺丁汉则只生产供机器进行刺绣的素色网织物。[①]

丝绸业是动力工厂纺织工业最老的一个行业，也是对于手织机作有效而广泛使用的最后一个。它的纱同兰开郡的棉和约克郡的毛丝混合起来；在考文垂的丝带织机上进行织造，在累斯特和德尔比的针织机上进行编织；由匠工织成最贵重的锦缎，或由动力制成廉价的手帕。这个相信被 1860 年的“科布登”条约摧毁了的工业，还是残存下来了，虽则是肢体不全地残存着，依然墨守成规地做它的那些旧活计，甚至在斯比脱菲尔兹，亦复如此。在 1850 年和 1885 年之间，丝绸业是既没有变化而又有根本变化的。产量和以往不相上下的考文垂女帽缎带在八十年代末叶有过“最后一次昙花一现的真正繁荣”[②]；并且当麦克耳斯菲尔德的重要行号在 1883 年初次接受为海军订织的手帕时，它还是用手织机织造的。[③]但是在这期间，碎丝工业，一种废品机器工业，已经建立起来。

① 《贸易萧条皇家调查委员会》，1886 年，询问案第 6595 号及以下。

② 华尔纳爵士：《联合王国的丝绸工业》，第 125 页。关于考文垂的组织，参阅上卷，第 253—254、677—678 页和《经济季刊》，第 17 卷，第 352—353 页。

③ 华尔纳爵士：前引书，第 136 页。

88 丝屑一直都是因为太贵重而不肯丢掉的，所以在意大利，丝经的断头和坏茧的短纤维自古以来都是经过梳理之后纺成“混合丝”，英国在纺绩机发明以前，似乎也是在相当程度上加以利用的。在早期机器时代，这种制法已经适合于新的条件。在四十年代，曼彻斯特附近的很多工厂都按照棉纺的办法把丝屑纺成廉价围巾。在1836年，格拉斯哥有两个搓丝者已经取得了按照麻纺或毛丝纺——因为纤维长度的关系——而不是按照棉纺的方法处理丝屑的专利证。[①] 这种方法的种种变格，连同许多创造发明，在纺和织方面的许多精巧的改革以及对于最低廉的废茧的设法利用，构成为英国丝屑工业的真正创始人梳毛工塞缪尔·康利夫·利斯特的几笔资产之一。

在1855年，有一个丝经纪人送给利斯特一些卖不出去的废料，看他能不能梳理。在一位共同发明家沃伯顿的帮助下，他以两年的时间和三十六万镑的代价把它梳整搓好。这种原料是如此之糟，以致，正如利斯特后来写道，“一个……搓丝者会立刻说：‘有的是好丝屑，何必为这种废料费事呢？’”[②]废丝之糟却正是他的力量，因为经过一番所费不赀的试验之后它还有终于制成投合时好的商品的余地。在原来的梳丝具已经废弃而所有工序都有所改善的时候，曼宁汉厂变成了欧洲的巨型工厂之一——把缝绸缎的线运往世界各地，并且制成为适合八十年代时尚的丝绒、柔软裙料以及的确非常投合时好的假豹皮和种种假皮毛。这家工厂在1889

① 华尔纳爵士：前引书，第403、417页。

② 引征于华尔纳爵士：前引书，第227页。

年改组成为有限公司,资本将近二百万镑。[①]

在 1850 年前后,磨谷业这个世界上最老的机械工业是由英国
少数几个大蒸汽单位和位于古老厂址上的无数小水车厂构成的。
但是在大城市中动力虽然有了变革,而磨谷的工艺和技巧却原封
未动。磨盘可能大了一些,但是它的基本条件仍然是乔叟笔下的
磨坊主所悉知的那一切。并不是英国的发明家忘记了用带槽的铁
滚筒进行碾磨的那个金属时代的概念,卡特梅尔的铁匠师傅伊萨
克·威金逊在 1753 年就已经取得了铁滚筒的专利权,而是这项专 89
利权并未产生任何结果。[②] 在 1820 年以后,当谷物法保护着英国
磨坊主的时候,大陆上就已经试行这项办法。在 1846 年之后不
久,他一时感到了首先实行于奥匈——虽然没有用滚筒——继而
采用于法国的那种"精磨"法的竞争效果。那时,在佩思,滚筒已经
成功地用于初磨,但是精磨还是用石磨盘。可是五十年代末期和
六十年代英国磨坊主开始研究这个问题时,这种方法还是为人所
怀疑的。它一直胡乱用于不合用的小麦,甚至当时在佩思都没有
取得多少进展。的确在它能以普遍采用以前,还非有许多改良
不可。[③]

自 1862 年以来,进口的碾粉机一直在试验之中。到 1870 年,有一个利物浦磨坊主的企业已经完全取消了石磨。[④] 但是全部以

① 华尔纳爵士:前引书,第 228 页。

② 贝奈特和埃尔登:《磨谷业史》,第 3 卷,第 296 页。

③ 同上书,第 299 页及以下各页。

④ 同上书,第 304 页。

钢滚筒、“离心装置”和其他自动机器配备起来的现代面粉厂却是大约十年之后方始出现的。对于它的输入负主要责任的企业把1881年作为它的诞生日期。[①] 自动机器是大约同时运入美国的，无疑也有过概念的交换。自1881年起，在磨谷厂日益集中于各口岸和美国面粉竞争的助长之下，这项工业很快转变，作为它有代表性单位的沿岸大型自动面粉厂迅速成长。到1886年，钢滚筒已经“几乎完全代替了石磨”，[②]但是必须补充一句，只以大面粉厂为限。“革命的完成”，一位负责工程师在1889年写道，“可以下述事实来说明：实际上不到十年的工夫，磨谷的机器和方法已经……完全改观。最好的滚筒磨粉机……就它们建造的精确而论……可以同高级的机器工具相媲美。”[③]这位工程师就是来自惠特沃思曾经在那儿发展了高级机器工具的曼彻斯特的。

90 人工冷藏法在工商业上的使用几乎是和磨谷方面的革命同时出现的。冷藏法的物理学久已为人所共知。事实上大约在1810年约翰·莱斯利爵士就在爱丁堡制造了一块小小的实验用冰。[④]英国的压缩法制冰的专利可以远溯自三十年代，但是在1855年人

---

① 西蒙(企业的主脑)：《论碾机磨粉最近的发展》(*On the Latest Developments of Roller Flour Milling*)，《机械王程学会会报》，1889年。参阅西蒙文，见《土木工程学会纪要》(*Proc. Inst. Civ. Eng.*)以及贝奈特和埃尔登：前引书，第3卷，第307页。

② 赫德，主席致词，《机械工程学会会报》，1886年，第286页。

③ 西蒙：前引书，第148页。

④ 参阅尤因：《冷气的机器生产》(Ewing, J. A., *The Mechanical Production of Cold*)(1921年第2版)；莱特福特：《冷藏机》(Lightfoot, T. B., *Refrigerating Machinery*)，《机械工程学会会报》，1881、1886年，关于莱斯利：参阅《英国人名词典》，克里彻耳和雷蒙德：《冻肉业史》(Critchell, J. T. and Raymond, J., *A History of the Frozen Meat Trade*)(1912年版)。

造冰还不能供人利用。那一年开始的渔业变革，是以使用天然冰，即任何乡绅为了冰镇夏季饮料都会贮藏在自家冰窖中的那种天然冰为基础的。直到 1861 年才看到了据说是“冷藏机在制造业方面大概最早的应用”[①]，并且在利用 1857 年领得专利证的哈里逊式乙醚机从页岩油中提取固体石蜡时，也看到了英国几乎肯定最早的应用。翌年，曾经用一部类似的机器试行水底冻结，但不是在英国。在 1880 年左右，是波茨为了穿过有水的地层挖掘煤矿而终于在德国发展了水底冻结法的用途。[②]

同食品问题有关的冷藏法在六十年代已讨论了很多，创造发明也日新月异。[③] 在 1867 年有了里斯的冷冻机，最早的氨气机之一，在十二年或十五年之后，经过了改良，每日可出纯冰十五吨或半车皮。在这十年之初，摩特和尼科耳正在新南威尔士进行着冷冻肉类的试验。在那时固然摩特已创办了世界上第一个冷藏工厂，但是直到 1880 年 2 月 2 日“斯特拉思莱文号”(Strathleven)才把一船澳洲的冻肉运到伦敦码头。[④] 在整整五年以前，曾经从纽约装来了第一船试运的“冻”肉。它是用天然冰和一部手摇风扇来保冷的，但是这种方法不久就有了改进。[⑤] 到 1880 年，市场上已经有了很多种类型的冷藏机。柏林的温德豪森曾经领得了一个完

① 莱特福特：前引书，第 231 页。但是克里彻耳和雷蒙德指出：1851 年在本迪果的一家啤酒酿制厂里就使用了一部哈里逊机器，并且在 1854—1855 年在澳洲领得了专利权。前引书，第 22—23 页。

② 《工程师》杂志(*The Engineer*)，1888 年 11 月 30 日号，第 417 页。

③ 伍德爵士：《皇家工艺学会》(1913 年)，第 460—463 页。

④ 伍德：前引书，第 462 页；克里彻耳和雷蒙德：前引书，第 19 页。

⑤ 博耳斯：《美国工业史》，第 123 页。

91 全真空唧筒式制冰机的专利证，在1878年曾经试用于贝斯沃特的艾勒斯伯里牛奶厂，但是仿制的不多。[①] 在一般冷藏史上远为重要的是1873年和1878年之间在这里领得专利权的各式压缩机——诸如季弗德式机（Giffard's）、贝尔·科尔曼式机（Bell-Coleman）、莱特富特式机（Lightfoot's）——因为这些都是可以最方便地应用于陆上和海上冷藏库的。"斯特拉思莱文号"船上有一部贝尔·科尔曼式的装置。在1882年，伦敦·圣卡塞临码头公司为它装有五百只羊的冷藏库装置了一部季弗德式机。四年之后，这个和其他一些冷藏库都大为发展，甚至"零售肉商""现在也正选用……他们各自的冷藏库了"。[②]

在1866年，皇家工艺协会曾经设立了一个委员会来调查民食，特别是关于"适合作为食品的东西的生产、进口和保存"。[③] 它不但听取了关于冷藏法的作证，而且听取了关于还在试验阶段上的"罐头"或"听头"食品的作证。除开在六十年代为马口铁的推广而输入的一种既有效而又经济的方法以及在1880年和1886年之间以碳铁代替西门子钢板之外，在1850年和1886年之间虽然在马口铁基本工业本身方面没有任何重要的新事物[④]，但是在整个这段期间，各国的罐头工业都成长起来。在大博览会中陈列有澳

---

① 霍普金森的论文，《皇家工艺学会会刊》（Hopkinson, J., *Journal R. S. of Arts*），1882年，第20页。

② 莱特富特的论文，《机械工程学会会报》，1886年，第234页。关于压缩机，一般参阅克里彻耳和雷蒙德：前引书，第336页及以下。

③ 伍德：前引书，第461页。

④ 琼斯：《马口铁工业》（Jones, J. H., *The Tinplate Industry*）（1914年版），第10、17页；库珀（Cowper, E. A.）的论文，《机械工程学会会报》，1881年，第420页。

洲的听头羊肉。早在博览会之前，听头保存的食品就已供食用了，但只以士兵、海员和探险家为限。1866 年的委员会试验了一个有四十一年之久的海军陈听头。在从羊肉和听头转到黄金方面去几年之后，澳洲又转回到这方面来；在六十年代后期，澳洲的肉汁和听头肉也开始投入一般消费。在七十年代后期又出现了"压缩的熟肉"，照来自芝加哥的美国人对它们所作的称呼，即舌和腌牛肉等等。美国水果已经开始运到，英国和欧洲的各色听头食品现在都有了很大的消费量。而澳洲、加利福尼亚或芝加哥所用的每一块马口铁则都是英国的产品。①

当《经济学家周刊》在 1851 年 6 月号上唤起公众对于美国缝 92
纫机的"惊人速度"的注意时②，它以当代新闻记者的笔法指出：这项创造发明很有"把促使一个种族比正常发育矮小十分之一的那个职业消灭掉"的危险。这里所乞灵的世人皆知的哲理未始不可作为"多难者长寿"的那句格言的补充。成衣匠虽没有消灭，但是全国将近五十万名女裁缝和裁缝以及二十五万多名鞋匠这两个最大工业集团方面的机械革命已经可以真正预见到了。这两个工业集团自从有史以来甚至连机器都没有接触过。家庭缝纫方面的革命也必须牢牢记住，但是在这方面史学家是不容易探本溯源的。

在即将变成被服工厂最重要策源地的利兹，据说在 1857 年已

① 关于澳洲听头业，参阅克里彻耳和雷蒙德：前引书，第 9—11 页；关于美国的情形，参阅博耳斯：前引节，第 125 页；关于英国的马口铁垄断，参阅琼斯：前引书，第 20 页。

② 本卷，第 13 页；《经济学家周刊》，1851 年 6 月 26 日号。

经首先进口了“相当数量”的机器。[①] 在这里，正如在其他各地一样，事情开始得很简单明确，但是当一位有事业心的人买下一批手摇缝纫机，而让一些少女去操作的时候，却让人看不清了。到1863年，利兹的先驱者之一在自己的场所用了五十名女机械师和二三百名厂外加工的女工。[②] 从最初并不使用任何动力而只是同美国的当代发明保持着密切接触的这样一个简单的开端起，完备的工厂在此后二十五年间发展了起来——借重其他各种工业的创造发明并改进缝纫机业本身所特有的这种工具的用途。发展是缓慢而又断续的。在1871年，视察员只知道英国有五十八个成衣和被服工厂。这些都是具有相当规模的企业，因为它们平均各有一百三十六个工人，但是据说它们当中只有六十五匹马力的蒸汽。大约它的二千六百台缝纫机——每一厂不到四十五台——是手力
93 运转的，只有像剪裁或熨烙之类的工作才使用一点动力。[③] 衣服的缝制并没有，而且一直没有变成一种纯工厂工业，凡是还没有发

① 梅塞一汤普森：《利兹工程业史》(*On the Hist. of Engineering in Leeds*)，《机械工程学会会报》，1882年，第272页。另参阅《维多利亚地方志，约克郡志》，第2卷，第426页；关于科耳切斯特的工业，参阅《维多利亚地方志，艾塞克斯郡志》，第2卷，第25页。

② 约翰·巴兰：《儿童就业委员会》，1864年(第22卷)，第2页；他说，“我开始时很小”，又补充说，“我只在零售业务上雇用工人”。并不是所有早期机器都是美国的。“在1850年之后不久”，一位名叫哈麦尔的挪威商人就开始使用机器了，机器是“一位名叫托马斯的裁缝发明的……像脚踏大细工锯一样”。《1825—1985年的哈麦尔公司》(*F. W. Harmer and Coy., 1825—1925*)，第7页。

③ 《工厂和作坊报表》，1871年(第72卷，第105页)。挪威的哈麦尔厂在五十年代就明显地称作“蒸汽被服厂”：前引书，第7页。关于美国方面的发展，参阅柯尔：《美国的羊毛制造》(Cole, A. H., *The American Wool Manufacture*)，第1卷，第293页和该处所引征的材料来源。

明出机器或者某一企业的规模还装置不起相应机器去进行的工作，总是由分包商或者个体厂外工人去承接；但是重要的行号在八十年代早期就有了很完备的机械装置。衣服的剪裁是先将许许多多的衣料一层层地叠起来，在最上面一层用粉笔勾画出式样，然后再用动力运转的轮带刀垂直地进行切截。排列成一行行的缝纫机已达到了每分钟两千针的最高速度。装在机械连杆末端的熨铁只需人力加以引导而不需人力推动，纽扣洞眼用机器打穿，纽扣也用机器钉缀。[①]

这是就低级的大规模生产而言。质量愈好，在厂内外投进去的手工劳动量就愈多。当 1843 年托姆·胡德为《幽默周刊》(*Punch*)写他的“衬衫之歌”时，取代着他们所谓的成衣制造的那种工业的情形就是如此。妇女仍然为市场的活计一针一线地缝来缝去，工厂并没有包办所有的衣服，也并非所有工厂的活计都是机器活计，但是“在非妇女服装方面”的缝纫工作比四十年前少了。夜工在利兹的成衣业中久已绝迹。“机器已经使所有这一切都无必要了”，一位雇主甚至在 1863 年就这样说。[②] 在七十年代和八十年代最有改革必要的就是伦敦西头“赶”季节活的那个行业。

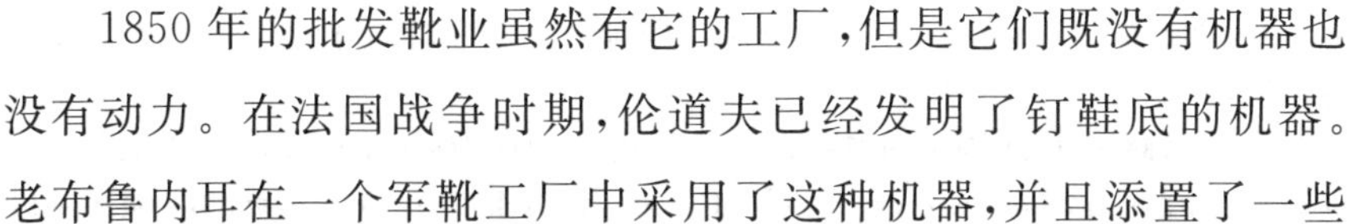

1850 年的批发靴业虽然有它的工厂，但是它们既没有机器也没有动力。在法国战争时期，伦道夫已经发明了钉鞋底的机器。老布鲁内耳在一个军靴工厂中采用了这种机器，并且添置了一些

① 梅塞—汤普森：前引书，第 272—273 页。五十年代的托马斯式机每分钟缝二十针，见前《哈麦尔公司》。

② 《童工就业委员会》，1864 年，第 7 页。

94 其他的机器。部队标准化的需求又一次刺激了大规模生产。但是像他那套制帽型的机器一样,布鲁内耳在制鞋方面的大规模生产方法也随着和平的到来而不再使用了,而且几乎被遗忘了。[①] 在五十年代早期的工厂中,鞋面在工匠师傅的监督下会剪裁得很当心,但是鞋底就马马虎虎了。货物在工厂里会在各个制造阶段上都经过检查,并存进厂里的仓库,但是几乎所有实际的制造都是由"缝鞋匠"和厂外加工的鞋匠师傅进行的,"缝鞋匠"在自己家里把鞋面的各部分缝在一起,而厂外加工的鞋匠师傅则正如接订货的鞋业工人一样地收录学徒并担任"制"鞋底和鞋跟的重活。[②] 到1855—1856年,纽约的胜家公司正在英国市场上推销一种皮革缝纫机。那是一种笨重的脚踏缝纫机,而且改进很慢。在斯塔福德郡有过一次制鞋匠反对用机器缝合鞋面的罢工,但是在女王的帮助下,机器到处都及时地取得了进展,首先取代了用干线缝纫的轻活,继而经过了必要但很不容易的改进之后,又取代了用蜡线缝纫的防潮的重鞋面。[③] 1858年左右,另两种切皮底和打洞眼用的机器已经从美国运到。累斯特的克里克重又采用了用机器将鞋底钉

① 关于发明,参阅杜利特耳:《(十九)世纪的发明》(Doolittle, W. H., *Invention in the* 〔*Nineteenth*〕*Century*)(1903年版),第367页。关于布鲁内耳的滑车制造,参阅上卷,第153页。

② 在《萨默塞那斯特里特鞋业百年史》(*One Hundred Years' History of Shoes... at Street, Somerset*)(克拉克氏〔C. and J. Clark〕著),1925年版,第6页中一段极好的简短叙述。

③ 克拉克:前引书,第8页。关于斯塔福德郡和其他各地的罢工,参阅《职工会和罢工》(*Trades Societies and Strikes*)(全国社会科学联合会〔Nat. Ass. for Social Sci.〕),1860年,第1页。关于这些次罢工所加给北安敦贸易的损失,参阅《劳工皇家调查委员会》,1892年,第36卷,第2编,询问案第12076号。

到鞋面上去的办法这个比缝鞋底简单得多的机械工序，这个走上工厂生产非常重要的步骤。威廉·克拉克在萨默塞特的斯特里特为做鞋跟和上鞋跟的第一部简单机器“极其秘密地”进行设计和工作了一个很长的时期。[1]

步伐总是由美国和战斗人员的需要来规定的。据说西班牙继位战争连同它对于军靴的巨大需求，“给了多少年来亟待采用的缝靴机一个机会”。[2] 起决定性作用的布莱克式(Blake)缝鞋底用的机器，虽然在战前就已经在美国发明出来，并且在英国也为人所共 95
知，但是直到 1864 年，战时的种种改进公布之后，方始获得彻底的成功。[3] 它给它的制造家带来了“若干年缝鞋底机的真正垄断权”。[4] 这种缝鞋底机和克里克式钉鞋底机都是对于制靴特别重要的第一批机器，至于鞋面的缝合则是缝纫方面一个相当简单的问题了。以布莱克式机器为基础，“制鞋的整套制度在此后十年之间已经在美国得到了解决”。[5] 英国的重要行号不但和美国的办法保持着接触，而且还进口美国的机器。集中在累斯特的英国机器制造商也有时加以改进。

直到八十年代——而关于那个问题还要晚得多——工厂制靴业还不是一个完全的动力工业。1871 年，在一百四十五家靴鞋工

① 前引书，第 7 页。

② 斯韦兰：《靴鞋的设计和制造》(Swaysland, E. J. C., *Boot and Shoe Design and Manufacture*)(北安普敦 1905 年版)，第 8 页。

③ 克拉克：前引书，第 9 页。利诺：《制鞋的艺术》(Leno, J. B., *The Art of Boot and Shoe Making*)(1885 年版)，第 183 页。真正的制造家是马凯上校。

④ 同上书。

⑤ 同上书，第 9 页；利诺：前引书，第 186 页。

厂中只有四百匹马力的蒸汽，比成衣业多，但是还多不多少。[①] 在此后十年之中，煤气虽已渐渐通用，但蒸汽依旧是显著的动力；很少机器能制造成真正自动的；各种辅助工序的新式轻便机器则经常在试验中。因此，只有像切鞋底或缝缀极硬东西的那些机器之类的最重型和最确实耐久的机器才经常是用动力运转的，其余则正如当代的图样所表明的那样，都装有摇柄或踏板。[②] 自大约1880年起又有一次供各种整理工序用的美国机器进口的新浪潮。以前机器只不过是帮助最狭窄意义上的“制造”，现在切削机、整形机和熨烙机又复引起了公会同业的疑惧，所以采用不得不格外当心。同它们伴随而来的有固立异式（Goodyear’s）的“滚边缝纫机”，这种滚边缝纫机产生了第一批和手工滚边一模一样的皮靴。制靴的每一个阶段上都有它的一套机器，常常是小工厂里很容易用手工工序来代替的一些机器；每一套机器或工序都各有其名目翻新的行家，诸如鞋跟制造匠、垫鞋跟匠和钉鞋跟匠等等。[③]

96　在制鞋工厂的各中心仍有大量手工劳动和家庭加工工作，而以伦敦为尤多。在1886年，既有那样多的制鞋工作在家庭中进行，又按件计酬，以致对于鞋匠的劳动收入无法编制可靠的统计，甚至在各大中心也不例外。[④] 在那一年创办的凯特林合作靴鞋工

① 《厂和作坊报表》，同上书。

② 例如在1885年版的利诺书中。

③ 利诺：前引书，第186页。参阅就1921年人口调查所编纂的《职业名称词典》（*Dictionary of Occupational Terms*）（1927年版）。

④ 《关于职工会的统计表和报告表》，1886年（1887年，第89卷，第715号），第40页。

厂装置了“普通的机器——虽则并不是通称的美国体系”。[①] 甚至六年之后，在“利兹的中等重型靴业中”，“整理部门有将近一半的工作”还是“在个人家里进行的”。近来曾经有过反对美国机器的罢工。而伦敦的全部业务都是“由小雇主分担的”，以手工劳动和家庭加工工作的数量为最大。[②]

在缝纫机工业和维多利亚朝中叶的一个前途无限的新工业——自行车制造业——之间存在一种奇特的、半巧合的联系。那个时期的工程师“普遍地”把自行车的发明“归功”于 1836 年在木马上面加了弯轴的列累马哈哥的加文·达尔齐尔。他们完全不了解更加有决定性得多的一项发明的功绩，那项发明真正创始了悬轮这项工业；但是他们发现它和线闸、车胎及轴承等一并开列在 1868 年库珀的一项专利证中。[③] 刚巧在这个时候，丝绸业的困难正渐渐把人们逐出考文垂，在 1861 年和 1871 年之间，人口减少了 7%。可能是由于大批有训练的钟表匠在这个城市出现，使人想到创办缝纫机制造业这样一种新型轻五金工业。这是 1870 年前后的事。工厂一定有过反对美国大规模竞争者的艰苦斗争，但是竞争没有持续多久。自行车变成了一种文雅的消遣，并且不久大学生就会推着他们的“高级轻便自行车”通过火车站的人群而返回学校。[④] 考文垂抓住了这个机会，“不但把缝纫机工厂所配备的人事部分，甚而至于把它的机器部分都一并尽可能去适应这个新兴工 97

① 《劳工皇家调查委员会》(1892 年，第 36 卷，第 2 编)，询问案第 14505 号。

② 同上书，询问案第 11984、15010 号。

③ 菲利普斯：《论现代自行车的构造》，《机械工程学会会报》，1885 年，第 467 页。

④ 安斯提：《反之亦然》(Anstey, F., *Vice Versa*)(1882 年版)。

业的各个工序了。”①

根据1881年的人口调查报表，雇用于自行车制造业的全国只有一千零七十二人；但这恐怕是一个低估的数字，没有把所有附件和自行车零件的匠工包括在内。四年之后，据说专门制造自行车的企业就有一百七十多家，不同式样的自行车有五百多种，靠这个行业为生的人在考文垂本地有三千人，在整个联合王国至少有五千人，年产自行车四万部，每部的平均价格是二十镑。以式样的数目除产量，或以企业的数目除雇用数字，可以得出意义深长的得数。1885年编制这些估计数的那位专家②也将式样加以分类。在丙二类中，他列有“在前面装有操纵轮的安全(即造得很矮并装有齿轮的)自行车”。他注意到“操纵轮太活，就会摇晃不定”。丙二式是这样一种自行车，当其他式样已经被人遗忘，当它的成本降到二十镑以下时，将会在英格兰以及在乌干达和果利奥尔成为人们认定的一种式样。相信没有一个农业劳动者或亚洲人练习过骑高级轻便自行车。

自行车制造业是伯明翰区那些轻五金业的一个派生物，像设菲尔德的刀具制造业一样，在1850年以前，简直一点没有机械化，在随后的一代之中，也只不过间或有之。诚然，在那一代的中期，年纪虽轻但已飞黄腾达的约瑟夫·张伯伦写到了“革命”，写到了自1850年以来已“渐渐把(伯明翰)城和北部大制造业中心同化起

① 累平顿：《一个工业城市的演进》(Leppington C. H. d'E, *The Evolution of an Industrial Town*)，《经济季刊》，1907年版，第352页。关于考文垂的制表业，参阅上卷，第48、177页。

② 菲利普斯：前引书。

来并夺去了它为数众多的小制造家那种特点的一次革命”。[1] 他特别想到他自己的那项工业，即木螺钉制造业，在那个工业中，美国自动机器在 1854 年的进口，已经为内特耳福耳德和张伯伦的工 98
厂和行号终于在 1866 年独揽全部业务的局面铺平了道路；但是他原可以从这个城和区的其他很多行业中举出一些大工厂或者具有相当规模的工厂作为例证——诸如从伍耳佛汉堡顿的锁业，伍耳佛汉堡顿和其他各地的马口铁和珐琅罐业，伯明翰本地的钢管制造业和电镀业、新式小武器制造业、钢笔制造业和蒸蒸日上的金属床架业以及廉价玉器等行业之中。在黑乡的重工业和工程业本身的某些部门之中也有了大企业，并且有了一些火车的大制造家。但是大企业的规模并不总是和起决定性作用的机械上的发明密切关联，这些大企业都是靠了简单的机械而在北明翰小企业的民主工业平原上发展起来的，至于自己参加劳动的小工匠师傅则很少使用机器或完全不用。[2] 它们的根和吸枝却在它的下面广泛蔓延。在七十年代和八十年代早期，张伯伦的同化过程继续进行，但是并不快。在 1885 年，伯明翰商会的发言人在报告大企业的上升和它们最近向私营有限公司转化的同时，也促请皇家调查委员会

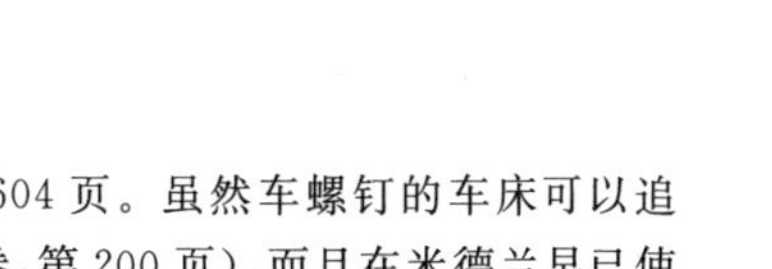

① 《伯明翰和米德兰铁器区》(1866 年版)，第 604 页。虽然车螺钉的车床可以追溯到莫兹利(内斯密期：《自传》，第 128 页和本书上卷，第 200 页)，而且在米德兰早已使用(张伯伦文的编者注，第 605 页)，但是在 1850 年木螺钉通常还“是用手工锉齿的”。(张伯伦)。

② 《伯明翰和米德兰铁器区》，散见各页，这是为英国协会一次会议所拟具的关于这一区的报告书。请同《童工就业第三次报告书》(1864 年，第 22 卷，第 319 号)中的以下一些说法作一比较：第 9 页中说大多数童工都是成年件工所雇用的；第 7 页中说在制锁业中只有六七家工厂；又说在鞍匠铁器业中有“很多很多小作坊”。

委员对于为数仍然很多的“小工人”(“small workers”)加以注意。“他们租下一幢房子,就在楼上工作起来”,他们这样解释说。[①]

机器,在外国竞争的帮助下,纵然没有扼杀却也摧残了黑乡的一个古老的落后的乡村行业,即进行厂外加工的制钉匠的那个行业。据揣测这个行业在1830年曾经有五万人,这个整数恐怕太高。1851年的人口调查列为二万九千人。在1865年伯明翰的一位专家认为是二万人。洋钉、机制钉和比利时在海外市场上的竞争是衰落的众所归咎的原因。衰落继续不已;但是这个行业,这个实物工资制和对“制钉匠”进行无耻盘剥的种种最恶劣方式方法的渊薮,在不景气时期原是很容易被年轻时学过制钉的失业矿工和
99 铁工充溢泛滥的。在1878—1879年,情形正是这样。由于这种充溢泛滥的情况,连同为供皮靴底和其他特殊目的用的手工制钉的继续使用,在八十年代之末,布罗姆兹格罗夫区的这个行业还保存下了一千五百名工人。[②]

在设菲尔德一带,刀具业中的大钢厂虽已蒸蒸日上,工厂组织虽已渐渐取得进展,但是却肯定没有刀具的革命。在1864年,甚至连大多数的“大刀具匠”都有“一部分工作在厂外进行”,很多在租用动力的工厂里劳动的制刀匠都是“独立地(劳动)或者为其他工匠师傅”而劳动。当工厂条例适用到刀具业的时候,视察员在租

---

① 《工商业萧条皇家调查委员会》,询问案第1591号。

② 鲍尔的论文,载《伯明翰和米德兰铁器区》,第110页及以下。《工厂视察报告书》(*Fact. Ins. Rep.*),1868年,第295—297页(1868—1869年,第14卷,第75号);1879年,第18页(1880年,第14卷,第93号)。《劳工皇家调查委员会》(1892年,第36卷,第2编),询问案第18378号及以下。

用一点动力，雇用一个散匠和一两个店童的小磨刀匠师傅和制刀匠师傅当中很难找到“工厂主”。至于作坊制刀匠，则同他们并无直接干系。尽管在 1858 年有磨锯机，在大约 1875 年有锉齿机以及在 1885 年以前有各式锻刀口的机器从美国进口，可是甚至在 1901 年，视察一览表上的刀具厂在联合王国也只平均各有成年男子六人。早在 1875 年以前，锉齿机在曼彻斯特、伯明翰和海外各地就已经通用。意义深长的是，来自设菲尔德的工人在 1886 年还向调查委员会对这种机器进行指控，一位著名的制造商还解释他如何既供应机器制造的锉具也供应手工制造的锉具。无疑他的行业是混工厂制和厂外加工制，资本家和小工匠师傅于一炉的一个行业，正如哈拉姆郡和伯明翰区的许多行业那样。①

在所有工业的技术发展背后和下面，是煤和矿工及采矿工程师的技术。对于 1865 年大谈其铁时代或蒸汽时代的那些人，斯坦莱·杰文斯回答说，“单单煤炭就可以充分支配无论是铁或者蒸汽，所以支配这个时代的是煤。”②在他的那篇有名的“关于国家进步和我们煤炭的可能耗竭的调查”中③，他辩称，煤的年消费量，据 100
信在 1851 年是五千七百万吨，并且据知在 1861 年是八千三百六

① 关于 1864 年的情形，参阅《童工就业第四次报告书》，第 47、201 页，关于 1867 年的情形，参阅《工厂视察报告书》(*Fact. Ins. Rep.*)，1868 年，第 12—13 页；关于 1901 年的情形，参阅劳埃德：《刀具业》(1913 年)，第 182 页；关于创造发明，参阅同上书，第 186—187、198 页；关于 1886 年的情形，参阅《贸易萧条皇家调查委员会》，询问案第 1150 号及以下，询问号第 3333 号。

② 《煤炭问题》(*The Coal Question*)，第 8 页。

③ 《煤炭问题》的小标题。

十万吨，恐怕在1881年就会上升到一亿六千六百三十万吨，在1891年就会上升到二亿三千四百七十万吨。事实上，由于在蒸汽生产，熔炼等方面燃料的愈来愈经济，所以出口尽管增长很快，而前一数字直到1888年还没有达到，后一数字则直到1905年也还没有达到。直到八十年代，这种放慢下来的增长在技术方面并没有非常具有革命性的事物伴随而来。虽然有了少数重要改革，虽然一切东西都变得更大，更深，或更有效能，但采矿工程师的工作主要还是集中于如何在不增加成本或者风险的条件下从日益加深的矿井中开采煤块，以及如何把四十年代后期的最好的办法加以推广。[①]

在1850年以前的那几年中，到处都在探测更深的矿井，坑气的爆炸也照例随之而来。在1845年以前，严重的爆炸很少，除非在北部的深坑中，而现在(1845—1850年)在南威尔士、沃里克郡、兰开郡、南约克郡的一连串可怕的灾难——如在里斯加煤矿、朗茨·格林煤矿、科倍耳煤矿和巴恩斯利的欧克斯及达尔利·梅因等煤矿中——却使得国会不停地忙于调查，并导致为规定或推广“英国煤矿视察制度”的一长串条例的第一件，即1850年条例(维多利亚，第13、14年，第100章)的公布。[②] 这些条例既具有技术

---

① 参阅上卷，第432页及以下。关于这类最好办法在某些地区缓慢的推广，参阅洛内斯:《黑乡矿业史》(Lones, *A Hist. of Mining in the Black Country*)(1898年版)，引证于艾伦:《伯明翰和黑乡的工业发展》(1929年版)，第6章。

② 关于工伤事故，参阅加洛韦:《煤矿史》(1882年版。加洛韦后来一部更加完备的《煤矿编年史》却只叙述到1850年为止)，第234页及以下。视察制度在1843年条例(维多利亚，第5、6年，第99章；另参阅上卷，第703—704页)中有明文规定，而且特里门黑尔已奉派为视察，但只不过是对劳工的视察，负责使妇女只在地面上劳动而不下矿劳动。

性的效果，也具有预防性的效果。所有各煤矿正确计划的制订和维持变成了一项法律上的责任，这个视察制度提供了一批对于有效而安全的采矿措施具有广博专门知识和非商业兴趣的人员。单单举一个例子来说，阿特金森这位最早的视察员之一，在 1854 年和 1863 年之间在北英格兰采矿学会（The North of England Mining Institute）宣读的一篇论文中，“就为英语种族奠定了现代矿坑换气法的科学基础”。[①]

这一时期所有最深矿井都位于兰开郡和柴郡的煤田上。在 101
1858 年，杜金菲尔德的阿斯特利深井已深达二千一百英尺——恰恰是北斯塔福德郡的阿皮德尔矿井这个早期铁路时代最深矿井的著名深度。在威根一带，1869 年已经达到了二千四百四十八英尺。十二年之后，曼彻斯特附近的父希顿沼泽煤矿挖掘了一个深达二千六百八十八英尺的“大矿”煤的新井，这是八十年代早期的最深的矿井。挖掘虽以兰开郡为最深，但其他各郡也一直在日益加深之中。[②]

深井非有新兴钢铁工程业所易于供应的那种大起重机不可。在四十年代，一百七十五匹马力的引擎已经算是大了，到了八十年代早期，常常需要一千五百匹马力。供吊煤和矿工升降用的柳条筐到处都被金属箱取代了，箱起初是铁制，到了 1882 年，“由于无比的坚牢度和轻度”，钢已经“大量地用于吊绳和机箱制造以及其

① 布耳曼和雷德梅恩：《煤矿劳动和管理》（Bulman，H. F.，and Redmayne，R. A. S.，*Colliery Working and Management*）（1906 年第 2 版），第 8 页。

② 加洛韦：前引书，第 265 页。《维多利亚地方志，兰开郡志》，第 2 卷，第 354 页；第 1 卷，第 436 页。

他的用途上”。①

在视察员和法律的敦促下，采矿工程师对于通风问题很费了一番心血。在1850年，在以表层开采为常例的那些煤田里曾经有无数矿井是完全没有通风设备的。在北部煤田上，锅炉通风，连同“分裂空气”的办法，即利用两股气流的办法，已经达到十分完善的水平，并且证明实际上比戈耳兹沃锡·葛尼那种一阵阵放高压蒸汽来产生气流的办法更加高明。在1859年，是否没有任何已知的机械装置比安装得宜的锅炉通风制更为完善，是值得争辩的。②十五年前，斯特鲁威的气唧筒和布朗顿的风扇——以法国和比利时的惯行办法为依据的一些设计——在南威尔士已同时获得了成功。到1852年，风扇已经推行到南约克郡，在那里罗瑟拉姆附近的菲兹维廉伯爵的煤矿“监察人”比拉姆曾经予以试用。在1858年，阿特金森在北部煤田采矿工程师的面前不但为风扇法的功用进行辩解，而且为它的经济实惠进行辩护；大约两年之后，第一部风扇在达拉姆的特威斯达尔煤矿上装置起来了。③

102 启发是来自海外的。决定了机械通风的彻底胜利的真正机器也是来自海外的。在1862年，蒙斯④的吉贝耳领得了风扇的专利证，这种风扇终于使北部工程师的态度有了转变。另一种类型的席埃耳式风扇接踵而来。这两种，连同以英国人的名字命名的一

① 加洛韦：前引书，第259页。关于起重机，参阅第266页。直到1875年在坎伯兰的一个矿井中这类柳条筐还没有废弃。《维多利亚地方志，坎伯兰郡志》，第2卷，第353页。

② 参阅上卷，第539页脚注2。另参阅加洛韦：前引书，第150、152、251页。

③ 加洛韦：《编年史》，第2卷，第296页；《煤矿史》，第253页。

④ 比利时西部的一个城市。——译者

种——沃德耳式——是 1864 年至 1885 年这段时期占支配地位的形式。第一部吉贝耳式风扇在领得专利证大约两年之后曾经试用于艾尔西克。“在十年或十二年之内，在联合王国运转的……已不下二百部”。[①] 在 1873 年，东苏格兰各种形式的风扇总共只有一部，在 1879 年则已有九十多部。[②] 大约同时，在朗斯戴尔伯爵的白港煤矿上正安装吉贝耳式风扇，以取代锅炉。负责其事的“检查者”也开始取消吊煤筐，而逐渐采用机械化比较完全的煤田上早已试用过的另一项有价值的革新，地面下压缩空气的牵引。[③] 到了八十年代，虽然在英国甚至最古老的采矿法真正绝迹的都不多，但是大部分煤炭却是从起重、通风以及至少在主要“通路”上的地面下牵引各方面具有完备机械装置的矿井中生产的。这样，在深度愈益增加、竖井相距愈益遥远和空气更加恶劣的条件下相对于劳动的报酬递减被抵消了，甚至还取得了报酬的相当增加。但是同棉纺织厂的劳动节约相比是望尘莫及的。人和煤从采掘面到井口的移动虽然节省了很多劳动，但是伐煤依然是一种手工艺。

然而这并不是由于缺乏试图改变它的努力。甚至在十八世纪时，发明就紧紧抓住了“凿洞”或“掘隧道”，也就是把煤层下面挖空以便借它本身的重量塌陷下去的那道工序，亦即矿工必须在薄薄的煤层中蹲伏着或者侧身躺着进行的一项活计。但是直到压缩空

① 加洛韦：《编年史》，第 2 卷，第 255 页。

② 同上书，第 256 页。

③ 这位“检查者”是马丁先生。《维多利亚地方志，坎伯兰郡志》，第 2 卷，第 356 页。久已有了地下蒸汽牵引，压缩空气成本比较大，但是比较安全。

气的开横坑道法在橡皮的帮助下变得可以切合实用时止，没有任何切煤机甚至接近于成功。在六十年代初期，用活塞代替人的臂膀来运转鹤嘴锄的冲凿机已经在利兹的西阿德斯莱煤矿获得成功。专利证是在1861年以当尼索普、飞茨和里德利的名义领得
103 的。在首次成功的大约十年之后，专利证领受人之一声称用这种机器，四十八个人可以做六十个不用这种机器的人所能做的工作——诚然是一项有益的节约，但是谈不上革命。[1] 在六十年代和七十年代，用这种和其他各种类型的机器进行了有系统的试验。在阿德斯莱煤矿以外，也还取得了一些成功。在1876年，有一种旋转切截机据说是“颇得好评”，这种机器是用一个装置得和地面平行并且很低的齿轮进行操作的。[2] 但是除开有关动力传送方面的种种困难外，还有运用方面的各种困难。在倾斜度大、断层多或者高低不平的矿层里，或者矿层的顶层太薄之处，机器总是不容易运转的。在很大的程度上要“取决于机器使用人的当心、技巧和精力”[3]，而且由于明显的原因，质量是靠不住的。既没有煤炭进口的危险，在海外市场上同英国煤的竞争也还微不足道。所以在八十年代只有很小一部分煤是用机器伐取的。甚至在四十年之后，用机器伐取的也还不占任何重要部分。[4]

---

[1] 布耳曼和雷德梅因：前引书，第119页；加洛韦：《煤矿史》，第262页。

[2] 威廉斯：《英国制造业》，第1卷，第113页。

[3] 布耳曼和雷德梅因，第114页（写于1896年）。

[4] 甚至在1927年据传也只有五百五十七个矿使用空气锄和空气钻，其中大多数是用于钻口和钻孔而不是用于取煤的。《矿场秘书第七次报告书》，载《劳动报》（*Labour Gazette*），1929年，第281页。关于八十年代，参阅加洛韦：《煤业史》，第263页。

顺次几个年份的采矿业人口和煤产量的数字可以作为约略衡量自五十年代至八十年代机器、组织和大规模开采所提高的矿工技艺水平的一个尺度：

	英国煤产量（按吨计）	煤矿工人（人口调查数字）	每个矿工的吨数
1851 年	57,000,000（杰文斯的估计数）	216,000	264
1861 年	84,000,000（矿产报告）	280,000	300
1871 年	117,000,000（同上）	314,000	373
1881 年	154,000,000（同上）	382,000	403
1891 年	185,000,000（同上）	517,000	358

这些数字虽忽略了工作日、劳动强度和正确统计报告所必须注寇的许多其他问题方面的变动，但是仍可说明一个概括的故事。机械方面和组织方面的效能的大幅度增长，以及正常采矿业务的增加，尽管受到自然条件的限制，在 1851 年和 1871 年之间还是提高了劳动产量的 41%。当时虽有所增加，但是此后就比较慢了，104
继而则开始了衰退。[①]

除开其中很少几个是深的和高度有组织的铁矿外，外部条件是不利于金属矿机械方面的进步的。铅矿的开采已渐渐退缩到更

① 人口调查中漏列了妇女，也漏列了 1861 年和 1871 年人口调查中“未列举的矿工”类。1881 年和 1891 年的数字是《工业关系综览》(*Survey of Indutrial Relation*)中所使用和《第十八次劳工统计摘要》(1926 年)第 22 页中所改编的数字。

荒僻的丘陵中，不再能吸取多少资金。[①] 成为康沃耳之光的自然铜，在五十年代仍盛极一时，但是后来却无复旧观了。铜矿有博耳顿和瓦特为抽水而装置的设备。继而蒸汽已用于起吊和捣击矿石，但是还没有用于人的升降。在四十年代出现了迈克尔·娄姆的稀奇的"载人机"(man engine)，这意味着工人得免于像多耳寇思厂那样高达二百二十八英寸阶梯的攀登之劳。但是在1862年只装有可以搭乘八个人的机器；在1881年，多耳寇思厂的机器虽然可以下降到二百四十英寸，但是这时井底已深至三百六十五英寸。一个七十岁的矿工工头在1864年曾不胜自负地解释说，二百英寸的阶梯对他是毫无困难的。[②]

那时，阴影渐渐投射到了公国。[③] 最优良的铜已日益耗竭，里乌一廷土的铜正以英国资本进行着开采，苏必利尔湖的大量铜矿不久即将运到。虽然有丰饶的铅矿和洗矿场，但当时康沃耳却主要是靠它的铜为生的。[④] 在1871—1881年这十年之间，迁出的矿主至少有四分之一，康沃耳的人口减少了约9%，以致来不及重新

① 关于米洛姆附近的霍德巴罗这个真正的大铁矿，参阅《维多利亚地方志，坎伯兰郡志》，第2卷，第396页。到1881年，德尔比郡只有八百七十一个铅矿夫，到1901年则只有二百八十五个了。《维多利亚地方志，德尔比郡志》，第2卷，第348页。在达拉姆1905年的铅产量约为五十年代的十分之一。《维多利亚地方志，达拉姆郡志》，第2卷，第352页。

② 詹金斯：《康沃耳的矿山》(Jenkins, A. K. H., *The Cornish Mines*)(1927年版)，第222、333页。另参阅普赖斯：《西巴巴里或……康沃耳矿山的记录》(Phice, L. L. F. R., *West Barbary or Notes on... the Cornish Mines*)，载《统计学报》，1888年。

③ 按指康沃耳的辖区。——译者

④ 詹金斯：前引书，第304页。关于锡矿(在康沃耳和西南各地不到二百处各种矿山之中有八十二处)的高数字，参阅《工厂视察报告书》，1879年(1880年，第14卷，第93号)，第84页。

装备。在 1887 年，西惠耳·塞顿的二百六十六英寸的深井仍然只有阶梯可供上下。[①] 瓦特式的蒸汽机和特里维泽克式的锅炉依旧装在老地方。有些观察家只看到了公国的那种不能令人满意的劳 105
动条件就想象出一幅落后的面貌，因而说它似乎"躲避掉了工业革命的惊天动地的影响"[②]，而同时也正是因为侥幸躲避掉了这次革命，另几次革命才会把康沃耳人送到地球的彼端，而且将会送去更多。

当煤矿正在重新装备而铜矿正阻滞不前的时候，有两种互相关联的基本工业在没有显著的变化之下成长起来。两者都成了杰文斯在 1865 年所说的"支配这个时代的是煤"那句名言的佐证。其中之一的煤气工业揭示出——虽则极其不完全地揭示出——煤里面究竟蕴含些什么；另一种，即重化学工业，曾经从煤的成分中提炼食盐，并且把它们同其他元素——主要是煤本身中的碳——混合起来。在 1830 年以前，这两种工业都并不重要。在 1851 年，作为实用工业，这两者也都不引人注目，甚至在 1881 年还是如此，虽然煤气工厂所用的煤已经从 1850 年的大约六十万吨上升到了 1885 年的八百四十万吨。[③] 但是它的经济和社会重要性，正如橡皮和其他一些工业一样，并与数字无关。在杰文斯执笔时，这两种

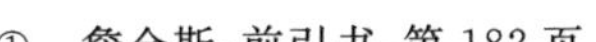

① 詹金斯：前引书，第 182 页。

② 詹金斯：前引书，第 498 页。

③ 关于 1850 年的情形，参阅波特尔：《国家的进步》，第 582 页中的估计数；关于 1885 年的情形，参阅《应用化学词典》(*Dic. of Applied Chemistry*)，"煤气"条，索普爵士的估计。

工业同精深的药物化学和香精化学以及实验室中蒸蒸日上的应用化学的科学已经有了一些接触，但是还很少很少。在1863年，政府根据第一项碱质条例（Alkali Act）（维多利亚，第26和第27年，第124章）指派了一个化学视察员去监督苏打制造商把污染了全国各地的某些厂的盐“酸雾”加以浓缩。[①] 国家也管理他们的煤气工厂、他们的价格和利息以及他们的产品的照明力——而并不管理他们的化学。碱质视察员渐渐“厌烦于”试验烟囱中气体有无盐酸的那项任务的“单调和狭隘性”[②]，于是进而研究空气的污染、国民卫生和副产品经济等一般问题。十年之后，他争取到了一项增补碱质条例（1874年；维多利亚，第37和第38年，第43章）；但是他的那种对氯气、水泥、肥料等之类的一切“放射性”工业全面视察的梦想，尚须待七年之后方能实现。[③] 他曾经利用公余之暇来提倡如何利用炼焦的副产炉来取得硫化氨之类的肥料，但是殊

106 少成果。[④] 然而同煤气工业有密切关系的化学却渐渐举世周知了。

多少年来，煤气工厂虽已倍增，而煤气工厂的化学却仍然是原始的。散失到空气中去的硫黄不知多少。焦煤卖得很便宜，其中含有大量未提取的碳化氢。[⑤] 焦油是一种不胜其多的副产品，而为这项副产品还很难找到有效的需求。苏打制造商不再散失到空

---

① 《碱质视察员第一次报告书》，1864年（1865年，第20卷，第15页）。

② 《1872年报告书》（1873年，第19卷）。

③ 《1882年报告书》（1883年，第18卷）。

④ 《1878年报告书》（1878—1879年，第16卷）。

⑤ 博恩：《煤和它的科学用途》（Bone，W. A.，*Coal and Its Scientific Uses*）（1918年版），第272页。

气中去的盐酸有一个时期也是如此。鉴于日渐扩张的棉纺织业和造纸业对漂白粉（石灰气）持久的需求，他们很早就把它制成为漂白粉而为他们的一部分酸找到了一条出路。在这期间，焦油则不加任何分析地用于显然更低级的用途，并且有许多废硫黄和石灰都任其在填铺中的维德内斯的一部分所在的人工地基上白白地产生氯化氢了。[①] 继而在 1856 年和 1870 年之间有了威廉·佩金的一些发现，这些发现将会改变染色法，揭示出煤的几乎无穷尽的化学内容，并且鼓励炼焦商去节省和掌握除化学肥料外还含有许多东西的那些副产品。1856 年的佩金"紫"，即通称的所谓人造苯胺紫，1859 年的洋红——作为一种推销伎俩也称作品红，以及德国化学家在 1868 年分离出来而佩金在 1869 年制造得更加令人满意的茜草色素，即土耳其红，这些都是七十年代和八十年代初期一种新工业凭以渐渐奠定，而在德国比在英国奠定得更加牢固的一些初步发明。

重化学品的制造是大型地方化单位所组成的容易进行大量生产和具有比较保守的常规的一种工业。由于主要工厂所处的既靠近盐场和煤矿又靠近海滨的那种优越位置（在开始视察时，在八十四家苏打制造商之中有三十八家在兰开郡南部和柴郡北部，十九家在太恩塞德[②]），它们很早就取得了世界市场的控制权。由于集中（当时"烘焙"的岩盐有几近半数是由四十八家中的十家掌握的[③]），并由于兰开郡的巨大需求，它们制造得很便宜，并能在必要

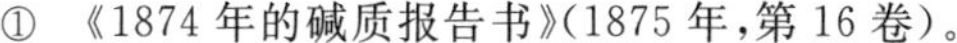

① 《1874 年的碱质报告书》（1875 年，第 16 卷）。

② 《1864 年的碱质报告书》。

③ 同上书。

时把剩余产品向海外倾销。它们自始就是用勒布兰法或连锁法从原即普通食盐的氯化物中制造碳化钠(即洗涤用苏打)、碳酸氢盐
107 (即食用苏打)和氢氧化物(即苛性钠)的。直到英国制造商的世界霸权处于极盛时期的六十年代,这还是唯一已知的方法。但是在1863年,比利时化学制造商苏尔维从英国实验室中窃取了化学家所谓的阿摩尼亚法,产生出更加低廉的纯苏打。由于英国一些重要企业的实力和对市场的控制,这种竞争无法给它们以严重影响或迫使它们考虑方法的变更达十余年之久。在1875—1876年,为维德内斯那个其中大部分只有十二年历史的城市的制碱业所“烘焙”的盐比整个普鲁士所烘焙的还要多。[①] 但是七十年代的贸易变动和竞争把英国的制碱业震撼到了这样的程度,以致很多企业都打算放弃旧业了。此后几年在不列颠本身开始了制碱法的斗争。在1886年,勒布兰法仍然屹立不动,尤其在兰开郡,那一年它所消费的盐量为其他竞争制法的四倍上下。[②]

那时煤气工业正渐渐临近它的第一个难关。自从威廉·默多克在1800年点燃了博耳顿和瓦特的索和厂的煤气灯以来,消费和扩张虽然相当稳步地继续下去,技术方面的改进也从无间断,但是却没有根本变革。唯一的希求就是如何可以使一个不带罩的灯头上消费的煤气产生高度照明力。这时从电力方面出现了竞争的第一道闪光,1885年韦耳斯巴赫炽热灯头的发明,煤气在烹调和取暖方面的用途的迅速推广,以及对于供内燃机之用的更低廉煤气

① 《1875—1876年报告书》(1878—1879年,第16卷),第14页。

② 《1882年报告书》(1833年,第18卷)和《1886年报告书》(1887年,第17卷)。

的需求也接踵而来。各自安然坐拥一个垄断区而毋庸对比利时人或德国人担心的那些公司和市营工厂,已经开始感觉到了在它们的曲颈甑和焦煤堆之间吹起的那阵改革的微风。

直到本世纪的第三个二十五年之末,电还不是"动力",虽则自第二个二十五年的中叶以来已经以电报的方式在世界上发挥力量。作为光,它也还只不过是 1858 年 12 月 8 日傍晚法拉第和霍姆斯从南福尔兰投射出的一道强烈的、不大可爱的闪光罢了。甚至在 1881 年,机械工程师学会的主席关于电力问题的主要方面所可说的也不过是:"电力终于会被用上的伟大用途之一,可能,甚至
多半是靠粗大电线进行的力的简单传送。"[①]西门子和霍耳斯克已 108
经在柏林装架了一部试验性的电车(1879 年)。其原理在 1867 年已经由威廉·西门子、惠特斯东和瓦利差不多同时公布于世的那种发展成熟的"发电机"(照当时依然称呼的名称),可供利用已经有了一段时期,并且刚刚(1880 年)有了西门子的一项重要改进。[②]机械工程师学会的主席在开始谈到动力的传送时,曾为"斯旺先生的雅致而又可靠的家庭电灯"最近的出现而向他的同事们道贺。不久之后(1882 年),西门子就告诉工艺学会说,电"一定会作为奢侈的照明物而获得胜利"。[③] 格雷姆·贝尔曾经在沃斯伯恩给维多利亚女王表演过他的电话机,在 1878 年 1 月,第一个电话局已经在美国揭幕。伦敦和其他大约八十个城市在第二年也有了电话

① 《机械工程学会会报》,1881 年,第 419 页(库珀)。

② 参阅《英国人名词典》以及西门子和琼斯合著的《钢铁时代的创造者》第 175—177、182、211 页。

③ 引用于琼斯:前引书,第 178 页。

局。在其中的若干城市里，“电灯电话公司”在八十年代初期就已经在组织之中。这种电灯和电话的合并经营是耐人寻味的。[①] 威廉·西门子在他的晚年——他死于 1883 年 11 月——埋首于把电力用于冶金术的试验。[②] 它在化学方面的用途不久就将出现，否则世界上是不会有商业用铝的。在美国，远不到就木之年的爱迪生正把电的应用和发明从一个领域扩展到另一个领域。在德国，埃米耳·腊提诺那个遭到电击的退休铸铁匠已经在 1883 年 4 月创立德国爱迪生公司来利用碳丝灯了。[③]

总之，电气工业和电气时代虽已万事俱备，但是除电话工业外，这两者一个都还没有到来。英国，它的批评者这样对它说，已经落后于美国和德国了。伯明翰电话局在 1886 年只有三百十二个
109 订户。电话机几乎都是手工生产，而且往往是各公司自行设计和制造的。虽然在煤矿业中电的用途似乎已显而易见，虽然在 1881 年已有一个苏格兰煤矿被认为是世界上第一个用电照明和装有电话的[④]，虽然在 1882 年德安森林就有一个煤井甚至用电抽水[⑤]，但是

---

① 鲍德温:《英国电话史》(Baldwin, F. G. C., *The Hist. of the Telephone in the United Kingdom*)(1925 年版)，第 15、23、119 页。第一个中央发电站是 1882 年在赫尔泼恩建立的。

② 除其他参考书外，可参阅盖珀耳:《应用于工程上的电学的地位和前瞻》(Giepel, W., *On the Position and Prospects of Electricity as Applied to Engineering*)，《机械工程学会会报》，1888 年，第 103 页。

③ 凯斯勒:《沃耳德，腊提诺》(Kessler, W. R., *Walther Rathenau*)(英译本，1929 年版)，第 12 页。

④ 鲍德温:前引书，第 9 页。指哈密尔顿的伊尔诺克煤矿(Earnock)。

⑤ 特腊法尔加煤井(Trafalgar Pit)，英格兰的第一个煤井。《维多利亚地方志，格拉斯特郡志》，第 2 卷，第 235 页。

在五年之后这类企业还依然是不平常的。当时在联合王国进行的四个电牵引力的试验之中有两个是爱尔兰进行的，在大陆上以及在美国则有更多的试验。同英国几乎所有各大城市中的那些既少又小的电灯厂成为对照的是，“在美国简直没有一个二万人口的城市没有弧光或白热电灯的发电厂”；而“在大陆上，则大发电厂已经同煤气展开了竞争”。[1]

所有电力长途传送最有趣的早期试验都是在海外进行的。西门子曾经在 1883 年促请土木工程学会注意马塞耳·德普勒兹把多达三匹马力的电力通过普通电话线传送到二十五英里远近的那种方法。[2] 外国人已经把电用在许多工业工序上，诸如在波士顿，用于印刷、缝纫等方面，在日内瓦，用于轻五金工业等等，虽则还没有长途传送，并且还都是通过小发电机进行的。[3] 这类事物在英国都闻所未闻。1886—1887 年杜巴登造船厂已经安装了电磁铆钉钉接机，但公认英国并不是先驱者。[4] 电、发电机和马达都所费不赀。英国城市既没有像日内瓦那样的穿城而过的“湍急的罗纳河”，英国工厂又各有其运行良好的蒸汽机、传动带和轴系。八十年代初期的贸易情况也不是能鼓励把资本用在新事物上的那种情况。煤价很低廉，它对于我的父辈一直都很合用，现在我为什么要改弦更张呢？主张推延的论证，恐怕十次有九次以上都是听来有

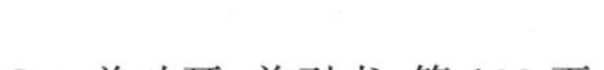

① 盖珀耳：前引书，第 103 页。

② 琼斯：前引书，第 212 页。

③ 盖珀耳：前引书，第 78 页。

④ 但是同照明有关的电力传送方面的极其重要的工程在 1886 年正由费兰提在伦敦进行。参阅他的讣告，见《泰晤士报》，1930 年 1 月 1 日。

理的——如果采取短浅看法的话。

110 英国轻工业可以毫不费事地安装，而且实际上也早已安装了功率不高的新式内燃机的这个事实，使这种论证更得到了加强。在一个工业区中到处都可以得到煤气，而这些内燃机又都是煤气机。内燃机的试验并不是什么新事物，但是用于工业的第一批煤气机是1860年的利诺尔式的(Lenoir's)，以后来的标准衡量，是一种非常浪费的机器。[①] 1865年的休冈式机(Hugon's)和1866年的奥托式机(Otto's)的第一批所谓的“大气”机都接踵而来。十年之后，这个“喧聒而又时停时作的”东西被“无声”奥托机那种有四个动程圈的有效机器取代了。这些名字没有一个是英国人的名字。早于1876年的无声奥托式机的那些机器在英国也用得不多。但是英国企业一旦承办这种改进了的奥托式机的制造，它就通行得比较快了，而在轻金属工业这个需要它最迫切的地方通行得最快。到1882年，这种机器的采用在伯明翰“为数日增的工厂中已经(有了)显著的效果”。[②] 那时，克拉克式(Clerk's)的有两个动程圈的发动机的出现还不能成为现已有了基础的奥托式机的一个很可怕的竞争者。用煤气以外的其他燃料所作的试验正在进行中。同煤相比，它是花费很大的，但是机器一般都很小，像六十年前的蒸汽机一样。[③] 由于可以接连在比比皆是的煤气管上的这种小装

① 尤因爵士：《蒸汽机和其他热机》(Ewing, Sir J. A., *The Steam Engine and Other Heat Engines*)(第4版)，第585页及以下。克拉克：《煤气、煤油和石油发动机》(Clerk, Sir D., *The Gas, Petrol and Oil Engines*)(1909年版)。

② 一位退休的工厂视察员：《1871—1882年伯明翰工业的综述》，《1883年视察报告节》(1884年，第18卷，第181号)，第52页。另引用于艾伦：前引书，第229页。

③ 见上卷，第443页。

置管理起来既方便而又经济，所以它在各类“工厂”中的各种零星工业用途上广为使用是完全有理由的。

自从萨克莱在他的《五朔节短歌》中歌唱运转不息的机器那种“英国征服的武器”以来，整整一个世纪过去了。经济体中存有不安之感，怀疑的声浪仍在回荡之中。对“鼾声不停的蒸汽和活塞的动程”抱敌视态度的始终大有人在。这句轻蔑之词的创作人[①]刚刚从一个民主联盟转到一个社会主义同盟，而这个同盟正是要把活塞的领域和活塞的领主，从非活塞本身清除出世界。但是这一层不是这里所要谈论的。改变了不列颠国际地位的那些政治、地理、商业、金融和人口的力量，也不是这里所要谈论的。这里所要讨论的问题是发动机本身的问题和在使用和重视机器的人们心目 111
中所代表的那一切经济力量的问题。以英国的征服武器自豪的旧有理由是不是还存在呢？是不是其他任何国家在某些方面，或者在所有各方面有同样优良以至更优良的装备呢？不是在所有各方面，这一点是肯定的。但是甚至在 1851 年，美国在诸如缝纫、收割、连发手枪的制造和毛纺等方面就已经有了更优良的设备。此后，对于美国机器的采用一直是异常频繁的，虽则很可能要稍加改进；甚至频繁到这样的程度，以致历史家试图从中得出新近革命化工业技术进步的一个一般公式，俾使他的叙述和他对因果关系的解释可以简单化。这是不能容许的。但是在任何总结之中要想缩小美国的轻便“发动机”对于那一代工业生活的贡献，则会是更加

① 录自威廉·摩里斯：《世界乐园》(*William* Morris' *Earthly Paradise*)。

不能容许的。[①]

在1851年，大陆各国已经享有超越于英国的工业优势，但它们并不是“发动机”方面的优胜者。甚至在1840年，帕默斯通爵士就已经得到报告说：德意志商业同盟的各邦在它们的“制造方法”上“在某些方面”是走在不列颠前面的。这里所说的“方法”是“设计的技术”，金属加工，以及所可期待于肯定受到了更好教育的一个民族的“各种不同部门的化学知识”。[②] 德国当时在冶金方面究竟在何种意义上已经真正优越于英国，无须加以断定。只要它有机会，它至少已经有了在今后四十年中在冶金和机械进步方面承担一整份责任的准备。在1851年以前，克虏伯的名字在英国是尽人皆知的。到1886年，他的确已大名鼎鼎，而且不止于在枪炮方面。德国把它在“化学知识”方面的优越地位一直保持到精确科学和“发动机”的联系变得一年比一年更加重要的那个时代。其中有一些它是以人的形式向英国出口——西门子是汉诺威人；有一些是以真正机器的形式出口，如奥托式煤气机；另一些则是以方法的
112 形式出口，如波艾茨在人工冻结的矿层中掘矿的办法。[③]

在一个名叫科克里耳的英国人在1798—1813年把金属加工的方法和动力介绍到塞兰，以及在英国资本和工程师自三十年代以来帮助它建造铁路和煤气工业的时候所借助于英国的一切，现

① 本卷，第12—14、77、89、94—95、97和99页。另一个例子是惠特沃思自1869年起在该公司的伦敦厂仿照美国设计制造的霍伊式印刷机。伯恩(Burn, D. L.)的论文，见《经济季刊》(经济史)，1931年1月，第302页。

② 鲍林：《关于普鲁士商业联盟的报告》(Bowring, J., *Report on the Prussian Commercial Union*)，第55页。

③ 本卷，第125页。

在比利时那个在所有大陆各国之中工业化最早的国家已经开始偿还了。苏尔维用廉价销售来补报英国借贷的盛意；英国煤矿的通风设备得利于蒙斯的吉贝耳比得利于其他任何一个发明家的更多；它所迟迟没有采用的那些利用炼焦煤炉副产品的方法，主要是科皮和卡尔威这两个比利时采矿工程师为它设计的。[①]

在机械和工业方面直接受惠于法国的，在这一代之中，或许多少有一些，虽则埃耳曼梳具的歌颂者对于这一点会有所争论。的确这要比法国如果在 1848—1873 年间不那么忙于革命和政变，不那么忙于为威名和生存而战会少一些。它的铁路网的接近完成是如此之晚，甚至还晚于德国，自不能不妨碍它的工业化。[②] 在大多数机械化最差的手艺行中，法国仍继续占先，但是除开羊毛整理和毛纺的某些部门外，在特别成为时代特征的任何一种工业中，它还都不能同英国竞争。尽管如此，在一篇甚至扼述影响英国工业的各种发明的论著中，法国人的名字和法国方法也是屡见不鲜的。[③] 在有关思想及其对经济生活具有最终重要意义的故事中，则会更多。

无可争辩，英国仍然是世界工业运动的先导。仍不失为唯一真正工业国的英国有它机器生产力的莫大积累，有它的棉纺工业，有它的煤炭工业和在机械方面无与伦比的其他十几种工业，还有各种机器的大量出口——虽则这最后一项究竟是一笔资产还是一笔冒险的负债，以及究竟把它的某些机器方面的积累因其陈旧而

① 博恩：前引书，第 307 页。本卷，第 51 页。

② 克拉潘：《法国和德国的经济发展》，第 146—147、150 页。

③ 本卷，第 14 页注 1、第 59、109 页。

抹杀掉是否有利，都是不无争论的。基本工程方面的发明几乎清一色是英国的，伟大的钢的发明也无一例外。英国曾经独力创立
113 了现代造船业。在1885年，造船业确乎异常萧条，但是铁船和钢船的制造家公会的秘书说："若论同英国的竞争，事实上是不存在的。"在答复"我们能为所欲为吗？"这一问题时，他说，"差不多是这样"。[①] 但是"差不多是这样"的日子却没有多少年了。机械和工业运动已经一举而变成为国际运动。彼此的差距都很小。英国的派遣代表团赴美，大陆人在早餐前包围托马斯·吉耳克里斯特来要求利用他的发明的许可证，腊提诺的创立爱迪生公司，或者分居两国而仍共同工作的西门子昆仲的事业，都是新时代的表征。机器是公允无私地为任何人运转的。机械的或科学的工业垄断都只能是短暂的，有些人（并不是诗人）正在这样想：世界上的机器太多了，至少在某些用途上是太多了，并且认为不管约翰·斯图亚特·穆勒怎样说，一般生产过剩，或者可以相当准确地这样称呼的一种东西，毕竟还是会存在的，纵使是在经济学家所谓的"短暂时期"中。

① 《贸易萧条皇家调查委员会》，询问案第14760—14761号，罗伯特·奈特。

第四章　工业组织的发展 114

金属和机器时代给各行各业带来了更大的工业单位。在二十年代初期，威格腊姆·格林公司的造船厂这个泰晤士河畔的老造船厂中最大最著名的一个，"在……开全工的时候"，曾经雇用过大约六百人。[①] 在 1870 年，东北海岸的一般铁船制造厂所雇用的更多，苏格兰的一般造船厂则雇用八百人。[②] 这是在这半世纪期间自始至终进行着革命而且产品(也就是船舶)有巨大增长的一项工业。至于在八十年代以前的任何一段时期，一般工业单位究竟确实增长了多少，我们所能谈说的只有纺织工业，因为唯独纺织业虽非定期但还常常编制雇用和机器数字报表。据知在 1850 年和 1875 年之间从事于纺绩的一般棉纺织厂增加了 30%的纱锭，而一般毛丝工厂则有 81%的相应增长。[③] 在这两个不同的年份，相对于一般单位的有代表性单位的情况究竟怎样，无法确知。成为史学的一个重大损失的，是 1851 年人口调查时对一切工业的雇用统

---

① 见上卷，第 69 页。

② 《工厂作坊报表》(*Return of Factories and Workshops*)，1871 年(第 62 卷，第 105 号)。数字是在 1870 年 11 月至 12 月搜集的。

③ 《工厂视察报告书》，1875 年(第 16 卷，第 251 号)，第 9 页。这些数字可能是指整个工厂(纺绩厂)，也可能是指在德国适当地叫做"纺织厂"的纺绩部门而言的。

计数字所作的那番搜集和制表的努力在嗣后几次人口调查的年份都未能再接再厉。只有1870—1871年的那一次报表对于一切或差不多一切制造业中工业组织的平均规模有所说明，从中反映出以工厂为常例的那些工业和以工厂和作坊的混合物为企业单位的那些工业的情况。除纺织业的统计数字外，也还有一些有关的特殊统计数字。1871年的报表是在内政部为争取工厂推广条例和
115 1867年的作坊条例（维多利亚，第30、31年，第103、146章）作了两年斗争之后发表的。这两项条例将几乎所有使用动力的金属工业以及纸张、玻璃、烟草、印刷和其他一些工业，连同制造业方面雇用人数在五十人以上的一切场所一并置于工厂视察员管辖之下。它们也将雇有女工、童工和青工的作坊一并置于地方当局视察之下。[①]

虽然1871年的这项报表并不能准确地适用于八十年代早期的情况，但大体上总也适用。没有理由认为在这段期间工业经营的规模有任何重要的变化。在1870—1871年，英国的一般棉纺织厂雇用一百八十人，在1856年雇用一百九十一人。甚至在工厂制已渐渐取得胜利因而似乎特别赋有扩张性的针织业中，也不过是从七十一人相应增加到八十六人。[②] 在1873年的危机和八十年代初期之间的这段时期，大多数制造业，特别是其中企业单位最大的“重”工业的外部条件是不令人鼓舞的。[③] 这不是企业发展得很

① 关于这两项条例，参阅本卷，第528页。前引《报告书》，1871年，第62卷，第105号。

② 1888年的数字录自《报告书》，1884—1885年，第81卷，第1087号。

③ 本卷，第385页。

快的一个时代。任何一种工业的社会平均规模在这十年之内都没有多大变化。所以1871年的报表可以认为是能给予八十年代现有英国工业组织的统计轮廓以相当准确的计量的,但是附有两项但书:第一,平均工业的地方化工业单位的规模在这段时期可能已增长5%到10%;第二,在针织和制鞋之类的工业中,工厂条件的迅速进步可能将那项百分比增加了20%以至20%以上。

这些报表本身就特别值得玩味。它们已经临近现代经济史上的三个登峰造极之点——即蒸汽时代、非股份公司工业组织时代以及英国在旧商业和新工业中不容争辩的国际优势地位时代的登峰造极之点。在工厂时代最早期非常重要而在四十年代仍相当重要的水力,这时已真正毫无重要性可言了,在视察员视察范围所及的全部马力(九十九万一千匹)之中,水力只提供4.5%。煤气引擎力还没有开始发生影响,电力尚无所闻。股份制造公司在1871 116
年虽已存在,但是为数既少而又无关重要,其中除公用事业公司外,这些报表概未涉及。在此后十四、五年中,公司在数目上增长得很快,但是这种增长并没有给工业经营的规模带来显著的影响。[①] 在1870—1880年这十年之中或其前后,英国经济的优势地位已临近它十九世纪的顶峰一节,在叙述工业变革的时候业经提及,在其他的段落中将会予以说明。这里就是这样设想的。

在1871年,视察员就大不列颠二百四十一万七千名年满十岁以上的雇用人员和十二万七千个独立劳动场所,即他们所谓的“厂”作出了报告。他们自称,而且也似乎不无理由这样说,就适用

① 本卷,第138页及以下。

工厂条例的所有工厂而言，这些报表可以“认为是几尽准确之能事的”。就完全“工厂化的”工业来说，和同一年人口调查的数字作一比较，这种说法得到了证实。视察员从“在很多场合下不愿有所行动”[①]的地方当局方面得来的少数几个行业的作坊报表，是特别完备而且似乎肯定具有代表性的。但是得自某些郡的作坊报表则是残缺不全或很不合用的，得自伦敦的不幸也是如此。尽管如此，所提供的工业组织的例证仍具有很高的价值。但是它忽视了矿业、农业、大部分饮食业、衣着业和建筑业以及诸如磨坊主、铁匠和车轮匠之类散在各地的乡间行业。视察员对于厂外加工工人没有视察权，这一事实说明了他们就厂外加工制盛行的衣着业所制的报表何以不合用。

记录有案的最大平均单位是在铁船业制造方面，七十八个企业平均各雇用五百七十点五人，其中三十家苏格兰企业平均各雇用八百人。主要的制铁“厂”——鼓风炉厂、搅炼炉厂和轧铁厂，不论它们是分别经营还是兼营的——平均为二百零九人，而在格拉摩根和蒙默思的二十六家这一类的“厂”中则平均为六百五十人。这个总数字被斯塔福德郡拉扯了下来，因为那里一般都是单独一座鼓风炉的企业和小型铁厂。冶金业内部的对比将在下表中予以
117 说明。凡加着重点的工业都是视察员申报为一部分在照条例所下定义来讲的工厂中进行而另一部分在作坊中进行的工业。“厂”这个名词则把两种工业一并包括在内。

① 《报告书》，第105页。关于地方当局，参阅本卷，第416页。

1870—1871年大不列颠金属加工工业表

	"厂"数	工人数	平均数
全部金属制造业	18,000	622,000	34.5
制铁业	761	166,700	219
铁船建造业	78	44,500	570.5
机器制造业	1,933	163,600	85
铁钉铆钉业	1,604	13,200	8
刀具、锉、锯、工具业	1,143	24,600	21.5
杂项五金制造业	7,900	75,400	9.5

最后三类可以说明设菲尔德、伯明翰和黑乡的各行各业中不但很少有一个工厂使平均数上升，而且还有一大批作坊或只是按照条例中的定义方算作工厂的企业——即使用动力，但多半是租用动力的小型企业——将数字扯低。这些数字一定把平均单位的规模多少夸大了一些，因为视察员很少漏掉一个工厂，但无疑有很多作坊是他所不得而知的。机械工程业这个在当代占统治地位的工业本身的比较低的数字，乍看之下会使人想到必是乡间的小机器作坊在抵消着工业区的大企业。这无疑是一个不全面的解释。但是兰开郡的平均数（八十）既低于全国平均数，则主要原因显然是工业区本身就存在很多专业化小作坊。

纺织工业的数字自1851年以来就没有多大变化，而自工厂视察制实施以来也还没有很大的变化①，虽则在所有各项工业中单位都日益增长。

① 在1838年，每个工厂雇用人员的平均数是：棉业，137；毛业，46；毛丝业，76。关于这一时期视察员的数字的精密统计分析，包括平均数以及中间数的计算在内，参阅方显廷《英国工厂制的胜利》第18页并散见各页。1838年的中间数是棉业，92；毛业，19；毛丝业，57。

1870—1871 年大不列颠主要纺织工业表

	工厂数	工人数	平均数
棉	2,469	436,000	177
毛	1,768	124,000	70
毛丝	627	109,500	175
亚麻	346	70,000	202
黄麻	58	16,900	291
(丝绸	692	47,000	68)
(花边	223	8,300	37)
(针织品	126	9,000	71)

118 其中有三项工业所以加上了括号是因为它们同其余各项工业不属于同一类别。丝绸“工厂”包括有沃里克郡的平均各千名工人的织造厂三百三十四个。若就考文垂的这些小丝绸作坊而言(约占这个行业工厂的半数,却仅占它工人数的十五分之一),图景会是全然不同的。花边和针织业仍然大部分是厂外加工制的工业,或附属于工厂的厂外加工制工业,而上表的数字却是仅就工厂而言的。在每一种纺织工业中虽然都有一个手织机织工的厂外加工因素,但是这时甚至在羊毛、亚麻或丝绸方面,这个因素都没有大到足以影响这项专业的一般工厂性质。羊毛方面工厂数字之低——比丝绸方面低得多,如果把考文垂的数字去掉的话——正同这项工业在整个世纪中的情况一样。原因不仅在于威尔士和苏格兰仍有极小型的梳毛厂和纺绩厂的残余。约克郡的平均企业之所以略高于不列颠的平均数,则是因为约克郡仍有少数旧式公司工厂和许多临近于羊毛和翻造毛工业分野线的小企业。[1]

① 关于公司工厂,参阅上卷,第 194—196 页;至于视察员未加区别的翻造毛工厂,参阅本卷,第 39 页。1870—1871 年的约克郡平均数是七十四。在 1899 年平均数只不过是八十。克拉潘:《呢绒和毛丝工业》,第 131 页。

视察报表中有一个项目引起了它并未完全予以满足的好奇心。它在未列举的手织机织造项下列有一万二千八百个厂和四万四千名工人。其中拥有四千七百名工人的四十三个厂，因为规模的关系称为工厂，其余则称为作坊。手织机工厂主要是在东安格利亚（单单在萨福克就有十家），从其他的证据中得知，它们所织造的自精细的丝绸直至其他种种极粗的织物。根据条例，作坊“雇用”人员的定义既然是“无论有无工资的一切从业人员”，那么平均雇用数字不过三人的其余的“厂”恐怕大部分都是各种纺织工业的织工在家庭中操作的眷属，以及一些零星散布各地的小雇主的织机作坊了。约克郡的三千八百个“厂”中约有一万三千人，兰开郡的二千三百个“厂”中有四千三百人，埃尔郡的八百个“厂”中有三千三百人，拉纳克的一千一百个“厂”中有四千七百人，斯特林、伦弗罗、福尔法尔、柴郡、沃里克和萨福克则各有一千多人。不幸的是米多塞克斯（斯比脱菲尔兹丝绸）和其他一些郡的数字是残缺不全的。苏格兰既在四万四千名手织机工人这个查报的总数之中占 119
二万名，它的手织机的持久重要性是显而易见的。在苏格兰，手织机主要是生产麻布，但也生产一些呢绒。在英格兰，麻布不多，但呢绒和丝绸则为量至巨。

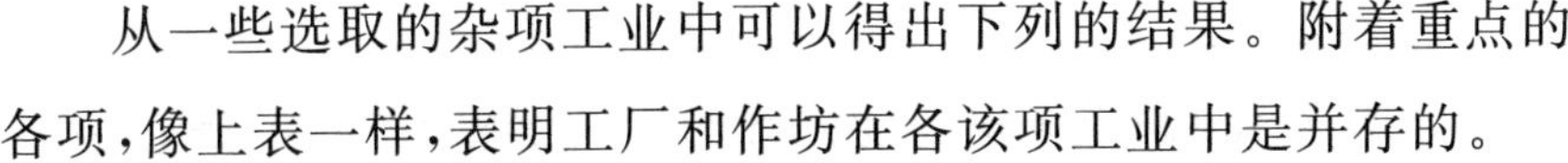

从一些选取的杂项工业中可以得出下列的结果。附着重点的各项，像上表一样，表明工厂和作坊在各该项工业中是并存的。

1871 年大不列颠杂项工业表

	“厂”数	工人数	平均数
靴鞋业	9,500	62,000	6.5
（靴鞋工厂	145	18,200	125.5）
缝纫衣着业	8,000	43,000	5.4

(缝纫衣着工厂	58	77,000	132.8)
女帽首饰业	11,300	52,400	4.6
陶器业	537	45,000	83.8
砖瓦业	1,770	22,500	12.7
活版印刷业	3,550	48,300	13.6
制革和硝皮业	670	12,200	18.2
烤面包业	6,316	20,800	3.3
橡胶和马来树胶业	39	5,700	146.1
同建筑有关的制造业 (建筑师、木匠、细木匠等)	19,800	152,800	7.7

就陶器和橡胶之类的工厂而言,这些数字无疑是差不多完全的。根据同一年的人口调查报表来判断,它们为制革和硝皮业以及印刷业提供了一个很好的例证,为烤面包业也提供了一个不错的例证。它们一定是把所有城市的大制革厂知比较大的面包房一并包括在内,以便使雇用数字可以得出最大的平均数。① 关于工厂以外的衣着业,它们不能多所说明,一则因为例证太不显著,一则因为在所有这类行业中,厂外加工制过于复杂。"同建筑有关的制造业"的数字所能说明的则更少,因为它们一面把建筑匠和细木匠混淆在一起,一面又显然没有把为建筑师在厂外劳动的一切工匠包括在内。

120 不幸,要断定建筑业无论在1871年或以后各种有代表性企业

① 1860年印刷业联合会的一些报告书(《行业协会和罢工:社会科学联合会报告书》〔*Trades Societies and Strikes*:*R. of the Association for Social Science*〕,第91—92页)所举的平均雇用数字不过是七人,其中虽不包括伦敦,但却包括曼彻斯特、利物浦和利兹。在1890年左右,平均每个伦敦面包房的职工数为五人(《劳工皇家调查委员会》,1893—1894年,第34卷。丙组,询问案第29572号)。在1891年,面包房和糖食店的数字是六人。布思:《伦敦人的生活和劳动》(Booth, C., *Life and Labour of the People in London*),第9卷,第55页。

的规模，都没有其他任何数字或记录可供参证。这个行业集团增长得很快，很容易地保持了除农业外比其他任何行业人数都多的那样一个集团的旧有地位。建筑匠以及同他们有联系的工匠——砌砖匠、石匠、泥水匠、玻璃匠和铅管匠等等——的数字从1871年的六十三万四千人增加到了1881年的七十六万一千人。在这个数字之外还必须加上多半不下二十五万名的工人。（可同1881年各种纺织工业中的五十三万一千名男工，各种运输业中的七十三万五千名，或在煤矿及其附近劳动的整整五十二万人作一比较。）建筑业中的经营规模异常悬殊，任何平均建筑企业的统计图表都不可能是真实的。但是当1891年人口调查开始对雇主和雇工加以区别时，在伦敦本地所有各项建筑业中每三十六个成员就有一人自称为有雇工的建筑师这一事实，至少是建筑业小“承包人”的反复涌现和虽朝不保夕但仍继续下去的那种活力的余绪。在这个大行业集团之中，有才干的人仍有发展的余地。“是不是大多数有雇工的建筑师原来都是工人出身呢？”大约在这个时候人们这样询问一个可靠的证人。他答称，“他们几乎都是。”[①]

在煤矿采掘业这个基本工业方面，煤矿或煤井这个物质经济单位一直是随着平均煤矿企业或公司的扩张而发展的。凡是可以

① 《劳工皇家调查委员会》，丙组，询问案第32095号。参阅布思：《生活和劳动》，第5卷，第30页及以下。应该注意的是，1891年的人口调查员把他们的雇主和雇工的新报表看作是“格外不可靠的”（《人口调查》，1893—1894年，第106卷，第36页）。在“建筑业者”项下，雇主竟比工人还多，他们深表诧异。如果这就是所以不相信这些特殊结果的一个理由的话，这个理由并不充分，因为建筑业的“工人”照例不自称为建筑业者。

称之为封建煤矿企业的——诸如达拉姆伯爵、伦敦德里勋爵、达德利伯爵、北斯塔福德郡的格兰维尔伯爵或南兰开郡的布里季沃特公爵的董事会的那些煤矿企业——都由于矿井的加深和新的开凿而得到了扩充，现在都居于英国最大企业之列。[①] 在 1886 年，布里季沃特董事会控制了十五个大煤矿厂，达拉姆伯爵控制了十三
121 个，格兰维尔伯爵控制了八个，伦敦德里勋爵则控制了五个非常大的。堪与这些煤矿厂媲美而有时甚至规模更大的，是太恩塞德拥有十一个重要煤矿厂的詹姆斯·乔伊西公司和拥有十四个煤矿厂的博斯合伙公司，南达拉姆拥有十四个煤矿厂的皮斯合伙公司，曼彻斯特边缘上拥有十一个煤矿厂的安德鲁·诺耳斯父子公司，以及拥有不下二十九个煤矿厂（其中很多是小煤矿）的威根煤铁公司之类的公司或者像南威尔士拥有三十个独立煤矿厂的鲍威尔·达弗林公司之类的新式大蒸汽煤矿公司。在这个表的另一端，稀奇但并不太具有代表性的是一个叫作约翰·刘易士的人所拥有的那类煤矿，约翰·刘易士是“瑟戈兰的小煤矿厂的厂主，他在（1885年）3 月 5 日在矿井中殒命。矿中只有他和另两个人。”[②]

在这两个极端之间的是具有相当规模，但为别无其他煤矿厂的一家公司所掌握的那种八十年代的普通煤矿。在北兰开郡和东兰开郡这个除布里季沃特和诺耳斯的二十六个矿之外还有十二个属于哈格里夫斯上校的受托人的那个高度发展的区域中，包括哈格里夫斯，诺耳斯和布里季沃特集团在内的一百五十一个矿主或

① 《1886 年度的矿物和采矿统计》（1887 年，第 79 卷）。

② 《1885 年矿山视察报告书》（1886 年，第 16 卷，第 1 号），第 165 页。

公司，平均只各有两个“矿或煤矿厂”。在北斯塔福德郡，每个矿主或公司只有一点六个“矿或煤矿厂”。在西米德兰产煤区，在约克郡以及在苏格兰，则比率更低；甚至在达拉姆，北部和南部合在一起，比率也只不过是每个公司二点二个煤矿厂或矿山。

有代表性的矿山是因采掘性质的不同而不同，而以煤层最浅的地方为最小。在开采深度适中的一个相当发展了的区域中，威根煤铁公司的所在地西兰开郡的条件是相当有代表性的平均条件。在 1885 年，那里一百五十一个独立煤矿“在矿中及其附近”雇用人员的平均数是二百一十三人。在相距没有多少里的北威尔士的弗林特和登比煤田，数字则比这一数字的一半多不多少。①

在直到七十年代技术还比较落后的一个区域中，平均煤矿企业的发展情形可以从 1875 年至 1885 年这十年的一些苏格兰报表中看出。这些报表所涉及的范围是自拉纳克，经由东西洛蒂昂直 122
到法夫、克拉克曼兰和金罗斯的苏格兰东部视察区。在 1875 年，视察员必须查报二百一十八家公司，其中有一百四十四家每年各产煤不到四万吨，有二十三家各产煤在十五万吨以上。十年之后，公司的数目已降到一百七十一家，年产煤一至四万吨的公司则降到了八十家。在这期间，年产煤在十五万吨以上的公司已上升到三十一家，其中四家最大公司的产煤量比最低层全部八十家合在一起的产量还多。这些数字除可说明这项工业的日益集中外，也表明了它的经营单位的相去悬殊。② 在这八十个小矿井之中可能

① 《1885 年矿山视察报告书》，第 256 页。

② 同上书，第 102 页。

有一些是和瑟戈兰的约翰·刘易士的“煤矿厂”差不多的。

在五十年前以至三十年前还以康沃耳各矿为大规模生产的突出范例的那些金属矿，在采掘工业中已不再有代表性了。在1885年多尔寇斯矿所产的“黑锡”仍有二千多吨。[①] 刚刚跨过康沃耳边境的塔维斯托克矿这个得文郡大联合铜矿可产精铜矿六千吨。马恩岛的福克斯戴耳铅矿有四千吨的产量，米洛姆附近的霍德巴罗之类的少数几个铁矿却是真正规模宏大的。但是五万三千吨铅矿的总产量却是来自二百好几十个独立矿场的；而同时为供应区区一万四千吨的“黑锡”，在康沃耳却有七十八个矿山、四个露天厂以及若干涨滩和岸边洗矿场从事其事。所有金属矿加在一起只不过雇用了四万一千名工人，而在煤矿“之中及其附近”就雇用了五十二万名。所有权的集中和生产单位的发展都不显著。

在啤酒酿制方面，集中的情形有若干年的一段时期可以靠啤酒酿制者对麦芽日益增长的平均消费量，伴随而来的啤酒酿制者数目的些微下降以及一向称之为手工业啤酒酿制者的自酿自销的酒店主和啤酒销商的显著减少，而非常清楚地探索出来。[②] 英格兰和威尔士的数字如下：

	1853年	1864年	1886年
啤酒酿制者	2,470	2,295	2,242
所用麦芽的蒲式耳数	21,000,000	28,000,000	39,000,000
自酿自销的酒店主和啤酒销商	31,000	34,000	12,000
所用麦芽的蒲式耳数	11,000,000	11,000,000	5,000,000

① 《矿产报表》，同前书："黑锡"即汰选的锡矿。

② 见上卷，第170—171页；本卷，第37页。

结尾的二十年是关键时代：除开像卡马森那样偏远的地区外，手工业啤酒酿制者到处都没落了。直到 1853 年，以至于 1864 年， 123
他们在全国很多地方还占支配地位，虽则他们早已被排挤出伦敦和瑙威治。例如，仍不失其作为小工业之乡的旧有本色的伯明翰区，在 1864 年，几乎所有当地酿制的啤酒都是得自一千七百个自酿自销的酒店主和啤酒销商。他们所用的麦芽有啤酒酿制者十五倍之多。到 1886 年，则一改旧观。虽然仍有近千的小企业主，但这时七分之六的麦芽都送进伯明翰区二十六个啤酒酿制者的大酒槽中了。[①]

五十年前，凡是烘制面包仍广泛风行的那些地方，啤酒酿制一直是一种自己生产自己消费的家庭工业。在八十年代的不列颠，要是穷根究底地探索一下，也还很可能找到一些家庭酿制，虽则只是由一些古老大学的学院进行的；但纵能找到，也不过是没有多大意义的残迹余绪而已。作为一种民族习俗的家庭烘制面包在北部则远不是毫无意义的，它也许已渐趋没落，但还不很快。在 1831 年，根据人口调查，在坎伯兰每二千二百人只有一个成年面包师，而在伯克郡却是每二百九十五人一个。[②] 在 1881 年，坎伯兰每六百人有某种面包师一人，伯克郡每八十三人一人，伦敦每二百六十三人一人，而在伦敦，可以设想，面包的平均大小比无论伯克郡或北部的面包都要大一些。[③]

① “国产税报表”，《报告和文件》，1854 年，第 65 卷，第 325 页；1865 年，第 50 卷，第 701 页；1887 年，第 75 卷，第 79 页。

② 见上卷，第 158 页。

③ 《1881 年人口调查》(1883 年，第 80 卷)，各郡职业摘要。

虽然一个交通便捷的时代对于“家庭”工业这种家庭为本身消费而进行制造的制度的持久性无可避免地会起反作用，但是一个机器时代却未必总是如此。在1855年和1885年之间，缝纫机或许给了这种制度一个新生命。但是对于后来家庭工业强有力的残余或复燃的死灰的寻索，虽不一定像寻索啤酒消费者的酿酒房那样，只是一种无关重要的慕古运动，却也是史学家无须探讨的——一则因为事实是非常不可捉摸的，一则因为，事实尽管不可捉摸，而在家庭消费的整个领域内，尤其是在城市的工资劳动者中间，使用工厂制造和商店经营的商品的人愈来愈多，这一点却是肯定的。

124 至于工匠在无论消费者或自己的住所就消费者的原料或半制成品进行的加工，在六十年代可能已经没落，但这一点却远不是那么肯定的，因为家纺麻和家纺毛的“承接定货的织工”在不列颠很多地方还一直相当普通。[①] 在工匠和女工可以在顾客家里进行的各式各样包件修理工程上也有“承接定货工作”的成分。几乎无可争辩，这类工作的数量和维多利亚时代家庭的日益增长的复杂性，不但绝对地而且相对地偕以俱增。在华尔特爵士的苏格兰，简直没有什么铅管匠，而在1881年的伦敦却是每五百零八个人一个。[②] 其中很多是建筑师雇用的，但也有很多是在顾客住所劳动的小工匠师傅。甚至在八十年代，其中“大多数本人曾经是工人的

① 见上卷，第159—162页。

② 同上书，第164页；前引书：《1881年人口调查》。

工匠师傅的"[①]那个新兴的大规模工业就已经在工业集中和维多利亚式资本主义全盛时代因消费者的需要而建立起来了。

铅管匠式的包件工人并不纯粹是按照定义讲的那种"承接订货的工人"[②]，因为他至少还供应一点原料——如果是铅管匠的话，会供应铅管和洗濯器。在更大得多的程度上接近于定义的是以万计的成衣匠和缝纫妇，他们在顾客住所以自己的工具就往往由顾客提供的材料进行的加工，的确靠缝纫机而便利得多了。在1881年其准确数目是多少虽已无法断定，但甚至四十年之后，"独立劳动的"，也就是说，无论在自己家里或顾客住所进行劳动而上面没有任何雇主的衣裤制造工和女服成衣匠，仍然有七万三千人。[③] 这类理由虽不能证明承接订货工作整个说来在1850年以后事实上已渐渐取得了有利的地位，但也总不失为一项论证。

在经济演进的所有各阶段，承接订货工作已渐渐变成为真正的手工业——即这样一种制度，在那种制度之中，自己参加劳动的 125
工匠师傅拥有工具和原料，并且出售成品或专门性的服务或两者兼营，像乡村铁匠或鞍匠一样。在八十年代的田野和道路上，马匹仍然占统治地位，而伦敦驾公共马车的马则必须装钉蹄铁。铁匠——成年男子或健壮青年——的职能，自1885年以来，或者就这个问题而论自1551年以来，并没有改变多少，虽则人口调查上

---

① 铅管工人的秘书安德顿的证词，见《劳工皇家调查委员会》(1892年，第36卷，第3篇，第43页)。

② 这个定义虽然是德国的(Kundenarbeiter〔承接定货工人〕)，但这个制度在手艺人除自己的手艺和工具外别无所有的那种相当单纯的经济社会中是最为普通的。

③ 取材于1921年的人口调查，参阅《第十八次劳动统计摘要》，第11页。

所列的组别是把人数虽不确知但多半要占总数三分之一的既非钉蹄铁也非作包件工的铁匠而只不过是同各种行业有关的五金匠之类的人一并包括在内的。[①] 在1881年，总数已不下十三万二千人。甚至在伦敦，“小工匠师傅”依旧保有大部分的业务。[②] 直到1871年为止，铁匠增加的迅速几乎和人口的增加不相上下。在1871年和1881年之间，他们简直没有什么增加。不久衰退就随之而来了。

马车制造匠、车轮匠和鞍匠这些古老的手艺行差不多还原封未动。1891年伦敦的数字是：马车制造业每十二个工人一个雇主，制鞍业每七个人一个。[③] 八十年代的全国平均数会少得多。但是这些都是受到了威胁的手工业，它们早已同另一种工业结合起来。鞍匠久已同化于沃尔索耳地方性的马具业，而乡村的车轮匠则已渐渐忘记了怎样给一部旧粪车制造新木轴。至少在萨里，他们已经忘记了怎样制造木耙。[④] 铁已经深入到他们这一行了。

车轮匠、鞍匠、铁匠、铅管匠；小木匠、成衣匠或面包师——这个名单还可以加长——都是作为承接订货的工人、修理工人或自产自销的手艺匠而同消费者直接打交道的生产者的典型残余或改造物。在他们的背后这时照例有一个工厂或其他大规模的工业来

① “我们不想要钉蹄铁的铁匠”，格拉斯哥铁匠联合会的秘书这么说，见(《劳工皇家调查委员会》，1893年，第32卷，甲组，询问案第23534号)。

② 布思：《生活和劳动》，第5卷，第320页。

③ 同上书，第9卷，第55页。布思和他的合作人对人口调查员所怀疑的那项1891年雇主和工人的统计数字却深信不疑(本卷，第120页注)。这是我们所以在这里加以利用的原因。

④ 斯图特：《车轮匠的作坊》，第20页。斯图特在1884年开始经营。

供应他们以半制成品（诸如铁轴、鞍匠的铁器、条铁、铅管、锯成材的木板、棉线、面粉等）。但是他们，一如现在的情形，既有经济上的独立和同最终消费者接触的快慰，但也有其风险。他们的散匠和店童都大有承继这些遗产的希望。他们一并构成为工业人口的 126
一个重要的，虽则无法准确计量的部分。

残存下来的或新产生的大多数小工匠师傅却都有某种中间人，即他们和消费者之间的中间人；如果消费者是在海外的人，固然无可避免，纵使不是，也往往如此。虽然军事需求已仰给于工厂，但是为保证半野蛮部族得到不断供应的那些枪炮作坊和出口商劳动的却是伯明翰分而又分的枪炮制造业的残余（他们因为在非洲取缔掠劫奴隶和压制部族战争而大受损害[①]）。克拉根维尔渐趋没落的钟表匠和他们在考文垂及其他各地的同行，那些不是制造钟表而是制造大发条、涡状细发条或发条链的专家，只不过是在表面上刻有姓名的"钟表制造商"的厂外加工工人而已。[②] 在伯明翰、黑乡和设菲尔德所有各行各业之中的小工匠师傅——当时仍然很多——通常都有各自的代理商或商人，不然他们也会为他们的某些同行曾遭过闭门羹的一个工厂做散工。[③] 尤其在廉价成衣业、家具制造业和其他大城镇以更小的规模加以模仿的伦敦东区的其他工业中，存在着同工厂或中间人保持各种不同关系的各式各样的小工匠师傅和独立工人。在东区家具业中，"典型生产

① 艾伦：《伯明翰和黑乡的工业发展》，第 265 页。

② 参阅上卷，第 177 页，注 3。布思：前引书，第 6 卷，第 26 页。

③ 《伯明翰和米德兰的铁器区》（1866 年版），第 454 页注。艾伦：前引书，第 327 页。

者”是“手下有三至六人同自己一起劳动，稍有资财，但是没有机器的一个小生产者”。[①] 这类人在七十年代后期和八十年代还有增无已。有时他会从“一个上级雇主公司或中间人”那里领取原料。[②] 另有一些非受雇用的家庭工人是自行供应原料的，从而不妨客气一点把他们也划入独立手艺匠一类，虽则他们同厂外加工制的计件工人相差无几。在这类人的下面，是使用雇主原料的家庭工人，即纯粹厂外加工工人。

在那个并非一成不变的世界中，人们总是从一个阶级转移到
127 另一个阶级。他们一上来充当工资劳动者。继而他们试图充当独立劳动者。他们也许在失业时制造他们知道怎样制造的那些东西，廉价售给商贩，从而夺得市场。他们也许能，也许不能争取到足够的业务来变成为一个工人的雇主。如果时运不济，他们就试图重当工资劳动者。行业愈简单，成本愈低，试行独立经营就愈容易。“细木匠……只要手里有两、三镑就可以开始经营，虽然不太够，不太有把握；至于熏鱼制造业者以及廉价幻灯和玩具、甜食、姜啤酒和其他许多东西的制造业者，则所需资本甚至更少。”[③]应该记住的是，在东伦敦、东利兹和北曼彻斯特那些离奇古怪的行业俱乐部中，来自波兰犹太住宅区的新成员都随身带来了一种简单经济情况的知识以及如何运用这种情况来赚钱的一个极其冷静的头脑。

当犹太移民给贫民窟中各式各样家庭工业以一种不健康的刺

① 布思：前引书，第 4 卷，第 164 页。

② 同上书，第 9 卷，第 204 页：关于 1875—1890 年的增加，参阅第 4 卷，第 163 页。

③ 布思：前引书，第 9 卷，第 207 页。

激时，北部半农村式家庭织呢匠的残余已消失净尽。这类人在五十年代还有相当的数目，尤其在比较小的地方。“帕德塞从未有过这样多的小呢绒制造商”像在 1860 年前后那样[①]；但甚至那时，机器就已经至少承接了呢绒制造业务的一半，机器不是安装在织呢匠集资兴建的公司工厂里，就是安装在作为他们售货对象的商人所经营的或为他们而经营的呢绒整理工厂里。只有珍妮机纺绩和织造曾经有一个很长时期是在家庭里进行的。随着珍妮机的终于为精纺机所取代，幸运的家庭工匠得以控制或共同拥有一些小厂，而把织造放在“厂外”去进行。更加幸运的人建造一个织造房，安装上动力织机。另一些人则去到不幸运的人去的地方。残存的家庭工匠连同已经变成小制造商的人们还墨守成规地在利兹呢绒公所出售他们的呢绒有若干年之久。当 1868 年东北铁路想侵占本色呢绒公所的所址时，它不得不建造另一个公所来赔偿所有主和经常往来的顾客。但是在新所址，业务始终清淡。在八十年代时它歇业了。授权染色或混织呢绒公所的董事会把他们的建筑物卖 128
给市政当局的一项条例也是在八十年代通过的。贸易方面不再需要它了，它还成了运输方面的一个障碍。市政当局把它拆掉，将街道放宽，并在原址建立了一个邮局。家庭织呢的商业外壳就这样被粉碎。其实它变成空壳早已有一段时期了。[②]

---

① 劳逊：《帕德塞的进步》(Lawson, J., *Progress in Pudsey*)(1887 年版)，第 86 页。冠以“或许”一词的这句话是指 1887 年以前“二十到三十年”而言的。关于 1858 年的情形，参阅上卷，第 193 页。

② 希顿：《利兹本色呢绒公所》(Heaton, H., *The Leeds White Cloth Hall*)(托里斯比出版社〔Thoresby〕第 2 版，第 22 卷，1913 年)；《约克郡羊毛和毛丝工业》(*The Yorkshire Woollen and Worsted Industries*)(1920 年版)，第 391—392 页。

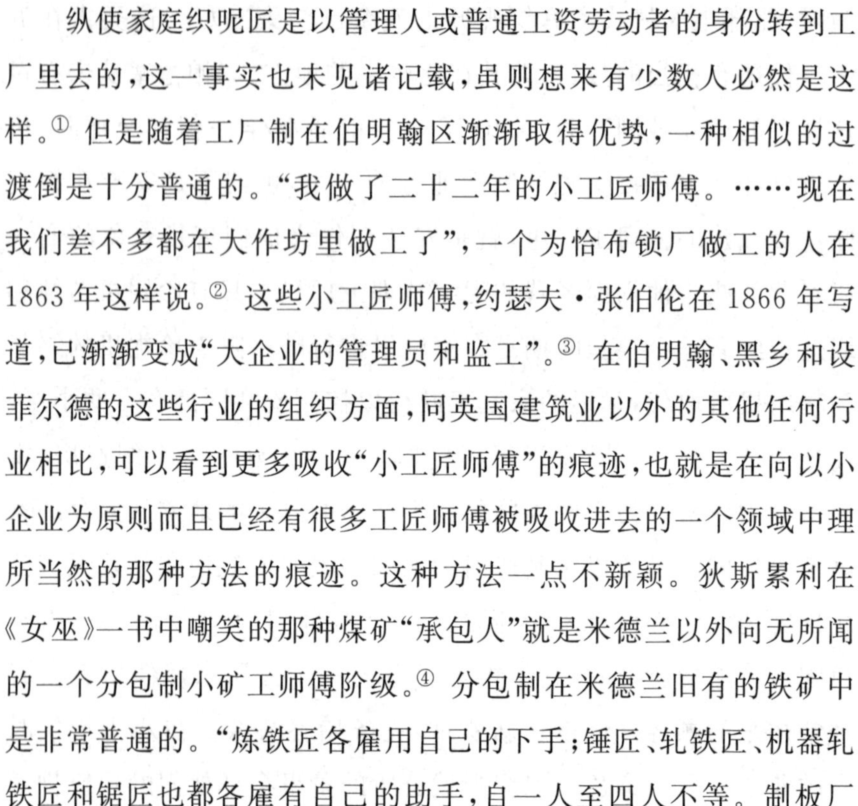

纵使家庭织呢匠是以管理人或普通工资劳动者的身份转到工厂里去的，这一事实也未见诸记载，虽则想来有少数人必然是这样。[①] 但是随着工厂制在伯明翰区渐渐取得优势，一种相似的过渡倒是十分普通的。“我做了二十二年的小工匠师傅。……现在我们差不多都在大作坊里做工了”，一个为恰布锁厂做工的人在1863年这样说。[②] 这些小工匠师傅，约瑟夫·张伯伦在1866年写道，已渐渐变成“大企业的管理员和监工”。[③] 在伯明翰、黑乡和设菲尔德的这些行业的组织方面，同英国建筑业以外的其他任何行业相比，可以看到更多吸收“小工匠师傅”的痕迹，也就是在向以小企业为原则而且已经有很多工匠师傅被吸收进去的一个领域中理所当然的那种方法的痕迹。这种方法一点不新颖。狄斯累利在《女巫》一书中嘲笑的那种煤矿“承包人”就是米德兰以外向无所闻的一个分包制小矿工师傅阶级。[④] 分包制在米德兰旧有的铁矿中是非常普通的。“炼铁匠各雇用自己的下手；锤匠、轧铁匠、机器轧铁匠和锯匠也都各雇有自己的助手，自一人至四人不等。制板厂

① 在这一世纪之初，本杰明·戈特在利兹的比安·英格地方他的那个大纱厂里有五个“制造商”，连同他们手下的一些织工。他们为他订织呢绒，并给他一笔佣金来支应其营业费。《1750—1820年的利兹呢绒工业》(*The Leeds Woollen Industry*, 1750—1820)(托里斯比出版社版，克朗普著，1931年)，第34、307页。这类情形后来是否出现过，现在还不得而知。呢绒商消失得如此之慢，所以不曾有过危机，只是他们后继无人而已。

② 《儿童就业问题第三次报告书》(1864年，第22卷)，第25页。

③ 《伯明翰和铁器区》，第605页。参阅艾伦：前引书，第159页及以下各页，那里对这一制度作了充分的说明。

④ 这个制度推行到了德尔比郡。参阅《劳工皇家调查委员会》(1892年，第34卷)，甲组，询问案第7190号及以下各号，第7463号及以下。

受一个雇有半打下手的小包工的控制；锤匠有三个下手；一个小包工的下面有十三个铸铁匠。煤炭由小包工搬运进来，灰也由小包 129
工清除出去。”①

在伯明翰的轻金属行业中，工厂对于“席位和灯光”的取费虽然有时也许是作为一种牟利的方法而采用的，却也可以表明工匠师傅是为图方便而进入工厂的，何况以前就有租用动力的习惯。②“铜匠上手”和“铸铜工头”同铁厂的锤匠和轧铁匠居于差不多相同的地位，不是纯粹的小包工，就是和他们差不多的所谓计件工资工头。同样的情况也见于设菲尔德，在那里，雇用“廉价劳动”的中间人往往就“在雇主的工厂里”承包活计。③

在铁船建造业中，工匠师傅手下的工匠师傅这种分包制，无疑是从船匠师傅旧有的惯行办法中发展出来的，船匠师傅照例是以一个个小集团按议定价格承包活计，必要时再按一定的工资雇用额外的帮手。④ 这一制度深为杜巴顿的威廉·丹尼这类新造船业的先驱者所赞同，威廉·丹尼在 1876 年描述过“一个造船厂中的一些工帮，那些工帮从事于装钉整个船的铁板或骨架这类规模较

---

① 施洛斯：《工业报酬的方法》(Schloss, D. F., *Methods of Industrial Remuneration*)(1892 年版)，第 118 页。

② 艾伦：《西米德兰工业组织的方法》(Allen, G. C., *Methods of Industrial Organisation in the West Midlands*)，《经济季刊》(经济史)，1929 年，第 543 页。

③ 《劳工皇家调查委员会》(1892 年，第 36 卷，第 2 编)，甲组，询问案第 19020 号。另参阅本卷，第 117 页。在 1920—1930 年这十年间，“在分租工厂中劳动的”顽强的设菲尔德“小工匠”事实上已渐渐取得优势。《1927 年工厂报告书》(敕令第 3144 号，1928 年)，第 45 页。

④ 见上卷，第 177 页。

大的作业，而由一、两个高级工匠支给工资。”[①]正如威尔士采石场实行的由小包工供给工具和火药而不供给昂贵设备的办法一样，这种办法曾经激起经济学家克恩斯的热情，并导致很久以后的一位辩护者将包工制之下的采石夫同“一种对分佃耕制下的租地农场主相比”。[②] 这是廉价呢绒业的一种风土病——这个隐喻在这里是确保没有语病的。这一制度在铁路建造和其他建筑工程方面一直非常广泛地位用，而在建筑业方面最为流行，最具有全国重要性。

独立的建筑手艺行从来没有在一个雇有工人的建筑师手下混合成为一个工资劳动者的工匠团体，虽则趋势是朝向这个方向发
130 展的。很多重要的建筑行号都“能”通过一般从细木匠当中招募的挣取工资的监工去指挥各种不同的挣取工资的工匠集团而“进行一切自始至终同工程有关的必要工作”。[③] 但是甚至在伦敦，特别是就铅管匠师傅、漆匠师傅和泥水匠师傅——他们本身就是雇主——而言，分包制也是很普通的。在北部，分包制更为常见。兰开郡的一般惯行办法是一个细木匠把一项建筑工程“承包”下来，然后他再把石方工程、砌砖工程、铅管工程和油漆工程分别出包给事实上是小包工的其他工匠师傅。据闻约克郡和南威尔士也有同

① 丹尼：《工资的价值》(Denny, W. , *The Worth of Wages*)，第 18 页，转引于施洛斯：前引书。

② 克恩斯：《北威尔士采石场中的合作》(Cairnes, J. E. , *Cooperation in the Slate Quarries of North Wales*)，《麦克米伦杂志》(*Macmillan's Magazine*)，1865 年，《劳工皇家调查委员会》(1892 年，第 36 卷，第 1 编)，甲组，询问案第 9040 号。

③ 参阅伦敦建筑委员会秘书迪尤(Dew, G.)的证词，见《劳工皇家调查委员会》(1892 年，第 36 卷，第 2 编)，丙组，询问案第 17380 号及以下。

样的办法。这无疑在其他各地也是常见的。但这并不是一种一成不变的办法，因为在承包工程的木匠师傅中比较成功的人，总是逐渐变成“建筑师”，变成所有或几乎所有手艺行的直接雇主。[①]

在八十年代后期和九十年代初期，对于分包制同多少有点不
可捉摸的“廉价劳动”这种工业弊病的关系，有过不少的讨论。在
建筑业中，工人方面对于一个小资本主义工匠师傅下面的真正分
包制，纵然提出过反对，但也很少见。他们把材料的供应与否，即
衡量资本主义的尺度，看作真正工匠师傅的测定标准，而真正的工
匠师傅承接分包合同则是“合法的”。他们所厌恶的是“分包给工
人”，分包给纯粹“计件工匠师傅”的办法，在这种办法之下，小包工
的收入是从加速操作和破坏标准工资得来的。[②] 一个“合法的”小
包工显然也会作这类事情。从国民经济的观点来看，这类事情可
能是弊病，也可能不是。这里耐人寻味的是工人对于建筑手艺行
中那种传统的、依然强有力的小工匠师傅制的自然效忠。尽管整
个这些手艺行都有大包工，各种工匠师傅对工人的毛比率在 1891 131
年人口调查时，在伦敦也不过是一比十三。至于英格兰和威尔士，
包括伦敦在内，比率却是一比十二，苏格兰是一比十。[③]

① 分包合同问题经《劳工皇家调查委员会》丙组加以专门调查。尤须参阅 1892 年，第 36 卷，第 2 编，询问案第 18483 号；1893—1894 年，第 34 卷，询问案第 32061 号和 1892 年，第 36 卷，第 3 编，第 34—48 页，建筑各行的证词摘要。另参阅布思：前引书，第 5 卷，第 40 页及以下、第 151 页及以下。

② 前引书，《劳工皇家调查委员会》，迪尤的证词；泥水工方面的奥特利的证词，尤其是询问案第 17295 号——对于“不供应原料而单纯为工人承接活计的”计件制雇主的抗议；前引书的摘要。

③ 《1891 年的人口调查》(1893—1894 年，第 106 卷)，第 16 页；布思：前引节，第 5 卷，第 153 页。这项数字并不包括建筑业者的工人。

在小工匠师傅盛行的一些工业中也充满了拿计件工资的厂外加工工人。这些行业都是既轻便而又易于熟练的那些东伦敦型的行业，在这些行业中，正如上文所述，这两个阶层是并驾齐驱的。但是在截至1885—1886年为止的那一代之中，建筑和煤矿这两个全国规模最大的行业集团，已无厂外加工工人容身之地；而在其他行业中，工厂工作对厂外加工工作也不断地加以蚕食。手织机织造业、梳毛业、机器针织业、花边制造业、衣着批发业和鞋靴制造业都是显著的例证。关于这些工业，除去叙述工业改革时谈论到的以外，尚须略赘数语。在承接订货的制靴业和成衣业中，真正的厂外加工工人仍然是常见的。在工厂成衣业、女服制造业、制靴业、针织业和花边制造等业的边缘上也还有大量厂外加工工作。设菲尔德的一个"小工匠师傅"和伯明翰的一个和他相当的人，即如克拉根维尔的钟表匠或帷幕道那边一条街上的那种在家庭里操作的细木匠之类的人，比之为一家工厂劳动，或者为伯明翰的一个渐渐变成制造家的代理商劳动的厂外加工工人往往并不更好一些。但是这些都不是在经济体内日益成长着的细胞。使用工厂制皮鞋、工厂制表、工厂制服装的人一年比一年增多。"现在(1887年)甚至在(伦敦的)上等承接订货的皮鞋业中，用在自己家里操作的工人以原始方法剪裁和缝缀鞋面的工匠师傅，也寥寥无几了。使用工厂所制的鞋面已相习成风。"①已经为人所共知的固立异式"滚边"机不久就能仿制手工镶边的皮鞋，从而兼并了另一个纯手艺工人的工序，这就更减少了可能的厂外加工的领域。在各工厂中心，

① 施洛斯语，见布思：前引书，第4卷，第71页。

制鞋和针织行业公会因为录用和监督厂外加工工人的困难，已开始坚持工厂工作制的原则。[①] 承接订货成衣业的厂外加工的寿命有比制鞋业的厂外加工长一点的希望；厂外缝纫和女帽加工工作则有更长一点的希望。除最后的一个集团之外，这些集团没有一个在数量上是强大的。但即使是最后一个，也难以指望它长此存 132
在下去。

农村的某些厂外加工工业仍然是有相当活力的。以高威康布为中心的巴金汉郡的制椅业，基本上是一种小工厂和作坊的混合作业。自三十年代以来，它已经有了惊人的发展。作为一种出口工业，它在1870年左右正处于鼎盛时期，1885年，威康布大约有五十个制椅业的雇主；但是在数英里方圆之内，庐舍里拥有车床的小资本家，正如一度拥有针织机的织袜匠一样，供应着制前腿和横条用的单纯山毛榉的"成料"。椅背、后腿和椅座现在则总是在工厂制造的。[②] 在产椅之乡的东北，沿切耳特恩斯河一带是草帽之乡。进口的草帽辫——先是意大利的，后来是中国的——的阴影已经投射到这里了。在像萨福克西南角和西艾塞克斯这些曾经一度繁荣的边远地区，早在1880年以前庐舍编结业就已显著衰退。甚至在由于较早地有了一条铁路因而从登斯塔布夺到了这项工业的领导地位的卢敦附近，在编结学校任教的老媪和往来于卢敦草

① 《劳工皇家调查委员会》，丙组；关于利兹的鞋匠，参阅询问案第11984—11985号；关于米德兰针织业联合会，参阅询问案第12774号及以下，见1892年，第36卷，第2编。

② 《1885年工厂视察报告节》（1886年，第14卷，第797号），第19页及以下各页；《维多利亚地方志，巴金汉郡志》，第2卷，第110—111页。参阅上卷，第72页注2。

帽辫公所的人们在八十年代初期也比七十年代初期减少了；但厂外编结仍不失为一种重要的工作。随着它的缩减，同制帽业有关的其他厂外加工工作取代了它的地位，所以在贝德弗德——巴金汉——哈尔弗德这个三角地带的村庄上依然充满了加工工作。[①]贝德弗德郡也有一种重要的家庭或厂外加工的枕头花边工业，这项工业在1881年人口调查时还给将近五千人以就业机会，但此后就逐渐衰落了。[②]

西北的手套制造业在工业组织方面并没有发生什么重要变化，它仍然依存于麇集在伍斯特、伍德斯托克、尤维尔和谢尔伯恩的剪裁店和货栈周围的那些承接厂外加工工作的村落中。谢尔伯
133 恩的工业一直是小规模的。尤维尔的那项工业在五十年代后期曾经雇用了几千名厂外加工的女工。此后一直起伏不定，但是并没有变革。在五十年代初期已经多少有点没落的伍斯特的这个行业，又大有起色，把一包包的手套送往分散在广大地区的庐舍中去缝缀。在1881年自报为同手套制造业有关的一万三千名妇女之中厂外加工工人究竟占多大比重，固然无法断言，但多半是很大的。此外还必须加上那些承接一点“制手套的工作”但并不自称为制手套工的妇女和那些帮助自己母亲作活但可能申报为纯粹无专门职业的孩子的那项不得而知的数字。手套制造商的厂外加工工

① 《1881年人口调查》的郡职业数字（1883年，第80卷）；《维多利亚地方志，萨福克郡志》，第2卷，第260页；《维多利亚地方志，贝德弗德郡志》，第2卷，第119页及以下；卢敦商会的陈述，见《贸易萧条皇家调查委员会》（1886年），第1卷，第96页；关于早期，参阅上卷，第47页。

② 《维多利亚地方志，贝德弗德郡志》，第2卷，第123页。

人并不是人口调查表最胜任的填表人。[①]

从尤维尔往南一带的丘岗上，布里德波特的麻绳、粗麻绳和网织物——原来是以多尔塞特现已不再生产的优良大麻为基础的——已遭到机器和其他地区的竞争的侵犯，但并没有被征服。帆布已经绝迹，麻绳也渐趋没落；但是结网业因为没有一种机器能织造方形网眼或不规则状的网织物，却作为一种厂外加工的庐舍工业而兴盛起来。村落并非专门为某一个工匠师傅服务，而是专门制造一种特殊大小的网眼。这是妇女的工作。从事结网的家庭中的男子大多数是农业劳动者而兼做一点捕鱼和沿海杂项工作。[②]

这些农村厂外加工工作虽耐人寻味，但是对于劳动力的总需求却很小。[③] 在其中最大的草帽辫和制帽业中，可能，但也未必就有二万名厂外加工工人；在结网业中则肯定至少有二千名。兰开郡的一个二等棉纺织城镇就可以把他们全部雇用而有余了。

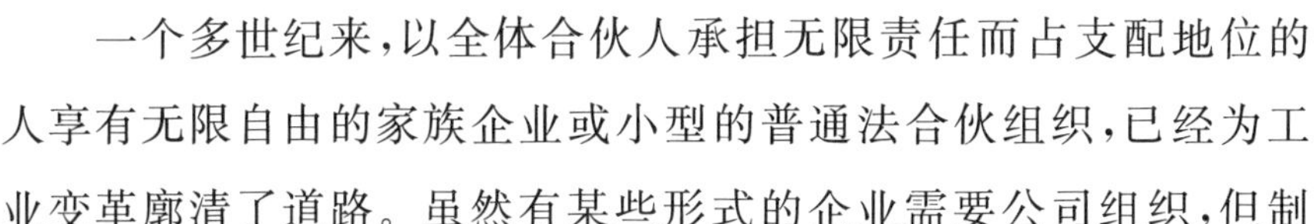

一个多世纪来，以全体合伙人承担无限责任而占支配地位的人享有无限自由的家族企业或小型的普通法合伙组织，已经为工业变革廓清了道路。虽然有某些形式的企业需要公司组织，但制

① 《维多利亚地方志，牛津郡志》，第 2 卷，第 225 页；《维多利亚地方志，伍斯特郡志》，第 2 卷，第 304 页；《维多利亚地方志，萨默塞特郡志》，第 2 卷，第 427—428 页；《维多利亚地方志，多尔塞特郡志》，第 2 卷，第 329 页；前引书，《1881 年的人口调查》。

② 《维多利亚地方志，多尔塞特郡志》，第 9 卷，第 351 页及以下。

③ 还有很多其他同样有趣但更加小的厂外加工工作；参阅菲茨兰多夫和海合著：《英格兰和威尔上的农村工业》(Fitz Randolph and Hay, *Rural Industries in England and Wales*)(1927 年版)。

134 造业却一般是在没有公司组织的条件下进行工作的。在八十年代还有整个整个的工业领域没有公司组织。“我们这一区一个没有。我一个也记不起”，一位布莱德福的见证人在 1885 年谈到有限责任公司时这样说。① 在他考虑的不是铁路、煤气厂和银行，而是普通制造业。直到最近，制造业对于企业组织的传统形式的任何改变，还都抱一种奇特的，无疑是非常不合理的不情愿态度，而政府对任何一般性的有限责任制的迟不允准的做法则无异是予以鼓励。② 自从伊丽莎白时代的矿石电池厂这个英国最早的股份公司之一最初在廷特恩制造电线和在伦敦制造电池“器”，也就是锤制凹形的自然铜或黄铜器皿以来，制造业就有过股份公司的试验。③ 詹姆斯一世时代的专利权领受人和后来的很多领受人，尤其自 1885 年泡沫公司条例废止以后，就一直求取公司特许状，以便凭靠股份公司来利用他们的发明。在采掘工业中，各式各样的公司一直是常见的，虽然其中大多数从法律的眼光来看只不过是扩大的合伙组织。约克郡的家庭织呢工曾经组织了一些非正式的和按照法律讲非正规的公司来帮助他们对拥有资本的那些占支配地位的人物进行斗争。④ 但是当十九世纪的法律改革家初开始便利和

---

① 《贸易萧条皇家调查委员会》，询问案第 6791 号（雅各布·贝伦斯爵士）。

② 关于这种因循迟缓的情形，参阅香农：《一般有限责任制的出现》（Shannon，H. A.，*The Coming of General Limited Liability*），《经济季刊》（经济史），1931 年。

③ 斯科特：《股份公司的早期历史》（Scott，W. R.，*Early History of Joint Stock Companies*），第 2 卷，第 413 页及以下各页；汉密尔顿：《1800 年以前英国的黄铜和自然铜工业》，第 1—3 章。

④ 关于八分之一以至于六十四分之一的煤井所有权，参阅上卷，第 434 页；关于公司纺织厂，参阅上卷，第 194—196 页。

规定公司的设立并为有限责任制订定一般缜密条例时，英国实业界的反应是异常迟缓的，虽则有不少创立实业公司的骗局，正如原可想见的那样。

姑以 1837 年条例（维多利亚，第 1 年，第 73 章）的实施为例，这一条例因为授权国王得以专利证给予公司前此只能根据公司特许状或国会条例取得的某些特权，所以常常被称为专利证条例。在此后十六年间，皇家邮船公司和大英轮船公司、坎特伯里的奥古斯丁教士学院、化学会和教师鉴定学会、在新西兰进行殖民的坎特伯里协会、艾希利勋爵的模范住宅协会、几个早期的海底电报公 135
司、东印度铁公司和麦加利银行之类的各种不同机构，都根据这一条例提出了申请。申请成功的唯一家庭制造公司就是 1841 年的英国玻璃公司，虽则萧特铁公司，瑙威治纱公司——1838 年为挽救东安格利亚毛丝工业的一个计划——以及艾塞克斯伯爵及其他有地位的乡绅在 1853 年发起但未成功的皇家圆锥面粉厂都提出过申请。[①] 有八十件是铁路计划，五十四件是煤气计划，三十五件是保险计划，三十三件是其他公共工程计划，三十二件是采矿计划，而只有三十件是“经营制造品，行使专利权等”的方案。最后一项绝大部分是半途而废。[②] 在那一年，亨利·斯克里夫纳正修改他的《铁业史》。修改中他不惜把 1840 年第一版中的这样一段文

① “根据维多利亚，第 1 年，第 73 章提出的一切有限责任特许状申请报告书”，见《报告和文件》，1854 年，第 65 卷，第 611 页。

② “1853 年的公司登记”，同上书，第 597 页。登记办法已经根据 1844 年维多利亚，第 7、8 年，第 110 章予以规定。那时的立法主要是着眼于铁路。但是刊印的表册却不完全。参阅香农：《最早的五千个有限公司和它们的期限》，《经济季刊》（经济史），1932 年。

字保留下来，在那一段文字中他提出了下述的问题："难道股份公司同制铁业方面的成功不相容吗？"过去拟议或试办的那些股份公司的可悲结局似乎已经给了一个肯定的答复。斯克里夫纳又进而辩称，只要有足够集中的人力和足够的流动资金，它们就不应该是不相容的。但这两者，据他指出，正是普遍缺乏的东西。[①] 对于真正的实业家来说，甚至在讨论同资本的联合久已于其中起了一定作用的采掘工业密相关联的制铁业时，股份公司一词仍无异是说不负责任的管理和流弊百出的财政——实即舞弊。他也许想到了三十年代后期北安普敦的那个煤矿公司，这个公司如何开凿了一个三百码深的矿井，然后再把预先放进去的煤搬运出来，或想到了那个北部煤矿公司，这个公司的股东又如何因为无限责任而把五十万镑资本全部蚀光，还赔出同等数目的一笔款项。[②]

136 十九世纪初期的政府传统一直是这样的：如要享有申请有限

责任特许状的权利，一个企业就必须具备当代平均企业中所见不到的一两种"特点"，如在海外采矿冒险事业中那样特殊的风险，如运河和铁路那样宏伟的规模，如在保险事业中那样有承担极其广泛责任的必要，或者如教师鉴定学会或化学会之类那样非有很多成员就不可能存在的条件。[③]

为了把最大限度的投资自由同审慎经营管理的合理保障在缺乏这种"特点"的实业中结合起来，边沁学派的法律改革家曾试行以大陆的**有限责任合伙制**同执行业务的合伙人负无限责任而隐名

① 斯克里夫纳：前引书，第 282 页。

② 见上卷，第 434 页。

③ 参阅李维：《英国商业史》(1872 年版)，第 289 页。

合伙人负有限责任的办法相适应。约翰·奥斯汀在1825年曾予以赞扬,约翰·穆勒则是始终予以赞扬的。但是英国的一般舆论都同他们的意见相左。在维多利亚即位的那一年,另一位法律改革家贝伦登·克尔曾经在一篇后来变成经典之作的致贸易委员会的报告中将一般舆论加以总结。当1844年股份公司审查委员会重行刊印时,他的总结至少在国会和司法界中得到了更加广泛的宣传。[①]

在这期间,公司被胡乱地或存心欺骗地设立起来而不问法律如何规定,因为自泡沫公司条例废止以来,单单设立公司并不是非法的。[②] 还等不到要求任何官吏去裁定一个计划是否应该发给专利证,或者要求国会根据一项私法案进行处断,他们就可以发财或者倾家荡产了。所以有些人发出了制订章程的呼吁。但是在1850年以后其意见占主导地位的另一些人却大谈其放宽"对个人自由行动或使用资本的一切限制……"的如何相宜。[③] "所有各方都一直鼓吹无限制的竞争。为什么要把它局限于合伙呢?"[④]为什 137

① 《股份公司审查委员会》,1844年(第7卷,第1号),附录1。关于奥斯汀的主张,参阅同上书,第261页,

关于穆勒的主张,参阅《原理》,第5编,第9章,第7节。1887年的克尔报告书是维多利亚,第1年,第73章的基础。参阅霍耳兹沃思:《英国法律史》(Holdsworth,W. S.,*History of English Law*),第7卷,第195—197页所论的Commenda(委托制)和Commandite(有限责任合伙制)。这一制度直到1907年才根据爱德华,第7年,第24章的规定明确地纳入英国法律。1844年的报告书导致一切股份公司有根据维多利亚,第7、8年,第110章进行临时或最终登记的必要。这一条例是着眼于无限公司的。

② 判决转引于霍耳兹沃思:前引书,第8卷,第221页。参阅《公司条例审查委员会》,1877年(第8卷,第419号),询问案第794页及以下。

③ 《合伙法审查委员会》,1851年(第18卷,第1号),第9页。

④ 《经济学家周刊》,1854年7月1日号。

么一个公司不应该“有权，也就是说，在没有特许状的条件下，从事于经营而不以它各个成员的财产去冒风险呢？”[①]在一系列辩论和五十年代时使公司的设立一步步方便起来的那一长串的条例之中，章程和有限责任合伙都同样被遗忘了。个人主义者撰文立说，大谈其“国会应为贸易制订章程的说法是如何不合理”[②]——任何章程都不需制订，甚至1844年已经制订的公司登记章程也不例外。因而有了具决定性意义的1862年公司条例（维多利亚，第25、26年，第89章）的公布，根据这一条例，凡股东七人以上，经营目的合法，则只须签署一项组织公司的备忘录，即可自行组成为公司，既可以是有限公司，也可以是无限公司。登记虽继续办理，但是主管登记人员的权力却比1844年条例的规定缩小了，而且他的登记簿不久就被公司的死亡、死胎和流产弄得干碍横生。[③] 在1867年（维多利亚，第30、31年，第131章），立法者核准了这样一种公司，它的董事可以是无限责任的而一般股东则是有限责任的。但是这种公司从来没有成立过。1862年条例的完全自由比这个有限责任合伙制的尝试更能引人入胜。正如维多利亚时代最聪明的笨伯歌唱道：

① 《公司条例审查委员会》，1877年，第1页。

② 《经济学家周刊》，1855年8月25日号。关于1850—1861年的条例的辩论，参阅李维：前引书，第387页，前引香农的论文，见《经济季刊》（经济史），1931年；另参阅《政治经济学词典》，“有限责任合伙”、“股份公司”和“合伙”各条。

③ 《有限责任制条例审查委员会》，1867年（第10卷，第303页），询问案第373号。依照1844年条例，主管登记人员在他未查明公司当局的授产证书以前不得给予最终登记。1862年的手续则比较简单。在1867年主管登记人员（柯尔曾）希望改回1844年的惯行办法。他的后任在1877年（《公司条例审查委员会》，询问案第5号）则抱怨往往有公司已消灭多年而他还不得而知的情形。

凑七个人把一个公司组成
(如果可能,全部是贵族和准男爵之类的大人先生)
他们一上来就发表一项公开声明
宣布他们打算在什么程度上把债务还清。
这便叫做他们的资本。[①]

一般稳健的制造商所以直到七十年代和八十年代还抱猜疑和冷淡态度,也许是不足为奇的。只要他稳健,他就总可以从银行方面得到帮助。英国的银行所以"把资金集腋成裘"[②],就是为了加以利用。由于准许它们信得过的人们透支,它们很像是工业区中 138
很多企业的股东。这正是英国何以不需要有限责任合伙,以及何以有限责任制,正如敏锐的批评家所预见到的那样[③],不能造成迅速的革命,而它起初也只是在以公司为主要的或照例的或情有可原的组织形式的那些领域中起了大部分有益的作用。在盲目而又贪婪的人们中间公司始终运行得不好的领域中,它却发生了有害的作用。

在适当的领域内经营的一些大工业企业很早就利用这些新条例了。同一类别的一些新企业都作为有限公司而设立起来。泰晤士铁工厂是在 1857 年根据旧法律建立的。[④] 在 1867 年以前,埃

① 吉耳伯特:《有限责任制》(Gilbert,W. S. ,*Limited Liability*)。

② 《经济学家周刊》,1854 年 7 月 1 日号。

③ 例如前引书,《经济学家周刊》。

④ "自维多利亚,第 18、19 年,第 133 章公布以来所组成的……一切股份公司的报告书"(*Return of all J. S. Companies formed... since 18 and 19 Vict. c.* 133),《报告和文件》,1864 年,第 58 卷,第 289 号。

布一佛耳是一个拥有四百万镑资本的煤铁有限公司；帕麦尔造船厂有二百万镑的资本，“股权分布于全国各地”；博尔科・伏恩公司有二百五十万镑，“股权在很大程度上掌握在曼彻斯特方面”。[①]设菲尔德的约翰・布朗公司和凯麦耳公司，斯塔福德郡轮轴公司，斯塔夫莱煤矿公司和利兹的费尔贝恩工程公司，都是在 1862 年条例公布后最初五年之间，在斯克里夫纳早于二十年前认为公司应该盛行而并未盛行的那些工业中，推广公司组织的另一些例证。[②]斯克里夫纳所考虑的是作为公司而设立的企业；在 1857—1867 年之间，虽则在新的方便条件之下有泰晤士河铁工厂之类的一些成功的企业，但是这类公司中的大多数却是由私营行号改组而成的。

股份有限公司的许多方便渐渐吸引了维多利亚时代的工业领袖们，尤其在他们想少冒风险而扩大业务经营和在他们渐渐上了年纪的时候。对于某一企业利害关系太大的人，据一位著名的投资经理商在 1877 年这样说，“一旦想限制那项利害关系，唯一的方
139 法就是组织股份有限公司”。[③] 他们也许想把企业分给自己的家属，或者“让它永远经营下去”。他们会请教一位投资经理商，他们靠他可以找到七个人组织一个公司。他们自己将在这七个人之内，其余则是经理商的几个答应出资的朋友。有时全部资本会是一家所出，于是这个公司就成为私营公司。洛席安・贝尔的行号

① 《有限责任制条例审查委员会》，1867 年，询问案第 857、2342 号。

② 关于这些公司和它们创立的年月，参阅 1864 年的“报告书”，《1867 年的审查委员会》和《1877 年的审查委员会》的附录。

③ 戴维・查德韦克的证词，见《公司条例审查委员会》，1877 年，询问案第 2074 号及以下；在《有限责任制条例审查委员会》，1867 年，询问案第 835 号及以下，查德韦克也提出了同样的证词。参阅调查人员对这项工作的讨论，本卷，第 360 页。

就是这样在 1873 年改组成为“有限责任制的”。[①] 翌年，约瑟夫·惠特沃思的伟大先驱企业也步其后尘。[②] 这个运动愈来愈加速，尤其在冶金和工程两业。1885 年，甚至伯明翰的证人在证明小型私营公司的持久活力时，也能举出“根据有限责任制条例而以极大的规模发展起来的一大串行业”；但是他们补充说，这些“几乎毫无例外”都是由私营行号改组而成——诸如内特耳福德，坦吉，芒茨，佩里等行号——而不是新设立的。[③] 渐渐变得司空见惯的这个过程，可以由工业以外的一个著名的案例予以说明。邱纳德航运公司在 1878 年变成了一个有限公司，股票在 1880 年初次公开出售，名义资本的五分之三仍保留在三个家族手里。[④] 在截至 1885 年 10 月为止的这五年之间，约有五百六十个私营行号改组成为公司，其中有四百个晚近还在继续经营。在这些公司之中，很多，也许绝大多数不是工业性质的，例如圣保罗墓园附近的纺织品货栈就有许多家都进行了改组。但是“工业企业”总会占一相当比重。[⑤]

无论在 1862 年以前为一项特许状而进行尝试的、还是没有特许状而以股东的财产去冒风险的各种类型的试验性企业自然都根据公司法登记了。可是直到 1880 年，旧企业的改组虽在稳步进

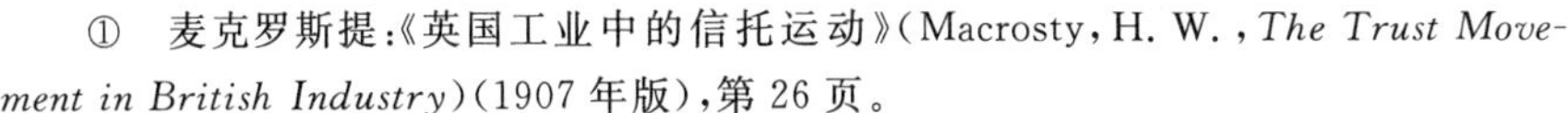

① 麦克罗斯提：《英国工业中的信托运动》(Macrosty, H. W., *The Trust Movement in British Industry*)(1907 年版)，第 26 页。

② 《英国人名词典》。

③ 《贸易萧条皇家调查委员会》，询问案第 1520、1525、1591 号。

④ 肯尼迪：《汽船航行史》(Kennedy, J., *History of Steam Navigation*)，第 229 页。

⑤ 《贸易萧条皇家调查委员会》，询问案第 668、407 号。参阅本卷，第 311—312 页。

行，但速度很慢。甚至在特别受到这个运动影响的工业方面，也有很多单位还是拘泥于传统的组织形式。罗伯特·斯蒂芬逊公司直到 1886 年还依然是一个私营银行。[①] 塞缪尔·康利夫·利斯特直到 1899 年行将受封为勋爵的时候才把曼宁汉纺织厂改组成为
140 公司。[②] 在 1885—1886 年，私营行号承接了伯明翰的"大部分"业务。在布莱德福的各行各业之中，除私营行号而外，别无其他组织。利兹只有很少几家有限公司，"一般呢绒业中也只有很少几家"。在敦提的黄麻工业中没有一家；在丝绸业中也没有一家；在诺丁汉各行各业之中只有很少几家；在刀具业中也只有很少几家，虽则在设菲尔德制钢和兵工业中有少数实力雄厚的公司。在造船业中有一批很大的公司；但据料它的业务仍然掌握在私人手中。在棉纺区的北部，在伯恩利城拥有八十七万个纱锭和四万台织机的大约一百一十个行号之中，只有五个"拿自己的股票在公开市场上买卖的"公共公司和一两个"根据有限责任的形式和法律规定经营的私人合伙"。在布拉克本恩和普雷斯顿"几乎一个没有"。为讨论 1875—1885 年这十年中制造业和英国自由有限责任法之间的关系提供了大部分素材的，是奥耳德姆和"奥耳德姆的有限公司"。[③]

到 1880 年，奥耳德姆有了真正一大批在股份基础上创办起来

---

① 沃伦：《一百年来的火车头建造》，第 417 页。

② 本卷，第 88 页。

③ 《贸易萧条皇家调查委员会》，询问案第 1581 号（伯明翰），第 6791 号（布莱德福），第 6331 号（利兹），第 5380 号（加拉设尔和一般呢绒业），第 6207 号（敦提），第 7231 号（丝绸业），第 6601 号（诺丁汉），第 1205、3438 号（设菲尔德），第 11911 号（造船业），第 5595、5752、5798、5810 号（各棉纺织城镇）。

并占有英国全部纱锭七分之一的纺绩企业。这是一种新的情况。你早已可以拿奥耳德姆的股息或奥耳德姆股票的折扣加以平均来相当准确地试出棉纺工业的温度了。例如1885年在奥耳德姆及其附近的九十四家纱厂中有七十五家的股票是在票面价格以下的；在1885—1886年只有二十二家宣布多少发一点股息，而只有六家在5%以上。[①]

自五十年代以来，棉纺业对于有限责任制有过多次的试验。美国南北战争和棉荒遏制了这个运动的发展。[②] 直到1872年以后公司制方始根深蒂固。“在1874年，由于已有的少数几家公司利润优厚，于是出现了一阵新公司狂，在两个月之内登记的公司不下三十家，其中除两家之外，都是为建立新型大纱厂而组织的。 141
这……两家……则是为购买旧有企业而创立的。……那些公司都是在没有职业募股人的帮助下组成的。在很多场合下，股款甚至在没有提出创立书的情况下就认足了，所需要的只不过是一纸申请表而已。”[③]“在奥耳德姆市政厂四英里方圆之内……约有三十三个新纺织厂”，工厂视察员在1875年这样报告说[④]。兰开郡的纺织机械师所用以设计和装备整个纺织厂，一个差不多标准化的

① 《贸易萧条皇家调查委员会》，《第三次报告书》，附录甲，第8卷，第310—311页。参阅埃利森：《大不列颠的棉纺织业》(1886年版)，第11章中的议论；琼斯：《生产合作》(Jones, B., *Cooperative Production*)(1894年版)，第12章。

② 瓦茨：《棉荒的真相》(Watts, J., *The Facts of the Cotton Farmine*)(1866年版)，第341页，表列了四十四个公司或计划的公司，“全体或差不多全体”都是1859年以后计划的。

③ 奥耳德姆的基德吉尔语，见《贸易萧条皇家调查委员会》，附录甲，第8卷，第308页。

④ 《报告书》(1876年，第16卷，第61页)。

生产单位的那种方法，对于发起人一直是一个巨大的助力，甚或是一种诱惑。恶意的批评家认为发起计划是由机械师提出的，因为对于他们来说，二十个大纺织厂的设备无疑是一个有诱惑力的方案。批评家也认为股东"是征求自全英格兰各地，甚至征求自欧洲大陆的"。[①] 这种说法或许也有一定的真实性；但无疑绝大部分股份资本和实际上全部借贷资本都是在地方上募集的，但这并不一定就意味着是明智的办法。董事作为一个阶级来说诚然并非来自外界人士。"他们是一批坚忍的人"，1885—1886年的一个奥耳德姆的辩护人这样说，"看一看他们的职业就可以看出他们实际上十之八九都是出身于棉纺业，并且有不少(这是耐人寻味的一个笔触)今天都是以私营纺绩家的身份从事其事的"。[②]

"奥耳德姆有限公司"在工业组织史上的主要关系在于它们对六十年代的公司条例不加任何限制的那些贷放力量的广泛利用和它们贷款所出自的人们的那个阶级。早在1866年据说大多数的早期有限公司就已经"按照借贷原则经营了"。[③] 在1885—1886年，股份和贷款在它们的将近七百万镑的资本中几乎整整各占一半(股份三百四十五万六千镑，贷款三百四十三万五千镑)。大约一半是由"近郊的工人阶级"提供的，主要是通过贷款的方式。[④]

---

① 《贸易萧条皇家调查委员会》，询问案第5553号(来自普雷斯顿的一位证人)；另参阅询问案第5508。

② 基德吉尔：同上书。关于资本，参阅合作者的证词，见《劳工问题皇家调查委员会》(1893—1894年，第39卷，第1编)，询问案第1109号及以下。

③ 瓦茨：前引书，第341页。

④ 《劳工皇家调查委员会》，同上书，询问案第1138号和《贸易萧条皇家调查委员会》，第8卷，附录甲中的数字。

这种借贷资本是按照随着市场情况变化的利率而不是按照后来公 142
债那样长期有保证的利率，以极小的数量一笔笔认借的。在1874—1875年，利率是5%，在1877—1879年，高达6%，在1885—1886年，又降到4%。[①] 这是存款利息的一种便宜的方式。有很少一点股份资本，也许不过5%，是来自棉纺工人本身。[②] 在1885年，大多数的债券持有人，依据纺绩公会秘书詹姆斯·莫兹利的说法，是“小店主、酒店老板和我们可以称之为纺织厂非正规工的那些人——诸如宿舍管理员、监工、机械师和在奥耳德姆大机器作坊工作的人们。”[③]这些人也持有股票，但是持有股票的比例要比债券少得多。信贷的范围是稀奇古怪的。纺织机械师为工厂进行装备并给公司以信贷。公司在股份资本短缺时，就从制造机器的人及其业务有赖于公司的顺利经营的那些小店主和酒店老板那里募集款项——这是工业民主制的一个有趣的，虽则有冒险性的尝试。（在合作商店中，还可以这样补充说，曾经积累了大量资本，在支付过它们的“红利”之后即可加以利用。[④]）但是姑且再听一听1885—1886年奥耳德姆的辩护者的那套说法，并对他的那套语法和比喻之词加以原谅。“私营商号没有能够与时代并进，奥耳德姆的组织弥补了这个差距，并已居于带头的地位，而且直到现在

① 1885—1886年奥耳德姆的证词，见《贸易萧条皇家调查委员会》，询问案第4334号。

② 同上书，询问案第1141、1180号；那里棉纺织工的份额据估计为7.5%。

③ 《贸易萧条皇家调查委员会》，询问案第5134号。

④ 《劳工皇家调查委员会》，询问案第1138号。

还没有被取代。……在奥耳德姆所组织的所有纺绩公司之中，只有三家曾经由平衡法院代管，其中两家通过同债权人的和解而解除了代管，另一家的诉讼现在仍悬而未决。”[①]——六年贸易萧条之后的可靠的记录。

到这时为止，有代表性的工业股份公司就双重意义来说是寡头制的。在占支配地位的工业集团中比较少数占支配地位的行号已经采行了有限责任制。寡头性质的动机常常影响有限责任制的
143 采行——诸如安全性、持久性和家族的动机。有限责任制只有在奥耳德姆一区曾经在广大企业中盛行，并且吸引了一批民主的投资公众。然而我们也不会忘记，在棉纺业中，广大企业久已不再是小规模的了。

奥耳德姆的投资公众虽然是民主的，但是有限责任制却迄仍无助于证明五十年代的这样一个希望是合理的，即这一制度有助于工人和资本家合而为一的那样一种大规模工业，一种当时所设想的合作社式工业的发展。[②] 我们甚至可以说，1885—1886 年的奥耳德姆已经证明个人主义者在一代之前提出的冷嘲热讽的预言是不无理由的。《经济学家周刊》在 1854 年为有限责任制进行辩护和讨论一项非常自由的法律时写道：“可能有一些合作社组织起来，也可能有一些促使工人去反对雇主的尝试，急功好义的人们会

① 基德吉耳：同上书。

② 这是约翰·穆勒等的希望。参阅《原理》，第 4 编，第 5 章，第 5 节。在 1860 年，工人阶级的幻想是多少受了创办有限责任制股份公司的前景的一点迷惑。雷德芬：《批发合作社的故事》(Redfern，P.，*The Story of the Co-operative Wholesale Society*)(1913 年版)，第 17 页。

不惜拿出一百镑以至一千镑，当然他们也不能损失得更多。……但这些都会是过眼云烟，不久就要幻灭的。……现在许多工人组织都相信它们会通过这种改革而得到很多好处；只有把它们的计划付诸实行，才会使它们省悟，法律之所以必须修改的理由之一，就是使它们从经验中得到教益。”①在奥耳德姆一带抱这种信念的工人尤多。先锋社的罗奇德耳正位于后来成为奥耳德姆有限公司的领域以内，奥耳德姆工业合作社是最早建立的合作社之一。在有限责任制可以轻易得到的时候，奥耳德姆的工人有了自己的经验。有些人失望了，一如个人主义者所预料的那样。很多人却相当满足于这种试验的各式各样的，虽则多少有些出乎意料之外的结果。

早在 1858 年，合作社社员所发起的奥耳德姆建筑和工业合作社就依照旧法律登记为股份公司，并且已经发出了催缴三便士股款的请求书和每星期六便士的董事车马费。② 它试行织造，但是成绩不佳。在 1862—1863 年改组为太阳纺织工厂公司之后，成绩 144
好得多了，但已不再是纯粹的合作社。股东也许仍然是工资劳动者，但在 1867 年，本公司的工资劳动者在股东之中只有四人。在利润分配方面也有过一些试验，但只以经理和监工为限，而从未把正式工人包括在内。到 1870 年左右，这个公司已经沦为同它业经

① 《经济学家周刊》，1854 年 7 月 1 日号。

② 这不是第一个合作棉纺织厂。第一个是 1850 年建于贝克普的。贝克普厂中的工人自始就只有少数是股东；在 1851 年仅占五十三分之十三或十四。拉德娄：《基督教社会主义者》（Ludlow, J. M., *Christian Socialist*），第 2 卷，第 277 页及以下各页，转引于琼斯：《生产合作》，第 1 卷，第 253 页。

为之铺平道路的"有限公司"极其相似的一种东西了。[①] 很少几个公司是从工业组织内工人所进行的同样试验发展起来的，但是设立和组织的职能却有不少是从真正工人阶级手里承接过来的。固然一个有组织的"无产阶级"或许会一变而成为"资方"，这是在兰开郡很常见的一种转化。但是，如上文所述，在本厂雇工之间甚至贷款给公司的情形都罕见了，至于公司的雇工持有股票的情形则更属罕见。节俭的棉纺工人固然很多，但是他们宁可把积蓄放进银行和建筑合作社，房产和合作商店，而不放进支付他们工资的那些纺织工厂。像他们这些敏感的小资本家，总归是把他们的风险分散开的。但是如果奥耳德姆的有限公司不曾被合作运动中的小资本主义抓到手里，它们就绝不会有它们那种独特的大众性特点，或许也不会有某些常见的大众性缺点。它们帮助了小额工业股份那种双刃经济工具的锻冶。[②]

在五十年代和八十年代之间的纯工业合作的试验中，只有这样一点须在这里一谈——即不问它们在未为教条式的个人主义所迷惑的好心人当中激起的兴趣是多么浓厚，不问它们的雄心壮志

---

① 马克罗夫特：《太阳纺织股份有限公司的商业和社会史》(Marcroft, W., *The Sun Mill Company Limited; Its Commercial and Social History*)(1877 年版)。琼斯：前引书，第 1 卷，第 282 页及以下。韦伯，比阿特里斯：《合作运动》(1891 年版)，第 129 页。《政治经济学词典》(1894 年版)中"合作(局部，即奥耳德姆有限公司)"条。

② 在 1858 年以前出现了很小的股份。在包括 1855 年以来的那段时期在内的《1864 年公司报表》中，十镑股票或许是普通的。一镑股票也还常见。1856 年的一个流产的采矿计划有五先令股票。少数几个报馆计划有十先令股票。1861 年的普拉姆斯太德和伍耳维奇合作社条款(The Plumstead and Woolwich Co-op. Provisions)中有五先令股票。在 1862 年以前登记的两千个公司之中有十一个拟发行一镑以下的股票。1858 年的奥耳德姆建筑公司有五镑股票，但如上文所述，只要求缴付三便士。

和失败以及它们的些微成就是多么动人，也不问它们尚未揭示出来的对于未来的可能价值有多么大，这种工业合作在按最大的比例尺绘制的一幅英国工业地图上，在任何一个年份都会是很难看出的；对于1885—1886年的英国一般福利所作的贡献，也无足轻 145
重。甚至在六十年之后，一位眼光敏锐的合作家在全国范围内也只能举出八个工业组织是他认为具有真正合作社性质的，也就是“工人在自己的工业中雇用自己”的那种合作社；而且其中有一些还是新近方始组成的。[①]

工业董事们的情形正同手工业工人的情形一样。他们常常合力奋斗，但往往是在销售方面；至于真正生产业务上的合作，在他们中间则一直还没有多少。商会和同业公会已经成倍增长，尤其自1860年以来；但是商会，倒很名副其实，总是对于买卖比对于制造更加关心。混合机构往往无能，它们很少讨论工业方针，更从未予以贯彻执行。在若干种工业和地区中，由于工会运动的发展，亚当·斯密所说的“不提高工人工资的那种心照不宣但经常而又一致的（工匠师傅的）结社”[②]已经变成了同业公会那种比较畅言无忌的、有组织的东西。除去处理工资和工时的问题外，这些同业公会可以搜集统计数字，讨论合同的形式，或者在行业利益同铁路利益或国家政策一旦发生冲突时，指导国会事务。同业公会也作一

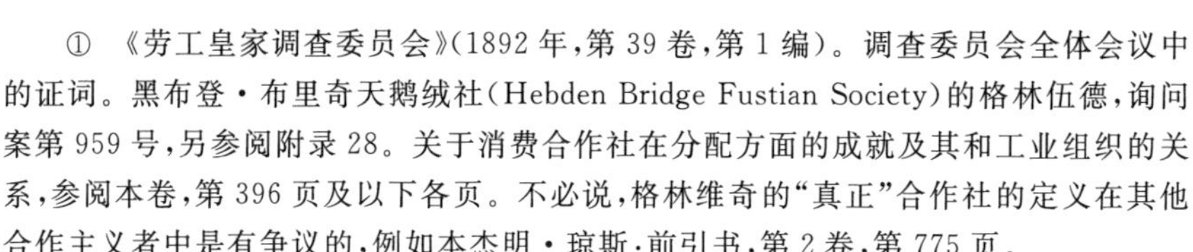

① 《劳工皇家调查委员会》(1892年，第39卷，第1编)。调查委员会全体会议中的证词。黑布登·布里奇天鹅绒社(Hebden Bridge Fustian Society)的格林伍德，询问案第959号，另参阅附录28。关于消费合作社在分配方面的成就及其和工业组织的关系，参阅本卷，第396页及以下各页。不必说，格林维奇的“真正”合作社的定义在其他合作主义者中是有争议的，例如本杰明·琼斯：前引书，第2卷，第775页。

② 《国富论》(坎南版)，第1卷，第68页。

点公开规定价格的工作；至于会内外所作的非正式的价格规定，则愈来愈多。但是迄今所能利用的不完全证据表明，无论如何在普遍繁荣和生气勃勃的十九世纪第三个二十五年中，“资本主义”生产者之间的合作比之在较为困难的第一和第二个二十五年中更加少了。既经从政府争取到了理论和利益一致认为可取的自由而公开的竞争，他们就希望，用六十年代的俚语来说，“各划自己的独木船了”。据皇家调查委员会在1869年报告说，有组织的雇主的结
146 社“比较起来为数很少”，并且就调查委员会所了解的情况来说，在性质上也是绝对自愿的。[①] 固然调查委员会所得而知的并不完全，但的确雇主是不大喜欢联合的。他们的许多发言人，像克来德河的造船商和工程师联合会的发言人那样，都是以显然诚恳的态度声言他们的组织“完全是防御性的”，“只要工会停止活动，它们也愿意停止”。[②] 在他们本身之间，他们却准备进行永久性的“商战”。米德兰的铅玻璃制造商在1858年同样“有违本愿地”组织了一个联合会去对付一次罢工。十年之后，参加这个联合会的，甚至当地的行号也不过一半。[③]

亚当·斯密所说的“心照不宣但经常……的结社”在老行业中

① 《工会和其他联合会皇家调查委员会，最后报告书》(1865—1869年，第31卷，第235号)，第16页。报告书中有一些矛盾之处，它一方面接下去说(第51页)，“有很多工业部门中的雇主已经参加了非常强有力的……结社”，另一方面又承认(第49页)，“有少数几个大雇主……不必组织什么确定的联合会……而事实上彼此之间就能达成协议。”

② 同上书，询问案第17446号。

③ 同上书，询问案第18305号。参阅休·贝尔爵士的证词，见《劳工皇家调查委员会》(1892年，第34卷)，询问案第1530号。

自然是最普遍和最有效的，在农业中尤为如此。早在 1850 年以
前，有一些就不再是心照不宣的了。伦敦印刷匠师傅自 1836 年至
1849 年曾经有过一个会社，而他们的排字工人的工会则至少可以
远溯至 1801 年。面临着非常强大而又组织完善的伦敦排字工人
的协会，它在 1844—1845 年以一个正式会社的身份出现了。[①] 自
1839 年以来，“所有大建筑师”[②]组织成一个很可尊敬的伦敦建筑
师公会。想来苏皮里尔·多塞特·福赛特一定是会员之一。公会
有慈善基金和营利性的活动。在 1867 年，它通过它的秘书承认了
“你们那行专业的一个绅士俱乐部”这样一个名称。[③] 多半像
1877—1887 年的全国建筑师联合会一样，它也有“不许投机建筑
师……加入”的规定。[④] 它声称它从没有以联合会的身份触及过
罢工，也不愿干涉它的会员的自由行动；但是工人说“他们是为了 147
试图压低工资而组织的”；“他们”也承认联合会在工资危机中召开
过一次行业会议。[⑤]

在 1880 年以前，也许在 1850 年以前很久，在全国各个不同的

---

① 前引书，《工会皇家调查委员会》询问案第 19481 号及以下（资方秘书）。关于排字工人的早期历史，参阅韦伯夫妇：《英国工会运动史》（1902 年版），第 20 页注、第 24 页注。

② 《工会皇家调查委员会》，询问案第 340 号。

③ 同上书，询问案第 2754 号，这是托姆·休斯用语。

④ 参阅《劳工皇家调查委员会》（1892 年，第 36 卷，第 3 编）中的记述，证词摘要，第 48 页。

⑤ 《劳工皇家调查委员会》，询问案第 338 及以下各号（代表工人方面的乔治·波特）；询问案第 2583、2606 号（联合会的自白）。关于双方的关系，参阅《同业公会和罢工》（1860 年）中的“1859—1860 年的罢工和罢业”。参阅波斯特格特：《建筑业者的故事》（Postgate, R. W., *The Builders' Story*），第 171—172 页。

地点,投机和非投机建筑师的集团就已经同工人缔订了有关工资和劳动条件的协议——多少是正式性的,也多少是被适当遵守的。这种协议照例是载在双方签署的"劳动章程"中。关于公会和协议,往往全无记录可查,但肯定是存在的。并非这类联合会的创举的 1865 年的建筑师总联合会,是以大约八十个地方联合会为基础的,这些地方联合会大抵都在北部和西部,但也有很少几个在苏格兰。在建筑合同的条款,建筑师和设计师的关系,以及根据规定解决和仲裁劳资争议等方面,它都是耐人寻味的。当时不愿同工人签署合同的伦敦人可尊敬的联合会却始终没有参加,但它的寿命也不太长。可是它的细胞,"那个心照不宣的东西",或直截了当地说,工匠师傅的结社,却享有很长的寿命;否则就是死灰复燃。在八十年代劳工问题的讨论中,人们相信确是有这样一个地方性工匠师傅联合会的存在。①

在某些行业中无疑有很多工匠师傅心照不宣的价格规定。在维多利亚时代,面包和啤酒的价格在地方上几乎是划一的,一如在面包和啤酒仍然有法定价格"规定"时的情况那样;但是啤酒酿制者和面包师正式或非正式规定价格的程序在任何地方都是无案可查的。在自由而公开的竞争极盛时期,生产者之间的价格协议就在某些行业中时时不期而然地,但清清楚楚地表现出来了。若说每一项揭露出来的协议背后还都有几项隐秘的协议,也许不是不公平的。在这一世纪的第一个二十五年时,在这项以地方垄断权

① 关于 1865 年的联合会,参阅《工会皇家调查委员会》,询问案第 2951 号;关于地方协议,参阅同上书,询问案第 190 号(木匠和细木匠混合工会的阿普耳加思)。另参阅韦伯:前引书,第 209 页;波斯特格特:前引书,第 214 页。

为基础的工业中曾经有过一些规定价格的组织。① 许多年后出现的证据证明，它嗣后的历史，果不出所料，就是君子协定和“商战” 148
交互更替的过程。据 1887 年的《盐业通报》(*Salt Circular*)说，“由于誓不两立的竞争，价格已经降到了前所未有的最低点……联合的原则一再被破坏，造成了史无前例的灾害性后果。”②“联合的原则”这个文雅的名词是不需要解释的。这次最后和最剧烈的商战的产物就是可算作十九世纪后期最早的工业结社之一的盐业公会。这只是对于一个老问题的处理由于有限责任制的产生而更加容易的一个新办法而已。

在七十年代和八十年代应邀调整他们的运费协定的铁路干部常常辩称：“事实上几乎所有商人都缔结了关于价格的类似协定。”其中有一位在 1872 年引证了铁匠师傅、煤炭所有主、“瓷器商”和轮船公司的话语。另一位在 1882 年却说：这是“全国几乎所有各重要行业的惯行办法”一节早已是“尽人皆知的”。第三个人则提及马口铁、锉刀、铁钉和“其他”，也谈到了“力图(究竟有多大成就则是另一问题)在价格上达成协议的普遍惯例”。他是在为这项原则进行辩护，他既是一个业务经验广博的人，他的隐讳其词是具有深远意义的。③

① 参阅上卷，第 200 页。

② 录自 1888 年 9 月 24 日的《泰晤士报》，见麦克罗斯提：《英国工业中的信托运动》，第 181 页。

③ 《铁路合并审查委员会》，1872 年(第 13 卷)，询问案第 148 号。西北铁路的考克威耳的证词。《铁路运杂费审查委员会》，1882 年(第 13 卷)，询问案第 3892 号。大西铁路的詹姆斯·格里尔森的证词，询问案第 3893 号，有经验的爱德华·华金爵士以叙述的方式提出的一个问题。参阅克利夫兰—史蒂芬斯：《英国的铁路》(Cleveland-Stephens, *English Railways*)(1915 年版)，第 264 页。

1867—1869 年皇家调查委员会的一项报告草案承认，规定价格或至少决定什么“应该是市价”，乃是“某些类雇主，尤其是煤铁生产者”组织联合会的目的之一。[①] 价格规定在铁业中并不是什么新事物。六十年代的证人泛泛地但不失为真实地解释说，南斯塔福德郡的铁匠师傅为规定条铁价格而举行的季度会议“可以远溯自四五十年前”。但是直到 1864 年，联合会还没有任何章程。[②]除价格规定外，它也像其他联合会一样办理统计和国会工作。北
149 斯塔福德郡的工匠师傅有一个仿照南斯塔福德郡而组织起来的联合会，但是它作为一个价格规定机构却不那样有效。他们只不过“力求同南斯塔福德郡的价格尽可能相近而已”，而那个价格本身，据其中一位工匠师傅在 1867 年解释说，“事实上也不过是南斯塔福德郡少数几家行号的价格，所有其他行号事实上都是按远低于它的价格出售的”。[③] 像南斯塔福德郡联合会一样，克利夫兰铁匠师傅联合会和北英格兰制铁商联合会在六十年代初期都已经有了固定形式。前者掌握生铁，后者掌握熟铁。在 1867 年，它们有一个共同的秘书，这位秘书过去曾服务于南斯塔福德郡联合会；而同一个商号往往会兼跨这两个联合会。[④] 虽然这位秘书说它们是为

---

① 《工会皇家调查委员会》，第 9 页。

② 同上书，询问案第 9829 号。参阅上卷，第 260—261 页，根据艾希顿：《铁和钢和工业革命》(Ashton, *Iron and Steel and the Industrial Revolution*)，第 7 章(《资本家的结社》)。

③ 《工会皇家调查委员会》，询问案第 10532 号。关于南斯塔福德郡价格管制的相对无效。另参阅《劳工皇家调查委员会》(1892 年，第 36 卷，第 2 编)，甲组，询问案第 15486 号：“在售价方面它一度发挥了控制性的影响。”

④ 《工会皇家调查委员会》，询问案第 9391 号及以下，他的证词；询问案第 9414 号。他所提出的一项备忘录。

了“调节价格和售铁的条件”而组织的，却着重指出“在北斯塔福德郡没有”像在南斯塔福德郡“那样规定价格的机构”。[①] 这两个联合会的活动，就价格规定方面而言，事实上就是皇家调查委员会报告草案中称之为决定什么“应该是市价”的那种活动。这种市价是在会议闭幕时宣布的，但是生产并不受其拘束。太恩塞德的蒸汽煤联合会作了不少这类的工作。[②] 在这一世纪的第三个二十五年中，正式规定价格的合作在“重工业”方面已经进行到了这样的程度，但也止此而已。

但是无论在斯塔福德郡还是在北部煤田，人们都可想起一些更加急进的政策。北部煤的“销货限额”这个十九世纪初期最显著的产量和价格管制的结社，直到 1845 年方始瓦解。它的瓦解是由配额问题的内部争议所促成的。在 1850 年又有重整旗鼓的谣传，但并未成为事实；因为正如波特尔在那一年所指出，“现在内地煤田所有主在竞争上比 1845 年便利得多了，而且这种便利，由于铁路的延展，正在不断增进。”[③]同样的力量也在铁业方面起着作用。1830 150
年以前，关于铁产量的调节，一直是议论多而实行少。在 1839 年，斯塔福德郡的工匠师傅——即如他们按照各种意义设想的工匠师傅——曾经协议以六个月为期各削减“产量”20%，以维持价格。但是，其他区域的产量却随着他们的产量限制而增加起来，特别在苏格兰方面，这就提高了而不是降低了英国的总产量。[④] 国内的

① 《工会皇家调查委员会》，询问案第 9551 号。

② 同上书，询问案第 17777 及以下各号，帕麦尔的证词。

③ 《国家的进步》，第 283—284 页。另参阅上卷，第 202 页。

④ 上卷，第 262 页，以斯克里夫纳的《铁业史》第 290 页为依据。

铁路建设立刻改变了价格的形势。在1850年以后，英国的主要生产者既可任意操纵世界市场而价格又普遍良好达二十五年之久，以至连这类极端的防御政策都无须考虑了。限制产量以维持价格的办法却是对砌砖匠和其他某些工会会员的一个袭击。作为制造家的一种政策，它在六十年代和七十年代变成了一个离奇的和对个人主义哲学家来说几乎不体面的回忆了。

七十年代价格的突然下跌导致了这项古老政策的死灰复燃——但又一次证明了它的不足恃。当1880年生铁从1878—1879年低到灾害性程度的价格的回升证明只是昙花一现的时候，克利夫兰和苏格兰的工匠师傅开始会商了。在1881年秋季，经商订各自减产12.5%，以六个月为期。协议又展期了六个月，继而因苏格兰方面资力最雄厚的企业发现自己所能出售的铁比它所生产的为多，于是协议瓦解。克利夫兰方面则继续试行。在1884年初，随着价格降到向所未有之低，有十八个鼓风炉根据协议实行停工，而由联合会予以补偿——这是分散损失的一种新办法。两年之后，价格已更进一步地降低，苏格兰准备再行合作，并且举行了全国削减产量的谈判。但是在达成协议之前，贸易的复苏已使累积的存货出售一空，价格也慢慢地回升起来。铁的一般“销货限额”从此一连多少年再没有人谈论过。[①]

① 麦克罗斯提：前引书，第57—60页。克利夫兰三号铣铁在1879年第四季度平均为三十六先令八便士，1880年四十先令五便士，1881年三十八先令三便士，1882年四十三先令六便士，1883年三十八先令三便士，1884年三十六先令，1885年三十二先令三便士，1886年三十先令四便士。继而在1889年回升到四十四先令十一便士。《钢铁统计》（全国钢铁制造业联合会〔Nat. Fed. of Iron and Steel Man.〕），1926年，第15页。参阅洛席安·贝尔的备忘录，见《贸易萧条皇家调查委员会》，第2卷，第323页。

在 1871 年和 1884 年之间，英国在世界上已知的铁产量中所
占的份额从 53.2%降到了 38.5%。在 1877 年以后，随着平炉和 151
盐基炼钢法的发展以及制钢业在美、德、法和比利时的推广，英国的份额降低得最快。当轨条还是铁制的时候，也就是说直到七十年代后期，不列颠几乎握有轨条出口贸易的垄断权。现在比利时和德国都有钢轨出售了。[①] 八十年代初期价格的低廉导致了一场国际性的“商战”，这场“商战”又导致了英国工业史上，实则现代世界工业史上向所未有的一种新事物——一种瓜分市场的国际协定。借助于在各式各样的联合中所取得的经验，在 1883 年年底，除开唯一的一个之外，英国所有钢轨制造商一致团结起来了。“我们决定尽力把比利时人和德国人作为仅有的两个轨条出口国而同我们联合起来。”[②]所有比利时人都参加了，除去两个人以外的所有德国人也都参加了。结果以出口贸易的 66%分配给不列颠（这个百分比后来稍有削减），27%分配给德国，7%分配给比利时。价格是由英国“基本上按照我们认为是条件最差的工厂的成本价格”——用经济学家的术语来说，按照边际价格——规定的，对各个工厂则按照它们“估定的能力”给以配额。[③] 这个新事物无论在国内或国际方面的运行都不是一帆风顺的，因而在 1886 年 4 月予以取消；但是自由和无限制竞争的时代却已经随着联合起来的制造商在缔结协定方面的这种新经验和生产者的这种限额办法而告终。从煤炭“销货限额”瓦解时算起，为时不到四十年。

① 在这以前，比利时铁就已经在英国市场上出现了。参阅本卷，第 248 页。

② 巴罗的斯密，《贸易萧条皇家调查委员会》，询问案第 2271 号。

③ 同上书，询问案第 2284 号。

生产者正式的，虽则始终是自愿的联合，在五十年代以前在基本重工业方面的确已经取得了最大的进展。除开上面已经提到的那些之外，现在还有一个试图监督而并非指导整个工业过程的英国铁业联合会。在八十年代的煤炭业中和它相似的组织是在各主要煤田上拥有六个或八个地方联合会的大不列颠采矿业联合会。这些联合会也都没有真正的指导权。在冶金方面较高一级的有马口铁制造商联合会和金属线业联合会等等。英格兰和苏格兰的造
152 纸商、炼糖商、制碱商、利兹和伯蒙德塞的制革商，以及代表不列颠纱锭四分之一以上的强有力的奥耳德姆棉纺工匠师傅联合会都是其他的一些重要组织，这些组织都有足够的积极性，对 1885—1886 年工商业萧条皇家调查委员会为征询它们对于国家经济健康状况的意见而提出的一项通函一一予以答复。[①]

很多这类的联合会同具体工业政策的干系都不见得比商会多，虽则都会在劳资争议时成为雇主的集合点。在许多地方，尤其在像布莱德福那样为一个行业所支配的那些地方，商会办理统计、国会工作以及一个联合会理应办理的其他工作。无疑在这两种形式的组织之中任何一种会议都有机会对于价格、劳工以至产量等问题作非正式的讨论。但是最强大的联合会也没有强制力，比较弱小的联合会则简直无足轻重。制碱商联合会的秘书对 1885 年调查委员会说，他实无以奉告，因为他的会员每年只开会一次，除

---

① 提出答复的联合会仅仅有二十六个，如果把采矿业联合会也算作一个的话。其中包括麻布商联合会、亚麻供应业联合会、诺丁汉商人联合会和拉伊区商业联合会之类的商业组织，还有建筑师联合会和船主协会。《贸易萧条皇家调查委员会》，第 1 卷，第 114 页及以下。第 2 卷，第 409 页及以下。

非，他又补充说，“在紧急时期”。[①] 一个皇家调查委员会所要求的显然不是这样的答复，而他也没有说明哪一种紧急事件可以作为举行一次特别会议的正当理由。也许是一次罢工或一项新的制碱条例。马口铁制造商联合会的主席代表该会对工业的孱弱无能作了双重的自白——“我们的工资关系不是由供求关系而是由一个各业联合会所左右的”，“我们这个行业萧条的最大原因就是生产过剩，而生产所以过剩则应由我们自己负责。”[②]

有几个联合会谈到了实际的或可能的国内或国际的生产过剩。要说明那些政策自然不是曾经试图以它们自己的政策去处理这个问题的少数几个联合会分内的事。原来所建议或暗示的那种
补救办法，除开为反对铁路或地方捐或所得税而采取的对外行动 153
或者为反对工会而采取的对内行动外，并不是联合的行动，而是各自减低成本的办法，一如奥耳德姆棉纺工匠师傅联合会虽不无经济学上的谬误但非常明确地提出的那种说法：“不容置疑，我们这个行业正由于生产过剩而蒙受到非常重大的损失，但并不是我们所生产的比世人所真正需要的多，而是我们所生产的比世人真正买得起的多，这就说明了把生产成本减少到无可再减的程度是如何的重要。”[③]这是一个具有高度竞争性的个人主义工业集团的机构的说法。许多其他这类集团也是那样地个人主义，那样地具有竞争性，以致它们都认识不到经常搜集和发布工业实况或者为处理劳工问题而成立一个常设机构的必要。它们根本没有什么

① 马斯普腊特致调查委员会函，1885 年 9 月 17 日；《报告节》，第 1 卷，第 115 页。

② 《报告书》，第 1 卷，第 119 页，另参阅本卷，第 169 页。

③ 《报告书》，第 2 卷，第 427 页。

联合。

这种冷淡的态度可以在相当程度上由工会运动的发展依然是局部的和地方性的这种情况来予以说明。在 1867 年选举权扩大和 1867—1869 年的工会调查委员会成立之后，起初踌躇不决继而毅然决然偏袒工会的立法，已经终于导致不平等的旧主仆法为 1875 年的雇主和工人条例（维多利亚，第 38 和 39 年，第 90 章）所取代以及 1876 年的芒德拉修正工会条例（维多利亚，第 39、40 年，第 22 章）的制定。在八十年代，官方认为“工会所抱怨的一切法律上的疾苦”都已经消除了。[①] 当代大多数工会领袖也未始不同意这一点。正如乔治·豪威耳所说，他们现在已经“从专门实施于劳工的刑法残余之中解放出来了。”[②]后来有些工会批评家则认为工会不但已经得到了一个自由的领域，而且还享受到了特权。但是非再有十几年的自由机会以至某种特权，这个开放的园地还是不能被占领的。加之那些年又一直是贸易特别不振的年头。工会失业福利金的统计数字证明了这一点，而作为工会气压计的这项统计数字的价值也才刚刚开始为工会以外的各界人士所认清。机械

154 工混合工会的失业数字在 1879 年是十三点三；伦敦排字工人协会是十四点三；锅炉制造匠和铁船匠是二十点四；铸铁匠是二十二点三。从 1884 年到 1886 年，锅炉匠的数字一直是在二十点零以上，

① 《关于工会的统计表和报告书》（*Stat. Tables and Report on Trade Unions*），1887 年（第 89 卷，第 715 号），第 9 页，吉芬和伯纳特编制；贸易部劳工通讯主任（伯纳特）第一次工会年度报告书。

② 在 1875 年的工会代表大会上，韦伯：前引节，第 276 页。

1885 年达到了二十二点三。[①] 任何扩充或艰巨的试验,都事非其时。一些最强大的工会不过仅足自保,另一些一度强大的工会则把会员和会款一并丧失得干干净净。

在四十年代初期,在 1832—1834 年的希望已经幻灭,而传教士的精神又已经从工会事业转到宪章事业方面去的时候,尽管有旧手艺行中强烈的工会传统和把它移植到新型或革命化的工业中去的不屈不挠的努力,也只有十万名工资劳动者是工会的正式会员。[②] 法律不平等。雇主抱敌视态度。工资劳动者处于贫苦之境。工会陷于生生死死令人悲叹的轮回之中。据斯塔福德郡的一位雇主所知,在 1867 年以前制铁工业中有"三套工会"。[③] 在 1886 年以前埃尔郡的煤矿中曾经有"几十个工会",克尔·哈迪有一次这样说。[④] 所有工会都失败了。在 1867—1869 年究竟还有多少工会会员,那些年的调查委员没有敢去计算。但是在就证词作结论时,不幸他们引用了伦敦成衣匠工会一位热情的职员所作的揣测之词,据他说:"只会多于而不会少于八十六万人。"[⑤]他们莫若相信另一项当代工会的估计还好一些,据那项估计,"在任何时候都没有超过二十五万人"。[⑥] 随着情况的比较稳定,随着组织方面

---

① 成为现代失业问题统计研究之创举的这些数字首次公布于 1887 年的报告中。

② 见上卷,第 593—594 页。

③ 《工会皇家调查委员会》,询问案第 9839 号。

④ 《劳工皇家调查委员会》,甲组,询问案第 12951 号。

⑤ 德鲁伊特,询问案第 18222 号。

⑥ 麦克唐纳:《同冒牌经济学家的漫画和谬论形成对照的工会的真实故事》(Macdonald,W.,*The True Story of Trades Unions Contrasted with the Caricatures and Fallacies of the Pretended Economists*)(1867 年版),转引于波斯特格特:《建筑师的历史》,第 205 页注。

的改进，随着因雇主方面有计划的进攻而造成的法律上障碍或死亡危险的减少，七十年代和八十年代的工会比以往的工会有了更加绵长的寿命，虽则其中还不乏死亡。在七十年代初期贸易繁荣
155 的年月里，会员总数无疑上升得很快；1876 年和 1886 年之间新工会的组成也许可以抵消一些旧工会会员的减少。但是在 1886 年，没有人知道不列颠有多少个二十五万工会会员。当一位政府官员提出了“六十多万”这个可能的数字时，另一位见闻更广博的人却以一百万“不算是……一个夸大的估计”而予以反驳。较高的数字肯定是更接近于正确的；一百万也许还不够高。[①]

在诸如建筑业、工程及其有关各行业、采矿业和棉纺织业等有限的几种工业的那个集团之中可以看到这个运动的几支大军(其中有一些因贸易不景气而遭到削弱)。但工会运动的一些最优秀的组织和最彻底的胜利却是在这个集团以外，诸如只有六千六百名会员但在该业的重要部分拥有真正垄断权的伦敦排字工人的那个古老的协会；证实有一百多年历史的伦敦订书匠协会和金箔匠协会；有人认为历史更悠久的制帽散匠协会[②]；或者设菲尔德某些行业中具有明显“行会”优缺点的那些在旧基础上新近组织起来的

① 六十万是吉芬的数字(《1887 年报告书》)，是以上一次工会代表大会所代表的著名的六十三万人为依据的。共济会登记处主任(《报告书》，1887 年，第 76 卷)指出这些数字“甚至还没有包括所有最大”的共济社在内，并揣测工会会员为一百万人。在 1886—1891 年工会大复兴之后，韦伯夫妇估计 1892 年的数字为一百四十七万一千；前引书，第 415 页。

② 参阅昂温:《十六和十七世纪的工业组织》(Unwin, G., *Industrial Organisation in the 16th and 17th Centuries*)(1904 年版)，第 215 页，该处对十七世纪以来绵连的历史作了大致不差的叙述。关于其他社团的真相，见《1887 年报告书》。

排他性的专横的小型工会。在 1867—1869 年，正是这些工会从设菲尔德方面坦率地报告说，有一些因为贸易不振而已经停止招收学徒；有一些向来就只接受会员的儿子作为学徒；所有这些对于学徒的限制都是理所当然的。[①] 厌恶限制学徒的调查委员们并未加任何说明——多半是因为他们已经被比较大的社团弄得不暇他顾，而并非因为他们认识到了这样一个事实，即这些镰刀锻工、小刀刀口锻工、钢叉锻工和剪刀业工作委员会分会的会员都是处于旧式独立手艺匠和工资劳动者的分野线上的。他们可以对学徒制订办法，因为学徒真正是他们的学徒，而不是某一个大企业的“工 156
厂学徒”。他们和他们的学徒无论在厂内或厂外都是按件承按活计的。[②]

有工会会员身份的雇主在其他行业中是很著名的，因为按照无数种形式中的这一种或那一种形式订定的分包契约是司空见惯的[③]；但是这类人慢慢地变得愈来愈罕见了。

直到 1850 年左右，当时成为建筑业中最强大集团的石匠这个有意识的上流阶层，仍然准许“本人参加劳动的工匠师傅”参加他们的支会。但是这种办法已经越来越不自然，以至终于绝迹了。[④] 在整个英格兰，甚至在苏格兰的那些石建筑的城镇中，石匠都是典

① 《工会皇家调查委员会最后报告书》(1868—1869 年，第 31 卷，第 235 号)，对调查委员会所发通知单作了答复的各工会的附录。

② 关于“工厂学徒”一词，参阅上卷，第 177 页。关于死不放弃这种半独立性的情况，另参阅本卷，第 129 页。

③ 但是施洛斯《工业报酬的方法》(1892 年版)第 120 页的“事实上比比皆是”的说法，则未免言过其实。参阅本卷，第 128 页。

④ 波斯特格特：《建筑师的历史》，第 150 页。参阅上卷，第 595 页。

型的虽则是高等的工资劳动者。在英格兰，一个石匠很少变成为“建筑师。”[①]在西莱定或威尔士之类可以这样转变的地区，不是他不参加支会，就是可能根本没有支会。石匠工会早已由一个组织散漫的支会联合会建成，它的会员在 1854 年超过了九千人，在 1868 年和 1872 年是一万八千人，在 1877 年达到了它的二万七千一百八十八人的最高额，在 1880 年又降至一万三千人以下，从此没有恢复。苏格兰的石匠协会更加不幸。它已经在 1877 年把它的会员提高到将近一万四千人。翌年格拉斯哥银行的倒闭使它损失掉差不多全部基金。到八十年代中期，它的会员降到三千以下了。[②]

贸易萧条、一个日益疲软的市场上的罢工、石匠工作的重要性的相对降低和领导方面的缺点，都是衰落的原因。但是组织上的缺陷须负一整份责任。甚至在理查德·哈诺特长期斗争不懈的秘书任内(1847—1872 年)，英格兰石匠虽然有一个地址迁移不定的管理机构，却没有任何适当的中央组织。在 1883 年他们只就一个伦敦办事处取得了协议。在这期间，因为缺乏任何中央政策，“工会地方支会不是单凭本身的基金去进行无济于事的斗争，就是甘认失败”[③]，因而它们的会员纷纷退会。

157 比较年轻但组织完善得多的木匠和细木匠混合工会的会员在八十年代初期事实上已有增加——但一部分是以一个敌对的比较老的木匠社团为牺牲的。这个混合工会创立于 1861 年，是由

---

① 监工照例是木匠出身，胚胎期的建筑师也是一样，参阅本卷，第 130 页。

② 数字取自波斯特格特和《1887 年报告书》。

③ 波斯特格特：前引书，第 304 页。

1862—1871 年任秘书的罗伯特·阿普耳加思在一个有效的中央组织、会员的大量捐献、高度的共济社利益、全无欧文主义者的那套胡扯和“尽我们的力量推行”[①]雇主和雇工之间的友好协议这样的基础上建立起来的，它一直是 1867—1869 年的调查委员会们的一个附有少数保留条件的模范工会。它在阿普耳加思离职时有一万一千名会员，1876 年上升到一万六千名，1885 年达到了将近二万九千名的一时最高额。虽然它的劲敌木匠总工会从 1876 年的一万一千人降到 1883—1885 年的不到二千人，参加工会的木匠在这段艰难岁月中还是有净增加的。[②]

在同一个手艺行内的工会之间的冲突是建设性工会运动的一个常见的但颇伤元气的弱点。像强烈的乡土观念和工会支会观念一样，强烈的行业观念和各行业之间的猜忌——所有这些都是同样常见的——在这样的一些行业中是非常自然的，那些行业常常到处都存在，照例还有某种地方性的社团，而且在几个不同的聚点各自开始有了地方支会的现代会际组织。砌砖匠从很早的时候起就有了两个英格兰中央社团，一个是伦敦协会(London Order)，一个是曼彻斯特联合会(Manchester Unity)。[③] 很多地方社团都不属于这两个之中的任何一个。在漆匠和铅管匠中间有若干个多少带点竞争

① 阿普耳加思的答复，见《1867 年工会皇家调查委员会》，询问案第 191 号。关于他的生平，参阅韦伯：《英国工会运动史》，第 219 页并散见各页，另参阅波斯特格特，第 456 页。他去世不过几年。

② 数字取自波斯特格特和《1887 年报告书》。

③ 波斯特格特：前引书，第 140、222，225 页。这些都是早期的名称。后来虽有变更，但这两个主要的总部依然存在。

性的总社团：单单伦敦一地，漆匠社团就不下十二个。[①] 凡是基本上是地方性的社团，效率必然受到损害。漆匠甚至在伦敦都不能争取到一个协议的工资等级表。凡志在全国性社团的原有地方性社团就可能单单对同类社团中的某些团体取得这种全国性的性
158 质。弱肉强食的法则在同行之间发生了作用——混合工会同总工会相抗衡，协会同联合会相对抗。"在组织上我们用普鲁士的方法"，木匠混合工会的一位老干事有一次对一个调查人员这样说。[②]

手艺行的自豪感导致手艺行之间的嫉妒，最糟的是在"彼此重叠的工作"上导致了无穷尽的争执。各行各业之中未变革的旧技术导致各自认为某类活计是自己不可分割的权利。在他们的权力处于鼎盛时期时，石匠一直打定主意不让"砖匠"改变他们的地位[③]，正如律师之于讼师的情况。后来曼彻斯特的砌砖匠常常为了不让工人，又转而不让石匠插手砌砖匠的工作而罢工。他们为了保持赤陶工作的垄断权曾经同泥水匠有过十年的特洛伊战争——但归于失败[④]。随着木船匠行业的没落，木匠混合工会试图制止船匠"力求顺着船舶转移"到木匠的工作上去。[⑤] 在这期

① "我想大约有十二个或十四个"，"也许有十八个"。漆匠方面的证人这样说，见《劳工皇家调查委员会》，丙组，询问案第 19144 号；至于铅管匠，其中只有一个真正强有力的英格兰社团和一个苏格兰社团，询问案第 19178 号。

② 对波斯特格特这样说，见波斯特格特：前引书，第 308 页注。

③ 波斯特格特：前引书，第 300 页。

④ 波斯特格特：前引书，散见各页；对于一个联合起来的工会集团的第一个全面研究。

⑤ 《劳工皇家调查委员会》，木匠和细木匠混合工会的钱德勒的证词，甲组，询问案第 22011 号。参阅船匠联合会的韦尔基的证词，询问案第 21389 号及以下：船匠刚刚丧失掉他们的旧组织；"直到最近……我们的大部分学徒还都照例要订定学徒契约"，询问案第 21462 号。

间，机械工混合工会对于铁船和钢船上的铅管匠随着轮船卫生设备的需要而来的日甚一日的活动，感到愤恚。[1] 极端的案例是1877年陶器产地[2]的铅管匠的一次罢工，这次罢工因为一个敌对的铅管匠社团接受了工作而告失败。[3] 由于这些削弱力量的争执，产生了1880年伦敦砌砖匠工会的有力人物埃德温·寇耳森起草的一个建筑业工会全国联合会的方案。但是它毫无结果；建筑业工会，由于后来工会力量的加强，直到八十年代人数仍然很多，但是在一个日益疲软的市场上继续不断地进行着反对雇主的罢工和彼此之间的争吵。在1885—1886年，它们的会员总数在大不列颠约七十七万名建筑手艺工人的一个集团之中大约占十万名。[4]

应该注意的是，八十年代联合起来的建筑师认为，建筑工作，159
特别是砌砖工作，每小时完成的数量，在工会运动相当有效的三十年中已经减低了一半。[5] 他们的意见是不足为凭的；因为他们既没有提出任何统计数字，而且抱有一个雇主，一个往往靠格外勤奋而发达起来的自我造就的雇主和一个缅怀过去的人的那种成见。

但工会未始不承认工作量减少，而且也未始不以此自负，因为它们始终反对“追”、“赛”、“件工”和其他高速化的方法。它们认为工作

---

[1] 《劳工皇家调查委员会》，甲组，询问案第26056号（来自维尔河方面的证据）。

[2] 按指斯塔福德郡北部。——译者

[3] 波斯特格特：前引书，第300页。

[4] 1885—1886年的估计数是以波斯特格特和《1887年报告书》为依据的。韦伯夫妇把同一个工会集团1892年的会员数估计为十二万人。他们的前引书、第420页的表上也论及这里所没有包括的家具业各行。全体工匠的估计数是以1881年的人口调查为依据的，当时的数字是七十六万一千人，参阅本卷，第120页。

[5] 《劳工皇家调查委员会》，丙组，询问案第32216号：建筑师中央联合会的伯尔德。

既做得更好，工人又没有被累得疲惫不堪。[①] 它们对于过去常常伴随速度而来的那种偷工减料和不健康的情形是不难举例说明的。在生产平均步伐的这种难以测定的放慢和它的技术及社会砝码之间是无法加以权衡的。

当阿普耳加思在木匠混合工会服务的时候，他把当时工会运动所得而知的混合组织的最伟大杰作机械工混合工会当作了他的榜样。“我们把我们的卷宗借给他看”，机械工混合工会的秘书威廉·阿兰这样说。[②] 机械工混合工会曾经在 1859—1860 年伦敦建筑师因为不肯签署文件声明，或在口头上承允同工会运动断绝关系而被迫停工时捐助了三千镑，这不独证明了他们的力量，而且赢得了建筑各业和整个劳工界的感慕。[③] 机械工混合工会是非常适当地在举行大博览会和它的高奏凯歌的蒸汽机问世的那一年，由一百二十一个同新兴工程业有关的各个社团或工会分支机构组织成立的。自然这样一个混合组织是不完全的。建于 1824 年的蒸汽机制造工工会和 1844 年的机器工人联合会这两个强大的老工会就始终没有参加。制模工在 1827 年组织了他们自己的工会，因为他们认为没有一个总社团能够保障他们的特殊利益。此外还有几个锻工的社团和少数其他的社团。但是机械工混合工会团结了这个行业的大多数社团。以将近一万二千名会员起始并支撑过了 1852 年年初的一次大罢业——对于雇用“非法”工人、件工和加
160 班加点的攻击的一个回答——之后，直到 1868 年它的三百一十二

① 关于这几点的作证以 1867—1869 年为尤多。

② 《工会皇家调查委员会》，1867—1869 年，询问案第 1023 号。

③ 《同业公会和罢工》(1860 年版)，罢业条；韦伯：前引书，第 210—212 页。

个分支机构拥有三万三千多会员时为止，它一直发展得很快，而且没有再碰到过严重的斗争。[①] 它以惊人之低的最高失业数字，几乎察觉不出的标准工资的下降和会员人数仅仅些微的减少，渡过了七十年代的贸易萧条。会员人数不久就恢复了，在 1886 年已经达到了五万二千人。没有任何东西比这个数字更能说明，机械工混合工会的一个负责征求会员的干事，其任务相对说来如此轻而易举。工程业整个说来在这个机械工时代是那样地有浮力，以致它可以轻而易举地浮泛于贸易循环和价格波动的浪潮之上。

这个社团是在威廉·阿兰（1851—1874 年任秘书）的领导下，根据阿普耳加思所借重的那些原则而建立起来的——那些原则就是每星期一先令以上的切实而经常的捐款，丰厚的退职金、丧葬费和其他津贴，尽量少罢工以免消耗基金，以及（作为一个自然的结果）会员的高度技巧和挣钱的能力。他的后任约翰·伯纳特（1875—1886 年任秘书）继续执行这项安全政策，虽则他是在 1872 年以赢得九小时工作日的一次东北海岸著名罢工领袖的资格而崭露头角的。正是他因为就任商务部第一任劳工通讯员而辞去原职之后，在 1886 年就工会问题一般地报告说："虽然罢工自然还没有完全停止"，但是"却有慢慢走上这个方向的趋势了"。[②]

① 《1867—1869 年最后报告书》，第 203 页中的统计数字；《1887 年报告节》，第 30 页及以下。关于其他工会，另参阅《劳工皇家调查委员会》，甲组，询问案第 22353 号及以下（制模工）；《1901 年工会报告书》，第 18 页。关于罢业，参阅托马斯·休斯：《同业公会和罢工》，第 169 页及以下；内斯密斯：《自传》（Nasmyth, *Autobiography*），第 298 页，一个雇主的观点；韦伯：前引书，第 159 页及以下。

② 《1887 年报告书》，第 9 页。关于阿兰和伯纳特，参阅韦伯：前引书，第 216 页注和第 300 页。

不愿罢工和对乌托邦不感兴趣，并不等于说就是接受雇主对于工作和工资的观点。像他们前辈水车匠一样，机械工混合工会的目标是高额计时工资，而完全不是那种按成果给酬的办法，完全不是在1815—1825年左右为要一面挫败水车匠，一面帮助科学管理而部分采用的那种“机械工经济”。[①] 我们“非常坚决地反对件工制”，阿兰在1867年这样说，因为它导致“廉价劳动”。[②] 他的意思是说，高速化在最高限度的劳动速度有了保证之后，像过去常有
161 的情形那样，工资就会随之减少。也像水车匠一样，机械工希望对新人的参加本行业加以控制。阿兰是非常坦率的。“你们限制……学徒的目的是什么呢？”“防止工资下降，这是毫无问题的。”[③]他们曾经在争取缩短工作日的运动和必要时的罢工中起过他们的作用。因为在1851年已经有某些地区的标准工作周降低到五十七小时，所以问题并非到处都是迫切的。到1872年，已经普遍地争取到了五十四小时的工作周，而且对于争取这样的工作周向来不很积极的领袖们于此已心满意足。[④] 在1851年和1874年之间对于这一个以及其他一些问题采取更有斗争性的政策是否就会为工人争取到更多的利益诚不无疑问，在1874年以后的十年之中避免太多的斗争无疑是明智的。

机械工的工业上的近邻，比较专门化因而受贸易萧条的打击

---

① 见上卷，第207页。

② 《工会皇家调查委员会》，询问案第638、672号。

③ 询问案第927号。

④ 在《1887年报告书》第30页中有一篇工时制史的摘要：在1851—1861年，工时制因地点的不同而自五十七小时至六十三小时不等。自1873—1879年起，苏格兰已经有了五十一小时的工作周，但是后来重又失去。参阅本卷，第449页。

也更加沉重得多的锅炉工，在八十年代虽不断地同失业和成员的减少进行斗争，但仍不失为一个强大的力量，而且它是把差不多全行业都包括在内的。他们的勃兴既容易而又迅速。在威廉四世朝创立于兰开郡的这个用铁板制造产品的工人的工会，直到其中的造船工人淹没了真正的锅炉工人时为止，一直在扩张着。1872—1882 年这十年是它的伟大扩张时代：法律已渐趋友善，木船也渐趋消灭。它已经从 1870 年的七千会员发展到了 1883 年的二万七千人。鉴于失业会员在 1884 年是 20%，1885 年是 22.3%，而 1886 年会员人数并未降到二万六千八百人以下，则领袖和群众的忠贞，自是深可钦佩的。有名无实的会员可能很多，欠缴会费的情形恐怕也不少。这个社团是全国性的，具有混合工会的形式，拥有二百一十二个分支机构并备有良好的福利。像机械工一样，它的成员自 1872 年以来一直享有五十四小时的工作周。它的领袖现在正护理着他们的财政创伤并把他们领上一个明智的非煽动性的航程。他们的秘书罗伯特·奈特是国家遇事咨询的最信赖的工业专家之一。[①]

既非机械工也非锅炉工的铁工的工会，除翻砂工的共济会外， 162
过去不是地方性的就是寿命比较短暂的，或两者兼而有之。得知有三种工会的六十年代的雇主的经验，依然是有代表性的。在这个世纪之末，除翻砂工共济会之外没有一个重要社团有一部可以追溯到 1880 年以前的连续不断的历史；虽则向来不很大的钢铁工

① 《1887 年报告书》，第 10、22、30 页。奈特的证词，见《贸易萧条皇家调查委员会》，询问案第 14733 号及以下；《劳工皇家调查委员会》，甲组，第 20680 号及以下。他“猜想”那个工会包括了 95%的工人，询问案第 20725 号。

人联合会还继续执行着在1862年创立的一个类似社团的职能；克利夫兰的鼓风炉工在1881—1882年就成立了一个后来变成全国性组织的小型联合会。[①] 经常的技术革命；工业重心的转移；一些最大工厂的隔绝和从而造成的所谓宗法关系的残存；盛衰的急剧变化；以及，或许最重要的炼铁工、轧铁工和炼钢工等分包雇用制的普遍存在，所有这些都有害于地方工会的活动，并使全国性的活动成为不可能。这里有工会会员身份的雇主一直是自由自在的。“每一个炼铁工都是一个包工者；他们都愿意对他们的下手按吨计酬，但他们的下手却不肯照办。”这一简明的结论是来自一个工会运动相当强大的地区，而且是来自1891年的。[②] “下手们”只是最近才渐渐有所主张的。这可以说明这种分裂对相对于“手艺”工会运动的后来所谓的“产业”工会运动之类的任何事物的如何不利和对于任何一种工会运动的如何有害。

属于到处存在而且一百年来基本因素始终没有变更的那项工业的一个古老部门的翻砂工，却处于一个完全不同的地位。他们的共济会是在每一个明智的工会都强调它的“共济”性质的那一年(1809年)创立的。它的主要工作始终是在共济方面而不是在产业方面。它在五十年代后期有七十个分支机构和七千多名会员，在1868年有一百多个分支机构和将近一万名会员，在1875年有一万二千三百名会员，在1885年有一万二千四百名会员。七十年

① 《关于工会的报告书》，1901年，第18页；《劳工皇家调查委员会》，甲组，询问案第13960号(鼓风炉工全国联合会)，询问案第15301号(钢铁工人联合会)。

② 这是爱德华·特娄的说法，见《劳工皇家调查委员会》，甲组，询问案第15329号，并且是指东北海岸而言。

代的失业问题几乎把它拖垮了(因发失业津贴)。到 1880 年,它的那笔六万多镑的雄厚公积金已经一干二净,在八十年代初期,它简 163
直无法再履行它传统的共济职能了。但是在英格兰的社团停滞不前的时候,苏格兰翻砂工联合会这个相应的苏格兰社团正不断地成长。它在 1880 年和 1885 年之间在五千六百名的会员总数上又增加了一千人。[①]

正如设菲尔德各行会所表明的那样,五金制造业另有一些有效的工会,但其中没有一个是大型的或具有全国重要性的。

没有一项工业比煤矿业更能清楚地表明工会运动的起伏和工会的变成为国家产业组织的一个公认部分是如何困难了。在每一个煤田上,工会运动至少也需要两三次,纵非基尔·哈迪所说的十九和二十次的努力方能得到生命力和持久力。全国性工会的理想随着地方社团的兴衰而时起时伏.一定程度的连续性往往可以在一系列表面上看来的新发端的背后探索出来。有时在整个煤田生活上具有一时重要性的一个地方联合会消失了,充其量只留下一些并无一般重要性的矿井俱乐部,然而却是一脉相承的。但是这种苟延残喘适足以说明有效权力的中断。[②] 这个时代是在一个静如止水的时刻开始的。

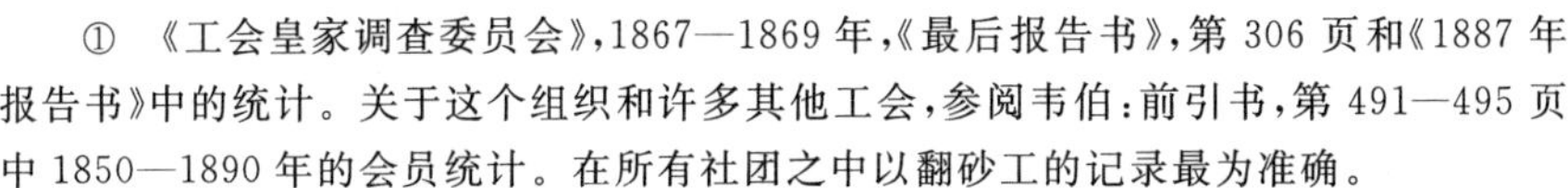

① 《工会皇家调查委员会》,1867—1869 年,《最后报告书》,第 306 页和《1887 年报告书》中的统计。关于这个组织和许多其他工会,参阅韦伯:前引书,第 491—495 页中 1850—1890 年的会员统计。在所有社团之中以翻砂工的记录最为准确。

② 韦伯的《英国工会运动史》和韦耳伯恩的《诺森伯兰和达拉姆的矿工工会》(*Welbourne's Miners' Unions of Northumberland and Durham*)叙述了一般的故事。另参阅上卷,第 276—278 页。

“在1885年年底，那个全国矿工之间的工会可以说已经差不多消灭了。”[①]继而出现了一些地方性的相互竞争的社团，这些社团都是同为要求使用矿工“核秤员”以防计重给酬制中的弊端而进行的那一次约克郡的斗争及其他一些斗争有关的。继而又出现了亚历山大·麦克唐纳和他的全国矿工工会的伟大计划，这个计划本身就不失为一种复兴。据说在六十年代之末事实上已经有二十
164 万矿工“联合起来”。[②] 他们早已通过他们政治上的朋友而成为国会中的一种力量，并且先后在1860年和1872年对立法发生过影响。[③] 二十万的水平纵使达到过，在1873年以后价格暴跌和贸易瓦解的时候，也立刻丧失了。作为一个有效力量的全国性组织的理想也随之而破灭。到了1880年，“兰开郡和米德兰的……组织……不是已经完全瓦解，就是分化成为不能采取联合行动的独立俱乐部。”[④]单单1878年一年，达拉姆工人在失业福利金方面就支付了五万四千镑。[⑤] 从1875年到1880年，诺森伯兰工会和达拉姆工会这两个最强大，两个仅有的有一连很多年历史的工会，其会员总数已经从将近五万六千人降到不足四万一千人。这两个工会

① 亚历山大·麦克唐纳，引征于韦伯：前引书，第285页。

② 韦伯：前引书，第292页。没有说明出处。这个数字似乎是最不可能的。1871年的人口调查提出不列颠三十五万矿工的最高数字，这是包括大部分“未列举的矿工”和所有童工和青年在内的一个数字：1873年，第71卷，第2编（英格兰和威尔士），第73卷（苏格兰）。

③ 矿业条例，维多利亚，第23、24年，第151章以及维多利亚，第35、36年，第76章。参阅本卷，第420页。

④ 韦伯：前引书，第372页。

⑤ 威耳伯恩：前引书，第194页。

在此后五年中都略有恢复，所以在1885年总数有四万八千人。[①]这个数字或者占当时大不列颠参加工会的煤矿工人的半数左右，而拥有三万五千会员的达拉姆工会占整整三分之一。兰开郡在1882—1885年改组它的联合会，但直到后一个年份新会员方始迅速增加。约克郡联合会当时只有大约八千名会员。苏格兰、威尔士或米德兰地区没有一处的组织是人数众多的，虽则在1885年，尤其在1886年，几乎所有这些区域在宣传和征求会员方面都极其活跃。[②]

尽管自1875年以来人数有所降低，但是八十年代中期的煤矿工人各工会却包括了整个行业中大约四分之一有资格入会的工人。[③] 工会最强大的地方，如诺森伯兰和达拉姆，比例要高得多。在1867年的选举改革法以后工会运动渐渐从旧法律的镣铐中解放出来的那十年的政治和经济繁荣之中，在比较老的基础上迅速建立起来的诺森伯兰工会已经有效地阻挠了雇主重新采取年度契 165
约那种北英矿工的古老桎梏的任何企图。在1872年，达拉姆工会已经有了为反对这种契约而作最后一战的准备，不意竟不战而胜。煤炭的价格出乎意外之高。矿工从伦敦和德安森林源源而来。煤矿主愿随时以现款和让与权支付自愿的工作。“在1872年的会议

① 《共济会登记主管官报告书》，1887年，第63页。

② 年度《报告书》和《劳工皇家调查委员会》中的证词，甲组（在1891年提出）是主要的来源。区干事所提出的1891年的证词是特别有价值的。

③ 《产业关系综览》（*The Survey of Industrial Relations*）（1926年）接受了英国“煤炭和页岩”矿工四十三万四千（1881年）和五十九万五千这两个数字。页岩矿工只有两三千人，并且其中有很多青工。

上双方都普遍有愉快和友好的情绪”;工人得到了双周契约和增加工资20%的利益。[①]

他们的力量和克制以及他们的领袖所取得的全国性地位使这两个工会安然渡过了接踵而来的不景气年头,在这不景气的年头中,英国煤的十年(1878—1887年)平均出口价格比那繁荣的十年几乎降低了30%。这些年头并不是没有罢工,也不是没有他们的领袖坦率而并非被迫地承认的“工资应以煤的售价为基础”这项按售价给酬的原则而度过的。[②] 对这一原则的承认在当时就被斥为,此后也一直被斥为对煤炭所有主的商业原则的让步和对矿工生活水平的可能放弃;但丝毫无可怀疑的是,像机械工的不罢工政策一样,这对于北英格兰各矿工工会的得到全无异议的承认和在国家工业组织中占一公认的地位是确有帮助的。这种按售价给酬的原则事实上产生了一种“生活”工资。为了应付新情况,政策未始不可变更。但工会在地方上和国家中的地位则是既成事实了。[③]

在像东北海岸那样煤矿工人工会运动强大的地方,在小得多的铁矿工人的行业中,工会运动也往往是强大的。在采石工人,尤其是威尔士的采石板工人中间也是强大的。但是在锡、铅和铜矿

① 威耳伯恩:前引书,第71、114、151页并散见各页。关于契约,参阅上卷,第276页。在1844年废弃之后,在达拉姆重又恢复。1882年,诺森伯兰方面恢复这种契约的试图,经过一番奋斗之后获得成功。在达拉姆它一直残存到1872年,见前引书。

② 录自诺森伯兰矿工执行委员1879年的一项通知单,见韦伯:前引书,第325页。

③ 这些问题在韦伯的前引书第324—325页中虽然都触及到,但并不是没有思想上的混乱。

工人中间——就所可确知的而言——工会运动却“全无所闻”。①

在公共评价中以及在他们的领袖所争取到的国家地位上，棉 166
纺工是同矿工和机械工并列的，虽则他们的工会会员在1885年还不到一万七千人。② 但当时他们却是大约至多二万人之中的一万七千人。他们是女工和童工充斥的一种行业中最有力的男性集团之一。像炼铁工一样，他们都是各自雇有“大的”和“小的”计件工的本人也是工资劳动者的雇主，他们的遗缺则由这类计件工来递补。但并非所有计件工都能继承纺工的工作，因为他们的人数要超过纺工一倍以上。各有其本身章程和基金的地方社团的一个联合会正式创始于1853年。到了六十年代，这个联合会已经得到了这个行业中大多数社团的赞助。虽然有些地方的纺工认为迟至1881年纺绩厂主还是“不可理喻的”③，但是在大多数地方，自棉荒这个共同的灾害以来，已经有了日益增长的友谊。在棉荒以前，“大多数”雇主甚至不肯同工会交接。④ 在奥耳德姆“地方”的民主气氛中，纺绩厂主已渐渐蜕化成为无名氏，而纺工则无异于出钱帮助他进行纺绩的机械工。甚至在寡头制的普雷斯顿，雇主也渐渐发现工会委员会是“一个和解的委员会而不是……一个拿津贴的

① 韦伯：前引书，第421页。关于康沃耳之所以完全没有工会运动，参阅普赖斯：《西部异教区或康沃耳矿场劳动和工资制度记略》（Price, L. L., *West Barbary or Notes on the System of Work and Wages in the Cornish Mines*），《统计学报》，1888年，第494页。

② 在托马斯·伯特和其他早期矿工议员占有议席的国会里虽然没有纺工，但纺工的秘书詹姆斯·莫兹利却有一个国家职位。

③ 普雷斯顿的纺工考埃耳的证词，见《劳工皇家调查委员会》，丙组，询问案第4750号。

④ 工厂视察员詹姆斯·汉德逊在1891年11月提到“三十年前”所作的证词。《劳工皇家调查委员会》，丙组，询问案第7309号。他补充说，“现在一切都变了”。

煽动者的团体”。[①] 不到几年的工夫，纺绩工会的秘书就会解释说，在他的联合会所处理的整个区域内，同雇主“没有一点点麻烦或摩擦”。[②] 棉纺工或许比任何其他工会都更加完全是国家工业机构的一个正式运行的部分。

另外还有很多棉业工会，它们的会员总数远比纺工为多，但是
它们仍处于未联合的阶段，或刚刚渡过这个阶段。除开在某些技
工之中和在工会精神特别强大的地方，它们依然还没有像纺工那
167 样地控制全局。各有几十或几百名会员的十二三个动力织机织工
地方联合会保障这个上流集团的利益。在漂布工、染工和花布印
染工中间有一些有效的社团，会员总数或许不下一万人。重要得
多的是织工、梳棉工以及“卷纱工”和“接线工”的地方社团；因为所
有这些社团（其会员总数可能达八万人）都准许女工参加——的确
女工占相当大的多数。而这些女工，计不下五万人，形成为英国妇
女工会运动者唯一的重要集团。[③]

很多最强大的动力织机织工的社团可以远溯自五十年代，溯自他们所由命名的那种机器的最后胜利和女织工的优势地位既经奠定的时候。诸如帕第阿姆区织工工会可以溯自 1850 年，布拉克本恩区织工工会自 1834 年，乔尔利区织工工会自 1885 年，阿克林敦

① 考埃耳，询问案第 4751 号。

② 《劳工皇家调查委员会》（1891 年的作证），询问案第 721 号。关于纺工的历史，见韦伯：前引书；关于纺工的职能，见韦伯：《工业民主制》（Webb, *Industrial Democracy*）（1897 年版），散见各页。

③ 数字录自《1887 年报告书》和其后的几次《报告书》（1901 年的报告书也曾加以利用）。参阅韦伯：《英国工会运动史》，第 413、423、492 页及以下各页中的估计数。

区织工工会自1856年等等。有一些已经接受了在任何永久性工会成立以前就存在的那些半正式的合同。例如名义上仅仅创始于1870年的伯恩利区织工工会就是按照织造工价的“地方价目表”而工作的，这个价目表在1843—1883年这四十年间，百分比可能有所增减，但基本上从未修改过。[1] 所有这些社团从很早的时候起就有女工参加，而且女工的人数已经随着男子织造的没落而增加起来。北部各郡织工混合工会刚刚成立（在1884年）；但生气勃勃的运动却存在于具有地方特色和价目表的二十五个地区。[2]

钢丝车间和清花车间工人的社团亦复如此。作为一个集团来说，它们比织工的社团年轻得多，力量也薄弱得多。只有博耳顿和斯托克波特的社团是创始于五十年代的，另三个则创始于六十年代。尽管其中大多数社团都准许用锭壳纺机和环纺机纺绩的女工参加（詹姆斯·莫兹利的纺工却都是用精纺机的），但是它们所征 168
得的会员在任何地方都还占不到工人的一个重要比重，除非是在奥耳德姆，而即使在奥耳德姆，会员众多的社团也是新近才出现的。至于“卷纱工”和“接线工”——即为织机准备织轴，将新轴的经纱同即将用完的旧经纱“相拈结”的人——的工会，则不可能是大型的，因为他们的行业规模不大，尽管准许女工参加，这些行业的女工也寥寥无几。钢丝车间的工人刚刚拟订出他们区社团的合并计划。合并是在1886年完成的。其他的社团还没有达到这个阶段，而且似乎永远不会达到。[3]

① 《劳工皇家调查委员会》，丙组，询问案第1084—1086号。

② 在1884—1886年，联合会尚未落实（韦伯：《工运史》，第422页），但是对后来一段时期却是具有重要性的。

③ 有关工会问题的《报告书》和韦伯：前引书，同前引书页数。

在所有其他的纺织业中，工会运动都是异常软弱的。监工和其他管理人员有少数几个久已成立的共济会，在米德兰针织工、麦克耳斯菲尔德丝织工或博耳顿一点点残余手织机织布工[①]之类的手工工人中间，有很少几个心灰气馁的组织；在一般工厂工人中间也有一些孤立的地方社团；另外还有很少几个像1881年的西莱定织工和纺织工人总工会那样的雄心勃勃但依然微弱的发端。这些分散的、局部的而且基金薄弱的社团的会员，总共也不会超过钢丝车间工人的人数。其所以如此，像毛纺织业的那种甚至内部都难免的工业上的差异多端，像织绸业的那种技术革命的迟迟其来和不彻底，地域的分野，女工和童工的占优势以及几乎所有这类工人的低廉工资等等，似乎都是主要的原因。此外还必须加上西莱定的顽强乡土观念：吉兹利不肯和帕德塞一起工作，白斯塔尔则不肯步随奥塞特之后。

在各种各类的衣着业中，工会运动更是软弱无力。只有很少数的成衣匠是参加成衣匠混合工会或苏格兰工会的。后来变得很强大的一个工会在1874年已经在机器制鞋匠中间组织成立；但是在1886年它的会员还没有超过一万四千人。这个工会加上鞋匠、帽匠、手套匠之类的很少几个老手艺行的社团就构成了这个疏疏落落的清单。

陶工工会是一些专门化的小型独立工会。[②] 各种五金、制革

---

① 博耳顿手织机织工的组织在1898年仍然有二十四个会员，但是在大约1899年年底就解散了：《1901年报告书》，第47页。参阅本卷，第81页。

② 沃伯顿：《北斯塔福德郡陶器业中的工会组织》(Warburton, W. H., *Trade Union Organisation in the North Staffordshire Potteries*)(1931年版)，第168页及以下。

和木工行业中有几百个工会，其中很少数在地方上是强大的，如设 169
菲尔德的一些工会，但大多数是力量薄弱的；虽则它们的会员总数相当可观。它们不大能代表它们的行业，虽则这些集团中的大多数行业是由工会代表的。在黄铜业和自然铜业中，除黄铜工混合工会所属的约五千个工会之外，至少还有二十个小型的社团。马口铁工、黄铜工和贵金属工的那些挣扎图存的小型社团则遍布于全国各地。[①] 二十个地区工会满足了几千名桶匠的需要。船匠的一百多个历史悠久的社团新近（1882 年）已经合并成为船匠联合会；但是仍然还有一些社团站在外面。大多数船匠都是参加地方工会的，他们向来如此。[②]

有很多，纵非大多数印刷工人也是如此。除强大的伦敦排字工人协会外，1849 年创立于设菲尔德而自 1865 年以来将总机构设于曼彻斯特的印刷业联合会以及一些较小的有关社团包括了这个行业中的大部分。1879 年的石印工人工会在地方上虽然强大，在伦敦却是软弱无力的："有很多作坊……都是在不可思议的背静地方和大院里，以致我们根本无法找到"，工会的一位干事这样说。[③]

① 直到 1807 年为止，尽管有雇主归之于它的那种力量（本卷，第 152 页），马口铁业的工会运动一直是断断续续的。琼斯：《马口铁工业》（1914 年版），第 178 页。

② 船匠方面的韦耳基的证词，《劳工皇家调查委员会》，甲组，询问案第 21389 号及以下。参阅上卷，第 201、212—213 页。

③ 凯利的证词，《劳工皇家调查委员会》，丙组，询问案第 22693 号。代表印刷业联合会、伦敦排字工人协会和苏格兰印刷业联合会提出的证词，无论就历史还是就职能方面而言，都是很全面，很有价值的。尽管伦敦排字工人协会是强有力的，但在 1891 年握有政府合同的印刷所半数以上是非工会会员；鲍尔曼的证词，询问案第 23031 号。关于小型印刷所，参阅本卷，第 119 页注 1。本杰明·琼斯在 1894 年（《生产合作社》，第 2 卷，第 572 页中）以"有闯劲的人不难变成为小雇主"的这项理由来解释印刷业之所以缺乏合作。

这项解释应该牢牢记住，因为它对于伦敦的很多行业都是适用的，并有助于说明伦敦很多行业的孱弱和褊狭性。

在各技术行业和制造业以外，工会运动还几乎全无所闻。建筑工和一般工人只有寥寥可数的几个软弱无力的社团。伦敦码头工、船工和其他少数几个岸边集团也有一些地方性组织。但是在
170 1871—1872 年一开始就有一万七千多人的铁路员工混合工会，到 1882 年已降至六千三百人，现正慢慢恢复，虽则它的基金比它的会员方面的情况要好些。道路运输工人所组织的第一个相当持久的社团就是 1885 年的爱丁堡一利思出差马车夫工会。它是既不很大，也完全谈不上富足的。[①]

棉纺工的例子表明了包罗最广，管理得最好的那些工会争取到十足公认地位是如何之慢，虽则五十年代后期棉纺业大多数雇主根本不同工会交接的那种情况已经一去不复返了。至于管理失当，没有代表性的社团则更无指望赢得一公认地位。但是不问是否有代表性，也不问管理得好坏，它们在危机时的重要性同它们在人数上的力量或它们被正式承认的程度往往是不成比例的。因为约翰·伯纳特所持它们包括了“各该行业的精华”的说法，虽可能有偏见，但多半是不错的[②]；它们的目的也正是每一个工资劳动者的当然目的。

---

① 阿耳科克：《五十年来的铁路工会运动》(Alcock，G. W.，*Fifty Years of Railway Trade Unionism*)(1922 年版)，第 625 页。关于运输和岸边工作的证词，见《劳工皇家调查委员会》，乙组(1892 年，第 35 卷)，散见各页。关于爱丁堡的马车夫，参阅《1901 年工会报告书》，第 65 页。关于 1886 年以前曾经昙花一现的那些伦敦马车夫的工会，参阅例如韦伯：《工运史》，第 355 页。

② 《1887 年报告书》，第 14 页。

它们最著名的领袖二十多年来所奉行的说服和限制政策，再加上行业俱乐部和行会的古老传统，曾经给予它们的共济会职能以突出的地位。丧葬费是一切之中最普遍的一种：会员的丧葬费通常是十至十二镑，会员的妻子则发给半数。所有强大的工会都给付疾病津贴，危险行业的损害赔偿和养老金。少数几个工会还对寡妇孤儿给以帮助。比较严格的工业罢工津贴、失业津贴和旅行津贴都不如丧葬费普遍，虽则是较大社团的主要开支项目。罢工津贴可能高达每星期一镑之数。但十至十二先令则比较普通，另由特别征课或同情捐款来补其不足。失业津贴向不超过十先令一星期：像锅炉工工会那样强大的工会也不过支给八先令。这种津贴并不是有无限期保证的。尽管数目是那样少，尽管在萧条年 171
月同济贫捐的数字相比工会基金的总支出是那样有限，但是工会的朋友们唤起公众对于防范工资劳动者积极生活最严重危险的这 237
种日益发达的合作保险制度的全国性功用的注意，却做得很好。鉴于体面的苏格兰石工“在别无其他来源可以利用时”竟不得不沿街乞讨以应付季节性的失业，则它早已不复有此功用了。[①]

行业委员会和工会代表大会这些当时有很多工会运动者荟萃于其中的地方性和全国性的组织，都还不是有全面代表性的，在全国产业中也不具有正式职能。直到五十年代后期常设委员会方始

① 见上卷，第585—586页（就四十年代而言）。“工会的朋友”指《劳资冲突》(*Conflicts of Capital and Labour*)(1878年版)，第154—155页及其他各页中的乔治·豪威耳和《1887年报告书》中的约翰·伯纳特。正文中说明性的数字即取自这两个来源。

存在。① 但是在危机时期工会之间往往有委员会的组织，而导致永久性的组织的也照例是一次危机——以准备应付下一次的危机。这类新兴的自愿的组织，从来不是把整个行业包罗在内的。例如，设菲尔德工会联合会是为了1858年印刷业中的一次争执而仓促成立的。两年之后，在设菲尔德地区的不下五十五个工会之中，参加的只有二十个。② 伦敦各业委员会因1859—1860年建筑业的纠纷而成立起来，但是在它的早期，大多数比较大的社团都置身事外。当时只有五个常设委员会。它们的数目和力量在此后二十年中都增长得很慢，但至少在八十年代，最重要的各中心都有了常设委员会。然而它们往往是力量薄弱的，而且全国各地的工会会员甚至名义上在委员会中派有代表的也只占一很小部分。③

第一次代表大会是曼彻斯特—索耳福德委员会在1868年作为对工会法料所难免的斗争中的一个宣传机构而召集的；宣传依然是这些不能不为期短暂的年度集会的主要职能。为了启迪"公
172 众的无知"，它们将"采取社会科学联合会年会的性质"。④ 原来的号召这样说；而且他们也是这样做的。一位工会历史学家曾写道，代表大会是"为了讨论工会政策以外的一切问题"而召开的⑤：新

① 参阅韦伯《工运史》第225—226页中的全部脚注。

② 《工会和罢工报告书》(1860年版)，第565—566页。

③ 关于它们甚至在十九世纪早期的相对重要性，参阅韦伯：《工运史》，第466页。

④ 刊载于韦伯：前引书，附录3(见中译本，附录4——译者)。

⑤ 米耳恩—贝利：《工会文件》(Milne-Bailey，W.，*Trade Union Documents*)(1929年版)，第25页。

近的一位主席曾经满怀敬意地谈到它如何在那个时期“比目前更加注意考虑经济组织和工业发展的基本原则”。[①] 在各式各样的代表大会之中虽然大多数都有一些无意义的方面，但在教育方面仍不失为有价值的。1868 年的代表大会原未打算指导工会政策，所以它没有做到这一点也无可诟病。

国家既然意识到了工业事务方面的摩擦，近三个世代以来都不时为解决工业争端而试图提供法律上的便利。“为解决大不列颠称之为英格兰的那一部分地区中从事于棉纺织的雇主和工人所可发生的争议”而有 1800 年的条例（乔治三世，第 39、40 年，第 90 章）。此外还有作为 1824—1825 年结社争议的一个附件的 1825 年的一般条例（乔治四世，第 5 年，第 96 章）。依照这项条例，治安法官得应与争各造之请拟定一雇主和工人的混合陪审员名单，以便两造从中选择公断人。如果不能达成和解，治安法官得下最后裁定。在下这样一种裁定时，任何雇主制造家都不得任审判员。没有什么可以比这一规定更加公平或更加用心善良了。但是也没有什么比责成一个莫名其妙的伦敦治安法官去断定一匹斯比脱非尔兹的天鹅绒织得好坏更加无效了，虽则这种事情在四十年代和五十年代是非常少见的。[②] 在八十年代，这项法律仍然有效，它的实施部分也还原封未动。“我想它很少被援用”，斯坦莱·杰文斯

① 《工会文件》，第 75 页。1926 年主席的致词。

② 违警法庭法官哈米耳的证词，见《雇主和工人审查委员会》，1856 年（第 13 卷，第 1 号），询问案第 2318 号及以下各号。

在 1882 年这样说[1]。他的话是不错的。

在六十年代由于对工业问题重又发生兴趣而产生了另一些毫
173 无实效的法律。通称为 1867 年的圣伦纳德勋爵条例的那项法律(维多利亚,第 30、31 年,第 105 章)是旨在提倡"公平和解委员会",一半也为了纪念法国的 Conseils des prud'hommes(智人会议)。这是一个权能赋予条例,但也是一纸具文。"为雇主和工人之间的仲裁作进一步规定的"通称为芒德腊条例的 1872 年的新条例(维多利亚,第 35、36 年,第 46 章)从未援用过一次。[2]

好意倒也不仅仅以制订"带有治安法官那样一个污点的"毫无实用的法律为限。[3] 虽然没有任何重要的行业经常诉诸法院,但是私人仲裁的试验却不在少数,而事实上也正是这些试验鼓舞了后来一些毫无实效的法律的制订人。这些法律是旨在帮同推进早已有了一段历史的那个运动的。规定工资的"劳资协商会"的观念在三十年代和四十年代对于水深火热的手织机织工和他们的朋友们是至为宝贵的。[4] 在三十年代时,陶器业有过一个寿命短暂的调解委员会,并且从 1851 年起,把"仲裁条款"载在陶工和雇主议

① 《国家和劳工的关系》(*The State in Relation to Labour*),第 156 页。在《劳工皇家调查委员会》(1892 年,第 36 卷,第 5 编)的一项备忘录中有法律的简明摘要和一般的法律史;另参阅阿默耳里勋爵:《大不列颠的工业仲裁》(Lord Amulree, *Industrial Arbitration in Great Britain*)(1929 年版)。

② 芒德腊和豪威耳:《工业联合国》(Mundella, A. J. and Howell, G., *Industrial Association*),载《维多利亚女王的朝代》(*Reign of Queen Victoria*)(汉弗莱·沃德版,1887 年),第 2 卷。

③ 杰文斯:前引节,第 167 页。

④ 见上卷,第 552 页。

订的年度服务合同中，已经成为惯例。[1] 全国各地都偶尔有把争端提交给受托作为仲裁人的地方人士的情形。在1845年和六十年代早期之间，全国工会联合会在很多地方，尤其在伦敦，作出了有价值的调解工作。[2] 在1849年，一个丝业仲裁委员会已经仿照Conseils des prud'hommes（智人会议）在麦克耳斯菲尔德成立起来；但是不到四年就瓦解了，据说它因为坚持标准工价而把业务驱逐出这个城镇，事实或许如此。[3] 印刷业似乎很早以前就有了小型的地方委员会，但是为成立一个以一位律师作为公断人的正式仲裁法庭所作的那番努力，则大约是在麦耳斯菲尔德劳资协商会瓦解时归于失败的。[4] 经过了一段令人厌倦的工业摩擦、罢工、停业和苦痛的时期之后，一位叫做芒德腊的制造家在1860年在诺丁 174
汉设法建立了一个针织手套业仲裁调解委员会，即由二十一人组成、劳资双方各设秘书一人的一个选任团体。各种争端都先由秘书来解决，然后提交一个委员会，最后才交付全体委员会。[5] 这个

① 欧文。《斯塔福德郡陶器工人》（Owen, H., *The Staffordshire Potter*）（1901年版），第114页。雇主霍林斯和陶工梅特兰的见证，见《雇主和工人审查委员会》，1856年，询问案第2386号及以下各号，第2557号及以下。沃伯顿：前引书，第67、142页。

② 关于它的一般历史，参阅韦伯：《英国工会运动史》，第168—169页；关于它的特殊调解工作，参阅1856年秘书温特斯和委员会的汉弗莱斯的证词，询问案第1号及以下，第512号从以下。

③ 1856年它的发起人希京博特姆的证词；询问案第1890号及以下各号。

④ 排字工埃文特的证词，询问案第2715号及以下。参阅克朗普顿：《工业调解》（Crompton, H. C., *Industrial Conciliation*）（1876年版），第130—131页。

⑤ 芒德拉：前引书，普赖斯，《工业和平》（Price, L. L., *Industrial Peace*）（1887年版），第43页。参阅赖特：《工业调解和仲裁》（Wright, C. D., *Industrial Conciliation and Arbitration*）（1881年，波士顿版）；威克斯：《劳工争议及其解决》（Weeks, J. D., *Labor Differences and Their Settlement*）（1886年，纽约版）。

制度顺利地运行了大约二十年。在七十年代，它控制了六千种不同品种的件工工资率。[①] 这个委员会不但多为人所讨论，并且纷纷为人所效法。但是在八十年代它已渐趋瓦解。这个行业已经有了重大的变革。有些雇主已经表现出敌视态度，自然工人也不总是满意的。1884 年，委员会所未能防止的一次罢工留下了痛苦的回忆，这个机构也就形同虚设了。[②] 在针织业中，工会运动是软弱无力的，从而这个制度遇到了障碍。但是通过劳资协商会的干事进行调解的办法，在这期间却被组织比较良好的行业所采用了，并且在八十年代，尤其在兰开郡已渐渐产生了效果。[③]

芒德腊的委员会创立四年之后，鲁珀特·克特耳这位伍斯特郡法庭的法官参加了伍耳佛汉堡顿市长为解决建筑业的一次罢工而召开的会议。[④] 他提出了常设仲裁机构的办法，并且起草了由一个设有仲裁人或公断人的联合委员会来解决争端的方案。接受仲裁变成为工资合同的一部分。建筑师傅和木匠师傅都同意了。第二年又增加了一项调解条款，这一条款，据克特耳后来说，比仲裁条款更为有用。泥水匠和砌砖匠随即参加进来。石匠仗恃着自己有力量得到他们所想要得到的一切而置身事外。[⑤] 这个制度在其他各地也为建筑等行业所仿行。不论采取或不采取他那种特殊

① 克朗普顿：前引书，第 39 页。

② 同上书，《劳工皇家调查委员会》的备忘录。

③ 参阅例如钢丝车间和清花车间工人的"实际委员会"如何解决小困难的报告书，《劳工皇家调查委员会》，丙组，询问案第 115 号。

④ 克特耳：《罢工和仲裁》(Kettle, *Strikes and Arbitration*)(1866 年版)以及他在 1867—1869 年《工会皇家调查委员会》中的证词(询问案第 6985 号及以下)。

⑤ 克朗普顿：前引书，第 112 号及以下。

制度的行业都曾邀请克特耳去进行仲裁。在1880年，这位“仲裁大王”受封为爵士。虽则几年以前他原籍的砌砖匠曾经拒绝过一项裁决并且退出了仲裁，但是在八十年代后期却有了一些这样的重要中心，在那里建筑业的所有各部门都是以仲裁为原则的。在利物浦，这种仲裁法庭——雇主和工人双方人数相等，并于必要时设置一仲裁员——从1874年起就一直毫无干碍地发挥职能。[①] 175

当克特耳正表明他的方法可以取得怎样的成就时，累斯特和德尔比的针织业、诺丁汉的花边业以及陶器业已经在1868年成立了多少按照芒德腊路线行事的协商委员会。陶器业只不过是就现有办法加以发展而已。“早在我们的协商委员会成立以前”，一位雇主在1876年这样写道，“我们就根据同样的原则，指定两个工人和两个雇主来解决我们的争端了，而且我不记得有过一次失败”。[②] 失败后来出现了。在八十年代，累斯特的协商委员会走了芒德腊针织业协商委员会的路线；陶器业协商委员会中日益发展的紧张关系则终于导致它在1891—1892年的解体。[③]

早在1869年，米德耳兹布勒区的铁工就到诺丁汉去研究芒德腊的方法了。不到几个星期的工夫(在1869年3月22日)，就诞生了那个最著名、最成功的调解委员会——以戴维·戴尔任主席的那个北英格兰钢铁委员会。[④] 它的创立本身就多少是一项伟大

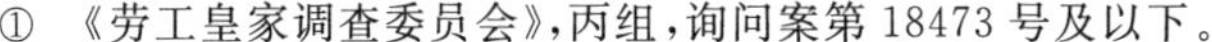

① 《劳工皇家调查委员会》，丙组，询问案第18473号及以下。

② 克朗普顿的前引书第121页的一项通讯。参阅沃伯顿：前引书，第150页。

③ 《劳工皇家调查委员会》备忘录；沃伯顿：前引书，第159号及以下。

④ 关于它的运行，参阅雇主惠特韦耳和铁工爱德华·特娄的证词，见《劳工皇家调查委员会》，甲组，询问案第14997号及以下，15159号及以下；关于它的早期历史，参阅塞缪耳森的文件，见《英国铁业联合会》(*British Iron Trade Assoc.*)，1876年；关于八十年代，参阅普斯，前引书。

的功业。这项工业是年轻的，既没有传统，也没有正式的工会运动。工人是分别来自各界的。他们坚强，没有文化，并且报酬很丰。但是他们证明对于这个试验是和他们的雇主“同样有准备的”。[①] 他们也许没有多少书本知识或丰富的经验，但是却掌握了生产“生产性物品”的那种工业的基本上起伏不定的特性，所以它的成员都非常明智，而不在他们浮沉于贸易循环的浪潮时进行斗争，因为在这类工业中，浪潮往往是最险恶的。诚然，幸好这个委
176 员会是以炼铁工的工资每吨增加六便士创始的。不到四年，在七十年代的贸易勃兴之际，又有一次四先令九便士的增加。这种仲裁是轻而易举的。但是在 1891 年，双方领袖都可以理应满意地报告说，只是在“特别愤怒和激动的情况下”，有过很少几次因争端而引起的短暂停工[②]，虽则炼铁工的工资已经从 1868 年的每吨八先令经由 1873 年的十三先令三便士而降到了黑暗年份的六先令三便士的最低点。所有各种不重要的和地方性的争端的调解都是由一个常设联合委员会进行的。重大的工资问题则是由背后有一个公断人的一些仲裁员去裁决——这个公断人不是来自外地的鲁珀特·克特耳或托姆·休斯，就是靠近本地的约瑟夫·皮斯或斯宾斯·沃森。

“就英格兰和威尔士来说”，亨利·克朗普顿在 1876 年这样写道，“煤炭业的仲裁是一个既成的事实。但是到现在为止，一直还没有……采纳……什么常设协商委员会。”[③]在 1872—1873 年，达

① 惠特韦耳：《劳工皇家调查委员会》。

② 惠特韦耳：同前书。

③ 前引书，第 68 页。

拉姆和诺森伯兰分别成立了矿主和矿工联合委员会。不久这些委员会就每年都要处理几百件特殊的和地方性争端了。在这整个时期它们的裁决都“几乎没有什么争议”。[①] 但对于一般工资问题的解决，却往往另行成立特别仲裁法庭。这个制度的主要危险到1876年就已经显而易见了。它有助于鼓励“精细入微的辩护”[②]，这对双方都有不良的心理影响，而正式仲裁的一再反复出现——在达拉姆，一次仲裁刚刚在1874年11月间结束，另一次仲裁又在1875年4月开始了——自使工业气氛为之动荡不宁。为什么一项为期五个月的协议这样麻烦呢？为什么对于法律庄严性的尊重又这样不能持久呢？虽然在价格波动剧烈的七十年代，简直不能指望协议会是持久的；但是询问的结果表明，在1882年以后，达拉姆就根本没有任何一般的仲裁。[③]

在七十年代后期，在达拉姆和诺森伯兰以及在英格兰和威尔士的其他许多煤田上，工资随物价伸缩的工资随价伸缩表，不论是否经过正式仲裁，必定是通过某种联合委员会的预备工作而逐渐 177
予以采行的；但是单纯的工资随价伸缩委员会，例如像南威尔士和蒙默思郡的那样，却不具有达拉姆和诺森伯兰那种一般目的的联合委员会的有机性质。工资随价伸缩的原则本身就不是什么联合保证。约克郡和兰开郡的矿工领袖从不接受这一原则，虽则西约克郡在1880年有过一个为期非常短暂的工资随价伸缩合同。其他几个合同都是在1885—1886年以前满期的，在此后若干年中矿

① 《劳工皇家调查委员会》的备忘录和甲组，询问案第1号及以下的证词。

② 克朗普顿：前引书，第71页。

③ 《劳工皇家调查委员会》，甲组，询问案第1716号，另参阅普赖斯：前引书。

工联合会基于应以某种最低限度的“生活工资”作为工业第一项开支这一观点，展开了反对工资随价伸缩原则的运动。[①]

在南斯塔福德郡的铁业中，调解委员会创立于 1872 年，在 1876 年又以约瑟夫·张伯伦为主席而从头儿做起。第一次之所以失败，是因为在工人方面，它只能代表参加工会的人，而工会又不是强有力的。雇主于接受委员会的裁定之后，发现他们的工人并不是全体照办。第二次它试图仿照北英格兰的方法而取得了较好的成绩。“我们继续斗争下去”，一位工人方面的秘书在很久以后这样说，“但是它不够强大”。[②] 在八十年代它还在继续斗争，但双方都不满意。常设委员会调解了“几百桩案件”[③]，但是现在却是工人方面抱怨参加委员会的四十二家以外的行号不遵守裁定了。[④] 在 1886 年，它把它的名称由南斯塔福德郡改为米德兰钢铁业劳资协商委员会。事实上它同钢业几乎全不相干，甚至对炼铁业都从来没有能彻底控制。

北英格兰劳资协商委员会的成功之所以导致克利夫兰铁矿工（1873 年）和克利夫兰及坎伯兰鼓风炉工（1879—1880 年）的小产业联合会纷纷效法，是不足为奇的。其中以矿工协商委员会运行

① 韦伯：《工运史》，第 323—327 页从“生活工资”的观点出发对工资随价伸缩制作了全面的讨论；第 484—486 页，附录二表列了所有著名的工资随价伸缩合同。另参阅孟罗：《煤炭工业中的工资随价伸缩制》（1885 年，英国协会的一篇论文）；《1885 年至 1889 年煤炭业……中……的工资随价伸缩制》（《曼彻斯特统计学会》，1889 年）。

② 《劳工皇家调查委员会》，甲组，询问案第 15615 号（威廉·安科特的证词）。请同克朗普顿，前引书，第 64 页中的当代记述作一比较。

③ 同上书，甲组，询问案第 15486 号。

④ 同上书，询问案第 15617 号。

得最好。它的问题比较简单，因为铁矿业没有煤矿业那样错综复 178
杂。更加有趣的是1875年开始为累斯特的年轻的、正在变化中的工厂靴鞋业建立调解仲裁机构的那番尝试。其所以在那一地区进行尝试，原是很自然的；当时它之所以在那一行业中没有获得完全的成功，也是同样自然的。协商委员会不是继续活动的，因而也不能永远避免罢工。在八十年代之末，它虽仍存在，但据说只是“大体上”成功而已。①

在十九世纪第三个二十五年的标准思想的背后，是产业界的机械观念。这是互相竞争和互相冲突的原子的汇流。法律应该使这些原子的机会平等化；但也只此而已。所有资本原子都应该有同等的机会来享受有限责任制的种种便利。行号这种企业组织的比较复杂和比较重型的原子将会有一切市场对它们尽可能的开放，但也将会面临来自各方面的冲突。劳工原子将可自由结合而不受任何阻碍。但是一旦获得相当的自由，他们反而会觉得对团结有所不便了，这倒是十九世纪前二十五年的真正原子论者始料所不及的。② 所设想的那种完全原子紊乱状态虽从来没有出现过，但标准思想也从来不是普遍的。抗议者和合作者总归是难以免除的。但是社会活动大抵所取决于其运行的那些平均意志，却倾向于这样的一种观念。其中最好的曾经考虑到如何减轻各种原子之间的摩擦，从而有了仲裁和调解。预言家和诗人曾经以正直

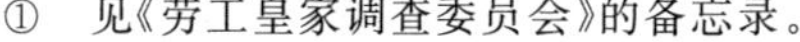

① 见《劳工皇家调查委员会》的备忘录。

② 弗朗西斯·普雷斯等的著名观点。

和真诚合作来进行教育，或者幻想出一个新世界，一个在太阳之东月亮之西的地方。他们不曾认真地、明确地想到日后。其中赋有旧约精神的人们，自托马斯·卡莱耳至卡尔·马克思，都一直担心或期待某种可怕的或光荣的灾难降临，担心或期待主日的降临，认为到那时所有这些因素必会靠白炽的热度熔化而成为一种伟大的新事物。

“联合起来”这个成语首先在劳工原子之间取得了一种半神圣
179 的意义：的确它具有宗教的含义。[①] 企业家原子声言：对他们来说，联合只是一种不得已的讨厌事情，其言出至诚是不容置辩的。[②] 他们的联合固然不曾被看成是神圣的，但至少已开始慢慢地，而且首先是被对方，看成为一种非常便利的社会性事物，而不只是单纯的斗争工具了。“雇主有组织起来的倾向吗?”一位工会领袖在1891年被这样问道。“是的。”“你完全赞成吗?”“正是如此。”[③]这种赞成只是新近的事情，而且恐怕并不普遍，但却是非常真实的。原子正自行类聚群分，小型的新东西已渐渐出现，而没有遭到任何灾难。

在限制风险的同时资本的流动和联合的完全自由怎样会影响工业组织，在八十年代，储蓄者、资本经营者或思想家都描绘得很不完全。对于工业股份公司的弱点远比对于它的前途所进行的讨

① 例如约翰·牛顿的祝祷歌中“愿我们能按照主的意思互相联合起来”。福音会的赞美歌从来不是同十九世纪的劳工史无关的。

② 本卷，第146页。

③ 《劳工皇家调查委员会》，丙组，询问案第634—635号（钢丝车间和清花车间工人方面的乔治·西耳克）。

论为多。在 1877 年，控诉院档案保管法官——无疑是一位保守派的批评家——曾经扬言股份公司不适合于制造业，并且主张以有限责任合伙制来代替它。[①] 在 1885—1886 年的萧条调查委员会委员任命之前，这个制度已肯定在试验中。至于这种新型“有限责任的”家庭企业会怎样演变，却没有多加考虑。在单纯合伙时代，企业就已经从事于扩张，互相兼并，以至共同经营。马克思已经把它们无可避免的扩张视为历史的规律和预见。扩张和兼并现在已经大大地方便了，正如在美国所表明的那样。但在大约十二年之后，当一般的共同经营在不列颠依据有限责任法开始实施的时候，它是出乎英国标准舆论意料之外的。经济学家纵使预见到了这一点，事先也不曾明确地指出。

① 《1862 年和 1867 年公司条例实施情形审查委员会》，1877 年（第 8 卷，第 419 号）。杰塞耳爵士的证词，询问案第 2225 号及以下。他承认家庭企业“负有限责任”是适宜的。

180 # 第五章 交通

铁路既经在五十年代初期征服了不列颠，就在下一代中巩固和拓展它的征服了，但是在武器和战术方面却没有任何彻底的变革。虽然铁轨已经变成为钢轨，但是在 1886 年，拖载格拉德斯通去和帕纳耳会面的那部机车，在式样方面同四十年前拖载他这位无所属的皮尔党员的那些机车相近的程度，比同四十年后的那种腹大颈粗的怪物相近的程度还要大。[①] 早期最优秀的机车既是那样合用，路轨又是那样耐久，所以在四十年代和八十年代之间最高行速提高得很有限，虽则在八十年代之末达到这个最高行速的列车已经远比以前为多。1845 年，伦敦—西北铁路上最快的快车是一小时三十七英里。[②] 1854 年，在年轻的东北铁路上行驶的快车的行速据说是三十七至四十一英里。[③] 在 1865—1866 年据说快车一般是“大约四十英里”；但是对于各线最速行车的一项比较准确的计算却只得出三十六又二分之一英里。[④] 在 1871 年，对二百五十列不同快车的一个更加准确的计算得出了三十七又五分之三

① 本卷，第 176 页。但是自 1881 年起就有了复合机的试验。

② 《铁路皇家调查委员会》，1867 年(第 38 卷，第 1 编)，第 53 页。

③ 汤林森：《东北铁路》(1914 年版)，第 545 页。

④ 《铁路皇家调查委员会》，第 58 页。

英里。到 1883 年,多达四百零七列车的平均数为四十一又五分之三英里。① 四十年代最好的惯行办法已经稍稍有了改进并且大为推广。自米德兰铁路在 1872 年 5 月 19 日宣布它的所有列车嗣后将一律载运三等旅客以来,在大多数路线上人人都可以享受改善的服务了。② 但是在技术方面却没有任何革命。

在舒适方面也是如此。早期的敞间"三等车"绝迹了。座位改成了软席。但是当 1874 年始终生气勃勃的米德兰铁路从底特律输入一种不分成小间的试验性"美国式列车"后,旅客的座位又混杂起来了。英格兰旅客,尤其是曼彻斯特旅客"表示宁取通常分成 181
小间的车辆"③,对他们来说没有任何革命。列车是分开来使用的。米德兰铁路小心翼翼地坚持下去。在八十年代初期它渐渐使头等旅客习惯于餐车了。卧车似乎是一上来就被接受的,卧车构成为 1874 年试验的一部分,并且是在一年以前在通往苏格兰的东海岸路线上创始的。

在 1848 年,虽然还有很多铁路工程有待完成,铁路的创办却停滞下来——在过去三年的铁路狂之后,倒也不是不自然的。通车的路线约有一千二百英里,得到核准的仅仅三百三十英里。在那年年底,不列颠通运的路线总共有四千六百四十六英里。④ 铁

---

① 威洛克:《1871 年和……1883 年的英国快车》(Willock, H. B., *English Express Trains in 1871 and... 1883*),见《统计学报》,1884 年,第 259 页。

② 斯特里敦:《米德兰铁路史》(1901 年版),第 201 页。直到 1890 年,大西北铁路还不是所有快车都挂"三等车"。塞康:《大西北铁路史》(1895 年版),第 278 页。

③ 斯特里敦:前引书,第 206 页。

④ 拉德纳:《铁路经济》(1850 年版),第 54—55 页。

路网似乎既稠密而又完备了，新近奉派的铁路调查委员们指出：在已得到核准但尚未完工的七千英里有奇的路线之中，也许大部分永远不会完工了。为什么会这样呢？有人这样问道。[①] 自从 1848 年 2 月 14 日卡利多尼亚铁路通车以来，甚至前往苏格兰都有了可供选择的铁路线。在这些路线上已经展开了竞赛。约翰·鲁塞尔的 1848 年预算演讲就是在以一小时约四十六英里的行速前往格拉斯哥的旅程上完成的。[②]

1848 年奉准的所有路线果真建成，就早会有那一万二千英里长的铁路系统，而事实上这是在将近二十年之后，在英格兰的若干新干线，威尔士和高原的铁路系统以及除威尔士和高原以外到处都有的许许多多支线、连接线和短程竞争线的帮助下方始完成的。不列颠铁路的通车总英里数是：

1848 年(12 月 31 日)	4,646
1858 年	8,354
1870 年	13,562
1886 年	16,700

就整个联合王国来说(不列颠的数字尚无法获得)，日益加长的铁
182 路线上所载运的旅客，不包括季票持有者在内，在 1850 年和 1885 年之间增加到将近十倍，货物和原料的重量在 1860 年(没有 1850 年的数字)和 1885 年之间增加到将近三倍。不列颠的比率无疑也

① 1850 年的一项条例(维多利亚，第 13、14 年，第 83 章)公然打算对铁路计划的放弃和铁路公司的解散予以核准了。约有两千英里的铁路未奉核准即予以放弃。克利夫兰一史蒂芬斯：《英国铁路，它们的发展和它们同国家的关系》(1915 年版)，第 179 页。

② 汤林森：前引书，第 486 页。

是差不多的。[①]

在新干线之中，大北铁路在1850年8月已准备试车，正好赶上参加1851年大博览会的运费战，那时从约克郡到伦敦的来回票已降到五先令。[②] 大北铁路始终没有按原计划通到约克。它的干线，正如一句经常的玩笑话所说的那样，终止“在当卡斯特以北四英里的一块田地里”[③]，从这个地方起，铁路的所有权就转到别人手里了。从伦敦—南安普敦铁路发展出来的西南铁路在五十年代通过建造和购买而把它西段的长程干线连接起来。1857年，伦敦—索耳兹伯里直达线已经通车。1860年，它已经通达埃克塞特，并且同早已修筑或者控制了的更西面的一些路线衔接起来。[④]这一切都是在1850年以前拟议的。在当时拟议的不列颠干线系统以外的一些主要的增建都是米德兰铁路进行的，并且总是出自它的北米德兰总局的设计。[⑤] 在1867年，它首次把货物载运到圣盘克拉斯，并通过皮克森林将旅客运至曼彻斯特。货物和旅客先后在1875年和1876年可以沿着它的第二条山间线，通过海克雷文和奔宁山脉的那条塞特尔—卡莱尔铁路运输了。[⑥] 在1870年以后，除塞特尔—卡莱尔线外，没有任何重要的长程铁路动工。

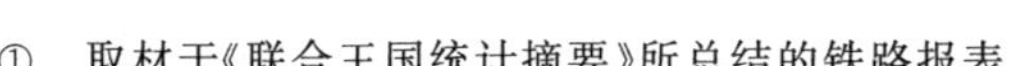

① 取材于《联合王国统计摘要》所总结的铁路报表。

② 参阅上卷，第392页和本卷，第184页的附图；关于运费战，参阅格临林：《大西北铁路》(Grinling, C. H., *The Great Northern Railway*)(1898年版)，第103页。

③ 阿克沃思：《英国的铁路》(Acworth, W. M., *The Railways of England*)(1889年版)，第207页。据说董事长丹尼森曾经向一位股东说过这样的话。

④ 谢林顿：《大不列颠的铁路运输经济》(Sherrington, C. E. R., *Economics of Rail Transport in Gt. Britain*)(1928年版)，第1卷，第42—43页。

⑤ 参阅上卷，第392—394页。

⑥ 斯特里敦：前引书，第168、186页。

1870—1886 年新增的里数几乎全部是支线、连接线和地方线。大的工程企业则是属于另一种性质的：在 1886 年，塞佛恩隧道已经开放，福思桥也正在建筑中。

早期铁路时代的末期是合并时代，是铁路大王乔治·赫德逊
183 的时代。在 1843—1846 年，米德兰铁路和伦敦—西北铁路通过合并而建立起来。赫德逊建造了米德兰铁路，卡尔·格林和马克·休伊希大佐建造了西北铁路。在 1847—1848 年，通过合并而产生了兰开郡—约克郡铁路、曼彻斯特—设菲尔德—林肯郡铁路以及东北铁路在几年之内所由诞生的约克—纽卡斯耳—伯里克铁路。[①] 这是赫德逊的家乡铁路系统；赫德逊一度是约克郡的一个麻布商。但正是在 1849 年公司的一次大会上提出了使得他无家可归的一个问题。为什么赫德逊把股票按证券交易所从未达到过的价值卖给公司呢？他的答复引起了根究。一旦寻索到眉目，就立刻看出事情是卑鄙污浊的。他按六镑十先令买进的铁，却按十二镑的价格卖给了公司。他把“交由董事权宜处理的”股票保留给自己，事实上是供作行贿之用。他夸大运费的收益，而把资本当作收入等等。不再是铁路大王而仍然是国会议员的赫德逊，依旧是船厂大王之类的人物有四年多之久，并且为散德兰和哈特尔普耳作出了良好的成绩。到 1854 年，他同萨克莱的绅士们一起亡命于布伦。[②]

一年以前，约克郡—纽卡斯耳—伯里克铁路、约克郡—北米德

---

① 参阅上卷，第 390—395 页。

② 汤林森：前引书，第 493、507、548 页。《英国人名词典》。他后来回到英国，死于 1871 年。

兰铁路——为利兹·赫尔和惠特比这个三角地带服务的另一个赫德逊铁路系统——以及环绕约克郡—戴尔斯的门户的利兹—北方铁路[①]的董事们，虽然没有能使合并法案通过，却加强了现有的经营合同。在1854年7月31日，他们的旧事重提的合并法案奉到了敕准。这一法案建立了在十年稍稍多一点的时间内变成为一个垄断制永久事例的那个东北铁路公司，这种垄断制在法国早已被政府采用作为它的铁路制度的基础。在纽卡斯耳—卡莱尔铁路公司(1862年)、斯托克顿—达林顿铁路公司(1863年)和一些较小的公司(1857—1865年)被兼并之后，在伯里克、奔宁山麓的丘陵、海和恒比尔河之间就没有一点铁路不在东北公司的董事控制之下了。赫尔人不论在六十年代或以后都不欢喜东北公司：他们说它为更北去的一些条件比较好的口岸的利益而妨害了他们的发展。在1880年，他们发起了一条通往约克郡煤田的竞争线。在1885年，这条路线就作为赫尔—巴恩斯利—西莱定铁路而通车了。[②] 184

当1848年苦于贸易萧条的各公司正试图减少经营和商战的费用时，另一个更大的区垄断权已经在商洽之中。西北铁路、大西铁路和西南铁路的代表们举行了一系列的会议。拟将英国的几乎整个西部地区置于一个单一管理权之下的全盘合并已经付诸讨论，但是没有提出任何法案。当这三个公司召开股东特别大会来讨论代表们的建议时，因为卡尔·格林和他的董事会坚持要求让

① 在1851年以前称作利兹—瑟斯克铁路。

② 关于东北铁路，参阅汤林森：前引书，散见各处；关于赫尔—巴恩斯利铁路，参阅谢林顿：前引书，第1卷，第124页；关于赫尔和早期的东北铁路，参阅赫尔市长阿特金森的证词，见《铁路皇家调查委员会》，1867年，询问案第881号及以下。

西北铁路在新公司中占一支配地位，而不为参加会谈的其他两方所接受，致建议终于作为罢论。[1]

在东北铁路开始合并的那几年还有一些其他大规模的合并在商谈。其中的计划之一如果早七十年成为事实，原可通过西北铁路、米德兰铁路和北斯塔福德郡铁路的合并而产生一条和现有的伦敦—米德兰—苏格兰铁路极其相似的铁路，而这一铁路当可控制联合王国当时已有里数的六分之一。另一个计划原可将布赖顿线并入西南铁路而成为迈向现有南方铁路的一个步骤。[2] 尽管"和铁路资方有关的最有经验，最能干的先生们"在五十年代之初都坚决赞成合并，尽管大不列颠"大约七个"法定垄断区的那种意见早已是老生常谈，但是这两个计划都没有实现。[3] 铁路方面对于这一意见的看法虽不明确，国会的看法却肯定是敌对的。"按理任何这类的事都不能请得国会的核准"，1853 年的委员会这样报告说，"纵使予以核准，也不应具有任何持久的价值"。[4] 翌年，在私法案制度不正常的运行下，东北铁路获得了一种很像是非正规
185 垄断区的权益，而且始终没有被撤销。

1854 年 7 月的这项条例核准了五十年代唯一的一个大规模

---

① 麦克德默特：《大西铁路史》(MacDermott，E. T.，*History of the Great Western Railway*)(1927 年版)，第 1 卷，第 307 页；克利夫兰—史蒂芬斯：前引书，第 171 页中有更加详尽的记述。

② 《铁路运河法案审查委员会》，1852—1853 年(第 38 卷)，附录 8；《铁路公司合并案审查委员会》，1872 年(第 13 卷，第 1、2 编)，附录甲；克利夫兰—史蒂芬斯：前引书，第 179—180 页。

③ 《1852—1853 年审查委员会第五次报告书》，第 3、5 页。

④ 同上书，第 6 页。

的合并。在这十年的头四年当中，甚至连一个小规模的合并都不曾有过。随着六十年代的开始，这种合并之风卷土重来。当东北铁路正在兼并纽卡斯耳—卡莱尔铁路和在兼并斯托克顿—达林顿铁路之前进行着斗争的时候，另一个几近完全的垄断区因大东铁路的奉准成立(1862 年；维多利亚，第 25 年和第 26 年，第 223 章)而在东安格利亚出现了。作为它的干线的那条旧东部铁路多少年来一直是铁路界的一个废物和公众的一个笑柄。当 1854 年东部郡铁路获准管理诺福克铁路和东部联合铁路时，为一个农村区域提高服务效率所作的这番努力是没有任何人反对的。这只不过是这些小铁路本身所由构成的终点接终点的合并的另一个阶段而已；例如诺福克铁路就是由雅茅斯—瑙威治铁路和瑙威治—布兰敦铁路联合而成的。的确，1854 年的法案已经很清楚地预示出 1862 年的全盘安排，其中也提到了对后来组成为大东铁路的东安格利亚铁路和纽马克特铁路这两条路线的兼并。所以这项合并的完成在这五个不发达的企业的股东以外，并没有引起任何人的兴趣。外界人士都祝愿它们和东安格利亚一并时运亨通。[①]

大规模的合并，或者一个公司的路线对另一个公司的出租，直到 1866 年为止都一直在稳步进行。在 1863 年，大西铁路通过接管西米德兰铁路和南威尔士铁路而给它的铁路系统增加了将近四百英里的路线；东北铁路，如上文所述，则兼并了斯托克顿—达林顿铁路。在 1864 年没有发生任何引人注目的事情；但 1865—

---

① 克利夫兰—史蒂芬斯：前引书，第 9 章，尤其第 221、225 页；汤林森：前引书，第 14 章；阿克沃思：前引书，第 10 章；谢林顿：前引书，第 1 卷，第 130—131 页。

1866 年却是苏格兰的大合并年，卡利多尼亚铁路和北英格兰铁路分别兼并了其他公司几百英里的路线。1866 年的财政危机限制了这种形式的企业。到了 1870 年，铁路系统已经差不多固定下来了。伦敦—西北铁路在路线的长度和同邻线的关系上已经和它在 1923 年合并成为伦敦—米德兰—苏格兰铁路时的情形相去无几了。①

186 固定化并不是铁路策略家所计划的，它一部分是不期然而然的，大部分是强加于它们的。在 1867 年，还没有通达到卡莱尔的米德兰铁路正梦想着同格拉斯哥—西南铁路合并，如果能通达到那里，这种合并自然是有益的。它的美梦直到上议院才被打破。之后它又就商于大北铁路和曼彻斯特—设菲尔德—林肯郡铁路。只要它延展到卡莱尔，恢复苏格兰各线的联盟就总归是有希望的。所以西北铁路设法创造这种局面，并于 1871 年下半年宣布它愿意同兰开郡—约克郡铁路合并。联盟是极其自然的。在东面和西面，这两个公司原可无须竞争。在南面和北面，则显然是相辅相成的。若干年来，它们的关系一直都不能不密切，而且照例是友好的。它们之间曾经有一连十年的运输合同，其中之一才刚刚满期。联盟尽管是自然的，却也不能不使所有各邻线和竞争线惊慌失措。斗争不懈的董事长和左右这些董事长的总经理们开始活动起来——诸如为了对普通股东并没有多大好处的公司的拓展与合并而一生席不暇暖的爱德华·华金，以及在 1853 年至 1857 年、1860

① 克利夫兰一史蒂芬斯：前引书，第 227 页(六十年代合并案一览)、第 236—237 页；谢林顿：前引书，第 1 卷，第 91 页(伦敦西北铁路)。

年至1880年管理米德兰铁路，卓著成绩的詹姆斯·奥耳波特等等。①

国会和公众对于垄断已渐渐感到不安。商会提出了请愿书。在1872年，一个两院审查委员会对全盘问题进行了调查。在它的结论的眉批中出现了这样一个标题——“合并势所难免；但也许是相宜的”。由此揭示出来的态度又引起了业已暂行撤回原案的西北铁路发起人的希望。但是十九世纪的审查委员会和调查委员会的意见，总是具体铁路议案所会遭到的事故特别不幸的征兆。在1873年，这一议案被否决了。反对者甚至从未被邀作证：据说是序言未得到证实。新提出的米德兰铁路和格拉斯哥—西南铁路的合并案也一同被否决。这一否决终于杜绝了合并运动。小规模的合并却还继续进行。爱德华·华金一面计划，一面商谈。尽管有斗争又有联合，有路线的租借又有运输合同，但是在九十年代以 187
前，铁路网却没有任何重要的变化。②

租借、联合和运输合同自始就为完全的合并开辟了道路，或是为未合并的公司争取到合并的很多利益，但对公众来说，正如有人所论证的那样，则只有不利。利物浦和曼彻斯特之间的五条铁路和航线甚至在1852年就“多少”有了“一种共同的谅解……而不存

---

① 华金的证词，见《铁路合并案审查委员会》，1872年，询问案第4542号及以下。克利夫兰—史蒂芬斯：前引书，第233、239、241、296、309页；杰克曼：《现代英国的运输》(Jackman, W. T., *Transportation in Modern England*)，第2卷，第601页；斯特里敦：前引书，第280页。

② 参阅《1872年报告书》；关于1873年的各项法案，参阅克利夫兰—史蒂芬斯：前引书，第241—242页。关于华金(爱德华爵士)和奥耳波特，参阅《英国人名词典》。

在任何同行之间互不相让的竞争”。[①] 在同一个时期，伦敦—西北铁路和大北铁路对于某些竞争点上货运的分配，也有了一项正式协议，另附有一项对争议事件的仲裁条款。再往东去，大北铁路和东部郡铁路已有一项“终止一切真正竞争”的协议。1852—1853年委员会所报告的这些契约，尽管对于它们的真正效力也许稍稍有所夸张，“却只〔是〕一般倾向的一些范例而已”[②]；这种倾向在整个期间的普遍性也是不容置疑的。当铁路的势力均衡有某种变化之虞时，正如一条通往伦敦或卡莱尔的米德兰铁路那样，斗争就势必出现，至少是在国会委员会中，也许还有一个时期出现在铁路上。但是合作随又重新抬头，虽则从来不是完全的。运费战是一种显然的浪费，所以总是摒弃不用。力图通往尚未铺设铁路的一些小块地区的竞争依然存在，设备方面的竞争也还很多，但在其他方面，则各种不同程度的地方性和一般性协议不一而足，直至于几乎同合并无异，一如西北铁路和兰开郡—约克郡铁路所订定的十年合同那样。

由于铁路清算所的及早成立和迅速发展，铁路方面的合作得到了很多的鼓励。在1842年由“少数几个狭轨幅公司”[③]仿效银

① 《1853年审查委员会》，第4页。另参阅上卷，第415、418页。

② 同上书，第4、5页。

③ 《铁路皇家调查委员会》，1867年，第18页，连同1847年这个错误的日期〔转录于《1872年审查委员会》，第10页。寇恩：《英国铁路政策》(Cohn, *Englische Eisenbahnpolitik*)，第1卷，第262页自然又予照录〕。参阅摩里逊：《清算制度的起源和结果》(Morrison, K., *The Origin and Results of the Clearing System*)(1846年版)；拉德纳：《铁路经济》(1850年版)中的清算所章；尤其克利夫兰－史蒂芬斯：前引书，第173页及以下的讨论。清算所的早期情况不清楚。

行清算所创办的铁路清算所，是以便利通运并调整因通票而造成 188
的债务关系作为业务的。到 1849 年，它包括了“大西铁路、西南铁路、伦敦—布赖顿—南海岸铁路、东南铁路及其支线和附属线以外的”全国所有各铁路[①]；未包括在内的那些铁路都是宽轨铁路和长程通运在当时还做不到的一些路线。在“实行清算的”区域内，通票和货车的通运是普遍的。尽管卡尔·格林和丹尼森，华金和奥耳波特还会对他们的委员会会议室中的斗士们面示机宜，但是尤斯顿广场上清算所的职员和全国各地清算所的经理人员却孜孜于平衡账目，核查托运货物，登记移出的货车或篷车的号码，而把铁路当作一个不可避免的合作团体来运行了。在 1850 年这个制度在迪奥尼夏斯·拉德纳看来似乎是那样的有发展前途和有效，以致他考虑到了有无可能把清算所发展成为“供所有铁路之用的一般机车和车皮的保养机关”[②]这样一个始终没有实现的最合理的抱负。

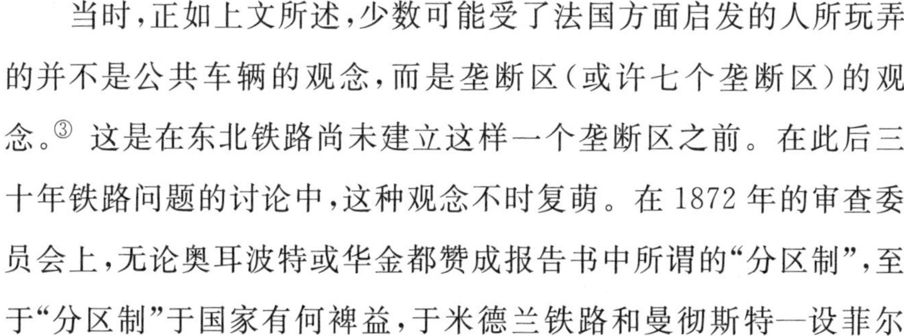

当时，正如上文所述，少数可能受了法国方面启发的人所玩弄的并不是公共车辆的观念，而是垄断区（或许七个垄断区）的观念。[③] 这是在东北铁路尚未建立这样一个垄断区之前。在此后三十年铁路问题的讨论中，这种观念不时复萌。在 1872 年的审查委员会上，无论奥耳波特或华金都赞成报告书中所谓的“分区制”，至于“分区制”于国家有何裨益，于米德兰铁路和曼彻斯特—设菲尔

① 拉德纳：前引书，第 153 页。

② 同上书，第 164 页。

③ 《1852—1853 年审查委员会》，第 5 页。

德—林肯郡铁路又有何裨益，今天是不值得去论断的。审查委员会只简单地指出它不能建议任何“试图绘制新铁路图的举动”[①]，因而也就听其原封不动了。

虽然不如垄断区的观念那样有活力，但和它一样悠久，并且和它一样是1845—1847年铁路狂之后的一股反动力量的产物的，就是“将所有铁路财产合并……成为一个资本”的那种建议。[②] 它的主要目的是增进股东的安全。无论具体细节还是它的种种牵连都从未加以充分讨论。它依旧是纯观念性的。

铁路国有化本身亦复如此，但是它却有一段比较生动的历史。
189 在四十年代少数专家的赞扬之下，它已经在1844年条例中制成为木乃伊。自该项条例公布之日起建造的铁路，在二十一年之后，国家一律可予以收购。[③] 自然，有二十年很少谈论到这个木乃伊。但是埃德温·查德韦克那位坚决的改革家和中央集权主义者在1859年的统计学会上曾经赞扬铁路的国家管理，在六十年代初期还有另一些对铁路管理和垄断权持批评态度的人。其中最突出的就是在1860年接管了《经济学家周刊》编辑工作的华尔特·白哲特。[④] 在1864年12月，以《被遗忘了的1844年条例》为题的一篇

① 《报告书》，第41页。

② 《1853年报告书》，第6页。

③ 见上卷，第418—419页。

④ 查德韦克文，见《统计学报》，第22卷，第381页。文章有这样一个富于特征性的题目：“欧洲立法和行政的不同原则的后果：即同服务区域以内的竞争相比之下对服务区域竞争的种种后果”；文章论述了法定公共服务的垄断区。另参阅寇恩：前引书，第1卷，第348页中引证的评论家的话。这些评论家都不如白哲特重要，但寇恩并未引证白哲特。

论文，使人重又想起了收购条款。[①] 因为从1865年10月起，这一条款就可以援用了。不妨考虑考虑吧，白哲特辩称。“谁也不会……建议把英国的铁路一总买下来。但如果证明这么办相宜，那就不妨动手去做……”他谈到了铁路垄断权和一便士邮政制。在1865年1月7日，他在“从铁路国有中所会得到的利益”这一题目下，重又谈到了这个问题。他的试探性意见不外是铁路国有各线的合作以及对商业经营公司的有限期出租。“目前的铁路管理方式可以说是商业管理最坏的方式”：铁路局具有“政府机关的很多缺点”。它们的成员之中有上院议员、下院议员和商人，无所不有，而单单没有有实际经验的铁路人才。“要是国家收购特别有益的话，那么**调查**一下所有权的转移是否可以实行也就是政府的明显责任了。”这就是他结尾的一句话。

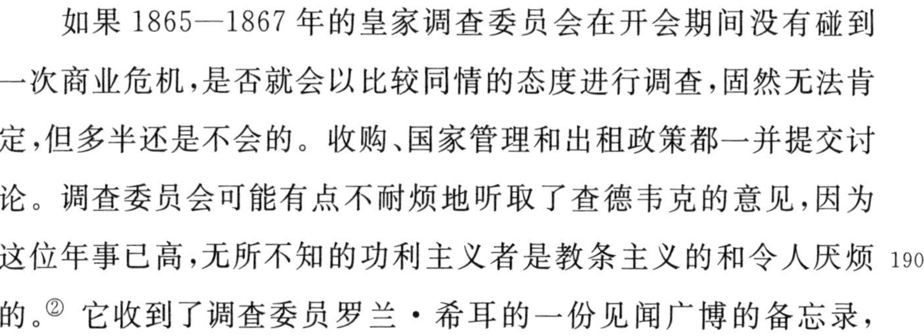

如果1865—1867年的皇家调查委员会在开会期间没有碰到一次商业危机，是否就会以比较同情的态度进行调查，固然无法肯定，但多半还是不会的。收购、国家管理和出租政策都一并提交讨论。调查委员会可能有点不耐烦地听取了查德韦克的意见，因为这位年事已高，无所不知的功利主义者是教条主义的和令人厌烦 190
的。[②] 它收到了调查委员罗兰·希耳的一份见闻广博的备忘录，这位调查委员终于提出了一个赞成出租制度的各别报告书。[③] 乔

① 《经济学家周刊》，1844年12月10日号。《经济学家周刊》的现任编辑也同意这些社论是白哲特的手笔。这些社论虽未署名，但是可以从笔调中看出。纵使不是他的作品，政策也会是出自于他的，但是该杂志社并不确切的记录可查。

② 《铁路皇家调查委员会》，1867年，询问案第17179号。

③ 同上书，第107页。

治·比德那位"计算员"已经成为铁路工程师和董事，他虽然是主张将所有爱尔兰铁路一起合并，但承认他的论证"在某些方面"也适用于英格兰。只要对铁路公司要求支付的优先权给以保证并对经营管理和普通股票不加干涉，他认为国家未始不可以取得财政管理权。① 调查委员会听取了这一切，但它的决议是："推翻迄所采行的政策，目前殊有未便。"②

1872年，主张近似国有化制度的人们又一次得到了一个机会。这时已届耄耋之年的罗兰·希耳没有被邀作证，但是对贸易部铁路视察员泰勒大佐所提出的一件重要备忘录作了审查。他固然极力赞成严格管理，但是"不愿到这里来主张国家收购"。他以"那么问题终于产生了，到底是让国家管理铁路，还是让铁路管理国家"这句当时被人广为引证的话，结束了他的证词。③ 各式各样的实业家，尤其是利物浦的一个集团所提出的证词都有利于国有化，或至少有利于彻底的国家管理。《经济学家周刊》曾经谈道"在铁路合并法案中如何以明订新的征购条件为得计"。在讨论贸易商和东北铁路之间的一项争议时，它辩称，由国家占有那个垄断区"显然比由一个股份公司占有对公众有利"。④ 但是这个非常强有力和最具有代表性的上下两院联合委员会却在它的最后报告书中声称，讨论国家收购"目前尚无必要"。⑤ 历史家会同意他们的看

① 他的证词见询问案第4213号及以下。引语录自询问案第4301号。

② 《报告书》，第37页。

③ 《铁路公司合并案审查委员会》，询问案第7020号。

④ 1872年2月10日一篇论文的题目和1872年10月5日一篇论文中的引语。

⑤ 《铁路公司合并案审查委员会》，第31页。

法的。

白哲特在1864年曾经写道，“凡是国家核准的垄断权应受国家的监督和指正”乃是政治经济学上的一个公认原则。[①] 有充分理由不愿买下铁路垄断权的国家，胡乱地混进了八十年代，有时硬 191
说根本没有垄断权，有时又说经过全面考虑之后现行办法还是比较有效的。在这一点上它恐怕是正确的。在这期间它发挥了起码的“监督和指正”作用。至于如何指导铁路系统的地域性发展，则自1845年皮尔推翻了达尔浩希以来[②]，就没有过任何经过慎重考虑的措施。每一个发起计划都是投资人、铁路律师和私法案委员会去考虑的专案。甚至在轨幅这个至关重要的问题上也没有作过任何认真的努力去指导技术发展。空谈指导方针的议论固然有过；但是正如1853年委员会以不胜可悲的束手无策态度所写的那样：“国会……所要着手以一般立法去解决的，现已听从私法案委员会的决定……而不再予以解决。”[③]

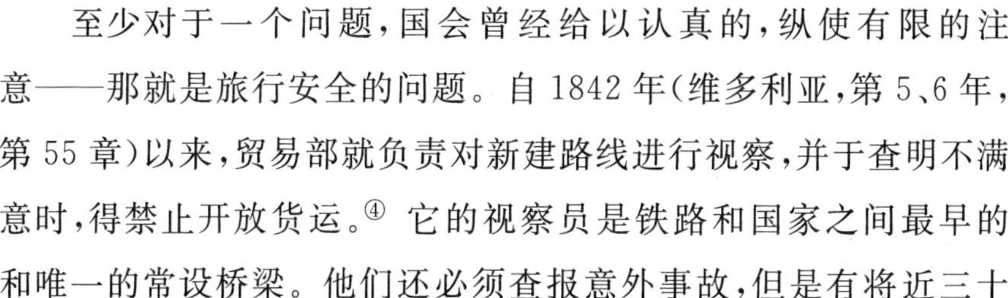

至少对于一个问题，国会曾经给以认真的，纵使有限的注意——那就是旅行安全的问题。自1842年（维多利亚，第5、6年，第55章）以来，贸易部就负责对新建路线进行视察，并于查明不满意时，得禁止开放货运。[④] 它的视察员是铁路和国家之间最早的和唯一的常设桥梁。他们还必须查报意外事故，但是有将近三十

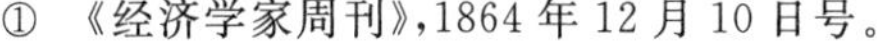

① 《经济学家周刊》，1864年12月10日号。

② 见上卷，第423页。

③ 《报告书》，第13页。

④ 参阅寇恩：前引书，第2卷，第219页及以下。克利夫兰一史蒂芬斯：前引书，第76—77页。另有一涉及安全问题的更早的1840年条例（维多利亚，第3、4年，第97章）。

年他们都不具有任何强制性权力。直到1871年的铁路章程条例(维多利亚,第34、35年,第78章)公布时为止,他们都不能不向公司乞讨材料。虽然如此,他们的报告书还是经常以各种安全设施的必要唤起公共事务家和公司的注意。他们对于铁路政策究竟有多大影响,虽难断言,但是至少他们对意外事故的统计,尤其是对调度站铁路工人意外事故的统计,是可以供大家阅读的。阅读的人不多,在车辆调度问题上有所行动的更少。但是在这期间,对于旅客来说,无论同其他大多数国家的铁路相比,还是同其他大多数交通方法相比,英国铁路已经变得非常安全了,因此各铁路公司甚至在外界对于区划信号制这种显然有益的安全措施迟未采用而提出批评时,也还是有以自解的。

久为人所共知和提倡的这种制度却为六十年代大多数大铁路家所抵制。在1870年英国虽有大约全长五分之一的铁路实行这
192 一制度,但这五分之一基本上是第二流的铁路。[①] 例如东北铁路就只有四十八英里铁路实行"绝对的"区划信号制。[②] 但是1871年,东北铁路公司却采取了普遍推行这一制度的步骤。在七十年代,这个制度几乎在各处都取得了迅速的进展。到1872年,西北铁路的四分之一以上已经"划区",另五分之一也正在着手"划区中"。[③] 所以当1873年巴克赫斯特勋爵在上院提出一项议案,主张把这一制度规定为强制性的制度的时候,批评家很可以说他是

① 例如伦敦—布赖顿铁路,寇恩:前引书,第2卷,第210页。

② 汤林森:前引书,第649页。

③ 考克韦耳(Cawkwell)的证词,见《1872年审查委员会》,询问案第1256号及以下。

白费神了。这个议案始终没有立成为法律。直到1889年(维多利亚,第52、53年,第57章),只对很少里数的铁路实行了强制。这同一条例终于以安装连续制动器的义务强加于一切客车。这一次也不过是鞭策落后者的一个事例而已。早在十二或十五年前就至少有两种妥经试验的制动器可供利用。[①] 自1877年摩佩思的那次假使有制动器就不致发生的伤亡事故以来,泰勒大佐和贸易部就一直督促各公司加以利用。快车不久都安装上了,到了八十年代中叶,只有下等“国会”列车或者落后的小铁路还没有这种装置。法律到底强迫每个人做了几乎每个人都已经在做着的事情。

国家,也就是说政治家之所以不情愿在这类技术问题上有所规定,同他们不情愿做的其他事情对照起来看,还是可以理解的。技术方面的规定有意味着固定化的危险,而且能以进行试验的只是铁路,而不是国家。至于它何以始终不愿触及铁路的运费和课征,那就不大可以解释了。初看上去似乎是完全无词自解的,但是进一步加以调查,也发现有两条重要的辩护理由。第一,铁路取费的经济学和伦理学固然在任何地方都不简单,而在不列颠,由于地理上的缘故则尤为复杂,正如审查委员会和调查委员会随即发现的那样。第二,既然英国从来没有一条铁路得到过很大的利润,所以不管对于个别弊端的指控是怎样振振有词,垄断制的一般流弊是从来未能证明的。以无可避免的无知再加上想象力的缺乏所决定的国家初步措施曾经是那样的幼稚荒唐,以致很早就物议沸腾了。在铁路征课问题上,当可记得,对铁路公司是像对运河公司一 193

① 谢林顿:前引书,第1卷,第239页。

样看待的。[①] 把所可取之于货物的通行费的最高额粗粗地分成几大类,列成简表,载在它们所由诞生的法案之中。这些最高限额是如此之高,以致不久就形同虚设,而只要在最高限额以内,则不论其如何悬殊,法律又概无规定。在 1845 年,二十二个公司对于真正在运煤炭的平均取费是每吨英里一点八三便士。[②] 其中有很多公司得根据它们的限额表让给别人运转(从来没有一个这样做过)而抽取一点五便士的通行费。1844 年规定的一便士一英里的"国会"三等慢车虽然是在现行最高限额以下,但仍然是相当高的,正如后来公司按同样的价格而以更大的速度和无法比拟的便利条件运转旅客而发现它们仍然有利可图时所证明的那样。

对于为吸引那些不采取这个措施根本不会去旅行的人而订定的远不到一便士的廉价游览票,从来没有人抱怨过;但在铁路公司把"收取运输所能负担的费用"这项原则适用于货物时,例如对于不这样做会取道水路的货运订定非常低廉的运费时,在不通水路的那些地方似乎就会怨声四起,他们把原应归功于不列颠有幸是一个海岸线非常长的岛屿这种环境的,竟全然归咎于铁路的弊恶。算来全国不下五分之三的车站的运费是受到海运竞争的影响的。[③] 因为铁路不能不勉为其难地保持同货船运费相竞争的五分之三的路线,难道它们就应该降低它们所有的运费吗?

对取费的监督和修改以及对这类问题的公开正视本来是铁路调查委员非常适当的职能,铁路调查委员是国会深感不能不对新

① 见上卷,第 414—415 页。

② 格里姆(Graham,W. A.)文,见《统计学报》,第 8 卷,第 222 页。

③ 《1872 年报告书》,第 19 页。

铁路丛多少做一点巡逻工作时，在 1846 年 6 月以维多利亚，第 9、10 年，第 105 章设置的。[①] 但是这些调查委员尽管发表了一些很有价值的报告书，但自始就没有获得任何执行权，直到 1851 年主要由于经济方面的原因(由维多利亚，第 14、15 年，第 64 章)未经讨论而予以撤销时为止，他们也始终没有获得。他们的调查和统 194
计职能重又划归贸易部，贸易部大臣拉布谢尔原是他们的主席兼执行人。调查委员刚刚摸索到这个铁路丛的路径就马上被撤销了，所以在 1853 年铁路章程再度付诸讨论时，要是以没有“受过充分训练的公共机关来接受命令”为词进行论辩，倒是既容易而又正确的。[②] 兴趣仍然集中在合并，集中在给予一个公司以在另一个公司的路线上的“行车权”以及由铁路管理运河等这些问题上；但是 1853 年的委员会也以谴责口吻提到了铁路公司往往对“某几类运输”表示的“特殊照顾”，并且指出普通法院的不太适合于处理从而产生的争端。[③] 委员会的许多工作都付诸东流，但是这一点却在 1854 年条例(维多利亚，第 17、18 年，第 31 章)中产生了结果，这项条例对于“铁路公司制订或给予任何特定人或特定公司或任何特定种类的货物以任何不适当或不合理的优惠待遇或利益”，一律加以禁止。这里还有很多字句尚有待该管高等民事法院予以解释。但是这项条例并没有多加利用，所以法院既不热心也不很胜任做解释工作。然而它却在兰索姆控东部郡铁路一案中下了这样

① 见上卷，第 424 页。

② 《铁路运河议案审查委员会》，“一位卓越的铁路律师”巴克斯特(Baxter)的证词，询问案第 3496 号。

③ 同上，《报告书》，第 12 页。

一个判决：给予一个地方的运输以优惠待遇——也许是为了应付水路的竞争——并不是“不适当或不合理的”，虽则给予某一个人的优惠待遇未见得不是。[①] 在铁路经理打算给“特定人或特定公司”以某种照顾时，似乎单单这项法律的存在就对他们起了限制作用。在1854年以后，对私人的照顾就简直无所闻了。[②]

铁路通行费表，如上文所述，是粗枝大叶而毫无用处的。表上既没有规定使用货车的费用，也没有规定装卸和其他起讫点服务的费用。为应付通行费表的这种粗枝大叶的规定，清算所拟定了一项详尽的货物分类办法，供各铁路之用。这项办法是那样的方便，以致1865—1867年的调查委员会希望国家全盘予以采纳。[③]

195 正如这个调查委员会的大多数希望的命运一样，这一个也没有被理睬。在六十年代，各铁路公司曾先后在1861年和1866年两次力图争取国会同意这种“落货卸货费”制度。[④] 它们准备接受分类的最高限额以换取这项原则的法律上的承认。它们两度都告失败，而落货卸货费则依旧是摩擦，并往往是抱怨的原因。虽然完全有词可解，如果抽收得不太高的话，可是直到八十年代单单它们的存在就使国会委员会感到诧异。“凡被指控为超过最高限额”的取费，据1882年一个审查委员会这样天真地说，总是援引“所谓‘落

① 《铁路皇家调查委员会报告书》，1867年，第48页中所引证的事例。

② 哈德利：《铁路运输，它的历史和它的法律》(Hadley, A. T., *Railroad Transportation, Its History and Its Laws*)(1885年版)，第183页；克利夫兰-史蒂芬斯：前引书，第195页。

③ 《报告书》，第67页。

④ 同上书，第22页。

货卸货费'"作为辩护之词的。[①]

1872年的委员会对运费问题大伤脑筋,它虽然认为合并是"无可避免的,甚或求之不得的",但是还看不出讨论国家收购或"制造新铁路图""目前〔有何〕必要"。以清算所的基础为依据的一个新分类办法,据它说,会是可取的,而过去建议的划一运费的办法则既不切合实际也不可取。落货卸货费很难加以规定:它们可能包括各式各样的服务。"不适当的优惠待遇"是一个不明确的概念等等。他们所十分了然的唯一的事情,就是处理从铁路立法中发生的争议需要专家组成的仲裁庭而非普通法院。对于这项意见,国会同意了,或者说半心半意地同意了。它通过了1873年的条例,也就是设立铁路运河三人调查委员会的那项条例,"以便为实施1854年的铁路运河运输条例并为其他有关目的而制定更妥善的规定"(维多利亚,第36、37年,第48章)。[②]

1872年的委员会曾经考虑设立一拥有全权的强有力的常设机构,即大北铁路的丹尼森在下院称之为"铁路巨子委员会之类"的机构。[③] 他们只得到了一个以五年为期的调查委员会,这个调查委员会后来年复一年地延长到了1888年。它在防止"不适当的优惠待遇"和鼓励"合理设备"方面作出了一些贡献。但是它究能存在多久是不肯定的。它的权力也是有限的。在它的早期,铁路

① 《铁路审查委员会(运费和票价)》,1882年,第13卷,第1编,第3页。

② 关于这一条例的最详尽的记述,见寇恩:前引书,第3卷,第131页及以下。调查委员自1875年起开始发表年度报告书,例如,1876年,第21卷,第275页。

③ 《韩氏国会实录》,新编,第215卷,第367号,引证于克利夫兰-史蒂芬斯:前引书,第274页。

公司可以公然抗命。它的禁令只能对它所审理的特定案件和日后
196 发生影响。它可以被控告，并且可以被高等法院传唤去“申辩”某一问题是否在它的权限以内。所有这一切都给铁路公司的训练有素和报酬优厚的司法大军敞开一方便之门。很少人想同他们去交锋——甚至陆军部也不例外。[①]

八十年代初期的英国铁路，纵使是故步自封并有几分妄自尊大，[②]但既不是普遍无能也不是腐败不堪的。英国是否有一个小康之家不持有几张铁路股票，倒是很可怀疑的。所以铁路公司很经得起批评。但是一般物价一连几年下降。沮丧地环顾一下四周，贸易界看到了铁路方面的一些真正弊端，也看到了很多他们所不理解而看起来像是弊端的东西，以及为防止无论是现实的还是可能的弊端而设立的一个显然不适当的政府机构。为应付当时的需要，贸易商无论如何需要更低廉的运费或更好的设备，或两者兼需并求。他们硬说他们自己一样都没有得到，而不应该得到的人——也许是外国货批发进口商——却兼而有之。兴趣这时集中在价格上面。意义深长的是，八十年代第一个重要的铁路委员会，即1881—1882年的委员会，就纯粹是为了讨论运费和票价而指派的。

这个委员会讨论了大多数的老问题：划一货物分类的需要；铁路管理运河的意想中的弊端；落货卸货费的秘密等等。它建议承认落货卸货费，但须予以公布（这正是铁路方面早在二十五年前所

① 《铁路审查委员会（运费和票价）》，1882年，询问案第5965号。关于1874—1886年调查委员会的一般历史，参阅哈德利：前引书，第173页及以下。克利夫兰－史蒂芬斯：前引书，第270页及以下。

② 他们的妄自尊大，尤其是对调查委员会，给美国观察家哈德利以深刻印象。

要求的)，并且可以在委员会上进行诘难。它甚至敢于建议由铁路议案审查委员会来讨论运费和票价这个复杂的问题。但是它主要是希望这个调查委员会能得到加强，改为常设机构，组成为登录法院。它的活动范围应予扩大。应取消对于它所下判决的上诉权。[①] 为抵消铁路公司的力量，不仅仅是抱有冤苦的个体贸商，而 197
且像商会之类的集体机构，也应该有权出席委员会用备咨询。应该注意的是，商会曾经是而且将继续是贸易商的疾苦的积极代言人。这时他们已经有了一个联合会，这个联合会虽然还不包括伦敦、曼彻斯特、利物浦、爱丁堡或格拉斯哥在内，却是可以代表以伯明翰、设菲尔德和利兹为首的四十九个工业社会发言的[②]。在1884年一无所成。实业界依然不安适，不愉快，价格仍然在下跌，但是从不可蔑视的约瑟夫·张伯伦其人为代表的伯明翰，这个既没有海路的便利，对于既得利益集团又毫不尊重的伯明翰，却掌管了贸易部。

经过一段间歇之后，在1884年，张伯伦提出了一个扩大调查委员职权的法案。[③] 法案没有通过，甚至没有付诸讨论，但是在各董事会看来竟似乎是如此的可怕，以致要成立一个铁路公司联合会来同它进行斗争。[④] 作为这项议案的一个反建议，各大铁路公司共同拟具了它们自己的1885年法案，这个法案是按照铁路方面

① 事实上，在它成立的头九年(1874—1882年)之中，调查委员会裁定了一百十一个案件，只有十七件上诉，只有六件成功的上诉。哈德利：前引书，第177页。

② 参阅《1882年报告书》中的备忘录，附录20，第395页。

③ “为补充铁路章程条例并为其他目的”的议案，1884年，第6卷，第333页。

④ 参阅格临林：《大西铁路》，第369页。

的理解来解释1881—1882年委员会对铁路取费所抱的希望的。贸易商群起反对：据说铁路公司的目的是要全面提高货物的运费并使外国货所享受的优惠待遇合法化。这种说法虽未必真实，但它们的目的肯定不是贸易商所希望的降低货物的运费。铁路事务再一次被排挤出国会——格拉德斯通在6月落选。在1886年春季，他携同他的地方自治方案回到了国会，铁路公司又起而反对贸易部的另一个法案，即经过了修改而变成为芒德拉法案的张伯伦法案，因为张伯伦刚刚在他的地方自治案上同格拉德斯通分道扬镳。要一个完全不同的政府有时间设法使一项法案通过，尚有待于两年政治动乱之后。[①] 至少在1885—1886年事情已经很明显：法案已经姗姗而来，货物运费将不会再仅仅由古老的通行税最高限额和法院或调查委员会所作的几十项具体裁决予以规定了。铁
198 路家说：当政府触及由经验决定的几百万种运费——从卡文迪什运往朗梅耳福德的粪肥；从伦敦运往阿伯丁的火柴——时，政府会烧伤自己的手指。[②] 他们的话并不完全是错的。

自1846年至1882年，没有一个铁路委员会或调查委员会不曾讨论过运河的命运。[③] 在那个时期运河的命运一直是每况愈

---

① 《铁路运河运输条例》：1888年（维多利亚，第51、52年，第25章）。

② 参阅格临林：前引书，第374页中所引证的意见，那里从铁路方面的观点出发对这些年份加以讨论。参阅阿克沃思：《铁路和贸易商》（Acworth, W. M., *The Railways and the Traders*），1891年版，英国最优秀的铁路经济学家对铁路也抱同情态度的一篇议论。

③ 例如从《铁路运河合并案审查委员会》，1846年，第13卷，第85页到《1882年铁路审查委员会（运费和票价）》。在1883年还有的一个专门《运河审查委员会》（第13卷，第1页）。关于早期的情形，参阅上卷，第398—399页。

下。在 1852 年以后，铁路所拥有和铁路所控制的运河里数很少变动，所以为 1872 年委员会绘制的地图所表明的原有地理位置，对于整个这段时期来说，还是大体正确的。[①] 鉴于当时及此后关于水路运输因铁路的控制而受到的破坏所谈说的一切，地图上最显著的特征就是那个始终没有被控制的运河和航道的大交通网。从伦敦前往格拉斯特、伯明翰、累斯特、纽瓦克和恒比尔河流域，始终都可以取道不受铁路控制的运河。在串特河、塞佛恩河和默尔西河之间的各联接运河虽然在铁路掌握之中，但是其中一条主要运河，串特—默尔西运河（即大干线运河）非但没有被北斯塔福德郡铁路夺去，反而修建了铁路[②]，并且依然和它结为同盟。横穿奔宁山脉的运河也已经落到铁路控制之下[③]；但是贸易一旦有可能以两小时的时间由火车，由岔入工厂或盘上煤井的铁路进行，就绝不会再有多少贸易从约克郡，分别上驶过四十五个，再下驶过五十四个大小不一的水闸而到兰开郡去了。从西莱定制造区往东，埃尔—卡尔德航运公司始终没有被打倒。在 1872 年，它显然还是“不惜在改良工程上耗费巨额款项”的唯一的一条运河。[④] 理由很简单。它设在利兹的总公司约高出海面一百英尺：煤炭顺流而下，木材和其他散舱货则逆流而上，货运直到今天还为量很大。[⑤] 在 199

① 克内特—埃房运河在 1852 年被大西铁路接管。

② 见上卷，第 399 页。

③ 但是在 1872 年和 1883 年之间，利兹—利物浦运河和罗奇德耳运河，是因租赁期满而摆脱了铁路的控制的。《运河审查委员会》，第 4 页和本卷，第 200 页。

④ 《合并案审查委员会》，第 21 页。

⑤ 但是在 1867 年它的秘书却对铁路痛加抱怨（《铁路皇家调查委员会》，询问案第 9899 号及以下各号），因为他当时兼运河联合会秘书，所以无论如何非抱怨不可。

奔宁山脉的另一方面，在大多数水闸的下面，布里季沃特公司的各运河，虽然是既狭窄而又陈旧，但是直到1887年被曼彻斯特船舶运河公司兼并时为止，业务一直是兴隆的。威弗航道始终是载运煤、盐和化学品横穿柴郡平原而过。在伯明翰以南，斯托尔布里治和其他一些独立的运河若干年来都经营得很好：在1872年繁荣时期，甚至还听说分别有“16％和12％的股息”。[①]

发达的运河不过是例外，这并不是因为铁路方面的什么计谋，虽则这类的事并非没有，而是因为作为一种交通工具，铁路具有绝对的优越性。关于这一点，沼泽之乡[②]是一个最好不过的例证。在它不计其数的水路之中，除自波士顿至林肯的威撒姆航道外，从来没有一段被任何铁路控制过。水闸寥寥无几。整个地带是水乡。几世纪以来，木材、煤炭和酒都是在林恩和威兹比奇进行买卖，那里有来自航道两端的组织得很好的集散贸易。“通过这些通航的河道”，狄福曾经这样写道，“林恩的商人供应大约整个六个郡和另三个郡的各一部分。”[③]铁路慢慢地伸展进这个“沼泽地”，而且铁路彼此相距还很远。但是它们轻而易举地取得了胜利。剑桥·彼得伯罗和伊利的煤炭贸易不久就以新铁路的车站为基地了。威兹比奇的地窖虽然还有不少存货，但这时所贮存的不再是酒，酒已经运到林恩海去了；没有他们也就没有大学的剑桥游船

① 《合并案审查委员会》，同上。在1885年取得了它的第一个条例（维多利亚，第48、49年，第188章）的曼彻斯特船舶运河不在本卷讨论的范围以内。

② 按指剑桥和林肯郡一带的低泽地。——译者

③ 《旅行记》（柯尔版），第1卷，第73页：也许是一种狄福式的夸张之词，但却是有事实根据的。

夫，现在也渐渐绝迹了。

各审查委员会和调查委员会都一再重申有使运河独立于铁路的必要。但是不论他们的报告书还是完全有资格的证人的证词都几乎同样频繁地表明平均运河的技术上的低劣。“铁路运输总是可以便宜些”，贸易部的多纳特斯·欧博莱恩在1846年这样说。[①]
运河因为怕铁路的竞争而曾经对筹划的铁路进行敲诈，1853年审 200
查委员会这样报告说。[②] 强有力的1872年审查委员会着重指出运河的一切偶然的成功。但是它的报告书承认运河在长程运输或贵重货载方面无法竞争，虽则它不失为伦敦粪肥之类东西的有效运输工具。它们最好是能维持下去，报告书这样说。但是谁也不能希望让国会“并不是为了发展一种有利可图的运输，而是为了维持一场已渐渐失败的对铁路的竞争，而通过一笔款项（正如法国方面所做的那样）”[③]。报告人触及到了问题的核心。要求国会补助铁路过去是向无必要的。但是自铁路发明之后，在欧洲就没有一个国家的运河是由私人企业修筑的了。[④] 用公款来修筑或改建运河可能是为了军事上或商业上的战略理由，但是这些理由在不列颠会永远是最脆弱的。在维多利亚时代的不列颠则脆弱到无以复加。在四十九个商会为运河而联名向1882年的审查委员会提出申请时，它们是泛泛地想到如何来维持一场业经证明是那样无效

① 《合并案审查委员会》，询问案第154号。

② 《铁路……议案审查委员会》，第11页。

③ 《合并案审查委员会》，第23页。

④ 已故的威廉·阿克沃思爵士在写给著者的最后一封信中，问他能不能找出哪怕一个例子。曼彻斯特船舶运河虽然是私人发起的，却是靠公家的支持完成的。

的对铁路的竞争，以及希望，满可以这样说，能得到低廉的水路运输，但是要水路运输低廉，就非靠国家的直接补贴不可。委员会仅仅提出了不应再让铁路对运河作进一步的控制这样一个既陈腐而又多余的忠告。翌年，贸易部的一位证人曾经促请专门为讨论运河问题而指派的另一个委员会注意一下铁路从未加以控制而依然不发达的那个运河网，以及横贯奔宁山脉的一条长运河和一条短运河，即一百四十四英里的利兹—利物浦运河和三十五英里的罗奇德耳运河，自 1872 年以来一直未为铁路所控制的这一事实。[①]另一位证人提到，利兹—利物浦运河自 1874 年摆脱掉控制以来，已经减低了通行费并且发付了优厚的股息。[②] 它从利物浦和丘陵之间横穿威根煤田，所以它的平原段是和埃尔—卡尔德运河以及布里季沃特运河属于同一个类别的；而且整个这一条运河沿途都
201 可以进行短程运输。它最近的成功是所以要把它维持下去的一个强有力的理由，也是内河运输在有利的条件下在不列颠仍不失为有用的一个证明。但它却丝毫不能证明运河的公共补贴是对国家的一般经济有利的。

在技术上，运河几乎把它们的所有缺点都保存了下来。除开埃尔—卡尔德航道之类的很少几个例外，它们仅仅维持了原有的工程——连同它们的不同宽度、不同深度、大小不一的水闸和临时性的狭窄隧道。[③] 一匹马力的运河船，即所谓“平底船”，据爱打趣

---

① 《运河审查委员会》，考尔克腊夫特的证词。

② 同上书，询问案第 827 号。请同杰克曼：《现代英国的运输》，第 2 卷，第 661 页注 2 作一比较。

③ 见上卷，第 82 页。

的人这样说，是像礼车一样的标准化和一式一样的。在煤田上，它仍然有很多短程运输工作可做。它为供应马房的需求，把米多塞克斯的草料运到派丁顿恬静的盆地，并把伦敦的粪肥运出；但是“派丁顿煤”这个名词却久已不用了。[①] 大部分的陆路煤都是取道艾治瓦尔路以东的铁路运进伦敦的。

国会常常认为运河的宜于联合正如铁路的不宜于联合；但是尽管有少数运河合并[②]，却没有足够的活力形成一合并运动。除开少数地方性的实业集团外，投资人对于运河已不再发生兴趣，何况为运河筹募资本本来就是困难的。在 1855 年，《芬恩基金论》(*Fenn on Funds*)的一项附录中还表列了可以认为是一般投资人所关心的二十六条运河，其中包括自股息 12%的斯托尔布里治运河、6.5%的德尔比运河、4%的大丁线运河和伯明翰运河(后者由伦敦—西北铁路予以保证)直至威尔特郡—伯克郡运河(十先令)和克内特—埃房运河(六先令)等。在 1883 年，《芬恩基金论》的第十三版已不再认为除苏伊士运河外还有任何运河有一提的必要了。

到了八十年代，铁路公司的非私人小集团作为工人的直接雇主，已经可以同机器制造业者各式各样的私人大集团相抗衡了，虽则铁路工作还不能同农业、建筑业、采煤业或纺织业相提并论。各

---

① 见上卷，第 283 页。

② 例如，利兹—利物浦运河公司和埃尔—卡尔德航运公司在 1878 年共同取得了短短的布莱德福运河。参阅《运河和水道皇家调查委员会》，1908 年，第 4 卷(全部运河的报表)中运河史摘要。

种男性铁路工人已经从1851年的六万五千人增加到1881年人口
202 调查时的十七万四千人，这是同铁路里数的增加差不多成准确比例的一种增加。机器制造业者，包括雇工和雇主在内，据报为十九万三千人。虽然铁路员工控制了全国的运输业务，但他们只构成为人口调查员所谓从事于运输的工人日益增加的广大群体的一小部分。这一群体在规模上很可以和建筑各业的那个群体相比拟。它计有七十五万名成年和青年，而建筑业则有七十六万一千名。只有农业人数更多。每二十个成年或青年工人之中就有差不多整整一个是某种运输业者，因为道路运输在本质上就是浪费人力的。

包括铁路在内，大部分的道路使用者始终都是作为货物集散者而附着于一些特殊的制造业或商业的。随着公路货车和公路马车的没落，一般的道路运输都地方化了，都留给皮克福德号之类的少数运输公司、许许多多乡间短程小运输业者以及出差马车业者、公共马车业者和新兴电车业者去接办了。直到1830年为止，在伦敦可以领执照的“出租马车”的数目一直是由法令规定的。1830年的一项法律（威廉四世，第1、2年，第22章）取消了这一切限制，于是数目很快地增加起来。在1881年，伦敦可能有一万五千部“出差马车”。这个行业总是个体性质的，以自有马车的车夫和马车小所有主为典型人物。1892年，在伦敦三千六百个所有主之中，拥有不到五部出差马车的有三千一百二十五人，拥有一百部以上的仅仅四人。[1] 三年之后，曾经在一个内政部委员会作证的唯一的真正大公司，一个新兴公司，拥有“将近三百部”，而其他的证

① 布思：《伦敦人的生活和劳动》，第7卷，第287页。

人则各拥有四十部、三十四部和二十四部，而且雇主方面的证人总归是各该行业中的巨子。[①] 伦敦的情况也见于其他各城镇中，相对于地方马车行或旅店出雇的“单程出差马车”的那种街头散雇的出差马车早应增加而未增加的需求也随着增加起来。

在出差马车依然是小企业者的冒险事业时，公共大马车就已经在联合起来的非私人资本以至于国际资本之下出现了。公共大马车所有主自始就是比出差马车所有主更加殷实的商人。踵随1829年乔治·希利比尔第一个伦敦公共大马车冒险事业而来的
二十年试验之后[②]，具有相当规模的各式各样的公共马车路线已 203
经在个体业主和私营公司之下发展起来——例如群鹰公司、宠幸公司等等。在废止谷物法的那一年，“公共马车”上初次见到的两便士票价和第一批广告相继出现了。[③] 大约在这个时候，各线正进行着一点点合作：一面为互相配合而调整它们的行车路线，同意不削减车费，一面联名商请首都道路委员会多修筑几条用马卡丹法修筑的花岗石路以取代“损伤它们马匹”的伦敦传统的硬石子路。[④] 1855年出现了由巴黎方面发起的一个Compagnie générale des Omnibus de Londres，a société en Commandite〔伦敦通用公共

① 《内政部出差马车委员会》，1895年（第35卷，第1编），询问案第992、6007、6251、7239号。

② 见上卷，第385页。

③ 莫尔斯：《公共大马车和出差马车》（Morse，H. C.，*Omnibuses and Cabs*）（1902年版），第62页。

④ 《首都关道审查委员会》，1856年（第14卷，第79号），询问案第1592号。参阅上卷，第92页。

大马车有限公司〕。它是和皮雷尔兄弟的名字相联系并且是以1857年商业浩劫为结束的巴黎公司创立狂那个光耀时代的一个产物。[1] 伦敦公共马车企业由巴黎方面来组织也许不是不适当的，因为希利比尔虽然是英国海军见习生出身，但曾经是巴黎的一个马车制造业者，后来又把生财和字号一并搬到伦敦。[2] 创办不到一年，1885年的这个公司就“在伦敦〔买下了〕恐怕有一半以上的车辆〔公共马车〕，而其他业主”则“联合起来同它配合经营”。[3] 在1858年，它变成一个英国股份有限公司，埃德温·查德韦克也是它的董事之一。但是它仍然保留它在法国的机构以及许多法国股东。它始终没有丧失它一上来所取得的地位，而且它还有所改进。到1877年它已拥有将近八千匹马并掌握了首都公共马车运输业务的四分之三。[4] 固然还有一些比较小的公司，也间或有来自“野鸡”公共马车方面的竞争，但是第一个真正的劲敌，伦敦街车公司却直到1880—1881年方始出现。在几年之内，它们就将展开一场斗争。但直到那时为止，通用公司还是唯我独尊的，只不过遭到了一次挑衅而已。[5]

如果公共马车和公共马车公司是法国的，说来可怪之至，电
204 车和电车公司却是美国的。车辆本身也有一个时期都是美国制造

---

① 参阅本卷，第364页及以下。

② 莫尔斯：前引书，第11页和《英国人名词典》。

③ 《关道审查委员会》，询问案第1447号。

④ 《电车审查委员会(机械力的利用)》，1877年(第16卷，第445号)，第3页和询问案第2407号。

⑤ 莫尔斯：前引书，第100—101页。街车的证词，见《劳工皇家调查委员会》，乙组，1892年(第36卷，第2编)，询问案第15746号及以下。

的。[①] 其所以可怪，是因为在最初试验“街车”的时候，英国铁路还到处在使用马力牵引。[②] 但是英国铁路都避开了街道，而美国铁路却不曾。所以当五十年代后期一个美国人在伯肯黑德进行试验的时候，马拖的“街车”是作为一个新观念而出现的。到 1861 年，这种试验开始在伦敦进行。[③] 但是未奉正式核准而在拜斯沃特、威斯敏斯特和肯宁顿创办的各线上使用了妨害一般运输的一种形式的路轨，所以通通予以撤除。一度停顿之后，在 1868 年，街车又根据一项私法案在利物浦创办起来。这一次成功了。第二年伦敦再度试办，但是拜斯沃特却没有再接再厉。根据私法案修筑起来的另一些新街车线计有迈尔·恩德—虹路街车线、肯宁顿—克拉法姆街车线和窝克斯赫尔—格林威治街车线。警察方面对于它们提出了有利的报告：据说它们非但不阻碍运输，而且还有引导一切不听指挥的车马靠右走的好处。[④] 所有这一切都有助于一般地鼓励和制定国会在 1870 年通过的街车条例（维多利亚，第 33、34 年，第 78 章）。街车发展得很慢。在此后十五年中英国街车路的增加每年平均仅四十五英里。[⑤]

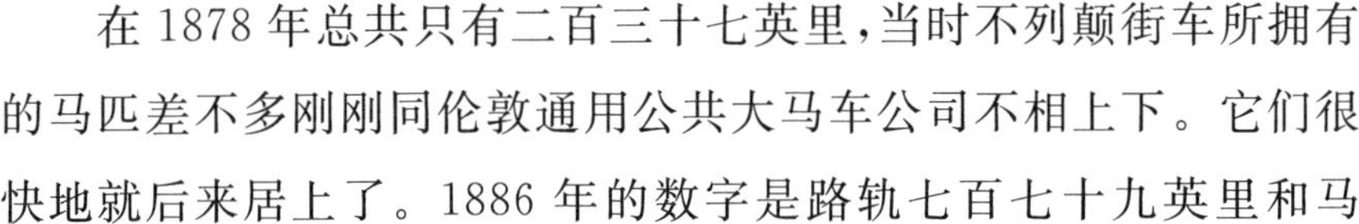

在 1878 年总共只有二百三十七英里，当时不列颠街车所拥有的马匹差不多刚刚同伦敦通用公共大马车公司不相上下。它们很快地就后来居上了。1886 年的数字是路轨七百七十九英里和马

① 布思：《伦敦人的生活和劳动》，第 7 卷，第 310 页。

② 直到 1864 年，在东北铁路上还偶尔有马力牵引。汤林森：前引书，第 529 页。

③ 参阅《根据街车条例的贸易部报告书》，1870 年；1871 年（第 60 卷，第 539 号），附录中泰勒大佐的报告书。

④ 前引《报告书》，第 14 页。

⑤ 《街车报告书》，1895 年（第 65 卷，第 1017 号）。

二万三千匹。此外还有四百三十九部蒸汽机车(1877 年以后的一种新事物)，1877 年真正用蒸汽牵引的唯一的路线显然就是现在我们还可以在万塔奇路车站和万塔奇之间的路边草地上看见的那一条。[①] 在八十年代，蒸汽街车主要是在它们的制造区北部工业区的陡坡上使用的。

在这期间，自特耳福德在 1834 年逝世，马卡丹在 1836 年逝世
205 以来在设计或坡度方面就很少改变的不列颠各干路，已经在各式各样颟顸的管理机构之下，慢慢地提高到了接近马卡丹标准路面的水平。缓慢是必须予以强调的。管理伦敦以外所有米多塞克斯各干路的首都委员会这个早期铁路时代的模范机关之一，尽管有马卡丹家三代为它服务，在 1856 年还没有一半的里数是用马卡丹法修筑的。[②] 甚至做到这样的地步，没有公共马车所有主方面的压力也还是不行的。它的石子路已经“损伤了他们的马匹”。[③] 在五十年代和六十年代，它还维持着它的主要通行税征收卡，虽则有一些已经挪往距离市区更远的地方。每一个征收卡都充作一条公共马车线的自然终点站。[④] 其他委员会和统一关道董事会曾经做了类似的工作，但是乡间关道董事会在铁路竞争下的瓦解，已使它朝不保夕。[⑤] 在利物浦—曼彻斯特铁路通车以后，国家对于这些

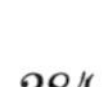

① 它是依照 1876 年的一项街车指令而使用蒸汽的，《街车审查委员会》，1877 年，询问案第 147 号。这条路后来可能撤除了，几年前它还铺设在那儿。

② 参阅上卷，第 93 页；关于它在 1856 年的情形，参阅《首都关道审查委员会》，询问案第 1593—1594 号。

③ 同上书，询问案第 1592 号。

④ 同上书，询问案第 82—89 号。

⑤ 见上卷，第 94 页；另参阅韦伯夫妇：《英王公路的故事》，第 192 页。

董事会究应加强抑或取代，历经两代都没有经过任何慎重考虑的政策。所以道路只有听命于路政当局了。

经过辉格党改革的市已经在各自境内握有了全权。各市都按照自己的步伐来采行马卡丹筑路法，或者任由泥泞的旁街支路去用煤渣铺筑，或者用当地的石块或来自查恩伍德森林、康沃耳或阿伯丁的新式小方形花岗石的“石方”铺筑它的通衢大道。石方经得起工业城镇的大量运输，并且它们的采行也是街车企业所鼓励的，因为没有任何东西能够把路轨装得那样牢固。街车企业在六十年代末刚刚创始，或多或少取法于巴黎的那种地沥青的初步试验就在伦敦着手进行了。[①] 十年之后又出现了用木块铺筑的道路，但是这两种方法没有一种是具有普遍实用性的。

甚至在关道全盛时代，大多数的英国道路和所有次要道路都一直是在四季法庭的一般监督下，由教区来保养，或者说被它忽视的。随着关道董事会的没落和瓦解，国家生命的这些古老的抗性细胞又偕同它们在几世纪前赖以维持各自教区教堂的地方税征收权而一并恢复起来。1835 年的公路条例（威廉四世，第 5、6 年，第 50 章）曾经予以加强：它们奉准以地方税支付检查员和修路工的工资，教区居民所负的无给地检查道路的古老义务连同无给的法 206
定劳动却一并取消了。[②] 作为一项辉格党条例的这一条例是削弱了而不是加强了郡对四季法庭的控制[③]，而且也无补于使教区成为具有全国重要性的道路的适当管理机关，但是当时铁路已使人

① 泰勒大佐的 1871 年报告书，同上。

② 参阅上卷，第 401—402 页。

③ 韦伯：前引书，第 202 页。

们渐渐感到道路并不具有全国重要性，而只能供作地方之用。到六十年代，这也将成为官方的看法。[①] 除去伦敦之外，凡是运输真正拥挤的地方，都是自治市。1856 年，伦敦的首都委员会为它的通行税征收卡进行辩护，把它们说成是“教区”和地方税唯一切实可行的代替办法。[②] 但是恰恰在那个时候，基于 1848 年公共卫生条例的第一批卫生局正在自治市以外的市区建立起来。[③] 虽起源于卫生，它们的职能之一却是照管道路。彻尔塞的这样一个卫生局在 1858 年刚刚把它的道路从首都委员会接管过来。[④] 几年之后，根据 1862 年条例（维多利亚，第 25、26 年，第 61 章）作出了一项努力，鼓励由四季法庭法官所组合的教区建成为公路区。组合工作多少做了一些，但是很多教区都拒不遵行，尤其是北部的小城市教区。作为一种对抗手段，它们“通过了”加强 1848 年公共卫生条例原则的 1858 年地方政府条例（维多利亚，第 21、22 年，第 98 章），从而变成拥有各自公路管理权的“卫生当局”。七十年代的卫生立法把济贫法联合区作为改良卫生状况的基础，从而济贫法联合区得以乡村卫生区的资格取得对道路的管理权；但是卫生区的建立进行得很慢，直到 1894 年还有五千多个乡村和城市教区依然

① 参阅《关道董事会审查委员会》，1864 年（第 9 卷，第 331 号），第 3 页，这里是以所有道路基本上都是地方性质的这一理由来为以地方税支付道路维持费的政策进行辩护的。一位证人曾经解释说：大北路和“一条普通教区道路”现在都同样是地方性的。

② 见《首都关道审查委员会》。

③ 关于结果，参阅作为主要依据的韦伯的前引书（构成《英国地方政府》的第 5 卷）第 9 章所收地方政府问题专家的议论。

④ 《首都关道审查委员会》，询问案第 825、1593 号。

是公路的最高当局。

在这时期，支离破碎的关道董事会渐渐趋于绝迹，并不是因为任何一位大臣下令予以取消，而是因为它们的关卡对旅客烦扰不 207
堪。在1856年这种烦扰已经很可察觉。到1864年则简直令人不胜其烦了。[①] 未始不可予以釜底抽薪的公路区，并没有获得成功。由于公路区的失败，自1871年起定期重新指派的一个下院委员会就在关道董事会期满申请延期的时候，毅然决然地一一予以扼杀了，道路分别委由自治市和卫生局照管。[②] 1871年，伦敦已停收通行税，但是不列颠仍然有八百五十四个关道董事会。十年之后还有一百八十四个，到1887年则只有十五个了。最后一个是1895年在安格尔西岛消灭的。[③]

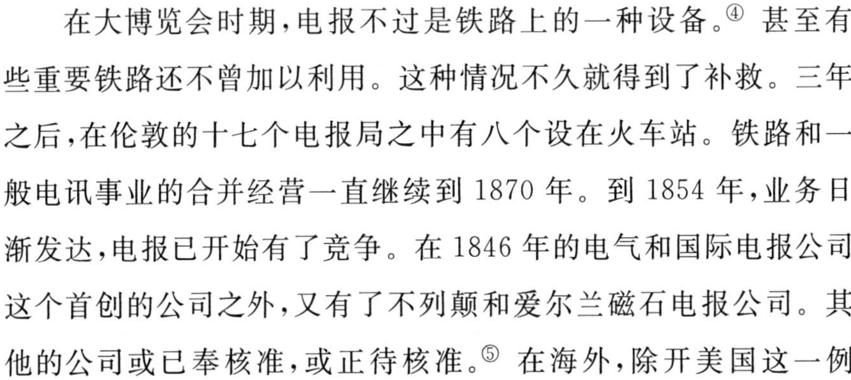

在大博览会时期，电报不过是铁路上的一种设备。[④] 甚至有些重要铁路还不曾加以利用。这种情况不久就得到了补救。三年之后，在伦敦的十七个电报局之中有八个设在火车站。铁路和一般电讯事业的合并经营一直继续到1870年。到1854年，业务日渐发达，电报已开始有了竞争。在1846年的电气和国际电报公司这个首创的公司之外，又有了不列颠和爱尔兰磁石电报公司。其他的公司或已奉核准，或正待核准。[⑤] 在海外，除开美国这一例

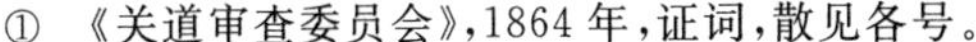

① 《关道审查委员会》，1864年，证词，散见各号。

② 《1864年审查委员会》，报告书，第4页约略提及这项政策。

③ 韦伯：前引书，第222页。

④ 见上卷，第395—396页。

⑤ 《所有各……电报公司的报表》，1860年（第62卷，第189号）。

外，电报都已经由国家接办。在比利时和瑞士，电报业务由邮局办理得甚为圆满。如此显而易见的一种解决办法不但吸引了因便士邮政制的成功而扬扬得意的一些比较有抱负的邮局职员，而且也吸引了重要的发明家和创业家。托马斯·阿兰在1854年发表了他的《政府应将电报系统归并于邮局的理由》一文，阿兰是一位电学家，1851年由一项条例核准创办一家“不论路程远近，一律划一收费”的公司。[①] 他的公司仍然在搁浅之中；它一如联合王国电报公司，直到1861年方始开业。在1856年，邮局的一位职员[②]向财政部提出了一项电报国有化制度的具体计划。在1861年，提出了
208 同样建议的，不是别人，而正是斯托克的国会议员、北斯塔福德郡铁路的董事长以及电气和国际电报公司本身的创办人兼董事长李嘉图。[③] 如果他不是在第二年去世，行动也许会快一点。继他而任董事长的人却抱有不同的看法。

大概李嘉图是受了竞争方面日益加剧的麻烦的影响。他的公司认为不能不反对阿兰的联合王国电报公司的计划，但被击败。此外，这时又有了1859年的伦敦区公司来满足首都业务上的需要。在业务多的地方，竞争机构林立，而在其他地方则稀稀落落，这是自然的倾向。为同按路程远近而收取自一先令至五先令不等的最低电报费以及各种附加的这一办法相抗衡，联合王国电报公司使用了阿兰的划一价目原则来争取顾客。在前四年虽则没有支

① 《所有各……电报公司的报表》，第14页。

② 贝恩斯先生。见《斯卡达莫尔先生关于联合王国全国各地的电报机构拟交由邮局接办的报告书》，1867—1868年（第41卷，第555号），附录乙。

③ 《斯卡达莫尔报告书》，附录丙。

付分文的股息，联合王国公司却因此之故而并非不公正地摆出了一副热心公益的姿态。[1] 商界则需要更加划一和更加低廉的通讯便利，并且从便士邮政制类推，认为应该是国家可以提供的。最后的一次战役是在1865年秋季由爱丁堡商会发动的。

当时任邮务总长的奥耳德利的斯坦莱勋爵久已认为应该由他的这个机关来接管电报了。[2] 不过他喜欢处于被动地位，因此他让他的职员提出报告。但是不能不这样说，查德韦克在他给财政部的呈文和为皇家工艺学会撰写的报告中，就指出，国家，而且只有国家才能把电报的功用发挥到最大限度。[3] 这时舆论显然站在他这一方面。虽然财政部很有理由在1866—1867年没有采取行动[4]，虽然电话公司在它的新董事长罗伯特·格里姆斯顿的领导下以远非始料所及的那种不公道的作风继续进行斗争[5]，但是电报系统终于依据维多利亚，第32、33年，第73章(1869年)，由邮局按很高的价格购买下来，并从1870年1月31日起加以接管。 209 289

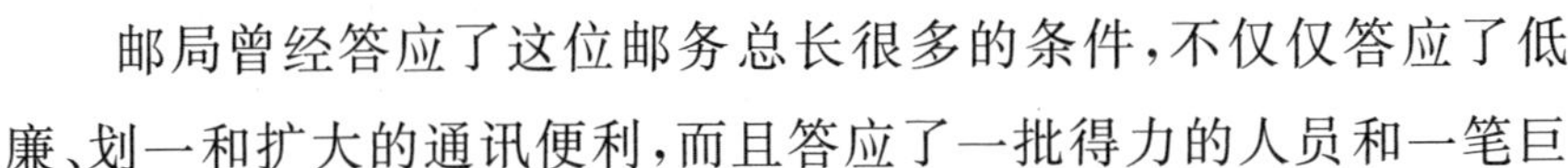

邮局曾经答应了这位邮务总长很多的条件，不仅仅答应了低廉、划一和扩大的通讯便利，而且答应了一批得力的人员和一笔巨

① 《斯卡达莫尔报告书》，第87页。

② 参阅他在斯卡达莫尔报告书上面签注的意见。斯卡达莫尔是他的助理秘书。

③ 关于这项意见，参阅《斯卡达莫尔报告书》，第8页；关于查德韦克的论文，参阅第159页。伍德：《皇家工艺学会史》，第477页。

④ 关于1866年的商业危机，参阅本卷，第375页。

⑤ 格里姆斯顿是一个著名的拳术家、游泳家、骑手和板球家。他的传记是《老板球场上的回声》(*Echoes from Old Cricket Fields*)的著者盖耳(F. Gale)在1885年撰写的。他写了一本小册子——《试论电报机构……由商业公司移交国家的拟议所涉及的主要原则》(*A Review of the Leading Principles Involved in the Proposed Transfer of Electric Telegraphs... from Trading Companies to the State, etc.*)，他的作传人并未提及。

额利润。[①] 当格里姆斯顿料定地方邮务长无能掌握电报而进行冷嘲热讽时，它已经拿“甚至设立女子电报训练班”作为回答了。[②] 似乎只消大约两年的工夫，一切希望就可以实现了。少女学会了她们的业务。公众得到了二十个字一先令、地址免费的划一价格；铁路和一般电报业务的分离连同从而在电报局地址方面所得到的便利；以及最重要的，比其他一切更有助于造成不利于电报公司的舆论的那个情报部门的取消。这个情报部门一向把地方报纸的新闻供应作为“一种彻头彻尾的垄断权”[③]，因而把报纸硬推到查德韦克一边。报纸因为电报费太高而很难收到专电，所以不能不采用情报处供应的消息。它们希望能给它们自己的通讯社以优待价目，它们终于如愿以偿。

电讯的推广立刻得到了应有的利润——而且满可以说是正正当当地得到的。继而公司解雇人员的遣散费，旧邮局工资表的提高，以及完全出乎意料的七十年代初期的物价和工资的上涨等等纷至沓来。[④] 营业费对收入的比率在1871—1872年是78.75%，在1874—1875年已达96.66%，以致没有什么盈余来支付电报债

---

① 《斯卡达莫尔报告书》，第37—38页。

② 《斯卡达莫尔补充报告书》，对格里姆斯顿小册子的一个答复，第133页。

③ 《联合王国电报改制报告书》，斯卡达莫尔编，1871年(第37卷，第703号)，引证了询问案第1255号的证词，见《1868年电报议案审查委员会》。

④ 《自国家接办以来电报服务成本提高的财务委员会报告书》，1875年(第20卷，第643号)。另参阅《邮局电讯部审查委员会》，1876年(第13卷，第1号)。为电报付出的代价太高。亨利·福西特(Henry Fawcett)曾经这样说：它应该是七百万镑，而不应该是一千零五十万镑(巴克斯顿：《财政和政治的历史研究》〔Buxton，*Finance and Politics，an Historical Study*〕，第2卷，第50页注)，但是没有说明营业费对收入的比率的日益恶化。

务的本息了。因而调查、改组和电报费的调整随之而来。借助于这些措施和1873年以后物价的下降，比率渐渐地有了改善。在1875年，财政部曾经要求邮局以七十至七十五这样一个比率作为目标。到1881年邮局已经达到了八十。两年之后，它只能作到八 210
十七点五。1884—1885年则完全没有盈余。虽然如此，在1885年它还是采行了六便士电报制，希望以大众化的价格来吸引顾客。数字表明它完全有偿债能力，但是它的电讯部却捉襟见肘。电报方面的本息是由信件来支付的。[①]

国家同交通运输的关系上的一些基本问题已逐渐具体地表现出来。应该根据什么原则来控制铁路运费呢？这正是铁路究应公有还是私有这同一个问题，但这个问题迄未获得解决。应该以作为纳税人的同一些公众为牺牲来为作为旅客或货物和消息递送人的公众服务吗？这个问题在1872年的铁路委员会上未经公开讨论就暂予否决了：不能指望作为纳税人的公众去贴补作为运河使用人的公众，像法国那样。[②] 应该以国家手中的某种形式的运输去贴补另一种形式的运输吗？这个问题正在信件和电报的问题上根据经验加以解决。总归只有一个邮务总长，而他所经营的整个企业又是有盈余的。但是对于官僚主义持批评态度的理财家和企业家却深感不安，而且是不无正当理由的。在缺乏对利润的一般簿记标准的情况下，又如何判断某一政府企业的功能和效率呢？

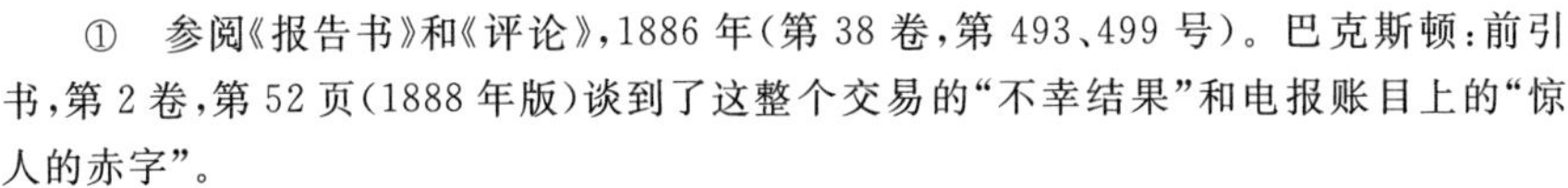

① 参阅《报告书》和《评论》，1886年（第38卷，第493、499号）。巴克斯顿：前引书，第2卷，第52页（1888年版）谈到了这整个交易的“不幸结果”和电报账目上的“惊人的赤字”。

② 参阅本卷，第200页。

对于像英国维多利亚晚期那样不重视经济企业的一个政府来说，这个问题还不是很显著的。但是从八十年代整个世界思想和活动的趋势来看，就值得深思熟虑了。

第六章　海外贸易和商业政策 211

在四十年代后期，不列颠内外的铁路修筑，爱尔兰的饥荒，日益增长的人口和自由贸易的实施曾经给了远洋运输一个异乎寻常的刺激。在1844年，在联合王国各口报关进出的船舶吨位，不包括沿海贸易和不列颠与爱尔兰之间的贸易在内，是一千零三十万吨。十年前是六百三十万吨。三年之后则已达一千四百三十万吨。在最严重的饥荒和1847年的商业危机过去之后，自然有一度顿挫；但是在五十年代，重又开始上升——在1860年达二千四百七十万吨，1870年达三千六百六十万吨，1880年达五千八百七十万吨。继而速度缓慢下来。不再像以往那样每十年上升50％至60％，而只有26％的上升了，在1890年只达到七千四百三十万吨。在世界经济史上所看到的往新时代过渡的那种加速度已经一去不复返了。

但是不列颠的海上实力和它在本国人和外国人进行的贸易中所占的份额的增长虽有起伏，却还方兴未艾。在1847—1849年，使用联合王国港口的69％的吨位是不列颠的，在1850年，据所得而知的来说，不少于世界“文明各国”远洋船吨位[①]的60％也是不

① 《联合王国和主要海洋国的商船进步示意图表》，1912年。这些图表就1850年来说是不完全的。有一些国家没有数字可供利用；但是其中有一些国家当时并没有很多“远洋”船，例如意大利和希腊。

列颠的。随后十年有相对的降低。美国正处于它海军实力的最高峰。他们的捕鲸船从楠塔基特驶出；他们的供应船正绕道霍恩角而驶往金门；他们的快船则收泊于粤江、默尔西河和泰晤士河。在1860年，美国单单用于对外贸易和捕鲸方面的船舶[①]就是联合王国的半数以上，将近整个不列颠帝国的半数。在联合王国各口的
212 英国吨位的比重已经从六十九降到五十六。有些人怀疑航海法的废除是不是太匆促了。[②] 翌年，英军败于美洲。在1862年7月，“阿拉巴马号”从伯肯黑德出发去袭击北部的船舶。在1865年所有这一切过去之后，美国人对草原的考虑就多于海洋了，到1870年，使用不列颠口岸的英国船舶的比率又回升到六十八。它随着汽船吨位的增长而增加起来，在1895年达到了73%的最高额。它居于70%以上有十五年之久，在这十五年之中，尽管贸易多有萎缩，但是英国在公海运输上所占的份额却比它有史以来的任何时期都大。

在不断地由新兴铁路来满足运输需求的一个又一个大陆上，由英国资本修建的铁路比非由英国资本修建的还多。欧洲在1848年革命爆发时，只有比利时有一个四通八达的铁路系统的完整轮廓，虽则普鲁士已经有一千五百英里的铁路通车，在德意志其他邦也颇为活跃。[③] 法国有一些独立的路线，手头还有一个未完工的庞大修建计划。到1850年，美国已有九千英里铁路通车，但

① 沿海船、河船和湖船都不计算在内。

② 克拉潘：《航海法的末期》(*The Last Years of the Navigation Laws*)，《经济史评论》，1910年7月号。

③ 克拉潘：《法国和德国的经济发展》，第142、153页。

是从布法罗的大西洋海岸西行还不可能乘火车直达。[①] 在 1850 年至 1870 年这二十年间，西欧已经有了相当完整的铁路系统，一部分是私营铁路提供的，一部分是国营铁路提供的，一部分则是由两者共同提供的。以西班牙为例，它在 1850 年还是没有二十英里铁路的一个行动缓慢的国家，到 1870 年已有三千五百英里。在东欧，俄国在 1860 年开始认真经营了，但是在 1880 年它在它那广漠的地面上还没有当时不列颠群岛那样多的铁路。土耳其人也瞠乎其后，尽管他们在 1890 年以前已经有了一千英里的铁路。[②]

美国人在因内战而中断了他们的大陆征服之后，从 1865 年起又以不倦的精力重整旗鼓。在 1870 年的铁路图上已经可以在密
西西比河和密苏里河下游以东看到一比较绵密的铁路网；在这以 213
西，则除开奥马哈通过犹他延展经度二十五度以上而到达太平洋的那唯一的一条新铁路之外，几乎一无所见。那一年，美国比整个欧洲大陆有了更多的铁路——五万三千英里对五万英里。在此后二十年中又增加了十一万英里，其中有七万英里是在 1880 年和 1890 年之间，主要是在这十年的头几年增加的。如果必须就其泛世界经济重要性单单选择一项对新时代的缔造所作的民族贡献的话，恐怕非此莫属。[③]

在加拿大也有一类似的，但为时较晚而且重要性迄仍差得多

① 约翰逊：《美国的铁路运输》(Johnson, E. R., *American Railway Transportation*)(1904 年版)，第 24—25 页，连同 1850 年的地图。

② 关于工程、里数和政策的最好扼述，见康拉德和埃耳斯特：《政治学小词典》(Conrad and Elster, *HWB. der Staatswissenschaften*)(1909 年版)，第 3 版，第 805—926 页，"铁路"项下各条。

③ 约翰逊：前引书，第 26 页及以下的数字和地图。

的发展:加拿大在 1890 年的里数仍然不及联合王国在 1870 年的里数。阿根廷共和国和南美则一般更晚一些。在 1870 年,阿根廷只有四百五十英里的铁路,在 1880 年有一千四百英里,甚至在 1890 年也还没有大不列颠四十年前那样多;虽则在阿根廷,正如在一切新兴国家中那样,少数几条铺筑在处女地的先驱铁路会对世界贸易发挥一种和它的长短完全不成比例的影响。

就这方面而论,一些很古老国家的先驱铁路也会如此,正如印度铁路所表明的那样。印度铁路是以一个有远见的计划为基础的。设非受阻于他的上司,未始不会控制住四十年代不列颠铁路地理发展的达尔浩希爵士[①],得以根据他 1853 年的备忘录断然地决定了印度铁路今后二十年的地理和行政发展,并影响了一切未来的发展。[②] 印度兵变先是耽延了,继而又加速了他的宏伟计划的完成。到 1870 年已有四千英里通车,到 1880 年已超过九千英里,那时在亚洲的其余各地只有八百英里,并且主要是在锡兰和荷属东印度;到了 1890 年,则已有约一千七百英里。在人类精神史上,印度的这些铁路或许比美国的全部铁路具有更大的重要性。

澳洲的第一批铁路虽于 1857 年通车,但是直到 1870 年,进展
214 一直很慢,在 1870 年整个大陆只有一千英里有奇的铁路,而且都是从它的沿海各都会各成一段地层向内地的。在 1880 年已有三千五百多英里,在 1890 年已有九千多英里。新西兰虽然比澳洲晚

---

① 见上卷,第 421—423 页。

② 亨特尔爵士:《印度帝国》(Hunfer, Sir W. W., *The Indian Empire*)(1892 年版),第 648 页。"达尔浩希勋爵所拟具的精细备忘录……实质上无异是今日印度的铁路图。"

十年开始，而且需要的铁路也较少，但却表现出更大的企业心：在1880年已有一千二百五十英里，在1890年已有近二千英里。在六十年代，甚至在五十年代，非洲的两端——埃及、阿尔及利亚和好望角——就有了一点点铁路，但是除开埃及三角洲的棉花铁路外，八十年代的非洲铁路并没有很大的国际重要性。它们的总长还不到1890年澳洲铁路的一半。

据计算，在1840年全世界还没有五千英里的铁路，在1850年已有二万四千英里，1880年，二十三万九千英里，1890年，三十八万六千英里。在这三十八万六千英里之中，有五分之二是在美国。①

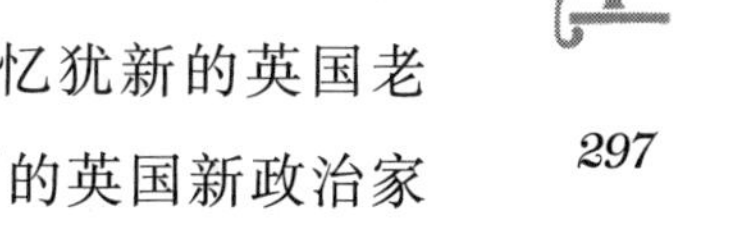

对不列颠来说，比许多铁路的通车更加重要的是1869年苏伊士运河的通航。为几世纪来法国人所梦想，并由一个法国人用法国资本设计和执行，但为对拿破仑的埃及战役记忆犹新的英国老政治家和认为它主要对东方国和地中海人民有利的英国新政治家所反对的这条苏伊士运河，不久就证实了一个比较有先见之明的英国人在1867年所作的预测。法国，据查理·迪耳克这样写道，"将会发现自己花费几百万挖掘一条运河只是供英国使用而已"。② 很多人都怀疑它是否有用，但是派往调查的英国海陆军专家早在1870年就说它"无可否认是一条可供吃水相当深的船舶航

① 康拉德和埃耳斯特：《词典》，"铁路统计"条。

② 《大不列颠》，第569页。关于早期计划，参阅康拉德和埃耳斯特，第7卷，第1048页，"苏伊士运河"条。关于英国的反对，参阅《剑桥现代史》，第11卷，第637页；克拉潘：《法国和德国的经济发展》，第356页。法国投资人在第一次股票发行额中占52%，其余则几乎全部为埃及王认购，霍布森：《英国资本的输出》(Hobson, C. K., *The Export of British Capital*)，第129页。

行的运河”;它的成功“恐怕远远超过它最热心的赞助人最乐观的希望”;同悲观的看法相反,它的地中海进口不一定淤塞,它的维持费也不一定高至令人不敢问津;但是作为东西方之间的一条“大干线”,却不免太狭。[①]

狭也罢,不狭也罢,在1879年通过运河的船只已达二百二十
215 六万三千三百吨。在这个总数之中有一百七十五万二千四百吨是英国的,而只有十八万一千七百吨是法国的。这样一种压倒的多数倒也是迪耳克始料所不及的。法国不幸的是它在这决定性的十年期间方始从一次失败的战争和它在钢铁船舶制造的窳陋设备之中渐次恢复。运河之所以挤满了英国船舶则多亏作为普通货船的钢铁暗轮汽船的出现,而开筑在不大可通航的苏伊士湾上的一条洋际运河的存在转过来又促致了它的早日降临。

迪耳克和大多数英国人所共有的一种悲观的错误预测是:“很难相信它会是合算的。”[②]事实上,在暗轮汽船的帮助下,在1875年它已经开始发付真正的股息。当狄斯累利在那一年买进埃及国王的股票时,也是按高于票面的价格收买的。[③] 在1879年,五百法郎的股票,市价始终没有跌到六百以下。到1886—1887年,原股票持有人已经得到整个这段时期平均为7.5%的一笔股息,他

① 皇家海军大佐理查兹和皇家工兵少佐克拉克:《苏伊士运河报告书》(*Report on the Suez Canal*, by Capt. Richards, R. N. and Lt.-Col. Clarke, R. E.),《文件和报告》,1870年,第64卷,第807页。

② 迪耳克爵士,前引报告书。

③ 甚至关于财政方面的最好记述,也见于蒙尼彭尼和巴克耳:《狄斯累利传》(Moneypenny and Buckle, *Disraeli*),第5卷,第339页及以下。另参阅詹克斯:《1875年以前英国资本的外移》(1927年版),第321、324页;康拉德和埃耳斯特:前引书。

们的股票则值整整二千法郎。[1] 其繁荣的程度已许可进行必要的加宽和加深的工作，以便使这一条运河成为商业的大干线。在1884年，这项工程已开始有系统地进行。早在1887年就有了使夜航成为可能的种种设备。在1889年，通过的吨位相应地增加到六百七十八万三千二百吨。迪耳克仍然是对的。英国在总数之中所占的份额是五百三十五万二千九百吨，法国是三十六万一千八百吨。

在1870年6月23日，梅欧勋爵曾经从西姆拉他的寝室通过阿林顿街的一个晚会打电报给华盛顿的格兰特总统，格兰特则以"美国方言"作答。[2] 这个晚会是英印电报公司的董事长为庆祝从英格兰到孟买的直接和独立海底电线最后一段（直布罗陀至法耳默思）铺设成功而举行的。非常适当的是，苏伊士运河的德·勒塞普也出席了晚会。经过了二十年的试验和失望之后，深海电报线的问题在前五年之中获得了解决。五十年代早期曾经是浅海线和 216
狭海线的时代——诸如都柏林至霍利黑德线；多佛尔至加来线这一条九年没有出过任何事故的海底电报线和热内亚至科西加线等等。[3] 五十年代后期则是英勇的，虽则往往失之于草率的深水试验时代——诸如赛勒斯·费尔德和他的大西洋电报公司；断裂了

① 关于苏伊士运河财政的非常复杂的故事，参阅罗宾诺：《苏伊士运河的统计故事》（Robino, J., *The Statistical Story of the Suez Canal*），《统计学报》，1887年，第495—541页。

② 《纪事年报》（*Annual Register's Chronicle*），1870年6月23日。

③ 参阅克拉潘：《法国和德国的经济发展》，第157页。

的那条海底电线；从 1858 年 8 月 5 日有气无力地运行到 9 月 1 日就再发不出声音的那条海底电线；关于海底令人棘手的地形以及敷设在两三千英寸下抱球虫软泥中的绝缘包皮铜线的变化的种种发明。[①] 这也是德尔比勋爵的政府在印度兵变之后为联络印度和英格兰而作出积极努力的时代，这番努力的结果是 1858 年的红海印度电报公司领得了一笔优厚的补贴和财政部自行为法耳默思—直布罗陀线订购了一条海底电线，但是这条电线因为大西洋已经证明在深水中"失败的危险极大"，始终没有在那里铺设。[②]

红海—印度公司——亚历山大里亚，苏伊士运河，苏瓦金，亚丁而至卡拉奇——报告说它的海底电线在 1860 年 3 月 14 日"全线完全通报"。[③] 完全通报并没有多久；这个公司又没有为修理工程作出任何有系统的安排，以致海底电线变成了废物。1860—1861 年的情况是最令人沮丧的。虽然有"从挪威到非洲海岸，从新斯科夏到墨西哥湾"以及"从大不列颠往东到君士坦丁堡"这几条路线[④]，但是在已敷设的一万一千三百六十四英里海底电线中，

① 参阅《贸易部和大西洋电报公司联合委员会……1861 年 4 月海底电报报告书》(*Report of the Joint Committee of the Board of Trade and the Atlantic Telegraph Company... Submarine Telegraph Cables, of April, 1861*)(《报告和文件》，1860 年，第 62 卷，第 591 页)：附有充分技术证据的一项极好的历史综述。结论(第 36 页)是：只要十分谨慎，并事先作好准备，一切失败都是可以避免的。

② 《法耳默思和直布罗陀海底电报报告书》，1860 年(第 62 卷)，第 2 页。1859 年 11 月 14 日的会计备忘录。参阅《海底电报报告书和与电报公司往来函件报告书》，见同卷。

③ 《往来函件报告书》，第 17 页。

④ 威尔逊：《电报的进步》(Wilson, G., *The Progress of the Telegraph*)(1859 年版)，第 25 页。

通报的不过三千英里有奇。[1] 除大西洋和印度洋的失败外，还必须加上英国的马耳他—科孚线和荷兰的新加坡—巴塔维亚等线的失败。在美国海岸外，突破封锁的商船不久就取代了海底电线船。美国的热情和企业心转到其他方面有四年之久，英美的联合行动 217
已不可能。

但是内战刚刚过去，海底电线船就立刻出动了。这次是一家新公司所使用的“大东号”[2]。经过 1865 年的一次失败之后有了 1866 年 7 月的成功。当时，断掉了的 1865 年的海底电线已经修复。[3] 此后全世界的陆路和海底电线很快地敷设起来。在六十年代后期最长的陆路电线并不是美国的，而是哥本哈根的北方电报公司横贯俄罗斯帝国直到海参崴的那一条。在 1870 年英国和孟买之间的最后连锁完成之后不久，北方公司又敷设了从海参崴分别通往中国和日本的短程海底电线。[4]

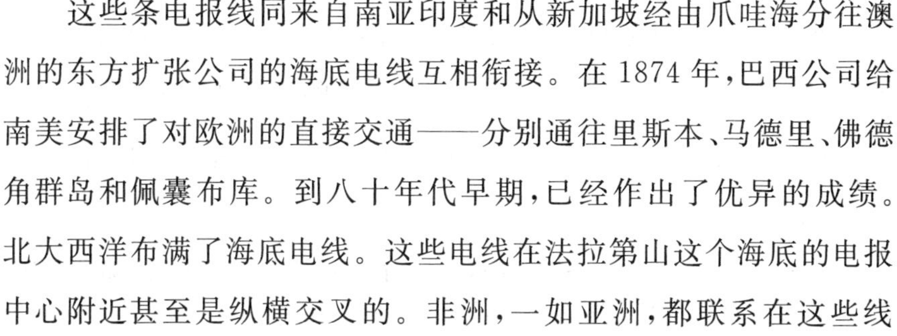

这些条电报线同来自南亚印度和从新加坡经由爪哇海分往澳洲的东方扩张公司的海底电线互相衔接。在 1874 年，巴西公司给南美安排了对欧洲的直接交通——分别通往里斯本、马德里、佛德角群岛和佩囊布库。到八十年代早期，已经作出了优异的成绩。北大西洋布满了海底电线。这些电线在法拉第山这个海底的电报中心附近甚至是纵横交叉的。非洲，一如亚洲，都联系在这些线

① 《1861 年报告书》，第 5 页。

② 本卷，第 70 页。

③ 《纪事年报》，1865、1866 年。

④ 康拉德和埃耳斯特：前引书，第 7 卷，第 1150 页，“电报”条。

上。陆海混合线把土耳其帝国和波斯湾串联起来。[①] 只有太平洋依然是处女地，即从新西兰和日本直至南美和墨西哥西海岸外的环状近海岸电线之间的那段地带。往火奴鲁鲁、冰岛、新几内亚或火山岛拍发电报还是不可能的。其他不位于中国内地的几乎每一个真正重要的地方，都可以从陆路或海底通报了。世界已经根据经济学家的计划缩成一个单一市场。收缩的最后过程只用了大约十五年的时间，大部分是在十年不到的时间内完成的。[②]

在顺着它的铜线传播着关于顺着它的钢铁轨道输送到海上去的货物的消息的这个收缩了的世界中间，不列颠现在一举而奠定
218 为一个“工业国”和一个贸易国，即靠自己制造品的出口为生，既无法按照自己习惯的方法长期满足自己民食方面的需求，也无法在本国为自己的工业找到适当而充分的原料的一个国家。[③] 尽管自从皮尔打破了真正的壁垒以来各种食品的进口增加得很快，国产食品供应的总量仍超过进口很多倍。例如在1884—1886年，不列颠平均拥有牛一千零七十万头。[④] 它在那些年的平均进口量是三十七万二千头，连同五万二千吨的牛肉。甚至这种规模的牛肉进

① 在1860年曾经以“一条自巴格达至巴索拉〔即直至底格里斯〕的海底电线”就商于土耳其人（《往来函件报告书》，第425号），但毫无结果。

② 在1866—1875年。参阅六十年代、七十年代和八十年代的任何一海底电线图。

③ 参阅本卷，第22页。

④ 数字是：不列颠，六百五十万头；爱尔兰，四百二十万头。在正文中把数字加在一起了，因为进口方面只有联合王国的数字，又因为爱尔兰的“存货”，像爱尔兰的黄油一样，是不列颠消费中的一个重要因素。咸肉和火腿的进口量很大：在1884—1886年是三十七万二千吨。

口也还是一桩新事。在1872—1874年，进口量只是一万二千五百吨。但是在一切进口之中最重要的面粉，对贸易的依存现在却是绝对的。甚至在1850—1859年，可能还有消费量的25%左右是进口的。[①] 在1852—1859年期间，这个比重增加得很快。当俄国是主要供应来源但被克里米亚战争阻断了的整个这段期间，进口的比重也绝不少于25%，可能还多达30%。1860—1867年，它已升向40%，1868—1875年则已升向50%。到七十年代之末(1876—1878年)已肯定超过了50%，据可供利用的最准确的计算，它更接近于60%。[②] 在八十年代之初，无疑已经打破了60%的大关，虽则在1880年以后，小麦和面粉进口量的增长并不是异常迅速的。在这一时代之末，若把岛上居民所吃的面包画成每三个之中有两个是来自海外的，那并没有怎么画错，虽则这会掩蔽现在很少面包是由不掺杂的国产面粉制成的这一事实。

到1886年，来自海外的面包已大部分是美国的。不论什么时候准许小麦或面粉进口，总有相当数量来自美国的北部各邦。[③] 219
美国的比重一度很高。在1860年，比重是小麦的整整四分之一，面粉的五分之二强。但当时主要的供应者是欧洲，是俄国、北德意

① 本卷，第3页。

② 劳斯和吉耳伯特：《关于1852—1853年至1879—1880年小麦的国内生产、进口、消费和价格》(Lawes and Gilbert, *On the Home Production, Imports, Consumption and Price of Wheat, 1852—1853——1879—1880*)，《统计学报》，1880年，第313页，和《皇家工艺学会会刊》，1880年，第357页。数字是联合王国的，但是爱尔兰既不再往不列颠输送小麦，所以它差不多是单单不列颠的。对于不列颠总须取较高的数字，因为爱尔兰比较近于自给自足。

③ 本卷，第3页。

志、丹麦和法国，少许供应来自土耳其帝国——摩耳达维亚、沃拉奇亚和埃及。美国内战推迟了一次美国对不列颠市场的征服。在内战过去之后，旧有的地位并没有立刻恢复。在1866—1869年这四年之中，俄国是最重要的小麦供应者，法国是最重要的面粉供应者。但只有1869年这一年，美国运来了比俄国更多的小麦和比法国更多的面粉。在收成起伏不定时，俄国在1872年再度成为小麦的主要承办人。法国则已经落后。此后美国的优势地位就毫无问题了。从1874年起，他们运进联合王国的小麦和面粉，不论是按数量或按价值计，都不止一次超过需要量的半数以上；在1881年那一年，几达三分之二。在1877年，印度第一次以一个真正重要的供应者资格出现。它没有运进面粉，而只是在它最丰收的季节，即1885年的那个季节运进了六分之一的小麦，也就是七分之一的小麦加上算作是面粉的粮食。俄国始终供应不辍，正如英属北美、澳洲、德意志和其他许多国家一样，但是这并没有影响到美国在截至1866年为止那十年中的优势地位。①

但是，英国的政策现在已经把供应它以大部分它所最大量、最广泛使用的原料的权利，即供应它以木材这项除热带和亚热带的原料外它依存于进口最久的原料的权利，归还给欧洲了。② 由于拿破仑战争时期所加诸外国木材的巨额差别关税，对斯堪的纳维亚和波罗的海的天然贸易已经被对英属美洲的贸易夺去不少。这种差别关税虽则一度由皮尔，再度于1851年大加减低，但是到

---

① 以年度贸易报表为依据，就小麦而论，这些报表是非常完备和令人满意的。

② 本卷，第5、6页和上卷，第237—238等页。

1860 年还依然存在。[1] 在 1848 年皮尔的减税办法完全付诸实施 220
以前，进口木材的八分之五仍然是不列颠木材。尽管有 1851 年的减税，美国战争却有助于把它仍然保持为不列颠的。在 1856—1859 年这四年，进口的不列颠木材和外国木材，按重量计差不多恰恰相等。[2] 在 1860 年，关税平均是原材一先令一罗德，锯开的二先令一罗德这样一个有名无实的数字。在 1866 年，这种无论对经济还是对帝国都毫无好处的不合理的零星残余被废除了。地理条件可以自由发挥作用了。到 1886 年，按重量计，进口已有五分之四是外国木材。它们不完全是欧洲木材。除热带木材外，有大量脂松的货运来自美国内海各口，正如维多利亚朝中叶的教会和家庭建筑所证明的那样。但大部分进口是从北欧通过短程航线而来的，几乎全部是靠帆船装运。这时还有来自下比斯开海岸的大量矿井柱材的贸易。在 1886 年，进口的总额计不下五百一十万罗德（近似的吨数）。一代以前（1845—1850 年），平均每年一百八十七万吨就足够了。[3] 在八十年代的不列颠，没有木材进口，经济生活就维持不了六个月，在某些季度甚至维持不了三个月。[4]

兰开郡对进口原料的依存是根本的和无可避免的。这有助于说明兰开郡的和平主义。在 1820 年和 1850 年之间，它已不再是

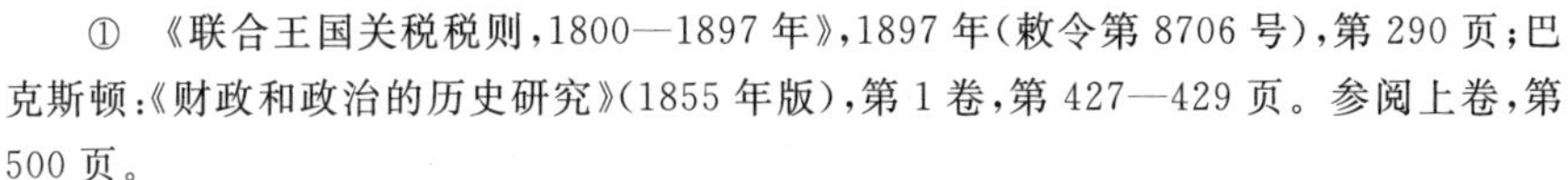

① 《联合王国关税税则，1800—1897 年》，1897 年（敕令第 8706 号），第 290 页；巴克斯顿：《财政和政治的历史研究》（1855 年版），第 1 卷，第 427—429 页。参阅上卷，第 500 页。

② 参阅《统计学报》，1860 年，第 85 页中的一个附注。

③ 波特尔：《国家的进步》，第 579 页。

④ 由于波罗的海和白海封冻，不列颠需大量的存货过冬。春季木材合同是为“开冻后第一批”的交货而订的。

世界棉产区的一般附属物，而成为美国的一个特殊附属物了。在1820年，美国的输入第一次占不列颠进口货的半数以上。在1820—1830年，美国进口占四分之三。此后再没有其他任何国家表现出有按照世界需求的增长比例地增加收成的能力了。在1851—1860年这整个十年之中，美国在不列颠各口起岸的棉花包数之中占72%；而且因为美国包件既比其他国家重，美棉价值又比其他大多数国家大，所以依存的绝对数字还要更高些。在输入
221 美棉比1880年以前的任何一年约多五十万包的1860年，据兰开郡的一位统计学家估计，它所占的比例高达85%。[①]

有远见的人早已不胜杞忧。他们认为"某种可怕的灾祸迟早会无可避免地降临到兰开郡的棉纺织业身上；因为它的庞大上层建筑物一直是奠定在有限制的奴隶劳动这个不可靠的基础上"，所以早在1857年就组织了棉花供应协会。[②] 有些人则担心美国会有一场奴隶战争。但是美国南北战争恐怕是很少人料到的。在1860年他们已经得到了美国方面这样的警告：无论如何美国收成同世界需求的增加成等比地继续增长的希望是很渺茫了，"结果棉价势必还要上涨到更高的水平"。[③] 这是指，就"高原棉"而论，从1848—1857年这十年的平均五又四分之三便士强一磅到1858—

① 埃利森：《大不列颠的棉纺织业》（1886年版），第91页和附录中的图表。参阅《统计学报》，1862年，第527页及以下。《棉纺织业史上的大危机》（*The Great Crisis in the History of the Cotton Trade*）和《统计季刊》，1869年，第428页及以下。《同1855—1861年比较下1862—1868年的棉纺织业》（*The Cotton Trade, 1862—1868, as Compared with 1855—1861*），曼彻斯特商会的伊莱哲·赫耳姆撰。

② 引证自瓦茨：《棉荒的真相》（1866年版），第402页。

③ 《美国经济学家》，转引于1860年棉供会报告书，见瓦茨：前引书，第403页。

1860 年的六又四分之三便士弱一磅的一次上涨。在 1864 年，可供利用的少量棉花竟值二十七又二分之一便士一磅。[1]

在“广大贸易商不相信”[2]会发生的美国内战以前，直到它发生时止，棉花供应协会已经在外交部和领事机构的帮助下搜集材料，并对实际和可能的棉产区进行了调查。在战争已经开始而棉供会的担心证明并非无据时，调查表、棉子、适当的建议和调查委员都广泛分派出去了：到 1866 年共计种子五百吨，轧棉机一千二百部和“小册子”数百万册。[3] 自然印度是主要活动地区。在五十年代，作为兰开郡的一个供应来源，它仅次于美国，而且当时流行着这样一种信念——它有相等于五六百万美国包的收成。[4]（在 1860 年来自所有各种来源的欧洲进口货不到五百万，不列颠货不到三百五十万。）调查表明，相当于二百五十万包的数量或许是印度最高的数字，而且它包括一切国内加工的棉花在内。虽然价格已经增加了一两倍，虽然在 1864 年，不列颠所使用的数量大为减 222
少的棉花的三分之二是印度的，仍无法从东方得到近于所需的数量。早在 1855—1861 年，印度棉就已经在不列颠的进口棉花中占到 19％，但是在 1862—1868 年，尽管想尽一切办法，印棉在业经

① 数字取自埃利森。《统计学报》，1861 年，第 491 页；尼尔德：《1812—1860 年印花布的价格和高原棉》（Neild, *Prices of Printing Cloth and Upland Cotton, 1812—1860*）一文中所举的数字较低，但可以表明 1860 年有类似的上涨。自 1838—1858 年，高原棉平均不到六便士。

② 瓦茨：前引书，第 112 页。

③ 同上书，第 404—405 页。

④ 埃利森，第 91 页。

缩减了的总额之中也仅占28%。[1] 产棉业虽比较年轻但比较有适应力的埃及和巴西，表现出供应方面的较大伸缩性，但是它们供应的总量却少得多。在1862—1865年这四年期间，联合王国设法取得的棉花，加在一起，也只稍稍超过1860年和1861年进口量特别大的两个季度重量的半数。这次高物价的创造力的成就是既可佩而又意义深长的，因为这四年之中的第一年是收成最最坏的一年；但是粗糙的短纤维印棉的占优势是不受欢迎的。兰开郡很欣赏这样一个故事，说有一位美以美会的职工，正在为棉花祈祷，忽然惨叫一声："我的天，不是苏拉特棉才怪呢！"

在"棉荒"与和平以后的几年间，当美国恢复元气而埃及慢慢增长的时候，印度供应仍保持不辍。尽管有社会革命，连同它在以武力重新统一了的美国南部各州中的动荡不宁的经济后果，美国在1871年运到欧洲的棉花还是比1861年多，虽则直到1879年才超过1860年的最高数字。[2] 到1870年，不列颠消费的半数以上重又是美国产品了。十年之后，印度已降至从属地位，美国则又东山再起，而且不再是建立在"奴隶劳动的不可靠基础上了"。[3] 在1880—1884年这五年间，它供应了不列颠所消费的棉花的74%。多亏美国的企业和铁路，多亏轮船和一般世界市场价格的跌落，在1858—1860年平均六又四分之三便士弱一磅的标准棉，已经可以

① 前引赫耳姆的论文，《统计学报》，1869年。

② 埃利森：前引书，第91页和图表。

③ 但是印棉并没有停止出口，除1877—1879年这几年外，出口也没有显著地降低：它运往他处了。1882年印度对欧洲的出口比1866年以外的过去任何一年都高，1883年也比1866、1882、1869、1872年以外的任何一年都高。

由自由民生产，而且在 1880—1886 年已经有很小一部分可以按六便士以下的价格在英格兰交货了。但是植棉协会的那个怎样使兰开郡，老实说怎样使整个欧洲不致过分依存于单单一个供应来源 223
的问题，依然没有解决。美棉既然重又是那样充沛而价廉，大多数人对于这个问题的解决也就重又不感兴趣了。连同棉花和小麦，美国输入联合王国的货物在 1880—1884 年联合王国进口货中所占的份额比以往任何时期都大。它已将近全部进口的四分之一(23.7%)了。[①]

六十年代棉纺织工业所受的遏制从其他纺织品的繁荣及其原料的大量进口中反映了出来。在 1860—1864 年这五年之间，生毛的进口已经跃出 1855—1859 年的水平 41%，1865—1869 年又跃出 1855—1859 年的水平 41%。而且在 1868 年，不列颠拥有的绵羊比以往或以后的任何一年都多。不列颠的亚麻生产已差不多绝迹，甚至棉花的短缺都不能使它恢复起来；但是亚麻、大麻和黄麻的进口却是同羊毛的进口偕以俱增的，爱尔兰种植亚麻的面积在 1855—1861 年平均为十一万五千英亩，在 1862—1868 年已达二十三万四千英亩。[②] 甚至在失去了不正常的刺激之后，这类纤维的进口还是增长得很多，虽则已不是那么迅速。1881—1884 年的羊毛进口是 1865—1869 年的两倍以上，虽则羊群数目以 1882 年为最低，直到 1886 年方渐渐恢复。这次降低是和不宜于用质量最

① 在《贸易萧条皇家调查委员会》，1886 年，第 1 卷，第 127 页及以下关于 1854—1884 年进口货的一些有用的总结和分析。数字引自“附表 6”，第 193 页。

② 赫耳姆的论文，见《统计学报》，1869 年，第 420 页；另参阅瓦茨：前引书，第 20 章。

好的英格兰长羊毛[1]制造的织物式样的采用和冻羊肉的开始进口[2]同时发生的。

羊毛的进口已经从1850—1854年的九千五百二十万磅增长到1880—1884年的四亿八千五百万磅的平均数，其中有一半以上（计二亿六千四百二十万磅）是复出口的。在一个稍晚的时期，国内供应，包括爱尔兰在内，可能已有一亿六千万磅之多。这个数目的大约五分之一是出口的，但其余之数，连同来自屠宰场的皮毛和国产的翻造毛，合计为一亿四千三百万磅，已足敷工业需要的一半以上。对于外国供应，已几乎不再依存。廉价的"毡毛"是从各地
224 进口的。羊驼毛来自南美，小亚细亚羊毛来自地中海东岸各国和好望角；但是自1850—1860年以来，精细的萨克森和西里西亚螺角羊羊毛已终于为澳洲、新西兰和南非的羊毛所取代。加拿大的供应已经变得如此之丰，以致不列颠的买主简直不再使用任何来自拉普拉塔河的布宜诺斯艾利斯羊毛，而布宜诺斯艾利斯羊毛现在已经构成为欧洲大陆消费的一个重要因素。[3]

由于技术上的原因，要拿八十年代列举的羊毛价格同早些年的价格相比是不容易的[4]；但值得注意的是，虽然在1880—1884

① 尤其是林肯和累斯特的羊毛；参阅本卷，第281页。

② 本卷，第90页。

③ 估计数是以《布莱德福观察家》杂志（*Bradford Observer*）和布莱德福商会秘书所采取的数字为依据的。参阅克拉潘：《羊毛和毛丝工业》，第10页；森克耳：《十九世纪的羊毛生产和羊毛贸易》，《全国科学杂志》（Senkel，W.，*Wollproduktion und Wollhandel im 19ten Jahrhundert*，*Zeitschrift für die Gesammte Staatswissenschaft*），1901年版。另参阅本卷，第7页。

④ 在早期，"去污的"进口羊毛纵然有也数量不多。因为从污毛中所取得的净毛各有不同等等，所以一磅进口毛在不同时期意味着不同的事物。

年所有进口棉的平均价格以及某种标准棉的价格比三十年前略高一些，但羊毛的平均价格肯定是比较低的。大洋洲的运输已大有改进，羊肉的价值，算上“合成品”的价值，虽已上涨，但是羊毛，尽管有世界上无餍的需求，却有了些微的降低。[①]

除下表所反映的数量上的巨额增加和黄麻使亚麻和大麻所受的压力得以解除外，在其他主要纺织原料的进口方面并没有任何重要变化。这类纤维的供应似乎不能同麻袋业的需求成比例地增加。除战时外，大部分大麻是俄国的，大部分亚麻是俄国和比利时的，黄麻在任何时期都全部是印度的。在 1880—1884 年，如上文所述，有半数以上的羊毛是复出口的。约有七分之一的棉花和四分之一的黄麻以敦提为集散点；各种不同比重的其他纤维也是复出口的。[②]

联合王国按百万磅计的年度平均进口表 225

年份	棉	毛	亚麻	大麻	黄麻
1850—1854	825.6	95.2	175.5	107.6	48.4*
1860—1864	946.6	167.2	176.2	102.9	132.9
1870—1874	1,524.3	307.0	265.0	132.8	420.3
1880—1884	1,714.7	485.0	215.7	150.6	616.3

*仅只三年。

按价值计算，棉花远比所有新进口的原料重要得多。它的价值起伏于全部价值的三分之一至四分之一之间。木材尽管占了那

① 净毛进口的日益增加是有利于这一论点的，因为它的价格比污毛昂贵。

② 关于黄麻，参阅本卷，第 84 页，关于羊毛，参阅本卷，第 7、223 页。丝因为同报表有关的统计上的困难而未列入第 225 页进口纺织原料数量表中，但被列入第二个价值表。丝的平均年度进口——包括“丝结和丝屑”、“生丝”和“捻丝”在内——不到四百万镑。

样多的吨位，并且是那样重要，但是所值却少于羊毛。兹将原料进口按价值分类如下：

主要原料的分类，进口年度平均价值表

1880—1884 年	镑
原料进口总值	141,000,000
纺织原料	84,000,000
	棉 44,500,000
各种木材	16,000,000
金属矿和未加工的金属	15,000,000
皮革	4,000,000
橡皮和马来橡胶	3,000,000
造纸原料	2,000,000

在进口原料总值一亿四千一百万镑之中，有三千六百万镑复出口。在这三千六百万镑中，羊毛的复出口计不下一千五百万镑。

自从 1861 年西班牙赤铁矿的第一船货载在哈特耳普耳交货以来[①]，起伏很大的这项进口货在 1882—1883 年已经上升到三百多万吨的最高额。偶尔也有少量铣铁进口。英国在平衡表上既是铜的出口国又是锡和铅的大出口国的时代已经一去不复返了。[②]它仍然出口生铜，但大部分是用进口矿石熔冶的，而且平均每年还有四万吨生铜进口。它虽出口自己的铅，但输入的铅却将近三倍之多。它也输出本国锡，但自东方锡岛输入的锡则达五倍之多。
226 要让冶金工业可以维持下去并进行竞争，康沃耳就不能不忍受。康沃耳既无论如何供应不了大部分在英国进行制造的全世界海底电线所需用的自然铜，也供应不了那里为全世界制造的听头所需

① 本卷，第 50 页注 2。在南威尔士有更早的到货。

② 见上卷，第 240—241 页。

用的锡。[①]

历史悠久的英国锡铜出口贸易方面的损失，已经由煤炭出口的增长抵补而有余。煤炭出口也是一项历史悠久的贸易，当它在维多利亚女王即位的那一年超过一百万吨时，似乎已经是一项很重要的贸易了。在五十年代之初，它已达三四百万吨。在1855年以后，尽管年有起伏，但是从一个五年到另一个五年是按22%至34%不等的速率徐徐上升的，因而数字分别达到1880—1884年的二千零十二万和1884—1886年的二千三百五十万。出口煤的价值比较小，不过是联合王国出口产品总值的4%至5%，但是它的功用是和它的货币价值不成比例的。由于提供了出口的散舱货来平衡进口的木材、矿石、粮食以及其他大量原料和食品，从而往往使英国船舶不致装半舱货以至于空舱驶出，这就降低了往返的运输成本。往来航程都有利可图，所以煤炭可运往世界各地，虽则主要是运往欧洲和地中海。[②] 由于靠煤炭制造，在煤炭附近下水，并装载煤炭从东北海岸出发的钢铁货船，英国航运的优越地位方得保持不坠。

沉重的粗制铁和粗制钢的散舱货载弥补了煤炭货载之不足。这项贸易的经过并不是一帆风顺的。在海外加速铁路建造和一般

① 参阅本卷，第91、104页。严格地说，它只不过是马口铁而不是在那里制造的铁听，参阅本卷，第91页。尽管贸易萧条，马口铁的出口还是从1870—1874年的十一万六千吨增加到了1880—1884年的二十五万七千吨。

② 在1886年，在二千三百二十万吨出口煤炭之中有一千八百四十万吨运往欧洲和地中海。参阅托马斯（朗德勋爵）：《近半世纪来我国煤炭出口贸易的增长和方向》(Thomas, D. A.〔Lord Rhondda〕, *The Growth and Direction of Our Foreign Coal Trade during the Last Half-Century*)这一名著，见《统计学报》，1903年，第439—522页。

工业活跃时期，作为一种产品贸易，它是大起大落的。同时它也很容易受到海外英国式基本冶金工业的发展和照例偕以俱来的税率方面的阻碍。

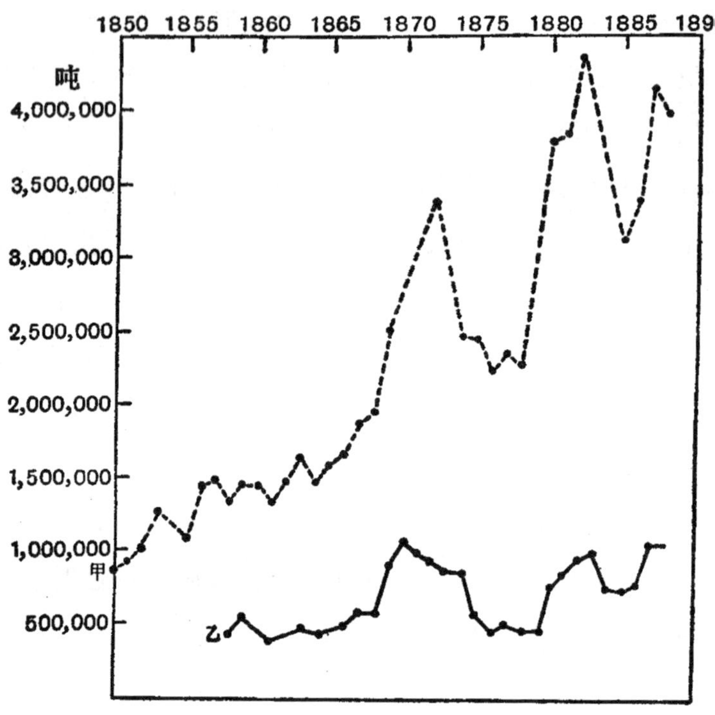

甲．钢铁的出口包括机器、刀具和铁器。
乙．铁路用钢铁的出口。

1850—1888 年钢铁出口升降图

227 在当时看上去是非凡的扩张时期之后，直到 1853 年，[①]出现了克里米亚战争时期的停滞；随之又跃进到一个更高的水平；继而在 1857 年的商业危机之后，再度停滞；就这样地反复下去。最大

① 参阅上卷，第 483 页和本卷，第 8 页。

的跃进出现在美国内战之后，当时很多国家都在加速建造铁路，而以美国本身尤为突出。在1873—1874年的泛世界商业崩溃之后，19世纪以来的最大顿挫接踵而来。[①] 随着1880年的到来而开始有了恢复。美国对英国铁路材料的订购又有了最后一次的复苏[②]；尽管售货条件是那样棘手，以致轨条制造商不得不试行同他们的大陆劲敌瓜分市场[③]，新市场的扩张，特别是在帝国以内，228
已使1882年的总出口比1872年这个大出口年还多一百万吨左右。继而有了另一次的顿挫，出口又暂时降到大出口年的水平以下。

如果钢铁出口的数量是大起大落的，它们的价值则更加是大起大落的。就价值而论，大出口年以及下一年的水平从没有再达到过。在1872年，铣铁平均为五镑一先令十便士一吨，条铁为十二镑五先令整；在1873年，铣铁为五镑十七先令三便士，条铁为十三镑十先令整。在五十年代铣铁的最高年度平均额只不过是1854年那个战争年份的三镑十九先令九便士，六十年代则是1866年那个战后年份的三镑零六便士。在1875年以后，平均价格总是在三镑以下。在1882年那个大出口年也不过二镑九先令四便士：贸易量很大，但正如俗语所说，油水不多。因而有轨条的垄断联营出现。

作为出口价值的生产者，纺织工业保住了自己的地位，虽则它们在国内的工业生活中逐渐丧失掉它们在1850年已经取得的数

① 参阅本卷，第381—383页。

② 1881年，美国吸取了二十九万四千吨，1884年，一万八千吨。

③ 参阅本卷，第151页。

量上的优势。[①] 在出口领域内，金属工业在任何时期都不能同它们相比拟。在1850年，按价值计，各种纤维的纱和织物共占联合王国产品出口的60%；在1860年，再一次占60%，1870年占55%。在1880—1884年，它们仍平均为46%。在出口纺织品之中，除美国内战时期外，棉货在整个期间占联合王国全部出口的整个三分之二，或按整数计，自30%至40%。[②] 兰开郡的市场是那样地遍布，以致一个市场上的损失往往可以由其他市场上的收益来抵补；而且它的货物是消费品，必须不断地更新。也有过衰退的年份，但是除开1861—1865年这个重大的例外，它们主要是由于也影响到了原料的一般价格波动。即使如此，百分比的递年下降从没有多达6%。当普通的高原棉从1872年的十又十分之九便士一磅跌到1876年的六又四分之一便士一磅时，出口价值不过从八千零十六万三千镑跌到六千七百六十三万三千镑，因为尽管有1873年以后的萧条，纱和制造品的出口数量在这期间还多少有所增加。

作为出口价值的创造者，其他纺织品就不是那样可靠了。规
229 格和关税对它们有更大的影响。尽管它们的市场是那样地多种多样，它们却没有一个市场无论在规模或持久性上可以同印度和中国的棉货市场相媲美。棉货贸易既经渡过了六十年代的"可怕灾害"，就再度表现为不列颠出口贸易的背脊，并给予它以背脊之所以存在的那种凝聚性和稳定性。

① 本卷，第47—48页。参阅鲍莱：《十九世纪的英国对外贸易》（Bowley，A. L.，*England's Foreign Trade in the Nineteenth Century*）（1893年版）。

② 原文可能有误。——译者

在1880—1884年这五年间，比较大或比较重要的出口价值分配情形如下：

1880—1884年的年度平均价值表(单位：镑)

项目	价值
不列颠和爱尔兰的全部出口产品	234,000,000
各种纱和纺织品	108,000,000
(其中的棉货	76,000,000)
煤、铁和钢	38,000,000
铁器、刀具和机器	15,000,000
衣着品	10,500,000
食品	10,000,000
化学品和盐	6,200,000

尽管有印度市场的成长和加拿大的经济扩张，划入运往英国属地类的那些出口品，仍然在全部出口中占一特别固定的比重。[①]在1854年，英国属地吸取了出口的31.5%，在1880—1884年吸取了34.5%。在这期间，它们从没有一连五年吸取到33.2%以上(1860—1864年)，或25.6%以下(1870—1874年)。奇怪的是在贸易最活跃而价格又高涨的那五年之中，帝国的百分比最小。然而这并不是很重要的，因为主要的贸易怒潮是在美洲和欧洲大陆方面。帝国贸易始终是有价值和包罗万象的。从煤到最精细制造品，凡不列颠产品，帝国无不吸取。关税对于这种吸取所起的遏制作用很小，虽然加拿大已取得了关税的完全控制权。[②]但是对外贸易本身增长之快大体也和帝国贸易不相上下，有时稍稍快一些，

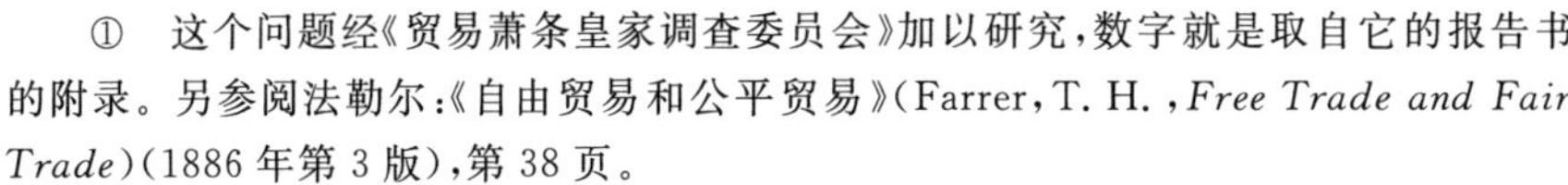

① 这个问题经《贸易萧条皇家调查委员会》加以研究，数字就是取自它的报告书的附录。另参阅法勒尔：《自由贸易和公平贸易》(Farrer, T. H., *Free Trade and Fair Trade*)(1886年第3版)，第38页。

② 本书并不想谈论领地解放的政治始末，参阅《剑桥英帝国史》，第6卷(1930年版)，“加拿大”；尚恩：《澳洲经济史》(1930年版)。

有时稍稍慢一些。

美国几乎一直没有失去它作为一个市场的重要性。在1830
230 年和1849年年间,它吸取了不列颠出口的15.7%。[①] 从1850年到1884年,它吸取了12.6%。但是由于内战和1873年以后购买力的瓦解,可能有过一点缩减。由于它方兴未艾的工业化运动和保护关税政策,某种缩减是在所难免的。但是甚至在这段时期之末,关税也没有高到把英国贸易转移到间接的途径中去:百分比在1880—1884年仍然是十二点二。英国钢轨虽然征税,却是自由进口的,对于细棉布、麻布、呢绒和杂项制造品仍然有一个良好的市场,对于布莱德福的毛丝男女衣料则有一个很好的市场。美国的产量迄仍远不能满足自己的需要。[②]

对于英国产品来说法国从来不是畅通无阻的[③]。除开1870—1874年这段战后补充存货的时期外,在任何一个五年中,作为一个市场来说,它肯定不如大洋洲。它不但吸取的绝对量少一些,而且所吸取的还是粗货——煤多而制造品少。但是从1855年起,比利时、荷兰和后来变成为德国各邦的联合市场——不能不把它们联合起来,因为鹿特丹和安特卫普有那样多的贸易是通往莱茵河的转口贸易——始终比美国市场更为重要。它所吸取的出口从没有少过十四点九(在1880—1884年),在大陆贸易怒潮时期,即1870—1874年,它几乎达到了20%。比利时和德国的关税在那个时期是最为适中的,荷兰则始终如此。

---

① 参阅上卷,第483页。

② 参阅柯尔:《美国的羊毛制造》(1926年版),第2卷,第28章。

③ 关于1860年的商约,参阅本卷,第244—246页。

法国虽从来不是英国产品的一个真正重要买主，但是在英国集
散贸易，即外国和殖民地产品，主要是原料和“殖民地货”的复出口
中，却占重要的一份。这项贸易始终是有价值的。在联合王国进口
的17.5％是复出口的六十年代，是最有价值的。在五十年代后期，
1855—1859年，这项百分比是十三点六。继而，按五年或十年的平
均数计，它总是在16％以下。六十年代的上升是同旧有集散贸易
以外的殖民地羊毛这项新兴的大宗贸易有关的。在这项贸易建立
之后，澳洲羊毛很多年都很少或没有直接运往欧洲大陆。[①] 全部
都交由考尔曼街的羊毛交易所进行拍卖。诚然，直到我们所谈论
的这段时期之末，直接的装运方才开始。1880—1884年，在六千
四百万镑的复出口贸易总额中，每年的复出口计值一千五百三十
万镑。它是总额之中最最大的一个单独项目。列为第二的棉花平
均不过五百五十万镑，列为第三的咖啡则不到四百万镑。橡皮已 231
经超过一百万镑。从1880—1884年法国市场和比、荷、德市场所
吸取的不列颠和爱尔兰产品同外国和殖民地产品的比例中，不但
可以看出复出口在英法商业关系上的重要性，而且可以看出它在
整个英吉利海峡和北海贸易方面的重要性。在这两种场合的任何
一种之下，这个比例都不是新的：自五十年代以来始终差不多。

1880—1884年从联合王国的平均进口表(单位：镑)

	不列颠和爱尔兰的产品	外国和殖民地的产品
法　国	16,500,000	11,900,000
比、荷、德	34,000,000	25,600,000

这种复出口的大部分都是溯泰晤士河而抵达伦敦，再顺流而

① 参阅本卷，第7、223页。

转往各狭海。

早期铁路时代已经在一次人的出口贸易大扩张时期告终了——人大多数是自行出口到这样一些地方，在那里，如他们所希望的，自然条件和社会除去会给他以其他的和更高的价值外，还会大大地提高他们的生产价值。整个欧洲都受到了影响，因为欧洲的饥荒虽比不列颠群岛少，它的革命却比不列颠群岛多。加利福尼亚的黄金不偏不倚地吸引着它们，接着则是澳洲的黄金。但是在那时和后来很多年，不列颠群岛却是人的出口价值的主要供应来源。在采掘黄金的冒险家纷纷前往加利福尼亚的那一年①，从联合王国各口启程的有三十万人——其中有二十二万前往美国。在随后五年之中，即1850年年初至1854年年底，平均在三十二万五千人以上，而美国则每年继续吸纳二十三万多人。这次移民浪潮是以爱尔兰为主。在1852年这第一个有准确数字存在的完整年份，单单从爱尔兰各口移出的就有十九万名爱尔兰人，从不列颠各口移出的无疑还有成千上万。往美国的移民以爱尔兰人占压倒多数；往大洋洲的移民则以不列颠人占压倒多数；而1852年，连同八万九千名旅行家，仍然是往大洋洲移民的极峰年。根据随后八
232 年的数字来判断（在那八年之中，前往那里的移民共三十六万五千人，其中英国人约占四分之三），不列颠在极峰年的移民中所占的份额殆不少于六万五千人。②

① 按即1849年。——译者

② 最详尽的统计资料，见《移民文件汇编》(*Papers Relating to Emigration*)(1899年)(第107卷，第1号)。参阅约翰逊：《联合王国往北美移民的历史》(Johnson, S. C., *A Hist. of Emigration from the U. K. to North America*)(1913年版)；卡罗瑟斯：《不列颠群岛的出境移民》(Carrothers, W. A., *Emigration from the British Isles*)(1929年版)。

在1853年和1880年之间，不列颠人民从不列颠外流的总数据报为二百四十六万六千人。永久性的外流则比较少。直到1876年，报表上不是没有开列回国移民的数字，就是没有令人满意的数字。在早期这类人恐怕很少。大多数移民都非常贫苦。在当时和旧贩奴船的“中间航路”有不少共同之点的出国航程，是令人不忍回顾的。[①] 但是随着旅行工具的改善，随着其优点“怎么说也不为过分的”[②]舒适轮船的逐渐取代令人望而却步的移民船，移民有往有来了。要把真正移民同一个新兴国家中的长住或短住试试看的人区别开来，是很困难的。在1876年和1880年之间，当按民族进行的移民分析已编制得相当完善的时候[③]，不列颠人民外移的毛数和净数之间的差距已经变得很大了。在1881—1885年大量外流已重新开始但内流也很迅速的这五年期间，必须从毛数中减去四分之一以上。即使如此，在那段短短期间从不列颠外移的净数也不会比六十七万五千人少得太多，毛数是八十九万三千人[④]。

欧洲移民这一项重要转口业务已经发展起来，主要是沿着赫

① 参阅沃颇耳：《纠正移民船弊恶……的运动……》(Walpole, K. A., *The...Movement...to Remedy Abuses on Emigrant Vessels*)，《皇家历史学会会刊》(T. R. H. S.)，1932年，《殖民地和出境移民调查委员会一般报告书》(*Gen. Rep. of the Colonial Land and Emigration Commission*)，1842年，(第25卷，第55号)。

② 《出境移民调查委员会报告书》，1870年(第17卷，第111号)，第3页。

③ 以便将不列颠和爱尔兰的出境移民同取道英格兰的大陆上的出境移民区别开来。

④ 联合王国出境移民的净数是九十三万四千人。

尔至利物浦的这条航线。甚至在五十年代，每年经由不列颠往西去的外国移民就有三万五千名左右，在七十年代则有五万五千名。在1881—1885年，年度平均数已经达到九万五千名。随着世界开放和这些困难年头的社会不安，整个欧洲揭开了一个新纪元。

移民并不总能，甚或不常常能看作是一种单纯灾害的产物。当1846—1847年欧洲有灾荒而爱尔兰和西群岛有更严重的灾荒
233 时，它是灾害的产物。当黄金把热衷于此的人吸引到本迪戈和巴拉腊特去的时候，它并不是。在1869年这个有大量移民和贸易萧条的年份中，它在某种程度上是。在1872—1873年这两个有更大量的移民的年份中，则肯定不是。贸易和农业在不列颠都相当活跃，但是在美洲和澳洲更加活跃，从而在百分比中占一正常比数的不幸者以外，把有才干、有抱负和有相当成就的人也吸引去了。移民确有随资本输出的起伏而起伏的某种倾向，而很多资本又是以英国资本货的形式输出的，所以它同工业的活动也相一致。在1876—1878年，净移民的数字很低。那时资本输出正陷于停滞。出入相抵，恐怕还有一笔净输入。①

移出的广大群众都是个体的，无组织的，虽则促进其事的公私机构一直在发挥着作用，尤其是在萧条时期。慈善人士可能帮助考文垂失业的缎带织工和埃尔郡的手织机织工出国。职工会也常

① 参阅霍布森：《资本的输出》(1914年版)，第204页中的讨论。霍布森赞成这样一种看法：近三年每年有六百六十六万六千镑的一笔净输入，因为由出售对外投资而寄回国的款项比新投资于海外的多。参阅本卷，第235页。

常设置一笔移民基金，但是没有理由认为它们对移民有很大的资助。1850 年的伦敦妇女移民协会，1861 年的妇女中等阶级移民协会和后来一些类似的私人机构在有限的范围内作出了具有混合价值的工作。济贫当局受权帮助赤贫外移。它们帮助了一些，但是所帮助的人数在 1864—1865 年缩减到了三十六名，在 1871—1875 年上升到数百名之后，在 1878 年重又降到二十三名。[①] 唯一大规模的和真正重要的官方活动就是殖民地和移民调查委员在 1847 年和 1872 年之间所进行的活动。当调查委员在后一个年份把他们未了的职责移交贸易部时，他们解释说，自 1847 年以来，他们选择和帮助了三十四万名"官费移民"，其中大概有二十四万名是不列颠人。[②]

在调查委员会结束以前的十四年间，它一直是从容地进行工 234
作的。它有四分之三的工作是在 1847 年 11 月和 1858 年年底之间办竣的。这项工作几乎完全是澳洲工作，连同为好望角和福克兰群岛所做的一些工作。在 1854 年它最最活跃的那一年中，调查委员会订雇了一百二十七艘船，送往澳洲的男女老少共四万一千名。[③] 它的基金是根据吉本·威克菲尔德的原则得自出售澳洲土地的价款。在 1847 年和 1870 年之间花费的四百八十六万四千镑之中，除移民自筹的五十二万三千镑外，全部得自这一来源。在六

① 约翰逊：前引书，第 59、72、81、89－90、256、257 页。

② 《报告书》，1873 年（第 18 卷，第 295 号），一系列年度报告书的最后一卷。不列颠的比重是不肯定的。它是以整个期间联合王国的不列颠出境移民对爱尔兰出境移民的平均比例为依据的，前引《出境移民文件汇编》，1899 年。

③ 《报告书》，1854—1855 年（第 17 卷，第 1 号），《报告书》，1873 年，第 81 页和约翰逊：前引书，第 234 页。

十年代后期，殖民地的自治既越来越完全，自觉也越来越高，它们就不再从它们的土地收入中拨款了，甚或，一如南澳洲的情形，把原拟资助移民的款项也改作他用。这完全是澳洲联邦史上的问题了。[①] 不列颠史学家却必须记下这样一笔：到了 1870 年，资助的移民出境已经过时了。调查委员们不胜敏感地自省到，果真有政府基金可供利用，移民和他们的朋友就绝对筹措不到迄已用于远渡重洋的移民身上的一千五百万镑左右那样一笔款项了。[②] 撤销调查委员的时机已渐成熟，但是他们在任期内已经作出了良好的成绩，并且一直是抱有信心的。[③]

人的输出始终是以错综复杂和多种多样的方式同不列颠资本的输出相联系的。资本的输出转过来又同资本货的输出结合在一起，但远不是互相一致的。有一些移民随身带去资本，但照例不是以货物的形式。尽管私人的携带一般为数很小，但总额却一定可观。当十九世纪之初不列颠制造家在欧洲传播新工业运动的时候，他们也常常把他们的技术人员和现款一并携去。在托马斯·布腊西和摩顿·佩托的伟大时代（1840—1870 年），欧洲大陆上的
235 铁路建造，需大量的资本输出以及起初为数很大、随即逐渐缩减的

① 参阅尚恩：《澳洲经济史》，尤其是第 9 章，《自由殖民和帮助下的出境移民》。参阅《报告书》，1870 年（第 17 卷，第 111 号），第 3 页中对殖民政策的批评。

② 《报告书》，1870 年，第 3 页。

③ 约翰·斯图亚特·穆勒就一直是这样的。他在《政治经济学原理》所有各版中始终保留赞扬威克菲尔德和殖民运动为“民族事业”的那一段文字；第 5 编，第 11 章，第 14 节。

劳工和领导人员的外移，但永久性的移民却很少。[①] 印度的铁路建造也需要技术人员的外移和少数永久性的移民。虽然有一些子承父业服务于东印度铁路的人员[②]，但是印度早已充满了能办理事务工作和能学习机器的人员。所以带同人，偕同人和追随人的资本输出，主要是在美国和加拿大——虽则逃荒的移民是很少携带资本的。就所知道的来说，资本的输出以 1872 年数量最大。那一年的估计数是八千三百五十万镑。在那十年之中，1872 年和 1873 年移民最多，但在 1867—1869 年资本输出很低的贸易疲滞年份中移民数就已开始上升。在 1876—1878 年，净移民数很低；并且，如上文所述，在那几年中在资本输出的报表上出现了不利的贸易平衡。这项估计令人体会到：在七十年代后期的歉收以及战争、外国工业的成长、关税和白银贬值所造成的出口渠道的阻塞把贸易平衡打破之后已经采取必要步骤予以调整时，不列颠不仅仅是无力进行海外投资而已。[③] 事实上，它还必须出售少许海外投资来偿付它的负担。当 1847—1848 年饥荒需要非常的进口而革命又将欧洲市场封闭的时候，也发生过类似情况，虽则事实是更加暧昧的。到 1914 年以后，这种情况没有再发生。在 1879 年和

① 布腊西的企业〔根据黑耳普斯爵士：《托马斯·布腊西传》(Sir A. Helps, *Life of Thomas Brassey*)〕表列于詹克斯：《1875 年以前英国资本的外移》(1927 年版)，附录，第 419 页。

② 参阅吉卜林，腊德亚德：《在办铁路的人们当中》(Kipling, Rudyard, *Among the Railway Folk*)。

③ 估计数是霍布森：前引书中的数字。参阅詹克斯：前引书，据该书论证，逆差一直继续到 1880 年(第 414 页)。关于关税和白银，参阅本卷，第 249、339 页。

1880 年又恢复了人的大量流动。这可以称之为不幸的流动，虽则还不是旧悲剧式的。他们在美国每年修筑着一万英里的铁路，他们需要工人。在这期间，资本的情况正在重新调整。从 1881 年起，这个国家至少可以把它在海外的对外投资的大部分收益留作新投资之用了。[①] 这时它所能做的也只此而已。在这期间，出境
236 移民在 1883 年又达到了另一个高峰，但是随着 1884 年 5 月美国的倒风重又徐徐下降。

资本输出和资本货输出之间的联系并不总是牢固和直接的。1856—1885 年这三十年中输出的价值一亿六千三百万镑的各种铁路用铁和很多机车，无疑大部分是同海外铁路投资有关的。在一种情况下，即在有关印度铁路的情况下，据知直到八十年代为止，为它们筹措的全部资本的三分之一是用于英国轨条及其东运的路费方面。[②] 但是在对外贸易的三角运行上，轨条和其他资本货会运往英国投资人所不感兴趣的国家。而这类货物，连同纺织品之类的消费品，大部分是以通常的贸易方法，甚至在没有进行新投资的时候，运往世界各国去支付食品和原料的。

对外投资总是至少有一半投放在公债方面。如果这类投资是直接以英国货进行（并且三角贸易会很容易运行得使美洲的一笔贷款在报表上表现为对东方的一项额外棉布出口），它们就会以阿姆斯特朗厂的大炮、鞍具、制服呢或供外国权贵用的奢侈品的形

① 对于情况的一种单纯统计报告：自 1881 年至 1911 年，据估计海外新投资抵不上现有对外投资的收益。事实上很多收益自然是由个人携带回国了，而在数量上略少于旧投资收益的新投资是由另一些人进行的。

② 据詹克斯：前引书，第 227 页的计算。

式，总之，以消费品和破坏性物品的形式进行。埃及债务的一部分无疑是由根据剑桥大学斯累德美术讲座教授的设计装修的镀金机车体现出来的，这部机车是罗伯特·斯蒂芬逊公司在 1862 年为埃及大封建主建造的。他们在 1868 年为丹麦国营铁路建造的一部更加精巧的机车，足可代表 1864 年英国对丹麦投资的 5%[①]；因为各国政府往往用他们借得的款项购买真正的资本货。我们所能十分准确地说的只是这样两句经济上的老生常谈：英国的对外投资有一段时期是用英国货的出口以及船舶和商业的各种服务支付的；货物虽有时同投资有直接联系，但没有直接联系的却更多；既然很多的服务都是由船舶、银行和英国侨商在海外提供的，所以他们所得的报酬可能在那里进行再投资而不会影响英国贸易报表，除非和直到它所得的利润开始以进口货的形式输送回国。

在五十年代初期和八十年代中期之间英国海外投资的资本总 237
额的净增加为十亿镑。到后一个年代，随着统计资料和方法的改善，所作估计已不致再有很严重的错误，如果是由熟手掌握的话。在 1885 年，罗伯特·吉芬爵士估计联合王国在海外投资的总额是十三亿零二百万镑。（为比较起见，可以注意的是他把国内投资估计为七倍之多。）五十年代初期的数量是多少，不得而知。有自二亿镑至四亿多镑的种种不同估计。调查既然一直倾向于把数字减少，我们以三亿镑为揣测的最高额也许是明智的。不论所接受的是哪一个数字，它都是代表随着 1854 年进口货旧“官方”价值的废

① 关于这些机车，参阅沃伦：《一百年来的火车头建造》（1923 年版），第 411、413 页。

止，相当准确的贸易统计开始前夕的那种投资的价值。[①]

到那时，早期铁路时代之末所发生的资本外流的停顿状态已成过去。加利福尼亚和澳洲的黄金正源源而来。欧洲风平浪静。在英格兰，将使1856—1870年平均水平超过1849—1851年平均水平达25%的那次批发价格的猛烈上涨，正方兴未艾。[②] 在1885年，托马斯·布腊西承接了二百六十四英里法国铁路的合同。在稍晚一些时候，在十九个不同的法国公司的董事会中至少有一个英国董事。[③] 承造商，大的承造商不再应各公司的聘请了。他们正在为欧洲设计铁路方案并为即将诞生的公司安排供应资金的方法。但是投资人却把他们的钱直接投入了美洲铁路。布腊西并没有在美国工作，虽则他同佩托和伯茨都致力于加拿大大干线这一多灾多难的企业；但是据信在1857年已有八千万镑的美国铁路证
238 券掌握在英国手里了。[④] 以往在美洲的不幸已经遗忘。除美国铁

① 事实和讨论，见赛德的论文，《工艺学会会刊》，第24卷，第309页（1875年）；纳希：《我国投资的获利性质简论》（Nash, R. L., *A Short Inquiry into the Profitable Nature of Our Investments*）（1880年版）；吉芬爵士：《资本的成长》（Giffen, Sir R., *The Growth of Capital*）（1885年版），《入超》（《财政论文集》，第1集）〔*The Excess of Imports*〕（*Essays in Finance*, First Series）；博利：《英国的对外贸易》；斯坦普爵士：《英国的收入和财产》（Stamp, Sir J. C., *British Incomes and Property*）（连同吉芬的评论）；霍布森：前引书；詹克斯：前引书。所有这些计算都有赖于贸易统计的准确性。在1854年放弃了进口货的官方价值之后，根据詹姆斯·威尔逊介绍的一项方案计算的价值一直使用到1870年。自1870年起，进口货的价值即商人申报的价值，像出口货价值长期以来的情形那样。（参阅鲍恩的论文，《统计学报》，1871年；吉芬的论文，《统计学报》，1882年。）所以以高度准确性为目标的估计不能远溯到1870年以前。

② 参阅本卷，第378页，价格曲线图。

③ 詹克斯：前引书，第165页。

④ 霍布森：前引书，第128页。

路证券和联邦证券外，在伦敦经常挂牌的还有各州的十二种证券，连同巴西、布宜诺斯艾利斯、古巴、智利、格腊纳达、厄瓜多尔、墨西哥、秘鲁、委内瑞拉和危地马拉的证券。[①] 在这期间，在帝国范围内以及在欧洲证券上，特别是在法国和西班牙证券上，投资仍继续进行。在1855年和1865年之间，又出现了像大陆上的各式各样的煤气公司以及阿姆斯特丹和柏林的自来水厂这类企业来传播工业文明。[②] 到处都有了各式各样的矿场。

1857年的泛世界商业危机[③]在美国特别具有毁灭性。在投资人完全恢复信心以前，美国南北战争的爆发导致了抛售美国证券的风潮。投资的英国不信任北部；在投资的法国帮助下，为南部筹募了三百万镑——而损失得一干二净。自1857年以来，英国的储蓄已愈来愈转向印度方面，尤其是转向达尔浩希的印度铁路。铁路正在政府对公司的利息保证下进行修筑，证券从各种观点看都是有吸引力的；它既是帝国的，又是促进贸易的和安全的。到1870年，原开列的殖民地证券本身已达四千五百万镑以上[④]，它几乎全部是联合王国持有的。十年之后，主要掌握在联合王国手里的殖民地政府证券计九千八百万镑；其所掌握的印度政府证券和

① 姑以《经济学家周刊》中所开列的证券作为买卖真正流行的证券。年份是1853—1857年。危地马拉出现于1857年1月号中。

② 赫伯特·斯宾塞在同马修·阿诺德的争论中所引据的企业足证英国在思想上并不是贫乏的。参阅桑巴特：《商人和英雄》(Sombart, W., *Händler und Helden*)(1915年版)，第10页，那里引证了这个案例作为英国的Krämergeist〔摊贩思想〕的一个例解。

③ 本卷，第368页及以下。

④ 《经济学家周刊》，1870年1月8日号。

铁路证券共计一亿九千六百万镑。[①]

在1865年之后不久对美国的信任恢复了。各州的证券已不再投时好[②]，但是联邦证券和新铁路网的证券却取代它们而有余。
239 到了1869年，据信外国人(就这件事情而论大多数是英国人)在这个国家的投资已将近三亿镑[③]：那一年运往那里的铁路用铁即达三十万吨。

在截至1873年第二次泛世界危机的那十年之中，政府的借贷和为铁路进行的借贷，仅举最突出的借款人集团来说，是既经常而又闹忙的。每一笔借贷都有贪婪的盲目资本可供通融。法国在第二帝国之下变成了一个大债权国。到1870年，它在海外大概已有五亿镑同英国的八亿镑相抗衡了。[④] 作为债券发行地，巴黎已成为伦敦的劲敌。不太著名的借贷国可以嗾使两地相争以收渔人之利，并在两处同时发行债券。土耳其的债务和埃及的债务，尽管管理不善和前途莫测，在这些年也采取了现代的形式。布腊西在1864年为中央阿根廷铁路签订了一项合同，在1870年又为加洛船坞签订了另一项合同。在1868年，外国债券持有人协会成立，

① 纳希：前引书，第2、3章。

② 在1870年，宾夕法尼亚、弗吉尼亚和马萨诸塞各州的证券仍然是经常开列的。

③ 威尔斯：《财政收入专门调查委员会报告书》(Wells, D. A., *Report of the Special Commissioner of Revenue*)，1869年，第27页。转引于霍布森：前引书，第133页。

④ 关于法国，参阅萨伊：《战债赔偿……报告书》(Say, J. B. L., *Rapport... sur le paiementé de l' indemnité de guerre*)〔重刊于他的《法国的财政》(Finances de la France)，第1卷〕；吉芬：《普法战争的战费》(Giffen, *The Cost of the Franco-German War*)(《财政论文集》，第1集)；奥费腊耳：《普法战争的赔款》(O' Farrell, H. H., *The Franco-German War Indemnity*)(1913年版)。不列颠的约略估计数是以吉芬的《资本的增长》为依据的。

目的在监视不可靠的外国政府并使本国政府保持对债券持有人意见的敏感性。[①]

在普法战争之后出现了高潮。借助于伦敦、阿姆斯特丹和它的五亿镑海外投资一部分的出售，法国很容易地偿付了俾斯麦的赔款。英国买下了法国所不能不出售的不少证券。美国正以前所未有的速度修建着铁路。既奏凯而又致富了的新兴德意志，充满了在有秩序之中又稍带一点紊乱的活动。运河已经通航。海底电线正在敷设中。印度和各殖民地大量地举债。作为一个领地，加拿大借贷的款项远比它在分裂时期为多。[②] 大多数借款人是健全而又信誉昭著的。不列颠经过了 1873 年的财政风暴之后，变得比
它的任何邻国都更加富足：它对这类事情已经富有经验了。但是 240
当它在 1874—1875 年检查折桅断帆的时候，据说除开“这个国家”在靠不住的一亿六千五百万镑西班牙公债之中所握有的三分之一外，到期未还的外债还有六千七百万镑。[③] 最糟的是洪都拉斯、圣多明各、哥斯达黎加和巴拉圭顺着迂回而泥泞的渠道所募集的票面一千万镑的那一系列公债；还有这些，除开一项不重要的例外，没有发付过分文息金，除非是从原有资本中支付的。[④]

① 一般参阅《对外贷款审查委员会》，1875 年，第 11 号。关于外债持有人联合会及其理事会，参阅它的秘书海德·克拉克的证词，询问案第 607 号及以下。参阅法斯：《作为世界银行家的欧洲》（Feis, H., *Europe the World's Banker*）（1930 年版），第 113—114 页。

② 关于加拿大在 1867 年以前比较小额的贷款，参阅詹克斯：前引书，第 205—206 页。

③ 《对外贷款审查委员会》，询问案第 5950 号。

④ 《对外贷款审查委员会》，询问案第 5950 号，第 45 页。詹克斯对于这类难堪而又生动的贷款的故事，未免过分予以注意。它们并不真正是这一时期有代表性的对外投资，而且为数甚微。参阅本卷，第 323 页注 4。

在1875年以后的十年之中，如上文所述，资本的输出是滞缓的。除1876—1878年以外，海外投资稳步增加，但是1876—1886年的投资恐怕不如1872—1873年的投资多，而1876—1878年的这项投资则肯定比那段时期得自海外资本的总收入要少得多。[①]

在七十年代后期，普通英国人正为他们很多代以来不曾烦心过的贸易平衡而烦心。他们惊于"逆"差的逐步增加；惊于进口货按数学级数超过出口货；而且统计上荒谬的错误还不在少数。很少人像二十年后来自地球彼端的政治家那样简单，认为这项差额是用"金镑"支付的[②]；但是设想它一定是靠大量出售证券去弥补的，却大有人在。以发现它的"专门研究是那样毫无进步可言"而狼狈不堪的罗伯特·吉芬为代表的统计科学，在1882年断然声称，"近年来这个国家根本没有调运资本回国的问题"[③]，并进而给贸易平衡的种种事实以尽可能的统计准确性；证明如何——撇开算术上的错误不谈——入超主要是代表投资的收益和航运的收益，

241 益，连同一般银行、保险和商业服务的收益。[④] 吉芬并没有指出在

① 据霍布森的前引书第204页的计算，比四分之一还少得多。

② 1903年新西兰总理塞登。

③ 《进出口统计数字的利用》(*The Use of Import and Export Statistics*)，《统计学报》，1882年，重刊于《财政论文集》(第2集)，引语见第135、195页。

④ 吉芬不过给予本卷第10页所引1851年的《经济学家周刊》中的论证以准确性而已。他是批判例如《每季评论》1881年7月号和《十九世纪》杂志1881年8月号〔沙利文爵士的论文〕中的半通俗的议论。关于比较认真的讨论，参阅鲍恩：《进口货愈益增长的优势》(Bourne, S., *The Growing Preponderance of Imports*)，《统计学报》，1877年；纽马奇：《联合王国对外贸易的进展》(Newmarch, *On the Progress of the Foreign Trade of the United Kingdom*)，《统计学报》，1878年；塞德：《繁荣的衰退》(Seyd, E., *The Decline of Prosperity*)(1879年版)。

1876—1878 年事实上曾经有过一次突然的和十分不寻常的入超。这样一种入超在 1891—1893 年以前也从没有再接近过。[①] 如果他所说的"近年来"是指前三年的话，像想来的那样，虽则的确没有每年调回大量资本的问题，但是，如上文所述，却未必没有少量资本调回；而且他对"近年来"海外投资量所作的估计，如果是打算作为一项净估计的话，几乎肯定是过于乐观的。尽管笨拙、无知并带有许多误解，贸易平衡的争论者却指出了英国国际地位的一个真正变化。"剩余资本的输出已经一去不复返了。它今后二三十年内的新投资将是来自过去投资所累积的利润。"[②]

当代经济学家约翰·斯图亚特·穆勒在 1873 年逝世。他的《政治经济学原理》通过他生前的七版和死后的另几版，对于"至少在我们自己国家里"，现在简直不需多加论证就可以说明"国内工业保护原则"的错误一事，一再表示欣慰。[③] "在普通交易过程中，除非就经济方面来说对国家有利的时候，外国商品的进口是绝不会发生的。"即使从政治方面来说，并且兼顾到战争的危险，结论也是一样：一个国家吸取民食的来源愈多，它就愈安全。"把一般政策体系建立在同时和世界上的所有国家作战这样不大可能的一种危险上，或者设想整个国家，纵使在海上处于劣势，会像一个城市一样地被封锁起来，都是不值一笑的。"（应该注意的是，这"一个国

① 1876—1878 年，每年平均入超是一亿二千八百万镑；1874—1875 年曾经是八千一百万镑；1879—1888 年是一亿零一百万镑。

② 詹克斯：前引书，第 333 页。参阅本卷，第 235 页注。

③ 第 5 编，第 10 章，第 1 节。

家”是一个岛国，不论穆勒怎样以世界主义者自命。）他提出了一个例外，即后来有名的那种幼稚工业的案例，所谓幼稚工业，即政府，“尤其是一个年轻的新兴国家”的政府“有理由”暂时予以保护的一种工业，如果那种工业“本来就完全适合于那一国家的环境的话”。
242 李斯特和他的那种同交换价值对立的生产力的国民政治经济学，穆勒总是不加闻问的。显然他没有认清他对于错误的和不太错误的国民经济学作了多大的让步。很多国家都常常感到年轻，因而要求年轻国家的特权。

但是在 1850—1886 年，没有人认为大不列颠是“年轻的，新兴的”。它是古老、兴盛和蒸蒸日上的。这个例外自不适用。这不过是学校中的一个辩论的问题而已。当我们日益扩大的税收和用款部门的节约，使他们放弃这些税收毫不费事的时候，历任财政大臣——格拉德斯通、又是格拉德斯通以及像诺思科特之类的格拉德斯通的影子——裁废外国商品进口的残存关税，倒是一桩简便的工作了。既然在 1850—1852 年残存的很多关税已经不能产生任何税收，那就很可以一种冠冕堂皇的自由贸易的姿态予以废除了。在 1853 年，国产“绳带”、靴墨、“双刃小刀”[①]和其他很多东西的生产者就这样被格拉德斯通委诸不太凛冽的竞争风暴之中。

在 1852 年依旧征收关税的仅有的一些重要原料，就是木材、铜、铅和锡。这时这四种原料的关税都是微乎其微的。[②] 木材关

① 例如供小提琴用的肠线。

② 《1800 年至 1897 年联合王国海关税则》，1845—1846 年至 1852—1853 年部分。

税合计为2%强。只有木材税被1853年预算保留了下来，税率虽低，但很复杂。麻栗木、铲柄和大多数的大木钉都自由进口了，但是在整个表中不列颠木材都享有优惠待遇。这种优惠待遇一直保留到1860年，关税则如上文所述，保留到1866年。[①] 如果不是木材的大量进口使甚至一先令或二先令一罗德的税率都产生了财政大臣所不能轻易放弃的一笔税收，无疑这项关税也早会取消。

经过饥馑年代的争辩和一再停止实施之后，谷物税已决定自1849年2月1日起订为一先令一夸脱，面粉税订为四又二分之一便士一英担。[②] 这类所谓的登记税，格拉德斯通无论在1853年还是1860年都概未触及：这些都是他的伟大上司的遗物。但是二十年后他却允许当时在他手下任财政大臣的罗伯特·娄以维多利亚，第32、33年，第14章，即1869年的预算条例予以废除了。[③] 大 243
米、西米、参茨和通心粉的关税都随谷物关税本身一并裁废。所有各项进口都年有增加，税收失去了一个日益扩大的便于筹款的税源，直接的损失是九十万镑。那一年娄正在胡乱地牺牲税收，这唯一的一项“最纯粹原料”上残存的关税在经济上的不相称，使他深感不快。但是英格兰的谷物集散贸易并没有因关税的裁废而增加，一如他所指望的那样；因而一位至少毫不眷恋保护政策的政治思想家在1888年写道，“十分肯定的是，如果关税仍然存在，现在

① 本卷，第220页。

② 参阅上卷，第498页。

③ 在1864年(根据维多利亚，第27、28年，第18章)，一先令一夸脱已经变为差不多三便士一英担。

就会保留下去。”[①]

谷物税以外的少数几种食品税在1853年逃过了格拉德斯通的斧钺。他裁去了使人回想到在渔业方面同荷兰人的古老竞争的外国进口鱼的关税，也因为国内制造的苹果酒不征国产税而裁去了苹果酒的关税，另外还裁撤了蜜税，但是他保留下鲜果品和蛋品的少量关税，以及牛油、干酪、饼干和面包等农业制造品的关税。[②]食糖的复杂优惠税，他并未触及。经过1848年乔治·本廷克和辉格党的一番斗争之后，决定为了西印度群岛的利益，六年不予更动。[③] 但是当翌年资助克里米亚战争时，他实行了辉格党拟定的外国糖和殖民地糖的划一关税；而因为需要税收，他是用提高殖民地糖的关税而不是降低外国糖的关税的方法实行划一的。[④] 当此后二十年，主要是在1860年，几乎所有残存的零星食品关税都已裁废的时候，食糖和所有各种糖食品依然是一个重要的税源。虽然为了消费者的利益，遇有机会就减低这类的关税，但始终未予简单化。废除糖税的主张不一而足。终于在1874年，紧跟着他的上司狄斯累利表示了有一些税源已经小到了不智的程度这种意见之
244 后，斯塔福德·诺思科特予以裁废了。[⑤] 联合王国消费无税食品有二十五年之久。

---

① 巴克斯顿：《财政和政治的历史研究》，第2卷，第93页。

② 他也保留下忽布实的关税，因为国产忽布实有一项不太相等的国产税。

③ 见上卷，第499页。

④ 关税是复杂的：参阅《联合王国海关税则》，第219—220页和巴克斯顿，前引书，第1卷，第152页。

⑤ 1874年2月4日在帕格奈耳，纽波特的演讲，转引于巴克斯顿，前引书，第2卷，第187页注。

1853年保留下来的制造品关税大部分都没有显著的保护税性质。外国瓷器、陶器、燧石玻璃或黄铜制品绝不会因每英担十先令的一笔征课而被排除；一便士一打的纱手套，三镑一架的大钢琴和“一百个音键”一先令的“通称为中国货的手风琴”也都不会被排除。[①] 普通的棉布、呢绒以及诸如纱之类的一切“半制成品”一律免税进口。机器、刀具和钢铁制造品每英担征收二先令六便士。贸易上的这样一种障碍间或也会把一笔订货转入国内渠道，但并不常常如此。比较严重的是花边、洋纱、手帕、地毯（六便士一方码）和围巾之类的奢侈品的关税。纸张的二又二分之一便士一磅的关税对各种普通纸张是肯定无疑有保护作用的。一长串未触及的丝织品关税也是如此，或无异是如此——诸如头巾每件三先令，女服每件三十先令，素缎带每磅六便士，连同许多从量税率，以及一切未列举的丝织品15%的从价税。

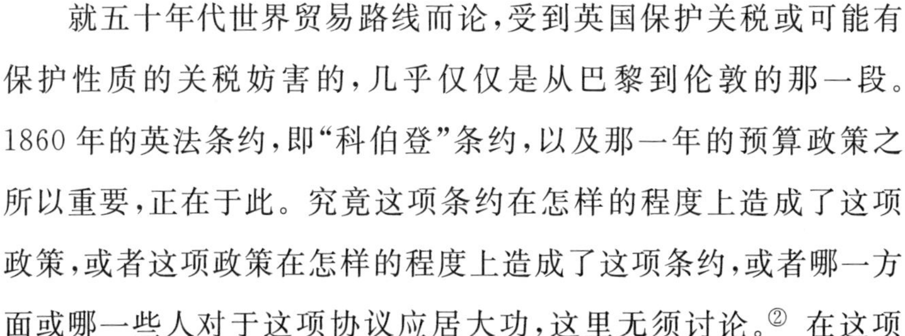

就五十年代世界贸易路线而论，受到英国保护关税或可能有保护性质的关税妨害的，几乎仅仅是从巴黎到伦敦的那一段。1860年的英法条约，即“科伯登”条约，以及那一年的预算政策之所以重要，正在于此。究竟这项条约在怎样的程度上造成了这项政策，或者这项政策在怎样的程度上造成了这项条约，或者哪一方面或哪一些人对于这项协议应居大功，这里无须讨论。[②] 在这项

① 《联合王国海关税则》，第826页。

② 这个问题在登纳姆的《1860年的英法商约》（Dunham, A. L., *The Anglo-French Treaty of Commerce of 1860*）（密执安大学，1830年版）中有详尽的讨论。参阅摩莱：《理查德·科布登传》，第11—14章和《格拉德斯通传》，第2卷，第18页及以下。

政策于 1861 年预算圆满完成时[①]，由条约和政策共同把联合王国置于自从国王最初接受客商的礼品或向队商索贿以来，任何王国不曾据有的一种地位。自 1861 年 10 月 1 日取消纸张关税时起，除开面粉、酒、香烟、糖、金银箔、纸牌和骰子外，在英国税率表上就
245 看不见任何外国制造品了。固然“木船连同船上的一切滑车……”每吨征收进口登记税一先令，但这的确是一种手续费，而且是对殖民地船和外国船一律征收的。在 1869 年以后，面粉不再征税，在 1874 年以后糖也不再征税。船舶登记费则于 1866 年取消。金银箔直到 1890 年还不是免税进口的。除开这些之外，诸如紫色细麻布、伊斯巴汉的地毯、锦缎“以及成大捆的图案复杂的刺绣和印花帷幔”之类的一切历来著名的奢侈品，都可以免税进口了。骰子，那些害人的骰子，曾经一副课征一基尼。当德尔比任首相时，也就是给予工匠以选举权的第二次选举改革法产生的那一年，骰子也由维多利亚，第 30、31 年，第 82 章予以免税了。剩下来的只有纸牌一项。

一项英法商约意味着葡萄酒和烧酒关税的降减和改组。在 1786 年就是如此，现在也是如此。这是不列颠真正让与的东西，即税收；另外还有一项不禁止煤炭出口或课征关税的诺言。如果没有任何交涉，当时它多半不会修改它的葡萄酒关税，或完全按照所行的办法修改，也不会就煤炭作出任何诺言。某几种奢侈品的

---

① 它取消了纸张的关税（维多利亚，第 24 年，第 20 章）。1860 年的伟大预算条例是维多利亚，第 23、24 年，第 110 章。关于纸张的关税和国产税，参阅巴克斯顿：前引书，第 1 卷，第 259—268 页。根据当代用语，这些都是“知识税”。充其量也只有轻微的保护性质。

关税也未始不会保留下来，但是这些关税的废除是同它已经奉行的政策一脉相承的。煤炭的自由出口亦复如此[①]。但是不干涉出口的保证有一种政治的而不是经济的牵连，即在志愿军运动以后的那一年某些政党所厌恶的那种牵连。[②]

法国让与了比它的保护贸易主义者所允许的更多的东西以为酬答。它放弃了妨害英国多种精制品的历史悠久的禁止进口政策，并保证对其中任何一种——不论精粗——的课征一律不超过价格的30%。在最后采行的税则上，平均数还少得多；但是税率 246
之高至少还同不列颠已经完全废除的丝绸保护关税不相上下。既然工业运动自1848年以来在法国已有长足进展，既然在很多种精细制造品方面已经赶上或超过了不列颠，条约的效果也就不如某些人所指望和另一些人所暗示的那样显著了。[③] 贸易虽有令人满意的扩大，但是其中一部分——究竟多大一部分是无法断言的——是无论如何总会出现的。不列颠呢绒方面的大量迅速增加抵消了法国丝绸和巴黎货进口方面的相应增加。恰好在这个时候，英国细布的大量出口已经发展起来；但是在1868—1869年对

① 1860年任贸易部助理秘书，嗣于1865—1886年任秘书的法拉尔爵士（后封法拉尔勋爵）始终认为“我们所做的，除开一项可疑的例外，正是我们本来会做和应该做的，即使法国不放宽它的关税”〔《自由贸易和公平贸易》(Sir T. H. Farrer, *Free Trade versus Fair Trade*)，第278页。〕。那个例外就是酒税。酒税给了“法国酒以其他各国酒所享受不到的一些优待”，导致了西班牙的报复，这一办法终于修改成为准许西班牙比较强烈的酒按照法国酒同样的税率进口——但是直到1886年才根据维多利亚，第49、50年，第41章予以修订。

② 其中有维多利亚女王的配偶，他认为英国人正以“煤炭孝敬法皇”，《传》，第5卷，第13、23页。

③ 例如巴克斯顿：前引书，第1卷，第236页。

法国的棉布出口虽然比对荷兰的出口价值略大，却低于对叙利亚和巴勒斯坦的出口。尽管有更多的葡萄酒和白兰地酒进口，英国人并没有变成红葡萄酒的大酒客。多少年来作为铁路工人的嗜好的威士忌酒现正蔚然成风，像苏格兰舞一样。法国也很难提高它对英国钢铁的消费量。总之，两国间的直接贸易并没有革命化。在 1855—1859 年，英国产品的出口平均为六百万镑。在 1860 年平均为五百万镑。1861—1864 年平均八百七十万镑，1866—1870 年平均一千一百万镑。在这项直接贸易之外还必须加上对法国的复出口贸易，而复出口贸易，因为法国大量收购殖民地羊毛，在六十年代后期事实上比直接贸易为大。羊毛和煤炭抵补不了不列颠为量至巨的法国进口货的一重要部分。[①]

当 1872 年法国既经陷入了保护政策的非经济论据总是最占上风的那种战后精神状态之后[②]，正渐渐回到那个一脉相承的，藕断丝连的十足关税制度时，“科伯登”条约遭到了攻击。“科伯登”条约是以自由贸易精神议定的一系列著名商约的第一项，其中照
247 例列有最惠国条款。在六十年代，单单不列颠就缔结了八项这种形式的重要条约。[③] 在欧洲各国之间则更多，已经有了一个完整

① 1866—1870 年，联合王国来自法国的进口每年平均为三千五百万镑；英国产品对法国的出口为一千一百万镑；外国和殖民地产品的出口（主要是羊毛）是一千二百万镑。进口包括运费在内，出口却不包括。但是运费远不能作为这项差额的说明。在三角贸易中，不列颠是以对第三国的出口支付法国的。

② 战时民族主义的精神状态，使人确信“一切国际经济关系都是一种不可免的弊害，应尽可能加以缩小”。桑巴特：《商人和英雄》（1915 年版），第 133 页。

③ 参阅利魏：《英国商业史》，第 511 页的一览表。最惠国条款有它本身的大量文献，例如施劳特：《贸易合同和最惠国制度》（Schraut, *System der Handel-verträge und der Meistbegünstigung*）（1886 年版）；格莱尔：《最惠国条款》（Glier, *Die Meistbegünstigungsklausel*）（1905 年版）。

的条约网。这一条款所起的作用是把任何协议的关税让与权适用于整个“最惠”国集团。[①] 在条约规定的让与权以外，还有很多像不列颠那样的自动的关税降低，虽则在任何地方都没有这样一套完整的自由贸易的逻辑。战争使法国停止下来了。在 1879 年，日益下跌的物价，来自海外的有增无已的农业竞争以及税收的需要也使俾斯麦停止下来了。普通人的经济保护主义和按战争风险考虑问题的政治家的政治保护主义到处都得逞了，俾斯麦当然是一清二楚的！纵然是由于像战时食品保险费之类的农业原因而开始的，关税的提高也从没有漏掉过制造品。1881 年，贸易本来不很自由的俄国开始提高关税，法国则开始于 1882 年。意大利和奥匈等国也正着手提高。但是在降低关税和缔订商约那段短短时期在欧洲所完成的工作到 1885—1886 年还没有完全被抵消。作为一种习惯的禁止进口已经一去不复返了。关税，据一位谨慎的评论家写道，“大体比 1860 年以前低一些”。[②]

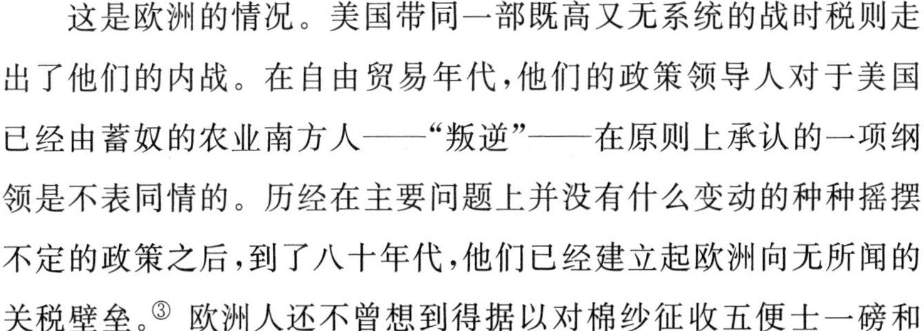

这是欧洲的情况。美国带同一部既高又无系统的战时税则走出了他们的内战。在自由贸易年代，他们的政策领导人对于美国已经由蓄奴的农业南方人——“叛逆”——在原则上承认的一项纲领是不表同情的。历经在主要问题上并没有什么变动的种种摇摆不定的政策之后，到了八十年代，他们已经建立起欧洲向无所闻的关税壁垒。[③] 欧洲人还不曾想到得据以对棉纱征收五便士一磅和

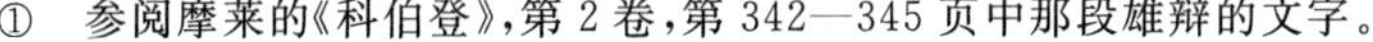

① 参阅摩莱的《科伯登》，第 2 卷，第 342—345 页中那段雄辩的文字。

② 法勒尔：前引书（1886 年版），第 61 页。

③ 参阅陶西格：《美国关税史》（Taussig，F. W.，*The Tariff History of the United States*）。

20%的从价关税，对烟煤征收三先令一又二分之一便士一吨的关税的这样一种制度。由于对精细制造品的疯狂课征，连同这些财政上的浪费，贸易比例减少是不待言的。整个说来，关税是自从价35%至100%不等。但是有很多精粗制造品仍然是壁垒所挡不住的。

248 在美洲和其他各洲，作为英国领地的那些“年轻的新兴国家”正做着穆勒差不多鼓励他们去做的事情，也就是照顾自己的幼稚工业。隔着一道不设防的边界，加拿大有它的南邻作为榜样。加拿大的1879年税则无疑比法国或意大利的税则高，比德国的高得多，比比利时或荷兰的则高得很多。一如美国，加拿大对烟煤也课征重税。不同于美国，它对无烟煤课税更重。对钢轨、棉布和呢绒之类的英国典型产品，它课征合计自15%至30%的关税。大洋洲的税则在七十年代和八十年代的初期也逐渐提高，而以南威尔士为唯一的例外。①

在这期间，整个文明世界的蒸蒸日上的工业运动，连同外国货毫无阻碍地进入英国市场，正产生着它的自然结果。制造品和半制造品在英国进口货中所占的百分比已多少有了增加。在这种情况下，二十五年来百分比的增加是非常之慢的。兹表列如下②：

年份	完全制造品进口百分比	价　值 百万镑	完全制造品和半制造品的百分比	价　值 百万镑
1855—1859	6	10	14	24
1865—1869	9	27	17	48
1875—1879	13	48	20	75
1880—1884	13	55	20	83

① 所有这段时期的关税都很方便地扼述于法勒尔：前引书。

② 以《贸易萧条皇家调查委员会》，第1卷，第130号所编制的价值数字为依据。

六十年代有急剧上升。制造品已占全部进口的半数以上。在公开的领域中总可以进行竞争[①]的外国旧有精细奢侈品上面的关税已经绝迹。在稍晚一些时候，国内市场开始感到了现代冶金术的直接产品的竞争。甚至在五十年代，在西班牙的轨条合同就已经丧失给比利时了。[②] 到 1867 年，铁匠师傅已有比利时人"到处都取代我们"的哀叹。他们一直往美国运铁，甚至从圣托马斯医院取得 249
了"所谓桁梁"的订货单。[③] 这是工会的过错，他这样说；但这是可能有的过错。翌年，进口报表上第一次为"制铁和制钢"分列一个项目。在 1868—1869 年，数量平均是四十万镑。在 1875—1879 年，平均一百万镑，1880—1884 年，二百六十万镑。在整个这段期间，丝织品和细毛织品，主要是法国的，按价值计约占全部进口制造品的五分之三至五分之二不等。法国也运进各式各样未列举的奢侈品和价值一百万至二百万镑的手套。到这段时期之末，有来自德国的品种最为繁多的日益增加的进口货——一些丝绸、很多钢、包括差不多所有幼儿园的小铅笔在内的大量玩具、所有最好的化学药品和实验室仪器、所有合用的铅笔，连同价廉但往往质劣的英国刀具等货的仿制品，这类仿制品加重了八十年代中期对"德国制"商品并非无因的轻视。[④]

① 本卷，第 16—17 页。

② 詹克斯：《英国资本的外移》，第 192 页。

③ 《工会皇家调查委员会》(1868—1869 年，第 39 卷)，询问案第 10696 号：来自北斯塔福德郡的一位证人。

④ 领事报告书和为贸易萧条调查委员会准备的报告书都扼述于法勒尔：前引书，第 161—166 页。最重要的是 1885 年斯拉莱彻的《德国关税影响报告书》(Strachey's *Report on the Effect of the German Tariff*)(敕令第 4530 号)。根据 1887 年商标条例(维多利亚，第 50、51 年，第 28 章)，"德国制"或其他任何地方制的商品，须一律照实标明。这个标签在 1896 年成为一本通俗读物的书名(威廉斯著)。

最自然不过的是，在七十年代早期的贸易瓦解之后，以及在随之而来的继续令人不解的工商业艰难时期中，普通人不禁要提出这样一个问题——对于关闭着自己市场的那些国家保持市场开放难道“公平”吗？有些普通人着重于进口货中不太相宜的因素，事实上这些是无足轻重的。另一些人提出了另一些同商业政策问题有各种深浅程度不同的关系的问题。把自由进口叫做“自由贸易”是不是适当呢？事实证明科伯登和皮尔是先知先觉吗？把我们的税则定得不容帝国优惠待遇存在是健全政策吗？各式各样的国家难道不是在各式各样的保护政策之下繁荣起来的吗？俾斯麦是一个愚人吗？是只有我们聪明吗？所有这些问题都很适合作为小册子、讲坛和晚报上的主题，其中很多都是值得发问的。它们是同七十年代使公共事务家懊恼的那些有关贸易平衡的疑虑交织在一起
250 的。[①]“公平贸易”的争论和贸易平衡的争论“往往是互相交错的”。[②]

在1881年，抱怀疑态度的人组成了一个公平贸易同盟。[③]他们的方案起初并没有完全制订出来，他们也从来不需加以应用。在这个时候它并没有扭转英国政策的方向。为了“公平”起见，它要求先制订外国制造品的适度的进口税，哪一国允准英国制造品自由进口，就豁免哪一国货物的进口税。为了帝国起见，它要求降

① 本卷，第240页。

② 吉芬：《进出口统计数字的利用》(《财政论文集》，第2集)，第132页。

③ 这个运动一般是从1879年《自助政策》(*The Policy of Self-Help*)发行时起算。《为加强帝国团结和工商保护的建议。……两封信》(*Suggestions towards the Consolidation of the Empire and the Defence of Its Industries and Commerce, Two Letters by...*)〔法勒尔·埃克罗伊德撰〕。

低或取消帝国茶、咖啡、水果、烟草和酒的关税，并要求，虽然不是那么坚决地要求，降低或取消来自外国的一切食品的一般轻微关税。对于领地所实施的英国制造品税则究应如何处理，未经宣布。对于所拟议的简陋的报复手段的种种牵连也未加以研究。但是，依照公认的政治传统，若干年来英国一直是由笃信不渝的公平贸易主义者和这样的一些政治家所代表的，那些政治家认为公平贸易之所以奄奄待毙正是因为缺乏他们如在适当时候应诊就会开出的那个处方。“你们的铁工业死气沉沉，全无一点生气；你们的煤炭工业……有气无力。你们的丝织业已经断送，被外国人扼杀了。你们的呢绒工业已经窒息无声，攥紧双手，力图挣扎。你们的棉纺织业已病入膏肓。”在1884年，伦道夫·丘吉尔就是抱这种看法。[①] 他力请由一个调查委员会对这样绘影绘形的真正商业萧条进行调查。这个调查委员会的少数报告书提出了下述形式的公平贸易的建议——“对一切外国进口货”课以10%至15%的关税，对“印度和各殖民地所可生产的各项食品”在由外国进口时也课以同样的一笔关税。制造品关税现在必须看作是半永久性的，因为我们“无法改变其他国家的保护政策”。[②]

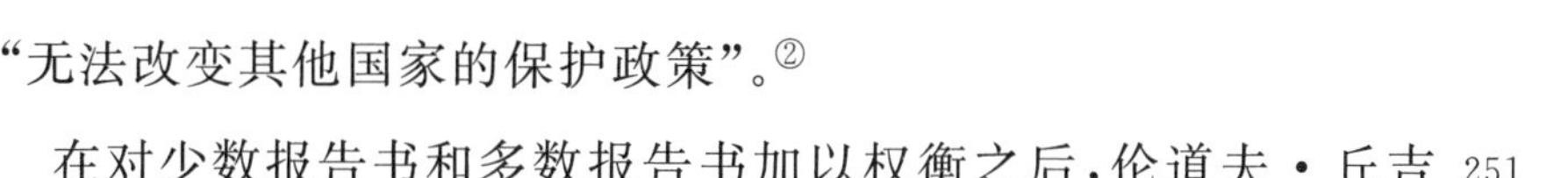

在对少数报告书和多数报告书加以权衡之后，伦道夫·丘吉尔不再以公平贸易进行投机了。运动看上去已奄奄一息。由贸易 251

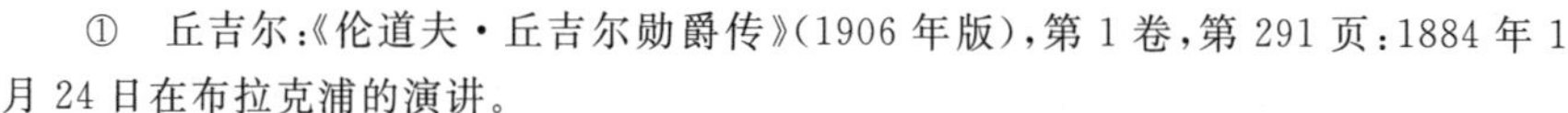

① 丘吉尔：《伦道夫·丘吉尔勋爵传》(1906年版)，第1卷，第291页：1884年1月24日在布拉克浦的演讲。

② 《贸易萧条皇家调查委员会。最后报告书》，第65页及以下。法勒尔·埃克罗伊德、芒茨和尼维尔·拉伯克签署的少数报告书。登雷文勋爵也签了字，但是附有一项“反对保护政策”的保留。

部武装起来的约瑟夫·张伯伦对它的射击颇中要害。他帮同把联盟和这个名称一并消灭了。但是几年之后，他却承受了这种精神。因为它的力量基于它的经济学方面的少，虽则这一方面也不是无足轻重的[①]，而基于它在一个变化多端的世界中的意义和它的民族主义方面的为多。当它的国会领袖桑普森·劳埃德翻译并初次以英文刊行弗里德里克·李斯特的《政治经济学的国民体系》一书时，他是了解这一点的。那是1885年。[②]

① 1886年的少数报告书很科学地谈到，例如，如何在实行保护政策的国家中创造了过剩的生产力，从而造成在中立和开放的市场中的竞争和"倾销"。

② 关于公平贸易运动，一般参阅公平贸易联盟的刊物。法勒尔：《自由贸易和公平贸易》，它虽则是引起争论的一本书，却逐字逐句地引证了《公平贸易》著者的语句。英文书中没有什么很好的记述。参阅福赫斯：《英国贸易政策和它的殖民地》(Fuchs, C. J., *Die Handelspolitik Englands und seine Kolonien*)(1893年版)，第157页及以下，和阿累维：《英国人民史：结论》(Helévy, E., *Histoire du peuple anglais*, *Epilogue*)(1926年版)，第272—275页。

第七章　农业 252

在济贫法改革后的最初十年之内，忧心忡忡的政论家曾经认为不列颠农村已有人满之患。就当时的情形而论，他们也许是对的。四十年之后，所疑惧的却是人口衰减，而不是人满之患了。但是在八十年代对于十五个最典型的英格兰农业郡进行的仔细调查，表明在1851年和1881年之间，就农村一词的某种意义来说，人口只减少1%，而就另一种意义来说，也只减少了2.1%。在像杭廷顿那样甚至连五千居民的城镇都没有的一个绝对农村型的郡中，的确有了11.8%的减少；但是即使在杭廷顿，1881年的人口也差不多和济贫法改革后那一年的情况一般无二。自由的新条件，流动性以及一种半机械化的，不那么以耕作为主的农业，也只能是缓慢而断续地发展的。具有极度农村性质的其他各郡也大同小异。土地仍然以这一种或那一种方法，以农业和直接依存于农业的各种职业大致容纳着那个一度太多的人口，不过人们的生活却舒适得多了。农村人口只是在街道人口繁众的反衬之下，才显得比较稀少。但是街道和这些新天地已经显然把握住了最优秀的儿女，不然，调查人员写道，又如何能解释如今乡野多愚民这一肯定事实呢？①

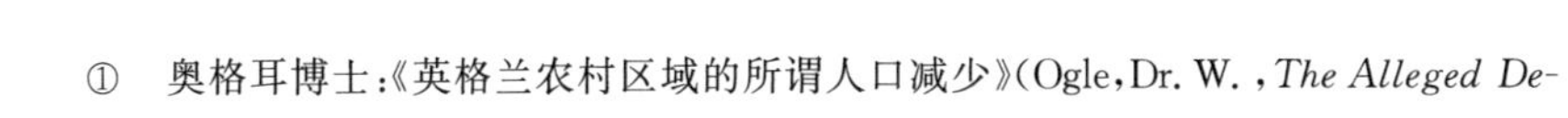

① 奥格耳博士：《英格兰农村区域的所谓人口减少》(Ogle, Dr. W., *The Alleged Depopulation of the Rural Districts of England*)，《统计学报》，第52卷(1889年)，第205页。

在农村人口大体停滞不动的时候，若说土地所有人的数目是由于享有制止售地的家产分授权以及在无遗嘱的场合下享有长子继承权的那些大业主的购地传统的自发作用，而仍然“按几何级数减少”[1]，却是可争辩的，而且事实上在八十年代也正在争论着。[2]
253 直到1870年，谁也不确知土地到底是怎样主有的。在1871—1873年，为了查明实况而刊行了当代人士所谓的“新土地调查册”。[3] 编制调查册的人们只说它“接近准确”，使用它的人们则甚至对这种说法都表示怀疑。他们说它充其量也不是“一个土地所有人的完备记录”，而不过是“一个地产的不完备记录”而已。[4] 例如，在调查册中，因为布克勒治公爵在十四个郡有地产，就把他算作十四个土地所有人。但是甚至从这个调查册中都可以得出这样一个惊人的结论：联合王国的大约四分之一的土地为一千二百个人所主有，大约一半的土地为七千四百人所主有。一位评论家肯定认为：算上它的错误，调查册也表明了在英格兰和威尔士，单只

---

① 布罗德里克：《英格兰的土地和英格兰的地主》(Brodrick, Hon. G. C., *English Land and English Landlords*)(1881年版)，第111页。

② 长子继承法的直接影响不大，因为几乎所有地产都是根据授产决定和遗嘱传留下来的。参阅肯尼：《论长子继承权》(*An Essay on... Primogeniture*)(1878年版)；威廉斯：《不动产》(Williams, J., *Real Property*)；波洛克爵士：《土地法》(Pollock, Sir F., *The Land Laws*)(1883年版)，尤其是第179—180页。一般认为“根据授产决定比任由各个地主自由处理”的“土地面积要大得多”；布罗德里克：前引书，第100页。当然，根据严格的授产决定，“所有者”不过是一个不能出售产业的终身佃户。

③ 《地主报表》(*Return of Owners of Land*)，1874年(第72卷，第1、2、3编)和《1876年报表》(第80卷)摘要。这是应上院之请而编写的，意在证明不列颠没有成千上万地主这种一般看法不确。这项工作说不上成功。

④ 布罗德里克：前引书，第163页。

四千个业主拥有了所查报估税面积大约七分之一的土地。[1] 其余七分之三或二分之一或不拘多少的显然分散的所有权，则市郊的自由持有地同小乡绅和“自由民”的财产大约各占一半。新土地调查册的实验没有再事进行，所以直到八十年代土地所有人的数目是否“按几何级数减少着”这一问题，实在无法答复。所可肯定的是，农村所有权的集中至少没有削弱，而且已经过分集中了。

靠让与证书制订业者及其委托人的见识，靠法律，已经作了种种努力来减少旧式家产分授决定的限制力量，来便利家产的转移。直到 1856 年，在法律上，一个根据家产分授决定的终身佃户所订出租土地的契约，其期限不得超过本人的终生，除非家产分授决定明确授权他这样做。他常常得到这样的授权；但是在没有这种授权时，他也可以凭由国会的私法案取得救济。在 1856 年，这种救济已经一般化了（维多利亚，第 19、20 年，第 120 章）。后来，1877 年的授产条例（维多利亚，第 40、41 年，第 18 章）一反法律的旧规定——除非为授产决定所禁止，土地可以出租。为了克服终身佃户售地的困难，平均授产决定久已列进这样一款，准受托人应本人 254
之请而出售土地，并以价款清偿抵押债务等等，虽则地主集团对于这类减损产业的办法深感不快。至于苏格兰，限嗣继承的继承人在 1848 年已经取得了解除限嗣继承的权利。最后，直到 1882 年，克恩斯勋爵的授地条例（维多利亚，第 45、46 年，第 38 章）才给予英格兰终身佃户“以尽其所能同现有授产决定相适合的那样大和

① 《英格兰的土地和英格兰的地主》，第 165 页。

那样有效的充分利用土地的权利”。[①]

习惯方面的变革照例是先于法律上的变革的。但是两者都还没有实质上的改变。虽然终身佃户得到了出租权,但是一年期租佃依然是通常的办法,尽管苏格兰还保持着它十九年期的租约。[②]在英格兰,土地所有主和租地农场主可能是由于惯性,往往宁取短期租佃。这同宗法或商业关系是适合的。在威尔士,“大多数大地产上都流行着〔租地农场主的〕继承”。[③] 在十八世纪可能称之为英格兰改良部分的地区,农户随着利润而转移。由于授产决定的放宽和家族的一般衰落和绝嗣,土地比较自由地投入市场了。产业总是为新人物,甚至像“过去是酗酒的石匠”,而现在(1858 年)是大承包商的巴克萨耳大厦的罗杰·斯卡恰德爵士那种最新的人物所取得或建立起来。[④] 在五十年代之初,一位法国观察家为了要纠正他的同胞所得到的“英格兰的地产不转手……这样的错误印象”,曾经指出:“事实上每天都有五十到五百英亩的地产出售。”[⑤]他引证了一些典型的广告作为法国人的指南。但是尽管有广告,尽管有罗杰·斯卡恰德爵士,布克勒治仍然算成十四个土地所有人,土地还是没有有效地进入流通。如果罗杰爵士的地产够大,而且他有子嗣的话,那么就会有让与证书制订业者和授产决定来“立一个长子”。但是二十五年之后,法律已为这样一个时日进

① 波洛克:前引书,第 192 页。苏格兰条例是维多利亚,第 11、12 年,第 36 章。

② 参阅上卷,第 109 页。

③ 《威尔士和蒙默思土地问题皇家调查委员会》,1896 年(第 34 卷),第 291 页。

④ 特罗洛普,安东尼:《桑博士》(Trollope, Anthony, *Doctor Thorne*),第 9 章。

⑤ 拉维尼:《英格兰、苏格兰和爱尔兰的农村经济》(Lavergne, L. G. de, *The Rural Economy of England, Scotland and Ireland*)(英译本,1855 年版),第 94—95 页。

行着准备，到那时候，只要有充分的刺激，土地就会开始比较快地 255
转移。早在 1853 年就有了这种刺激的先声。格拉德斯通为了弥补皮特有违本愿地留下来的一个财政制度上的漏洞，在皮特的动产遗产税之外，又加上了一项小小的不动产“继承”税——自滑铁卢战役以来开征的第一项新税。皮特只对土地的旁系而非直系继承建议过征税；但是福克斯甚至对这一建议也基于下述理由而加以反对，理由是这一原则会“使国家能以夺取全国的产业”。[①] 在“死亡税”中倒的确潜伏着这种可能性。

关于地主和租地农场主之间的交易方面的规定，习惯又为法律指出了一条路。在普通法上，一个退佃的佃户并没有任何特别显著的权利，除已种未收的农作物，即成长中的作物或其价值外，对于附着在土地上的任何东西都不能提出任何权利主张。当典型的农场主是不热心于在土地上投资的小农夫时，这种规定可能不是不公平的。在英格兰甚至小农场主都久已在他们自己的房屋方面投放资本了，虽则在偏僻地区他们未始不会从地主方面得到一点点帮助。在十八世纪时以及在一定程度上在十九世纪时的苏格兰和威尔士，事实上他们都一直建筑房屋。佃户在赫布里底群岛上建造的“黑房屋”残存到 1850 年至 1885 年很久以后。苏格兰原来的租约一直是设法鼓励佃户在采集石头实行简单排灌或搭盖纯石头房屋方面投放资本的：对于这种改良给以十九年的时间来尽享其利。在苏格兰、威尔士或英格兰，十九世纪资力雄厚的农场主

① 关于国会史，参阅巴克斯顿：《财政和政治》，第 1 卷，第 114、117 页；第 2 卷，第 292 页。福克斯的演讲是在 1796 年 5 月 26 日。

往往得到房屋的供应，因而在这方面没有什么权利主张；但是他们有时也进行了全部排水工程，并且一般都进行了一部分。他们也可能开垦荒地，或以泥灰石施肥，或以石灰施肥，或加围，或使用昂贵而又享用不尽的“人工肥料”。[①]

从这些不同的根源——一方面是旧式的耕作者的这样一个简单的信念，认为只要他们作出了一些贡献，他在退佃时就有要求赔偿的权利；另一方面是聪明地主的这样一种成算，想吸引为享有这种权利而愿意作出一点贡献的农场主——早在1850年以前就在
256 英格兰和威尔士的不同区域产生了各种不同的“佃权”的习惯。克尔德在1850年就发现这种习惯在萨里、苏塞克斯、肯特的威尔德和西莱定部分地区的落后环境中以及在北诺丁汉和林肯郡的进步环境中都已得到了“完全的承认”。[②] 如果他到过威尔士，他还会加上不太进步的格拉摩根和比较原始的布雷肯。[③] 在林肯郡农业大转变时期，像亚布罗家和卓别麟家那样开明的地主，靠保证给永久改良设施以赔偿的办法，已经取得了苏格兰地主用长期租佃办

① 关于法律，参阅克利福德：《农业持有地条例》，《皇家农业学会学报》，1876年，第129页。关于威尔士，参阅《威尔士土地问题皇家调查委员会》，第576页及以下、第690页及以下。关于赫布里底群岛，参阅本卷，第368页。关于农场主的排水设施等，参阅上卷，第460—461页和斯廓里：《农场资本》(Squarey, E. P., *Farm Capital*)，《皇家农业学会学报》，1878年，第167页。

② 克尔德：《1850年和1851年的英格兰农业》(Caird, J., *English Agriculture in 1850 and 1851*)，第505页并散见各页。

③ 《农业皇家调查委员会》，1882年(第14卷；另1881年，第15—17卷)；以询问案第32260号、第65808号和第65873号为根据的道伊尔的威尔士报告书。参阅季特尔：《格拉摩根的农业》(Little, W., *The Agriculture of Glamorgan*)，《皇家农业学会学报》，1885年，第165页。

法所取得的一切。[①] 作为一个苏格兰人，克尔德还是宁取长期租佃。他虽不能否认林肯郡办法的优点，但是却着重于萨里和威尔德方面的经营不善、愚蠢和跟租佃权有关的狡诈行为，农场主“只使地尽其利到退佃时为止”，并力求为劣等的肥料取得善价。[②] 但是一个无赖可以破坏任何制度。他对于一个农场的经营在租期的后几年会松劲下来；而且克尔德自己在 1878 年就力称苏格兰制度所需要的改革之一，就是如何“订定公平条款，使佃户对妥善经营的兴趣能一直保持到租期届满时为止”。[③]

到那时，英格兰已经试行把林肯郡的习惯定成法律了。1875 年的农业持有地条例（维多利亚，第 38、39 年，第 92 章）一反“过去一世纪所存在的那项法律假定”，[④]而对佃户改良设施和装置的赔偿予以法律化并对退佃预告作了规定。但这一条例是一项任意性条例。农场主既可照约免除法律规定的全部或任何一部分，也可约定比法律所给予的更多的权益，如果当地习惯准许更多权益的话。这一条例“在许多地产上是全部或局部”被采用的。[⑤] 在没有正式被采用的地方，这项条例也并非没有示范作用。八年之后，当不景气到来的时候，佃户或其代言人断定这是不够的。1883 年的农业持有地条例（英格兰）（维多利亚，第 46、47 年，第 61 章），据一位当代人士这样抱怨说，表明国会已不再相信农场主可以照顾自

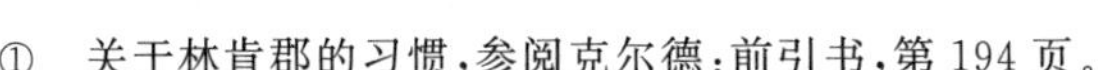

① 关于林肯郡的习惯，参阅克尔德：前引书，第 194 页。

② 同上书，第 119 页。

③ 《土地利益集团》（*Landed Interest*），第 71 页。

④ 克利福德：前引书，第 129 页。

⑤ 克利福德：《1883 年农业持有地条例》（Clifford, F., *The Agricultural Holdings Act*, 1883），《皇家农业学会学报》，1884 年，第 2 页。

257 己，而把赔偿订为强制性的。[①] 这是一项烦琐的条例，需要很多解释和补充。但是它却是土地法史上的一个重要转折点。

政治大事立刻就会动撼这些法律所体现的那个经济社会制度。郡议会将接管地方政府。明智而又得人心的常驻地主将靠郡议会而为他们的郡工作，但是如果地主不得人心，他们在地方政府的权力也会衰减和消失。在南威尔士，举一个极端的例子来说，1887 年的郡议会条例“已使这整个阶级陷于万劫不复的境地”。[②]

维多利亚朝中叶的英格兰和威尔士的耕作者已经完全被选举改革法的辉格党员从他们父辈和祖辈的一项苦恼中解脱出来，那项苦恼就是什一税的征实，或者在不真正征收十分之一束的谷物或十分之一桶的牛奶时，正如事实上一般的情形那样，究竟以货币还是以谷物缴纳的讨价还价。[③] 在 1850 年以后，在抽征什一税方面只能有那种“贪求无餍”的家族传统了，这种传统，照阿瑟·杨的

① 克利福德：前引书，第 1 页。参阅波洛克：《土地法》，第 154 页。

② 伏恩：《南威尔士乡绅》(Vaughan, H. M., *The South Wales Squires*)(1926 年版)，第 3 页。

③ 苏格兰的 teinds〔什一税〕是完全两样的。自从宗教改革和 1627—1633 年的什一抵代税实施以来，长老对于什一税的征收已经没有直接利害关系。事实上它们是对继承人(地主)的地租的一种征课。苏格兰农业经济学家把十八世纪的农业进步大部分归功于没有英格兰和法国的那种烦扰的什一税制度。安德逊：《农业论文集》(Anderson, J., *Essays Relating to Agriculture*)(1796 年版)，第 3 卷，第 157 页。关于一般历史，参阅科马克：《什一税和农业的历史综览》(Cormack, A. A., *Teinds and Agriculture, an Historical Survey*)(1930 年版)。关于英格兰的什一税，参阅本节所依据的文：《农业经济的基础》(Venn, J. A., *Foundations of Agricultural Economics*)(1923 年版)，第 5 章。

说法，在1792年正是“英格兰的耻辱”[1]，而其可耻的程度在科贝特时代恐怕也并没有减少多少。自1840年以来，1836年的辉格党法律（威廉四世，第6、7年，第71章）一直实施得有条不紊，什一税的谷仓已渐渐变成考古家的问题而不再是牧师的卑鄙活动的中心。这项法律已经建立了一种全国性的*方法*，一种一般的抵代税，这种抵代税的历史和经济学家是另一种复杂的事物。克尔德认为取消把一部分产品交给什一税所有主的这种义务很有助于鼓励农场主把牧羊场辟为耕地。[2] 或许他是对的，但是毕竟还有很多开 258
垦工作是在1836年以前完成的，而且至少是完成得照样迅速，照样健全。何况，高地饲养的羔羊和羊毛也是缴纳什一税的。不论正确与否，他的信念在英国的一般经济史上看来并没有多大重要性。在1836年至1886年这段期间，什一地租课征本身就没有多大重要性。以三种主要粮食的七年平均价格为基础，它很少起伏于标准价格以上，所谓标准价格即三十年代所估定的什一税的价值。它的最低价格和最高价格是1854年的仅仅低于标准10％强和1874年的高于标准约13％。在1886年它降低到标准的大约13％以下。[3] 此后接连不断的降低造成了一种新情况。在整个这五十年中，什一地租课征标准总额大约是四百万镑。在1836—1840年，这个数字也许差不多是英格兰和威尔士的地租的十分之

① 《法国旅行记》（*Travels in France*）〔马克斯威尔（Maxwell）版〕，第332页。

② 《1850年和1851年的英格兰农业》，第80页。文对于这种看法（前引书，第118页）的赞同是有疑问的。

③ 什一税表是由《政治经济学词典》什一税条目改编的。

一。当它经过七十年代的上升而在 1883 年又回到这个标准时，它大约只占也在降低之中的地租的十二分之一了。[①] 至于它在教会、学校和保管教产的俗人之间如何分配却是专史上的一个问题。什一地租课征不论农场主是怎样看，在经济学家看来总归是对地租的一种课征，现在已明确地有了这种性质，尽管根据协议还常常由佃户来支付。[②] 无论它的存在或它的分配都不像什一税征实那样地影响佃户的日常生活，虽则他们对于使用它的方法会有政治宗教上的疾苦，尤其如果他们是威尔士人的话。

维多利亚朝中叶的农场主既不太为什一税所扰累，也很少为敞地、公用地问题或圈地问题所烦扰。在 1850 年以后，除累斯特郡之外，在英格兰或威尔士没有一个郡中圈围工作没有根据国会条例办竣了；但是撇开在威尔士和西北部像 1863 年卡尔迪根郡兰德威—布雷菲一万六千零三十六英亩的圈围和 1864 年埃内尔戴尔七千六百三十七英亩的圈围这一些丘陵公用地的大规模圈围

259 外，只不过是一些零星清理工作和间或看到的整教区的圈围而已。[③] 1864 年《皇家农业学会学报》上一位论哈尔弗德郡的著者不

① 参阅克尔德：《地主集团》，第 132—133 页。克尔德所持在 1836—1878 年这段期间英格兰的地租已经上升了 50％的论证，并未为斯坦普爵士：《英格兰的收入和财产》(Stamp, Sir J. C., *British Incomes and Property*)(1927 年版)，第 36 页和其他各页中的数字所证实。30％或许近于正确。斯坦普以所得税为根据的数字开始于 1842—1843 年。

② 只是由于 1891 年的什一税条例(维多利亚法令，第 54、55 年，第 8 章)，缴纳什一地租的责任才终于加在地主身上，虽然在地主和佃户之间有相反规定的契约。参阅文：《农业经济的基础》，第 121 页。

③ 《圈地条例的报表》，1914 年(敕令第 399 号)。

胜其困惑而又震惊地发现巴耳多克和克洛骚耳仍然没有圈围。[①]圈地调查委员在1878年报告说：自1845年总圈地条例公布以来，已经处理了将近六十万英亩，相当于一郡大小的土地，但是在这六十万英亩之中有将近四分之一是在1850年年底以前处理的[②]，其余则大部分是在埃内尔戴尔周围的。单单在卡尔迪根郡就有三万多英亩，在韦斯特木兰有二万二千英亩以上。值得注意的是，在圈地时代之末，在无限制的丘陵公用地上仍然有种种明显的弊端。1868年，在韦斯特木兰，星期日"常常是私下尾随于邻人的羊群之后"来为自己多占一些地方的"一个好日子"。在1870年，蒙默思郡的丘陵农场主正按照有无斗争性来选择牧羊人和羊群。有一些好斗的小种羊可以像狗一样有效地把弱种羊逐出最好的牧地。[③]

1865—1875年这十年是圈地时代结束的标志，一则因为已经没有多少可圈的土地，再则因为一个靠海外喂饱了的人口拥挤的都市化社会已经理所当然地开始考虑到公用地，但不是作为牧地，更不是作为可能的耕地，而是作为"旷场"。有组织的保护公用地运动在伦敦开始了。公用地保护会工作了十年之久。在1876年，

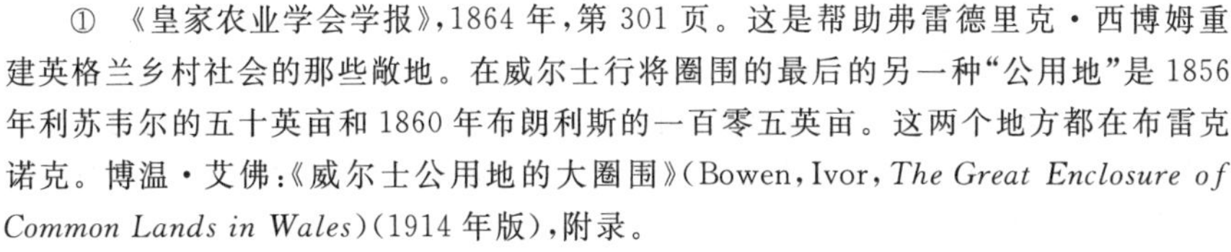

① 《皇家农业学会学报》，1864年，第301页。这是帮助弗雷德里克·西博姆重建英格兰乡村社会的那些敞地。在威尔士行将圈围的最后的另一种"公用地"是1856年利苏韦尔的五十英亩和1860年布朗利斯的一百零五英亩。这两个地方都在布雷克诺克。博温·艾佛：《威尔士公用地的大圈围》(Bowen, Ivor, *The Great Enclosure of Common Lands in Wales*)(1914年版)，附录。

② 在十三万和十四万英亩之间。1914年的报表列举了亩数和年份。参阅上卷，第454页。

③ 《皇家农业学会学报》，1868年，第14页，韦斯特木兰；1870年，第289页，蒙默思。参阅上卷，第107页。

国会第一次根据公用地的命运并不就是圈围这一假定而对一般公用地进行了立法。随着这项立法，公用地也就从农业史的范畴转到社会史的范畴去了。[1]

圈地既经办竣，那么在整个历史中，在整个传统中更加紧紧地随着公用地和敞地为转移的自耕农，亦即“自由民”的最终命运又
260 如何呢？在维多利亚女王登极和她六十庆典之间，他们的数目和他们所控制的面积，扯平来说，可能并没有多大变化。若说有什么变化的话，那就是稍有下降的趋势。每一个人都知道自耕农在坎伯兰、韦斯特木兰、约克郡的戴尔斯、艾克斯霍姆岛和剑桥郡低地都是很容易找到的，而且在大多数地方，只要稍稍搜索一下，也不难发现。[2] 他们常常卖地；但是小业主也买地来耕种，各种农场主也间或买地。在九十年代初期，除去拥有全部土地的那些人之外，约有4%的土地持有人只拥有他们耕作的土地的一部分。[3] 威尔士，尽管对于土地“贪求无餍”，照一位正式文件的起草人以非正式笔调所作的提法[4]，也表明买和卖都在进行。九十年代占有土地的自由持有人原来是“新近的产物”。[5] 有一些在圈地时曾经买下

① 1866年的首都公用地条例（维多利亚，第29、30年，第122章）已经制止了在伦敦警务区以内圈地。1876年的条例是维多利亚，第39、40年，第56章。

② 《1867—1869年童工就业报告书》注意到坎伯兰和韦斯特木兰有很多“政治家”是教育的一道障碍：他们把自己的孩子留在家里做工（1868—1869年，第13卷，第142页）。

③ 柯特勒：《我们土地的圈围和重分配》（Curtler, W. H. R., *The Enclosure and Redistribution of Our Land*）（1920年版），第240页。

④ 《威尔士土地皇家调查委员会》，第313页。

⑤ 同上书，第291页。

国王的土地:在卡尔迪根就有很多这类人,那里有很多土地是新近圈围的。另一些则是在圈地以前靠侵占国王土地这个老办法从中偷圈一个小园圃并且养上几只羊因而取得了一种自由持有权。在有夺佃的消息隔山风传而来的一个社会中,保有租赁权的佃户曾经把土地买下并且抵押出去以取得一种保证。[①] 据一位萨克森助理调查委员在 1881 年说,"拥有一二十英亩的半饥不饱的业主"总是"不断地试图劝说大地主买下他的那一点土地"。[②] 威尔士人否认那种说法,但是这类事情是有过的。彭赖恩勋爵曾经历述他本人如何应二十五到三十个小业主之请而收买下他们的土地。[③] 在 1887 年和随后几年之中终于进行了准确的调查,据发现威尔士有 10%到 20%的耕地是所有主自用的,而他们多是小业主。[④]

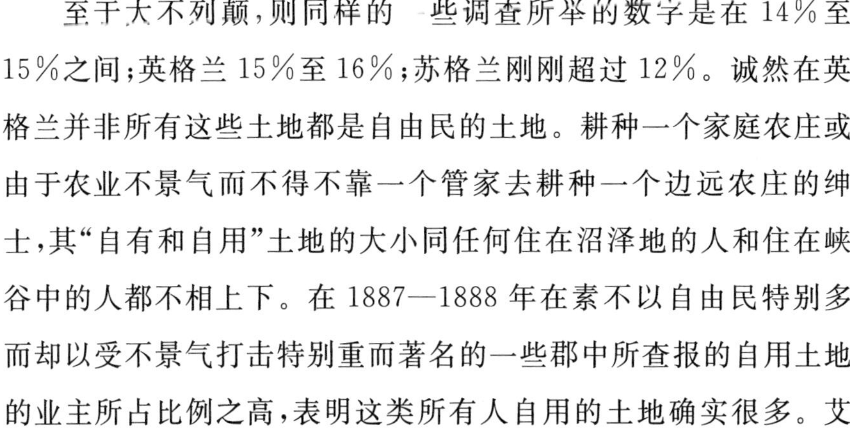

至于大不列颠,则同样的一些调查所举的数字是在 14%至 15%之间;英格兰 15%至 16%;苏格兰刚刚超过 12%。诚然在英 261

格兰并非所有这些土地都是自由民的土地。耕种一个家庭农庄或由于农业不景气而不得不靠一个管家去耕种一个边远农庄的绅士,其"自有和自用"土地的大小同任何住在沼泽地的人和住在峡谷中的人都不相上下。在 1887—1888 年在素不以自由民特别多而却以受不景气打击特别重而著名的一些郡中所查报的自用土地的业主所占比例之高,表明这类所有人自用的土地确实很多。艾

① 《威尔士土地皇家调查委员会》,第 549 页及以下、第 576 页及以下。

② 《农业皇家调查委员会》;道伊尔,询问案第 32050 号。

③ 同前书。彭赖恩勋爵的证词,询问案第 7350—7358 号。

④ 数字取自年度农业统计表:例如,在 1891 年,威尔士的数字是 11.6。统计表所涉及的是由同一人"主有和占用的"耕地。

塞克斯就是属于这一类的。它始终有它的自由民。[①] 很可能有12％以至15％的耕地在他们手中。但是很难认为会在21％以上，因为这个数字是1887年艾塞克斯“自有和自用土地”的数字。正是在这个时候，艾塞克斯黏质土上有很多没有农场主的农庄。在像坎伯兰和林肯郡那样肯定有很多自由民的郡中，也只分别有15％和16％业主自用的土地，既然林肯郡像艾塞克斯一样会有很多自己经营的农庄而坎伯兰却很少或完全没有，则在任何一个郡中自行经营的业主兼占用者的数字看来绝不会在15％以上。英格兰自有自用土地的总数一定还多少低一些，多半不高于12％。[②]

林肯平原的小业主之乡值得特别注意。每一个关心这种事情的人都听到过西北部的艾克斯霍姆岛，那里由于有适合各种专门作物的土壤这一优厚条件，所以在八十年代小业主还拥有并且耕种一些残存敞田中的条地。[③] 另一些地方则是不那么尽人皆知的，如坦尼逊森林下面的欧石南灌木丛中的霍格斯骚普，那里二十英亩以下的占用者半数都是所有人，又如东福恩和瓦什湾之间的兰格耳，那里的比例是三分之二。[④] 在斯波耳丁以南滑冰场所在

---

① 参阅上卷，第101、104页。

② 当1913年农产品价格相当好而手里的田地不会很多的时候，数字是10.7。所以在1887年以后的二十五年10至12不会相去很远。

③ 在斯累斯：《英格兰的农民和公用地的圈围》(Slater G., *The English Peasantry and the Enclosure of Common Fields*)(1907年版)和文：前引书中有对艾克斯霍姆的绘述。

④ 参阅克雷吉少校《英格兰和海外的农业持有地》(Major P. G., Craigie's *Agricultural Holdings in England and Abroad*)这篇名文，载《统计学报》，1887年，第86页及以下。

地的考比特，在六十年代时几乎人人都是自由持有者。[①] 所有这些事实没有一件可以证明林肯郡是小地主之郡，或不列颠是小地主之国；而只能证明在布克勒治和阿瑟·杨爵士的旁边还有相当数目的这类人残存或出现。[②] 他们在土地所有人之中所占的比例 262
比他们的亩数在土地之中所占的比例要大得多，因为他们的持有地是很小的。我们将可看到，凡是既不宜于打猎，而空气和水又不新鲜，埃耳默爵士既不会继承，罗杰·斯卡恰德爵士也不会布置一个有丘壑的公园的那些地区，他们的人数最多。此外还必须加上这样一句话：在林肯郡，一如在威尔士，他们的处境在令人沮丧的八十年代据说是“悲惨的”。[③]

直到那些多事的年份，普遍认为趋势仍然有利于英国平均持有地的增长，当然，通常只是租地农场主的持有地的增长。在六十年代，随着机器在牛津和伯克郡更广泛地使用，据说农场已经愈来愈大了；并且据报告，在韦斯特木兰，趋势“一直是而且仍然是倾向于合并的”。[④] 在从康沃耳到剑桥一带各种不同地区进行调查的一位调查委员在九十年代初期报告说，在所有这些地区中，从四十年代起到“这十年之内……合并农场的趋势是普遍的”。[⑤] 在1865年和1875年之间，在威尔士有很多的合并。这种合并大抵是在“可以使用机器的可耕的低地农场上”，正如在克劳埃德峡谷中的

① 《农业中的童工报告书》，1867—1868年，第17卷，第74页。

② 参阅坦尼逊：《埃耳默的田地》（Tennyson，*Aylmer's Field*）。

③ 《农业萧条皇家调查委员会》，1882年，第10页。

④ 牛津郡和伯克郡，《农业中的童工报告书》，1867—1868年，第17卷，第10页；韦斯特木兰，《皇家农业学会学报》，1868年，第8页。

⑤ 《劳工皇家调查委员会》，1893—1894年，第35卷，第13页。

情形那样；但是地产经理人有时任由高原小持有地上的平常住户没落下去，因为靠这种持有地是无法维持小康生活的。[①] 当时他们认为只有合并是进步的唯一希望，正如苏格兰经理人在清理小佃农和公权农(Cottars)过多的地产时所抱的看法那样。“每一个威尔士农场主和每一个威尔士工人”都祈求把降给阡陌相连的人的灾祸降给他们。[②] 但是甚至在“最无可恕……的夺佃”——这是指政治性的夺佃而言，也可适用于经济性的——之后，农场也总是很容易出租给威尔士人的。[③] 威尔士人竟是那样的贪求土地。英格兰人和苏格兰人也同样有准备冒这种灾祸的危险。他们有更丰富的业务上的经验；而灾祸如果来的话，也是跨过农场主和工人之间的那道更宽阔的鸿沟而来得比较轻微的。

263 无疑自1850年至1880年到处都多多少少进行着一点合并。但是统计上的证据表明了一些奇怪的特点，并且暗示出合并和再分割的同时并存。第一个奇怪的特点就是在英格兰和威尔士在人口调查时自报为“农场主和牧场主”的人数一点没有减少。1851年有二十四万九千四百三十一人。1881年有二十三万三千九百四十三人。前一个年份包括退休的农场主和牧场主在内，后一个年份则没有列入。一位专家对退休人数所作的估计使两个数目的差距已不到三百五十人。[④] 固然有一些土地是在这段期间开垦的，但是并不足使将近二十五万农场主的平均持有地增加多少。

① 《威尔士土地皇家调查委员会》，第347页。

② 同上书，第357页。

③ 同上书，第314页。

④ 前引奥格耳关于农村人口减少的论文，《统计学报》，1889年，第219页。

何况还有大量土地丧失给城市和铁路。就这些数字来看，农场的规模可能没有增加，而且没有任何合并。

在 1851 年人口调查时曾经要求“农场主和牧场主”填报他们所经营的亩数。他们差不多普遍照填了。① 英格兰和威尔士所填报的耕地为二千四百七十万英亩，它们并给了一百一十一英亩这个农场的平均数。五英亩以下的农场据报只有七千六百五十六处。这类小持有地有将近 50％以上是苏格兰填报的，虽然如此，据知还有大量的小佃农和公权农漏未填报。因为苏格兰，据明文记载，很多小农场主都兼营他业。显然，英格兰的无数小块土地持有人——诸如屠夫、车夫、养牛业者、市场园圃业者和拥有一个围场或一块草地的各色人等——并未填报，因为他们并不自称为农场主。当 1885 年按持有地而不是按农场主计算时，就发现在英格兰和威尔士计有五英亩以下的持有地十三万六千处，而 1851 年则是著名的七千六百五十六处。在这期间苏格兰的数字仅仅增加了一倍，这是小佃农的全面填报和屠夫车夫集团的人数稍有增加所可充分予以说明的一个变化。由于 1851 年的英格兰报表中这类人的漏填，所以那一年的一百一十一英亩的“平均农场”比 1885 年六十英亩的“英格兰平均持有地”更不成其为一种统计上的抽象。乍看起来似乎是这段期间小耕作者有大量的增加，实际上（毫无疑问）却主要是各种各样的围场和堆栈持有人报表的增加。而这类 264
人的持有地则是都市化的副产品。

① 职业等，第 1 卷，第 450 页及以下（英格兰和威尔士）；第 2 卷，第 1025 页及以下（苏格兰）。

撇开五英亩以下的农场数字不计，1851 年英格兰和威尔士数字统计的结果如下：

	规　模	农场数	各类亩数	调查总亩数的百分比
(1)	5—49 英亩	90,100	2,122,800	8.6
(2)	50—99 英亩	44,600	3,206,500	13.0
(3)	100—299 英亩	64,200	11,015,800	44.6
(4)	300—499 英亩	11,600	4,360,900	17.6
(5)	500—999 英亩	4,300	2,841,000	11.5
(6)	1,000 英亩以上	771	1,112,300	4.5

1885 年持有地的数字并不完全是按同样方法分类的。分类不是按五至四十九英亩而是按“五英亩以上，五十英亩以下”等等标准；整整五十或一百英亩的农场或持有地所划入的类别在 1885 年比 1881 年要低一级，从而使低一级的类别稍有扩大。这是有碍于作很正确对比的原因之一。但即使撇开对比不谈，1885 年的数字也是重要的。① 这项数字涉及英格兰和威尔士二千七百七十万英亩的土地，而 1851 年所涉及的只是二千四百七十万英亩。

	规　模	持有地数	各类亩数	调查总亩数的百分比
(1)	5—50 英亩	200,100	3,888,700	14.0
(2)	51—100 英亩	54,900	4,021,000	14.5
(3)	101—300 英亩	67,000	11,519,400	41.6
(4)	301—500 英亩	11,800	4,472,300	16.1
(5)	501—1000 英亩	4,200	2,737,600	9.9
(6)	1,000 英亩以上	573	745,500	2.7

显然有很多五至二十英亩的持有地是由其父辈或先辈在

① 用于克雷吉的前引文中。

1851年原不会自称为农场主的这样一些人填报的。现在仍有这种余地，因为在那一类中有十二万六千多个持有地。[①] 自五十亩以上，则两表极其相似。1885年所查报的额外的三百万英亩大部分是吸取自二十英亩以下的最低类别。不包括在内的五英亩以下的这个类别占三十三万一千英亩，而在1851年这一类别则几乎是空白。至于真正的农业经营，则面积几近相同，并且数字也没有表明出什么集中的形迹，虽则现在一百至五百英亩的持有地增多了
六十万英亩。最高类别中农场数目的减少以及五十至一百英亩 265
的，也就是一个家庭可以耕作的农场的意外增加，一部分可以用一个简单的假定来解释。农场主并不仅仅以一个持有地为限。当八十年代在不景气的耕地上还能勉强支持的那些精明强干的人正从无法支持的人手中受让持有地时，这一事实是显而易见的。[②]

在1851年，这类的人，只要有人提出要求，大概就会把他们所占用的土地全部归还。它会看上去像是一个很大的农场。他们的更多的继承人会像布克勒治一样分割成为若干持有人；因为基础是持有地而不是人。五十至一百英亩的农场之所以增加的第二个局部的说明就是在一个小持有地地区——例如威尔士——的集中，表明它是降格以求：五十英亩以下的丘陵小农场已经合并起来了。考虑到这些情况，数字就和某种程度的集中不矛盾了，尽管同一般描述所暗示的情况还不太符合。但是从基础不同的统计级数

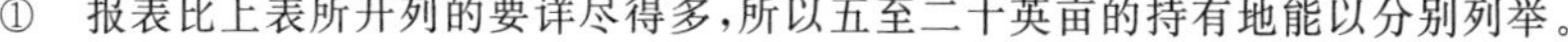

① 报表比上表所开列的要详尽得多，所以五至二十英亩的持有地能以分别列举。

② 参阅霍尔：《英国农业的朝圣协会》(Hall, A. D., *A Pilgrimage of British Farming*)(1913年版)，第42—43页。

所得出的一切结论总是多少有点靠不住的。[①]

数字继续在1851年的基础上进行搜集，但没有再度详细公布。1861年的人口调查员并不认为“把所有资料加以概括”是必要的，[②]但是他们把东部和西部十个充分有代表性的郡中的农场和牧场的数目和规模加以概括。[③] 他们的一览表的下一部分是不令人满意的，但是上一部分却是有益的。上一部分的数字如下：

十个有代表性的郡中的农场

规　模	数　目	
	1851年	1861年
100—299英亩	15,900	14,700
300—499英亩	3,200	3,400
500—999英亩	1,529	1,582
1,000英亩以上	323	308

266 这是肯定然而有限制的集中的明证。巨型农场的显著减少是可怕的；但是在这样小的一个集团之中，这可能是由于时代和人物的某种变故。并非每一个人都能经营一千英亩的农场，而能够经营的人也未必总能得到这样一个机会。

在1871年的人口调查中出现了另一批郡的数字，这一次是十七个郡，约占英格兰和威尔士耕地的三分之一。这些都是大农场的郡，因为它们的平均农场在1851年是一百四十三英亩，而全国

① 还有统计数字的搜集和编纂方面的不准确，这一点在这里无法讨论。

② 因为“现在有了英格兰和爱尔兰同样享有……农业统计的希望”。《1861年的人口调查：总报告》(1863年，第53卷，第1编)，第29页。

③ 巴金汉郡、剑桥郡、柴郡、坎伯兰、林肯、诺福克、希罗普郡、苏塞克斯、威尔特郡和北莱定。威尔士不在其内是唯一的缺点，但这并不影响同1851年的对比。

的平均农场则是一百一十一英亩。到 1871 年，这个数字只增长到一百五十二，二十年间仅仅增长 6%。这对于集中的缓慢和局限性是具有决定性的。[①]

在八十年代，奥格耳博士查阅了 1851—1881 年整个这段时期杭廷顿这唯一小型纯农业和基本上宜于耕作的郡的未发表的人口调查册。他发现中型农场的合并成为大农场正如 1861 年数字对更广泛地区所提示的情况一样。杭廷顿郡数字的降低几乎完全是在五十至九十九英亩和一百至二百九十九英亩这两个类别中。但同时也有一些土地分裂成为零星小块。在 1851 年，杭廷顿有五至四十九英亩的"农场"二百九十六个，在 1881 年，有三百三十四个。奥格耳辩称，其中有一些"农场""的持有很可能是和其他业务有连带关系的"[②]，而另一些则是违背人口调查的指示而自报为农场主的市场园圃业者所持有的。（这种人会出现于农业报告书的各种小持有地之中。）这里有过集中的情形；但是人口调查中的"农场主"的数目却被这个日益增长的阶级保持得同旧数字颇相接近，尽管在都市化程度不高的杭廷顿，这种人口调查的"农场主"在三十年间已经从一千零六十六人降到九百六十七人，甚至把人口调查对于退休农场主的处理办法上的变化也估计在内。

从所有这些不尽不实的数字之中也可以清楚地看出一些确凿

① 《1871 年的人口调查》(1873 年，第 71 卷，第 2 编)。表中没有包括汉普郡西南的任何一郡，除坎伯兰和韦斯特木兰外也没有包括西部任何一郡。其中也没有约克郡。

② 前引《统计学报》，1889 年，第 220 页。他无疑是对的。我们所涉及的是上文所谓的"屠夫车夫集团"。

的事实。在经济力量的自然作用最最不受干涉的这二三十年期间，集中一直是进行得比任何一般参考资料所提示的速度要缓慢得多。而且它一直是和初步的分散化相辅而行的。

267 “翻阅一下我在1850年所写的……有关农业的记述”，詹姆斯·克尔德在1878年这样写道，“发现我对于几乎全国每一个地区的良好农业经营都有所描述，其详细情形同当前的习惯很少不同。……变化并不在于有超过当时最好的农业经营的任何重大进步，而是在于中等的和最差的农业经营方面的剧变。”[①]无论是超过1850年最好经营的无关重要的进步，还是剧变的普遍性及其程度，都是不容易估计的。显而易见，土地还没有为改良设施做好清除工作，还没有，照字面的意义来说，清除到近乎五十年代初期的最好农场主所想要达到的程度。公用地的确已经分割到最低的限度，但是还没有用树篱隔开。为了给比较机械化的农业留下余地，为了给作物保存地力而不把它们浪费在荆棘和篱围的榆树上，并且为了让作物和牲畜都能得到阳光和空气，最好的农场主曾经是最大的树篱挖掘者。挖掘树篱的工作往往是和农场的合并偕以俱来的。在1860年伯克郡“所有注重实际的人”都“一致认为……篱围是农业改良工作的一个重大障碍”。[②] 到了1861年，据说在约克郡只是在少数不事改良的所有主的土地上，树篱还是像古代那样“枝繁叶茂”地残存着；但是由于挖掘树篱而赢得改革家称誉的北汉普郡的“林地”农场主似乎也是少数；1866年的改革家还在抱

① 《地主集团》，第28页。

② 《皇家农业学会学报》，1860年，第3页，斯皮林：《论伯克郡的农业》（Spearing, J. B., *On the Agriculture of Berkshire*）。

怨累斯特郡牧场之乡的十六英尺高的牛栏及其所浪费的木料。[①]这种牛栏曾经为它们能遮蔽风雨而受到重视，但是好的农场主已不再把牲畜暴露于需要遮蔽的疾风暴雨之中了。农作经营充其量是在新近由敞田、牧羊场和牛栏圈围出来的地区中——诸如洛蒂昂、东莱定、林肯和剑桥。那里田庄很大，树篱既少而又小；但是在所有旧圈围的地区中，无疑，树篱之多而且大，在当时依然是——正如今天的情形一样——远超过农业最高效率所需要的程度。在1878年的克尔德报告之后，歉收相继而来，在歉收的年月中树篱是很容易任其留在那里成长的，因为挖树和编结树篱都是需要花钱的。

主要的树篱挖掘者通常就是新式的蒸汽耕作制的提倡者。六
十年代的农业文献中充满了这类的记载——诸如各式各样的方 268
法、费用、适宜于这种制度的土壤和地面、能自行担负蒸汽滑车的农场规模以及租用滑车的种种困难。因此真正的进步是缓慢的。在1865年，甚至在东洛蒂昂也只有五套滑车。两年之后，当皇家农业学会的各委员会进行全面调查的时候，据估计，联合王国用蒸汽耕耘的土地可能有二十万英亩。他们认为这一种制度的推广，除滑车的机械方面的改进和掌握滑车的更多技巧外，还需要三十至四十英亩的标准田圃的采用、栽培作物的更大自由、租佃权的建立以及佃户和地主在清除树篱方面的更多的合作。[②]对于此后十

① 《皇家农业学会学报》，1861年，第92页（约克郡），第266页（汉普郡）；1866年，第300页（累斯特）。

② 同上书，1865年，第102页（东洛西安）；1867年（委员会报告书）；1868年，第274页（杭廷顿）。

年的进步未作任何估计。进步是有的，但是不如原本可以做到的那样快；因为委员会所提出的条件尚未具备。土壤和地面固然限制了不列颠的蒸汽耕作，但是人为的限制更加具有决定性。

但是农业机器的使用却大为增加了。机器是需要的。在五十年代初期还有整个整个的区域仍然使用最古老的农具，完全没有机械化。[①] 在苏塞克斯—威尔德，犁牛，笨重的耙，不受挑衅的打禾棒以及因为系出“耕牛”而产乳不良的乳牛，使一个法国人想到他本国的“二级省”——当时法国一个一级省中的一些方法使另一位法国人想到了十三世纪的那些方法。[②] 在 1861 年据说威地岛“落后于实用农业一世纪”[③]，如果这句话不错，那么威地岛也是几乎接近于中世纪的。

但是在此后二十年中，可以移动的蒸汽打禾机已经几乎普遍地渗入各地[④]：这种打禾机对打禾棒和继打禾棒之后的手力转动或马力转动的简陋打禾器的胜利，或许是这一时期最重要的变革。胜利还不是全面的。打禾棒在威尔士高原农场上直到九十年代还
269 很常见。的确在那时威尔士相当普遍改良了的唯一农具就是耕犁。威尔士的大多数农场主，除芜菁外，都采用撒播，但并非所有农场主都栽种芜菁。芜菁是条播的。[⑤] 在英格兰，新机器和新工

① 见上卷，第 461 页。

② 关于苏塞克斯，参阅拉维尼：前引书；关于法国省和十三世纪的情形，参阅德利耳：《中世纪诺曼底的农民阶级》(Delisle, L., *La classe agricole... en Normandie au moyen âge*)(1851 年版)，第 40 页。

③ 《皇家农业学会学报》，1861 年，第 359 页。

④ 克尔德：《土地利益集团》，第 27 页。

⑤ 《威尔士土地皇家调查委员会》，第 726—727 页。

具采用的从容不迫在皇家农业学会所发表的一系列郡农业的悬赏论文中也可以探索出来。1860 年在伯克郡，无论收割机还是割草机的使用都没有达到“所应达到的程度”。切草料和块根的机器还是近事，在 1861 年诺丁汉的农场主“才部分地加以采用”。到那一年，在 1850 年以前曾经把割草镰驱逐出东莱定山地的大镰，“正渐渐为收割机所取代”；但是在 1864 年，割草镰在哈尔弗德郡仍使用得很多，收割机显然是很少使用的。在洛蒂昂的大农场上供打禾和其他工作用的固定装置的蒸汽机久已“差不多普遍”，据 1865 年来自那里的报告说，英格兰式的活动蒸汽打禾机现在“往往被认为是方便的”。乡土观念最重的苏格兰农场主已经放弃了贝尔式收割机：既然有多少带点美国来源的各式各样机器可供利用，它就被丢“在角落里去腐烂了”。[①]

1866 年，在累斯特郡，割草通常仍然是用大镰，虽则打禾工作一般是用租赁的机器进行。在 1867 年，伍斯特郡是落后的，那里还有很多用不上收割机的耕地的旧式高田塍。割草机和收割机是人所共知的，条播机也几乎是普遍的，但是工具大抵都是旧式的，正如建筑物一样。在杭廷顿的沼泽地上，到 1868 年，大镰就已经把割草镰和钩镰驱逐掉了，但是据说可耕的泽地大部分太松软，经不住收割机。三分之二是草地的米多塞克斯，落后的情形同四十年代不相上下。当时第一个使用简陋打禾机器的人曾经被斥责为剥夺了工人的工作，如今，在 1869 年，那里也没有“如你所指望的”

① 《皇家农业学会学报》，1860 年，第 22 页（伯克郡），1861 年，第 165 页（诺丁汉郡），第 103 页（约克郡）；1864 年，第 299 页（哈尔弗德郡）；1865 年，第 102 页（东洛西安）。关于贝尔的收割机，参阅本卷，第 13 页。

那样多的机器割草，因为来为米多塞克斯制刍草的临时割草人对
于机器割草是嫉视的。[①] 诚然克尔德在 1878 年把收割机器“一般
270 的”采用说成是过去二十年“最显著的特征”[②]，但是一般一词不应
理解作为普遍。而且克尔德也不曾有过另一次的周游。

人们在试图衡量进步时所想到的主要是东部的谷物产地。用不上机器的肯特郡水果和忽布实栽培似乎不甚聪明地满足于旧有的和分所应得的声誉。无论如何在 1877 年还有不胜其多的放牧工作和果木园的割草工作。[③] 在西北部、西南部和威尔士边境上的小牛奶场和牧场之中，可以看到很多经营得很糟的不定期农作，这种农作完全是糊里糊涂地依存于保持着牧场常青的西部雨水和吸用那样的牛奶、牛肉和干酪而毫无挑剔的城镇。保有古代残余而又缺乏机器的威尔士亦复如此。在苏格兰则有更大的差距——存在于洛蒂昂机械农场和使用所谓凯什隆犁那种原始农业的脚犁的斯凯岛小农场之间的那种差距。但是甚至在像斯塔福德那样以规模小而又比较旧式的牧场为常见的一个西部郡中，自 1850 年以来凡是需要最为迫切的地方，土地排水方面也有了切实的成绩。到 1870 年，排水的土地虽非可能的最高数量，但几乎是绝对必须的数量。[④] 恐怕大多数郡都是如此，虽则还有很多未排水的

① 《皇家农业学会学报》，1866 年，第 296、300 页（累斯特）；1867 年，第 450 页及以下各页（伍斯特）；1868 年，第 270 页（杭廷顿）；1869 年，第 9 页及以下（米多塞克斯）。关于米多塞克斯，参阅上卷，第 462 页。

② 《土地利益集团》，第 16 页。

③ 《皇家农业学会学报》，1877 年，第 97 页。

④ 同上书，1869 年，第 263 页及以下。在 1850 年，斯塔福德郡有良好的农业。见上卷，第 460 页。关于大体在 1850 年前后的西部农业，参阅上卷，第 460—465 页。它变化得很慢。

旧牧场。[①] 在杭廷顿资力雄厚的耕地上，据说在 1868 年以前的二
十年间，排水已使产量增加了一倍。它已经“在歇佩的黏质土上创
出了奇迹”。[②] 从大多数黏质土地区中都能搜集到同样的证据。
诚然在 1873 年一位专家在上院的一个委员会中说，在英格兰和威
尔士需要排水的二千万英亩之中，尚未排水的只有三百万英亩。
但是“需要”既不是一个准确的字眼，而这位专家又是一个排水公
司的工程师，何况他的两个数字还都是詹姆斯·克尔德所争辩的。
克尔德把第一个数字估作一千万或一千万稍强，但并不是作为英
格兰和威尔士的数字，而是作为不列颠的数字；他并认为把第二个
数字估作四五百万可能并不太高。他指出：在“很少场合下……有
任何地产的一半以上是需要”排水的，成大片的白垩地就完全不需 271
要。他未始不可再加上其他几种土壤。[③] 他的证据是有分量的。
在 1850—1851 年，他曾经报告了这方面的几乎普遍落后的状态。
从那时起他曾经以一个圈地委员的身份监督其事。根据那项在
1873 年上院委员会看来非常不伦不类的办法，排水方面的“私人
事务”和改良工程的资金通融已经“一并交由一个政府官吏管
理”。[④] 这种管理是渊源于 1846 年的皮尔条例（维多利亚，第 9、10
年，第 101 章）和它准由政府垫付给被自由贸易震撼了的地主的二

① 《皇家农业学会学报》，1868 年，第 266 页（汉普郡）。

② 《皇家农业学会 1878 年报告书》，第 316 页。

③ 关于专家（贝利·丹顿），参阅《上院土地改良审查委员会》，1873 年（第 6 卷，第 1 号），第 3 页和询问案第 830 号；关于克尔德，参阅第 3 页和询问案第 4125—4126 号。另参阅克尔德：《土地利益集团》，第 82—83 页。

④ 《上院审查委员会》，第 7 页。

百万镑排水贷款。[①] 在1850年辉格党又增加了二百万镑。[②] 在这期间，有两家重要的排水和改良工程公司已经分别取得了条例，以便在国库垫款用尽时，工程可以继续进行。在1853年和1856年另两家公司接踵成立。[③] 应付给国库或公司的改良工程贷款的本息，得作为现有抵押权中具有优先权的债务而取偿于地产。所以实行某种监督是必要的，因而将这种监督权委托给圈地委员。"大体说来，排水工程在政府的监督下一直进行得很好"，一位颇怀妒意的农业作家在1869年不得不这样承认说。[④]

有很多工程是无论政府还是公司都没有插手而完成的。农场主和地主早在1846年以前就在没有外界支援的情况下开始了这项工作，并且以种种分摊负担的方法来继续进行自助。农场主至少曾经用车去载运排水管，他们也可能做了更多的事情。[⑤] 在1873年以前在没有政府监督的排水工程上花费的钱是否比在有政府监督的工程上花费得更多，克尔德不无怀疑，但是在五年之后，他已毫不怀疑在改良工程上不列颠地主一般花费的"款项……

① 见上卷，第460页注3。

② 根据维多利亚法令，第13、14年，第31章。

③ 在1860年还有另一项条例。公司计有：英格兰西部和南威尔士公司（The West of England and S. Wales）（1848年）、一般土地排水改良公司（The General Land D. and I. Coy.）（1849年）、土地改良公司（The Lands Improvement Coy.）（1853年）、苏格兰排水改良公司（The Scottish D. and I. Coy.）（1856年）以及土地贷款和公权授予公司（The Land Loan and Enfranchisement Coy.）（1860年）。《上院审查委员会》，1873年，附录甲。

④ 埃弗谢德的论文，《皇家农业学会学报》，1869年，第306页，提及斯塔福德。

⑤ 参阅上卷，第460页；拉维尼：前引书，第263页；《皇家农业学会学报》，1868年，第25页（朗斯戴尔爵士排水达一万英亩）。

出自他们本身的"比国家和各公司所垫付的数目大得多了。[1] 在三十年间，垫款已达一千二百万镑，其中九百多万镑是用于排水工 272
程的。国家的垫款（四百万镑）已经大部分归还；公司的很多笔垫款却还有很长一段时期方始到期。[2] 在1878年以后，虽然排水工程并未停止，地产的债负却不再增加了；整个运动随着物价和地租的跌落而缓慢下来。但是很多收成和畜牧情况较好的干地却是取得了良好成绩的明证。

自从四十年代制造排水管的机器通用以来，已经取得了不少的经验，排水的技术也有了很多变革。[3] 约西亚·帕克斯所提倡的那种早期排水管只有一英寸或一英寸半的洞孔。到了七十年代已经没有二英寸以下的水管了，并且有些是五六英寸。很多旧式排水沟都重新加深，并装上了这种比较大的水管。[4] 在沙砾地或砂地上，事实已经证明有排水过量的这样一种情形（也许原不是必要的一种发现），并且证明了各种土壤的牧场的适当排水量是不容易断定的。[5] 地主往往感到关于这种制度的空论太多，据说他们通常虽以7％付给公司作为还本付息，为期二十五年，但显然可以永远得到5％作为额外地租。[6] 在债务未偿清而地租已经跌落时，

① 《土地利益集团》，第87页。

② 同上书，第83页。一般土地排水改良公司（贝利·丹顿的公司）在1857年和1871年之间垫付了二百万镑。《上院审查委员会》，1873年，附录己。

③ 见上卷，第458—461页。

④ 《上院审查委员会》，询问案第4186号（克尔德）；《皇家农业学会学报》，1868年，第266页。

⑤ 同上书，第4页；拉维尼：前引书，第183页注。

⑥ 《上院审查委员会》，第5页。这些是通常的比率。

他们更加有此感觉。但是他们花钱买到了经验。

科学施肥简直不能同科学排水齐头并进。累昂斯·德·拉维尼在1854年说,英格兰的大多数农场主“对于专门名词〔是〕早已熟习的。他们都像专业化学家一样地大谈其氨肥和磷肥”[①]。或许他们既没有和很多人谈论过也没有仔细钻研过通常的实践。磷肥和氨肥是人所共知的,各种肥料也都试验过,而且恰恰在那个时候在进步的农场主之间正流行着一种氮肥狂。氮肥以平均每年三
273 十万吨的程度进口——足敷二百万英亩适当的平均施肥之用。[②]但是有大量的土地不施氮肥。克尔德在1850—1851年到处都碰到的那种甚至连自己农场里的粪肥都不善加利用的“腐败的农场主”,还有待传授以如何利用“人工肥料”。这些人都是顽固的遇事多疑的学生。甚至今天还有人对化学抱怀疑态度。在1878年克尔德还向他们宣传一英担硝酸钠值“五十倍于它的重量的农场肥料”,并且“以五分之一的劳动力”就可以施用。劳斯在罗塔姆斯泰德进行的这种实地表演“已经为国人亲眼目睹有三十多年之久”,然而这“不过是一个公认的开端”。[③] 在硝酸盐的用途慢慢增加的时候,氮肥的用途最近已经有了大量的缩减。1874—1878年的进口仅仅是1854—1858年的一半。这是不足为奇的,因为在1874—1878年各口岸的平均价格是十一镑一吨,而前十年则只九

① 前引书,第220页。

② 1854—1858年的平均进口是二十九万八千吨。氮肥每英亩二至四英担。克拉克:《皇家农业学会1878年报告书》,第357页。关于早期的氮肥,参阅上卷,第456页。

③ 《土地利益集团》,第22页。

镑有奇。[①] 进口的硝酸盐正逐渐减少；但是不管有什么好处，对于一个普通的农场主来说，十四镑以至十二镑十先令一吨再加上从港口起运的运费，都似乎太昂贵了。[②] 他指出他的农场肥料远不到五先令；但是随着1876年以后时日的更加艰难，他对于意味着现钱支出的那种肥料也力求节省了。在1879年，氮肥进口陡然减少了十万吨，并始终没有恢复。到1887年，进口已无足轻重。

国产磷肥的消费趋势怎样，殊无法断定。到七十年代后期，过磷酸石灰已经成为“最广泛使用的人工肥料”。[③] 它已经在很大的程度上超过了由尸骨制造的磷肥，并且显然取代着氮肥。它比较低廉，而且聪明人可以自由使用。氮肥或者任何人工肥料究竟是怎样在“高级”农场管理水平以下自由使用的，却不得而知。人人都听到过磷酸盐，而且或许大多数人都试用过。但是究竟频繁到怎样的程度和使用了多少呢？

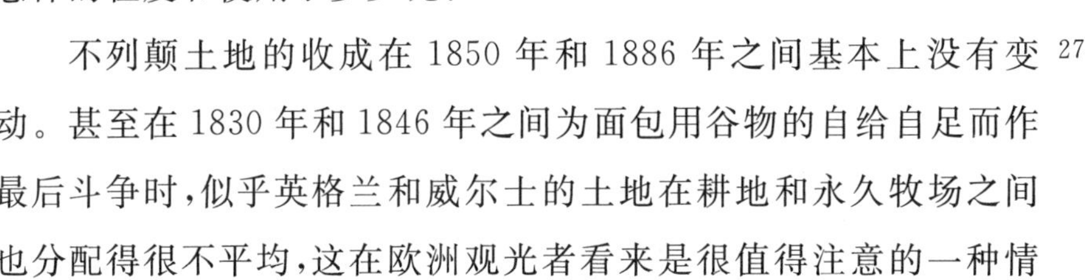

不列颠土地的收成在1850年和1886年之间基本上没有变 274
动。甚至在1830年和1846年之间为面包用谷物的自给自足而作最后斗争时，似乎英格兰和威尔士的土地在耕地和永久牧场之间也分配得很不平均，这在欧洲观光者看来是很值得注意的一种情况：“大约有一半的耕地一直保持作为永久牧场”，拉维尼不胜其诧

① 按贸易报表“估计的实际价值”。对1854—1858年的类似估计却无资料可供利用。

② 在1867—1876年各港口的价格平均为十四镑，在1877—1886年为十二镑十先令。

③ 克拉克：《实用农业》(*Practical Farming*)见《皇家农业委员会报告书》，第357页。克拉克是在谈“高级”农业。

异但又显然艳羡地这样写道。[①] 他由于缺乏统计数字而以克尔德三年前所作的估计为依据。[②] 克尔德对于永久牧场可能多少有点高估，因为在六十年代后期编制第一批统计数字时，发现它在当时只占全部耕地的大约 43%[③]。自 1870 年起，这个比例有了上升，但是很慢。直到 1882 年它才达到克尔德的 1851 年估计数，在 1883 年牧场才第一次超过耕地。在 1886 年，虽然麦田已大量减少，牧场仍只占全部的 52.0%，而克尔德对 1851 年的估计却是 49.2%。[④]

甚至在 1850 年以前，轮作就已经一般地变成为有伸缩性的。在随后二三十年间变得更加有伸缩性了。严格的"诺福克式"四年轮作农业在很多地区，尤其在东部，依然保持不变，除非是为了避免三叶草病害，而现在红三叶草一年不过种八次。五年轮作有各种不同的标准。但是不列颠的土地是如此的悬殊，甚至在同一个农场上也各有不同，而重质土地在不同的地点和年份尤其需要如此不同的处理方法，以致常常听到农作"受季节的支配"，农作"无一成不变的制度"，或农场主"各有自己一套办法"等等的说法。[⑤] 个人的惯行办法是随着地方标准的不同而不同的。斯塔福德郡黏

① 拉维尼：前引书，第 51 页。

② 在《1850 年和 1851 年的英格兰农业》，第 522 页中。根据是这样一个约略的假定，即在西部，耕地是牧场的三分之二，在东部是三分之一。

③ 文：《农业经济的基础》，第 381 页。

④ 取自文氏的这些数字，像克尔德的数字一样，只适用于英格兰和威尔士，而不适用于不列颠。

⑤ 《皇家农业学会学报》，1860 年，第 15 页（伯克郡）；1861 年，第 274 页（汉普郡）；1867 年，第 450 页《伍斯特》。

质土上的人们，因为照顾到牧畜和乳业，所以用一种中间以一连两三年种植牧草的五年或六年轮作制。[1] 康沃耳有一种大体相似但更加粗放的轮作制，其中并带有古代“外田”农业的遗迹。[2] 在汉普郡的重质土壤上，“有时可以看到〔一〕种双料的三田轮作制”。[3] 275
洛蒂昂的标准轮作是一种迥然不同的六年轮作——牧草；燕麦；马铃薯或豆类；小麦；芜菁；大麦。[4] 在应用于英格兰时，像常见的情形那样，会在中间另插进一轮小麦。[5] 主要依靠畜牧为生的阿伯丁照例的轮作是——牧草；牧草；燕麦；块根作物；大麦。[6] 小麦在这类苏格兰轮作中是罕见的。这一点有助于说明何以在开始搜集谷物统计数字时（1866—1867 年），发现联合王国 90％的小麦是英格兰的。[7] 这一点也说明了何以苏格兰对于未来的一次主要但不完全是小麦危机的那次危机具有更大的抵抗力。

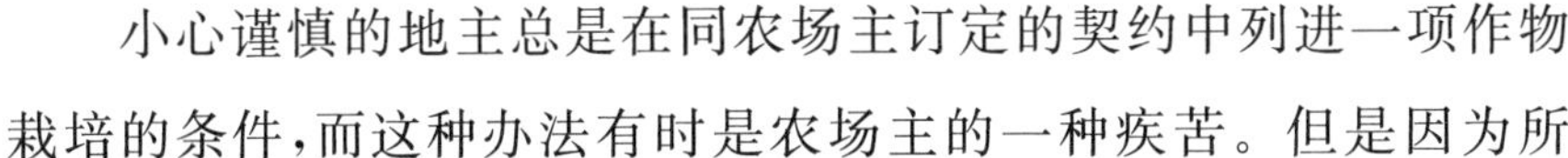

小心谨慎的地主总是在同农场主订定的契约中列进一项作物栽培的条件，而这种办法有时是农场主的一种疾苦。但是因为所

① 《皇家农业学会学报》，1869 年，第 272 页。

② 克拉克：《实用农业》，见《皇家农业委员会报告书》，第 329 页。参阅上卷，第 24 页。

③ 《皇家农业学会学报》，1861 年，第 273 页。

④ 同上书，1871 年，第 168 页。

⑤ 同上书，1860 年，第 264 页〔塔克特：《论四年轮作制的修正》（Tuckett，P. D.，*On the Modifications of the Fourcourse Rotation*）〕；克拉克：前引书，第 339 页（沃里克）；第 350 页（北莱定）。

⑥ 《皇家农业学会学报》，1871 年，第 192 页。

⑦ 《统计学报》，第 31 卷（1868 年），第 140 页。克尔德：《论联合王国的农业统计》（*On the Agricultural Statistics of the U. K.*）。到这时，爱尔兰之所以重要只因为是一个燕麦、马铃薯、牲畜和奶制品产地。它十九世纪早期的小麦出口（第 1 卷，第 134 页）已经停止。

列的作物栽培是如此多种多样[①]，所以对于好的耕作者的行动自由往往不会有严重的妨害。不好的耕作者却不能不加以干涉，而且干涉还总嫌不够。这种办法平均说来对于农业和土地的确是两有好处的，鉴于对合理范围内的违约行为照例默不作声，尤其是在歉收时节，那就更加无可诟病了。[②] 在年景很坏时，甚至不合理的违约行为也不能不容许。在八十年代，黏质土上的一些心灰气馁的农场主为了省钱的缘故，正退回到原始的三年轮作农业连同它的那种周而复始的休耕，而一百多年来农业改革和地主限制的主要目的一直就是要把他们从这种休耕制中解救出来。[③]

基于它40％到50％的永久牧场和它同农业及牛羊饲养业之
276 间的既定关系，五十年代的不列颠所饲养的牲畜同它的面积所构成的比例，比欧洲的任何地方都大。在1851—1852年给拉维尼印象最深的就是羊的数量和质量。他相信联合王国在相当于法国五分之三的面积上所饲养的羊只，非但数量和法国不相上下，而且质量还好得多。[④] 其所以更加值得注意，是因为羊群在爱尔兰很少，同面积相比，在苏格兰也不很多。他猜想在英格兰和威尔士共有三千万头，而在苏格兰约有四百万头。他的数字的确多估了几百万头，因为1867—1879年的农业统计表明不列颠的总数起伏于二

① 除开所引证的案例外，参阅克拉克：前引书，第6章，根据前十年农业统计编制的逐郡收成总结。

② 《劳工皇家调查委员会》，1893—1894年（第35卷），第55、75页；得自贝德弗郡、苏塞克斯郡和汉普郡的证词。

③ 同前书，第103页（诺丁汉郡）。在黏质土壤上间或的休耕仍然是良好的耕作方法。

④ 拉维尼：前引书，第14页。

千八百万和三千万之间。在八十年代初期，上下的幅度是在二千四百三十万和二千六百五十万之间。凡二千八百万以上的数字都是例外；在 1867 年经过了羊毛价格异常之高的一段时期之后所查报的那个数字，可以作为英国的一个十足标准的头数。[①]

在七十年代和八十年代往往有这样一种论辩，认为自 1850 年以来英国羊群已经由于高原鹿囿的拓展而大为缩减，羊一度把小佃农吃掉，而现在不经济的鹿群又把羊赶走。事实确是如此；但是先后在 1873 年和 1884 年所作的非常审慎的计算表明赶走的羊最多也不会超过四十万头，而真正的数字恐怕还少得多，因为这类计算是以假设把鹿群清除掉，每一个林囿都尽量改养羊群为前提的。[②] 事实上，在苏格兰、英格兰和威尔士，山地羊群尽管重要，但是远不如可耕地区的羊群那样重要。在诺森伯兰总是有一百多万头羊，固然其中有很多是在切维厄特山区和奔宁山脉的背后，但是在 1850 年以前，其中山地牧羊场的几乎每一英亩地都耕犁过的林肯郡也有一百多万头；此外肯特还有一百万头。苏塞克斯连同它的草原却不到这个数目的一半。在任何一个国家任何一个时期农业和牧羊业的结合都没有像十九世纪的不列颠实行得那样成功。1878 年以后连年的灾害并没有损害两业的结合。

拉维尼认为不列颠在牛群方面超越法国的程度不及羊群方

① 1809 年的估计数曾经是一千九百万头。《上院羊毛贸易报告书》(1828 年)，第 74 页。

② 《对于高原和岛屿上小佃农和公权农状况的调查》(*Inquiry into the Conditions of the Crofters and Cottars in the Highlands and Islands*)，1884 年(第 32 卷)，第 86 页及以下。

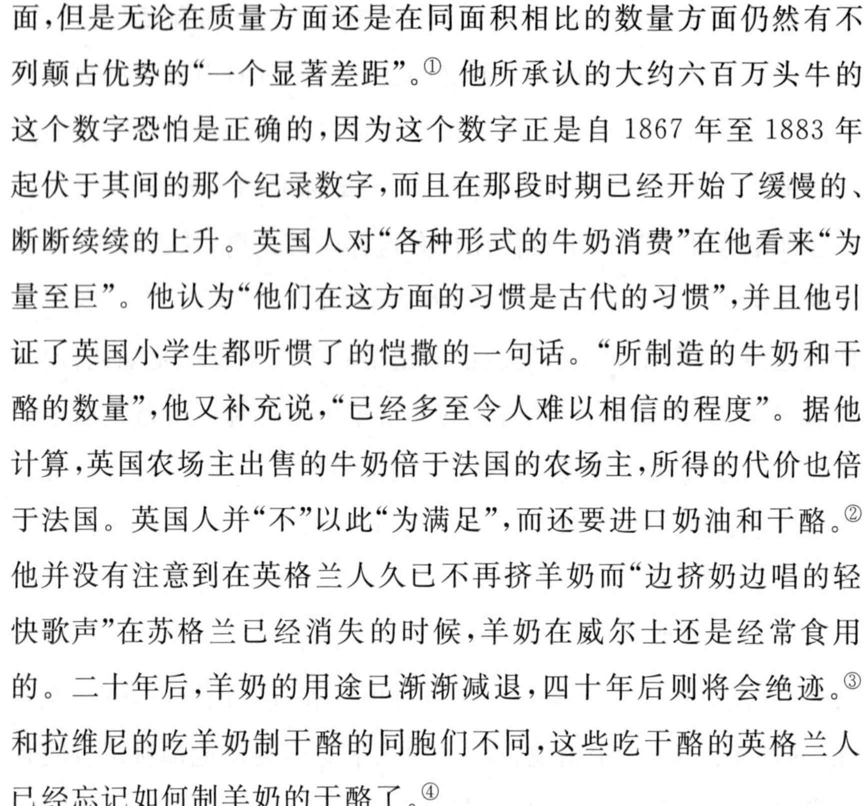

277 面，但是无论在质量方面还是在同面积相比的数量方面仍然有不列颠占优势的“一个显著差距”。[①] 他所承认的大约六百万头牛的这个数字恐怕是正确的，因为这个数字正是自 1867 年至 1883 年起伏于其间的那个纪录数字，而且在那段时期已经开始了缓慢的、断断续续的上升。英国人对“各种形式的牛奶消费”在他看来“为量至巨”。他认为“他们在这方面的习惯是古代的习惯”，并且他引证了英国小学生都听惯了的恺撒的一句话。“所制造的牛奶和干酪的数量”，他又补充说，“已经多至令人难以相信的程度”。据他计算，英国农场主出售的牛奶倍于法国的农场主，所得的代价也倍于法国。英国人并“不”以此“为满足”，而还要进口奶油和干酪。[②] 他并没有注意到在英格兰人久已不再挤羊奶而“边挤奶边唱的轻快歌声”在苏格兰已经消失的时候，羊奶在威尔士还是经常食用的。二十年后，羊奶的用途已渐渐减退，四十年后则将会绝迹。[③] 和拉维尼的吃羊奶制干酪的同胞们不同，这些吃干酪的英格兰人已经忘记如何制羊奶的干酪了。[④]

英格兰在养牛方面所占的优势一直是注意力集中于牛奶和牛肉而有意忽略牛力的结果。甚至在 1878 年，骈牛“在威尔特郡、得文郡、康沃耳、苏塞克斯和其他一些郡〔仍然是〕很少使用的”。一

---

① 《对于高原和岛屿上小佃农和公权农状况的调查》，第 31 页。

② 拉维尼：前引书，第 34—35 页。

③ 《威尔士土地皇家调查委员会》，第 606 页，询问案第 259、359 号。1875 年以来的降低是显著的。到 1895 年，这种惯行办法已经绝迹。

④ 关于罗克福德干酪的历史和经济，参阅布伦埃斯：《法国的人文地理》(Brunhes, *Géog. humaine de la France*)，第 2 卷，第 501 页及以下。造成这种质量的罗克福德地窟在不列颠可能没有等同物，虽然岛上颇有一些石灰石的洞穴。

位论实用农业的作家对于它们的饲养和管理是没有什么话可说的;但是他又补充说,“肉类供应的紧张和使良种牛长成为二龄牛肉的现代饲养方法的能力”已经给驮牛留不下什么余地了。[①] 至少自1800年以来这一直就是一个时代的错误。各种各样的现代式的牛——短角牛(现在散布于全国各地[②])、赫勒福德牛、得文牛、“奥耳德尼”牛(the“Alderney”)、阿伯丁—安格斯牛(Aberdeen-Angus)和其余等等都是产肉或产乳或兼产肉和乳的牛。牛肉和乳制品相对于谷物收成而言的重要性每年都有增加,并且这 278
是在谷物价格大跌很久以前的事。克尔德认为在1850年和1867年之间牛肉和乳制品的价格已经“上涨50%”。[③] 至于批发价格,则40%是接近正确的[④];但是在十七年之中甚至40%对于农场主和他的地主也是一种鼓励。纵使牛群的数目没有增加多少,它们的照料和管理却有了改进。虽然在七十年代之末,把乳牛和菜牛套颈项绑在“半露天的外屋或草屋里”的情形还很多[⑤],冬天把菜牛放牧在露天围场里的情形也不少,但是布置得很不错的挤奶棚和多少年来一直推荐的那种带顶的或部分带顶的围场[⑥]却在管理得法的地产上越来越多地看到了。

① 克拉克:前引书,第362—363页。

② 到了七十年代,长角牛“只局限于中原各郡的少数业余农场主了”。——同前书,第277页。到1866年,贝克韦耳的长角牛在累斯特郡已差不多绝迹,《皇家农业学会学报》,1866年,第328页。

③ 见《统计学报》,第31卷,第141页。

④ 是以《经济学家周刊》的行情表为依据的,此处不容加以分析。

⑤ 克拉克:前引书,第232页。

⑥ 《皇家农业学会学报》,散见各页,例如1865年,第88页;1866年,第326页。

围场建筑，像庐舍建筑和大部分排水工程一样，是地主分内的事。在 1851—1852 年和 1878—1879 年之间这种新资本支出的真正利息在地租日益增加的租折上究竟占多大比重，无法确定；但是在很多地产上，或许在大多数地产上，比重一定是很大的。在这两个日期之间货币地租的增加给人以深刻印象。就整个不列颠而论，所得税甲表项下得自土地的收入[1]增加了大约 28%——自四千七百万镑增加到六千万镑。苏格兰上升了 41%，英格兰和威尔士 25%。在比较以牧畜为主的西部比农耕的东部，上涨的幅度要大，而以精力旺盛和贪求土地的威尔士为最大。单单在这段时期的后半叶（自 1864—1865 年到 1878—1879 年），威尔士最西六郡的上涨是 21.1%。[2] 就英格兰和威尔士而论，包括那六郡在内，是 11.4%。在英格兰东部的农业区一定有广大地区在 1851—1852
279 年到 1878—1879 年整个这段期间上涨远不到 20%[3]，而地主所投资本的大部分正是在这些可耕地上，尤其在黏质土上。那里纯地租方面的增加，也就是对地力和地址的价值所付款项的购买力方面的增加，很可能是负数，因为物价正在上升；但是维多利亚朝中叶的一个黏质土地主的生活费指数既然不容易得出，这一点也就不能不依旧是含糊不清了。直到七十年代之末，无疑，地主作为一

① 关于什一税和地租征课的复杂细节，参阅斯坦普：《英国的收入和财产》，第 41 页及以下和那里所引证的书籍。数字始终没有太接近六千万镑，但是自 1876—1877 年至 1879—1880 年却在五千九百五十万镑以上。

② 参阅《威尔士土地皇家调查委员会》第 469 页中非常有趣的计算。

③ 在坎伯兰、韦斯特木兰、柴郡、得文和康沃耳这五个气候和农业条件同西威尔士各郡最相似的英格兰郡中，从 1864—1865 年到 1878—1879 年的上升是 17.2%，同前书。

个阶级来说是深感快慰的，也就是说地租和地价依然上涨。土地甲表的数字在 1879—1880 年固然比 1878—1879 年略高。但是此后，直到十九世纪之末——以至于下一世纪——却一年比一年降低了。

“往往”，一位证人在 1881 年对农业皇家调查委员会这样说，“在小麦严重歉收的时候，价格就上涨。”[①]但是在七十年代后期导致农业大不景气的雨水成灾的那些年份中，却不是这样的。农场主丧失了很多营运资金，土地则“由于杂草丛生和肥料减少而一连四年歉收。”[②]詹姆斯·克尔德向调查委员提出了统计学方面的价格问题。他举出 1852 年和 1862 年之间的五个歉收年份，并以 1873、1875、1876、1877 和 1879 年七十年代的这五个越来越严重的歉收年份与之相比较。就前一段年份而论，据他计算，每亩平均产小麦二十四蒲式耳，每夸脱售价六十一先令六便士。至于后一段，则产量是十九蒲式耳，价格是四十九先令十便士。[③] 如果他不把小麦平均售价为五十八先令八便士的 1873 年和俄土战争把价格推升到六十先令以上达几个月之久的 1877 年计算在内，他会提出一个更加不幸的价格数字。因为 19 世纪收成最坏的 1879 年，平均售价是四十三先令十便士，而 1880 年是四十四先令四便士。这个价格保持了两年，继而又一落千丈。1886 年是三十一先令，

① 《皇家农业调查委员会》，1882 年(第 14 卷及以下各卷)，询问案第 34682 号。

② 伦道夫·丘吉尔勋爵给他母亲的信，1880 年 3 月 21 日；丘吉尔：《伦道夫·丘吉尔勋爵传》(1906 年版)，第 1 卷，第 117 页。

③ 《皇家农业调查委员会》，询问案第 62647 号。

1887 年是三十二先令六便士。其他谷物也随小麦售价的降落而下跌,但是没有那样快。在 1884—1887 年这四年中小麦的平均价格比 1874—1877 年低 35%,燕麦低 31%,大麦低 28%。

直到 1877 年,谷物价格的指数一连若干段年份一直非常稳
280 定,虽然不乏陡涨的月份和年度波动。1867—1877 年的指数只低于所谓饥饿的四十年代(1838—1847 年)2%强。[①] 1858—1866 年的数字是任何长短的一段年份中最低的数字,而那个数字也只低于 1867—1877 年 9%。每十年之中都可以看到有利于英格兰农场主的国际紊乱状态(如克里米亚战争、美国内战和俄土战争),而且直到七十年代后期,这种国际紊乱状态,在人口迅速增长和运输相对落后状态的助长下,使不列颠在对外国粮食供应的依赖日益增长的同时,得以很好地维持价格水平和谷物播种面积的水平。在七十年代后期,可供消费的大麦只有大约五分之一是进口的,燕麦不到六分之一,小麦所占的比重则已自 1852—1859 年的26.5%上升到 1868—1875 年的 48%强。[②] 七十年代的历次歉收第一次把这个比重推升到将近 60%,继而上升到将近 70%。它始终没有长久地降低下来;英国的小麦价格逐渐跌到三十先令。美国铁路

① 但应该记住的是,一般价格已经上升,所以粮食没有保住它的相对地位。参阅本卷第 387 页中的曲线,并参阅莱顿爵士:《十九世纪的物价》(Layton, Sir W. T., *Prices in the Nineteenth Century*)。

② 克尔德:《土地利益集团》,第 14 页;劳斯和吉尔伯特:《论 1852—1853 年至 1879—1880 年小麦的国内生产、进口、消费和价格》(Lawes, J. B. and Gilbert, J. H., *On the Home Produce, Importation, Consumption and Price of Wheat, 1852—1853 to 1879—1880*),《皇家农业学会学报》,1880 年,第 337 页。另见《统计学报》,第 43 卷(1880 年),第 313 页。

和英国货轮曾经为消费者作了良好的服务。

据克尔德在1878年的计算，英国农业大宗产品按价值计约有五分之一是完全没有外国竞争的。同那五分之一的任何有效竞争在此后七八年间也没有发展起来。为城市消费而出售的牛奶、刍草和稻草这类产品加在一起，其重要性约为大麦的一倍，但同小麦相比，则约为三比四。在牛肉市场上则久已有了外国竞争，在“猪产品”、奶油和干酪市场上也久已有了积极的外国竞争。但甚至在1885年，进口牛肉按重量计，约仅占总消费量的9%，按价值计无疑更少一些，进口羊肉则在7%和8%之间。[①] 肉和奶油指数的升降可以反映出情况。在六十年代后期，它变动于1850—1851年水平以上30%至45%之间。[②] 在1873年各方面都不正常的这一年，它上升到1850—1851年水平以上达60%；随后的下降在那二三 281
十年之间始终没有低到六十年代后期的水平以下，只是在1885年降低到了那个水平。按十年平均数计，1878—1887年的指数只低于1868—1877年5%。牛奶、刍草和稻草没有可靠的数字，但似乎不会有严重的降低。[③]

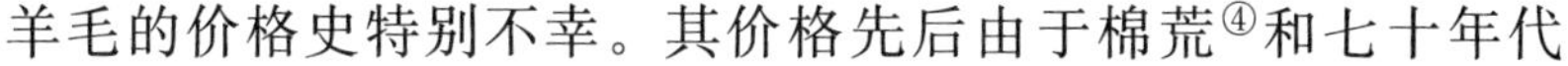

羊毛的价格史特别不幸。其价格先后由于棉荒[④]和七十年代

① 索尔贝克的论文，见《统计学报》，第49卷（1886年），第606页。

② 同前书。另见《统计学报》，第56卷（1893年），第220页。

③ 牛奶简直没有减低。1868—1870年这三年虽然没有全面数字，但是根据它们不会高于1871年数字这一假定，1868—1877年指数应是135.4，1878—1887年应是131.6。（基数年100是1900年。）1871—1877年这七年的指数是141.7。价格在1868—1870年或许比1871年稍低。《1903年贸易部批发和零售价格报表》（敕令第321号）。这些报表始于1871年；但是根据第137页上所列取自伦敦医院账册的一些牛奶价格，可以肯定1868—1870年的价格至少不高于1871年的价格。

④ 本卷，第223页。

初期的贸易繁荣而过分高涨，而且人们所指望的价格还不止于它所能维持的水平。到了 1885—1886 年，价格却已经是 1873—1874 年的一半上下了。黄金的情况、消费的呆滞、运输的低廉和式样的变化，事事都于价格不利。式样的变化把林肯和累斯特长羊毛的价格拖扯得异常之低。有一种标准的林肯级羊毛，即供应布莱福德的一种大宗原料，在 1873—1874 年曾经卖到二十二又四分之三便士一磅，在 1883—1886 年十便士就可以买到了。在 1850—1880 年整个这段期间，它的价格已平均为十八又四分之三便士。农场主弄得狼狈不堪，这似乎是一些既没有先例也找不出原因的事情。对于林肯山地的很多农牧兼营的大农场来说，这无异是一种横祸。[①]

1881—1882 年的调查委员误以为萧条主要是一个天气问题，一个缺雨水年份十分不正常的循环问题。他们说欧洲专家们“一致认为它的主要原因是……节令不顺”。英格兰各郡的祸福是因天气的不同而不同的。约克郡由于“雨量向来比米德兰各郡少，收成受害不大”，所以情况比很多郡都好些。调查委员承认外国竞争是克尔德收成减少而价格又不上升这种两害兼备的真正原因；但
282 是他们却有忽视它的重要性的倾向。虽然注意到了大陆上唯一受害不大的地方就是丹麦的制酪业之乡，也注意到了柴郡受害“的程度不像很多郡那样严重”[②]，但是他们却没有着重指出早已清清楚

① 索尔贝克的论文，见《统计学报》，1886 年，和前引《批发和零售价格报表》。《批发和零售价格报表》不幸因为差不多完全以伦敦价格为基础而夸大了羊毛的情况，林肯毛由于式样变革而所受的损失最重。因为缺乏详尽的调查，现在无法予以更正。

② 《报告书》，第 12 页（欧洲和丹麦），第 9 页（约克郡和柴郡）。

楚的一个事实，即除开天气以外，也撇开他们既不理解也没有讨论的黄金购买力的变动不谈，还存在着谷物运输的问题；在这问题的背后，对日后来说，就是运输肉类和羊毛的新方法。[①] 迟至 1878 年，克尔德还认为英国的农场主可以“安享”距离的“天然保护”[②]；但是距离已不再保护谷物了，不久也就会不再保护肉类。这个时代，正如人们欢喜说的那样，正从事于消灭距离。

从 1881—1882 年助理调查委员的报告书[③]中可以看出：凡是小麦和耕地居于从属地位，凡是城市既邻近而又大的地方，都看不到什么真正严重灾害的形迹；在柴郡、兰开郡、坎伯兰、韦斯特木兰、诺森伯兰或达拉姆一点看不到；在肯特、西萨默塞特、得文或康沃耳看到的很少；在威尔士的丘陵农场主之间也看到的很少，尽管冷雨曾经给羊只带来了一些“灾害性的”损失。虽然东英格兰的地主正在减租并逐渐失去佃户，但是彭赖恩勋爵解释说，在他的卡那封地产上却没欠租，也没有租不出去的农场。[④] 的确后来几乎变成为威尔士的一个民间疾苦的是，在最西部的六郡之中，地租，按所得税甲表来衡量，在 1878—1879 年以后降低得很少，而在 1893—1894 年依然保持在 1864—1865 年水平以上不少于 18.5%，虽则在 1878—1879 年水平以下 2.1%。在七个东部郡中，在 1878—1879 年以后有低至很接近于 1864—1865 年水平的一次下降。在同样基础上的英格兰地租，经过一番起伏之后，在自 1864—1865

① 本卷，第 91、224 页。

② 《土地利益集团》，第 5、7 页。

③ 内容撮述于《总报告》，第 9—10 页中。

④ 《农业皇家调查委员会》，询问案第 7467 号。

年至 1893—1894 年这二十九年之间有 15.2%的净减少。[①]

自 1878—1879 年至 1893—1894 年，英格兰和威尔士的真正
283 降低是 22.6%，[②]在苏格兰是 18.5%。苏格兰有较大的地域同西部的情况相似，但小麦少得多。在英格兰受害最重的郡中，跌落远不止 22.6%；因为有些西部的地主，如上文所述，很容易幸免。有一家英格兰公司可以作为一个例证，这家公司当时在十三个郡中持有土地，而几乎所有这十三个郡都一定遇到了价格跌落的充分震撼。在 1878—1879 年和 1893—1894 年之间，它得自地产的净收入降低了 38.9%。[③] 凡自 1851—1852 年以来上涨最少，而且，像黏质土上一样，其中含有最大限度的利息因素的地方，地租的降低恰恰最大。有些地主受到一定的痛苦是自然的，而那些地主却被批评为取得了经济学家所谓的“自然的和不可毁灭的地产”的一种“不劳而获的增殖”或超额的价格。这类批评是无时不有的，但从来不像八十年代那样多。[④]

在来不及调整地租以前，在农场主看来情况是如何的绝望，从 1881—1882 年的调查中可以看出。地租，应该记住，在从 1875 年到 1879 年整个这段期间一直在上涨。至少每调换一次租约，地租

① 《威尔士土地皇家调查委员会》，第 469 页。

② 《威尔士土地皇家调查委员会》所列 1878—1879 年至 1893—1894 年英格兰的跌落为 23.7，但威尔士不计算在内。在坎伯兰、韦斯特木兰、柴郡、得文和康沃耳这五个受萧条影响最小的英格兰郡中，跌落只不过是 10.5%。同前书，此处所用的其他数字是取自斯坦普：前引书，第 49 页。

③ 这些是剑桥英王学院在它的“收租”册上所列的数字。

④ 张伯伦激进主义和亨利·乔治的《进步和贫困》时代。参阅本卷，第 483 页及以下。

总会有一次提高。大量土地已经由耕者按照包括这种地租在内的膨胀价格买去。在威尔士，土地的“价值”已经涨到了“荒谬的程度”。[1] 威尔士，如上文所述，是一个比较幸运的地区。英格兰的西北部和西南部也是如此。但是在威尔士欧石南灌木丛和西米德兰的各郡之中，1881 年年底的情况却比“这一代人记忆所及”的任何时期都糟。[2] 在东米德兰和东安格利亚情况更糟，而据说情况最糟的是四面都是泽地的黏质土的杭廷顿，拥有泽地、中绿纱统和白垩地的剑桥以及从西北部的小丘陵白垩地陡降至伦敦黏质土细长地带的艾塞克斯。[3] 在南部和北部，则没有一郡幸免。

到 1880 年，地租上涨期已经过去了。欠租和减免地租的情形所在多有。当佃户身故或抛弃自己土地的时候，一个新标准就开始建立起来。有一些土地完全抛荒，或“夷为”牧场，以至成为荆棘 284
丛生的地方。这种情况并不太多，在黏质土以外则很少见。不列颠的耕地面积并没有下降，但是已足可成为谈论的话题了；在 1879—1885 年，“抛荒或没有收成的耕地”比 1874—1878 年平均增多了十三万三千英亩。所费不赀的排水工程停滞下来。如果对 1878—1888 年这十年重建的农场建筑物和庐舍进行一次普查，登记的一定不会很多。自 1879 年起《皇家农业学会学报》就开始连篇累牍地登载关于荷兰或丹麦制奶业惯行办法以及改耕地为牧场的最好最经济方法之类的论文。不论是改耕地为牧场还是“夷”耕地为牧场，在 1879 年和 1887 年之间，不列颠的永久牧场增加了一

① 休斯上校语，见《威尔士土地皇家调查委员会》，第 468 页。

② 助理调查委员道伊尔语，见《农业皇家调查委员会》，第 9 页。

③ 同上书，第 10 页。

百五十万英亩，也就是 10.5%。耕地农场主试图在“人工肥料”、树篱的修整和编结、沟渠水道的清除、锄地和除草、深耕以及对修建完善苗床的土地反复加工等方面厉行节约。最能克服困难的人们都具有市场知识，并懂得如何不费力地耕作，如何对土地善加利用而不以它的“不可毁灭的”性质冒太多的风险。少数这类的人的确顺利地克服了困难，有时还从适应力较差的失败者手里受让一个又一个农场。①

在 1881—1882 年的调查委员和助理调查委员的面前历述他们的困难的那些以农场主和地产经理人身份作证的人，对于农业劳动力质量方面的降低情形颇多烦言。② 据他们说，在主动性、毅力或技术方面，都今非昔比了。对于这种情况以及对于这种情况所由产生的确认原因，也就是原来认为不容易怀有使人心涣散的不满情绪的一个阶级的日益增长的那种社会政治自觉、教育和 1870 年条例应负其咎。农场主对于不满情绪和革命何以不发生在情况恶化的时候而发生在已经改善虽则还嫌太慢的时候的历史法则，一无所知，所以在他们看来这一切都是最不合理的。在 1881—1882 年，大家一致认为，不论技术是否在降低，工人都“从
285 未有过再好的处境”。③ 十年之后，萧条一经过去，证据就更加普遍和显著了。工人的情况已“大为改善……衣服穿得好些了，肉吃得多些了，旅行的次数多了，书也读得多些了，酒却喝得少些

① 例如在林肯郡受打击最重的地区就有这类插曲（私人材料）。

② 例如询问案第 34066、34523 号。关于这幅图景的另一面，参阅李特尔的报告书，见《劳工皇家调查委员会》（1893—1894 年，第 27 卷，第 2 编），第 44 页。

③ 《农业皇家调查委员会》，1882 年，第 22 页和询问案第 4791 号。

了”[1]。在1867年的调查和1891—1892年的调查之间，“没有立法方面多大支持的一次悄悄的经济革命……”已经“把地主和农场主所得利润的四分之一到三分之一转移给工人”。[2] 这项计算固然不能作准，但是它却指明了一项真正的转移，并且相当准确地记录下时日。一位研究英国经济状况的外国学者刚刚发表了一项按小麦计的农业计日工资的估计购买力表。他认为虽然平均一日的工作在四十年代可得十六磅小麦，在五十年代可得十七磅，但是在七十年代却值二十三磅，在八十年代值三十磅了。[3] 工人并不吃小麦，而面粉厂主和面包匠的报酬并没有降低。所以按面包计算不那么对工人有利，不过也无法算得那么准确。但是据认为，平均算来，他的父辈在五十年代每得两个四磅重的面包，他在八十年代就可以得到三个。如果靠面包为生，他的生活就有了50%的改善。[4]

他的每周货币所得、收成和杂项，连同他的实物津贴——一个很小的项目——的估计货币价值的总趋势，已列述于下。[5] 曲线

① 助理调查委员查普曼，1893—1894年，第35卷，第44页。

② 李特尔报告书，第2页。

③ 斯特芬，见《十九世纪》杂志，转引于李特尔书，第161页。斯特芬在所著《英国雇用工人史的研究》(*Studien zur Geschichte der Englischen Lohnarbeiter*)第3卷(1905年版)中有更详尽的讨论。

④ 全国的面包价格无材料可供利用。在1850—1859年这十年和1880—1889年这十年之间伦敦的平均价格跌落了将近24%。参阅本卷，第460页。整个这二十年间的平均劳动收入也同样上升约24%。正文中的叙述只是约略的结论。

⑤ 见第367页以《统计学报》，1898、1899年号，博利的论文为依据的曲线图。其中很多年份的数字都是统计上的插补。我们可以看出，经由资料最详尽的那些年份所画的一条曲线将会具有同样的一般性质。纯粹以每周货币工资为依据的一条曲线，像博利的《联合王国的工资》(1900年版)中所载的那样，也会如此。因为“没有理由认为自从阿瑟·杨时代以来工资对劳动收入的比率平均有多大变化”，《统计学报》，1899年号，第556页。

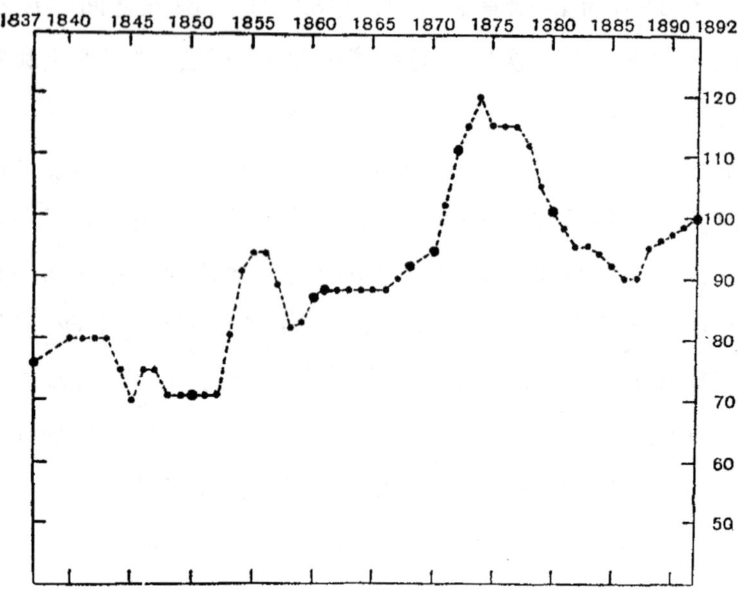

以 1892 年的劳动收入为一百所反映的英格兰和威尔士的农业劳动收入。(根据鲍莱)

较大的点·表明资料最完备的一些年份。

1837—1892 年英格兰和威尔士劳动收入升降图

表明了按 1892 年百分比计各该年份的劳动收入。它虽然掩盖了
286 各郡不同的起伏情形,但揭示出了一个一般化的全国性图景。对各郡差异情形的这种掩盖无关紧要,因为自从工人变得比较有流动性以来,各郡的起伏更加近于步调一致了。它们的工资水平固然不同,而且往往很悬殊,但是不大会有这一郡的工资在停滞或下降而同时另一郡的工资在上升或停滞的危险。任何一个时期的变动都是朝着一个方向的。

长期萧条,如上文所述,带来了货币形式的劳动收入的锐减,正如紧随谷物法的废除而来的短期萧条所带来的那次下降一样,虽则那一次是轻微的下降。在他们的七十年代极峰工资本来就没有什么了不起的那些工人看来，这次下降似乎是不应有的和畸形的，虽则物价下降得更多。也许他们有时是勉强地做一点工，正如农场主所说的那样。在大部分证据所自出的地区，他们曾经在一次工资战中被打败，他们正指望通过选举和他们听说的选举所会带来的一切而得到补救。但是当1886—1887年劳动收入降到最低点的时候，也并未低于六十年代后期，并且比1850年前后那几 287
年还约高出27%。从1887年起开始恢复。奇怪的是恢复恰恰是和工人初使用他们的选举权和维多利亚六十周年庆典同时开始的，但这只是巧合而已。

在苏格兰，劳动收入的趋势虽不如英格兰和威尔士那样著名，但也大致相同，只不过对工人更加有利而已。可以同克尔德在英格兰所搜集的数字相比的苏格兰在1850年前后那几年的全面数字，是缺乏的。但是所有证据都证明1892年所提出的过去四十年间苏格兰的劳动收入已经提高了50%的说法是大体正确的——如果把1852年和1892年这两个准确的年份一并计算在内，也许还是一个保守的说法。[①]（英格兰的工资，如曲线所表明，在这同一时期提高了41%。）而且在八十年代，苏格兰的劳动收入远没有低到像英格兰的劳动收入从它们七十年代的顶峰所跌到的那样低

① 这种说法见亨特尔—普林格耳和威金逊的苏格兰报告书，载《劳工皇家调查委员会》，1893—1894年，第36卷，第33页。苏格兰的数字是既不像英格兰数字“那么散漫，也不像它那么完备”；鲍莱语，《统计学报》，1899年号，第140页。博利所接受的1852年插补数字是六十（以1892年为一百），也就是说1892年有六十六点六的上升。在八十年代的萧条中，他的最低的苏格兰数字是九十三，而英格兰则是九十。

的程度。在危机出现时，则由于苏格兰小麦产区很小，农场主和工人双方都受益不浅。

自 1850 年以来，适当的庐舍园圃、份地、小块马铃薯地之类的规定变得更加普通了，但是究竟更普通到怎样的程度，却很难说。无园圃的庐舍在 1867 年还远没有绝迹。有时整个整个村庄，整个整个“敞地村”，像在诺福克的多京以及在可耕而圈围较晚的地区中的类似地方那样，几乎很少不是无园圃的庐舍。[①] 据说有时在整个郡中，这种庐舍的数目都异常之多，得文就是这样的一个郡。[②] 那一年的调查所留下的印象是令人相当满意的，虽然没有证据证明在二三十年前园圃情况最坏的那些区域有了显著的进步[③]，但是据说有很多郡的情况肯定是好的，而且它们是像汉普郡、赫勒德福、北兰开郡和约克郡那样分散开来的一些郡。在约克郡，园圃几乎是普遍的，并且——像有时在柴郡和希罗普郡的情形
288 那样——往往还附有“牛栏”，也就是在小路上和僻静地方牧牛的权利。[④]

份地和小块马铃薯地在 1820 年和 1850 年之间已经被地主、

① 《农业中童工就业报告书》，1867—1868 年（第 17 卷），第 35 页（多京），并散见各页。

② 同上书，第 2 卷（1868—1869 年，第 13 卷）：波特曼关于汉普郡、得文和康沃耳的报告书。

③ 参阅上卷，第 467—468 页。

④ 前引《报告书》，第 1 卷，第 105 页（约克郡）；第 2 卷，第 27 页（柴郡和希洛普郡），第 30 页（汉普郡），第 60 页（赫勒福德郡），第 154 页（北兰开郡）。《劳工皇家调查委员会》（1893—1894 年，第 27 卷，第 2 编，第 128 页）扼述了兰开郡、剑桥郡、威尔特郡、伍斯特、萨默塞特和艾塞克斯的六个模范区园圃的情况。约 20％的庐舍只有很小的园圃，而 11.5％则完全没有。无园圃或少园圃的公权农可能有一块份地。

农场主和教区长试行采用作为一种缓和剂，尤其在园圃最少和旧济贫法最滥用的那些地区。在四十年代早期，国会在玩弄过一阵官督民办这个观念之后，已经把这项工作留给业经开始进行的那些人去承办了。[①] 进步是断续而又缓慢的。1860 年的伯克郡报告书谈到过除城镇邻近地区以外的退步。[②] 1867—1868 年的调查委员却相信自 1843 年以来已经有了相当普遍的进步；但是他们虽能引证事例，却无法对这个运动加以衡量。他们不胜其遗憾地指出，把根据 1845 年一般圈地条例新圈围的土地保留下来供份地之用的这唯一的公共方法，在二十二年之中不过使人们得到了二千一百十九英亩。[③] 1881 年的调查委员们听到了令人沮丧的证词。有一位证人谈到了份地在很多郡中绝迹的情形；约瑟夫·阿奇那位工人领袖在抱怨农场主等人往往向他们要索苛重的地租时，提出了一项解释。[④] 关于这一点，有效的证词是不一而足的。[⑤] 阿奇是以力求把工人从份地持有人变成自耕农为己志的。翌年，他国会中的同情者杰西·科林斯曾经试图用他的份地推广条例（维多利亚，第 45、46 年，第 80 章）来助成其事。

那项条例并不很奏效，但是在 1886 年第一次计算大小适宜的

① 见上卷，第 473—474 页。

② 《皇家农业学会学报》，1860 年，第 44 页。

③ 前引《1867—1868 年的报告书》，第 1 卷，第 41—51 页。

④ 《农业皇家调查委员会》，询问案第 59303、54463—54464 号（阿奇）。这些答复引证于柯特勒：《我们土地的圈围和重分配》（1920 年版），第 280—282 页。

⑤ 约瑟夫·阿奇。《约瑟夫·阿奇传》（*The Story of the Life of Joseph Arch*）（1898 年版），第 343 页；希思：《英格兰西部的农民生活》（Heath, F. G., *Peasant Life in the West of England*）（1872 年版），第 149 页；斯塔布斯：《土地和劳工》（Stubbs, C. W., *The Land and the Labourers*）（1891 年版），第 45 页。

份地和庐舍园圃时，那个显然不理想的结果已极其令人鼓舞了。[①]
289 当好心人正为没有任何动静而大声疾呼，一些观察家也还无所察觉的时候，浪潮正在悄悄地泛滥着。似乎在英格兰和威尔士共有隔开来的份地三十八万九千处，大多数离开耕作者的家不到半英里；附着于庐舍的八英亩以上的园圃二十五万七千处（不到八英亩的没有呈报）；小块马铃薯地九万三千处；“牛栏”九千四百个。这些数字不包括铁路公司供给铁路工人的园圃和份地在内；但是其中无疑有相当一部分是由并不比他们更具有农民性质的人持有的。甚至把这类的人宽打在内，在英格兰和威尔士也显然有了足够的份地、大小适宜的园圃和小块马铃薯地，供五十八万至六十万年满二十岁以上的农业工人中大多数人之用了。园圃和份地未始不可再大一点，再好一点，再便宜一点，但是数目多得太多却不会有什么好处了。几年之后，当看上去在大多数英格兰农村济贫法联合区中，份地供应已差不多满足了需求，在所查报的模范联合区中没有一块份地有居民十四点六人以上，而且在条件最好的联合区中只不过五点三人时，这一点得到了证实。这项数字包括乡间的小城镇在内，但不包括园圃。[②]

在威尔士，份地并不流行，但是小块马铃薯地却很投时好，而且比比皆是。[③]

---

① 参阅梅杰尔·克雷吉：《英格兰和海外的农业持有地》，《统计学报》，1887 年号，第 86 页及以下和柯特勒：前引书，第 283 页中的讨论。

② 李特尔的报告，见《劳工皇家调查委员会》，第 134 页。

③ 威尔士报告书（1893—1894 年，第 36 卷），第 25 页。

乍看之下，苏格兰 1886 年的数字所反映的情况是不那么令人满意的。在七万名年满二十岁以上的工人和牧羊人当中只有份地、合用的园圃、小块马铃薯地或牛栏四万六千五百处。但是小农场的供宿和大农场的寄宿在已婚工人家里的办法在苏格兰比在英格兰更为普通，而且茅舍制度迄今还没有绝迹。苏格兰的已婚工人通常各有自己的菜园或马铃薯地，虽则他们往往宁取马铃薯补贴而不取种植马铃薯的那种苦活。[①]

未婚工人寄宿在工头或其他领导工人家里的办法在英格兰也是人所共知的，而以诺丁汉和林肯最为普通，在那里寄宿办法已经 290
在很大程度上取代了供宿办法。[②] 为了便利这种安排一直是以大型的现代庐舍供应工头。只有最大的农场主才有这种需要，所以这种制度在任何地方都不能说是普遍的。这种制度也许加深了农场主和工人之间的鸿沟，但是这道鸿沟并不是它造成的；而且它省掉了青年工人上工时的远道跋涉，这种远道跋涉的情形在房屋还没适应十九世纪各种类型的农场以前一直是常见的。在这种寄宿办法之外，纵使供宿办法未必可以常常看到，至少小农场主和工人的同食共餐总是可以看到的。这种习惯甚至在东部也从没有完全根绝，在 1867 年供宿办法在肯特郡也没有绝迹。[③] 在西北部则依

① 《苏格兰报告书》(1893—1894 年，第 36 卷)，第 14、27—28 页。关于宿舍制，参阅本卷，第 511 页。

② 《皇家农业学会学报》，1861 年，第 162 页(诺丁汉郡)；《农业童工报告书》，1867 年，第 75 页(兰开郡)。

③ 《农业童工报告书》，1868—1869 年(第 13 卷)，《斯塔诺普的报告书》(*E. Stanhope's Report*)，第 26 页。

然是普通的。[1] 但是甚至在威尔士，它们也到处都趋于没落了。在 1861 年人口调查时，威尔士有些郡就是供宿的工人比寄宿在外面的工人多。到 1870 年，供宿习惯在蒙默思已见没落。到 1881 年，则只能说供宿的习惯在威尔士“比在英格兰普遍得多……”。情况是很容易这样的。[2]

共餐是一种好的民主习惯；但是对英格兰西北部和威尔士，或者对法国或瑞士后来实行的供宿办法有亲身见闻的史学家，对于这种习惯的没落是不会太伤感的。

供宿、寄宿和茅舍制度一直是人口少而农场大的苏格兰解决工人问题的方法。在英格兰，剑桥郡低地及其周围地区，因有乡间小城镇和开放村庄的无产阶级可供汲取，一直是靠工帮制来补寄宿办法的不足。[3] 当四十年代和五十年代蒸汽排水使沼泽地变得安全和坚实时，[4]科贝特很中意的那些“用沟渠分隔开来的打球草场”已经翻土并且种上了小麦和马铃薯。当中有农场，但是除放马者和牧牛者使用的少数几所简陋的庐舍外，没有庐舍。位于福恩上面的诺福克沙地、林肯欧石南灌木丛和林肯山地在十九世纪都
291 已辟为良田。闭关村庄和开放村庄制度的运行使它们迟迟没有适当的庐舍配备。所以帮头分别从西诺福克的欧石南灌木丛和饲兔

① 林肯郡的情况是根据著者本人的了解；关于坎伯兰和北兰开郡，参阅《劳工皇家调查委员会》，《福克斯的报告节》(*A. W. Fox's Report*)，第 6 页。

② 关于 1861 年，参阅《威尔士土地皇家调查委员会》，第 149 页；关于蒙默思，参阅《皇家农业调查委员会》，1870 年，第 294 页；关于 1881 年，参阅《皇家农业调查委员会》，询问案第 65697 号。

③ 见上卷，第 468—469 页。

④ 见上卷，第 445 页。

场中的卡斯庄、剑桥郡低地中的查特里斯、狄平和斯波耳丁，以及林肯山地下面的劳思、凯斯特尔和拉德福德把拖拖拉拉的妇孺队伍带领出来，去除杂草，捡石块和锄地。在劳思有工帮的一个予取予求的小小的爱尔兰人殖民地，在其余各地这种工帮却是由英格兰人组成的。[①]

这种制度很难存在于这些新辟的区域以外；即使在这些区域中，一旦开辟竣事，一旦“茅草差不多除尽而其他杂草除至最低限度”，这种制度往往也就没落了。[②] 在英格兰大部分地区中，这种制度已全无所闻。由于这种制度最盛行的沼泽区逐渐向耕地过渡，它似乎是在1850年和1865年之间长成起来的；虽则像亚布罗勋爵这类的好地主在土地最后廓清的同时就开始以供应更多庐舍的办法在林肯山地上加以根除。[③] 除去在六十年代由六七千人组成的所谓公共工帮之外，由大农场主所组织并由他们指定人领导的私人工帮在同一些地区也是常见的。六十年代的调查委员相信它们的人数比公共工帮还多；但是对于这个问题，各执一词，始终没有定论。纵然如此，工帮人口充其量也不过是少数几个郡中农村人口的一部分。它是从社会的最下层招募而来的。公共工帮的

① 《童工就业（农业工帮）第六次报告书》，1867年，第16卷，第67号，第v、vi、vii、6页。另参阅哈斯巴赫，《英格兰农业工人史》（Hasbach，W.，*A History of the English Agricultural Labourer*）英译本，1908年版，第4章。

② 《报告书》，第6页。除开所提到的林肯、汉普郡、剑桥郡和诺福克外，在萨福克和诺丁汉郡都有工帮，在北安普敦、贝德弗德郡、巴金汉郡、累斯特和腊特兰也有少数几个，一般都是在新开垦的土地上。同前书，第5页和1870年，第13卷（《童工就业委员会》，附录卷）。报告书上的郡名表并不太完全。

③ 同上书，第6页。

工头通常是体面的农场主所不会吸收做长工的那一类人。[①] 长工都不愿意他们的妻儿在这种人手下去做工，也没有必要非让他们这样去做不可。正式工人的妻子都不做工，据调查委员们这样说，
292 孩子“读书的时期也比较长”。[②] 这是把将近四分之一的工帮人口一一计算过的林肯郡的情形。

对于这种廉价的、危险的和奴役性的制度的立法控制是六十年代工厂和教育运动的副产品。1868 年的工帮条例（维多利亚，第 30、31 年，第 130 章）禁止雇用不满八岁的儿童，规定了男子和女子的工作关系，并且建立了帮头的凭证制度。因为它只影响到公共工帮，所以它的第一个效果就是鼓励了私人工帮。[③] 这类私人工帮既有赖于幼童的劳动，所以它接着也为七十年代一连串的教育条例所削弱。私人工帮往往不像公共工帮那么易滋流弊。在这期间，房屋情况已略有改善，也不再有开辟农田和修整土地的工作可做，所以对于工帮劳动的需求缓和下来。到了八十年代之末，据说工帮在剑桥郡低地上已经“渐渐绝迹”，虽则在斯瓦法姆一带还有一些，在其他各地无疑也有一些。[④] 在林肯山地上可以看到少数可怜的捡石头的妇女群[⑤]；并且也像现在一样，为了挖掘马铃薯，摘果实和采忽布实而需要某种临时性的工帮组织。但是从一

① 《报告书》，第 11 页。

② 同上书，第 6 页。

③ 正如和 1867 年相似的一套报告书的调查所表明的那样。参阅 1870 年，第 13 卷，“工帮”条。

④ 《劳工皇家调查委员会》，1893—1894 年，第 35 卷。《查普曼报告书》，第 22 页；《福克斯报告书》，第 9 页。

⑤ 或许还有其他各地，著者是在林肯山地上看到的。

个更艰苦的毫无限制的时代遗留下的这些萎缩了的和有限制的残余本身就表明了田间生活对于最靠近田地的人们来说已经渐渐变得比较过得去了，虽则对另一些人来说却更加艰苦。

要证明八十年代中叶农业工人处境的改善同前十年的工会有任何直接联系，倒是不容易的。所有或差不多所有那种改善都会是由于种种非人力的作用。固然，没有工会，七十年代的工资极峰未必到处都能攻下；但是这个工资极峰继而又丧失了。的确，工会是有助于教育工人，教育政治家和公众的。这种教育后来产生了效果。工会也教育了农场主——在机器的使用方面；机器终于证明对工人是有好处的，虽则当时对个别工人却不然。工会可能促致了 1884 年选举改革法案的早日到来；但即使如此，在经济领域中，改革法案却像不准时的地雷一样，并不总是在它们应该爆炸的 293
时候爆炸的。

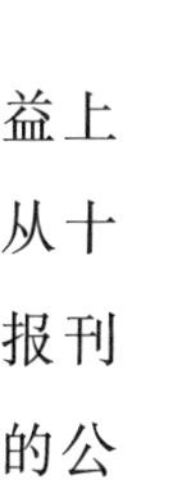

在工会出现之前就有罢工。当 1867 年夏季食品价格日益上涨的时候[1]，伯克郡高科特二十八个工人的罢工，即争取工资从十先令一星期提高到十二先令一星期的一次罢工，引起了伦敦报刊和这时对农村的工资、庐舍和工帮已经颇有所闻的一批同情的公众的注意。[2] 货币流入了高科特，卡尔·马克思在伦敦阅悉此事，《资本论》中于是有了罢工。[3] 翌年爱德华·格德耳斯顿牧师对英

① 除 2 月间的两个星期外，小麦价格全年都在六十先令以上，并且在 1868 年初达到了七十三先令八便士。马铃薯也很昂贵。

② 参阅例如《经济学家周刊》，1867 年 7 月 27 日号。

③ 哈斯巴赫：前引书，第 276 页注，由于马克思而得知的。

国协会说:在他看,改善工人条件的唯一方法就是组织一个全国工会。格德耳斯顿正在北得文郡的一个特别停滞不动的教区中工作,那里工资既低,庐舍又坏,而且农场主吝啬异常。[①] 他正试图以有组织的移民出境办法来加速正慢慢到来的有利于工人的后果。不久,1867—1869 年的工会询问案和 1870—1871 年的工会立法的消息传播到了这样一些乡村,在那些乡村里,人们不但对 1830 年和 1834 年记忆犹新,而且一见之下就令人想到社会究竟应提供些什么这一问题的联合区济贫院依然令人却步。1869—1870 年,食品虽然低廉,但是自 1870 年收成以后,价格却又步涨,而且不只是食品价格。不列颠小麦一连三年在五十五先令以上,在第四年,即 1873—1874 年,已在六十先令以上。在 1872 年伦敦的面包平均价格比克里米亚战争以来除 1867 年外的任何一年都昂贵。

在 1871 年相当早的时候,赫勒德福的累因特华丁就有一个雇农工会,"并且得到了教区长的支持"。"它在很短期间就拓展到六个郡"。"这个工会刚刚成立,在赫勒福德,工资就平均每星期提高了二先令,在所有这六个郡中,也都有了改善。"[②]像格德耳斯顿牧师一样,西南部的这些工人都相信靠增加流动性来获得改善的办

---

① 希思:《英格兰农民》(Heath, F. G., *The English Peasantry*)(1874 年版),第 189 页。格德耳斯顿是来自农业工人的"报酬很好,居住条件很好……和待遇很好"的一个兰开郡教区的。

② 阿奇:前引书,第 110—111 页。另参《农业皇家调查委员会》,1881 年,询问案 58371 号及以下的证词。参阅克莱登:《田间的起事》(Clayden, A., *The Revolt of the Field*)(1874 年版);希思:《英格兰西部的农民生活》(1872 年版);克利福德:《1874 年的农业罢业》(Clifford, F., *The Agricultural Lock-out of 1874*)(1875 年版);哈斯巴赫:前引书,第 276—277 页;韦伯夫妇:《英国工会运动史》,第 314—319 页。

法。他们的口号是“往国外和境外移民而不是罢工”。[1] 他们帮助 294
他们的成员移往斯塔福德、兰开郡和约克郡之类的高工资地区，并且组织了一小批去美洲的移民。当 1872 年 2 月位于斯特拉特福德上面埃房河畔的韦耳兹伯恩的一些工人从北部步行到巴尔福德去邀请约瑟夫·阿奇那位十几岁就是农场临时工组织者的[2]监理会平民教士、挖沟人兼筑篱人莅会演讲并创立一个工会时，他们的工会早已完全成长了。沃里克郡的工人把这整个运动算作是从 2 月 7 日那个雨夜开始的，“当时在韦耳兹伯恩的树下的阿奇”对他们的感动力是如此之大，以致“当夜就有二三百人报名”。[3]

3 月间他们正在韦耳兹伯恩举行罢工。依靠包括约翰·斯图亚特·穆勒在内的资产阶级分子的同情和一些来自资产阶级的款项的帮助，工会运动开展得很快。[4] 到了 5 月，阿奇声称“登记的会员已将近五万人”。自多尔塞特直到诺福克郡有罢工或罢工的风传。对劳动的需求是活跃的，各行各业的工资都扶摇直上，所以工人常常可以至少得到他们要求的一部分。阿奇是相信移民的。早在四十年代当他流浪做工的时候，他就认为东威尔士的庐舍和园圃比沃里克郡的好。[5] 但他是一个科贝特之类的战士，虽则他不同于科贝特，而是以锐利的《旧约全书》这一武器进行斗争的，他

① 阿奇：前引书，第 110 页。

② 偕同“在我手下做工的人”，前引书，第 40 页。

③ 阿奇：前引书，第 73 页。“当时在韦耳兹伯恩的树下的阿奇”一语系出自一首工会歌。

④ 希思：《英格兰的农民》，第 197 页及以下。有来自《每日新闻》(*The Daily News*)和其他自由党报刊方面的支持。

⑤ 阿奇：前引书，第 43 页。

预言到干骨谷并且挥舞着基督和基甸的宝剑。他决不是单单地依靠移民;所以在格德耳斯顿指出沃里克已经比得文好得多而力主调和的时候,阿奇唯一的结论是得文需要一个充分有战斗性的工会。所以他和他的追随者唱道:

南沃里克郡的雇农们
多少年来没有过一次加薪,
虽则面包往往昂贵,
但是现在他们已经有一个工会。[①]

295 在 1873—1874 年力量最大的时候,阿奇的工会,即全国雇农工会(the National),号称有会员十万人,分会遍布于坎伯兰、韦斯特木兰、约克郡、兰开郡、柴郡和康沃耳以外的英格兰各郡。另一个重要组织,雇农联合会(the Federal)是一个多少具有竞争性的组织。即使工会运动能以证明在北部有了少数几个细胞组织,它也不曾真正触及到串特河对岸的高工资地区,虽则雇农联合会在林肯郡有一个坚强的立脚点。[②] 在东部它曾经招惹出一个农场主的对抗组织,而以 1872 年 10 至 11 月创始于纽马克特的剑桥郡和西萨福克农场主公会(the Association)为嚆矢。在 1873 年 4 月,萨德贝里区的联合起来的农场主开始解雇工会雇农并且取得了胜利。[③] 在整个那一年东部各郡到处都有摩擦和罢工,有农场主对

① 阿奇:前引书,第 87 页。

② 克利福德:前引书,第 17、20 页。林肯郡雇农联盟像其他郡工会一样,也是属于雇农联合会的。

③ 同上书,第 9—11 页。

“鼓动家”的愚蠢的打击和雇农对农场主的粗暴的谩骂以及对非工会分子的迫害。1874 年 3 月，纽马克特的农场主步趋萨德贝里之后，并对十四先令工资和五十四小时工作周的要求报以对工会会员的解雇。[①] 不到月底，解雇运动就影响到了九个郡和几千名雇农。[②] 到了 7 月，因为这是一场长期的斗争，全国雇农工会曾经给予十二郡的解雇会员以补助金，其中五分之四的款项都用于剑桥、萨福克和艾塞克斯这三个郡。在 7 月底，它让步了，取消了补助金，并议决“让雇农随意采取往国外和外地迁移或完全视本身财力而定的代替办法”。[③] 雇农联合会的措置也大同小异。

靠了几乎到处都可供利用的志愿工人、过剩的非农业工人或非工会工人，东安格利亚的农场主已经获得相当的成功，正满怀信心地面对着收成。“我不是雇用二十六个人”，一位有代表性的萨 296
福克农场主在正值收成之前这样说，“而是用十七个人来干的，而且我的工作从来没有做得这样快”。[④] 观察家注意到“机器制造业者并不是没有希望改进尾随在收割机之后捆扎谷物的一种机器的，这种机器的确会成为农场主的左右手”。[⑤] 工会中出现了沮丧

① 《1874 年的农业罢业》，克利福德在致《泰晤士报》的函中写到了这个故事。另参阅福莱塞主教致《泰晤士报》函，1874 年 4 月 2 日。

② 在斗争结束以前被解雇的总数不确知。似乎总有六千至一万之数。全国雇农工会声称有三千一百人被停工，雇农联合会称有二千五百人，此外还有其他。但是对立的工人领袖互相指责有夸大之嫌。克利福德：前引书，第 21—22 页和哈斯巴赫：前引书，第 285 页。

③ 引证于克利福德，第 146 页。曾经收到诸如工程师联合会等工业工会以及中产阶级同情者方面的款项，但是供应无法维持。

④ 克利福德，第 179 页。很多陈述中的一个范例。

⑤ 同上书，第 65 页。

的情绪和意见的分歧，它们的人数减少了；但是在 1875 年年底阿奇仍然声称他的工会中有六万人。继而黑暗时代到来，在 1879 年 5 月他顶多只能说有“大约二万三千人了”。[①] 农场主已开始裁减工资和辞退工人，并且会继续这样做。工会几乎消灭了。[②]

阿奇投入了选举权的斗争，并且在赢得选举权之后，就投入了乡间的新民主政治中。在 1885 年选举时，他在《理事会对新选民所要讲的一句话》(*A Word of Council to the New Electors*)中谈道“工人们陷于饥饿，而几百万英亩的土地却由于缺乏劳动力而在你的眼前抛荒”。工人已经被解雇。到 1885—1886 年，工资已经跌回到他去到“韦耳兹伯恩那棵树下”时的水平上下。但是纵使有些土地“因缺乏劳动力而抛荒……”，在小麦价格三十二先令或不到三十二先令一夸脱的条件下，那并不是农场主或地主的过错；小麦价格三十二先令或不到三十二先令意味着面包价格比工会最活跃的 1871—1875 年时低廉了 25%。面包价格仍然支配着乡间的预算，所以这绝不是小问题。干酪也更便宜了，茶和糖则便宜得多，咸肉至少是没有更贵。所以八十年代后期的农业工人“衣服穿得好一些，肉吃得多一些，旅行的次数多一些，书也读得多一些”。[③] 现在已略有剩余来满足这一切了，但却不能说工会对于取得这种剩余有过多大的贡献。或许由于慢慢灌输以希望和逐渐增强其自尊心，工会有关工人的另一个概括——“他们酒喝得少一

① 阿奇：前引书，第 254、333 页。

② 在十八世纪之末它们已经很虚弱，在《劳工皇家调查委员会》(《李特尔报告书》，第 146 页)所调查的三十八区之中只有六个有工会的存在。

③ 引自本卷，第 285 页。

些”——倒是不无功绩的。果真如此,那么它们同礼拜堂、学校、份地,友谊会、新庐舍和板球俱乐部,连同改善乡村生活的单调并揭示这种单调生活以外的一切一切,都不失为原因之一。

297 第八章　商业组织

像十九世纪后期所看到的那种英国商业组织的主要特点，甚至在欧路时代以前，就已经大体形成了。在1850年以后的三十年间，有少数新式机构，少数全新的习惯成长起来了。无疑是有重要变更的。乔治·乔基姆·戈申在1905年执笔时甚至还可以提到在1850年和1885年之间“我们大量的工商业从个体经营变成为公共公司所造成的根本变革”。[①] 但这只不过是一种均势的变化，

410 不能估计过高。像戈申那样广博持重的人，在他所用的“根本”和“大量”这些字眼上也不免有夸大之嫌。至于方法的变革——恐怕在1885年，则不论是戴维·李嘉图还是内森·罗思柴耳德，顶多同戈申谈上一早晨，也就可以轻而易举地在伦敦老城或利物浦去经营了，虽则在他们的当代人之中未始不会有一些脑筋比较迟钝的人被这种步伐和确实陌生的习惯和手段弄得无所措手足。

在乡间，早在二十年代就奄奄一息的机构和方法，又走近了坟墓一两步。[②] 跑四方的补锅匠或小贩已被赶往北面和西面，景况

---

① 《论文演讲集》(*Essays and Addresses*)，第7页，提及1885年所发表的一篇演讲。参阅本卷，第311页。

② 参阅上卷，第220—225页。

是十年不如十年。除牛马市外，市集很快地丧失着它们残存的经
济重要性。[1] 在一个乡镇的谷物或牲畜集日上，虽然农场主对商
贩进行销售，商贩也对公众进行销售，但是乡间生产者和城镇消费
者之间的旧式直接食品贸易却只在边远地区较多地进行。[2] 市场
销售已渐渐过渡到常驻或迁来的专业者手中。在北部工业区的城 298
镇中，规模宏大的市场大厦[3]是大众购物的所在，虽则有一些货摊
会是生产者所持有的。所有大小不一的工业或农业村庄都各有其
各式各样的店铺。铁路、便士邮政和电报已经把它们带到城市影
响不难达到的范围以内，并且助长了它们的经营方法同城镇经营
方法的同化。

迅捷的交通已经消灭了少数几种行业和商人。举一个明显的例子来说，长距离的赶牲畜已经绝迹了；虽则迟至 1848 年，有些牲畜还是从“一百二十多英里”外赶到市场上去的。[4] 菜牛或鲜肉会由铁路或轮船从阿伯丁运到伦敦。但是，纵使乡村一度凭以附着于首都和大城镇[5]的那条由个人环节所构成的漫长贸易连锁已经

① 虽则有些住在剑桥郡的人还可以记得农场主们等待司徒桥市集去添补丢掉或毁掉的东西。

② 在威尔士，直到 1900 年以后这种遗风还是很盛的，例如卡尔迪根集日。

③ 见上卷，第 287—288 页。在 1830 年和 1880 年之间旧厦自然是不断地扩充和改建。

④ 《关于调查有无必要将斯密菲尔德市场作为英国首都中心区的一个障碍物而移开的审查委员会》(*S. C. to Inquire into the Necessity of the Removal of Smithfield Market as a Nuisance in the centre of the British Metropolis*)，1847 年(第 8 卷，第 275 页)，询问案第 969 号。

⑤ 见上卷，第 219 页。

常常因这一种或那一种中间商的消灭而缩短，这个岛国对进口食品更大的依存却提高了中央市场和首都商贩的重要性，并且在分配方面也非有新中间商的工作不可。同时，各种商业活动的规模和复杂性的有增无已也要求进一步的专门化，或许还需要商业连锁上的新环节。

谷物法废除以后的国内谷物贸易和铁路建造以后的伦敦煤炭贸易的重新调整可以作为这种种倾向的例解。在谷物法末期，在出口的完全停止已经使这时变成为纯粹岛国性质的贸易简单化的时候，不列颠的大部分小麦一直是直接售给磨坊主的。小磨坊主只就地买进，但是有些较大的磨坊主则雇用代理人四处收购，并且会像商人一样地把自己没有磨的小麦转手卖出。质量好的大麦大部分直接卖给当地的麦芽制造人；其余，连同农场主剩余的燕麦和豆类则卖给商贩，供当地或远程的分配。大量的这类农产品和相当（较小）数量的小麦是掌握在马克巷的。代理商有时作为生产者的代理人从本郡出售“生产者的谷物”，但所售谷物更经常是由伦
299 敦和地方商贩径行从生产者手里买来的。磨坊主和二轮商贩是主要的买主。在马克巷也可以看到买来转手再卖并“乘市场瞬息变化而取利”的一小批掮客，即后来商业用语中的市场经纪人（market operator）。各式各样的集团几乎处处会是彼此重叠的。在这期间，商人（其中有很多是不参加国内谷物贸易的）进行着断续的和必然具有投机性的外国粮食买卖，外国粮食如不在英国出售，可以在伦敦存栈，或者在还未下船时就整船地和整批地转手出售去供应海外消费。其中有些商人是同波罗的海咖啡店有联系的，那里为把比较无秩序的俄国贸易引上有秩序的轨道，特别是在油脂

贸易方面，在1823年已经形成了一个通常英国式的业务俱乐部。[①]

当爱尔兰发生饥荒而开始在世界各处搜求粮食时，一般商人——俄国的、东印度的、美国的和不拘哪国的——必然承担了大部分工作，因为根本没有什么专业化的外国粮商集团存在。当倒风到来时，在1847年8月和1848年8月之间出现的那四百六十起倒闭的清单中，只有二十六个破产者是肯定称之为粮商的人，虽则谷物交易帮同拖倒的商人远不止此数。[②]

在进口贸易变成一种正规的、迅速成长的事物时，一般商人并没有停止对谷物的经营。但是进口贸易的成长使参加伦敦交易并以伦敦为出发点参加根据需要分别运往其他各口的货运调度的更多专业者——商人、经纪人和经纪商——有了发展的余地。在这整个时期，伦敦依然是外国粮食的主要消费地和集散地，虽则随着1867—1870年以来美国供应重要性的增加，利物浦变成了一个劲敌，特别是在小麦贸易方面，并且赫尔始终是实力雄厚的。波罗的海咖啡店变成更大和更加有投机性的交易的中心点，亦即船货的购买以及待运粮食的出售和转卖的大本营。它同俄国和北德意志 300
的联系曾经吸引了海外商人，尤其是熟习南俄罗斯、多瑙河和地中

① 见上卷，第231、232—233、303—305页（旧谷物贸易）。托伦斯：《国外谷物贸易论》（Torrens，R.，*Essay on the External Corn Trade*）（1815年版）并没有论及组织的价值。关于波罗的海咖啡店的历史，参阅芬德利：《波罗的海交易所》（Findlay，J. A.，*The Baltic Excbange*）（1927年版）。托马斯·屠克这位价格史学家是第一个委员会的成员。1823年4月22日的章程，第14页。

② 表见伊凡斯：《1847—1848年的商业危机》（Evans，D. M.，*The Commercial Crisis of 1847—1848*），附录，第69页及以下。

海粮食贸易的希腊人。腊利号、罗多卡内奇号和施罗德号经常往来于图克号、桑顿号和托德号这些波罗的海老行号之间。[①] 苏伊士运河的开凿和世界海底电线的铺设给予波罗的海咖啡店的能手以充分发挥的余地，而他们的委员会在1857年并非不适当地设置于南海号。迄当时为止，贸易一直是用帆船进行的。直到七十年代，英吉利海峡的风向还是市场报告书上的一个正规项目：它影响到波罗的海咖啡店的一切交易。现在变化已经为期不远了。

马克巷的谷物交易所变成了岛上谷物贸易和国际谷物贸易之间的桥梁。[②] 不同于波罗的海咖啡店，它们像一切地方交易所一样，一直并且仍然有它们的柜台和样品。那里从未有过拍卖：它是代理人、一些农场主、商人和面粉厂主在柜台上进行的静悄悄的私下交易。它始终是一种"现货"贸易，在外国谷物得以经常参加时，还依然如此。波罗的海咖啡店和谷物交易所的人员既然互相重叠，而完税外国谷物又已经根据谷物法得在马克巷出售，拍卖是很容易出现的。为转卖而进行的大量购买和专业经营有集中于波罗的海咖啡店的倾向。已先为波罗的海咖啡店所掌握的货载，得作为路货或即到货在谷物交易所转手出售；但是交易所的主要业务是实际已运到的成批的粮食。随着进口贸易的增加，一切外国粮食的货样都会同艾塞克斯小麦和诺克福大麦并排地陈列了。随着

---

①　芬德利：前引书，第17—21页。关于美洲日益增长的重要性，参阅例如《经济学家周刊》，1870年3月12日号(1869年的商业评论)。

②　见上卷，第303—305页。陶林：《伦敦的交易所》(Dowling, S. W., *The Exchanges of London*)(1929年版)，第180页。马克巷的第二个交易所创立于1828年，它是种子贸易的大本营。旧交易所是在1881年重建的。

外国粮品的利用从大聚点扩展到小聚点，它们也就通过交易所的商人分布到全国各地，分布到地方商人和面粉厂主之手了。

如果赫伯特·斯宾塞对于当代谷物贸易的发展当真像对于他所从未见到过的那些原始的利普查部族和图达部族一样地关心，那么整个这段故事倒未始不会给这位一代的哲学家素所得意的社会组织和功能的“分化和集整化”提供一些适当的事例。[①] 301

伦敦和南部煤炭贸易的变化主要决定于这样一些简单的事实：在1850年由铁路运进伦敦的煤炭仅为五万五千吨，而在1860年这个数字却是一百五十万吨；1870年，三百五十万吨；1880年，六百二十万吨；1886年，七百二十五万吨。1850年是三百五十万吨，1860年是三百六十万吨的海运煤的供应，在1872年降到了二百五十万吨的最低额，而在1886年重又上升到四百七十四万吨。[②] 对太恩河和泰晤士河上由来已久的商业功能的差异加以规定的十九世纪早期的煤业章程，在1831年已经取消。[③] 曾经以限制产量的办法限制价格的东北海岸“限售委员会”在四十年代中期就已瓦解。此后煤炭贸易“事实上无异是一种公开的贸易战”[④]——也就是自由而又不受限制的竞争。纵使煤炭所有主的地方协会对价格加以规定，正如他们常有的情形那样，他们“对于

① 斯宾塞：《社会学原理》(Spencer, *Principles of Sociology*)，散见各页。

② 在《目前煤贵而又少的原因审查委员会》(*S. C. on the Causes of the Present Dearness and Scarcity of Coal*)，1872年(第10卷，第1号)，附录1中，数字一直追溯至1870年。另有年度报告书。

③ 见上卷，第233—236页。

④ 乔治·埃利奥特的作证，《1873年的审查委员会》，询问案第7518号。参阅本卷，第149页。

这些规定也没有任何强制执行的方法”，所以这些规定“事实上”是不“实行……至少……是不完全实行的。”[1]

自从太恩河畔的多余中间机构被淘汰和永久性的“商战”开始以来，大部分煤炭都是由煤炭所有主或者为煤炭所有主装运的。[2]但这却不是伦敦商人订运的。伦敦商人是通过代表所有主的代理人在煤炭交易所进行购买。（交易所已经备有1849年由配偶亲王揭幕的一个新厦[3]。）六十年代和七十年代的大商人多半是直接售给制造业或家庭消费者，而不像早先那样主要售给“转手商”（Second merchartts）了。[4] 但是当时有一个“转手商”阶级，即现在通称的煤贩，这些煤贩从码头或货车停放站的货主处买进之后，“把煤运到他们自己的场所，并有时按十四磅那样小的数量出售

302 ……”，正如一位货主所说的那样。[5]

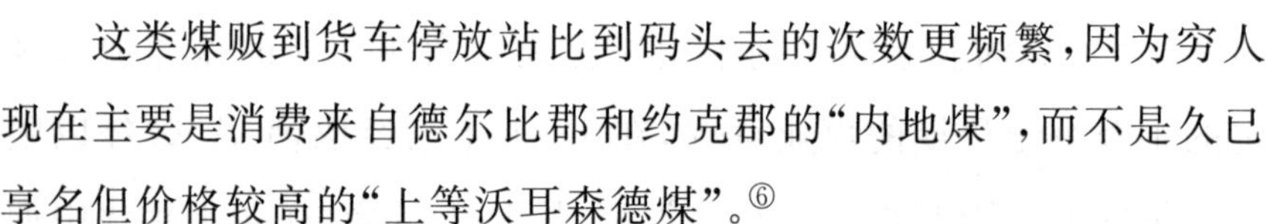

这类煤贩到货车停放站比到码头去的次数更频繁，因为穷人现在主要是消费来自德尔比郡和约克郡的“内地煤”，而不是久已享名但价格较高的“上等沃耳森德煤”。[6]

撇开质量问题不谈，内地煤经营起来也比较划算。既没有驳运费，小块煤在装卸时的损耗也比较少。当它在五十年代初次运到时，内地煤是像海运煤一样委托销售的，但是它的销售既不那么正式也不那么规则。它“在伦敦市场上的销售方法与海运煤不同，

---

① 《1873年的审查委员会》，代表西莱定的滕南特，询问案第2657号。

② 同上书，伦敦煤炭商悉尼·柯克勒耳的作证，询问案第7190号。

③ 陶林：前引书，第129页。

④ 见上卷，第235页。

⑤ 科里，询问案第7136号。

⑥ 科里，询问案第7150号。

所以它更难照市价买到”。[1] 委托销售一直继续到七十年代以后，但是从矿井进行的直接购买却越来越多。“我们尽量直接购买”，煤“是在井口装进我们的货车的”，同煤炭贸易有关的证人在七十年代初期这样说。[2] 不论是从距伦敦很远的地方这样装运，还是由货车停放站上的小商小贩装运，内地煤的经营都特别有竞争性。这种经营有助于给整个行业以竞争的性质。尽管盛传有一个叫做四十商贼的肆无忌惮的内地煤商集团，但是在 1873 年价格暴涨时期，一个理所当然抱怀疑态度的调查委员会无论在煤田上还是在伦敦人之间都找不出任何垄断市场集团或结社的证据。[3] 四十商贼即使有的话，也不过是一些单个的盗贼。在此后十年之中，煤炭所有主协会的公布市价和徒有其名的价格规定虽取得了些微的进步，但是实质上没有任何变化。[4]

从伦敦靠向煤田愈近，煤炭贸易就愈是简单，到了煤田所在地，则甚至能够整车皮买煤的家庭消费者都可以直接从矿井购买了。[5]

在首都牛奶、肉类、鱼类等其他基本供应品贸易方面，最终生产者和消费者之间的锁链一直是又有缩短又有延长，但主要还是缩短。在铁路时代前夕，伦敦所用的牛奶全部是从二十英里半径以内运来的，只有很小一部分是运自远于这半径十五英里的地方。303

① 科里，询问案第 7151 号。

② 柯克勒耳，询问案第 7245、7178 号。

③ 《1873 年的审查委员会报告节》，第 10 页。

④ 本卷，第 149 页。

⑤ 离矿井四英里的一个家庭对八十年代的回忆，那里煤是按十二先令六便士一吨交货的。

大部分牛奶是城郊的牧场主供应的,这些牧场主当中的大多数是小企业主,他们多是自产自销,另一些则是出售给牛奶贩和制酪厂。[①] 到了1878年,"伦敦的牛奶市场"影响到了"一百五十英里以外的农场"[②];但是从地方性市场到半全国性市场的这个变化一直很慢,在1878年还没有完成。铁路并没有使这项贸易改变得像预料的那样快。[③] 起初铁路对于这项贸易毫无兴趣。牛奶运输和牛奶冷却的方法概不了解。从铁路运来的牛奶被认为是次等货,而且也未必不确。[④] 像铁路运煤炭一样,它主要是售给贫民的。但是疠疫开始蔓延到伦敦的牛棚。自1839年以来,足疾和口疾反复出现。1865年牛疫的流行,在不到几个月的工夫就导致了伦敦五分之四乳牛的死亡或屠宰。[⑤] 牛奶贩不得不到更远的地方去办货。铁路经营改善了。牛奶运输也掌握了。制奶业的普通单位增大起来;"到了1870年,这项贸易已经大体"按照八十年代后期经营的方法"进行"了。[⑥] 不少公司设立起大规模的收购和派送机构。但是小规模的养牛业和制酪业并没有随之而迅速消灭。在1870年以后,这类贸易已经落在威尔士移民手中,威尔士移民对别的没有多少知识,对乳牛却颇为内行,但是生活艰苦。在八十年

---

① 见上卷,第227—228页。参阅平奇贝克:《女工和工业革命》(Pinchbeck, J., *Women Workers and the Industrial Revolution*)(1930年版),第299页。

② 《皇家农业学会报告书,制酪场》(*R. A. S. Reports, Dairy Farming*),第670页。

③ 参阅上卷,第228页中所提到的种种预期。

④ 参阅布思:《伦敦人的生活和劳动》,第7卷,第173页中的历史注释。

⑤ 《牛疫的起源和性质……报告书》(*R. on the Origin and Nature... of the Cattle Plague*),1866年(第22卷)。关于"口疾和足疾"的初次陈述,参阅询问案第378号。

⑥ 布思:前引书,第7卷,第177页。

代，他们的小企业在贫民区中很多，特别是在白教堂。在这十年之末，当新郡议会接管时，伦敦本区仍有特许的牛棚近七百所；在1891 年人口调查时，在整个首都牛奶供应业中，雇工和雇主的比例只不过是五比一。①

肉类贸易也简直没有简单化，虽则长距离的赶牛已经被淘汰。
农场主和牧场主可能把自己的牧畜运到伦敦出售，也可能直截了 304
当地卖给牛经纪商。② 运到伦敦之后，这些牲畜已不再在星期一去斯密菲尔德牲畜市场的路上弄得伦敦老城“几乎无法通行了”③，公牛也不再闯入老城中的瓷器店了，伊斯令顿的首都市场在 1855 年，德特福德的外国牲畜市场在 1872 年开幕以后，“牛市那个残暴、酗酒和污秽的渊薮——那里的其他一切建筑物不是屠宰场和酒店就是典当”④被清除了。⑤ 但是这无补于贸易的简单化。专业推销员的重要性随着业务的发展而增加起来。到了六十年代，已有外国人在施勒斯维希－霍尔施坦因为牧场主或在柏林为经纪商推销牲畜。⑥ 在那些新市场附近，麇集着领有执照的屠

① 布思：前引书。注意 1891 年的人口调查员对本卷，第 162 页注 1 中讨论的雇主和职工统计所抱的怀疑态度。

② 关于经纪商，参阅《1847 年斯密菲尔德委员会》，询问案第 1244 号的作证；关于海霍尔伯恩一家麻布店的一条阉牛，参阅询问案第 1496 号。

③ 见上卷，第 226 页。

④ 杜莫里埃：《彼得·伊博特森》（Dumaurier，G.，*Peter Ibbetson*），第 65 页，显然得自 1851—1856 年伦敦的私人回忆。完全由《1847 年的斯密菲尔德委员会》证实——“异常混乱和不必要的残虐的一种场面”，也经 1849 年的第二个委员会（第 19 卷，第 247 页）证实。

⑤ 布思：前引书，第 7 卷，第 190—191 页。

⑥ 例如格布哈特就是在马格德堡和柏林为所提到的牧场主和经纪商出售牲畜的。《牛疫报告书》，询问案第 2031 号及以下。

户和肉商，正如他们过去麇集在斯密菲尔德牲畜市场附近一样，前者为自己不从事屠宰的肉商或零售肉商进行屠宰。有一些肉商在期密菲尔德设有铺面，但通常是通过另一种专业人员即肉类推销员来推销的。[①] 从乡间运来的鲜肉愈来愈多。[②] 一般的零售肉商不再是屠户，而成为在伦敦内外的鲜肉承办商。在四十年代和五十年代，他至少还常常在他的铺面背后屠宰小牛；伦敦到处都有私营或代理屠场。自那时起，屠场的数目就大大减少了。在 1873 年，首都区仍然有一千五百多处。在十五年之后，郡议会开始加以处理时，已降到七百处上下。[③] 由于管制、乡间屠宰和冻肉的关系，数目的缩减和集中会继续发展下去。

305 鲜鱼交易并没有很大变化，但是它的一切过程都已经加速。直到四十年代后期还是一个木棚棚麇集的肮脏地方的比林斯给特[④]，在 1875 年以前已经清除得干干净净，并且有过两次重建和一次扩充。经水路运到伦敦的鲜鱼通常是由取代了十九世纪初期独帆快船所有主的鲜鱼装运公司来处理和拍卖的。它们的汽船则到海上渔船队那里进行采购。经由铁路运到的鱼（在八十年代初期数量倍于经水路运到的鱼）是由渔港的采购公司和鱼贩运交主要根据私人合同代售的比林斯给特抽取佣金的推销员的。速度给一种新型或新兴类型的比林斯给特中间商，即当时俗语所谓的“投

① 出席 1847 年和 1849 年委员会的证人所描写的一个贸易组织几乎和四十年后查理·布思的工人所描写的那个一模一样。

② 甚至在 1847 年这个数量还被一位证人说成是“令人吃惊的”，询问案第 2075 号。

③ 布思：前引书，第 7 卷，第 202 页。

④ 参阅上卷，第 226 页。（伦敦鱼市。——译者）

机鱼贩”(bummaree)提供了业务。赶速发送出去的冰“箱”里面装着大小俱全，有时还种类不一的鲜鱼。零售商通常不需要这样的配搭，也不总需要整箱买进。所以投机鱼贩先行买下，加以分类，再转售给零售商，从而他们变成市场上的中间人和风险承担者，这个名称也就因为业务不时起伏和波动而在经济学家之间成了一个绰号。后来它用之于鱼商，即通常雇有少数职工而还不成其为一个有限公司的那种人。①

在全国一般国内贸易中，有助于淘汰生产者和消费者之间各种中间环节的力量显然在起着作用；但是这些力量的作用多被稽延，并且受到各种不同的牵制，以至阻挫。在衣着业中这种力量显得很有效，虽则并不划一。例如，随着呢绒工业中真正家庭衣着商的绝迹，介于生产者和首都大型批发或出口行号之间的约克郡国内贸易的旧式呢绒商的确没落了。首都的批发商，或其他第一流城镇的类似商人无法同重呢绒区的大量小衣着商进行交易，而只有一小批纺织厂主可以同他往来。成衣工厂的兴起导致批发商更加急剧地被淘汰。它们可以从纺织厂整批地进货而把商人完全排 306
斥掉。到了这个时期之末，它们已开始在另一方面对中间商进行淘汰——靠自行开设零售商店的办法，但是迄仍罕见。除开约克郡家庭衣着商的没落和成衣工厂的兴起外，也还有种种淘汰中间

① 关于八十年代的情况，参阅本段所依据的布思：前引书，第 7 卷，第 207 页及以下。关于渔船和运输船，参阅本卷，第 72 页及以下。伦敦鱼贩业雇主和职工的比率是一比四。投机鱼贩一词是劳动部编 1927 年版的《职业名称词典》(*Dictionary of Occupational Terms*)上所没有的。

环节的力量在发挥着作用。来自圣保罗墓园的一位店主在1885年的证词中揭示了他们的一些经营方法。他的行号，除皮靴外，其他如丝绸、麻布、棉布、呢绒、针织品、丝带、手套等，无不经营。他说，二十年前，“每一个人，也就是说所有零售商和运商，都必须”通过他们“来进货”。现在零售商和运商常常直接从制造商那里进货，制造商也直接向他们发货了。①

为什么会有这样的情形，特别是从七十年代价格跌落之后，来自普雷斯顿的一位制造业的证人简明地解释说：“我们的营业是那样异乎寻常地萧条，以致我们不能不丢开商人，而跨过他去。”②他们所丢开的商人是运商而不是本地商人，但原则是一样的。不过这位证人补充说，他那个商号的作法是例外。

制造商同零售商接触日益频繁的趋势并不只以衣着各业为限。这种趋势所凭以表现的方式之一，也就是代理制那种方式，在衣着业中纵非全无所闻，也的确是不常见的。代理制究竟始于何时，现在还不确知，但是直到五十年代，至少它并不是一种通常办法。经营具有普遍和经常需求的货物的大制造商在一切重要城镇和人口稠密地区遍设代理机构的这个制度据说在1878年还是“新近”勃兴的。它的后果一定会削减，而并非淘汰地方批发商贩和经

① 《贸易萧条皇家调查委员会》，询问案第4070号。关于成衣业者和成衣工厂，参阅本卷，第92、118页。在这个时期之末，衣服制造者开始自称为成衣业者，而真正的成衣业者则已经消灭。关于约克郡本地贸易商人的没落，无记录可查。在十九世纪早期这类商人为数很多，到了末叶则已罕见，理由不明显。参阅以个人知识和见闻为依据的克拉潘：《呢绒和毛丝工业》(1907年版)，第162页。

② 同前书，询问案第5673号。

销商的经营，并且会减少长途跋涉的负贩的数目。[①]

西米德兰的铁器和轻金属工业，因为产品的标准化，已经变成 307
为代理制的发祥地；但这是在它们已经达到工厂阶段以后的事。有少数工业，诸如钢笔和螺钉制造业，在六十年代或六十年代以前就已经达到了这一阶段。名牌钢笔和螺钉之类的代理机构很早就出现了。但是米德兰的大量工业，尤其是生产轻铜器和配件的那些，直到八十年代还处于这样一个发展阶段，在那个发展阶段中，一个经销商通过他的资本控制和他的市场知识对一群小生产者实行不同程度的支配和调度。[②] 他会像他的先辈自十八世纪以来的作法一样，售货给批发商或运商，有时也售给零售商。在八十年代后期，由于生产企业规模和力量的增长并由于工厂条件的进步，这种类型的经销商已有"退化到纯粹批发商地位"的危险。[③] 在现在由少数大制造公司支配的那些轻金属行业中，甚至连批发商也发现自己的领域由于代理制的扩展和制造商的自行派出跑街而被局限在本地市场以内了。这是一种自然的发展，因为大制造商往往出身于经销商，所以对于分配业务是十分熟习的。就西米德兰各行各业的一般情况而论，生产者和消费者之间的锁链似乎已经缩短了少许，在某些行业中缩短了很多。在工厂和使用人之间可能

① 关于这个问题需要更多的材料。引文录自莫法特：《消费的节约》（Moffat，*The Economy of Consumption*）（1878 年版），第 137 页。艾伦：《1860—1927 年西米德兰的工业组织方法》（Allen，G. C.，*Methods of Industrial Organisation in the West Midlands 1860—1927*），《经济季刊》（历史），1929 年，第 551 页说，"到了十九世纪之末"，由于代理制的发展，经销商已经"丧失了他的支配地位"。

② 关于代理商，参阅上卷，第 255—256 页和本卷，第 126 页。

③ 艾伦的论文，见《经济季刊》（历史）。

只有一个小店主。自约瑟夫·吉洛特本人初制造钢笔并按每支一先令的价格卖给一个当地的文具商以来，在钢笔工业中有一个以上中间商的从来不多。[①] 他的继承人和竞争者——他死于 1873 年——也只不过是售给愈来愈远的文具商，也就是“某种钢笔的代理人”。但这是一个例外的行业，它既那样年轻又那样具有个体性
308 质，以致根本没有经销商或商人可淘汰。但这未必不能给伯明翰的其他工厂工业在淘汰中间环节方面提供一个学习的实例。

由于国内生产和消费的日益多样化，纵使撇开很多食品和原料的外国来源不谈，在生产者和消费者之间，以至于在生产者和零售商之间的中间环节，也根本没有普遍淘汰的可能。往往这一个门对中间商关闭起来，另一个门又在他左手边敞开了。固然煤和铁以及某几种食物或其他主要商品的生产者可以同比较大的和比较有集体性的那类消费者——诸如煤气公司、造船厂和医院等——以至家庭消费者在他们的门前建立直接关系。固然如钢笔之类的标准化的和后来所谓独占的制造品生产者也可以直接供应零售商。但大多数消费者是距离生产者的大门很远的家庭消费者，零售商也很少只经营一种标准化的或独占的商品。在一个彻头彻尾都市化的社会中，能从矿井买煤或从农场购买牛奶的只是越来越占少数的一部分家庭。所以每一个零售商的一部分需求和某些零售商的全部需求都不能不仰赖于批发商，而不论他是怎样

① 参阅《英国人名词典》。吉洛特不是第一个制造钢笔的人。在 1809—1810 年就已经听到过。在 1849 年，伯明翰有十二个制造人。参阅《伯明翰和米德兰铁器区》(1866 年版)，第 633 页及以下。关于后来的发展，参阅艾伦：《1860—1927 年伯明翰和黑乡的工业发展》(1929 年版)。

一种批发商——不论是圣保罗墓园的货栈业者，杂货、文具、布匹和化学品的批发商，铁商，干酪代理商，肉商还是比林斯给特市的投机鱼贩。

在职业和地理的明确范围以内，合作运动自从四十年代以来与其说是缩短了最终生产者和消费者之间的锁链，毋宁说是把它的一个重要部分的控制权交到消费者手里。到八十年代之末，在合作运动有了显著拓展二十年之后，在兰开郡的某些地区，在西莱定以及在达拉姆，男女老少平均每人每年要在合作商店中花费五镑。[①] 全国的数字是十五先令八便士，其所以有这个差距，一个主要的解释就是伦敦、南部和乡村地区合作运动的薄弱。1876—1882 年的数字是十先令四便士，不列颠合作社的平均销售额约为一千五百万镑。在 1863 年，也就是成为合作运动第二阶段
开始之标志的一件大事的北英格兰批发合作社成立的那一年[②]， 309
销售额已经达到了合作运动者理应认为不错的二百五十万镑的水平。[③] 这还不到全体居民每人二先令之数。在八十年代中期，统计学家认为大不列颠工资劳动者的总收入约为四亿八千万镑。[④] 1883—1887 年合作商店的平均年度销售额是二千万镑。[⑤] 它们不

① 参阅波特(悉尼·韦伯夫人)：《大不列颠的合作运动》，第 2 版(1892 年)中的地图，列有国会选区每百名人口在合作社中按镑计的支出。

② 或第三期，以欧文运动为第一期，见上卷，第 315、599 页。

③ 雷德芬：《批发合作社的故事》(Redfern, P., *The Story of the Co-operative Wholesale Society*)(1913 年版)，第 73 页。

④ 吉芬：《财政论文集第二集》，第 463 页，减去爱尔兰方面的收入。

⑤ 这些是前引地图所依据的韦伯夫人书，第 251 页所列的销售额。在工资劳动者的支出中的合作商店的股份是韦伯夫人在第 234—235 页中所讨论的。

出售房屋[①]、啤酒或其他一些在工人预算上不那么重要的东西。但是它们却经营工资劳动者的购买总数可能多达三亿五千万镑而不会少于三亿镑的那些东西。总之，它们在有发展余地的那些工资劳动者的消费领域中，还有大约94%有待占领；虽则在它们各处的土产工业领域中，已经占领了它的大约50%。

它们的贸易自始就是以食用品为基础，它们的头号敌人是私营食品杂货商。同面包师的摩擦一直不大：在老的合作地区中，主妇总是自制面包，而商店售给她们面粉。当北英格兰批发合作社开始经营时，它也像它的同业，1868年的苏格兰批发合作社一样，基本上是一个食用品商。“在它最初的十年中”（1864—1874年），苏格兰批发合作社“靠奶油发达起来”。[②] 爱尔兰奶油，连同很少一点法国和丹麦奶油占它的贸易的三分之一。当它决定自行制造时，它是从饼干糖果开始的。合作商店和批发合作社继而从食用品转到布匹、肥皂、靴鞋和其他标准家庭日用消费品方面。某些照例由合作商店出售的商品并不通过批发合作社，其中煤炭或许是最重要的一种。[③] 凡是批发合作社既不经营也不生产的那些东西
310 以及它们虽然经营但本地合作社员不欣赏或是不愿就地采办的那些东西，合作商店采购员就求诸公开市场。虽然批发合作社的全

① 合作社确实帮助社员去购买自用的房屋，但是房屋并未列在这里所用的销售数字中。

② 雷德芬：前引书，第95页。

③ 合作煤矿企业都是毫无例外地不幸之至。七十年代，批发合作社在这上面大赔其钱。参阅琼斯：《生产合作》，《煤厂的倒闭》章（第二十一章）。参阅雷德芬：前引书，第108页。直到1891年，批发合作社还没开始正规的煤炭贸易。同前书，第138页。

部资金都是合作商店所持有，但是起初也有很多不入股的商店，并且始终都有一些。这些商店像私营零售商一样，在公开市场上购买一切。在入股的合作社中任何时候都有一些地方委员不打算单单购买批发合作社所愿采办的一切。在批发合作社时代的早期(1869 年)，甚至连罗奇德耳先锋社派往这类公开市场的采购人员都是络绎于途的。[①] 但是在这段时期之末，零售额平均为二千万镑时，那两个批发合作社的零售额是七百五十万镑。因为它们只发售给合作商店，又因为商店的销货数字还包括利润和营业费在内，所以到这时批发合作社对于合作商店的需要似乎只供应了一半左右。

合作消费者久已不再隔着柜台出售自己的食用品给自己了，像罗奇德耳先锋社在四十年代的作法那样。但是他的委员会控制了进货和销货的方针，并对经理人员和视商店规模而定的任何助理或采购人员实行监督。批发合作社从很早的时期起就不能不在进销货方面雇用专家(在 1872 年它的销售额是一百一十五万三千镑)，但是因为售货是由产棉城镇的联合商店在曼彻斯特进行并由联合代表管理的，所以不需要运用“售货术”那种无把握的商业竞争的方法。在进货方面，则相应的商业技能不能不具备。我们固然没有理由认为来自兰开郡和约克郡的采购员或领导他们的委员们是缺乏这种技能的。但是对于市场争价和往往偕以俱来的一切反社会活动的正当厌恶，正是从罗伯特·欧文沿袭下来的合作信念的一部分。这一信念驱使这两个批发合作社走向最终生产者

① 雷德芬：前引书，第 34 页。

(在1882年它们首次合作从中国直接装运茶叶)[①],并在它们自己的工厂里制造它们所能制造的一切。不论合作商店在公开市场上购买货物或批发工厂购买原料,还是在中国购买茶叶,到底还不能不有一些争价。但是在直到进行公开市场购买的吵闹争价为止的
311 整个这一条合作锁链上,采购人员都是消费者组合的有给代理人。

发展了的和合法化的工业合作社所不同于股份公司的常见的标志是[②]:每人所能持有的股权的限制(不超过二百镑);保持价值稳定的固定的和适度的股息;股东(不问股权大小)在管理方面的一律平等;新社员得随时入股和使入股非常方便的小额股份;不按照所持有的股份而按照所进行的购买的比例分配“红利”;以及凭靠由于强烈的信仰而入社的社员来进行义务性质的社务领导工作。在这些标志之中有很多都是六十年代根据1862年《股份公司法》登记的“资产阶级”供应组合所没有的。但是在这种供应组合和无产阶级组合之间却有足够激怒一个共同敌人的方法上和宗旨上的相似之点。一个叫做《食品杂货商》(*Grocer*)的新贸易杂志曾试图对供应工业合作商店的批发行号发起一个抵货运动,它把文官供应社(Civil Office Supply)的发起人叫做“二先令六便士的股东”和“邮政局和匹卡迪利街[③]上的阿木林”。[④] 幸而全国日益扩张的人口和贸易既使这两种商店也使食品杂货商都可从事经营,而后者的某些贸易方法,据普遍相信,还是由于消费者组合的挑衅性

① 雷德芬:前引书,第121页。

② 参阅例如《政治经济词典》,“合作”条。

③ 伦敦街名。——译者

④ 见雷德芬:前引书,第42—43页。

竞争而得到了加速和纯洁化的。[①]

尽管有这种竞争，股份制或有限责任制的采纳在批发和零售分配贸易中都一直是既缓慢而又罕见的。在六十年代以前，曾经有过筹设煤炭或贩鱼公司之类的计划，但始终没有成功。也有一些殖民和制造公司曾打算办理批发贸易，而且有时也这样办过。[②]在古老的帝国贸易公司之中，哈德孙湾公司依然业务兴隆，但它是属于一个特殊类别的。东印度商人和伦敦老城的货栈业者的不习 312
惯利用日益发展的有限责任法，并不亚于伦敦西头的小店主。在1857—1858年危机时破产的商行之中，没有一家股份公司。[③] 但是在1862年条例公布以后，开始有了缓慢的变化，它的后果在二十年后还给戈申以那样深刻的印象，以致连他都不免夸大其词了。[④] 所取得的进展以货栈业为最多，而以专业化商人、运商和全体零售商为最少。福尔街货栈这家可以公开认股的最早的成功的公司[⑤]，在它于1864年成立之后很多年还是证券交易所杂项证券

① 十九世纪早期粮食杂货贸易方面掺杂掺假和其他不良习惯的证据是不胜枚举的(参阅例如《食品和药品掺杂掺假审查委员会》，1856年，第8卷)。究竟普遍到怎样的程度却很难断定。由于合作社的竞争而改善到怎样的程度也很难断定。

② 关于发起计划和倒闭，参阅英格利希：《在1824年和1825年间成立的股份公司的全面观察》(English, H., *A Complete View of the Joint-Stock Companies Formed During the Years 1824 and 1825*)(1827年版)中的一览表，《股份公司审查委员会》，1844年(第7卷，第1号)附录4，1834—1836年公司的发起，《1853年的股份公司报告节》(1856年，第65卷，第597、611页)。

③ 伊凡斯：《1857—1858年的商业危机史》，第52页及以下的一览表。

④ 本卷，第297页。

⑤ 参阅《自1864年的维多利亚法令，第18、19年，第133章公布以来组织或登记的全部股份公司报告书》(*Return of All J. S. C. Formed or Registered since 18 and 19vict, c. 133 of 1864*)(第58卷，第291号)。

表经常开列股票行情的这类公司中唯一的一家。在七十年代时，促致私人行号改组成为有限公司的各种力量在分配领域中渐渐增强。在1885年，据说伦敦城有“很多”货栈已经采取了有限责任制。但很少是在1880年以前采取的，而且充分的公开或股票行情也很少见。[1] 从普通合伙到私营公司的类似转变已经散见于整个分配领域中；但是在其他任何部分中，公司都不占支配地位，甚至毫不显著。八十年代的典型商号是纯家庭企业或私人合伙，典型商店亦复如此，从邦德街到老肯特路，从约翰·奥格娄茨到兰茨·恩德，莫不皆然。固然1877年档案局长曾经在一个国会委员会中说他确实知道这样一个案例，“有一家杂货商店改组成为一个有限公司”，但是他的诧异就表明这是如何稀有的事情了。[2]

商业世界在蒸汽和电气压力下的缩成为一个单一的市场，虽不能不改变海外贸易的运行，但不能说是已经改换了它的组织基础。中间商的职能被取消的少而受到限制的多，虽则过于僵硬而
313 不能适应的特殊中间商，连同一些多余的商业类型，无疑是一并消失了。按照旧商业习惯，商人总要保持大量存货，因为他们只能慢慢地补进，而且间隔很长。[3] 商人一般都考虑着远方的和未来的市场。他的方法可以是慢条斯理的。在存货较少，补进较快而决

---

① 《贸易萧条皇家调查委员会》，询问案第668、4100号。

② 《公司条例实施情况审查委员会》(*S. C. on the Operation of the Companies Acts*)，1877年(第8卷，第419号)，询问案第2225号。

③ 关于存货需要的减少一节，参阅劳德的作证，见《贸易萧条皇家调查委员会》，询问案第5278号。他认为到了1855年，苏伊士运河、电气和蒸汽的效果已经发挥出来了。新平衡已经建立。

定又敏捷的新条件下，“旧式商人……大吃其苦或竟被消灭”，一位特别广于见闻的当代人在1880年这样说。[①] 但是商业职能却残存下来。要在距离虽远而在电报上却宛如目前的市场上经营，正如在远方的和未来的世界市场上经营一样，需要同样多的，以至更多的技术，更因为像今天的世界市场这样整个展现在你眼前的情形是你父辈所从未面临过的，所以你非但对于下一个月的可能局面，甚至对于下一季度的可能局面都不能随随便便地不予注意。

在出口贸易方面，由于迅速交往的新便利和不列颠行号和代理机构的遍布于全世界，商人“试销”的惯行办法已大为减少（甚至连这个名词都差不多消失了），商人寄售的办法则更加如此。甚至在三十年代时，这两种办法在短程贸易路线上就已经趋于没落。[②]

旧式冒险商人总是把适宜货物的货载送到他指望能找到出路的市场上去。这是一切原始贸易的方法，所以在消费者的条件是原始式的那些贸易部门中依然残存。举一个突出的例子来说，很多本色布都是由商人买进，然后运往热带寄售或“试销”的。[③] 制造商的寄销办法是：由运商从制造者或经销商那里取货；预付一定成数的货款；然后凭订货单或作为试销货装运，等到货物售清再行结算。在十九世纪中，这种方法从来不是实力雄厚的制造商所欢喜的或常常实行的：他们宁可根据订单进行生产。[④] 现在，根据订单 314

① 法勒尔：《自由贸易和公平贸易》，第191页。

② 见上卷，第255—256页。

③ 直到1914年，委托贩卖“就某些市场来说〔还〕流行到相当重要的程度”。《经济顾问委员会：棉布工业报告书》(*Economic Advisory Council: Report on the Cotton Industry*)，1930年（敕令第3615号），第14页。

④ 参阅上卷，第256页。

而生产的办法支配了出口贸易。商人向制造商订货，径行把货物寄售于遥远或原始的市场上，而自行承担一切风险。他自己可能为很多市场从海外，从一个分号或从代理人或联号那里接来订单。他所收到的订单也可能有试销的成分，如在他的孟买分号并不确知阿富汗的销路而发出订单时。但这并不是旧式的纯粹的试销办法。

实力雄厚的制造商可能直接接受海外的订单。这并不是什么新事。韦季伍德曾经接受过，博耳顿和瓦特也曾经接受过。在某制造商已誉满全球而所制造的货品单位价值很高和或多或少有专门用途的场合下（如为凯瑟琳大帝特制的餐具和为克勒左厂特制的蒸汽机），这种情形在贸易中原是一种当然的事情。这类东西的海外消费者在制造未开始之前就知道他所要的是什么。这类消费自1850年以来已大为增加，虽则在英国货的海外总消费额中所占的比例不很大。机车、邮船、战舰、固定装置的大蒸汽机和成套的纺织机都属于这一类。在制造业以外，煤炭贸易提供了一些类似的事例。海外煤炭消费者有铁路、煤气公司和政府，它们事前都知道确切的规格并直接进行成批的购买。在某一些这类的贸易之中也可能有各式各样的中间环节，但商人本身却没有多少活动余地。

甚至在纺织业中，如上文所述，交往的方便和市面的萧条也曾经使少数制造商想“把商人淘汰掉”，但这公认是例外。[①] 在制造单位价值高和有专门用途的货物的行业以外的其他行业中，无疑

① 参阅本卷，第306页。

也可以找到一些事例，但它们也会是例外。大量的纺织品、衣着、轻金属品和各种杂项制造品，从“空袋”直到“纸张以外的文具”（姑举正式一览表中早期和后期的两个项目来说），都是由出口商，即兰开郡称之为运商以别于国内商人的那种人经手的。[①] 因为单单纺织品和衣着这两项的价值就比其余所有出口货的总值还多，又 315
因为轻金属品和杂项制造品的重要性正稳步增加，所以并没有什么淘汰运商的一般趋势。在 1885—1887 年运商经手的英国出口货的份额无疑比 1850—1853 年少，但恐怕少不太多。

在进口贸易中，成为十九世纪早期之特征的寄售制度已经没落了，并且在某些场合下已完全绝迹——根据这种制度，“世界各地的商人和种植者”在这个国家寄售产品并“立即按预期的价值开具〔汇票〕”[②]，作为受托人的英国商人或经纪人则在货物售出以前在寄售货可能价值的三分之二至四分之三的限度内承兑他们的汇票，对他们进行垫款。在旧的、缓慢的、前铁路和前轮船时代中，他“常常保持货物达几个月以至几年之久”。[③] 这一制度在东西印度贸易和大洋洲贸易这类最远程的贸易中最为通行，但是当时在比较短程的北大西洋路线上也相当常见。直到海底电线敷设时止，利物浦的棉花进口“主要是由”美国商人或种植者按照老办法“交由商人寄售的”[④]，而利物浦商人只抽取少量佣金，由他和替他售

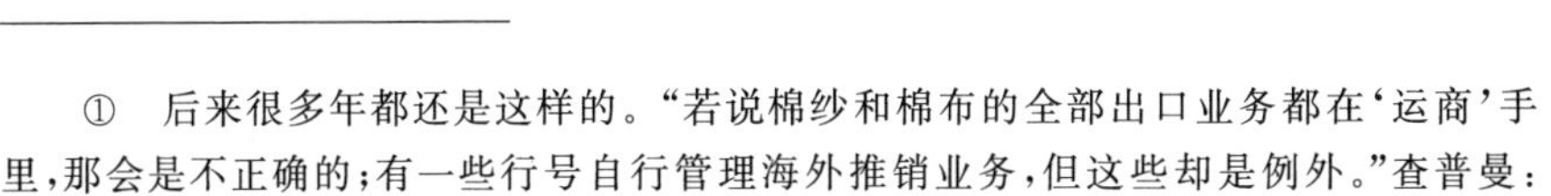

① 后来很多年都还是这样的。“若说棉纱和棉布的全部出口业务都在‘运商’手里，那会是不正确的；有一些行号自行管理海外推销业务，但这些却是例外。”查普曼：《兰开郡的棉纺织工业》（1904 年版），第 138 页。

② 见上卷，第 256 页引自《1823 年代理人和代理商法报告书》，第 11 页。

③ 同上书，第 7 页。

④ 埃利森：《棉花贸易》，第 279 页。

货的经纪人均分。他也会通过他自己的行号或联号在美国购进，但是寄售却占支配地位。

海底电报不久就使整个形势改观了。“行号对棉花的开价不是由利物浦企业的分号或代理人，就是由独立售货人从对岸用海底电报拍过来。”[①]在1886年写这段记述之前不久，寄售棉花的委托销售已经完全停止了。棉花贸易中还附带地淘汰了一点多余的中间商，虽则从法律所有权的变更这一观点来看，种植者的寄售棉花在利物浦市场上的绝迹，无异是商业锁链的加长。被淘汰的中间人是代办商或经纪人。前者不是变成进口商就是被消灭掉，一
316 些经纪人亦复如此。在继位战争和海底电报以前至少有二十年的光景，商人——无论作为所有主还是作为承销人——所掌握的棉花都是通过他的卖方经纪人售给代表纺绩者的买方经纪人的；有少数实力雄厚的自行进口棉花的纺绩者雇用了经纪人。[②] 海底电报便利了这种纺绩者的进口业务。随着经纪人和商人阶级的合并，随着暂时称为经纪人商人，也就是兼营进出口业者的那种混合型式的出现，商人还不仅止于进口而已。很多实力最雄厚的进口商发现在一个专业化的市场上经纪人的专门知识的可贵，并且因为他们的生意大，出得起一笔报酬，所以继续雇用经纪人。但是到1886年，“凡属大宗的”[③]棉花都负担不起双重的佣金了。除开远

① 《棉花贸易》，第280页。

② 这里所描述的办法是1840—1860年这段时期的典型办法。埃利森：前引书，第181页。

③ 同上书，第280页。

洋装运费的降低外，自从大约 1870 年新时代真正开始以来[1]，经营费也已经大为减少。

虽然这种发展过程在粮食贸易中并不那么著名，无疑，先后在英国和欧洲大陆之间以及在英国和美洲之间安装的电报，也有助于扼杀这一方面的寄售制度。在二十年代，当外国粮食贸易时断时续因而必然带有投机性的时候，这种制度曾经被广泛利用，尤其是在英格兰的和爱尔兰的粮食贸易上。[2] 在 1846 年以后，供国内消费的外国粮食贸易既已成为定局，在粮食装运口岸的绝对购买似乎已经迅速增加起来。这是非先有整船货载的交易不可的，而这种交易在 1851—1853 年就已经在经常经营之中。[3] 进口行号并不难在诸如鹿特丹和波罗的海各城镇之类的北欧粮食装运口岸设置分号或代理人，因为那里是有既古老而又充分发展了的谷物交易的传统的。在五十年代时，同伦敦海底电报的联络已经出现。
爱尔兰贸易在饥荒之后不但相对地而且绝对地衰落了，并且随着 317
电报的出现也不再那么具有国际性了。在像巴巴利海岸和黑海贸易之类的远程贸易方面，寄售办法无疑还苟延残喘；但是到六十年代末美洲的优势出现时，欧洲的营业方法已经变得迅速、自由和现代化了。粮食市场一直在逐渐地变化，而不像棉花市场那样由大

① 自“十二或十五年前”，埃利森在 1886 年这样说。

② 见上卷，第 259—260 页。

③ 在四十年代《经济学家周刊》的市场报导中，很少提到整船货载的交易。在 1850 年依然很少。到 1853 年则经常提到了。不提并不能证明没有。这种交易早已存在，不过只是在经常进口完全奠定时才会经常提到而已。

西洋海底电线的出现而陡然改变。那些海底电线只不过把它同一个新的、实力雄厚的和终于占支配地位的供应泉源联接起来而已。

在热带、亚热带和大洋洲的贸易方面，旧营业方法自然是照样存在；在羊毛贸易方面保持得最久。这方面，商品的性质就是一种保守力量。羊毛在看货样以前是卖不出去的。整船货载的交易未免风险太大，所以从来没有试行过。在澳洲毛发展的早期，寄售制是唯一可能的办法：麦克阿瑟和他的效法者抱着期待的心情装运他们的羊毛。在1835年正规的殖民地羊毛拍卖制建立之后，它仍旧是当然的办法。羊毛交易的整个仪式就是以寄售制为基础的。交易并不仅仅以一种公认的羊毛为限，像美国中等高原棉那样，凡是牌号著名的羊毛无不在交易之列。在同伦敦方面有联系的实力雄厚的商号和银行在澳洲渐渐发展起来的时候，租地牧场主把羊毛装运和保险等一应技术性工作都委托它们去办了，并且从它们手里凭所运货物以一定代价取得大量垫款。但是直到在科尔曼街交付拍卖并由羊毛商人或大制造商通过买方经纪人购进时为止，羊毛依旧是生产者的财产。羊毛是运交伦敦卖方经纪人那个小集团的成员代销的。①

直到七十年代，用其他任何方法经营的羊毛都很少，直到这段时期之末也还不很多。从早期起就有过一些当地的贩卖。随着正规的拍卖制在澳洲建立，这种贩卖有了增加。买主则是洗毛商、投

① 参阅克拉潘：《羊毛和毛丝工业》(1907年版)，第90—93页。关于六十年代银行资助资金周转的起源，参阅尚恩：《澳洲经济史》，第299—300页。关于一般的羊毛贸易，参阅本卷，第6页。

机商、商号，或交通改善以后的英国羊毛商的代表。[①] 但洗毛商、投机商和澳洲商人既然最后还以通常的方法把他们的买卖委托伦 318
敦方面办理，这只不过是代英国进货，而改变一下贸易方法并使伦敦拍卖调换一个地点而已。自大约 1870 年起，大陆和美洲的买主在澳洲的拍卖中已经逐渐重要了，但是甚至在 1885—1886 年，那里售出的羊毛也只不过占 32%。[②] 所以，显而易见，即使减去外国的进货和后来由澳洲买主运交伦敦方面的那些进货，运到英国而不经过科尔曼街的羊毛所占的比重依然是微不足道的。

在 1840 年撰写 1825 年的商业投机时，托马斯·屠克提到了"在证券和股票市场纵非不常见，但是在产品市场却很难看到的（一个特点）。有少数几种商品（几乎仅仅以香料为限）是以预付价款一再转手买进而不立即交割的目的物。"[③]这种热狂，据他指出，当时并没有"稍稍"[④]影响到无论谷物还是食用品市场。但是它或许造成了使评论家对十九世纪后期有组织的期货市场深抱杞忧的一种局面——香料的销售总额比可能向消费者交货的数量大得多。[⑤] 显然这些投机商所买进和卖出的只是所谓抽象的香料，而

---

① 森克尔：《十九世纪的羊毛生产和羊毛贸易》（Senkel, *Woolproduktion und Woolhandel im 19ten Jahrhundert*），第 74 页。

② 森克尔，前引书，第 75 页。

③ 《价格史》，第 3 卷，第 159 页。也引征于埃默里：《美国证券和物产交易所中的投机》（Emery, H. C., *Speculation on the Stock and Produce Exchanges of the United States*）（哥伦比亚大学丛书，1896 年，第 2 卷），第 34 页注。

④ 下卷，第 167 页注。

⑤ 参阅《英国协会委员会，原料期货贸易报告书》（*British Association Committee, Report on Future Dealings in Raw Produce*），1900 年，第 6—7 页。

不是照马克巷和明兴巷早为人所共知的那种方式，买卖整船或整批的特定货载。装载在从敖德萨开往法耳默思的“阿里瑟萨号”船上的小麦订货的转手购买却是另一回事。“在明兴巷，出售整船的
319 食糖时，一船货载会转四、五道手。”[①]凡是同这笔交易有关的人谁也不会像一个证券经纪人那样因抛出的期货不易补进而落成“空盘”。在 1840 年以前，屠克似乎已经知道在其他产品市场中就有了不交割的转手售货，纵使是非常罕见的。他认为这种售货是出乎任何合理的贸易途径以外的看法则未免过火。在“路货”买卖方面，在四十年代以至更早的时候就的确有了很多不提交货物或证件的售货。“早期商人的一个尽人皆知的共同惯行办法是”，约翰·弗朗西斯在 1849 年为证券交易所的方法进行辩护时这样写道，“购买路货而丝毫没有收货的意思，而且只要能直接取得一笔利润或避免太大的损失，甚至对买主不出示提单，就将货物转手卖出。”[②]既然提到提单，则它无异是指整船或整批的特定货载的交易而言；但是这段记述却并不排斥更具有投机性的交易。

在 1849—1850 年，“路货”交易在大西洋两岸都是常见的。纽约买卖从西方装运的在途粮食和从南方装运的在途棉花。[③] 在欧洲的海峡海底电线和洋际海底电线敷设以前，那里就有市场，虽则纽约对于由轮船带到哈利法克斯和以电报发来的英国需求的消息

① 戈申：《论文演讲集》，第 201 页，提到十九世纪中叶，但只描述了比较老的惯例。

② 《证券交易所的历史和性质》(*Chronicles and Characters of the Stock Exchange*)，第 82 页。

③ 埃默里：前引书，第 35 页，登贝尔：《棉花期货的起源》(Dumbell, S., *The Origin of Cotton Futures*)《经济季刊》(历史)，1927 年，第 259 页及以下。

一直非常敏感。但是要市场臻于完善，国际海底电报是不可少的。在海底电线敷设以前，据闻利物浦是不轻易效法纽约的“路货”办法的。[①] 它对于这套办法不很熟习；伦敦的“早期商人”却是用不着去学的。无论如何 1857 年在利物浦却有一次对东印度棉花路货的纯投机活动的大爆发，这是——除其他原因外——同东方电报交通的部分建立所激励起来的。在继位战争期间，凡是涉及到棉花的人都不能不是赌徒。人们不但买卖“路”货，而且买卖要等几个月之后才装运的货物。在和平时期，大西洋海底电报使这类交易有了经常性和永久性。买卖开始按协议的等级进行。期货价格丧失了它们纯投机性的战时性质，并且取得了同现货价格的一种可计算的关系。在 1869—1871 年，利物浦棉花经纪人公会在规定路货买卖时，讨论到“美国，自任何港口起运，十月至十一月装

船，中等货”的一般交货合同的形式。这是既不同于具体的寄售 320 439
货，甚或不同于“开具船名的路货”（见于同一时期其他形式的合同中的一个术语）的一种抽象棉花的纯期货买卖。[②]

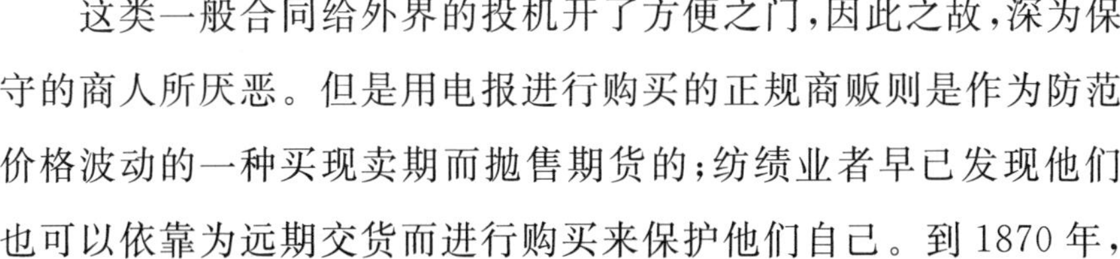

这类一般合同给外界的投机开了方便之门，因此之故，深为保守的商人所厌恶。但是用电报进行购买的正规商贩则是作为防范价格波动的一种买现卖期而抛售期货的；纺绩业者早已发现他们也可以依靠为远期交货而进行购买来保护他们自己。到 1870 年，

---

① 登贝尔：前引文。

② 一如在“查理斯顿，船名开列，不低于一般”的合同中。一件印度合同中可能载明“多勒拉，相当新的商人，好望角或运河，五六月装船”。登贝尔：前引书，第 264 页注，录自 1870 年的《利物浦商报》（*Liverpool Mercury*）。“运河”在通航后不到一年工夫就有了这种可能性是意义深长的。

纽约已经把整套的期货买卖，连同特权买卖和保证金制度一并付诸实行，但仍不能不作为一种新办法加以保护。[1] 此后它在大洋两岸都发展得很快。期货一再转手，所买卖的棉花远比美洲和印度所生产的为多。那里有买空者，有卖空者，也有所抛期货多于手头期货者。在 1876 年，利物浦经纪人创办了一个清算所，“来解决路货往往在所不免的那些买和卖的纠纷”[2]，并整理差额。商人紧跟着成立了一个对峙的清算所。这两个清算所合并成为一个棉业公会，在 1882 年又由这个公会产生了一个结算协会，“来促进利物浦棉业市场上的周期现金结算制度”。[3] 虽然定期结算制度最初并不是全体棉商所采用的[4]，但这一制度却是走向建立标准等级棉花有组织期货市场的最后重要步骤，而这个市场的功用是完全可以同标准证券的证券交易市场媲美的。

纽约棉花市场期货交易的演进曾经受到芝加哥小麦市场类似发展的影响。芝加哥也未始不会直接影响到利物浦和伦敦，但是没
321 有肯定的证据证明它的确影响过。利物浦谷物贸易协会始终认为 1883 年 11 月一个有组织的小麦期货市场之所以在利物浦成立，决不是要给纯粹投机商任何照顾或是有意要同芝加哥一较短长。[5]

---

① 登贝尔(第 266—267 页)引用了 1870 年 6 月的一张纽约经纪人的通函，上面解释了期货的用途，并且辩称，“肤浅的观察家所以指责这种制度，只因为它是新的”，“最体面的当事人”每天都订定期货合同。

② 查普曼：前引书，第 124 页。

③ 第四条。章程载埃利森：前引书，第 294 页。

④ 同上书，第 296 页。

⑤ 参阅《利物浦粮食期货：经纪人指南》(*Liverpool Grain Futures：Operator's Guide*)(1929 年版)，第 7 页。协会的现任秘书厄克特先生也曾经提供资料。

选择作为期货合同的基础的小麦，事实上当时并不是芝加哥而是加利福尼亚的一种大量和经常供应的货色。[①] 进口始终在增长。所希求的不过是货能够装运，价格曲线能尽环境所许可地保持平稳。为保持棉价曲线平稳并使利用期货以买现卖期的稳重商人得到保证的那种期货交易的价值，已渐渐得到普遍的承认。这正是谷物公会所要加给利物浦小麦市场的功用。在1888年创办小麦和玉米的有组织期货贸易的伦敦物产交易所也加以仿行。[②] 所以这一时期是以这种制度的试办为结束的。

只有靠了审慎的分等和分类，棉花或粮食才能接近于绝对划一，接近于所售出的每一批商品都能满足希求该数量商品的任何买主的需要的那种为证券和股票所固有的性能。期货合同中对有待交割的货物的严密规定以及在真正交货时的仲裁和调整条款止是马厂交易所凭以始终未遭任何麻烦的期货市场顺利运行的要件。一百镑百分之三的规定始终像其他任何规定一样，买方从来没有在交货时引用过。但是除证券、股票和粮食外，很少几种商品是甚至接近于划一的，正如羊毛贸易的组织所表明的那样；而在英国商业社会中，对于划一性不可靠的商品也的确没有应用划一待遇的倾向，而且情况正相反。在利物浦和伦敦某些产品市场中的这类新的、严格的、投机性的和令人怀疑的惯例并不是八十年代有

① 布鲁姆霍耳和哈巴克：《谷物贸易回忆》(Broomhall, G. J. S. and Hubback., J. H., *Corn Trade Memories*)(1930年版)，第34页。

② 桑多菲尔：《国际贸易的技术》(Soondorfer, R., *Die Technik des Weltbandels*)(1905年版)，第2卷，第30页。伦敦的期货市场从来没有变得很重要过；陶林：《伦敦的交易所》，第183页。

代表性的英国商业。具有更大的典型意义的是最古老、最大量和种类最繁多的木材这种大宗进口贸易方面的情形。有些木材是按吨购买的，有些是按罗德的；很多是按圣彼得堡“标准”的；又有些
322 是按其他“标准”的。半加工的木材则可按“步”、按英寸、按捆或方英尺、按千(桶板)或按件(圆材)购买。这是由进口商按世界木材口岸的离岸价格，或在英国交货的包括原价、保险费和运费在内的价格约定的。虽然有时是出售“路货”，但更经常的是以“船上交货”的方式出售。这是大木材商贩的售货办法。木材一部分是通过伦敦和利物浦的拍卖，而主要是以旧有的明显方式在进口商的木厂中存放一段时期之后通过私人的销售而落到了内地商贩的手中，或进入消费的。其中既没有什么新奇的东西，也没有什么投机性的改良。[①]

一则由于证券和股票的性质，再则由于在十八世纪早期，英格兰银行每季度停止政府证券登账六个星期，而在这期间证券不得转让的这一事实，期货买卖早在有组织的证券交易所出现以前就已经不顾舆论和法律的反对而在交易所巷产生了。[②] 人们出售尚未在英格兰银行“登账”，但相信在这期间可以登记的证券。他们这种做法是十分自然的。既是自然的，定期的证券业务清算就不能不发展起来。经纪人可能，而且在对他们适宜的时候也曾经，不

① 交易方法连同大陆方面对于岛上混乱情形的惊慌失措都一并扼述于桑多菲尔：前引书，第 2 卷，第 252 页。有些资料是直接来自木材进口商的一家公司的。

② 弗朗西斯：《证券交易所的历史和性质》(1849 年版)，第 80—81 页。参阅上卷，第 301—303 页。

顾约翰·巴纳德条例[①]中禁止整理公债的定期买卖和禁止“一切赌博、特权买卖和先买权”的条款，不收授证券，而收授价格差额。“一百一十六年过去了，条例仍然有效，投机性的买卖不但有了增加，而且形成为证券交易所的主要业务”，约翰·弗朗西斯在1849年这样写道。[②] 这一条例在1868年作为久已作废的一项法律而被废止了(由维多利亚法令，第30、31年，第59章)，但是证券交易所的人们却不胜其洋洋得意地回顾他们蔑视法律的习惯，并且毫无改悔之意。“我们多少年来都无视约翰·巴纳德条例”，委员会主席在1875年这样说，“我们现在也无视利曼条例”[③]，也就是规定所有售出的联号股票均须一一开列，借以限制银行股票交易的 323
那项1867年的条例。这项法律所能做到的只不过是说某些类的契约在法院中得不到保证。证券交易所却有它自己的方法来保证成员尊重整个这个社会所认可的各种形式的契约。其所以尽管有约翰·巴纳德条例而政府证券的期货合同还照样签订，尽管有利曼条例而数目不详的银行股票交易还继续进行，就是因为这些办法是适合于这个社会的习惯的。

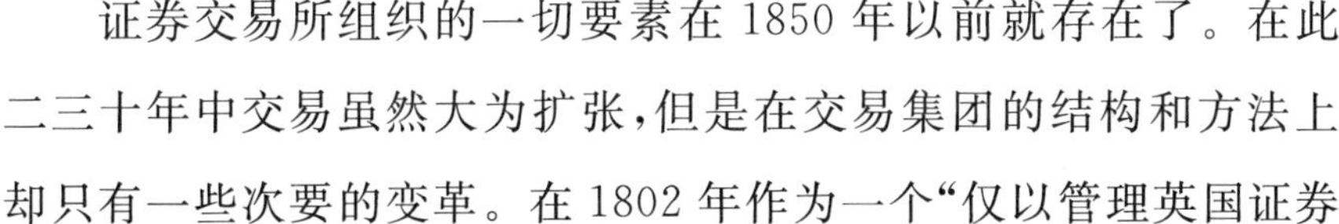

证券交易所组织的一切要素在1850年以前就存在了。在此二三十年中交易虽然大为扩张，但是在交易集团的结构和方法上却只有一些次要的变革。在1802年作为一个“仅以管理英国证券

① 乔治二世法令，第7年，第8章。

② 前引书，第81页。参阅狄骥：《证券交易所的故事》(Duguid，C.，*The Story of the Stock Exchange*)(1901年版)，第188—189页。

③ 《外债审查委员会》，询问案第477号。

业务为限的国内仲裁法庭”[1]而创立的这个委员会，到了五十年代，由于滑铁卢战役以后外国投资的增长，已经变成为一个公共的，甚至国际性的机构。它的力量在于它有权批准新证券和新类别的证券的正式挂牌和准许或拒绝参加清算。没有行情就没有真正市场；没有清算就没有有组织的或投机性的买卖。我们的权力使我们“同大使们发生接触”，这位主席在 1875 年这样说[2]，正如显然会有的情形那样。他们因为有法律的认可，曾经准许一千五百万镑秘鲁债券挂牌。他们因为怀疑秘鲁大总统令的有效性，曾经拒绝过二千二百万镑的另一项债券的挂牌。[3] 自 1867 年以来，一些非常靠不住但比较无关重要的南美债券的争取到挂牌（结果就是把这些事实在证词中提出来的那次调查[4]），只不过是委员会的国际权力和责任的另一个事例而已。

经纪和股票经纪自始就是不同的业务。在 1850 年，这项区别是既古老而又明确的，经纪人集团和股票经纪商集团是截然有别
324 的，但这并不是根据规定，而是由于职能的关系。[5] 经纪人为他的顾客买卖一切股票。股票经纪商则是某些证券或某些类证券的专门经营者，随时为所经营的任何一种证券出价，也就是把他的买卖

① 《外债审查委员会》，询问案第 468 号。主席塞缪尔·赫尔曼·德佐伊特那个成为证券交易所连同它的英、荷、德和犹太混合物的可敬表象的人物的证词。

② 同上书。在询问案第 468 号中，德佐伊特陈述了这个委员会的历史。

③ 同上书。询问案第 5476 号（也是德佐伊特的作证）。

④ 参阅缕述这些债券的整个故事的《1875 年报告书》（参阅本卷，第 309 页）。八年的总额是票面一千万镑，但一般公众只认购了一部分。在这期间获得挂牌的外国新债券已将近四亿镑。询问案第 5527—5528 号。

⑤ 弗朗西斯：前引书，散见各页，尤其是第 325 页。

数字开给经纪人。他会从经纪人那里恳求业务。“我把经纪人和股票经纪商看作是全然不同的”，1877 年一位有经验的政府经纪人在一个皇家调查委员会中这样说。[①] 在诘问时，他承认通常虽则是人的区别，但间或也会是职能的区别：一个对某类证券具有特殊知识的经纪人，会自行买卖那类证券，从而变成一个“兼作股票经纪商的经纪人”。但这是很罕见的，而无论如何到了 1887 年，任何经纪人都不“得作为股票经纪商而站在市场中出价了”。[②] 因为这两个集团的所有成员都是完全居于同等地位的交易所成员，所以从一个集团转到另一个集团在技术上是合法的，但这种转业却很罕见。交易所的舆论反对这种转业，所以实行不易。[③] 一个经纪人间或会因为自己的营业无利可图而放弃本业，改营股票经纪业。但是经纪商转业为经纪人的却向无所闻——至少没有人转为六十年代和七十年代的政府经纪人。[④] 就日常宗旨而言，这两个集团据他说是“完全不同的”。

七十年代的某些专家在真正股票经纪商和股票商之间划了一条界限。前者只要有办法就决不持有股票。他“总是轧得很平”[⑤]，也就是说他约定买多少就同意卖多少，而指望以价格上的差额，也就是经纪商的报酬为生。股票商则更具有商人性质并承

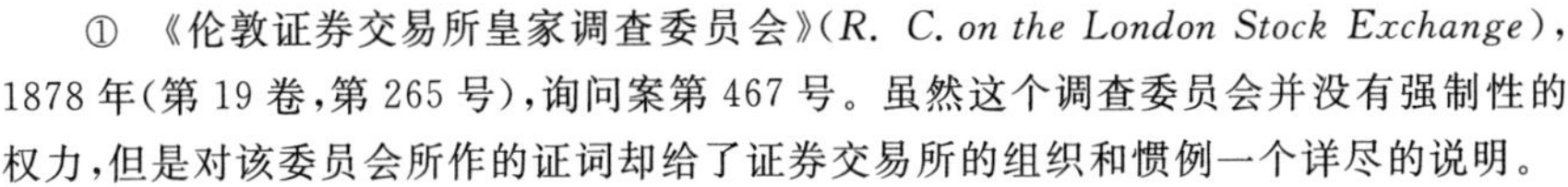

① 《伦敦证券交易所皇家调查委员会》(*R. C. on the London Stock Exchange*)，1878 年(第 19 卷，第 265 号)，询问案第 467 号。虽然这个调查委员会并没有强制性的权力，但是对该委员会所作的证词却给了证券交易所的组织和惯例一个详尽的说明。

② 秘书的证词，询问案第 347 号。

③ 同上书。询问案第 345 号。

④ 政府经纪人丹尼尔的证词，询问案第 492、709 等号。

⑤ 寇因的证词，询问案第 2817 号。他竭力推敲经纪商和股票商的区别。

担更大风险。他会成总地买进证券而零星卖出，因为他一定是一个经纪商。通过股票商，证券交易所同它赖以扩大其本身活动范围而并非真正证券经纪人的业务的那种公司发起和债券发行联系起来。

325 这项业务究竟扩大了多少，无须计量就可从交易所会员的日益增长之中体会出来。当它在1802年在马厂创立的时候，已经有会员五百多人。[①] 到1850—1851年，因外国借款、铁路和股份企业而又增加了三百多人，会员已达八百六十四人。到了1864年，更多的外债、更多的铁路以及1855—1862年的股份公司立法把会员数提高到一千一百。在1865年和1875年之间上市的四亿多镑的更加多的外国公债以及在经济活动的大多数领域中公共股份公司的慢慢采纳，把它再度提高，到1878年已达到二千多人[②]，而且发展并未就此停顿。在这期间格拉斯哥、利物浦和曼彻斯特已经出现了地方交易所。一些伦敦所不经营的地方证券的买卖是在这些交易所里进行的；但是因为这些新交易所没有股票经纪商[③]，所以一般投资以及投机业务都转到马厂的经纪商手里，这样就又进一步扩大了他们的工作和人数。

有限责任公司在1855年以后的发展险些在证券交易所的惯行办法上造成一项多少有几分重要的变革，但是终于成为泡影。

① 见上卷，第301页。

② 后期的数字是录自《皇家调查委员会报告书》，第5页，早期数字则是录自杜吉德，前引书，第94、159页。

③ 证券交易所的秘书在1878年说他们既没有“股票商也没有中间商”；询问案第285页。

一个新发起的公共公司在分配股票给全体认股人以前就买卖它的股票是虽易滋流弊但又难以避免的一种惯行办法。[①] 新立法的某些章节有鼓励这种办法的倾向。在 1860 年和 1862 年的条例以前，尤其在铁路狂时期，"认购股票而见利即抛的人"不付任何保证金就可以取得认购的股票，并可进而用以赢利。根据新法律的规定，申请入股的投资人必须付一大笔保证金。为吸引投资人，把新股票按高于票面价额进行的交易广为宣传是比什么都更有用的。由于一连串同这类交易有关的令人不快的插曲，证券交易所委员会终于在 1864 年拒绝承认这种交易为有效。但是这项决定不久就被推翻。[②] 交易一直照旧进行，因为公司发起人和一部分公众都喜欢这种交易。它们只不过不再受证券交易所的控制而已。既怕失去业务，又有这样一种不无理由的信念，认为如果要做，还是 326
在这公开的交易所内来做要好一点，因此委员会重又回到它 1865 年的决定上去。十三年后，一个异常无能的皇家调查委员会建议再行禁止这类交易[③]，但无论国会还是交易所委员会都未予以任何注意。虽然公司史上的这个新纪元并没有对证券交易所的惯行办法作任何重要的修改，但是随之而来的业务的潮涌云集，却导致了 1878 年的调查委员会断然同意的一个新机构，也就是 1873 年清算所的发展。清算证券的建议早在 1851 年就已经提出，办法同银行家清算支票差不多，从而可以避免票据的一再转手，但是一无

① 参阅狄骥：前引书，第 120、149、192—194 页。

② 狄骥：前引书，第 193 页。

③ 《报告书》，第 19 页。调查委员会所提出的七项主要建议没有一项纳入法律或法规。

结果。以它的创立人汉弗莱号的名字命名的1873年的清算所之为一个私人组织内的私人组织，是非常具有英国营业方法的特征的。人们参加与否听便，虽则这个组织是如此方便，以致会员增加得很快。直到1880年中央交易所委员会所属的清算部方始加以接管。[①]

1878年调查委员会的建议之一就是争取国会立案以提高证券交易所的地位和它的章程的约束力。在1871年的条例（维多利亚法令，第34年，第21章）中有一新近的先例，根据该条例，劳埃德船舶事业和海上保险组合那个甚至更老的私营商业组织变成一个法人，主要就是为了给它的章程以十足的权威。[②] 在直到四十年代的大和平和航运停滞时期，劳埃德保险组合以及一般的海上保险失去了它们过去的重要性。在1843年，劳埃德的保险者已不到1815年的一半。在四十年代产生的一大批新的海上保险公司之中，“只有一个公司的寿命长达三年”。[③] 但是1850年以后，战争和航运方面的革命造成了种种风险。业务随着风险重又恢复起来。劳埃德十年复十年地变成一个更加专业化的社团，一个更加
327 具有排他性的会员的社团；并且随着专业化和法人设定，它的效率

① 狄骥：前引书，第255—256页和《1870年报告书》中的参考书。

② 参阅上卷，第288—291页和赖特和费耳；《劳埃德船舶事业和海上保险组合史》（Wright, C. and Fayle, C. E., *A History of Lloyd's*）（1928年版），现有的少数第一流的商业专史之一。

③ 赖特和费耳：前引书，第364页。

也增加了。[1] 它的机构遍布于全世界各地。它从1869年起就发展着它的信号站制度。它始终都同救生船有利害关系。但是尽管如此，就海上保险业的主要业务而言，在七十年代和八十年代，它"只不过是一个辅助市场"。[2] 自1860年以来，在一直存在到十九世纪后半叶的一小批伦敦和利物浦的旧海上股份保险公司之外[3]，又增加了若干管理得法的新公司。在船主之间早已有了一定数量的互相保险，实力比较雄厚的航运公司的内部保险也将继之而来。但是八十年代经过改革的劳埃德保险组合包含有"绅士会员"[4]，这些会员除去表明对海上事业有积极的企业心外，对以前视为保险范围以外的古老风险，诸如盗劫、地震和飓风等，和对新环境所造成的新风险，诸如火险公司的再保险和对新计划的雇主责任的保险之类，也正进行着或准备进行试验。[5] 劳埃德保险组合变成了一个实验室，在那里对保险原则的范围——范围证明是很难找出的——和非常明显的利益可以进行试验，以便在这样一个经济世界中可以取得更大的安全，在那个经济世界中，除非有更大的才智予以抵消，机会和风险都会因人的才智的增长而增加起来。劳埃德保险组合的投机保险人像利物浦棉花期货的投机商

① 它原来包含有很多并非专业保险人或已停止保险但同船舶有利害关系的成员。在1815年和1847年之间只有一百八十五名从事保险的成员和六百二十一名非从事保险的成员时，比例已显然增加，到1870年，比率则是四百零一人对二百十六人了。赖特和费耳：前引书。

② 同前书，第429页。

③ 见上卷，第288—291页。

④ 在俱乐部成立时所采用的名称。

⑤ 赖特和费耳：前引书，第431—432页。

一样，使得生命的风险曲线平稳了，只不过他们是更有把握和有意识地这样做而已。而他们所以这样做，不仅仅是为了不列颠，而是为了整个世界。

在这期间，文明人首先以保险的办法予以应付的海上财产所冒的古老风险，差不多完全是由私人保险、公司保险和辅助办法加以应付的。未保险的船舶或未保险的货载，在十八世纪虽然还非
328 常普通，在十九世纪前半叶也并不罕见，现在则即使在不引人注意的沿海小商船中间或偏僻的小路上也是一种不体面的例外了。"劳埃德保险组合的甲等一级"已经成为英语的一部分。对于一艘有意抛弃的船舶的保险这种欺诈行为或超额保险[①]恐怕比对于领取保险单的明显注意事项的疏忽更加常见，虽然不宽裕的所有主也可能有不足额保险的事情。每一次船舶失事都会在劳埃德保险组合或保险界的某一个地方有它的反应，这已被认为是理所当然了。

到了八十年代，商业火灾保险的普通恐怕已不亚于商业海上风险保险了。但是始终都有一些不保险的私人住宅和不保险的农业资产；虽则甚至在 1850 年，房屋的保险同亚当·斯密揣想"二十幢房屋之中有十九幢，或毋宁说，也许一百幢房屋之中有九十九幢不保火险"时的情况就完全不同了。[②] 五十年代初期所作的一项伦敦火灾的全年纪录表明：遭受损害或破坏的建筑物，其未保火险

① 关于这一点，参阅吉卜林，腊德亚德：《海洋上的面包》(Kipling, Rudyard, *Bread upon the Waters*)。

② 在上卷第 284—285 页中曾加以引用和讨论。

的只占18%弱，但是建筑物的内含却占40%。[①] 已加入保险的究竟保风险到怎样的程度，从记录中看不出；但据知，一般惯行办法是保至价值的三分之二。[②] 伦敦是火灾保险的发祥地，也是实力雄厚的公司的大本营，所以被保险的财产所占的比例很高。但是很多地方公司和一些苏格兰公司实力也很雄厚。何况伦敦的公司，尤其是像太阳公司、凤凰公司和皇家交易公司那些牌子最老、最著名的公司还在地方上和苏格兰承接了很多的业务。[③] 纵使打上一大批不保险的庐舍，再打上1862年所有可毁坏财产价值不满三百镑的人据信几乎还都是不保险的这一事实，不用说亚当·斯 329
密的二十幢房屋中有十九幢，或一百幢房屋中有九十九幢不保险的那个假设，就是说二十幢中有十幢，也似乎太夸大其词了。因为在1857年估计建筑物及其内含已有总值的大约一半是保险的。[④]
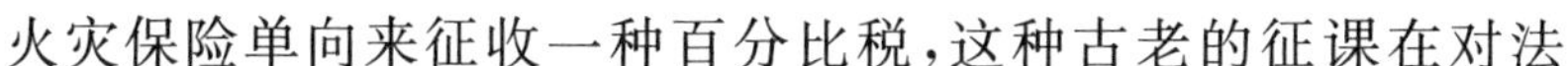
如上文所述，给建筑物保险比给建筑物的内含保险要经常的多，而且可毁坏财产价值不满三百镑的那些不保险的人又通常不是房屋所有主。

火灾保险单向来征收一种百分比税，这种古老的征课在对法

---

① 《保险杂志》(*The Assurance Magazine*)，1854年，引用于沃福德，《保险百科全书》(Walford, C., *The Insurance Cyclopaedia*)，第5卷，第501页。

② 《火险税(修正)报告书》，乔治·库德编制，见《报告和文件》，1863年(第26卷，第27号)，第25页。原报告(1856年)中含有一些错误，经布朗于《和其他各国比较下大不列颠火灾保险的进步》(Brown, S., *On the Progress of Fire Insurance in Great Britain*)，《统计学报》，1857年，第135页及以下予以指出。

③ 见上卷，第284页。参阅沃福德：前引书，第3卷，第424页。这一事实使库德报告节第36页所开列的和苏格兰相对的英格兰和威尔士的数字，毫不能作为不列颠北部和南部比较保险数量的基础。

④ 布朗的论文，前引《统计学报》。

战争期间增加了一倍，而且从此没有减低。在五十年代和六十年代时，据认为这对于社会必要的预防措施的发展和关系公共利益至巨的业务是一个严重的障碍。因而有“防患未然税”这样一个绰号。由于这种税的结果，据火险公司和它的朋友们辩称[1]，很多大产业和大量的商品都没有保险，而且所保的总额同被保险财产的价值的比例也比“应有的”少得多。既然税是每保一百镑三先令这样一种在通常房屋保险费以外的压榨性附加税率，这项论证也就不可忽视了。[2] 由于家庭或商业保险人对农业资产从 1853 年起就已经免税一事的不平，这项论证在实际政治中得到了大力的宣扬。但是从负有这种纳税义务的火灾保险的历史中看出，这道障碍对防患未然的办法和企业的不利影响，并不像保险公司所想要国会相信的那样严重。

到六十年代末，废除这项在国会内外大受批评的税课的时机已经成熟了。在 1863 年，除在爱尔兰所征收的很少数目外，这项税课的收入已达一百六十三万镑。翌年格拉德斯通将商业资产保险税减半。1866 年房屋保险税又减半。但是在 1868 年，即罗伯特·娄决定完全废止这种“对防患未然的处罚”的前一年，这项减半的税课还征收了一百多万镑。[3] 同它一并裁废的还有可凭以很
330 方便地，纵使不能十分准确地，衡量火灾保险的发展和各种公司的

---

① 例如前引《保险杂志》。关于国会对这项税课的攻击，参阅巴克斯顿：《财政和政治》，第 1 卷，第 333 页。

② 除开税课，各公司会按每百镑一先令六便士的保险费给伦敦第一流的房屋保险。农业保险的最低数是五先令；好的仓库房屋，十二先令；戏院，“在可保险时”，五镑。所以对于风险大的房屋，税并不是沉重的负担。库德报告书，第 16 页。

③ 巴克斯顿：前引书，第 1 卷，第 333 页；第 2 卷，第 91 页。

相对重要性的一系列官方数字。[①] 在1805年，不列颠所征税收的总额相当于大约二亿六千万镑的一笔被保险的价值，在1831年，相当于大约五亿镑，在1851年，相当于大约八亿镑，其中还必须加上现已免税的将近六千万镑的农业保险。到1862年年底，这两项数字已分别上升到十一亿镑和七千五百万镑以上。在1868年，农业数字虽然没有增加，但是总数字已上升到十五亿镑以上。从这两套数字的趋势中并看不出免税或征税对保险习惯的发展有多大关系，虽则在税课减半征收时税收的弹性可能蕴有对低征课的某种反应，而不仅仅是需要保险的财产数额的增长而已。无论如何，政府的那位正式顾问鉴于这项数字之大而在1863年声言"可能的保险已接近极限"[②]的说法，是不会有严重错误的；虽则他的"可能的"一词必须按照当时的保险和建筑习惯来解释，而根据当时的习惯，很多戏院是不"能保险"的，总数不满三百镑的保险也不是保险公司所鼓励的。（几先令的保险费对它们来说是讨厌的，正如几先令的支票对于这个时期的银行家一样。）在1872年所作的一项估计[③]表明：紧跟着1869年之后而来的火险保险的增长可能多少比可保险财产的增长快一些，但肯定不会太快。在新式风险的保险在八十年代开始发展的时候，在保险人始终不愿承接靠不住的申请而可保险财产的所有主又始终不愿重视他的风险的情况下，火

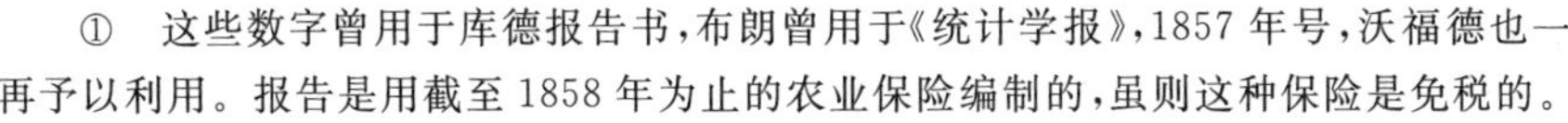

① 这些数字曾用于库德报告书，布朗曾用于《统计学报》，1857年号，沃福德也一再予以利用。报告是用截至1858年为止的农业保险编制的，虽则这种保险是免税的。

② 库德报告书，第33页。

③ 引用于沃福德：前引书，第3卷，第512页。既乏官方数字作为依据，所以多少是带几分揣测的。

灾保险，除开农业方面以外，恐怕是尽于此了。

公司经常有起有伏，但是在1831—1832年以后总数却没有什
331 么重要的变化。[①] 有些旧公司倒闭了或被吞并了，但是除开少数几个例外，这些都是业务最清淡的公司。太阳公司、凤凰公司、皇家交易公司和瑙威治联合公司这四家十九世纪早期资力最雄厚的公司，在1851年所缴的百分比税仍占总数的五分之二，在1868年仍占十分之三。在公司的国内业务的这项计算停止时[②]，于1805年承办了这项业务的三分之一，1832年承办了六分之一的太阳公司，仍然承办着八分之一。但瑙威治联合公司不再是重要的地方公司了，利物浦伦敦全球火险公司和皇家交易火险公司已后来居上。凤凰公司在城镇公司之中仍居第二位，但是也被利物浦公司那个当时最进步的社团赶过去了，利物浦公司是随着棉布贸易和兰开郡各城镇的发展而发展起来并夺去旧公司的业务的。[③]

在一切商业活动之中，保险在原理上和组织上的变动恐怕最少。法人设定并没有使劳埃德保险组合发生任何重要变化。保险会计知识和准确的方法已经多多少少地从首先应用概率计算的人寿保险推广到了保险的其他各领域，但这是一个正常的和缓慢的过程。公司法的新发展对于无论始终完全由公司经营的火灾和人寿保险，还是一部分由公司经营达一百五十多年之久的海上保险，

① 所扼述的情况的日期，见上卷，第360页。在沃福德的《火灾保险史》中有截至七十年代的各公司的逐年记录。

② 各公司也承办国外业务，但无数字可查。

③ 作为利物浦保险公司，在1841年它只不过是第十名地方社团。作为利物浦伦敦保险公司，在1851年已列到第六名，在1861年列到第二名。在1868年它是地方上的第一名和联合王国的第二名。

都没有什么影响。在1850年以前，一些比较大的公司已不止于单单经营某一种旧式的保险——火险、海险和寿险。[①] 这类兼营企业自然已有所增加。在这个时期之末，已建立的公司正试办新式保险，特别是意外事故保险，这种保险在互济社和职工会以外是以1848年的铁路旅客公司为开端而在此后二十年中由一大批试验性的和照例寿命不长的小公司相继予以发展的。[②] 但无论新老公司的意外事故保险的大规模推广还都有待于将来。

曾经有过这样一项具有相当重要性的变革，这项变革在有一 332
些心照不宣的结社正在赞美自由公开竞争这乱人耳目的大合唱伴奏之下在经济界进行着的一个时期是具有特征性的。为了采用估计风险的划一办法，以便各公司得在公众面前以联合战线的姿态出现，一个后来叫做火险公司保险费联合会的组织，经过几次预备性的尝试之后，在1858年成立了。这是一个最大的成功。“现在联合起来的几家公司”，沃福德这位坦率的个中人在1874年这样写道[③]，“原是抱着独立经营的明显意愿而成立的；但是发现简直无法应付顾客的无理要求，因而才被迫联合起来”。“目前”，他接下去说，“只有很少几家公司……未参加联合会。虽时时有‘独立的’公司成立，但是不到几年的工夫它们就照例加入联合会了——否则只有关门大吉。”公司继续为业务而斗争，但用的是标准长短的利剑。公众和报刊常常对这种垄断啧有烦言。保险利益集团却

① 见上卷，第291页。

② 沃福德：《意外事故保险》，第1卷，第6页及以下各页。

③ 沃福德：前引书，第3卷，第530—531页。沃福德本身就同这个运动有关并且是第一流的权威。参阅《英国人名词典》。

答称:这个制度“如保持在合理的范围以内”,“对于所有关系人都是有益的”。[①] 无疑他们是对的,而且没有理由认为在这个时候所设定的范围是不合理的。

① 沃福德:前引书,第3卷,第530页。

第九章　货币、价格、银行和投资 333

当1865年那一年四个主要法郎使用国组成后来所谓的拉丁
货币联盟时，少数英国改革家忽然想到：通过金镑中合金成分轻易
的改变和美元含金量的些微缩减，一种划一的国际金货币就可以
在一镑等于二十五法郎等于五美元的基础上建立起来。以“条顿
民族”的聪明，据认为是不会置身事外的，于是“一袋新金镑或照它
们应有的名称，国际货币，就可以到处通行了”。[1] 但是在1865—
1866年美元已埋葬在绿背纸币的下面，不到几年的工夫法郎也被 457
战争和赔款动摇了，没有一个英国政治家，不妨这样设想，曾经给
这项建议以十分钟的认真考虑，而在聪明的条顿政治家将新德国
的货币置于一种黄金基础上的时候，经济国家主义决定让二十个
金马克恰恰不等于一英镑。所以利物浦勋爵的金镑，连同它的银
辅币和铜辅币依然原封未动，也未受到任何挑衅——照旧是世界
的主要铸币。

在皮尔完成了他1844—1845年的银行纸币立法时[2]，或许金

---

① 《经济学家周刊》，1866年10月27日号，评论了1866年10月份的《爱丁堡评论》上评论泽特贝尔的《贵金属的生产》(Soetbeer, G. A., *Produktion der edlen Metalle*)等书的一篇论“国际铸币”的文章。

② 见上卷，第521页及以下。

334 铸币在联合王国或不列颠的流通额还没有超过纸币多少。联合王国的纸币大约是四千万镑。铸币可能是四千六百万镑。十二年之后，随着新黄金的到达和纸币发行的严格限制，纸币流通额多少有了降低，黄金则增加了50%以上。① 新近的价格波动同纸币流通额的些微变化很少或全无干系一节，是不待证明的。曾经帮同证明这一点的威廉·纽马奇已经可以把纸币说成是"只不过总账上的一个小小变动"。② 它们的变动逐渐变得更小。在此后二十五年之间，它们很少超过皮尔时代的数字二三百万以上，在1887年还低于那个数字。在这期间，联合王国的金铸币已经增加到纸币流通数字的两三倍之间，也就是说超过了一亿镑。③ 在他的条例实施了四十年之后，皮尔，毫无疑问，对于这种情形会是心满意足的。

纸币的地位在苏格兰比在英格兰更为坚强，因为工资可以用

① 据纽马奇的估计，在1844年，黄金为四千六百万镑，1856年为七千五百万镑。帕尔格雷夫，《银行杂记》(Palgrave, R. H. J., *Notes on Banking*)(1873年版)，第49页，引用纽马奇的估计，说1844年是三千六百万镑。但是纽马奇纠正了这一点，《价格史》，第6卷，第702页。

② 《会长致词，经济部分，英国协会》，于曼彻斯特，1861年. 请与屠克和纽马奇：《价格史》，第6卷，第583、701页及以下的详尽讨论和数字以及在第5卷，第344页中为反对以银行纸币的发行为物价波动的一个决定性原因的那些人所作的那篇得意的总结作一比较。另参阅上卷，第534页。

③ 爱尔兰的纸币发行额是不成比例的，在1886年6月在联合王国的三千九百一十六万六千镑之中只占五百七十二万六千镑。在1875年，据帕尔格雷夫估计，在联合王国现有的一亿镑金铸币之中，只有六千七百万镑在英格兰。(《发行银行审查委员会》，1875年，第9卷，询问案第5915号及以下。)参阅帕尔格雷夫的《银行杂记》，第49页。帕尔格雷夫的1875年估计数是高的。对八十年代所作的估计(帕尔格雷夫，1883年，造币厂，1888年)把黄金估算为纸币的257%或260%。《美国钱币调查委员会》，1910年版。《大不列颠的统计》，第75页。

一镑纸币发付。在英烙兰恢复一镑纸币的问题时有讨论。到1875年，有些银行家也赞成恢复了。但是其中最精明强干的华尔特·白哲特却犹豫不决。“我承认起初我对这个问题有所怀疑”，他这样说，虽则他承认它“可能利多害少”。[1] 他仍然怕有货币恐慌和小纸币持有者的挤兑金币。在1886年，当节约使用黄金的可能性随着物价的下跌而成为突出的问题时，一位苏格兰银行家正在伦敦银行家协会中力主以一镑纸币作为黄金的节约手段。[2] 但是他的论证既不是无懈可击，政治家也没有胆量去碰货币问题。直到1914年，一镑纸币和一般纸币政策依然只是学理上讨论的问题。这是理所当然的。发付工资或零售贸易既从来没有缺过现钱，而一切大宗交易又久已是用汇票或支票结算的。

直到1853年，参加清算的伦敦银行家[3]一直还是用英格兰银 335
行纸币结账，海关也要求用纸币支付。[4] 在苏络兰，“为自己的私人支付而开立支票……一直不是顾客的一般习惯。如果他在一天之中须支付二十笔款项，他就会一早到银行去提取一笔足够数量的纸币，来进行这一切支付。”[5]到1855年，伦敦的清算业务和海

---

① 《发行银行审查委员会》，询问案第8015号。

② 克尔：《1865—1896年的苏格兰银行……》(1898年版)，第96页。

③ 参阅上卷，第283页。各个不同日期伦敦清算所会员银行家一览表见马丁：《伦巴街的蟋蟀》(Martin, J. B., *The Grasshopper in Lombard Street*)(1892年版)，第169页及以下。

④ 《英格兰银行条例审查委员会》，1857年(第10卷)，询问案第97号(韦格林，英格兰银行总裁)。

⑤ 吉尔巴特：《银行原理和实践》(1873年版，描述四十年代和五十年代的实践)，第495页。

关业务都用支票进行了。“绝大部分的交易”[1]都是这样进行的，英格兰银行总裁在 1857 年这样解释说。一位来自伊普斯威奇的私营银行家说，利用银行的习惯近来在农场主和小店主之间已经增加了四倍：“甚至每年只纳五十镑地租的农场主现在也几乎人人都在银行里开立了往来户”。伦敦有鸡贩、菜贩和猪肉贩开出的很小额的支票，“常常不到两镑”，虽则农场主还没有开支票给伦敦。[2] 随着时日的推移，存款产生了支票，并且支票有取代内地汇票而成为支付手段的趋势。在 1841 年，一位专家曾经把“具有立票人的担保、承兑人和或许二十笔背书的”可靠商业票据放在“我们第一等的通货之列”。“除发付工资之外”，汇票“在地方上无不可作为现钱使用……虽则在伦敦还没有看到用于支付”。[3] 背书就可以证明它们是怎样自由地流通了。在 1851 年，农场主通常在银行家为他们取得的“三月期的可靠汇票”的基础上进行购买。[4]

到 1873 年，1841 年的自由流通的汇票对于一个有经验的银行家还是陌生的，虽则一次贴现的和有时再贴现的汇票已司空见惯。就所能确知的来说，自 1851 年以来，贴现汇票对存款的比例已大
336 为降低。[5] 银行家会不再进行贴现，而凭抵押品或个人信用进行

---

① 《英格兰银行条例审查委员会》，询问案第 671 号。

② 《英格兰银行条例和最近商业困难审查委员会》，1857—1858 年（第 5 卷）。罗德韦耳的证词，询问案第 1331 号及以下。

③ 利瑟姆：《函件集第二集》（Leatham. W.，*Second Series of Letters*），第 37—38 页，转引于帕尔格雷夫：《杂记》，第 36—37 页。

④ 纽马奇：《试图确定流通中汇票数量……的大小和波动的一项努力》（Newmarch，“*An Attempt to Ascertain the Magnitude and Fluctuations of the Amount of Bills of Exchange... in Circulation*”），《统计学报》，1851 年号，第 164 页。

⑤ 帕尔格雷夫：前引《杂记》。

垫款，俾凭以开立支票。在苏格兰，提取纸币去应付日常支付的习惯已"大为改变——英格兰的支票制度则更加普通"。[①] 在1873年所作的支票在全国流通之中有更进一步"取代(汇票)之势"[②]的预言，经证明是正确的。在1885年，内地汇票又有一次显著的衰落。[③] 这是和意即以支票和更新式的电汇的付现办法的发展有连带关系的。至于铸币，在八十年代初期在伦敦缴付各银行的款项之中占不到1%，在曼彻斯特约仅6%。[④] 维多利亚时代后期的英国通货制度和习惯已经确立了。

尽管铸币很少使用，整个通货却奠定在它的薄薄的金板上。英国贸易最重要的一部分就是同板虽比较厚但却是白银铸造的那些国家进行的。这时在供应和贵金属的关系方面有了溯自十六世纪以来向所未有的变化。经过已知的世界中长期的黄金低产量之后，在四十年代乌拉尔矿的产量已大为增加，在1846年达到了三百四十万镑这个当时颇为惊人的数字。[⑤] 在1850年，加利福尼亚黄金开始在欧洲发生了影响。1851年9月3日，伦敦方面报道了新南威尔士发现黄金的消息。仅仅消息的公布就对贸易、货运和价格都有了影响，因为加利福尼亚已经表明了随之而来的将会是

① 前引吉尔巴特的1873年版中这一节的注释。

② 帕尔格雷夫：《杂记》，第37页。

③ 《贸易萧条皇家调查委员会》，询问案第582号。破产管财人的证词。关于内地票据的一般没落，参阅杰克逊，胡思：《伦敦汇票和关税改革》(Jackson, F. Huth, "*The Draft on London and Tariff Reform*")，《经济季刊》，1904年："向靠内地票据供作周转的大量业务……现在靠银行家的透支供作周转之需了。"

④ 鲍纳耳语，在1881年转引于尼柯耳森：《货币和货币问题》(Nicholson, J. S., *Money and Monetary Problems*)(1897年版)，第143页。

⑤ 屠克和纽马奇(引用1847年的一项领事报告书)，第5卷，第531页。

什么。连同旧供应来源，加利福尼亚和澳洲在 1851—1860 年这十年期间把黄金产量提高到不太少于 1841—1850 年的四倍，将近 1831—1840 年的十倍。在 1861—1870 年，从五十年代的高水平略有降低；在 1871—1880 年又有进一步的降低；但 1871—1880 年
337 的世界产量仍然是 1831—1840 年的八倍多。[①] 可是甚至这个大产量也只不过给现存量增加了一个很小的年度百分比。黄金就是这样经久耐用。

起初，黄金主要是用于铸造货币。在 1848 年至 1856 年这八年间，英、法、美共铸造货币不下两亿零七百万镑。[②] 据估计，吸收到工业和工艺方面去的不过五十年代产量的 14%。[③] 在 1854 年和 1856 年，法国两度在一年之中单独铸造了价值二千多万镑的货币。新帝国因黄金而得以声威显赫。后来年度的增加量有不少被吸收到工业用途上去，在八十年代约达 60%。当时还有流往印度的源源不断的外流。专家认为这项外流可年达八千万镑。[④] 这是开始于大约 1870 年的一种新情况。以往，东方取得白银作为首饰和窖藏就心满意足，现在也窖藏黄金了。

在整个第二帝国时期，法国的货币一直是真正的复本位制，而拉丁联盟的其他成员国的货币，也只不过是程度之差而已。黄金之所以按这样的数量铸造，并不是因为它是唯一的本位货币，而是

① 以泽特贝尔等人的计算为依据并在《政治经济学词典》，第 2 卷，第 220 页中开列的一些公认数字。

② 屠克和纽马奇，第 6 卷，第 154 页。

③ 前引《政治经济学词典》，利瑟斯撰文。

④ 皮克斯莱的证词，见《黄金和白银皇家调查委员会，第一次报告书》，1887 年（第 22 卷），询问案第 175、180 号。

因为它是一时为量较丰的金属。法国造币厂吸取过剩的黄金，而
作为大铸币使用人的法国人民也喜爱黄金。但是在 1867 年举行
的一次国际货币会议上，所有派代表出席的国家，除荷兰外，都赞
成金本位。[①] 在 1871 年以后，由迄当时为止一直使用银本位的所
有各邦组成的新德意志帝国，改行金本位。美国正从踵随内战而
来的绿背纸币时代渐渐进入金银时代。在 1873 年，他们宣布金元
为唯一的“价值单位”。在 1870—1871 年被迫走上纸币这条路的
法国，像一切在战争中不幸的国家一样，在 1874 年 11 月恢复了硬
币支付。根据那年 1 月 1 日的一项协议，它和拉丁联盟的其他各 338
国已经限制大银币即五法郎币的铸造。真正复本位制蕴有任何一
种数量较丰的金属均可自由铸造货币之意，这个走向放弃复本位
制的第一步预示了货币对黄金日益增长的需求。不列颠虽然已把
铸币的使用削减到最低限度，但是由于它日益增加的人口和贸易，
却需要一年比一年更多的库存。其他大多数国家，不论它们能不
能采取黄金作为它们的本位，都渴望增加它们的黄金存量。所以，
在七十年代后期，货币、工业和窖藏对黄金的需求都是坚挺的。

到那时（1876—1880 年），美国一国每年所生产的白银就远比整个已知世界在 1851—1860 年每年所生产的为多；仅墨西哥所产就少不了多少。[②] 在八十年代，它们的产量更大为提高。正是七

---

① 参阅皮尔逊：《经济学原理》（Pierson，N. G.，*Principles of Economics*）（1902 年版），第 1 卷，第 403—449 页；虽然是从荷兰人的观点出发，但却载有一位以经济学家和政治家双重身份参与其事的人所写的十九世纪后期最优的简明货币史。皮尔逊是荷兰的首相。参阅《黄金和白银皇家调查委员会的最后报告书》，1888 年（第 45 卷）的历史部分。

② 参阅《政治经济学词典》，第 3 卷，第 395 页，白银条和所引证的出处；前引《黄金和白银皇家调查委员会，报告书》。

十年代早期白银生产的迅速增加使拉丁联盟因为生怕德国改行金本位制而在市场上抛出更多白银，货币会完全变成银币，而决定限制它的铸造的。在1878年，联盟完全停止大银币的铸造了。

自1800—1870年，伦敦按金计的白银价格一直是异常稳定的。难得看见比五先令一标准盎司高一便士强或低一便士弱。1880年起初很慢，继而很快地跌到四先令四又四分之一便士，在1889年又跌到三先令五又十六分之十一便士，这无论就速度或就数量而言都是史无先例的。美国的立法迫使联邦政府铸造不必要的银元，或凭银块发行多余的纸币，但未能制止下跌[①]，而这种下跌对于东方用银各国起着一定程度的出口补贴作用，因为它们按银计的生产成本的上涨比按金计的卢比、银元或银两的价格的下跌要慢些[②]。

毫无疑问，1849—1851年这三年（一个自由贸易和暴风雨后
339 的安静时期）和1868—1870年这三年（也是一个自由而安静的贸易时期，直到1870年8月为止一直没有任何战争[③]）之间的一般价格的显著上升，是同伴随各种形式的纸币日益增加的使用而来的铸成货币并付诸流通的黄金世界存量的大幅度增加密切相关

① 有关这个问题的文献是浩若烟海的：参阅陶西格：《美国白银的情况》（Taussig，F. W.，*The Silver Situation in the U. S.*）（1893年版）和康拉德和埃耳斯特：《词典》（Conrad and Elster，*H. WB.*），白银和银币条。

② “印度汇兑的下跌无异是给印度出口商以补贴，如果这种下跌是由其他各国先印度而察觉的银价下跌所造成的话；如果西方筹措的白银较多，或者那里需要的白银较少等等，那么这种情况就会发生。”艾尔弗雷德·马夏尔，1888年，《黄金和白银调查委员会备忘录，正式文件》，马夏尔撰，第195页。这些假设都符合这个时期的事实。参阅价格曲线图，本卷，第480页。

③ 1861—1866年所以达到较高的水平是由于战争的原因。

的。1873年以后的普遍下跌是否主要或在一重要程度上由于同贵金属有关的原因，过去固然众说纷纭，而今恐怕更难下一定论。任何一次特定的下跌都不难找出它的特殊原因——诸如种植小麦的处女地，炼钢术的发明，以及就大多数情况来说世界运输制度上的革命等等。[①] 固然可以作这样一种论证，说银行纸币的使用到处都有迅速的增长，从而减轻了对黄金的压力，黄金产量仍然很大，产量的任何些微缩减都不至影响世界黄金的存量。那么按金计的价格又为什么下跌呢？但是有些人把新货币对黄金的不断的需求，把由于工业和窖藏者(不论是印度的农民、王公，还是为财政上的安全或为战争而保持窖藏的西方国家)方面的需求而造成的可供流通货币利用的存量的减少[②]，把抛弃白银而以黄金来承担它的任务的那种作法，以及白银的情况对于一时可能为东方产品所接受的按金计的低价格的影响等等，指认为以黄金为基础的货币购买力肯定增加的最重要的、虽非唯一的原因，这些人是握有比较充分的论据的，纵使他们对于自己所论证的重要性提不出准确的尺度。在1886年为调查这个问题而成立的一个强有力的委员会后来也是这样报告的。[③]

① 正如当时威尔斯的《近来的经济变革》(Wells, D. A., *Recent Economic Changes*)(1889年版)所论证的那样。

② “陆军大臣、印度农民和美国黑人都开始窖藏黄金。”艾尔弗雷得·马夏尔：前引备忘录，第21页。

③ 前引《黄金和白银皇家调查委员会》。报告书着重指出白银供应的增加和黄金供应的减少的相对不重要，而倾向于——虽然在委员之间有很大的意见分歧——把最重要的原因归之于复本位制的放弃。希望经济学家会原谅对当时使思想最敏锐的人绞尽脑汁的这项争论所下的这个总结。凯恩斯：《货币论》(1930年版)，第2卷，第164页论证说，“就截至大约1886年为止的这十年来说，这项解释(也就是上面所提出，而凯恩斯予以更简捷、更确切的陈述的那项解释)多半是正确的”。

340　在皮尔条例公布以后的四十年间，英国凭以节约现钱和积累资本的银行组织，在一些重要的外观方面，简直没有什么改变。无疑，这些条例本身就使它多少有点过于僵硬而不易改变了。在1841年皮尔上台时，英格兰和威尔士已经有私营银行三百二十一家和股份银行一百一十五家。在1875年仍然有私营银行二百五十二家和营业以英格兰为限的股份银行一百二十家左右。1886年的相应数字是私营银行二百五十一家，股份银行一百一十七家。皮尔留给发行权的私营银行在1844年是二百零七家，在1875年仍有一百一十四家；1880年，一百零四家。在1890年仍然有七十四家。皮尔时代的一般形式并未改变，虽则它的相对重要性已非昔比。它们的功能和规模曾经是、并且依然是多种多样的。其中有一个“一般宗旨”的伦敦老私营银行集团。此外还有既大而又重要的一个划入私营银行类的伦敦行号集团，这个集团是以承办同对外贸易及投资有关的专门业务为主——其中有银号和罗思柴耳德号、巴林号、摩尔根号或拉扎德号之类的行号。[1] 另有其中有一些现在拥有很多分支机构的地方私营银行，以及或拥有或不拥有分支机构的伦敦和地方上的股份银行。最重要的则是英格兰银

① 关于1841年，参阅上卷，第512页。那个时期的股份银行有少数几个是成立不久的领有特许状的殖民地银行〔关于这一点，参阅巴斯特：《帝国银行》(Baster, A. S. J., *The Imperial Banks*), (1929年版)〕。1875年的数字见《发行银行审查委员会》的附录18；这项数字并没有把这一类的银行区别开来，这类银行当时共有十七家。1875年的数字中包括有六十家伦敦“私营银行”，1886年的数字中包括有七十七家。这两个年份的很多伦敦私营银行都是罗思柴耳德和巴林式的。在《银行家年鉴》(*Bankers' Almanac*)的详表中可以一一检出。发行银行一览表是官方发表的。关于1890年，参阅《政治经济学词典》，第1卷，第94页。关于皮尔条例，参阅《英格兰、苏格兰和爱尔兰》，第1卷，第522—526页。

行，虽则屠克在1856年就认为“简直不能设想”它的成文部分，亦即皮尔条例，还能“再维持多久”，虽则密勒在1857年就解释了这项条例的整个理论都如何错误，虽则华尔特·白哲特在1873年就已经为不成文组织法上的变革提出了一项深思熟虑的计划，连同总裁任期的缩短和真正银行家的不得选入董事会的规定，但是无论它的成文还是不成文的组织法都依然原封未动。[①]

甚至在1844年和1886年之间分支行的发展，事后回顾似乎
也不像某些当代人士看来的那样了不起。这个政策差不多是和股 341
份银行本身一样悠久的。在选举改革法案的后一年，它在英格兰的先驱者，曼彻斯特－利物浦区银行就有了十六个分支机构。[②]在皮尔留给发行权的老股份银行之中的伦敦国民地方银行和在没有发行权的银行之中的伦敦郡银行，在四十年代和五十年代，发展分支机构都是最积极的。到1864年，前者已有分支机构不下一百一十九个，后者不下一百二十七个。曼彻斯特－利物浦区银行居于第三，计有分支行三十四个。除去这些，下余的一百一十四家平均每家刚刚四个多一点。在1864年，股份银行共有分支机构七百四十四个，私营银行二百七十二个，因为很多私营银行只有一两个分支行，虽则其中三家有十个之多。二十二年之后，减去分支机构最多的三家股份银行，下余的一百一十二家平均各有分支机构十个。为首的三家是拥有分支机构一百六十五个的伦敦郡银行，一百五十八个的国民地方银行和九十九个的首都郡银行。其他六家

① 屠克和纽马奇，第5卷，第612页；穆勒的证词，见《英格兰银行条例审查委员会》，1857年，询问案第2284号；白哲特：《伦巴街》第8章。

② 见上卷，第279页。

现在有五十多个，某几个私营银行，像当时称作劳埃德—巴内特—博赞克特号的那家行号一样，正在迅速发展分支机构。这些都是重要的改变，但是并没有根本的变革。[1]

在苏格兰，因为银行制度在十九世纪中叶就已经比较成熟，所以变化更少。皮尔曾经规定了十九家苏格兰银行的发行额，这十九家全都是股份银行；全都拥有分支机构。另有不从事发行的同一类型的银行五家。到 1864 年，由于倒闭和吞并，总数缩减到十三家，全部是发行银行；到 1886 年，缩减到了十家。分支机构一直是自由设立的（这是苏格兰旧有的政策[2]），到 1858 年下议院的一个审查委员会猜想苏格兰银行总分机构之多寡和整个英格兰不相上下。[3] 恐怕远没有那样多[4]，虽则按人口的比例来说多得很多。
342 苏格兰的这种过多的银行设备迄仍如故。1886 年的十家银行共有分支机构九百四十九个。英格兰和威尔士，人口七倍于苏格兰，包括最小的代办处在内，却只约有银行机构二千五百个。[5]

由于苏格兰银行家数少而总行又集中于爱丁堡，所以联合行动是轻而易举的。自十八世纪以来，就一直实行着一种清算制度，起初是单单为了纸币的清算。这个制度比伦敦的清算所历史更为

---

① 关于 1864 年，《英格兰和威尔士的全部银行报告书》，1865 年（第 30 卷），最后的详尽报告。关于 1886 年，参阅《补银行之不足的经济学家和银行家年鉴》（*The Economist, Banking Supplement, and the Bankers' Almanac*），1887 年。

② 参阅上卷，第 267 页。

③ 《报告书》，第 76 节。

④ 没有关于 1858 年的报告书；但是 1864 年报告书表明在英格兰和威尔士有五百五十家私营银行和八百六十一个股份银行的总分机构，在苏格兰有各类银行六百零七家。同人口相比，苏格兰的数字是令人诧异的。

⑤ 著者照《银行家年鉴》中的数字算出 1887 年是二千五百三十三家。

悠久。[①] 在 1857 年拥有一百零一个分支机构的西部银行倒闭时，其他各行，固然稍稍经过了一番踌躇，终于一致同意在通常业务中接受它的纸币，以安定人心。[②] 在 1863 年，它们全体一致训令各自的分支机构即时随英格兰银行贴现率的变动而变动。[③] 到了 1865 年，其中最后一家也放弃了旧式的银行秘密，一致发表载有资产负债表摘要和损益计算表的年度报告书。在七十年代以前，同英格兰各自为政的情形成为对照的是，"一种划一的业务经营……方法已经通行于整个苏格兰"[④]；所以它们不难实行协调一致的变革，一如在 1885 年，刚刚感到市面不景气的煎迫，全体银行就一致取消了对老顾客按日计息的优惠待遇。[⑤] 很多年之后，苏格兰银行实践的这种毫无干格的一致性，"从英格兰的观点来看"似乎还是"差不多难以置信的"。[⑥]

苏格兰的银行一直是和伦敦有往来的。早在十九世纪之初，

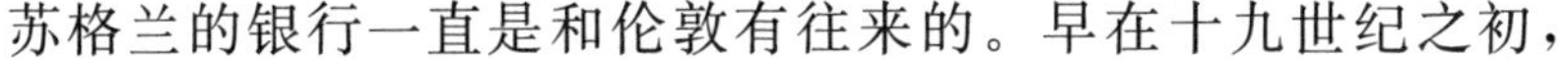

① 克尔：《苏格兰银行史》，第 81、221 页。关于总行集中于爱丁堡的好处，参阅帕尔格雷夫：《银行杂记》，第 11 页和鲍威尔：《伦敦金融市场的演变》（Powell, E. T., *The Evolution of the London Money Market*）（1915 年版），第 510 页中引证的 1876 年的《银行家杂志》。

② 克尔：《苏格兰银行史》，第 262 页，新近的两本书——孟罗：《苏格兰皇家银行史》（Munro, N., *The History of the Royal Bank of Scotland*）（1928 年版）和雷特：《苏格兰联合银行史》（*Rait, R. S.*, *The History of the Union Bank of Scotland*）（1930 年版）并没有给克尔的记述增加多少一般的兴趣。

③ 克尔：《苏格兰银行史》，第 270 页。

④ 帕尔格雷夫：《杂记》，第 11 页和克尔：《在 1895—1896 年刊行报告时期的苏格兰银行业》（Kerr, *Scottish Banking during the Period of Published Accounts*, 1865—1896）。

⑤ 克尔：《苏格兰银行》，第 10 页。

⑥ 威瑟斯：《英国银行制度》（Withers, H., *The English Banking System*），美国货币委员会，1910 年版，第 49 页。

它们就每十天在英格兰银行把它们的汇票差额清算一次。[①] 皮尔条例使它们同英格兰银行的关系更加密切了。因为根据该条例，它们非凭各自总行所持有的铸币，不得增发纸币至规定的最低限
343 额以上。它们已习惯于从它的纽卡斯耳分行提取在收成和其他扩大纸币发行季节所必需的额外铸币。[②] 在这期间，苏格兰加倍的繁荣正把它们同伦敦金融市场更紧密地联系起来。在五十年代之初，它们把很多“多余的货币”送去供那里的票据经纪人使用。[③] 就现在所知道的来说，那时苏格兰商人很少在伦敦立有往来账或承兑在伦敦付现的票据。[④] 到 1873 年，局面为之一变。“承兑当地付现的票据”，就苏格兰的“大商家来说完全是例外”。它们承兑全世界都需要的伦敦票据，因为不是在伦敦付现的票据“等于是不能买卖的”。[⑤] 所以苏格兰各银行把“它们所有备而不用的现款……都投放在伦敦……像其他一切伦敦现款一样”。[⑥]

直到六十年代，苏格兰人都是通过代办处经营他们的伦敦业务的。但是在 1855 年，克莱德斯达尔银行采纳了朗德耳·帕麦尔对于它是否可以依法在伦敦开业而不牺牲它在苏格兰的发行权一节所持的看法。帕麦尔说它可以，但是它没有照办。[⑦] 在 1864

---

① 克尔:《苏格兰银行史》，第 221 页。

② 《银行条例审查委员会》，1957—1858 年，询问案第 3186 号(乔治·克拉克爵士)。

③ 同上书，1857 年，询问案第 5151 号(欧威兰和葛尼号的查普曼)。

④ 《发行银行审查委员会》，1875 年，询问案第 28 号(一位苏格兰证人提到“三十年前”时这样说，但附有“我想”一词)。

⑤ 雷伊:《地方银行家》(*Rae,G., The Country Banker*)(1885 年版)，第 87 页。

⑥ 白哲特:《伦巴街》，第 32 页。

⑦ 麦克劳德:《银行的理论和实践》，第 2 卷，第 400 页。

年，苏格兰国民银行照办了，在 1868 年苏格兰银行也照办了。[①] 在 1874 年皇家银行又步趋它们的后尘。[②] 到 1883 年，所有重要的苏格兰银行都在伦敦有了它们的机构。它们支撑过了 1875 年导致那一年的调查的一次国会攻击，这次攻击是由于克莱德斯达尔银行对坎伯兰的“侵权行为”而引起的。[③] 看上去法律是在他们这一边；但是衡平法院未始不会签署一项由戈申起草但始终未成为条例的法案，根据该项法案，一个苏格兰股份银行，像所有英格兰股份银行一样，只能在伦敦机构和它的纸币发行权之间二择其
一。[④] 苏格兰人把两者一并保持住了，这或许是因为商界和政界 344
对发行问题都不再有多大的兴趣。这样，整个英国的银行家队伍渐渐集中在伦巴街和线针街了。

苏格兰分遣队的训练和组织都最为划一，它的活动和资力对于它所服务的人们也是最为著名的。英格兰则有它的首都和地方的习惯和惯例，而地方的习惯和惯例又有南北之分。它的私营银行仍然保持着陈腐的守密办法。[⑤] 甚至在八十年代，股份银行也

---

① 克尔：《苏格兰银行》，第 13 页。

② 孟罗：前引书，第 267—268 页。

③ 《发行银行审查委员会》，证词经予发表但无报告书。

④ 事实上是在任何种类的一个英格兰兑款处和发行权之间进行的抉择，但是在戈申的心目中却是伦敦。他的法案——即银行家条例补充法案——建议：“无论在英格兰或苏格兰，任何一个银行家的……发行纸币权须……受这样一种条件的限制，即这类银行家不得……在大不列颠上述各区的其他地方设立任何营业所……。”麦克劳得（第 2 卷，第 397 页）在这方面是非常蛮横的。苏格兰人的论证是：既然爱尔兰和殖民地的发行银行已经设立了伦敦办事处，为什么他们就不可以呢？

⑤ 直到 1891 年某些私营银行第一次协议发表会计报告。

并不都印发报告书和资产负债表。仿效苏格兰对伦敦进行袭击的还只有一家地方银行。这就是牺牲了自己发行权来在金融界中心建立地位的国民地方银行那个活跃的“章鱼似的企业”。[①] 当它在1864年宣布它的意图时，《经济学家周刊》正确地认为这是“长久以来英格兰地方银行业所不曾发生过的一个重大事件”。[②] 但是通常的英格兰银行仍然像六十年代以前的苏格兰银行一样，通过从首都老行号之中遴选的一个代办处来办理伦敦业务。

甚至在这段时期之末，伦敦本身也不是一个完全组织起来的银行单位。在五十年代之初，私人银行和股份银行之间的妒忌妨害了合作。股份银行已经开始执行新政策。它们“越来越投入了同私营银行的竞争，并且凭靠它们对存款给息的办法（私营银行是不给息的）而开始积聚了大量的存款。”[③]但是，当1854年6月私营银行准许新行——其中有一些已有三十年的历史——利用清算所的便利时，有了某种契约的缔结。十年之后，在1864年4月，英格兰银行本身除作为其他一切清算者的银行外，也屈尊并且获准参加清算。在这期间，在1858年，约翰·拉伯克爵士已经创立了“地方清算制”，俾地方银行得凭以通过它们的伦敦代理人注销相

① 参阅《发行银行审查委员会》，1875年，询问案第1815号及以下的申述。章鱼的比喻见菲利普斯：《诺森伯兰、达拉姆和北约克郡银行史》(Phillips, M., *A History of Banks... in Northumberland, Durhham and North Yorkshire*)（1894年版），第117页。1865年，国民地方银行已在纽卡斯尔开业。

② 1864年6月4日。

③ 《1858年报告书》，第7节和伦敦－威斯敏斯特银行的所罗门斯的证词，询问案第1130号。

互的权利主张。到了 1871 年，所有地方银行都一体照办了。[①] 345

但是英格兰各银行之间的团结还是很不完善的，并且对于紧急关头如何采取联合行动也没有任何安排。在股份银行所取得的迅速而又出乎意料的成功的凯歌声中，华尔特·白哲特在 1873 年把它们对最终储备的缺乏管理看作是一个可疑之点。[②] 它们把它留给了英格兰银行。该行总裁在 1857 年风险还小得多的时候，就注意到了这种风险。但是就我们所知，在七十年代和八十年代，英格兰银行从未就这一点同各行进行过磋商，各行也从未互相磋商过。诚然英格兰银行本身就迟迟没有充分认清它自己作为照今天使用这个名词的意义来说的一个中央银行的地位，一个任何特许状或条例所未指定给它的地位。当华尔特·白哲特在 1873 年"终于以势不可挡的气魄建立了"[③]一个中央银行的那些职能和责任时，它多少还是逡巡于股东利益和国家利益之间的。在 1876 年，一位英格兰专家因为使苏格兰人容易"决定共同行动方针"的那种"同一性"，"对于英格兰银行家来说还是困难的，纵非不可能的"而啧有烦言。[④] 在 1879 年，一个金融作家指出：虽然"伦巴街上的贷放人彼此相距都不过一箭之遥……但是横亘于其间的倒像是一条海峡，而不是一条阴暗狭窄的小街，在恐慌时期虽然继续……互换

① 关于 1854 年，参阅《1858 年报告书》，第 7 节；吉尔巴特：《银行的原理和实践》(1873 年版)，第 452—453 页；关于后来的大事，参阅麦克劳德：前引书，第 2 卷，箏 192 页和马丁：《伦巴街的蟋蟀》。

② 《伦巴街》，第 254—255 页。

③ 《财政工业委员会报告书》(*Report of the Committee on Industry and Finance*)(1931 年版)(敕令第 3897 号)，第 15 页。

④ 克罗夫特的论文，载《银行家杂志》，转引于鲍威尔：前引书，第 510 页。

情报和互相支援，但是既不会用现款去加强它邻人的地位也不会用情报予以帮助。”[1]他也许稍有夸张。伦巴街的人们或许会答称，苏格兰银行业刚刚有过一次大灾难，而英格兰却不曾有过。[2]但是除去清算账目的机构外，英格兰的确没有多少自觉的组织；甚至少到这样的程度，以致乔治·雷伊在1885年向银行业读者解释说：要想有某种合乎理想的改革，“英格兰银行界就非有比现在更大程度的协作和更敏锐的共同危险感不可”。[3]

346 由于苏格兰人以外的其他民族来到了这个城市，这个金融中心的紧张机会更倍长增多了。在1850年以前这里就有了少数几家有基础的美英商业银号，诸如伦敦的皮鲍迪银号，或即将成为利物浦的、后来也成为伦敦的布朗—希普利公司的那家行号。[4] 它们在五十年代之初就已经是如此之雄厚，以致“从这里往美国运货的运商”常常“开具设在这个国家里的美国大商家的支票来给付贷款”。[5] 但是在1857年，皮鲍迪却仰赖于英格兰银行的帮助了。[6]其中大多数至少按照大陆的定义来说是银行家而其姓名又很少是

---

① 艾利斯：《市场波动的说明》(Ellis, A., *The Rationale of Market Fluctuations*)，第36页。

② 参阅本卷，第383页。

③ 《地方银行家》，第40页。

④ 詹克斯：《1875年以前英国资本的外移》，第94页；柯尔：《美国外汇市场的演变》(Cole, A. H., *Evolution of the Foreign Exchange Market of the U. S.*)，《经济商业史季刊》，1929年5月号，第391页。

⑤ 《银行条例审查委员会》，1857年，询问案第5134号(欧威兰和葛尼号的查普曼)。

⑥ 伊凡斯：《1857—1858年商业危机史》(Evans, D. M., *The History of the Commercial Crisis, 1857—1858*)，第49页注。

英国姓名的那些行号，在伦敦渐渐地勃兴起来，或者尾随于巴林号和罗思柴耳德号之后从欧洲和美洲迁至此地。早在1850年以前就已经有一些以汇兑商和外国票据承兑商的身份来到伦敦或崛起于伦敦，诸如胡思号、多克萨特号和拉菲尔号之类。[①] 但是像它们以前的巴林号和罗思柴耳德号一样，它们愈来愈转向为外国政府和外国铁路发行公债一途。其他以多半同谋求让与权有连带关系的公债发行为主要机会而不拘它们原来是什么性质的行号也参加了它们的行列。

汉布罗号在大约1848年从哥本哈根迁来。他们在1849—1850年正承办丹麦的公债，在1851—1852年正承办撒丁的公债和秘鲁的公债。[②] 巴黎、法兰克福和其他各地的比肖夫希姆号和戈德施密特号自大约1850年起就在伦敦设有机构，并且在1866年和1875年间已经在发行界赫赫有名。原来是汇兑商的弗鲁林号和戈申号在埃及取得了特殊的利益。在美国内战期间摩尔根公司继承了皮鲍迪的业务；在1871年他们正同罗思柴耳德号就法国战债的筹募展开竞争。纽约的斯派耶号在1862年来到伦敦，并且在十年之后开始发行美国的铁路债券。此外还有奥本海姆号、施罗德号和厄兰格号、比肖夫希姆的女婿赫尔什男爵，以及欧洲人、美洲人和一般犹太人的其他行号，其中有一些一直继续存在到七十 347
年代的风潮时。[③]

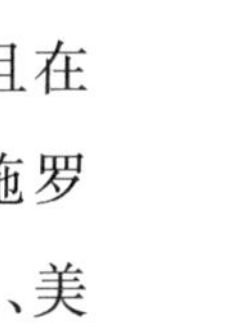

① 鲍威尔：前引书，第386页。

② 《芬氏基金论》(*Fenn on the Funds*)，第5版，1855年，第151、200、241页。

③ 参阅詹克斯：前引书，第267—268页中关于这些行号的记述，另参阅第171页。

“自普法战争以来”，白哲特在1873年写道，“我们已经在比以往更大得多的程度上成为欧洲的银行家了。”[①]“德国政府，如所周知，在伦敦股份银行立有往来户，而且它一定是很重要的一个户头。”[②]至于其他政府、帝王和大人物在私营银行的秘密地方立有多么重要的往来户，则只能是一个揣测的问题，而不是一个尽人皆知的问题了。往来无疑是有的。在此后十二年间，大多数同私营国际发行行号有别的大陆公共银行都在伦敦开设了办事处。里昂信托银行和德意志银行都是贴切的事例。这些机构和个人没有一个不能直接或间接提取英格兰银行的储备。其中有外币存款，有见票即付和见票于短期内支付的外币。自四十年代以来整个经营范围已经扩大；而自六十年代以来，海底电报又缩短了通知付款的期限。英国股份银行的活期存款有了大量的增加。白哲特之所以坚持己见，正是由于这种种的考虑，不是说有什么严重的危险——“我并不是一个危言耸听的人”，他这样说，而是说出现了一个尚未加以充分研究的微妙问题。“货币不会管理自己，而伦巴街却要管理大量的货币。”[③]幸而在1873年和1886年之间，除开一些小规模的战事外，不列颠始终没有卷进什么灾祸的危险，而它的经济方面的怨言在这些年都是属于虚弱症性质的而不是属于造成恐慌的那种高热症性质的。它也通过试验，虽然不是通过高深的学理研究，吸取了维持健全财政的一些有用的经验教训。在1873年对欧洲和美洲留意观察之后，它的领导人很可说他们对于这类事情至

① 《伦巴街》，第17页。
② 同上书，第312页。
③ 同上书，第20页。

少比他们的邻居懂得多些。[①]

常常唯苏格兰马首是瞻的英格兰的股份银行，一直在扩大着
它们的职能。它们以存款给息的方法积聚的“巨额款项”[②]极大部
分是用于购买汇票的。它们已经“断然决然地侵入我们的业务范 348
围”，欧威兰—葛尼公司执行业务的合伙人在1857年这样说。[③]
欧威兰号这个票据商，即十九世纪早期“银行家的银行家”，欢喜尽
可能多地掌握短期通知支付的银行存款。而股份银行的人所经营
的本行票据买卖则比私营行号为多。

股份银行继而，但是更加犹豫不决地，侵入了另一个领域，即承兑商的领域，所谓承兑商也就是把知识和资本用于承兑伦敦外国票据——从而使票据更加具有流通性——的那些商号。这种新业务的追逐重又是由苏格兰人带头的。在1875年，比较沉着的英格兰银行家对于来自北部的侵略者的指责之一，就是他们办理承兑业务的那种“要不得的”习惯。伦敦威斯敏斯特银行把“单纯因为事涉外国承兑”而拒绝了“很多价值很大的往来户”作为一种美德。[④]事实上它很少办理承兑，无论是国外或国内的。在1870年，在它的债务之中只有七十五万九千镑的承兑票据，而存款则是一千九百六十万镑。承兑票据大概都不是国外的。但是拥有四百一十万

① 本卷，第381页及以下。

② 本卷，第344页。

③ 《银行条例审查委员会》，询问案第5210号(查普曼)。

④ 《发行银行审查委员会》，询问案第7318号。作证的董事克拉克本人就在一个商号中，并且对于他的两种活动之间的界限抱有一个明确的旧式的观点。

镑的承兑票据和一千万镑存款的伦敦联合公司却一定是浸谣于这种要不得的习惯之中才有这样大的生意可作。[①] 甚至在 1883 年,所有苏格兰银行也总共只有四百八十万镑的承兑票据和汇票——而且并非都是外国的——对八千三百万镑的存款。但是自从 1865 年首次有总数可供利用以来,承兑票据的数字已经增加了 85%。[②] 业务正蒸蒸日上,但是没有足够的证据来进行准确的研究。

在八十年代,专家们认为这种发展主要是“起因于开立伦敦票据的殖民地银行所提供的那一部分异常之好的承兑业务,而并不是同样地起因于商业承兑”。[③] 苏格兰银行的伦敦办事处正帮助
349 殖民地银行汇款,这是最无可指责的一种惯例。正如一切通融票据的承兑那样(这并不是一种新办法[④]),它难免会有负债差额同商业承兑票据本身后面的那些货物移动的某种脱节。在这种脱节之中固然有明显的风险,但是也有最初之所以使这种脱节发生的极大的便利。在一年之中代表运往英国的真正货物的商业票据稀少的时期——也就是在澳洲剪毛季节的间隔期间和美洲棉花及小麦收成季节的间隔期间——可以在海外创造通融票据来帮助汇款。而英国银行的善于鉴别外国和殖民地银行家的信用,一如承兑行号的能以鉴别商人的信用。无疑它们的活动和它们的海外往

---

① 转引于《经济学家周刊》,1870 年 8 月 6 日号的一些半年报告书。

② 克尔:《苏格兰银行》,第 119 页和《历史》,附录乙。

③ 克尔:《历史》,第 315 页,原写于 1883 年。这段叙述冠以“似乎是……”字样。克尔是一个执行业务的银行家。在 1875 年,联合银行的大宗承兑业务据说是由于同印度的一家大银行有联系的缘故。《发行银行审查委员会》,询问案第 6944 号。

④ 参阅本卷,第 371 页。这类票据的承兑商保证取款人得任意支配款项,就像他曾经从他那里买进了货物一样。自然他信赖取款人得便就会归还的。

来银行——其中有很多本身已移到伦敦——的活动正蚕食着私营承兑商的业务范围。有关羊毛资金周转的一切手续既有新南威尔士银行在悉尼和伦敦两处的机构去承办，一个羊毛生产者就不需要懂得票据，在悉尼的一个商人也就不需要同伦敦的一家承兑号建立他的信用了。[①]

在银行新的次要活动之中有“新近开始的”，白哲特在1873年这样说，“代客(收取)本息”的业务。不但将公债券和公司债券的息票“交由银行代取”，而且“常常”请银行家代为保管债券和剪裁息票。“所有这一切的细节都是难以置信的，并且需要一个专门机构去应付”。[②] 股份银行首先设立了这种机构，正如白哲特所指出的，而私营银行却往往没有。[③]

在新的银行活动发展的同时，一些旧的活动衰退了。其中或 350

① 到1886年，计有二十八个设有伦敦办事处的殖民地股份银行，其中拥有一百七十一个分行的新南威士银行是最大的一个，《补银行业之不足的经济学家》，1887年。参阅巴斯特：《帝国银行》。

② 《伦巴街》，第279页。

③ 现有的英国银行史往往对于这种内部的职能和它们的现代发展只字不谈。历史都是厚古的和事关个人的及外部的。参阅例如格林顿：《曼彻斯特的银行和银行家》(Grindon, *L. H.*, *Manchester Banks and Bankers*)(1877年版)；马丁：《伦巴街的蟋蟀》(1892年版)；菲利普斯：《诺森伯兰、达拉姆和北约克郡的银行、银行家和银行业史》(1894年版)；凯夫：《布里斯托尔银行业史》(Cave, C. H., *A History of Banking in Bristol*)(1899年版)；比德韦耳：《一家东安格利亚银号的编年史》(Bidwell, W. H., *Annals of an East Anglian Banking House*)(1900年版)；伊斯顿：《一家银号的历史》(Easton, H. T., *The History of a Banking House*)(斯密、潘恩、斯密斯出版社)(1903年版)；劳埃德：《伯明翰的劳埃德号》(Lloyd, S., *The Lloyds of Birmingham*)(1907年版)；马修斯和塔克：《巴克利银行史》(Matthews, P. W. and Tuke, A. W., *A History of Barclay's Bank*)(1926年版)；桑德斯：《斯塔基银行》(Saunders, P. T., *Stuckey's Bank*)(1928年版)。

许最重要的就是苏格兰临时贷放或活期贷放制度，靠了这种制度，甚至“地位卑微的”青年都能从银行得到信贷，只要他们能找到两个保人。[①] 自从二十年代以来，尽情地赞扬这种制度已经成为英国银行学家的习惯。他们在七十年代之初仍然如此。[②] 但是这种制度却已在衰退。的确不到几年的工夫它就奄奄一息了，因为到了1896年，“活期贷放时代事实上已经结束”[③]，但是这种习惯是逐渐地慢慢地消亡的。

但是一个“地位卑微的”能干的苏格兰人从银行得到帮助的机会并非比过去少些。在这样一个人没有银行往来户的时候，活期贷放制度已经成长起来。它已经帮助他得到了银行往来户。早在五十年代，苏格兰工人就开立往来户了，格拉斯哥各银行还有夜间营业的储蓄部来帮助他们。[④] 到1875年，在四十一万八千个往来户之中，大约每两个二十岁以上的苏格兰人就有一个银行往来户。[⑤] 任何一个稳重而有前途的青年都会有一个。到处都有分行，办事人都熟识他们的存户。银行基金积聚起来了，并且在八十年代正设法按低利进行放款。曾经须有正式保证的活期借款[⑥]，让路给既不那么正式而又更加低廉的一些殊途同归的方法了。

① 参阅上卷，第269页。

② 例如帕尔格雷夫：《银行杂记》，第13页。

③ 克尔：《苏格兰银行》，第121页。这一制度，克尔补充说，“在自由发行时期是它的鼎盛时代”，亦即1845年以前。

④ 《1858年的报告书》，第33节。

⑤ 《发行银行审查委员会》，附录7。无疑有一些报告副本。

⑥ 参阅克尔：《苏格兰银行》，第121页。

国家对于比较重要的银行职能完全不加限制。开始于1833年的高利贷法在法律上的废弛，到1839年既已达到了这样的地步，而如何规避法律又是那样的谙熟，以致1854年这项法律的完全废止（根据维多利亚法令，第17、18年，第90章）只不过是对一种既有的自由加以承认而已。[①] 国家确实加以限制的那项职能，即发行的职能，其重要性则十年不如十年。但是多年来国家力图 351
制定银行组织的规章或者拒绝予以公认有危险性的组织上的特权，来给予股份银行以稳定性。股份银行日益增长的稳定性却并非由于这些规章的制订或特权的拒绝给予。第一家现代股份银行在伦敦开业十年之后，也就是在1834年，这类银行甚至还不曾享有以自己职员名义进行诉讼或被诉讼的基本权利。它们虽没有这种权利，但一直经营得很好。它们利用各自的董事。[②] 当1844年皮尔开始办理股份公司登记时，他为银行制定了一项特别条例（维多利亚法令，第7、8年，第113章）。[③] 它们至少非有十万镑的资本和每股票面不少于一百镑的股票，不得进行登记。当1855年国会开始试行制定一项一般的有限责任法时，银行起初是被排斥在（维多利亚法令，第18、19年，第133章）外的。1857年，皮尔的银

① 见上卷，第347—349、509页。关于法律的废止，参阅李维：《英国商业史》，第355页。上卷，第625页中所提到的1833年条例，影响所及，并不止于英格兰的银行；所有三个月的期票一律不适用高利贷法。更长期限的票据不久也都一并照办了。到了1839年（维多利亚法令，第2、3年，第37章），高利贷一词在私人契约法中已经消失，但是在土地方面还可以犯高利贷罪！

② 见上卷，第510页。

③ 英格兰股份银行条例，这就是上卷，第511页注2中所提到的条例。参阅香农：《一般有限责任制的出现》，《经济季刊》（历史），1931年，和李维：前引书，第333页及以下关于股份公司和有限责任制的一段很好的简明叙述。

行条例被废除而代以新条例(维多利亚法令,第 20、21 年,第 49 章),但这种排斥规定并未取消。[①] 经过 1857 年的灾难[②]和一些无限责任银行倒闭的震撼一时的案件之后,国会改变主意了,并以维多利亚法令,第 21、22 年,第 91 章准许新银行按有限责任制组设,并准许老银行登记为有限公司。[③] 但发行纸币的责任则决不是有限的。最后,1862 年的有限责任制一般化条例(维多利亚法令,第 25、26 年,第 89 章)将银行和其他七人以上的社团一并包括在内。但是到那时,真正的银行设立已近尾声。实力雄厚的老牌银行看不起"有限公司",认为有限公司登记会有损自己的信誉。十六年之后还没有一家苏格兰银行根据新立法改组为有限责任制,英格兰和威尔士也还有六十九家无限责任银行,包括几乎所有最重要的股份公司在内——诸如伦敦－威斯敏斯特银行、首都郡银行、曼
352 彻斯特－利物浦银行、约克城郡银行和斯塔基银号等,姑就不同地区少数几家最著名的行号来说。[④] 但是 1878 年 10 月犯有刑事上过失行为的格拉斯哥城银行的倒闭一夜之间就把无限责任制的股

① 这是一项特殊的银行公司法补充条例。该年有关有限责任制的一般条例是维多利亚,第 20、21 年,第 78 章,主要关系到公司的清理。

② 本卷,第 368 页及以下。

③ 到 1864 年,计有根据 1857 年和 1858 年条例登记的新银行三十三家,和在 1857 年以前开设并已登记的银行十二家。《自维多利亚,第 18、19 年,第 133 章公布以来组织或登记的全部股份公司报告书》,1864 年,第 58 卷,第 291 页。

④ 参阅《无限公司和有限公司报告书》(*The Return of Unlimited and Limited Companies*),1878—1879 年,第 65 卷,第 479 页,另参阅麦克劳德:前引书,第 2 卷,第 400 页;雷伊:《地方银行家》,第 260 页。一些较老的苏格兰银行是用特许状加以限制的,克尔:《历史》,第 306 页。

份银行扼杀了。[1] 已成惊弓之鸟的股东们，怵于为数达所持有股票六倍之多的损失的实际教训[2]，开始对董事会施加压力。无限责任银行的“很多负责股东表示愿意以股权出让”。[3] 国会（根据1879年的维多利亚法令，第42、43年，第76章）创制了保留责任制的原则，以利于走向有限责任制的变革，根据这项原则，公司得增加股份名义上的金额，每股实缴的金额和名义上的金额之间的差数，得在公司结束时收齐。不到五年的工夫，所有重要银行都根据新法律采取了措施。但是它们实行的是那样彻底，以致凡是在该条例和根据该条例所创制的新保留责任制实施以前已行核准但未收齐的资本，遇企业倒闭时，1885—1886年的平均股东，须一律向英格兰股份银行每镑股款另缴四镑。这不是无限责任制，但如果不列颠的大部分银行都和格拉斯哥城银行一样不健全，那倒未始不像是同一种制度。[4] 保证不在于法律而在于经营管理。

在白哲特出版他的《伦巴街》一书，在帕耳格雷夫的《银行杂记》初问世和发行银行委员会发表它的调查（1873—1875年）结果时，英国的一切自由资本凭以被吸收进伦敦金融市场的那种组织，

① 本卷，第383页。

② 这不是对于最后情况的一项准确的叙述：它提到了1878年11月底为应付亏蚀所提出的股本百分之五百的催缴要求。银行停止支付的声明已于10月2日出现。克尔：《历史》，第294—298页。

③ 菲利克斯·舒斯特爵士：《银行业的会谈，美国货币委员会》（Sir Felix Schuster: *Banking Interviews*, *U. S. Monetary Commission*），1910年，第34页。

④ 银行“竟那样扩大它们的信用所凭靠的基础，致使它们的责任实际上已成为无限的”——雷伊：《地方银行家》，第261页（写于1885年）。

353 已差不多十分完善地发挥职能了。同其他国家的组织或缺组乏织的情形相比，它甚至在二十年前就已经是高度有效的。在这期间，苏格兰和地方分支银行已经把乡下人收藏“在自己书桌和碗柜里”的那些乡间窖藏吸收得差不多干干净净[①]；北部积聚的盈余凭以南流的那条平滑而畅通的沟渠也已经开凿竣事。起自东安格利亚、西南部和英格兰一般乡间的那些沟渠，则久已开凿。财富顺着它们很流畅地、无声无息地徐流而下，往往是从乡间的一些波平如镜的教友派教徒的池塘里流到城市中多少带几分教友派教徒成分的蓄水池。农业繁荣了。乡间的池塘泛滥了。凡是不在城市中使用的都通过对制造家和商人票据的贴现和再贴现而从那里流进工业区。这是伦敦票据经纪人的黄金时代，是伦巴街行号的黄金时代。[②]

在五十年代及其以后，他们的业务，除开在走入歧途的时刻，总是对逐日到期的良好商业承照票据垫付现款，虽则对船厂保证书的垫款也是他们的次要“业务”之一。[③] 领导集团事实上不再是票据经纪人了。在五十年代，欧威兰号废弃了这个名称，虽则人人照旧这样称呼他们。“我们不是票据经纪人”，他们这样说，我们是

---

① 一位叫做戈登的苏格兰银行家的证词，《发行银行审查委员会》，询问案第4028号。

② 欧威兰－葛尼公司的查普曼曾经在1857年的银行条例审查委员会中解释他们如何在银行家交由他们任意支配的农村余款的帮助下，为兰开郡和约克郡进行贴现，询问案第5100号。参阅詹克斯：《1875年以前英国资本的外移》，第246页，他多少高估了票据经纪人后来的没落。关于他们在1910年的重要性，参阅菲利克斯·舒斯特：前引书，第43页。

③ 查普曼，前引询问案第5104—5106、5198—5199、5203号。

"钱商"(money dealers)。[①] 狭义的经纪人,即单单设法为现钱调换票据和为票据调换现钱的人,始终是存在的:他们像其他任何经纪人一样从中牟取一笔佣金,但却是别具一格的,低一等的,虽则人数比较多的一个集团。[②] 小而有趣的货币经纪人集团则又自成一类,"这是一些银行和贴现界同证券交易所之间的大中间人"[③],
这些人每天四处探听到底有多少流动的盈余可供利用,以及到底 354
票据经纪人和证券经纪人、保险公司,金融行号和有时银行会对他们提出什么要求。在这些人的头脑里,"短期放款"的供求曲线交叉起来。他们靠安排交易,按每日的平衡价格抽取佣金来谋生。甚至在六十年代,他们的数目就在缩减了[④],但直到电话在城市中出现之后,他们的职能才变成为多余的。

买卖货币的票据经纪人居于短期放款市场的中心。他们既买进保存至到期为止的票据,也买进用以转售给有需要的银行家或其他人的票据。他们保证他们所售出的票据。欧威兰号在他们鼎盛时代从不持有任何整理公债或其他价格可能波动的证券,而只持有载明一定日期支付一定金额的义务的票据和类似凭单。[⑤] 这是他们买卖见票即付或短期通知付款的借用货币的惯例的基础。

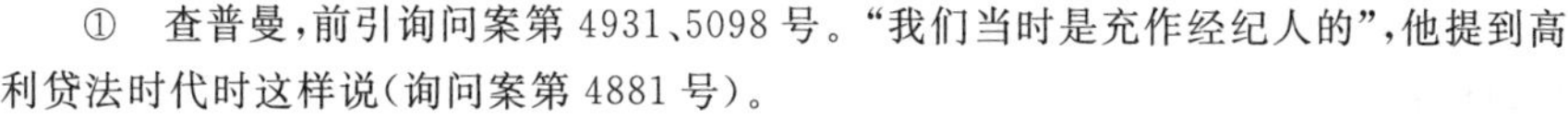

① 查普曼,前引询问案第 4931、5098 号。"我们当时是充作经纪人的",他提到高利贷法时代时这样说(询问案第 4881 号)。

② 鲍威尔:《伦敦货币市场的演变》,第 378 页,《英国银行制度,美国货币委员会》,第 62 页。到 1931 年,这类"跑生意的经纪人"已经减到了八个。《财政和工业委员会报告书》,第 43 页。

③ 伊凡斯:《投机性的票据和票据投机》(Evans, D. M., *Speculative Notes and Notes on Speculation*)(1864 年版),第 88—89 页。

④ 伊凡斯:前引书;"不像过去那样多",而且大多数是上了年纪的人。

⑤ 查普曼,询问案第 5104、5216 号。

对于主要行号的信任是那样的盲目，以致银行家并不是它们仅有的存款人。它们的地位始终是微妙的，虽则在风平浪静的时候很安全。但是只要在它们的存款人之间有丝毫不信任，只要对于一部分到期的票据能否履行有丝毫担心，经不起的紧张局面就出现了。在1857年的一个不幸的日子里，“单单一家贴现商就付……给存款人七十万镑，贴现人十万镑”。[①] 它为自己的名誉计不能不贴现，虽则它的经营资本是特别流动的。这究竟是哪一家商号，当不难揣测。

直到五十年代中叶的有限责任制立法公布时止，这项业务是全部在私人手里。在1858年以前已经成立了两家贴现公司，其中之一，国民贴现公司，一上来就是成功的，到1866年已经居于强有力的地位。[②] 其他——数目始终不很多——则起起伏伏，其中就有欧威兰—葛尼有限公司，在它的新招牌之下，在1865年公众还踊跃认股，但在1866年就一败涂地了。在七十年代初期，包括国

355 民公司在内，只有三家是具有重要性的，其余两家在1885年合并成为联合公司，资本一百万镑，实收50%。[③] 联合公司、国民公司和大约二十个私营行号构成为八十年代中叶的“贴现商”。[④] 自五

① 刘易斯爵士论1857年的危机，1857年12月4日。《韩氏国会实录》，第3集，第148卷，第155页。

② 关于它在1866年的情况，参阅《芬氏基金论》，1867年第9版。

③ 《经济学家周刊》(1866年7月14日)谈到“很多的”新公司，但是实际上并不多。到1870年2月12日，它只对“三个主要”公司——即国民公司、通用公司和联合公司——和六七个“突出的”私营行号发生兴趣了。关于合并问题，参阅前引《银行业的会谈》，第104页(联合公司的经理)。

④ 在1931年计有公共公司三家、私营公司四家和私营行号十七家。《财政和工业委员会报告书》，第43页。

十年代以来，业务的性质变化很小，绝对的重要性也没有什么减损，虽则相对的重要性或许多少有所降低。纯经纪人以外的较小行号则主要是为了转卖而买进汇票。较大的则又转卖又持有。这种业务的微妙性质并未减少。正是一位对十九世纪后期富有经验的银行家在二十世纪初期说了下述一段话："票据经纪人的债务是只能在平时履行的一种债务……在有风浪的时候，他就听由银行和环境支配了。"[①]

在同不列颠工商业一般运转的关系上，伦敦短期放款市场主要是作为流通资本的供应器和节约器而具有重要性的。除非在暴涨暴跌的时候，它并不使既非制造家也非商人的投资者感到兴趣。它对商人比对制造家具有更直接的重要性，因为流通因素可以左右商业。可贴现票据的作用有助于固定资本的创立（纺织工程师可能向厂主开出票据），但是像这样的固定资本向来同伦巴街无关。地方银行家给他所信任的人以一切支援，允许他们随时大量透支；但即使是地方银行家，也把厂房、机器"或任何种类的工程"[②]都看作是贷款最坏的担保品。1850 年现存的几乎全部制造业的固定资本和此后三十六年间绝大部分的增添和更新资本都是来自地方银行家所信任的制造家的那种当代经济学家所谓的节 356
约——经济学家使用这个字眼具有比他们的批评者所往往承认的

① 《银行业的会谈》，第 42 页（菲利克斯·舒斯特爵士）。

② 雷伊：前引书。在工业区经济生活中的透支问题值得作一番专门研究——如有事实可供利用的话。在十九世纪之末渐渐消灭的这类银行家常谈到他所"造就的"那些人并且怀疑新式银行能否把这项工作做得那样好。

更充分的理由。[1] 凭靠工业公司节约下来的公积金建立固定资本,虽不无所闻,但迄今还不是重要的。[2] 如果经营顺利,用后来经济学家的术语来说,能抽取"准地租"这类的地租,而不问它们是特殊才能的地租,还是单纯幸运的地租或得自全世界存货暂不充分的某种资本货物的所有权的地租[3],那么制造家就改良或扩大自己的纱厂或工厂了。不列颠,直到八十年代,还那样经常是世界所短缺的资本货物的所有主,以致它——通过它的比较幸运和比较能干的制造家——可以暂时使某些这类货物产生这类的地租,而不止于单单产生细微的竞争利润,而靠了这些地租它可以建造更多的工厂和更多的纱厂。从经济理论的观点来说,它是世界上准地租的大食租人。但是如果由于对不久的将来所抱的某种怀疑,它踌躇于把它的地租和利润按正常程度"固定"在工厂上,而它的制造家宁把款项存放在他们的银行家手里,那么伦巴街就得到了不正常的供应,而且供应是"低廉的"。这或许是伦巴街和国内固定资本投资趋势之间的主要联系。[4]

但是纵使直到八十年代,工业资本的大部分增添仍然是由拥有和管理工业企业的那些人直接提供的,早期铁路时代却已经使英国的大部分地区对于集中化的投资和投机的吸引力、方法和风险家喻户晓了。铁路曾经是地方创办的,伦敦资本起初一直是畏

① 参阅《工业和财政委员会报告书》,第 162 页。

② 关于今日的重要性,参阅例如庇古:《财政学的研究》(Pigou, A. C., *A Study in Public Finance*)(1928 年版),第 78 页注。

③ 参阅马夏尔:《经济学原理》(Marshall, Alfred, *Principles of Economics*),索引,准地租条。

④ 参阅本卷,第 379、385 页。

葸不前。当 1848 年以前，正如屠克所说，“每一个城镇的每一条街
上都可以找到铁路股票的持有者”时，这一阶段就差不多过去
了。[①] 交易渐渐集中到了证券交易所。甚至在白哲特揭露之后对
伦巴街仍感到神秘莫测的整个社会各阶层，已经对马厂巷有了一
点粗浅的认识。屠克以大写字体标识出来的铁路赌博已经变成为
最稳健的投资。到了八十年代，除整理公债之外，铁路证券乃是银 357
行家理想的抵押品。[②] 直到 1850 年左右，管理得法的银行已经怀
疑到凭这种证券垫款的是否合宜：它们把很多这类工作留给一种
叫做交易公司的临时性企业去承办。当交易公司以一定代价取得
了经验而又消灭之后，股份银行承接了这项业务。[③]

除开作为一种普遍家庭投资的铁路证券，对于一切有资可投的家庭来说，还有其他公用事业证券——如煤气、自来水、船坞和电报等公司的证券——和股份银行本身的证券。（墓园、码头和市场公司可能变成为地方性的家庭投资，但它们是低一级的。[④]）报纸上的城市论文和金融刊物的发展传播了各种不同质量的消息。大陆铁路、南北美铁路、殖民地铁路和借款以及所有比较有信誉的政府基金，都依次变成了同投机相对待的投资的证券——这是一位乡间律师在一位年轻姑娘的继承资本里看到时不会置疑的那类

① 《价格史》，第 5 卷，第 234 页。参阅詹克斯：前引书，第 131—132 页并散见各页。在正文各处有关投资的一切讨论，叨惠于詹克斯的独多。

② 雷伊：前引书，第 101—102 页。

③ 关于这几段叙述的确切证据是苏格兰方面的（克尔：《苏格兰银行史》，第 248 页），但是无疑对于英格兰也一般适用。

④ 《根据维多利亚，第 1 年，第 73 章颁发的一切有限责任特许状的申请书》（1854 年，第 65 卷，第 611 页）的 1853 年报告中有很多这类的公司，伦敦墓园公司也包括在内。关于码头，参阅本卷，第 518 页。

东西。所有这一切都为各种各类新公司的登记铺平了道路，并且使发起人先须诱导狭窄的金融界，继而诱导一般投资公众入股的工作轻而易举了。

1853 年暂行登记公司一览表[①]，虽则其中有一大部分始终没有开业，也可以表明在 1855—1862 年的立法终于为股份公司时代作好准备的前夕，发起人和投资人的主要兴趣所在。在总共三百三十九项之中，有八十项铁路计划，五十四项煤气计划，三十五项保险计划，各式各样的采矿、航运和贸易计划，而只有三十项是为了“经营制造品和行使专利等等”。甚至名义上所需资本的总额，按后来的标准也是微不足道的。直到 1862 年，数目和名义资本都依然很低。在截至 1861 年为止的那五年之中，年度平均数是公司三百八十一家，名义资本总额二千一百万镑。在 1864 年有九百七

358 十五家公司登记，名义资本二亿三千五百万镑[②]；1865 年的数字则是一千零十四家和二亿零三百万镑。在 1866 年以后陡降至仅略高于 1857—1861 年的水平。1864—1865 年的名义资本数字——在心理学上比在股份企业的经济史上更加重要，虽则在心理学史上是非常重要的一个数字——直到 1881—1882 年还没有再一次达到，但是甚至在七十年代最活跃的年份，每年的登记数也和 1864—1865 年的情形差不多，而到 1887 年则有两倍之多了。[③]

---

① 《报告和文件》，1854 年，第 65 卷，第 597 页。

② 但所缴之数仅仅是这个数目的十分之一——二千四百二十二万九千六百三十三镑。

③ 这些数字见《统计摘要》和《经济学家周刊》扼述的年度报告。早一些时候的数字，累昂·李维在《统计学报》(1870 年号，第 1—41 页)的一篇论股份公司的论文中曾加探讨，马克斯·维尔思的《商业危机史》(Max Wirth, *Geschichte der Handelskrisen*)(1874 年第 2 版)中也有所论述。关于最近的讨论，另参阅詹克斯：前引书，第 238 页及以下。

在1863—1865年登记的公司之中包括有前十年各种不同形式的公司，虽则所占的比重有所不同。[①] 自然国内铁路公司比较少，虽然这是一个大力建造铁路的时期。在一大批终于失败的工业和商业公司计划之中有少数几个持久的工业公司的登记——诸如肖特利·布里奇铁公司、恰特伍德保险箱公司、约翰·布朗公司、查理·凯麦耳公司等。火车建造业务是在公司手里发展的，正如多半不出所料的那样。[②] 英国和海外又有一批新产生的股份银行。引起公众注意的新事物是饭店公司：牛津的伦道夫大饭店在1863年4月登记了，在同一年登记的还有其他四十六家。[③] 另有一批印度的植茶和类似企业。在一般投资史上具有相当重要性的是仿照十年前法籍犹太人的Crédit mobilier（兴业银行）的金融公司或投资信托公司。[④] 它们的董事会是"一个商业和金融分子的组合"[⑤]，1863年的国际金融社包括有摩根号、希思号、戈申号、胡思号、斯特恩号和多布里号。它们的目的是各种各样的——公司和募债、让与权的谈判、对其他各种企业的援助，"一句话……一个 359
聪明而有经验的资本家可以用几百万的一笔资本独力实行的一切

① 参阅1864年的详尽的《全部股份公司报告书》。

② 参阅本卷，第98页。

③ 关于公众的注目，参阅伊凡斯：《投机性的票据》，第166—167页。

④ 关于Crédit mobilier（兴业银行）最好的当代记述或许就是马克斯·维尔思：前引书（第1版是1858年版），第268页及以下的记述，参阅康拉德和艾耳斯特：《词典》，第4卷，第261页，金融公司条（李夫曼撰）。参阅本卷，第364页。

⑤ 《经济学家周刊》，1863年8月22日。另参阅1863年的《经济学家评论》（*Economist's Review*），1864年2月20日。

活动”。[①] 它们特别是在英国创办的国外铁路的早期阶段给以援助,而这种援助的给予是英国银行界在国内铁路仍带有一点投机性质时颇有踌躇的。它们所从事的工作的性质,可以从一张主要企业名单得到最好的说明,在这个名单里有一家,即名称有点不合理的英格兰不动产抵押银行,是在它成立四年之后方始发生利害关系的。另外则是米兰城改良公司、瓦尔那—鲁斯楚克铁路、比利时公共工程公司。法国灌溉公司、马赛的帝国地产公司和米耳沃耳造船厂。[②]

到那时,1867 年 8 月,“小额股息,纵使有的话”[③],也是由金融公司支付的,它们的股票却低于票面价格。有几个已经倒闭,这种类型已经失去了生命力。一种变相的不那么有冒险性的类型跟着 1868 年的外国和殖民地政府信托公司一起出现了。它的宗旨是把对公债投资的风险分摊在从奥地利和澳洲一直到土耳其和美国这一长串的国家上面,“以便给中等资力的投资人以大资本家同样的利益”。[④] 1871 年的海底电线信托公司和其他等等继之而起,但这一类型直到 1886 年还不是重要的。[⑤] 它的目的是安全,金融公

① 通用信贷金融社的计划书,转引于詹克斯;前引书,第 493 页。在李维的《英国商业史》第 429—430 页中对公司有一很严格的当代评价。

② 《经济学家周刊》,1867 年 8 月 24 日,“英格兰的不动产抵押银行”。

③ 同上。

④ 转引于鲍威尔:《伦敦金融市场的演变》,第 469 页。詹克斯高估了这类公司。当时它们所掌握的投资业务只是很小的一部分。格雷森:《投资信托公司的起源、发展和经营》(Grayson, T. J., *Investment Trusts, Their Origin, Development and Operation*)(纽约,1928 年版)和格拉斯哥:《英国投资信托公司》(Glasgow, G., *The English Investment Trust Companies*)(1930 年版)中的记述是不完全的。

⑤ 在 1886 年,证券交易所名单上只列有十二家。当时残存的最老的两家创办于 1871 年,三家创办于 1873 年,四家创办于 1879 年;创办于 1881、1883 和 1884 年的各一家——《经济学家周刊》,1886 年 10 月 7 日号。

司的目的却是事业。这两类公司的董事都犯了错误，但是注重安全的董事们所犯的错误自然少些。

六十年代公司的勃兴是那样的迅速和引人注目，以致它在国家经济生活中的直接重要性很容易被估计得过高。确切的计量是
不可能的，但是据一个当代的估计，登记的新公司的核定资本，以 360
现款支付的不到10%。1863—1866年的数字是三亿七千三百万镑名义资本中的三千五百六十万镑。这只不过是国民储蓄的一小部分而已。[①]

远比许多新公司和新型公司引人注目的募股更加重要的是六十年代和七十年代旧式企业的改组为“有限责任制”和把外界资金吸引进去的那个逐渐加速的过程。为了这项工作，有一小批后来称作金融代理商和投资代理商的人专门以此为业，这些人在一些最著名的事例中都是从会计师中间分化出去的。在他们有了信誉之后，未来的售主会把方案交给他们去审核，这个售主也许是“把自己的企业留给曾经在大学读书但尚未留心企业的儿子们”的一位已故工程师的代表。[②] 在四十个这类方案之中有三十九个，

① 这是《经济学家周刊》的估计，累昂·李维在《统计学报》1870年号所载“股份公司”一文中曾予以讨论。詹克斯(前引书，第238—239页)所说“在六十年代之初”英国工业有很大一部分变成为有限公司一节，未免夸张。参阅本卷，第138、311页。

② 戴维德·查德韦克的证词，《公司条例审查委员会》，1877年(第8卷，第419页)，询问案第2008号。他在1877年的证词和《有限责任条例审查委员会》，1867年(第10卷，第393页)所载的证词是资料来源。自1842年以来他一直执行会计师的业务；自1860年，随着新法律的公布，他基本上渐渐变成为一个投资代理人。《1867年审查委员会》，询问案第835号及以下。另外还有一些这个类型的其他行号——询问案第2157号。

1877 年据一位重要的金融代理人在一个审查委员会中这样说，为他的公司所拒绝，因为他们是来自试图以“有限责任制”挽救他们自己的低级企业的。[①] 但是单单那一个公司所进行的募股在1867—1877 年已平均约二百万镑[②]，并且在十六年之中已经为五千个富人的过剩资本找到了出路。由他们募股的公司大多数是规模很大的，但是也有“很多资本小的私营公司”。[③] 后来，有训练的估价员常常受聘帮助代理人在初着手时去作出决定，因为在初期的“有限公司”之中，有一些公司是以超过实际需要的名义资本组成的，而 1862 年的条例既然没有核减资本的规定，所以一直背着
361 一个股款尚待催缴的包袱。[④] 在代理人接到估价员的报告之后，他们就以“私人通函或计划说明书把方案”提给“他们的朋友”。而签署创立公司备忘录的法定七人也就是从他们的朋友和售主的朋友之中遴选出来的。在一笔十万镑资本的典型安排中，售主会承担三万镑；代理人的朋友比照此数；“并且我们在申报……其余之数可全部募齐以前，必须确有把握”。这个代理人总是力请指派一个报酬优厚的经理。“你越能接近私营企业的管理人员越好”。这就是自诩同证券交易所没有任何关系，没有做股票买卖，“也很少任何广告”，自诩从 1860 年以来发行的股票在 1877 年不但仍然流通而且“显著成功”的一个公司如何进行或据说如何进行工作

① 查德韦克，询问案第 2042 号。

② 询问案第 1993—1995、2081 号。

③ 询问案第 1999 号。

④ 缩减资本的法律规定是 1877 年委员会上所讨论的主要问题之一。

的方法。[①] 固然有一些不那么彻底、不那么审慎、不那么成功的公司，也许拿不出高达所募资本1%之数作为查德韦克号的丰富报酬[②]，但六十年代比较重要的“有限公司”和八十年代为数日多的公司却是以这样一种认真的，妥善考虑的方式成立起来的。资本还是照常掌握在少数几个人手里，公司也还是私营的或半私营的；但是最后却有一批，虽则是一小批工业证券在伦敦证券交易所正式挂牌了。[③]

把不列颠经济史归纳成为对伦敦金融市场的健康的或急遽变化的图表的一篇流水账式的注释，会是愚蠢的。但是有了相应的正文，它们肯定可以提供一条捷径去探讨一个范围更广、更复杂的故事，去探讨不列颠经济——连同它充分使用的资本、它的活期放款市场和它的工商业的日益“隐名化”——同它本身也被包括在内而且非此则甚至维持不下去的那个仍然不很发达的世界经济之间的接触的故事。 362

① 引语取自询问案第2041、2075、2007、2045和1991各号。查德韦克在1867年的证词也大同小异——询问案第835号及以下。如果所述属实，他的募股的成功，同一般新股份公司的命运却是一个鲜明的对照。参阅麦克雷戈：《股份公司和危险因素》(Macgregor, D. H., *Join-Stock Companies and the Risk Factor*)，《经济季刊》，1929年12月号。麦克雷戈教授所说“家庭企业的改成为公司是特别为1900年条例所促成的一项后来的发展(1880年以后的)，虽则1895年委员会称之为一种日益发展的惯例”云云，是需要斟酌的。

② 询问案第2114号。

③ 1886年6月《泰晤士报》上列作“工商业等”的那一类是特别小的一类。通常所列的数目是十四至十八，而且其中还并不都是工业的。布莱恩—梅公司、普赖斯蜡烛公司和斯普拉特狗饼干公司都是经常开列的。这为数不很多的“工业证券”的买卖大多数是断断续续的。《泰晤士报》名单自然很不详尽，只包括一般投资人发生兴趣的那些证券。

在伦敦，"货币"从来没有像自1848年中期至1852年年尾那样长期低廉过。自十八世纪以来，面包也从不曾那样低廉。岛上在整个那段时期是相当活跃的，在1852年则非常活跃；但是至少直到1851年为止，世界大部分地区并非如此。欧洲在饥荒、革命和战争之后正慢慢地重整旧业。法国又经过全民投票而变成为帝国。在这期间，它的铁路建造停止了。但是美洲却生气勃勃。人们的流入美洲比以前快得多了（在1851年有三十七万九千人①），冒险家们已经开始去淘金，口里唱着："加利福尼亚哟！那是我的家乡。"在不列颠总是谈说美洲的繁荣；但是在那时，落后绝不止一年。第一批黄金的新闻在1848年花了四个月的时间才经由巴拿马传到华盛顿。事实上，大约在1850—1851年年度更始时，英国的出口才"开始显现出加利福尼亚大量消费的影响"。② 九个月之后传来了作用快得多的澳洲方面的消息。在这期间，从世界各地往加利福尼亚装运的货物已一时供过于求，以致在1851年中期"所有新供应的货物（在那里）完全无法销售"。③ 棉花和殖民地产品充斥，所以那一年是以物价低和英格兰银行贴现率行将从3％降至2.5％为结束的。

在1852年这一年中，虽然价格稳步上升，往澳洲的货运暴增，英格兰银行贴现率却稳定在2％约有九个月之久。但是就业情况

① 在1845年美国容纳了十一万四千名外国移民。到1851年为止一直稳步上升，继而停顿了两年，在1854年上升到四十二万八千人，在1863年又下降到八万九千人的最低额。《工业委员会最后报告书》(*Final Report of the Industrial Commission*)，1902年，第958页。

② 屠克和纽马奇：前引书，第5卷，第258页。

③ 同上书，第5卷，第261页。

非常好，而且工资已开始步趋物价的后尘——首先，最自然不过，363
是在船匠中间。其所以尽管贸易活跃而贴现率仍然很低，就是因为再度成为各种货物的贪婪买主的美洲，正以黄金支付，而且澳洲黄金也开始运到，以致英格兰银行在1852年7月持有金银块达二千二百万镑，这是向所未有的。在12月，也只不过减少了几十万镑。

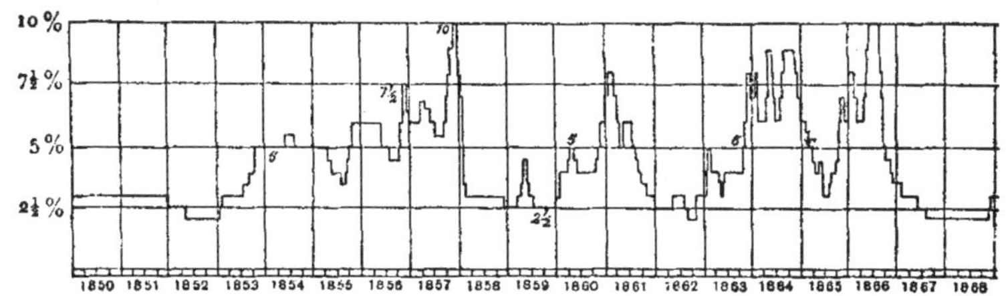

1850—1868年英格兰银行最低贴现率

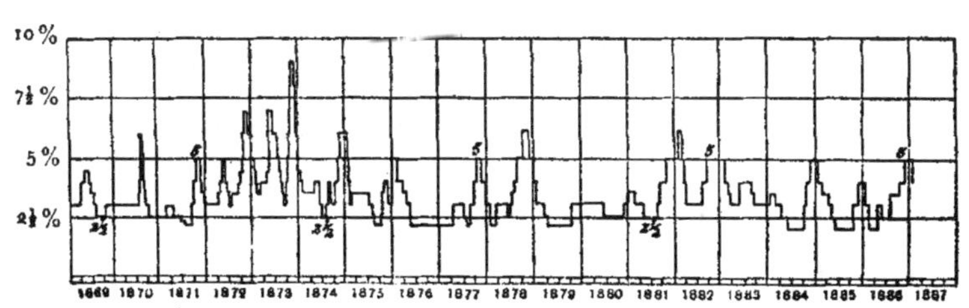

1869—1886年英格兰银行最低贴现率

“甚至很多政治经济学者都大谈将来必会有这样的一天，到那时……普通装饰品和器皿会是最重的金制造品之一”①，但是不那么愚蠢的人却认为利率会永远低下去。旧借款合同修改了，新借款合同以很平易的条款签订。金融界满意地反映至少不会再有另

① 伊凡斯：《1857—1858年商业危机史》，第9页，没有举出政治经济学家的名字。

一次的黄金恐慌出现了。[①]

以2%利率的资本来开发世界是轻而易举的。五十年代早期的人们已着手其事。托马斯·布腊西自1847年以来每年只平均
364 接受一件外国小铁路合同，在1852年承接了五件，其中还包括一百一十三英里的南特－冈铁路和五百三十九英里的加拿大大干线铁路。在1853—1854年他又承接了七件，虽则工程不那么大。[②]在法国，圣西门主义者曾经建立了一种发展世界的宗教，一种新皇帝核准的宗教。他们正梦想着苏伊士运河，建造着巴黎－里昂－马赛铁路，创办着里昂煤气和自来水厂。[③] 在1852年，为发展和鼓励一切事业，出现了两个大公司，Crédit foncier(不动产抵押银行)和Crédit mobilier(兴业银行)。现钱可以凭土地担保出借；公债可以得到担保；铁路可以得到资金周转；口岸可以得到发展；煤气公司可以建立起来，巴黎可以重建了——整个国家可以得到帮助、鼓励和通货膨胀。在1853年，达姆斯塔特工商银行创立，以便在德国办理兴业银行所要在法国办理的一切，而且还不止于此。[④]不久在旧德意志那个联合体中，几乎没有一个邦没有自己的信用银行了，而不论是怎样小的一个邦。国家大借其债。铁路到处在建造中。布腊西1852—1853年的合同包括有荷兰莱茵河铁路，都灵—诺瓦腊铁路和皇家丹麦铁路。这些只不过是欧洲企业的少数

---

① 伊凡斯：前引书，第9页注。

② 参阅本卷第237页所引证的詹克斯的前引书附录甲中他的合同一览表。

③ 参阅勒瓦瑟尔：《1789年至1870年法国工人阶级和工业的历史》(Levasseur, E., *Histoire des classes ouvrières et d'industrie en France de 1789 à 1870*)，第2卷。第480页，和克拉潘：《法国和德国的经济发展》，第383页及以下。

④ 维尔思：前引书，第285页及以下。

样品而已。幕后是充满了人力、黄金和信心的美洲。

美洲的黄金和继之而来的澳洲黄金既没有能使银行库存保持1852年的水平——而毕竟是一个商家的英格兰银行倒也没希望它们如此。很多黄金铸成了货币，进入了流通。在1844年和1856年之间，主要是在1850年以后，流通量至少增加了50%。[①]不列颠的出口货包括一大部分资本货和另一大部分这样的货物——运往澳洲等市场的——虽非资本货，却不能不按远期支付办法出售，以致一时见不到利润。它们暂时是无利贷放的，一如资本为英国方面所持有的那些铁路的金属器材和机车之类。在伦敦还有外国铁路和外国政府证券催缴现金的要求，像在1846年就很

多。[②] 而且在1852年全年之中，当英格兰银行贴现率是2%的时 365
候，在1850年8月刚刚恢复现金支付的法兰西银行的贴现率却是3%。很可能有一些国际流动资本从伦敦流往巴黎，另有一些原会流往伦敦的也直接流往巴黎。[③] 法国史学家曾断言这时伦敦已经把资本市场的地位让给了巴黎。[④] 英国史学家至少会承认一段二元控制的时期。

自1852年12月起这些力量就合起来吸引着英格兰银行的黄

① 屠克和纽马奇，第6卷，第699、701页。

② 见上卷，第529页。

③ 这一点是靠不住的。以1%这样小的差额在当时是不足以使票据形式的资本移动的。证明这一点的论证或许是由于戈申的《外汇理论》(1865年版)一书而著名，但是在屠克和纽马奇，第5卷，第313页中。这一论证也像其他的很多论证一样被明确地提出来。据那里论证说，虽则甚至2%的差额也不会使票据移动，但是它却会“相当有把握地”使投资转变方向。

④ 例如勒瓦瑟尔：前引书，第2卷，第483页。

金。英格兰银行在1853年1月已两次提高它的贴现率(照它的评论家和公众的看法,实不免为期过早[1]),在6月又两次提高,在9月1日知道了歉收之后,再度提高。小麦价格扶摇直上,到圣诞节已达八十先令。一个冬季的不正常粮食进口已势不可免。所以在9月底,贴现率再一次提高。甚至这时贴现率也不过5%。因为10月和11月有二百六十万镑黄金来自澳洲,所以贴现率得停留在那个水平上[2],虽则土耳其和俄国已经开仗而同黑海的谷物贸易已经停止。纵使在美洲进行的谷物购买未始不会使大西洋出现黄金倒流的现象,但是这时总有黄金自辽远的南方源源而来。固然在1853年底该行只拥有价值一千五百万镑的黄金,但是直到1851年为止它拥有黄金之多还是史无前例的。

1854年3月,对俄战争开始。金融市场上简直没有什么风波。那是区域性的战争,而不是公海上的战争,像历次对法战争那样。黄金很流畅地从南方源源而来。[3] 战争减少了某些重要原料的供应,助长谷物昂贵达两年之久;既不能不以现金银调往近东,又不能不以其他工业为代价来刺激兵工业。除开这些之外,和战争相终始的一切经济不安却主要是由于其他原因,诸如船舶建造过多,1855年的歉收和美国繁荣受到的暂时阻碍等等,虽则和1855年歉收同时发生的大量战争汇款使银行贴现率在战争的最
366 后几个月中(1855年10月至1856年5月)保持在特别高的水平

[1] 屠克指摘它在2%的水平上保持了那样久而后又变动得那样快(第5卷,第280页),继而他又一般地加以指摘。

[2] 屠克和纽马奇,第5卷,第299页。

[3] 很多是经由埃及的。

上。但是甚至那时，据辩称，紧张的主要原因并非战争需要的压力，而是英格兰银行在6月间库存充沛时，未能持盈保泰以应付尚未终了的战争的缓急之需，而盲目地把贴现率降到3.5％，这种说法倒也不是没有道理的。①

从经济上说，英国在1856年轻易而平顺地溜出了战争，正如它在1854年溜入战争时的情形一样。“在进口市场上”，纽马奇在大约那一年年底写道，“生意一直是平静而安稳的；在制造业区域，既享到了十足的一份的繁荣，又完全得免于骚动和投机。”②他和他那“年逾八十”③的老伙伴屠克确信自1853年以来所实行的高额贴现率——银行贴现率于夏季一度降低之后，在1855年10月至11月又猛升至6％和7.5％——“溯本求源，实由于新建的、远方的和花费很大的企业对资本的扩大需求”。④ 英格兰银行条例的坚决批评家满意地看到这九年来价格要么是在纸币流通量不变的时候有猛烈的变化，要么是在纸币上升时下降而在纸币下降时上升。他们深信如果没有新到的黄金，1844年条例就不会经过这次战争而不陷于破产，甚至1819年的条例也未必不陷于危险之中。⑤

---

① 屠克和纽马奇，第5卷，第318页。请与第6卷，第557页所载1855年6月的一千八百三十六万镑和1856年1月的一千零四十三万镑的大条的数字作一比较。

② 屠克和纽马奇，第5卷，第337页。

③ 屠克和纽马奇，第5卷，第9页，写于1857年2月的序言中。此后历史家就失去了屠克的健全见解、经济的深入观察以及金融和商业的准确知识。关于他和纽马奇所擅长而后继无人的经济史上的那些方面，任何一国文字的写作都还很少。前几页也不例外。

④ 屠克和纽马奇，第5卷，第345页。

⑤ 参阅纽马奇的证词，见《银行条例审查委员会》，1857年，询问案第1423号及以下和《历史》上的各有关段落。参阅1857年2月21日的《经济学家周刊》中“一个银行家”的来信，这位银行家认为在流通额上升的时候，贷款和贴现率就会下降，因为银行纸币的主要使用者没有银行往来。

欧威兰和葛尼公司执行业务的合伙人从金融市场中心给它们以支持。“我们一直有额外数量的金块来自澳洲”，他在 1857 年这
367 样说，“甚至来自美洲，这些完全是在流通量以外的，从地下采掘出来的，靠了这批金块，在为了战争和其他目的而对我们有额外需求时，我们才能以应付裕如。我们无时不盼这些来自澳洲的轮船的到达，看看我们的生意是否还能安安稳稳地作下去。”①

这是在 1857 年 6 月一个英格兰银行条例审查委员会中作证时所说的话。穆勒和纽马奇痛加驳斥。奥弗斯顿勋爵和诺曼则为之辩护。伯明翰学派的一位对 1897 年记忆犹新的年纪很大的代表人，则鼓吹充沛的货币和同现金银脱离关系的通货。② 英格兰银行总裁解释了该行贴现率的作用以及它在什么限度内可以影响市场贴现率和汇兑。他也报告了如何自 1851 年 1 月 1 日以来，曾经有一亿零九百五十万镑的黄金和二千五百八十万镑的白银由原产地运至英国，以及如何有价值一亿三千九百九十万镑的现金银运输出口，投入流通和在工业上消费掉。③ 他注意到了该行的金银储备在 1851 年虽平均是一千五百万镑而后来却是一千零五十万镑左右的这个结果，但是他没有着重指出同大为扩大了的贸易有连带关系的种种风险。不过他和他的同事都了解这个问题。在整个这一年中他们一直在以高贴现率——5.5%、6% 和

① 查普曼在同一个委员会的作证，询问案第 5310 号。

② 斯波纳·阿特伍德公司的约翰·特韦耳斯，询问案第 4366 号及以下。在外国人需要金银的时候，让商人去寻找，他这样说。我们二十年没有用金银而一直都很顺利，他认为我们还可以这样下去。参阅上卷，第 311、535 页，和凯恩斯：《货币改革论》(Keynes, J. M., *A Tract on Monetary Reform*)(1923 年版)。

③ 韦格林的证词，询问案第 15 号并散见各号。

6.5%——保护他们的储备,并拒绝对长期票据贴现。[①] 自 3 月以来,印度战火不停。直到 9 月 20 日德里方被攻陷,但是英国的收成良好并且在 9 月初丝毫看不出会有严重的财政困难。那时该行正同东印度公司洽商以一百万镑白银运往东方。[②] 它并没有装运那么多,并且若干年来一直习惯于以黄金购买东方的汇款。巴黎是最好的市场;因为复本位货币一直是那样自由地补进黄金和抛出白银,以致在 1850 年至 1857 年这八年之间,从欧洲运往东方的 368
白银约值五千七百万镑,约倍于它得自各生产国的白银。[③] 上项个别契约只不过是大账目中的一个小项目而已。

在 9 月 15 日,契约刚刚签订,不幸的消息就开始从美洲传来。在 1856 年,英国五分之一以上的出口货是运往美国的。在通常开列的外国政府证券之中,有三分之一是美国证券。"有些人估计",英国人持有的美国股票和债票达八千万镑之巨。[④] 来自大西洋彼岸的任何些微动荡,利物浦和格拉斯哥都是特别敏感的。现在却来了猛烈的震荡。美国铁路证券开始下跌。俄亥俄的一家大信托公司破产。费拉德尔非亚和巴尔的摩的银行首次停止支付。不久纽约六十三家银行之中六十二家都步其后尘。往西部(当时是伊利诺斯)赶修的铁路陷于破产;"贴现率则自 18%至 24%各不等"。[⑤] 业务一时全都在美国三条东部的通路上停顿下来了。

① 并且由于这样作而受到《经济学家周刊》1857 年 4 月 4 日号的热烈赞扬。

② 伊凡斯:《商业危机史》,第 63 页。

③ 当时所知道的数字见《1858 年报告书》,第 2 节。

④ 《报告书》,第 15 节。

⑤ 杜威:《美国财政史》(Dewey, E. R., *Financial History of the United States*)(1903 年版),第 263 页。

到了10月27日，利物浦市银行和两三家苏格兰大商号倒闭。11月7日，利物浦、格拉斯哥、纽约和新奥尔良的丹尼斯顿公司，“美国银行家和汇兑经纪人”，赔蚀了二百多万镑。几天之后，一家伦敦票据经纪商倒掉了五百多万镑。9日，苏格兰的西部银行倒闭。11日，格拉斯哥城银行停止支付。[1] 当第二天，正如英格兰银行总裁所说，“除英格兰银行外，伦敦已经几乎完全停止”[2]贴现的时候，财政大臣援据十年前的先例，授权英格兰银行得于必要时不受皮尔条例的拘束，目的在使它能以自由贴现，支援焦急的银行或票据经纪人并履行同东印度公司签订的那项已在大约10月31日开始装运白银的金银块合同。只要它发行的纸币超过条例许可之数，英格兰银行就不会在10%以下进行贴现。

369 在函件发出以前的那一个星期之中，英格兰银行已经向势将引起恐慌的苏格兰抛出了一百多万镑银铸币，向爱尔兰抛出了二十五万镑。[3] 格拉斯哥银行的小额储蓄户要黄金而不要著名的苏格兰纸币。“前来取款的人不要任何银行的纸币”，一位苏格兰的董事这样说。[4] 虽然英格兰银行一直是稳步地，以胜任的评论家所同意的卓越判断力逐渐提高它的贴现率[5]，到11月9日已经提高到了10%，但是市场贴现率的麻痹和从不安的北部的这种黄金外流，迫使它不得不利用它的法权力了。（英格兰收成不错因而感

① 这里所述的倒风的故事，取材于伊凡斯：前引，1859年就伦巴街伯钦巷方面所写的一篇当代记述。丹尼斯顿终于十足清偿，格拉斯哥城银行恢复了支付。

② 转引于《1858年报告书》，第17节。

③ 《报告书》，第27节。

④ 转引于《报告书》，第33节。

⑤ 《经济学家周刊》，1857年11月14日。

觉迟钝的各郡事实上正往伦敦输送黄金[①]。)如果没有 11 月 9—11 日往苏格兰的外流,董事们这样想,他们未始不可以合法地渡过难关。事实是,在 12 日夜间,发行部虽然还拥有五百多万镑黄金,他们的银行储备却只剩有五十八万一千镑了。他们下一次的报告表明,他们在这期间已经供给它二百万镑的法外纸币。[②] 但是"从澳洲开来的这些轮船"和使资金不致流出伦敦的高额贴现率不久就帮助票据经纪人恢复了他们中断下来的业务。"据料",《经济学家周刊》在 11 月 21 日报告说,"从亚历山大开来的'大洋洲号'轮船所带来的五十二万五千镑会有绝大部分在一两天之内送进英格兰银行"。黄金也从苏格兰回笼了。在圣诞节前夜,据该行报告,发行部已有库存一千万镑,它的贴现率已从 10%降至 8%,从而自动地取消了法外发行权并且结束了黄金危机。这次危机基本上一直是国内的。"我们已经凭经验学会了如何有效地应付国外漏卮",正如狄斯累利在议院中所说的那样。[③] 英格兰银行一直是凭靠格拉斯哥的吵闹破坏了它的活动时所批准的方法去应付这种外流或这种外流的风险的。

商业危机却不是那么平顺渡过的,虽则它的严重阶段很短。370
在利物浦和格拉斯哥以外的地区曾经有过两起重要的银行倒

① 伊普斯威奇的罗德韦耳的证词,见《1857—1858 年的审查委员会》,询问案第 1604 号。"所有"地方银行都正在输送,或准备输送黄金到伦敦。他不知道有任何倒流的情形。

② 其中进入流通的不到一百万镑。既然 11 月 18 日纸币和铸币的银行储备是一百五十五万三千镑,那就可以说"真正的超额发行不足五十万镑"(《经济学家周刊》,11 月 21 日),也就是说比运往苏格兰的黄金少得多。

③ 1857 年 12 月 4 日。《韩氏国会实录》,第 3 集,第 148 卷,第 159 页。

风——即在纽卡斯耳和伍耳佛汉普顿的那两起铁乡的倒风。除商人外，同美洲有联系的铁工业受到了最严重的破坏。整个工业轻易地逃避了。在破产的商人之中，有很多是像在德意志或北欧贸易中所描述的那样。[①] 灾难一直是世界范围的，而不列颠却是受损害最轻的一处。把北欧同美洲和英国联系起来并大量利用伦敦汇票的汉堡则是最大的受害者之一。那个商人社会中的“一切交易”“都陡然停顿，并且这个社会有完全崩溃之虞”。[②] 北欧和中欧的每一个商业中心都受到了影响，甚而东至于奥地利和波兰。正如狄斯累利以他惯有的那种直截了当的语气所说的那样，风潮“并不是由于英国的通货管理不善，而是由于欧洲的资本管理不善”。[③] 五年来欧洲的丰饶和信贷方面种种试验的一切虚浮、舛误和欺诈，都遭到了考验或揭露。

在不列颠，调查所揭露的不只是占通常比例的欺诈行为和占比例相当高的愚蠢行为——诸如假票据、“假报告和假股息”[④]，它还夹杂着银行对靠不住的公司所进行的轻信易诺的垫款和自我造就的人认为价格上涨和贸易扩大会使一切都得到调整的那种天真信念。据报告，同 1847 年相比，有信誉的行家的倒闭比较少了。[⑤] 风潮的直接原因几乎各处都是预期的美洲汇款的停汇。这些汇款可能是对实际装运的货物应付的款项，也可能是根据无担保信用

---

① 在伊凡斯，第 180 页及以下载有整个名单。

② 维尔思：前引书，第 390 页。

③ 在前引他的 12 月 4 日的演讲中。

④ 伊凡斯，第 47 页注，适用于苏格兰西部银行、利物浦市银行以及诺森伯兰和达拉姆区银行。

⑤ 《报告书》，第 35 节。

贷款办法而应付的款项，所谓无担保信用贷款就是不列颠的“国外金融”公司允许美洲和其他各地的往来号在规定数额内透支，而相信这家往来号在债务到期以前会照数存入基金的。随着大西洋沿 371
岸的银行全部倒闭，美国最有信誉的往来号也可能无法照汇了。这种无担保信用贷款，这种不像旧式商业承照票据那样以真正商业交易为基础的国际通融汇票的使用，受到了严厉的批评。有些人称它为新事物，英格兰银行总裁却正确地说它“完全不是什么新的东西”。[1] 自从有“票据”以来，大概就有了某种“通融汇票”。了解彼此情况的那些殷实而有信誉的公司使用这种票据，不但无可指摘，而且可以使贸易的进行更加顺畅。然而这种票据却也是意图诈骗的“开空头支票者”惯用的工具。在 1857 年前夕，这种票据使用范围的扩大是彰明较著的，尤其在北欧贸易方面。在那个交通迅捷和对信贷进行各种试验的年代里，这是理所当然的。试验者未必都是老实人而可能有一部分无赖，这也是理所当然的。至于 1854 年以两三千镑创办起来而在 1857 年亏蚀了十万镑的那家纽卡斯耳公司究应划入哪一类，倒不能肯定。[2] 至少它的那番经历总说明了这个制度的缺点。据英格兰银行所了解，凡是经验丰富、业务精通的老银行家都无灾无难地，纵非安然无恙地渡过了这场风潮。

---

① 《1857—1888 年的审查委员会》，询问案第 1690 号（韦格林）。尽管有他的证词，《报告书》第 40 节却大胆地说“这种习惯似乎是最近才发展起来的并且主要同北欧有关”。整个证词证明了正文中的叙述——例如，询问案第 1663 号及以下和韦格林的证词。

② 描述于《报告书》，第 40 节。

除开欺诈行为和单纯的无能外，不列颠的风潮主要就是由于甚至一个小小的资本水槽，都不肯让它停滞不动。人人都想让它流通，让它使土地丰产。他们信赖他们正规的和应急的给水管——银行家信赖存户和英格兰银行；票据经纪人信赖银行家、存户和英格兰银行；信用贷款承兑商信赖那些乐观的一帆风顺的美国人或某些北欧人。有一些给水管区曾经产生过一次短暂的令人不快的干涸现象。英格兰银行立刻试行以停止对经纪人贴现的办法，来迫使他们把水槽保持得满一点。[①] 它会在税款和政府息金定期从市场上吸出而存入英格兰银行的时候，对他们提供季度垫款；但是在其余的时期，他们就必须自己照顾自己了。

在 1857—1858 年，乐观的美国人并不是没有理由的。[②] 除开
372 宾夕法尼亚的银行之外，他们的所有银行都在那个新年度恢复了支付。已经停止营业的英国对美贸易的最重要商行终于能十足付款了。早在 1 月间，巴黎和汉堡已按 5% 的利率进行贴现，不到月底伦敦也按 4% 的利率贴现了。1 月 27 日，英格兰银行已拥有大条一千五百万镑，“五十万是澳洲方面过期未付的”，美洲也重新装运黄金了。“危机固然从来没有一次比这次更严重，但是恢复也从来没有一次比这次更迅速。”[③]世界财富取之不尽的泉源还原封未动。引诱人们去扩大其出口和清除其沟渠的黄金，依然还很丰厚，而且不列颠持久的资本输出正逐年增加着它对它们的权利主张。

① 《1857—1858 年的审查委员会》，询问案第 616—618、688 号。

② 参阅《经济学家周刊》，1858 年 1 月 2 日和 30 日号。

③ 《经济学家周刊》，1858 年 1 月 30 日号。

但是正同这种从危机的严重阶段恢复起来的情形相反，贸易和工业的完全恢复却是缓慢的。两年来，除开1859年证券交易所有过一次恐慌的那个月份外[1]，英格兰银行贴现率一直保持在3%或更低的水平上。只是在1860年年底南卡罗利纳已经脱离联邦时，贴现率才自1857年以来第一次提高到5%以上。在以“贸易什么时候可以复苏？”为题的这类社论中，专家记者曾经在1858年解释说：我们不能期望实业界一举而恢复旧观。[2] 欧洲曾经受到剧烈的震荡。英国的对美出口在1858年比前四年中的任何一年都低。作为一部分补偿的是比1853年多一倍以上的1858年对印度的出口。因1857年以后的国家政策关系而大力推动的印度铁路的建造，正吸取着资本货物并将会为贸易开辟一新领域。在另一方面，欧洲虽然受到了震撼，现在却踏着工业和经济企业的足迹而紧紧尾随于英国之后。它可以较多地自行发起和承建铁路而较少地依赖于英国的资本货物了。

1859年，欧洲有战争。1860年年底英格兰银行贴现率的提高既不是由于贸易活动，也不是由于歉收（自1857年以来收成一直 373
是良好或不错的），而是由于对美洲战争的担心。当1861年1月密西西比、佛罗里达、阿拉巴马、乔治亚、路易斯安纳和得克萨斯——都是产棉州——脱离时，贴现率一时上升到8%。黄金正提取出来为印度方面购买白银，而印度对白银的要求则是由于有

[1] 描述于伊凡斯：前引书，第148页及以下；另参阅《经济学家周刊》，1859年4—5月号。

[2] 《经济学家周刊》，1858年1月5日号。

些人想象美国供应将会断绝而"盲目订购"棉花。[①] 直到很久以后,供应事实上并未断绝。在1861年的英美贸易上出现了美国出口的大量增加,这都是美国人在还来得及出手时赶忙卖出的,而英国对美国的出口货却一落千丈,以致黄金转东流而为西流。[②] 但是当国内贸易不振,欧洲又动荡不宁,而印度和其他各地的贸易还未能活跃到足以抵消这些消极力量时,黄金的移动是容易安排的,英格兰银行贴现率在那一年的整个下半年一直在下降。历经1862年,贴现率一直都很低。主要由于英美交往上的妨碍,1861—1862年这两年只产生了联合王国在1850年和1884年之间进出口贸易总量上升曲线的水平线部分。[③] 在一张不同的图表上英格兰银行的低贴现率也反映出同样的事实。从1862年到1865年4月9日李将军在阿波马托克斯投降的这段期间,英国正在其他地方寻找足能使它的贸易曲线直线上升的出路和供应来源——1860年的法国条约和续订的条约在这方面是有帮助的。[④]

撇开棉纺织工业连同它封闭了的主要供应来源以及终于不能不面对法国赤裸裸的竞争的丝绸不谈,1863年对于英国制造家来说是一个很好的年份,对于商人、金融家和公司发起人来说则是一个极好的年份。[⑤] 在工业方面,失之于兰开郡和格拉斯哥的,却得

---

① 《经济学家周刊》,1861年2月9日号。

② 查普曼:《英美贸易史》(Chapman, S. J., *The History of Trade between the United Kingdom and the United States*)(1899年版),第4章。

③ 所提到的曲线并不是粗制的曲线,而是博利的《十九世纪英国对外贸易》中所载根据指数换算成1889年价值的曲线。

④ 参阅本卷,第244、247页。

⑤ 参阅《经济学家周刊》上的一年评论。

之于约克郡和敦提。巨额贸易特别活跃。连年丰收，面包低廉。那年年底金融市场的一次波动，正说明了伦敦和巴黎方面的控制的愈益有效和迅捷。在印度、埃及和巴西一直有大量棉花买进。这三个地方都需要大条。英格兰银行把它的贴现率提得既高且快，一次在圣诞节前，一次在圣诞节后。法兰西银行也如出一辙。
“7%和8%这种罕见的贴现率在极短时间内取得了把资金从德 374
国、荷兰和感不到棉花压力的其他地方吸收到这两个城市来的效果”[1]，所以贴现率的降低可以像提高时一样的迅速。

关于1864年的真正低贴现率是没有任何问题的。虽然美洲这时正运送金银（从金门直接到英国，因为在战时更加方便些[2]），虽然澳洲始终运送不停，但是各种需求很容易把供应吸取一空。那一年批发价格比1857年稍稍高一点，尽管有1863年的大丰收。银行家必须给旺盛的国内外贸易以支持。票据既多而贴现业务也很活跃。新金融公司有时在海外试行利用英国资本。[3] 其他新公司则爽快地吸收了可供利用的一切剩余基金。留供银行家掌握的存款比平常少了。大条的流往或预料流往某一战时棉花供应来源，或者肯定同棉花有连带关系的某种市场波动，一再把英格兰银行贴现率从那一年的基数，6%左右，推升到8%或9%。[4] 在最后

① 《经济学家周刊》上的一年评论，第2页。

② 在1863年由这条路运来了五百七十万镑，1864年，六百九十万镑。《经济学家周刊》，1865年4月26日号。

③ 本卷，第358页。

④ 照《经济学家周刊》（1866年5月19日号）的说法，“如果不是管理得法”，在1864年金银的国际漏卮会造成一次恐慌。金银的源源内流一定大大帮助了英格兰银行从心所欲而又信心十足的管理。

一段钱贵的时期中，即 9 月至 10 月，价格和商业的下降趋势已显而易见。棉花市场已开始酌量南部眼前的歉收①，于是其他领域中的活动也渐渐滞缓了。

在这样一场消耗性的战争之后，在大西洋海底电线铺设之前，美国的和平自无法使英美贸易立刻恢复。英国的对美出口在1865 年的前八个月中的确比 1864 年相应时期少五百万左右。欧洲在政治上动荡不安。俾斯麦正同奥地利争夺地位。英国在仲夏
375 已届大选之期。自 1864 年秋季开始的商业萧条尚无转机。英格兰银行贴现率在九个月之内从 9%降到了 3%。继而，在 9 月间，英国出口突然以一个月三百多万镑这样一个在当时极其惊人的数字跳跃上升。美国郁积的需求开始发生作用；另外还有其他各国的需求。历经冬季，上升继续不已，英格兰银行贴现率也随之提高。在 1866 年的前四个月中，联合王国实际出口的价值比 1865 年相应月份增加了 30%，虽然价格水平差不多。在 4 月底，由这次贸易扩张而自然造成的那段钱贵时期，为真正的银根吃紧所取代了。“消息最灵通的人”确信“现正备战的各外国政府”正从伦敦提取现金银。② 接着银根吃紧而来的是恐慌，是 10%那个典型的恐慌贴现率，是财政大臣授权得不受英格兰银行条例拘束的一封公函。欧威兰－葛尼有限公司已经在 5 月 11 日，星期五倒闭，亏蚀五百多万。整整一个月之后，“外国政府”发动了他们的战争。

① 参阅《经济学家周刊》，1855 年 4 月 22 日号论里奇蒙（弗吉尼亚）的垮台。

② 《经济学家周刊》，1866 年 5 月 5 日。

除开某些后果之外，危机并没有多大的国际性。尽管大陆资本是尽先用于备战而不遑其他，5 月 10 日贴现率在巴黎也只不过 4%，维也纳 5%，都灵 6%，柏林 7%。[①] 黄金没有任何重要的新漏卮；在贸易方针上既没有任何革命措施，在远地的企业方面也没有任何不正常的资金封锁。但就各种意义来说它都不失为一次恐慌，纯粹是英国的恐慌。伦敦老城的那些知道内幕的人久已不再信任欧威兰号了。华尔特·白哲特曾经认为“在这三个月之内他们”随时都可能倒闭。[②] 当 1865 年他们变成为有限公司时，他对这种改变曾经勉强表示欢迎，因为现在“发表他们业务性质的报告”会是“至关重要的”。[③] 人人都知道它的性质自 1857 年以来已经有了改变。在 1860 年，这个行号已经实力雄厚到足可同英格兰银行作一番较量，但是被击败。作为反对英格兰银行拒绝为票据经纪人贴现政策的一种抗议，它曾经在一个不方便的时候提取巨 376
额存款——并且重又存放进去。“英格兰银行固然禁不起惊吓”[④]，但它并没有受到惊吓。六十年代的欧威兰号所经营的票据有很多都不是可靠的商业承照票据——诸如各种靠不大住的通融票据以及铁路发起人和大承包商的所谓“通融证券”。这些就是由

① 维尔思：前引节，第 424 页。凡能回忆 1914 年 8 月并了解 1866 年外交史的人都会发现这种贴现率的深远意义——以备战最彰明较著的首都为最高。

② 《经济学家周刊》，1866 年 5 月 12 日号（可以很有把握地说这篇论文是白哲特写的）。参阅《经济学家周刊》，1866 年 12 月 22 日查理·奥本海姆来函。

③ 《经济学家周刊》，1865 年 7 月 15 日号。

④ 《经济学家周刊》，1860 年 5 月 21 日号。在白哲特主持下的六十年代和七十年代的《经济学家周刊》（1860—1877 年），消息是那样灵通，撰写得又是那样好，所以始终可以作为那些年的一个主要的根据。找不出更好的根据了，在 1866 年没有像 1857—1858 年那样的审查委员会和报告书。

自封的董事在公众尚未认股以前发行给承包商并由他往往以极难堪的条件换成现款的债票、债券等等。[①] 伦敦内城了解或疑心到所有这一切。对于外城和地方来说，欧威兰这个牌号却仍然是信用的表征，所以当它一败涂地时，你就谁都不能信任了。除欧威兰号之外，伦敦银行倒闭了，并且，以大胆创业而驰名全欧和美洲各地的塞缪尔·佩托的大包销行也再恰当不过地步其后尘。[②] 各种不重要的股份企业经过了一番筛簸。到 8 月 4 日为止，这阵风已经刮走了一百八十家。[③]

英格兰银行在任何阶段都不曾真正缺少过大条。麻烦总是在纸币和铸币的银行储备方面，虽则历任总裁都设法不靠法外纸币去充实储备就渡过了危机。但是在信用一般瓦解时，英格兰银行纸币就有了大量的需求。甚至在 7 月，流通量就已经超过正常标准大约六百万镑。把灾难想得比实际情形更坏的外国人从伦敦提去了一些资金。大陆上发生了战争。7 月初，银行储备再度降低。这一切的结果是，英格兰银行贴现率保持在 10%的水平上不下三个月之久——事实上，直到普奥之间的和平确实有把握时为止。[④]

377 环境既如此，在任何银行法之下都未必没有恐慌。皮尔条例

① 参阅 1866 年 4 月 28 日的《经济学家周刊》(在危机以前)中结合着著名承包人的破产及其方法的揭露所作的“近年来”常见的这类“证券”的详尽记述。

② 参阅上卷，第 408—412 页和《英国人名词典》。

③ 维尔思：前引书，第 431—432 页，主要根据《经济学家周刊》上的一篇大体不错的记述。

④ 发行部的黄金从没有真正低过，也就是说，没有严重的国外漏卮。在 1 月 10 日已经是一千二百万镑。在 5 月 23 日，是一千一百三十万镑，也就是它的最低点。在 6 月 27 日，约一千四百二十万镑，在 8 月 8 日，是一千二百七十万镑，继而重又上升。

以及担心这一条例会停止实施的种种疑虑更增加了国内的恐慌。而条例的停止实施，在真正出现时，又在国外给恐慌以张大的重要性。“法国人误以为我们已经停止付现了”，白哲特在 5 月 19 日这样写道。[①] 克拉伦登勋爵向驻各国使节说明不列颠的一般商业如何不失为真正健全的。[②] 那封 5 月 12 日的外交通函恐怕并没有能把他们的种种想象平息下来，如果皮尔条例中列有一项白哲特所谓的“扩大条款”，列有一项规定和保障缓急之际的超额发行的条款而无须以一件财政大臣的公函去进行那种弄得人心惶惶的干犯，无疑会省去许多麻烦。如果不加进这样一款，白哲特写道，“这项条例马上就会被废除”。[③] 他错了。对于这次危机甚至没有进行过一次正式调查。[④] 至于这项条例，则没有任何扩大条款而一直残存到 1914 年 8 月才被废除。

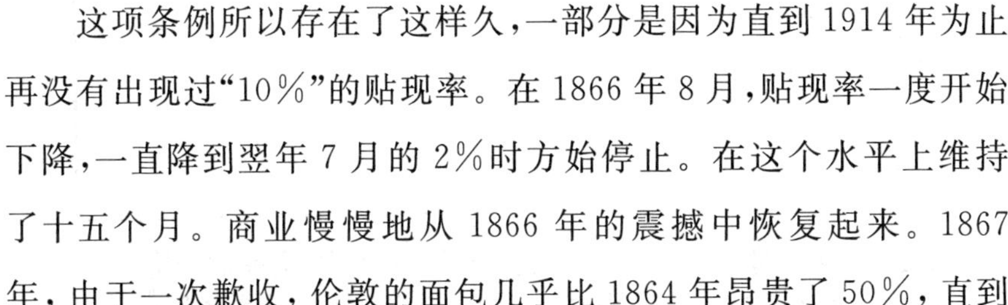

这项条例所以存在了这样久，一部分是因为直到 1914 年为止再没有出现过“10%”的贴现率。在 1866 年 8 月，贴现率一度开始下降，一直降到翌年 7 月的 2%时方始停止。在这个水平上维持了十五个月。商业慢慢地从 1866 年的震撼中恢复起来。1867 年，由于一次歉收，伦敦的面包几乎比 1864 年昂贵了 50%，直到

① 见《经济学家周刊》。

② 刊印于所有文件并译载维尔思：前引书，第 434—435 页。外交界人士自然认为我们的业务是不健全的而我们正设法掩蔽事实。

③ 《经济学家周刊》，1860 年 5 月 19 日号。

④ 虽然有华金先生在 7 月 31 日提出组织皇家调查委员会的建议（《韩氏国会实录》，第 3 集，第 184 卷，第 1706 页）。自 5 月以后主管人就有了更动。但诺思科特和格拉德斯通这前后两任都认为调查无益。

1840—1895 年的批发价格表

（以索尔贝克为据）

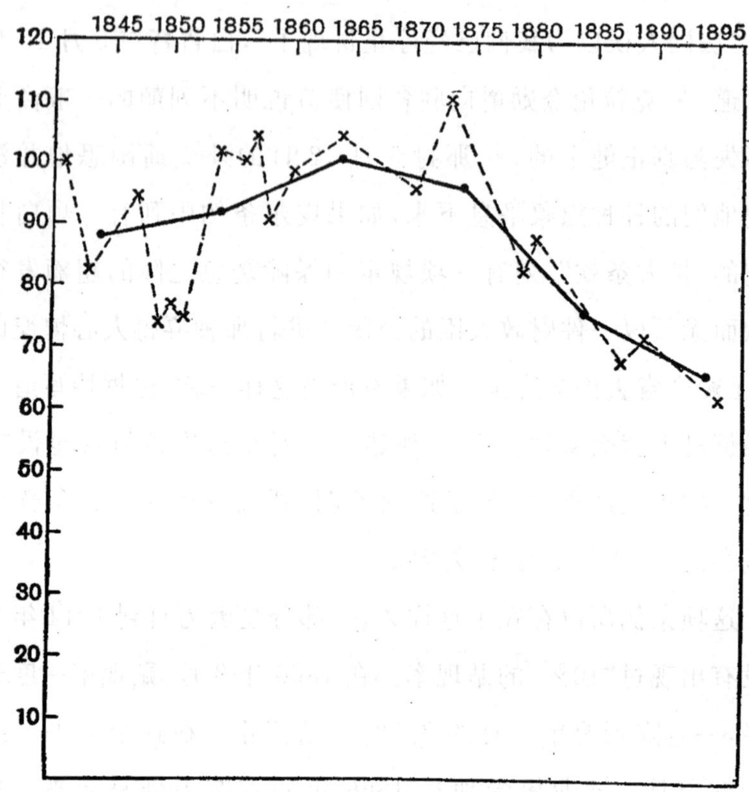

基数（100）是 1867—1877 年这十一年四十五种商品的平均价格。

曲线——表明十年的平均指数，例如 1860—1869 年的平均数是 101，开始于 1864 年。

曲线 --- 连接选出来的几个年份，标明主要的波动。

1868 年中叶方开始下降。① 昂贵的面包意味着 1867—1868 年国内贸易的呆滞。尽管谷物价格高昂，但是自 1866 年至 1867 年批

① 参阅本卷第 460 页曲线图。

发价格的总趋势,包括谷物在内,却是下降的,这又说明了国外贸易的活跃。[①] 事实上,国外贸易虽有绝对增长,但是按人口平均数计却是停滞不动的。到1869年,谷物和面包又重行低廉,而美洲铁路建造狂的开始,表明了英国的贸易活动,像以往屡屡有过的情形那样,将会再度乘大西洋风破浪而来。同1867—1869年相比, 378
1869—1870年贴现率基准水平的提高表明了贸易活动的蒸蒸日上。种种征兆已经暗示出1870年的迅速发展。1月,兰开郡就繁忙起来。到了5月,贸易复苏已是“普遍而明显的”。[②] 但是俾斯麦和拿破仑,法国和不久即将成为德国的那个地方,决意要使1870年的后几个月令人焦灼不安和无利可图,要使1871年的前几个月更加令人焦灼不安。

不列颠的经济和财政地位是如何坚强,以及　　正如有些人所会说的那样——它的想象力又是如何迟钝,在战争正在酝酿而不列颠的中立,照一时看上去会出现的情形那样,正在权衡中的时候,从英格兰银行贴现率的稳定之中可以看出。[③] “6%”直到军队已经在边境上发生冲突之后方始出现。它并没维持多久。战事的 379
结束似乎已经同色当一并在望了。英国人民正进行着他们最精明的外交家之一在1791年所希望他们进行到底的事情——即看“法国故事应像剧场中的观众一样”。[④] 随着围攻和巴黎公社的种种

① 参阅本卷第378页曲线图。

② 《经济学家周刊》,1870年2月5日和5月14日号。

③ 在比利时问题上,这是可以记得的。参阅摩莱:《格拉斯德通传》,第6卷,第5章。格拉斯德通正面临着要派遣“一万二千或二万”人到安特卫普去的可能性。

④ 《剑桥英国外交政策史》,第1卷,第206页。(奥克兰勋爵致其兄弟函。)

恐怖的出现，这场戏变得越来越可怜，越来越悲惨，越来越凶多吉少了。当每一种价值似乎都在弥漫于巴黎上空的烟雾之中飘忽不定的时候，观众屏息无声。他们的钱文风不动。“百分之二又二分之一。”[①]继而出现了有效的和平；对于公社主义者来说是新喀里多尼亚岛，对于他们国内的同胞来说，是一种令人难以置信的恢复工作的劳苦和成就；对于德国来说，则是法国的亿万生命的牺牲和无限信心，普遍于它的德语邻邦境内外的那种信心。在美洲也有无限的信心和巨大成就。介乎欧洲和美洲之间的是不列颠，比任何地方都更加冷静并且在经济虚弱症的治疗方面——在波动的控制方面也更富有经验；不断地进行着制造和贷放；为全世界执行着银行和运输业务；并且凭靠它向所教导而似乎已为许多国家至少部分地学会了的自由贸易进行牟利。在1871年中叶和1873年中叶之间，它的批发价格上涨了大约20%，而很多资本货的价格则以大得多的幅度上涨。它的国外贸易曲线直线上升。它的工资很高但它的面包相当低廉。

波动、控制和贸易对流动资金来源的压力，都可以从1871—1873年的英格兰银行贴现率表及其逐渐上升的基准水平和一个高过一个的边线陡直的顶点中看出。[②] 最后一个顶点是9%而不是10%，这意味着不列颠凭靠它所换取到的经验，凭靠妥善的管

---

① 当巴黎投降时，贴现率是2.5%。在3月份预料会供应一笔赔款的资金时，上升到3%，但在巴黎公社期间又降至2.5%。“由于普遍的和遏制了各种新事业的长期停顿，伦巴街上积聚的货币恐怕向来没有这样多。”《经济学家周刊》，1871年4月15日。既然和约直到5月18日方始签订，战债贷款的商洽在7月方始竣事，所以积聚依然如故：英格兰银行贴现率在7月是2%。到10月11日则是5%了。

② 本卷，第363页。

理，或许还凭靠一点幸运，规避了大多数贸易国和工业国在1873年所不能不经过的那个危机和恐慌的最严重阶段。（但是它留下了一笔到期未付的债务直至1878年方始履行[①]。）无怪了解在这个动荡年月中世界各地对伦巴街起着作用的诸种力量的人们深感 380
主管它的最终储备的人们的责任承担不易。

在德意志领土和它的邻国之中，1872年是公司发起的一个伟大年份[②]——诸如铁路、银行、建筑会社、信贷机构、公用事业和各种工业，尤其是鼓风炉、铁工厂和机械工程等的发起。在发展得越来越像一个芝加哥并且一时成为欧洲地产最昂贵城镇的柏林，有如火如荼的土地投机。维也纳也在发展之中，并且它的现代商业方法和实践方面的教育正日臻完善：到1873年，在奥匈铁路的董事会中有十三个王公、一个领主和六十四个伯爵。[③] 巴黎尚有待重建，但是法国人是沉着的。他们一直没为他们在二十年前曾为欧洲表率的那种空想企业节省下什么资本。在1872年他们为公债和股份企业所筹募的款项虽然比世界上任何民族都多，但是他们单单投进股份企业的款项却似乎比意大利人还少些。[④] 法国既对他们的款项提出了要求，法国人的企业就不能不有所等待了。

① 本卷，第383—384页。

② 关于1873年危机的一切先奏的最好的当代记述见维尔思：前引书，第450—614页。关于德国的现代记述，见萨托里厄斯·冯·华尔特舒森：《1815—1914年的德国经济史》（*Sartorius von Waltershausen, Deutsche Wirtschaftsgeschichte, 1815—1914*）（1920年版），第261—281页，和那里所提到的书籍。朱格拉尔：《论商业危机》（Juglar, C., *Des Crises Commerciales*）（1889年版），第390页及以下的概述。

③ 维尔思：前引书，第491页。

④ 表刊于维尔思：前引书，第469页转引的《物质利益的规劝者》（*Moniteur des Intérèts materiels*）。

这倒使他们在风潮到来的时候避免掉了最险恶的浪头。

美国的处境是很难既不受损害又不失信用而逃避掉一次风潮的。它有战后贬值的货币;它正以火热的干劲开拓着半个大陆;它尽管货币紊乱,却正渐渐成为世界上最大的金银生产者;但是因为一直举债去进行开发和作战,所以它又是世界上最大的债务国。当 1868 年一百元纸币只值七十一点五元金币时[1],国库已习惯于拍卖它得自进口税的黄金,进口税根据战时的法律,只能以铸币缴纳。纽约的黑色星期五,即 1869 年 9 月 23 日,是由于贾埃·古耳
381 德和詹姆斯·费斯克试图操纵自由黄金和诱致国库限制黄金出售来利用这种有趣的安排而造成的毁灭性地方危机。在 1869 年以后,纸币情况有了改善;到了 1872 年,一百元纸币已值八十九点四元金币,恢复似已在望。但是美国如果卷入金融风潮,那么呼声——伯明翰学派的从兄弟,指望以大量纸币作为一剂妙方的绿背纸币运动者的呼声——一定会甚嚣尘上。

1872 年美国六千一百六十七英里铁路的修筑使四年的数字达到了二万五千英里。[2] 铁工业连同其他许多工业自然膨胀起来。但是美国像这样大量地购买外国制造品还是向所未有的,而它主要是在不列颠进行购买。它现在发现为运输服务须支付巨额款项,而这种服务在战前原是自己进行的;加之在欧洲的游历家和侨民还花费着大量的美币。它的债务逆差一小部分是用黄金支

① 杜威:《美国财政史》,第 376 页。杜威也对美洲的情况作了一个很好的概述。

② 参阅亚当斯:《铁路的起源和问题》(Adams, C. F., *Railroads: Their Origin and Problems*) 1878;约翰逊:《美国铁路运输》(Johnson, E. R., *American Railway Transportation*),第 3 章。

付，但是非常大的一部分是用票据——中央、各邦和铁路的债票。情况是微妙的，但是对它的欧洲债权人和顾主来说则是危险的。它很容易被迫削减它的进口。破产，如果只是少数几条铁路的话，倒会有助于调整它的债务平衡。这是不须任何人的策划就会出现的。[①]

在可以恰当地，虽则不免庸俗地称之为1871—1873年普鲁士繁荣的事物瓦解时，1866年被普鲁士逐出德意志的奥地利若竟首遭其殃，那是不胜其苦的。但事实却是如此。早在5月，奥地利的"Krach"（危机）出现了。"第一次"，一位身历其境的奥地利人以一种痛定思痛的自负心情写道，它受到了"文明国家的（这种）可以自傲的痛苦……而同时还缴纳了"进入文明国家这个圈圈的"入场费"。[②] 它的那种同不列颠殊不相干但在整个德意志都有其反响的苦痛，也已经在英格兰银行贴现率图表中1873年6月第一次7％的顶点上留下了它们的标志。

历经夏季各月，倒闭、清理和从而产生的贸易萧条，从欧洲的一个商业中心蔓延到另一个商业中心，而没有再酿成太多的真正 382
恐慌。[③] 证券交易所的价值下跌，商品价值步随其后，而不幸只以仍不断上涨的谷物价值为例外。法国开始遭到苦难，不是因为它自己的过错，而是由于它的丝绸和葡萄酒这类货物需求的缩减。在伦敦，贴现率在8月间已逐渐降到3％，而最糟不过的是一段贸易萧条时期似乎正逼临到"安然无恙地高踞在自己钱袋上的约翰

① 一个负债过多的年轻国家的微妙地位在1930—1931年得到了沉痛的说明。

② 维尔思：前引书，第461页。

③ 7月在巴洛纳有称作恐慌的事物。维尔思：前引书，第588页。

牛头上……”，照一位身受其害的大陆人对它所作的描绘。[①] 继而在 9 月 20 日传来了纽约倒风的电讯——有几家银行倒闭；另几家则关门来避免挤兑；为储蓄银行申请了付款延期令；交易所暂停营业。铁路投机，连同和它相伴随的一切，以及固定在铁路上而暂时不能生利的资金，已经同一个产金国中贬值纸币所提供的不可靠业务的不稳定性和机会合而造成了一个症结。欧洲资本曾经一度对于美国的新铁路债票避之唯恐不及。为了把工程和公司维持下去，他们不惜采用一切费用浩繁的金融手段。随着危机的到来，这些手段都难以维持或无法维持了。作为一种缓和剂，政府开始用新近从流通中吸收回笼的绿背纸币购买美国公债来提供更多的流通手段，但是格兰特总统战胜了为采取彻底的通货膨胀政策而对他施加的压力。[②] 在计算 1873 年的破产债务时，单单纽约一地已达九千三百万元之数，而 1872 年则是二千一百万元。[③]

美国的危机使欧洲的失败更为变本加厉。在繁荣时期，差价的投机已经是普通的。美国证券的瓦解带动了或加速了一般的瓦解。以柏林为首的德国各金融中心，业经闯过了夏季，再经不住秋季的狂风了。铁路、银行和建筑会社纷纷倒闭。在工业方面不但倒闭率很大，而且资本的减少和过度资本主义化行号的合并也不
383 一而足。正同如此普遍的一种贪婪狂偕以俱来的欺诈行为是否比通常的数量为多，固然很难断言，但是在像普鲁士抵押银行的出

---

① 维尔思：前引书，第 594 页。

② 杜威：前引书，第 372 页。

③ 至于整个美国，则自 1872 年的一亿二千一百万元上升到 1873 年的二亿二千八百万元。这项数字说明了风暴的集中于纽约。

纳、埃森人民银行的董事、法国的一位前部长和甚至来自小心谨慎而又可尊敬的瑞士的商人这类人都成为罪犯时，这种想法也就是理所当然的了。[1]

在英格兰，果不出所料，以证券交易所的情况为最糟。11月6日和7日是恐慌的日子——但是整理公债只移动了一两点。美国、法国和德国一直在伦敦提取黄金。英国银行家一直在英格兰银行提取他们的存款。在10月底，两种储备都很低，贴现率则自9月中旬以来，已经逐渐从3%上升到7%。在11月又有两次移动，虽离10%的真正恐慌贴现率还差一点，但已高到足可告诉大陆方面说：约翰牛终被波及了。伦敦方面的情况同纽约、维也纳和柏林的灾难简直不能相提并论，虽则英格兰银行条例也一度有停止实施之虞。但是银行部的储备既从没有八百万镑以下的正式报告，发行部的黄金也没有一千八百六十万镑以下的正式报告，所以这种担心是不合理的。9%运行得既圆满而又非常迅速。到12月中旬，已经有了一千二百多万镑的银行储备和4.5%的贴现率。虽然有一些损失和倒闭的情形，但迄还没有什么非常的或难以置信的事情发生。

1873年危机的后果被当代人自然而然地同十九世纪后期的价格大跌的早期阶段混淆起来，而这次价格大跌虽然是开始于危机之中，但却不真正是危机的后果。物价从1872—1873年的水平上跌落下来，原是无可避免和意料之中的；但是势将拖延成为二十年下跌的一次十年下跌，却是必须负此艰巨的那一代人向未经历

① 维尔思：前引节，第569—570页。

过的。在如此普遍的一次风浪之后五年的贸易疲滞倒也未始不在意料之中，在欧威兰号的危机和 1870 年的复苏之间就历经四年之久。但是在 1879—1880 年的恢复昙花一现之后，跌风重又以旧有的速度卷土重来，怕是谁也料想不到的。[①]

这次卷土重来的跌风是更加令人气馁的，因为人们以为 1878 年 10 月 1 日格拉斯哥城银行的倒闭总可以把 1873 年的全部罚金
384 付清了。格拉斯哥城银行，虽然活跃而又富有进取精神，虽然拥有很多分支行和八百多万镑的存款业务，但是在银行界内圈中却久已声名狼藉。[②] 它曾经在 1857 年停止支付，但是在一个月之后重又开业。[③] 此后它是否还有过真正殷实的时候，殊属可疑，但是在 1878 年以前的几年中则肯定是不殷实的。有一些呆账可以远溯到棉荒时期。[④] 后来，像在倒风以后发现的那样，它一直是有系统地把这些呆账作为资产处理。1873 年在美国和德国已经挑选出来的那一类债务人之中，单单四个人所欠呆账就有不下五百七十九万三千镑之巨。[⑤] 它的董事和它的经理的目标到底使不列颠同欧洲看齐了，但却没有帮助同它一起被拖垮的公司、负有无限责任的股东和一大批小存户。在这个时代的经济史上没有一段插曲比这段更为可悲。苏格兰绝大部分工会的瓦解也一直是归因于这段

① 参阅本卷，第 378 页曲线图。

② 克尔：《苏格兰银行史》，第 25 章。

③ 本卷，第 368 页。

④ 吉芬：《财政论文集》，第 152 页。《论进出口统计数字的利用》（1882 年）一文中说："揭露出来的欺诈行为……主要是棉荒时期在东方贸易上所投资本过多的缘故。"

⑤ 《苏格兰人》（*Scotsman*）杂志，10 月 19 日号，转引于克尔，第 297 页。

插曲和从而产生的萧条的。[①]

苏格兰尽管是那样束手无策，格拉斯哥城的危机却很容易地被英格兰银行用短时期的6%贴现率掌握住了。在此后十年之中，英格兰银行只是在1882年2月初通用联合公司在巴黎停止支付时再一次提高到了这样的程度。成为法国回到大规模空想企业之标志的联合公司在1878年的成立，是这个时期最疯狂，最有野心的创举之一。[②] 拥有大批教士和贵族阶级顾客的这个联合公司，是业务范围最广的一种企业发起、资金通融和股份控制公司，而它的特殊利益——恰合乎它的顾客的身份——却是在哈普斯堡皇室的地产方面。它的倒闭，在它对黄金和汇兑所起的反响衬托之下，是巴黎危机中的一次突出事件，英格兰银行重又以预防性的6%来进行自卫。

这是一连十四年(1873—1887年)中唯一的一个插曲，并且从英国的观点来看，还是一个不重要的插曲，而在整个这段期间，英
格兰银行的平均贴现率则是整整3%。西欧没有战争。欧洲收成 385
的起伏不定已使它们不足为害，所以谷物也一年四季比较划一地源源运到英国。就不列颠而言，银行倒风的时代已经一去不复返了。美国比以往更加被关税隔绝，而资本货方面也比以前更加自给自足；不列颠不再那么信赖它的美国投资或一般海外投资了。甚至在1880—1883年美国三千五百英里铁路的修筑及其随之而来的反响都没有在英国工业和伦敦金融市场上留下十年前相应事

① 韦伯夫妇：《英国工会运动史》，第334页。

② 参阅朱格拉：《论商业危机》(1889年版)，第447页，维尔思：前引书，第621—643页。

件所留下的那样深的痕迹。有助于一项要不得的银行条例的实施而无须进一步调查的这段伦巴街上的平静时期，一则是由于旧有危险和疑虑已经消除，一则是由于英格兰银行的会议室中已积累了经验而伦巴街其他各方面也已经懂得了如何解决新旧危险的方法。但是如果没有成为物价下跌和国际竞争加速的那个时代标志的全国工商生活的麻木不仁，情况也未见得就会这样平静。当生产者和贩卖者有了过剩的基金，而把它们投入新机器和新厂房或用以发展业务还有所顾虑时，款项自然存放在银行里更久一些，以致超过了伦巴街所能用以牟利的数量。[①] 危险的消除和智慧的增进很可以说明伦巴街何以得免于 10%和 8%的贴现率。4%和 5%的很少出现，只要有一个不太圆满的解释就可以了。遍阅在对结束这段时期的那次贸易萧条进行调查时所提出的证词，艾尔弗雷德·马夏尔找不出任何证据证明全国的一般经济福利是异常低落的；但是他承认有严重的“价格萧条、利息萧条和利润萧条”。[②] 而他所承认的这一切就足可说明伦巴街的空气何以凛冽而阴沉了。

① 参阅本卷，第 356 页。“钱存在银行里更久”的说法是从这种局面的其他事实中推论出来的。我不知道这种说法有任何确切的根据。

② 见《黄金和白银皇家调查委员会》，询问案第 9824 号。

第十章　国家的经济活动 386

杰雷米·边沁，当可记得，曾一度主张把一切济贫法的工作都交给一个国民慈善会。[①] 作为一个十八世纪的唯理主义者，他认为特定政府可能是既无能而又腐败的。作为一个爱好自由的哲学家，他的原理是“一切政府本来就是一种巨大的弊害”。[②] 但是他认为不论这种有害的东西剩下来多么有限，也都应该合理地组织起来，得到很好的服务，了解各方面的情况，注意于如何把它的一切材料供由公众任意使用，始终不渝地同各种垄断相对抗，并留意于国民健康。他的内阁各部的方案考虑得那样确切，以致二十世纪面临同一问题的一个委员会独立地得出了一个极其类似的结果。[③]（方案中自然包括一个为防止而不是为治疗疾病的卫生

---

① 参阅上卷，第390—391页。这一观念不是原来的。一世纪以前就曾经以各种形式加以讨论。参阅查尔斯·德维南特：《论如何使一个民族在贸易平衡中成为获利者的不同的可能方法》(Charles Davenant's *Essay upon the Probable Methods of making a People Gainers in the Balance of Trade*)，第3节。

② 引证于莱斯利·斯提文：《英国的功利主义者》(Leslie Stephen, *The English Utilitarians*)(1900年版)，第1卷，第287页。

③ 《政府机构委员会报告书》(*Report of the Machinery of Government Committee*)(1918年)，敕令第9230号；另参阅韦伯夫妇：《英国济贫法近百年史》(Webb, S. and B., *English Poor Law History: The Last Hundred Years*)(1929年版)，第816—817页。

部。)向大臣汇报的视察员,其统计结果公布周知的户籍吏以及各有专长的中央文官等,都是典型的边沁式官吏。当六十年代埃德温·查德韦克和华尔特·白哲特因为铁路的垄断性质而倾向于不同形式的铁路国有化时[①],这都没有出乎边沁的传统以外。

从他刚刚没有能活着看到的1832年的胜利时起,直到1854年取消高利贷法和1855年创办文官考试时止[②],每一项大改革,
387 不论是破坏性的还是建设性的,都带一点边沁的色彩。无疑他对于每一项新事物都会有所批评。例如,文官考试并没有同他所建议的经济办法结合起来,让他们竞相提出申请,以便国家可以了解他们谁的工作将会是最低廉的。[③] 但是他未始不认识,甚或高估他自己的触感,正如当他的主要敌人埃耳登的伙伴改革刑法,制订警察新管辖范围时,他欢喜把“皮尔师傅”看作是一个“模范少年”,或者就其他意义来说以学生自居。[④] 的确没有任何东西比“皮尔派”更投合他的口味了,因为在他看来,安全是幸福的首要条件,平等还不过是次要的。

国家已经放弃了某些旧章程和旧职能,或是在逐渐放弃的过程中。但是在头部和肢体方面——在国会、文官、自治市和济贫法监理员等方面——都有了改革。国家因改革而更加强有力了。一面靠了扩大,且有时是违反随时随刻要援引边沁原则的那些人的

---

① 本卷,第189页。

② 第一次文官考试是审查资格而不是择优取录的。有效的竞争在1870年方才开始。参阅摩莱:《格拉德斯通传》,第1卷,第509—512页;第2卷,第314页。

③ 莱斯利·斯提文:前引书,第1卷,第286页。

④ 同上,第1卷,第226—227页;穆勒:《自传》(J. S. Mill, *Autobiography*),第99页。

意愿去扩大它的活动范围，一面又靠了另设新机关的办法，它不超
过边沁的圈圈就愈益变得强有力了。便士邮政的成功，肯定地提
高了它的威望。[①] 它最后开始公布贸易、航运以及矿产的准确统
计数字。虽然没有可靠的农业统计，虽然对于计量制造品的生产
也没有作过任何努力，但是在1851年的人口调查时却完成了一项
非常有雄心大志的全国统计报告——那样的有雄心大志，以致在
后来几次人口调查的年份中，很多最有价值的经济章节都无以为
继。它设有出生、死亡和婚姻的登记员、互助会的登记员以及股份
公司的登记员。它设有济贫法视察员、纺织厂视察员、铁路视察员
和度量衡及矿山的视察员。在苏格兰，它设有渔业视察员，由他们
给上市的青鱼加盖火印并把十九世纪的视察职权同十八世纪的视
察职权结合起来。为了风化、安全或健康起见，它禁止妇女在矿山
工作，甚至对男矿工的劳工合同都稍稍加以过问[②]，它制订轮船的

建造和操作规程，并且它已经开始订立卫生法典，以便在保健医官
和各式各样视察员的帮助下予以强制执行。它为了安全起见，刚 388
刚命令英格兰每一个出生的儿童不但必须登记而且必须施种牛痘
（维多利亚，第16、17年，第100章），对自由横加干涉。[③] 它已经
恢复并加强了禁止以实物给付工资——但并非一切工资的给
付——的古代法律。它制订了这样一套法典，把海员看作“仿佛只

① 1861年以后邮局储蓄银行的成功更加提高了它的威望。

② 参阅上卷，第576页，工资不得在酒馆等等地方给付。

③ 《推广和强制种痘条例》(*An Act to Extend and Make Compulsory the Practice of Vaccination*)，1853年。适用于苏格兰和爱尔兰的条例在十年之后方始继第二项英格兰条例而出现，英格兰之所以有制订第二项条例的必要是因为第一项比较不成功。

是儿童一样”[①]，根据这项法典，在船舶到埠二十四小时以内，凡上船要求水手在他那里投宿的人，均得予以处罚。[②] 它规定了“国会”铁路旅行的价格，虽则已经放弃了面包定量定价章程。在今后几年之内它还将会对煤气的出售，虽然并非对于煤气的价格作出规定。

工业界已经变得非常错综复杂并且愈来愈带有危险性。工人的思想和觉悟比他们的祖辈更加敏锐了。他们为他们自己，并在他们对政府有影响力时，更为人民，要求祖辈所不曾想到的一种广泛而又专门化的安全。洗练精粹的、见闻更加广博和配备更加妥善的国家，能以两代以前几乎意想不到的准确性贯彻自己的决定了。不管关于它影响立法活动的适当范围的自觉或半自觉原则是什么，比较强健而有效的国家有机体都未始不会，甚或无可避免地变得更加活跃。在往往以其无关重要和无党派性的投票决定国家活动的立法者之间，有一些人还不认为国家应该听任对外贸易和航海事业自由发展，另一些人确认国家在促进卫生、安全和幸福生活方面的作为还远远不够；还有少数人则附和边沁的主张，认为还有一个顽强的垄断权尚待猛攻——即土地的垄断权连同它的土地法。[③]
389 这些集团都准备在适当时刻利用政府机器来达到各自的目的。在国会以外和选民团体以外还有更加有准备的待机而动的人们。

① 杰文斯：《国家和劳工的关系》（1882 年版），第 69 页。杰文斯引证了正文中所提到的大多数的“干涉”。所参考的是 1910 年赫斯特的第 4 版，该版的页数和第 1 版有所不同。

② 参阅本卷，第 410 页。

③ 参阅沃颇耳·斯宾塞爵士：《二十五年史》（1904 年版），第 1 卷，第 39 页及以下。

相当满意于一种有限制的自由制度下的财富增长并以自己国家的经济领导地位自豪的平均立法者，即一个有产的人，既反对反动的过激手段，也反对改革的过激手段。直到七十年代后期的困难时期，他似乎才倾听一下双方的主张，甚至在那时也不是热衷倾听的。他的领袖们既不是左倾的过激主义者，也不是右倾的过激主义者。在他所欢呼的那两个卓越的国会斗士之中[①]，一个已经从经验和传自他的皮尔师傅的遗产之中发展成为经济自由主义：在格拉德斯通的知识和道德构成中没有一点边沁的气息。具有一个外国天才者的超俗见解并能迈出他的时代而从旁观察的另一个人，则只承认适合于那个时代并对他的党有用的某些经济自由主义。这些都不是原则而是权宜之计，而且是为期短暂的那种性质的权宜之计。但就目前而论，这些却是有用的。

在狄斯累利逝世的那一年，当代最具有观察力和最敏锐的经济学家把政府事实上对经济事务的一般态度(如果就成文法加以判断的话)写成了文字。斯坦莱·杰文斯写道[②]，“我们必须从我们思想中铲除掉这样一种观念，即认为在社会事务中还有抽象权利、绝对原则、难以破除的法律和任何天经地义的事物”。又说，“我们既不可顺着准军人的口风把政府的职能张大到极端，也不可

---

① “那里靠近议长席次，
一言以蔽之，
站着我们体育大师。”
韦尔弗里德·布朗特：
《懒人年表》。

② 《国家和劳工的关系》(1882 年版)，第 6 页。

依从最最著名的哲学家的理论把它们缩小到尽头。我们必须学会就事论事地加以判断。”[①]很可能是杰文斯心目中最最著名的哲学家的赫伯特·斯宾塞，在 1884 年发出人对国家这个最后的大声要求。既意识到国家权力的日增，又由于职业的关系而习知欢迎这种发展的那些思想家的观点，他提出了除其他抗议外，对公共图书
390 馆条例的抗议，“根据这一条例，大多数人得为购买书籍而向少数人征税”。[②] 他迟了一步，甚至赶不及了。这个挑衅来自一个改良主义的哲学家是否适当，实不无可疑。原始马的三个后足趾合并成为马的一个蹄，即使这个马还用它踢人，难道就应该抱怨吗？无论如何，政治家和立法者并不是斯宾塞的经常读者。

想来他们至少是读过穆勒的，穆勒却是政治经济学的代表。在 1848 年和 1886 年之间，谁要援据，攻击或保卫政治经济学，如果意有所指的话，一般就是指穆勒。[③] 自命的学者仍然是以穆勒为依据，或照他的思想去调整自己的思想的。[④] 现在穆勒在他的

---

① 《国家和劳工的关系》(1882 年版)，第 171 页。

② 《人对国家》，第 10 页。

③ 参阅例如腊斯金对穆勒的《到了这个最后时期》(*Unto This Last*)(1860 年版)的批评，既高贵而又乖张，有时甚至于愚蠢。

④ 正如在亨利·西季威克的《政治经济学原理》(Henry Sidgwick's *Principle, of Political Economy*)(1883 年版)的引言中。并请与 1873 年 5 月 17 日《经济学家周刊》中显然是华尔特·白哲特所写的下述一段文字作一比较：“这段文字的著者久已习惯于自称为前穆勒时代的最后一人。……此后一切学者就开始同穆勒的意见一致了。……他们都用穆勒的眼光来看整个问题。”艾尔弗雷德·马夏尔正在拟具他的原则，在 1879 年同马夏尔夫人合写的《工业经济》(*The Economics of Industry*)已开始讲述，他的思想正影响着学生和学者，但是在八十年代早期在公共事务中还不成其为一种力量。参阅凯恩斯：《纪念艾尔弗雷德·马夏尔》(J. M. Keynes' *In Memoriam*, *Memorials of Alfred Marshall*)(1925 年版)。

国家论中已经给了像杰文斯那种谨慎小心的经验主义的改革家以他们所需要的论据，并且给了比较激进的改革家以充分的鼓励。特别是对于少数希望改革土地法和土地持有习惯的人，他的书自始就是《圣经》和《神甫》。

土地既是“全族的原始遗产”，土地的使用在他看来就“完全是
一般权宜的一个问题”。[①] 不管财产能有什么“神圣性”，它并不
“同样为地产所有”。立法机关得“任便把全体地主变成基金持有
人或年金领受人”。而更加教条式的说法是——“在任何一个国家
中，一旦土地所有人一般地说不再是土地改良者，政治经济学对于
那里既经确立的土地所有权就再无一词可为置辩。在任何健全的
私有财产的理论中都从来没有把土地所有人设想为仅仅是住在土
地上的一名闲员。”使现有地产形式成为正当理由的那些条件“甚 391
至在英格兰都没有充分实现”。在爱尔兰，除开一些“非常可敬的”
个别例外，它们是“完全不符合的”。关于爱尔兰的这篇坦率的演
讲和在它背后的那个皮尔的爱尔兰土地调查委员会报告书[②]是四
十年代至此后几十年中的一笔知识遗产。当1870年已有别人的
许多建议和实验之后，格拉德斯通提出在爱尔兰土地立法上开十
九世纪后期之新纪元的那项限制性的，但远非革命性的法案时[③]，
穆勒是跟约翰·布赖特等通过论文和演讲力主征购地主的土

① 穆勒：《原理》第2编，第2章，第6节。

② 所谓得文调查委员会：《关于爱尔兰土地占用的状况和习惯英王陛下调查委员报告书》，1845年（第19—22卷）。

③ 它只承认了爱尔兰佃权的习惯，主张以佃户的改良设施作为佃户的财产，并为在不公正的夺佃场合下所受的损失作了安排。参阅洛克－兰普森：《十九世纪爱尔兰状况的考察》（Locker-Lampson, G., *A Consideration of the State of Ireland in the Nineteenth Century*）（1907年版），第339页。

地——“而把他们变成基金持有人”——并立即建立农民所有权的那一小批公共事务家站在一起的。[①] 正如另一个合逻辑的个人主义者塞叶神甫在很久以前曾经说过的那样，他不想取消财产权，而只是要改变一下所有主。

在遗产和遗赠的法律和税课这个夹杂在财产及其分配问题中的另一项国家的事务上，穆勒直到1873年逝世时止依然只是一个高举大旗的哲学家——集合在那面旗帜之下的人甚至在他死去十二年之后，还为数寥寥。至于激烈的改革，他的确认为时机尚未成熟，而且不会很快。（一直没有暗杀行为使时机成熟，像在爱尔兰那里一样，一位讽刺者未始不会这样说。）遗赠权他认为是任何私有财产权的必然附带物，国家必须加以保护。但是遗产则又当别论。在他的所有各版之中，他的旗帜是和这样一项铭文一起飘扬的——“如果我能按照在我看来本来是最好的办法制订一部法典而不顾及现有的看法和情绪，我宁愿加以限制的，不是遗留下来的东西，而是准许通过遗赠或遗产而取得的东西。”[②]他是豁达大度的。他绝不是一个心怀妒忌的平等主义者。他愿允许一个人继承“一笔能维持舒适独立生活的财产”。在所有这一切问题上，不
392 论他是否认清了这一点，他都是在默默地为国家工作着。这样一种制度的有效管理需要什么样的权力和知识呢？办不到地那样大的权力，他这样说，“除非是公共情绪能积极主动地顺从”法律。即使公共情绪如此，我们不妨补充说，所需要的权力也还是非常之

① 参阅他的《爱尔兰土地问题的演讲和短文》（*Speeches and Chapters on the Irish Land Question*）（1870年版）。

② 穆勒：《原理》第2编，第2章，第4节。

大的。

虽不指望这样一种法律能成为眼前可能的事情，他仍把它作为他这种主张的根本思想而应用到他的赋税论中。在这方面他坦率地制订了国家在他逝世前二十五年事实上所要走的路线。“我认为超过一定数量的遗产和遗赠是课税最最适合的对象：征自这两者的税收可以尽量抽征而不致产生……像无法加以适当查核的那类税收的逃漏。（所谓）累进原则……在我看来，如应用于遗赠和遗产税似乎是既公平而又方便的。”①

甚至为了“减轻财富的不平等”②，穆勒也向不赞成把累进原则适用于财产税或所得税。并不是因为他对于国家减轻不平等的作法有丝毫嫌厌之处，而是因为他生怕打击了赚钱和储蓄的行为。所以在他幻想的国家中，他要把差别税，连同其减轻不平等的效果一并集中在财富继承方面。他以一种假设之词和附有很多保留条件的方式讨论了一种并非累进的而只是差别的所得税——“对一切遗产收入设一种划一的税率，而对必然随着个人生命的结束而终止的收入则另设一种（较低的）划一税率”。③

在他的第一版中，他把“在目前公共道德低落的状态中”无法求出人民的真正有多少收入这一点，看作是任何所得税的一种“不可克服的”障碍。“不可克服的”一词在随后几版中不见了，但是在他逝世以后，却仍然会被引证作为下述论点的根据：所得税原则的公平属性既无法求诸实践方面，所以所得税“应该保留作为大量增

① 穆勒：《原理》第5编，第2章，第3节。

② 穆勒：《原理》第2编，第2章，第4节。

③ 穆勒：《原理》第5编，第2章．第4节。

加税收的必要性凌驾于一切反对意见之上的国家非常时期的一个额外税源”[①]，一句话，保留作为战时的税源。国家既已发展到那样强大，那样见闻广博的程度，他没有料到还有更进一步的发展，
393 也没有料到握在股份公司手里的和从根本上就那样应该征税的财富还有平行的发展，而这种发展势必使这些反对之词在下一代人听来是出奇地陈腐。

由穆勒加盖上一个经济学家核准印记的另一项财政政策也要求政府有许多活动——即对于得自土地所有权的收入的未来增益的课征或汲取。“这并不是真正从任何人手里夺取任何东西，而不过是不允许由环境造成的财产增殖变成一个特殊阶级的财富的不劳而获的附加物，而把它用之于社会公益而已。”[②]他在 1848 年散播了这个爆炸性的种籽，任其在政治气候和土壤上，在荆棘丛生和岩石嶙峋的地面上去自生自灭。

穆勒的土地原则，一种严格的边沁学派和李嘉图学派的发展，构成为十九世纪早期的激进主义和后期的社会主义的知识桥梁。他对于社会主义是有浓厚兴趣的。[③] 他对于当代一些社会主义所

---

① 穆勒：《原理》第 5 编，第 3 章，第 5 节。

② 穆勒：《原理》第 5 编，第 2 章，第 5 节。

③ 他因为忽视那些早期的英国社会主义者而有时受到批评，而那些人的著作自从福克斯韦耳教授为门格尔的《劳工对全部产品的权利》(Menger's *Right to the Whole Produce of Labour*)一书所写的著名引言问世(在 1899 年)以来，一直是人们纷纷讨论的。无疑是有一些忽略，但是他原只自认是要讨论社会主义“最普通形式的原则”的。他同《财富的分配》(*The Distribution of Wealth*)的著者威廉·汤普森很熟识(《自传》，第 125 页)，但是显然认为他的原则不是“普通的”。当福克斯韦耳写道(前引书，第 78 页)“他(穆勒)应该从他父亲那里听到过霍奇斯金并从边沁那里听到过和他有很多共同之点的汤普森”时，他忽略了《自传》中的这一段。

作的讨论在他的第一版问世以后，虽然变得比较同情却还是抱着毫不客气的批评态度，这种讨论并不适用于后来称作国家社会主义的那些发展了的原则，但是在他对于共产主义的简明讨论中，他却接触到了很多主张以“土地和生产工具”为“社会、社团和政府的”财产这类制度的一般有效论证。对于这样一种制度他并没有什么经济上的担心。对于它受人们欢迎的原因，他也深抱同情。“如果……要在共产主义连同它的一切机会和目前社会状况连同它的一切苦难及不公平这两者之间进行抉择……共产主义的一切大大小小的困难将只不过是天平上的一点尘埃而已。”但是在人的方面他却抱有杞忧，深怕“每个人对全体的绝对依存，和全体对每个人的监督”会“把所有人都碾磨成为一种思想、感情和行动的驯 394
顺一致”，从而使“现存社会的”一个主要和“明显的弊恶”变本加厉，而“在现存社会中，离心力却是一个遭受责难的问题”。①

鉴于私有财产法“还不曾符合私有财产所据以被认为有正当理由的那些原则”②，在财产的最后地位能以决定之前，依然有许多破坏性和建设性的工作有待国家进行。穆勒自始就以科学的谨慎和完全个人的公正态度去研究这一问题。他认为先要有一个试验时期。“我们对于无论个人行为的最好形式还是社会主义的最好形式所能成就的究竟是什么，太不了解，所以没有资格去判断这两者之中哪一种将是人类社会的最终形式。”③如果他再加进“或

① 穆勒：《原理》第 2 编，第 1 章，第 3 节，论共产主义的那一段。“如果要进行抉择”云云那一段不见于第一版。

② 穆勒：《原理》第 2 编，第 1 章，第 3 节，这段见第一版。

③ 同上节。

合二为一的形式"一词，那么他就预见到这两种形式的主张者由于经验而改取科学的谨慎态度时，一直谈说到今天的一切一切的真谛了。

在穆勒看来国家所必须作的最迫切的工作之一，就是鼓励财产分散的立法。因而他支持农民所有权，支持有限责任制、各种形式的合作社、比较有伸缩性的合伙法，以及有助于使小资本家倍长增多的一切法律改革运动。在讨论合伙制的时候，他一面假工业社会主义者以援手，一面重申他的这样一种"信念，即把社会绝对地分成为两部分，一部分工资给付者，一部分工资领受者，前者以千计而后者以百万计的这样一种工业经济，是既不宜于、也不可能无限期实行的"。[①] 他的意愿并不是生产手段的公有或国有，而是财产的分散和合作所有制。虽然他对于国家既没有很大的信心，对于共产主义的精神专制又极端厌恶，但是他的影响却助长了政府在他那一代中的权势和活动，在他的后一代中更变本加厉。赫伯
395 特·斯宾塞要把只有通过其本身的决定和立法试验才能决定"人类社会的最终形式"的那种制度诬蔑为对人的讽刺，那是徒劳的。

尽管穆勒的书多次再版，尽管有他的公认威权和对思想家的影响，但是直到七十年代——实际上直到更晚的时候，正如杰文斯对任何绝对的政治经济学的大力驳斥所表明的那样——依然有这样一种见解广泛流传着，认为国家无为而治的永恒法则是科学规定了的，一如某财神的讲坛所认定的那样。当穆勒力辩 1870 年的爱尔兰土地法案远不够彻底时，重要人物却攻击它违背了政治经

① 穆勒:《原理》第 5 编，第 9 章，第 5 节。

济学的法则；甚至穆勒的一个学生在就任教授的演讲中都感到有必要详细地说明一下何以"照目前的构成而论，社会的经济现象是否总能自发地自行安排得有利于公益，是没有保证的"。[①] 着重点是放在"照目前的构成而论"一词上。克恩斯既不是社会主义者也不是父权主义者。如有怀疑即听其自然，乃是他的格言。但是像穆勒一样，他十分确信在很多问题上都没有怀疑的余地。他对于美国的奴隶制曾作过一番透辟的研究[②]，他又在柏林和果耳韦讲授过政治经济学。他是那样急切地要把他的科学同有产者的那种愚蠢而褊私的自由放任主义分解开来，以致他力称它是超然于它的很多早期大师所会摒斥的任何特别制度（不论是个人主义的还是共产主义的）以外："它超然于一切之上……并且在它们中间是绝对中立的。"[③]

在这期间，另一位爱尔兰人已开始攻击穆勒的师傅李嘉图的全部方法并宣传很多德国学者对它所抱的那种不信任态度[④]，杰文斯则在一部文笔很漂亮但显然不公正的书中提出了对价值的基本经济分析的修正。[⑤] 到了八十年代，"关于特定原则的争论"似

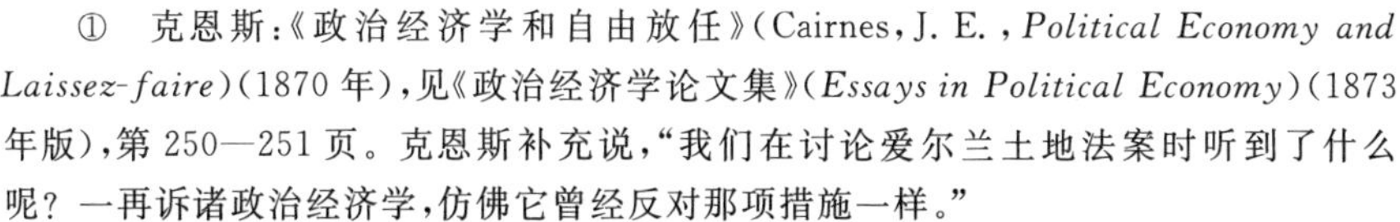

① 克恩斯：《政治经济学和自由放任》（Cairnes, J. E., *Political Economy and Laissez-faire*）（1870年），见《政治经济学论文集》（*Essays in Political Economy*）（1873年版），第250—251页。克恩斯补充说，"我们在讨论爱尔兰土地法案时听到了什么呢？一再诉诸政治经济学，仿佛它曾经反对那项措施一样。"

② 《奴隶国》（*The Slave Power*）（1862年版）。

③ 前引《论文集》，第251页。

④ 克利夫·莱斯利：《政治和道德哲学论文集》（T. E. Cliffe Leslie, *Essays in Political and Moral Philosophy*）（1879年版）。这部论文集包括1870—1879年。

⑤ 《政治经济学的理论》（*The Theory of Political Economy*）（1871年和1879年版），参阅杰文斯的批判，见凯恩斯：《纪念艾尔弗雷德·马夏尔》，第23页。

396 乎已渐渐扩大成为“讨论经济问题一般方法的比较根本的争论了”。[①] 这些都是专家们的争论。一知半解的外界慢慢懂得了经济学家并不总是从一个讲坛来教导严格的**自由放任主义**，他们差一点要认为他们不知道自己所教导的是什么了。当某一位经济学家对 1881 年格拉德斯通的爱尔兰土地法案进行批评而回到严格的原则上去的时候，格拉德斯通在一句插话中说他“完全像是在为土星或木星上的居民建议立法”。[②] 把政治经济学放逐到木星上去变成了一句格言。在 1883 年，另一位政治经济学家写下了他的这样一个印象：“有影响力的工匠对于传统政治经济学”的敌视并没有减少；而“只不过是从褊执的不信任或多或少地变成为理直气壮的轻蔑而已。”[③]正是在这种不友好的气氛中，杰文斯着重指出了研究国家措施的那种科学的和“就事论事”的方法——一种良好的，但有落后于行动之虞的方法。

国家的范畴迄今还没有大事扩展。铁路国有化曾经有少数人谈论过，但旋即作罢。[④] 不列颠地租的改革还没有超过 1883 年条例对习惯法所作的非常轻微的侵犯。[⑤] 工厂法和安全法的推广继续进行。未接触到一切实质的济贫法，在八十年代正以堪与都铎

---

① 西季威克：《原理》，第 6 页。另参阅凯恩斯：《政治经济学的范围和方法》(Keynes, J. N., *The Scope and Method of Political Economy*)(1891 年版)。

② 《韩氏国会实录》，第 3 集，第 260 卷，第 895 页。4 月 7 日的辩论，这位经济学家是邦纳米·普赖斯教授。

③ 西季威克：《原理》，第 6 页。

④ 本卷，第 189—190 页。

⑤ 本卷，第 256 页。

时代父权主义的神髓相媲美的那样一种严格的和个人主义的精神
实施着。但不论是由于对政治经济学的漠不关心或轻视，还是由
于对穆勒所放进去的爆炸性物质的理所当然的利用，环绕在国家
进一步行动的种种建议周围的障碍已渐渐在很多积极的统治阶级
的思想中崩溃了。“今天自由主义”的“得意观念”，皮尔的那位上
了年纪的和了不起的门徒在 1885 年写给他的政治谶悔者的信中 397
这样说，“就是他们所谓的建设——也就是说把个人的事情掌握在
政府手里”。[①] 这正是约瑟夫·张伯伦主张农民所有权、由地方当
局大规模收购土地、累进税和打破大地产的时候，也正是伦道夫、
丘吉尔已经从另一方面对房屋的根本改革、“杰斯、科林斯的公共
洗濯处”和“强迫国民保险的观念”大加赞扬的时候。[②] 穆勒一定
会耐心考虑这些观念并坚决支持其中大多数。

一位思想进步的财政史学家在 1887—1888 年正在写着“近几年来最触目和最令人寒心的特点”就是“国家支出剧增”。[③] 他考虑到的是数字超过九千万镑的预算和联合王国从 1880—1881 年的六千九百八十万镑陡升至 1885—1886 年的七千六百六十万镑的税收。这些年一直有小规模的战争，现在不复是包以铁皮的那种价值在七十五万镑以上的战舰也已经降临。尽管 1885—1886 年的数字在后一个时代看来似乎不为过分，但是税收和支出的一

① 格拉德斯通致阿克顿函。摩莱:《格拉德斯通传》，第 3 卷，第 173 页。

② 丘吉尔:《伦道夫·丘吉尔勋爵传》，第 1 卷，第 251 页。关于保险，参阅本卷，第 550 页。

③ 巴克斯顿，悉尼(巴克斯顿勋爵):《财政和政治》，第 2 卷，第 319 页。

个比较快的加速度的增长的时期事实上已经开始了；然而只不过是刚刚开始。联合王国的年度平均税收自四十年代以来的增长情形如下：[①]

1841—1846年	52,100,000镑
1851—1856年	54,400,000镑
1861—1866年	62,900,006镑
1871—1876年	65,300,000镑
1881—1886年	73,800,000镑

同四十年代和六十年代之间的增长或者同六十年代和七十年代的增长相比，这段时期的最后十年的增长在格拉德斯通学派培养出来的一个政治经济学家看来很会是令人寒心的。格拉德斯通正在当权，但是环境对于在公共支出上从来没有见过丝毫浪漫事迹的人来说，未免太强有力了。

398 就财政而论，格拉德斯通一般是一直当权的。在1850年预算以后的三十六个有效的预算中，他本人曾经提出了十三个；他的各部中的副手曾经提出了八个；斯塔福德·诺思科特那位虽厕身于对方但对于这位老战士的战略满怀敬意的前副手提出了另外的七个。在格拉德斯通的权力的背后是他的师傅皮尔那位伟大人物的影子。在1884年，七十五岁的格拉德斯通正以他对旧日的回忆同财政上的一种旁门左道作斗争，他回想他自己还是“国会中的一个后进”的时候，曾经“深”受这种旁门左道的“迷惑”，但是“没有半分钟的工夫”皮尔“就把一个镇灭器放在我的身上，并且声称他不会

① 这些不是一般的收入数字，而是税收本身的数字，也就是说其中删去了邮局收入、国王土地和某些杂项收入。像照例引证的1851—1856年的数字，举例来说，将会是五千六百九十万镑。

以片刻的工夫考虑这样一种建议”。[①] 辩论相继而来，但是首先就乞灵于这个伟大的名字；就格拉德斯通的忠诚和虔敬的心性来说，简直令人不能不认为这种乞灵是事关根本的。在他看来，皮尔的时代和英雄们一面作战一面统治的荷马时代是一般无二的。在他的暮年他以“无限恋慕之忱”回顾了这段往事。[②]

这种旁门左道关系到所得税的原则问题。关于所得税的历史，格拉德斯通时代的财政记述是最适合于分类的。在 1842—1852 年自由贸易胜利之后的整整一代期间，关税政策几乎不再是一个讨论的问题了。财政大臣在选择减免关税的时机上显出了他们的技巧，这不是由于对直到 1860 年还令人如入五里雾中而格拉德斯通却已知其奥秘的详尽细节有了掌握，就是由于厉行节约而使放弃丰厚的关税有了可能。在格拉德斯通的工作圆满完成时，税率表已差不多像 1840 年报告书的著者所能指望的那样简短了。[③] 对于许多种形式的国内征课的意见甚至比对关税更少分歧。什么时候财政大臣们能办到，什么时候残存的国产税和执照捐就在一致的赞同下取消。在 1823 年和 1840 年之间托利党人和辉格党人曾经削减了国产税。皮尔既有了所得税，就在 1845 年停征玻璃税。1850 年废止砖税；1853 年废止肥皂、骰子和广告税；

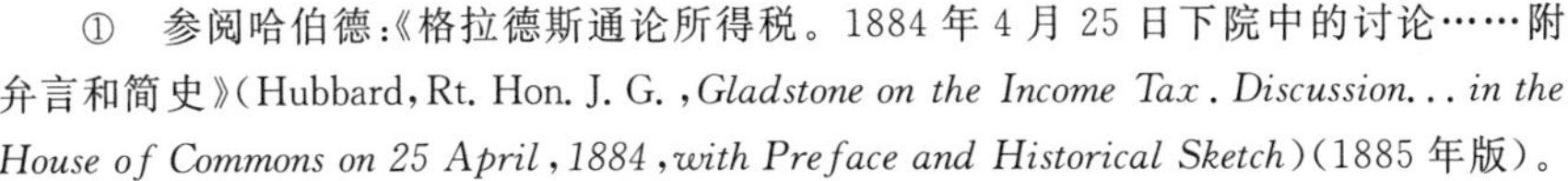

① 参阅哈伯德：《格拉德斯通论所得税。1884 年 4 月 25 日下院中的讨论……附弁言和简史》(Hubbard, Rt. Hon. J. G., *Gladstone on the Income Tax. Discussion... in the House of Commons on 25 April, 1884, with Preface and Historical Sketch*)(1885 年版)。

② 《伦德耳勋爵的私人文件》(*The Personal Papers of Lord Rendel*)(1931 年版)，第 132 页。

③ 关于减低关税的详情细节，参阅本卷，第 283—285、312 页及以下。关于《1840 年的报告书》，参阅上卷，第 496 页。

399 1855 年废止新闻纸税；1861 年，在格拉德斯通和上院的著名斗争之后，废止了纸张税。到了八十年代，除酒税外，仅存的只有专利药品、纸牌和金银器皿的国产税了。[①]

执照捐亦复如此。复杂的“商业”执照捐不能不残存。和它一起残存的有香烟制造商和销商的执照捐，因为香烟是完税的；有金银器皿和专利药品销商的执照捐，也因为两者都是完税的；有完税的纸牌制造商的执照捐，此外还有诸如诉讼师和拍卖行之类的各种负重大责任的职业以及赌场业者、行商、负贩和典当业者的执照捐。在另一个类别中有枪械、赌具和狗的牌照捐。但是在1869 年，出售茶叶、咖啡、可可或胡椒者的许可制已经废止；在1870 年，肥皂制造商、纸张制造商、蒸馏器制造商、表壳制造商和纸牌销商的许可制废止；在 1874 年，马贩的许可制连同马税一并废止。[②]

对于所有这一切都有实质上的协议。关于减免捐税的协议是不难的。但是随着时日的推移，继续不断的减免对于聚讼纷纭的所得税的保留发生了有利的影响。格拉德斯通由于他对于皮尔的忠诚，由于他自己早年的见解和他在 1853 年的第一次伟大预算演讲中凭以“着重其词地把它指定作为一种临时税”的那套论证的大获成功，而始终被束缚于一种私自的和看上去不能不认为多少带

① 巴克斯顿：前引书，第 1 卷，第 95、123、266—268 页。关于 1880 年麦芽税的变成为啤酒税以及这项税课的复杂历史，参阅巴克斯顿：前引书，第 2 卷，第 276 页及以下。

② 巴克斯顿：前引书，第 1 卷，第 92、104、188 页；第 2 卷，第 375 页。

点褊执的见解。[1] 这种见解，仅就以寥寥数语所能扼述的格拉德斯通的见解来说，是：这种税是不得人心的，税负必然是不公平的，很容易鼓励纳税人的不道德行为，对于危急关头的筹款是非常有用的，并且只要国家走上战争，走上说得过去的浪费的这条路，就应该作为一种惩罚来担负的。他有一次对布赖特说，因为用所得税筹款是那样容易，它甚至促进了浪费。[2] 这正是他以废除所得税为口号而参加 1874 年竞选的前夕。[3] 他失败了。十年之后，他 400
“对一位可尊敬的朋友说”，“经过相当年数之后，英国人才会有另一次废除所得税的机会”。[4] 相当的年数已经过去了。如果有人插言问道，“当 1880 年他们使你重新当政时，为什么你没有取消所得税呢?”如果说一提到狄斯累利的浪费的帝国主义，一提到光荣和平——“赊买的光荣和平”，照他的不冠冕堂皇的副手哈克特的说法——的代价，他必然会冠冕堂皇地挺身加以反对，又有谁能怀疑呢？

当死灰复燃的所得税在乔治四世朝付诸讨论时，没有一个主张者把它说成是临时性的了，虽则有些人内心未始不作此想。[5]

---

① 他曾经批评皮尔的恢复所得税的原建议，格拉德斯通致皮尔函，1841 年 11 月 4 日；帕克：《罗伯特·皮尔爵士传》，第 2 卷，第 502 页。关于 1853 年他的辩论的大获成功，参阅斯塔福德·诺思科特爵士：《二十年来的财政政策》(Northcote, Sir Stafford, *Twenty Years of Financial Policy*)(1862 年版)，第 185 页。这篇演讲印成了小册子，上文所引证的词句见第 34 页。

② 《约翰·布赖特的日记》(*The Diaries of John Bright*)(1930 年版)，第 269 页。

③ 他是在想着早至 1873 年 8 月的废止，摩莱：《格拉德斯通传》，第 2 卷，第 478 页。

④ 在前引 1884 年 4 月的辩论中。

⑤ 见上卷，第 329 页及以下。

但是当皮尔请求英格兰的绅士们在一百五十镑以上的一切收入中每镑给他七便士，来帮助他消除辉格的赤字和改革关税时，他只要求以三年作为确定的期限，如工作在三年之内不能完成，则再延长两年。尽管约翰·鲁塞尔和理查德·科布登加以反对，他还是得到了他所要求的一切。[①] 当1845年到来时，他又毫无困难地把两年改为三年，以便确保工作的完成。到1848年，他的党分裂了；爱尔兰发生了饥馑，伦敦出现了恐慌，而国外又有革命。税收是那样不旺以致辉格党所要求的不是废止所得税而是每镑征收一先令，为期五年。他们得到了七便士，以三年为期。在1851年和1852年之间，这项税课只延长了一年，而且仍然是在旧基础上，它的前途似乎是毫无把握的。[②]

麦克库洛赫在1845年他的《赋税论》中曾经公开表示反对。穆勒的新著作也曾经说，由于公共道德水平太低，反对所得税的意见是“不可克服的”。在1851年由于约瑟夫·休姆的鼓动而奉派调查所得税现行估征方式的一个强有力的委员会没有提出任何报告书。它只是有限度地公布一个极其复杂的方案，那个方案是统计学家威廉·法尔向休姆提出的，它主张根据财产的价值、租约的性质和地主的年龄，按不同的税率对财产而不是对收入进行课征。[③] 正是这种错综复杂的计划使得格拉德斯通后来死抱住塞缪

① 帕克的《皮尔传》，第2卷，第524页；摩莱的《科布登传》，第1卷，第240—243页。

② 巴克斯顿：前引书，第1卷，第91页。另参阅马尼彭尼和巴克耳的《狄斯累利传》(*Moneypenny and Buckle's Disraeli*)，第3卷，第361页。

③ 证词见报告书，委员会，1852年(第9卷)。法尔的计划见附录10和询问案第4853号及以下。

尔·葛尼的一项暗示不放——“不管你的计划是什么，总须简 401
单。”[①]出席委员会作证的一位官员曾经说“这种税一旦开征”，逃漏就会“有增无已”[②]，但是他并没有举出很多欺诈行为的证据。穆勒在他的作证中并不像在他的著作中那样对公共道德抱悲观，但是和其他证人一同着重地指出了这种税的重大缺点——它没有能对真正所谓的劳动收入和非劳动收入予以差别待遇。[③]

商业和技术阶层的看法自然是和穆勒一致的。他们更渴望改革，因为所得税的纳税人一般已渐渐习惯于认为这种税是一种永久性的事物——事过十年，自无足奇。有一部分中等阶级组织了利物浦财政改良协会，希望看到国库完全通过这种和其他各种直接课征的途径来充实。小册子的著者不是说穆勒的“不可克服”论是以对公共道德的一种不必要的悲观解释为依据，就是说他们不会“片刻想到社会中有任何一大部分人”肯“同意取消”现正带来九分之一公共收入的一种税课。[④] 像英格兰银行代理总裁哈巴德那

① 摩莱的《格拉德斯通传》，第1卷，第460—461页。

② 询问案第292号，内地税的普雷斯利。

③ 询问案第5222号及以下（穆勒）；询问案第5448号及以下（查尔斯·巴巴季）。

④ 西蒙斯：《1853年直接税的计划》（Symons，J.，*A Scheme for Direct Taxation for 1853*）；科尔曼：《关系到商业改革的一些对直接税的意见》（Coleman，J.，*Some Observations on Direct Taxation in Reference to Commercial Reform*）。关于利物浦协会所遭到的攻击，参阅梅特兰（皇家学会会员）：《财产和所得税：问题的现况》（Maitland，J. G.，F. R. S.，*Property and Income Taxes: the Present State of the Question*）。在其他的小册子之中，有赫明：《公平的所得税如何可能》（Hemming，G. W.，*A Just Income Tax How Possible*）；梅杰尔：《所得税评论……附消除目前不公平的建议》（Major，M. H. C.，*A Review of the Income Tax... with Suggestions for Removal of Its Present Inequalities*）；《德里科特论捐税》（*Derecourt on Taxes and Duties*）；另参阅塞利格曼：《所得税》（Seligman，E. R. A.，*The Income Tax*）（1911年版），第136页及以下。

样殷实的一位有产中等阶级的代表人在1852年他的《所得税应如何征收?》一书中就曾经表示在原则上对于这种税并无任何异议——如果在他所谓的工业收入和自动收入之间始终是有所区别的话。[①] 哈巴德是顽固不化的。他是"可尊敬的朋友",而他的议论——同一种议论——正是三十二年后格拉德斯通在一次人数未到齐的下院会议中以先例和辩才予以挫败的。

402 有些当代人士认为哈巴德的小册子一定给了被扼杀的1852年12月狄斯累利预算中的这样一项建议以启发:实业、专门技术和农业的收入只应缴纳售产收入应征税率的四分之三。[②] 在狄斯累利主持1851—1852年的委员会时,作这样的设想殊无必要,虽则一位保守的英格兰银行副总裁的支持无疑是受欢迎的。格拉德斯通把狄斯累利的建议认作是"显然阴毒"的那种看法,也不须任何人赞同。[③] 可能,正如格拉德斯通常常说的那样,这项建议是"同税收部门没有交换任何意见"而提出的[④],但是狄斯累利有他们的官方证据放在面前,所以这种说法是无关重要的。凭靠当时所可利用的行政经验,差别待遇无疑是很难安排的;但是如果收入能按照其大小区分(格拉德斯通本人在翌年就对一百五十镑以上的收入按一种税率征税,对一百至一百五十镑之间的收入按另一

① 在1853年他还写了《对拟议的所得税改革的异议,载致……泰晤士报的两封信中》(*Objections to a Reform of the Income Tax Considered, in Two Letters to... the Times*)。

② 《经济学家周刊》,1852年12月18日。参阅巴克耳:《狄斯累利传》,第3卷,第425、431页。

③ 摩莱的《格拉德斯通传》,第1卷,第436页。引自格拉德斯通的片断笔记之一。

④ 引自1884年的演讲。

种税率征税），那么果真认为按来源区分是相宜的话，也不应该是不可能的。

“使全国大部分人改变了对所得税的看法”[①]，使进步的意见背离了差别税政策，并决定了今后半世纪所得税形式的1853年格拉德斯通的预算演讲，在今天似乎不如对当代人那么有说服力。他试图证明，土地收入事实上如结果所表明的那样，等于是按比其他许多收入更高的税率征税，因为它们不但是按毛收入征课，而且承担了抵押、年金和寡妇所得产业的种种负荷。他利用了商人“自行估税”这一事实。他基于这样一项奇特的理由而大力反对得自基金的收入的任何差别征课：大部分公债的筹募都附有一项诺言，即公债所产生的收入不予征税，所以对那种收入征收差别税会是破坏公共信义的行为，虽则单单征税并不是什么破坏信义，如果对其他一切收入都同样征课的话。[②] 他利用了对亚当·斯密是那样重要的一项旧式“纠询法的”论证去反对那些会把差别税牵连在内的调查。他不难证明如何一种收入会在不知不觉之中同另一种收 403
入混淆起来，如何在哈巴德的“工业”收入中可以看到近似于土地的固定资本的利息同经营管理的劳动收入有各种不同的结合。[③] 他利用了葛尼所主张的简单化那个最好的切合实际的辩解。他请求下院不要“打破”成为紧急关头的一部发动机的那种税课。为避

① 诺斯科特：《二十年来的财政政策》，第185页。“在我充任财政大臣时……会有绝大多数人投票赞成差别所得税的计划”，格拉德斯通于1884年。

② 这一点在1884年的演讲中发挥得比较详尽。

③ 他问道巴克利一佩金斯啤酒酿制厂的利润和库茨女士得自银行的收入怎么能说不是哈巴德所谓的“自发”收益。

免一切靠不住的事物，他要求下院在商业改革继续进行的时候，通过这种极其有用的税课，以七年为期，税率则按年递减。在一已知的和预见得到的日期，国人，如果愿意的话，就可看到所得税的废除。

翌年战事的发生破坏了他的计划。他将所得税增加了一倍。当他在1859年回到财政部去支付别人的账单时，他按照应税收入的多寡自动地把已经降低到五便士的所得税率分别提高到六又二分之一便士或九便士，而从这一税源得到了税收的七分之一。[①] 所得税已渐渐蜕化成为财政大臣的一把雨伞，随着财政天空的阴晴而涨落了。

在1861年，哈巴德击败了格拉德斯通的坚决反对，以仅仅四票的多数，争取到了一个委员会，去调查所得税的估征方法。[②] 这个委员会纵非全体都是哈巴德的批评者，至少也以他们占绝对优势（诸如格拉德斯通、诺思科特和娄等），并且没有得到政府的任何帮助。[③] 受查询的内地税官吏的证词都是对改革抱敌对态度的，但不能说是确凿可靠的：他们都“害怕他们的上司发脾气”，哈巴德很久以后这样写道。[④] 实业界和专门技术界自然有许多有利于差别税的证词；对于哈巴德按净收入而非毛收入征税的另一重要建议也没有决定性的不利证词。比1851年时更加热中的穆勒，很巧妙地同娄展开了争论以支持哈巴德。娄讥笑“这种所得税”，并提

① 巴克斯顿：前引书，第1卷，第180页。

② 报告书，1861年委员会（第3卷，第1页）。

③ 1885年哈伯德的小册子（本卷，第505页所引证的），弁言，第6页。

④ 同上书，第7页。

出了法学家对终身产业的终身租户所持的论点。穆勒则以这类人没有挽救像普通终身收入领受人的那种义务来反唇相讥。[①] 纽马奇这位统计学家是站在穆勒一边的，而法尔虽不放弃他的财产征 404
课的复杂方案，“的确”宁取哈巴德的计划而不取现行制度。[②] 写进报告草案中的那项计划随即被否决；而委员会则报告说，“所得到的结论是，对它（所得税）所提出的反对意见是反对它的性质和实质，而不是反对它向所采取的特定形式。”[③]但是构成多数的财政大臣和未来的财政大臣们却继续加以利用。从未有过另一次正式的或非正式的调查。[④]

格拉德斯通在 1874 年所提出的废止所得税的建议，事后看来似乎异常不合时宜。市面的繁荣刚刚过去。物价大跌已经开始。教导人们以新式昂贵武器的价值的那个帝国已经诞生。但是当 1873 年 8 月他制订他的计划时，所有这一切都还在潜伏状态中。这个计划并不是他的政敌所说的无耻的贿选。鉴于他的记录，在天气好的季节竟未能提出，却未始不是他的声名之累。天气似乎很好，而另一面却以废止所得税为儿戏。诺思科特在接长财政部时，给国家以为期两年的两便士所得税——把机器安装在那里以备缓急之需，但是要在一种非经济的低压之下才去开动。紧急的情况不久就出现了，随着格拉德斯通的重新上台，这部机器开动得

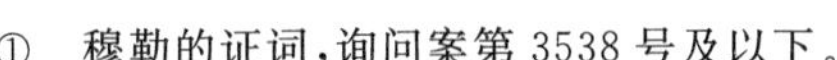

① 穆勒的证词，询问案第 3538 号及以下。

② 纽马奇，询问案第 326 号及以下；法尔，询问案第 2713 号。

③ 《报告书》，第 4 页。

④ “在他（格拉德斯通）那个时代，他对财政见解方面的影响或许足以防止对这个案例作任何进一步的考察或在比较广泛和比较公平的基础上建立所得税的任何企图。”巴克斯顿：前引节，第 1 卷，第 113 页（1887—1888 年）。

比以往任何时候都更加厉害了。到 1885—1886 年，八便士的所得税正产生着将近五分之一的税收。

格拉德斯通从没有把所得税作为以准确的公平分配的眼光设计的制度的一部分而详尽地加以讨论。他对于税的看法是简单的——一种无可避免的弊害，应该尽可能减至最低的限度。在他晚年时，他颇以一直把自己的力量用于破旧方面，用于“开辟门窗”，而不是用于靠不住的立新方面而沾沾自喜。[①] 但是他果真能取消所得税，他就不会再让财产不负担他向所希望的一切“利益集团”或部分社会对国家需要所作的那种小小的贡献了。在 1853 年他曾经解释说，所得税的交替办法不外是对“有形财产”的某种课征和加额征收的遗赠税及一切商人而不仅仅是某些商人的执照捐的一种混合物。他果真在 1874 年获得成功，死亡税未始不会“改
405 造和扩大”。[②] 关于这一层，当 1853 年他在旧有的小额遗嘱验证税和皮特的动产继承的遗赠税之外又增加了设非福克斯和土地利益集团的阻挠皮特也未始不会加征的一种动产继承的遗赠税时，他就已经为自己铺平了道路。[③] 这是滑铁卢战役以来抽征的第一种新税，税源已证明是不很丰富的。这三种“死亡税”加在一起，在五十年代每年可得税款约仅三百万镑。

三十年后它们在实质上并没有改变，虽则在各种不同的细节

---

① 《伦德耳勋爵的私人文件》，第 95 页。

② 格拉德斯通语，见《十九世纪》杂志，1887 年 6 月号；巴克斯顿：前引书，第 2 卷，第 167 页中听引证的一篇论文。

③ 皮特的原建议只适用于旁系继承。在 1805 年，他把遗赠税推行到由不动产支付或负担的动产遗赠方面；巴克斯顿：前引书，第 1 卷，第 118 页。另参阅摩莱的《格拉德斯通传》，第 1 卷，第 463 页。

上所有改进，尤其是格拉德斯通自己在 1880 年和 1881 年所作的一些改进。到了 1886 年，随着国家财富的增长，它们共可得税收七百多万镑。在这总数之中，有四百万镑得自遗嘱验证税这三种税之中最普遍的一种。这是得自死亡时过户的价值一亿四千零五十万镑的财产的。国家取之于财产继承的是如此的轻微。它还不曾听从穆勒的意见，虽则他的门徒不久就会听从。

在五十年代关税和国产税曾经提供了税收的三分之二：这时集中在少数半奢侈品上面的这两种税仍然提供半数以上。“印花税”——包括以印花支付的死亡税在内——过去不到税收的八分之一，现在已占八分之一略强。一部分已经由所得税取代了的那些对小康之家的剩余的征课——诸如房捐、旧土地税的残余和若干奢侈品的“估价”税等——在五十年代已可得十二分之一左右（约三百万镑）。房捐和土地税现在可得十三分之一略强。[①] 像

1885 年和 1886 年那样按八便士抽征的所得税，作为一个税源几乎可与关税并列，在八千万镑略强的税收之中分别占一千五百六 406
十万镑和二千万镑。

公债必须有系统地减少乃是格拉德斯通的政治经济学和穆勒的政治经济学上的一项原理。但是他们也同意取消恶税以解放生产力比匆匆减少公债更为可取。[②] 格拉德斯通时期的公债差不多都是以 3％的折扣发行的，票面额较高的公债在 1824—1844 年之

① 皮特在 1798 年所确定并使其可以收回的土地税，已经在不同的地区在不同程度上收回了。凡有这种税残存的地方，它就影响到土地的售价。它在十九世纪的财政史上并不重要，虽则在八十年代仍产生了一百多万镑的税收。

② 穆勒：《原理》，第 5 编，第 7 章，第 3 节。

间由罗宾森、奥尔梭普和古耳本先后予以调换。自二十年代以来本金有减有增①;增加是为了解放奴隶,供应爱尔兰的民食和帮助西印度的种植园主,减少则是由于税课的过剩和年金的到期。结果,公债本金的总数比亨利·帕纳耳爵士在1828—1830年为自由财政改革草拟方案时并少不很多。1828年的永久公债和流动公债的总额是八亿零八百万镑。1850年的相应数字是七亿八千七百万镑,1852年七亿七千九百万镑。在1852年,以3%折扣发行的公债已达到票面价额,而自1755年以来,则只有一次接近票面价额。直到1853年中叶它们才超过了票面价额,但直到八十年代不再见到这种情形。

格拉德斯通曾试图抓住这个时机进行另一次调换。他赶不及了。在1853年4月8日他对一项按2.5%折扣发行大量公债的复杂计划作了说明。法国土伦舰队当时已进泊萨拉米斯,斯特腊特福德·坎宁则已于三日前到达君士坦丁堡去独力运用一切。②结果只发行了很小的一批按2.5%折扣发行的公债。在3%公债已渐渐跌至九折而可能发生的对俄战争需款正殷的时候,拒绝了国库的建议而必须按票面价格清偿的3%公债的持有人在1854年1月领到了现金。战争使公债增加了三千六百万镑(一支二十世纪的分遣舰队的现金价格),直到1888年不再有任何调换公债

① 参阅上卷,第318—319页。那里所开列的公债数字(七亿八千万镑)只是永久公债。因为年金负担很难计算准确,所以它是一个整数。参阅巴克斯顿:前引节,第2卷,第203页。

② 《剑桥英国外交政策史》,第2卷,第364—365页。

的试图。[①]

六十年代出现了一次短暂的公债恐慌。在 1865 年，杰文斯曾 407
经扬言英国煤已渐渐告竭。穆勒曾经下过这样一个结论：只有这一代和今后几代“还有一点点机会能把（国债）还清”。[②] 因而格拉德斯通每年拨存五十万镑的一笔额外款项，以便在不再有战争发生的情况下可以在二百五十年内将债务清偿；狄斯累利也拨存了少许。在 1875 年，诺思科特为建立新减债基金进行了一些更加有系统的工作。年度债务费必须筹足，以变卖不动产的收入来减少债务的办法必须更加经常而迅速地施行。战争和其他紧急事件的出现打乱了这项计划，但是原则仍保持未变。在 1885—1886 年债务费的支出，和三十年前克里米亚战争刚刚过去之后的情形不相上下。[③] 在 1885—1886 年财政年度结束时，债务总额是七亿四千二百万镑，堪与 1852 年的七亿七千九百万镑和 1856 年的八亿零八百万镑相比拟，何况现在还有像电报系统（尽管估价可能过高[④]）这类具体的资产和狄斯累利深知其真正价值的苏伊士运河股票可以抵冲。在一个日益富足的国家中，这一点成就并不是什么丰功伟绩，但是财富的日益增长使已经降低的债负很容易负担了，何况手头还有大量的煤斤，虽然还没有证明穆勒的预言是错误的。

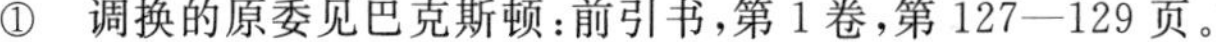

① 调换的原委见巴克斯顿：前引书，第 1 卷，第 127—129 页。

② 《韩氏国会实录》，第 3 集，第 182 卷，第 1525 页。在 1866 年 4 月 17 日穆勒的演讲中提及了杰文斯。

③ 在 1885—1886 年，二千八百万镑；在 1858—1859 年，二千八百四十万镑。

④ 本卷，第 209 页注 2。

在税课范围以外，五十年代的国家在打破种种壁垒方面还用了它的一些力量，而这种种壁垒的打破给了格拉德斯通不少正当的快慰。在1857年，航海法的最后残余，即沿岸贸易的垄断权，被廓清了（由维多利亚，第17、18年，第21章）。陈腐的高利贷法的腐朽部分也随之取消（由维多利亚，第17、18年，第90章）。有系统的逃漏久已使它形同具文。甚至在安妮女王时代，它就不得干涉"国会证券"了。[①] 在1833年英格兰银行已受权不理睬短期信
408 贷市场上5%的法定利率，并且在1839年的商业萧条时期第一次这样做了。[②] 1847年危机终于证明了有伸缩性的银行贴现率的有用。这样，由于允准和规避，金融市场自由了。实际上，高利贷法只是在抵押借款不得在5%的基础上商订时才干涉抵押活动，并间或使发生困难的铁路公司按低于票面5%的价额发行债券，因为它不能发行5.5%折扣的债券。[③] 这项法律"除在提供真正抵押品的情况下，事实上已概不适用"[④]，正如坎贝尔在上院所说的那样，甚至不动产的领域也受到了侵犯，因为高利贷，也就是超过5%的利息，早已为了建筑会社的方便起见而予以允准了。

废止高利贷法的法案是非常适当地由作为财政大臣的格拉德斯通和作为财务次官的《经济学家周刊》创始人詹姆斯·威尔逊提出的。在下院中实际上没有任何辩论，虽则有一位议员认为正好

---

① 参阅安妮，第12年，国会第二号法规，第16章，《减低利率（也就是逾额即系高利贷的那个利率）而不影响国会保证的条例》。

② 见上卷，第518页。另参阅第347—349、509页。

③ 参阅格拉德斯通在下院的演讲，《韩氏国会实录》，第3集，第124卷，第929页。

④ 同上书，第3集，第125卷，第581页。

以如果要用法律限制银行纸币的发行，就也应该用法律限制利息为词，顺便对皮尔的银行条例打一黑拳。在上院，这项法案是由兰斯当予以推动的，他引证了约翰·卡耳文对高利贷原则的批评。它受到了现在、过去和未来三位财政大臣的赞颂。[①] 它废止了英格兰远溯自亨利八世，苏格兰远溯自詹姆斯六世，爱尔兰远溯自查理一世的若干条例和条例的某些部分。

由于一项奇特的意外，重又通过格拉德斯通而发挥作用的国家，曾经在1843年恢复了直至1856年才失效的五项特殊的劳动立法——即规定伦敦浦煤炭督卸员劳动条件的法律。“卸货”就是从船舱中把煤筐装满，吊上来，再倒进驳船的一种工作。在1831年，1807年的泰晤士河煤业法典已经废止[②]；曾经导致许多弊端的督卸员工资的法定管制也一去不复返了。但是在1843年，伦敦自治市和煤炭督卸员为委员管辖下的督卸员的登记和就业事宜，共同提出一项由格拉德斯通予以承办的私法案。它的最好的用意，

用现代术语来说，就是消除工作的偶然性，而保证登记督卸员的工 409
帮能规则地轮流获得工作。工人、一些雇主和泰晤士河违警罪裁判所的书记都相信它是成功的。经过几次展期，经过1851年的详细调查之后，在1856年听其期满失效了，理由是它在拯救工人出乎“污浊贫困状态”[③]方面已经完成了它的任务。船主为换取这项章程的废止曾经承允自行创立一个机构，而且绝不在酒馆雇用工

① 《韩氏国会实录》，第3集，第125卷，第581页。

② 上卷，第234—235页所描述的那部法典。

③ 参阅乔治：《伦敦的煤炭挑夫》，《经济季刊》（经济史），1927年，第244页。这段是以乔治夫人的论文为依据的。

人或给付工资。贸易部对这一点是满意的。问题没有重行发生，因为旧式的督卸员已渐成过去了。

煤炭督卸员同伦敦和海滨的关系可帮同给这项长期存在的章程以说明。国会对于怀特黑文运煤船的装货或铁路货车的卸货向不加管理。但是泰晤士河是流经威斯敏斯特的，所以海员始终受到国家的关心。航海法直到最近才废除。规定船主必须按吨位调整海员和学徒人数的法律和条款，也随之而废止：结果是 1850 年登记的三万一千六百三十六名学徒到 1854 年已经降到了一万三千八百二十六名。[①] 但是，在这类章程废止的同时，国家为海员和海上旅客的福利取得了新的关怀，一方面表现在一系列旅客条例、商船海员条例和轮航条例中，一方面载在 1854 年的伟大统一商船条例（维多利亚，第 17、18 年，第 18 章）那部厚达二百多页的法典之中。[②]

一切远洋船舶都必须有小艇和救生圈的适当配备。远洋轮船必须在它们的发动机上装置安全活门；必须带有灭火软管；铁制船必须有不透水的隔舱；并须为舱面上的旅客提供避风雨的设备。视察轮船的权利掌握在贸易部日益发展的海事处手里。关于海事

① 取材于 1854 年 5 月 18 日卡德韦耳在下院所引证的一项报表。《韩氏国会实录》，第 3 集，第 133 卷，第 571 页。

② 早期的旅客条例是乔治三世，第 43 年，第 56 章；乔治四世，第 9 年，第 21 章；维多利亚，第 5、6 年，第 107 章（参阅沃颇耳论文，载《皇家历史学会会刊》，1932 年。另参阅本卷，第 232 页注 2）。早期的商船海员条例是维多利亚，第 7、8 年，第 112 章和维多利亚，第 8、9 年，第 116 章。轮船航行条例是维多利亚，第 9、10 年，第 100 章；维多利亚，第 11、12 年，第 81 章和维多利亚，第 14、15 年，第 79 章。

的一般监督事宜，1850 年条例（维多利亚，第 13、14 年，第 93 章）[①]
已经责成各个船舶往来频繁的港口成立了由选举产生的地方海事 410
局，来协助贸易部办理。

在安全条款以外，废止了以前四十项条例的这项统一法律还载有有关这类海事机关；船主责任、船舶遇险、救助、灯塔、领港、登记和吨位；航海日志的填写；小艇、灯火、犯罪和海上的死亡；海事用品商贩，以及海员的权利、义务和福利等等的章节。关于海事用品商贩的各章节（第 480 节及以下）和著名的时代精神是特别不相符合的。经营“锚、缆绳、帆或旧缆绳，旧铁或任何种类海事用品”的那些人所承担的义务之一就是不得“从任何显然不满十六岁的人手里购买海事用品”。无疑这一条款是针对船童的偷窃行为的；但是并不因此而使它不那么家长式，或者，因有“显然”一词而使它较易执行。

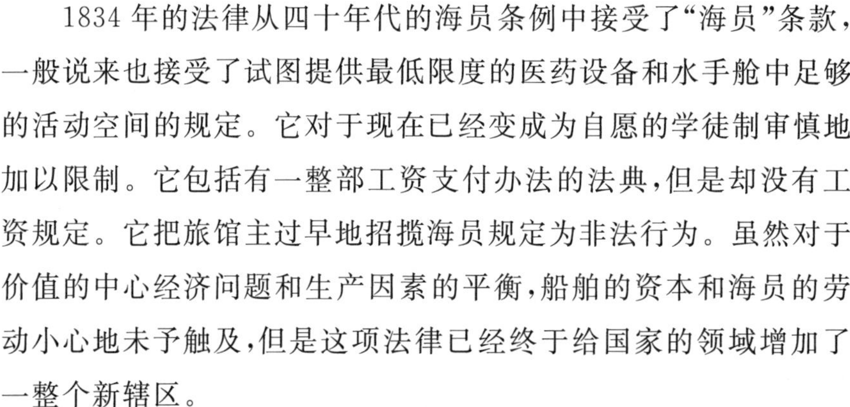

1834 年的法律从四十年代的海员条例中接受了“海员”条款，一般说来也接受了试图提供最低限度的医药设备和水手舱中足够的活动空间的规定。它对于现在已经变成为自愿的学徒制审慎地加以限制。它包括有一整部工资支付办法的法典，但是却没有工资规定。它把旅馆主过早地招揽海员规定为非法行为。虽然对于价值的中心经济问题和生产因素的平衡，船舶的资本和海员的劳动小心地未予触及，但是这项法律已经终于给国家的领域增加了一整个新辖区。

由于船主和船长的必要惩戒权和公海上的荒僻往往可以掩蔽

① 商船条例。

罪迹，这是一个很难管理的辖区。[①] 在 1867 年，1854 年条例中的“海员”条款和海员待遇条款有了改进，海员取得了这样一种权利，即在船长或船主未能供应适当的食品和医药因而患病的期间，得要求照付工资——显然不容易强制执行的一项权利。[②] 在七十年
411 代早期，每隔一年就有一项商船条例。[③] 海员在国会中的朋友正在针对以棺柩式的船为牟利资本，或不惜以人命为孤注而装载过量的那些人作斗争。这一系列条例的最后一项是 1876 年条例（维多利亚，第 39、40 年，第 80 章），这项条例终于把派遣不适于航海的船舶出海订为犯罪行为；规定了粮食和甲板货物的装载法；并采用了以塞缪尔·普利姆索耳的名字命名的载货吃水线。这位一度任大博览会秘书并自 1868—1880 年为德尔比急进议员的普利姆索耳对于这些年的船舶立法比任何人所负的责任都多。[④] 在普利姆索耳离开国会之后，保护海员的立法一时停顿下来，虽则在 1883 年已经把有关工资、学徒和船长检定的现行法律的原则适用于英格兰的渔业。[⑤] 苏格兰渔业有它本身的法律和原有的机构。不适用于英格兰的 1884—1885 年的一项国会条例第九款中所涉

① 参阅例如《商船条例法案审查委员会》，1878 年（第 16 章，第 77 页）中的证词。

② 这个条例是维多利亚，第 30、31 年，第 124 章。直到这时为止，“海员条款”还一直毫无成就：仍然有很多卑鄙行为。西蒙：《英国卫生机构》（Simon，Sir J.，*English Sanitary Institutions*），1897 年第 2 版，第 301—302 页。

③ 在 1871、1873 和 1875 年；维多利亚，第 34、35 年，第 110 章；维多利亚，第 36、37 年，第 85 章；维多利亚，第 38、39 年，第 88 章。

④ 普利姆索耳一直活到 1898 年。参阅《英国人名词典》和他回顾以往的证词，见《劳工调查委员会，乙组》（1892 年，第 36 卷，第 2 篇），询问案第 11244 号及以下。

⑤ 根据维多利亚，第 46、47 年，关于渔船和渔业……等学徒……的 1854—1880 年商船条例修正条例。

及的青鱼桶的建造和加箍问题，却是为苏格兰渔业利益计的。[①]

约翰·布赖特曾经把1847年的十小时工作法案称作“对工人阶级实行的一种蒙骗”，它“不久”就势必被废除，因为工资将会下降。[②] 在1855年，哈里埃特·马提诺预言：果真要雇主把机器通通圈围起来并对工厂的伤亡事故负责，他们就会“不干这种不胜其麻烦的职业”。[③] 但是当十小时工作条例在1848年生效时，维多利亚女王从艾希利勋爵手里接受了工人呈献的金质纪念章，此事足以作为国家对这项政策肯定赞同的一个象征。[④] 使布赖特和马提诺女士啼笑皆非的是不但实际工资，而且货币工资都有了提高，[⑤]并且据料五十年代后期的棉纺织厂将有棉花供应接济不上的危险。十小时工作条例不久就需要补充了，但始终没有被废 412
止。[⑥] 在补充性质的、或更加重要的1850年条例（维多利亚，第13、14年，第54章）公布以前，人们一直是以一种轮班工作制来加以规避的，而这项条例则规定，女工和青工只能在上午六时至下午

---

① 维多利亚，第48、49年，第70章。

② 1847年2月17日的演讲。《韩氏国会实录》，第3集，第89卷，第1136号。

③ 《工厂争议。一个警告》(*The Factory Controversy. A Warning*)，第41页。这正是在修正工厂法协会对法律和视察员霍纳尔大肆抱怨的时候。赫琴斯和哈里逊：《工厂立法史》(Hutchins and Harrison, *A History of Factory Legislation*)，第113—116页。

④ “艾尔弗雷德的”《工厂运动史》(‘Alfred’s’ *History of the Factory Movement*)，第2卷，第285页。

⑤ 正如布赖特所论证的，是由于谷物法废止条例。特里维廉：《约翰·布赖特传》(Trevelyan, G. M, *The Life of John Bright*)，第158页。

⑥ 或毋宁是为了加强起见，方始于1874年由维多利亚，第37、38年，第44章予以废止。

六时或上午七时至下午七时之间工作，其中以一小时半供进餐之用，星期六必须在下午二时停工。根据一项奇特的变则，这一条例不适用于儿童，从而在 1853 年不能不加以补充。但是它依法制订了 la semaine anglaise（英格兰工作周）[1]，并且给予北部短期委员会所常常希求的对工时的一般限制以依据；虽则科贝特企图以限定工厂的发动机必须在下午五时半和上午六时之间停转这样一项法案为它们解决问题的那番努力未获成功。[2]

纺织品制造家对于他们所受的罚不当其罪的侮辱和单单把制造家挑选出来去受伦纳德·霍尔纳之类的专横视察员的迫害所发的那种并非一朝一夕也非完全不正当的怨言，直到 1860 年还未付诸讨论。在 1847 年，曼彻斯特的马克·菲利普斯像过去和后来的许多人一样，曾经问道，为什么只应该在单单一种工业里对成年人的劳动加以间接限制呢？约翰·布赖特在提及他本人的纱厂里如今所谓的福利工作时，也提醒说，法律把雇主视为工人的当然敌人，就会使产业关系恶化并破坏这种工作。[3] 制造家在五十年代有他们的修正工厂法协会，这个协会在反对伦纳德·霍尔纳，反对他们从工厂视察员中选择出来的这个敌人方面取得了一些成就。在 1860 年和 1861 年国家对马克·菲利普斯的问题提出了一个稽延已久的、部分的答复，不是以他们所希异的方式，而是以条例的方式“把漂白厂和染厂的女工、青工和童工”以及“花边工厂的女

① 参阅本卷，第 448 页。

② 在 1853 年。赫琴斯和哈里逊：《工厂立法史》，第 110 页。

③ 《韩氏国会实录》，第 89 卷，第 1083、1136 页。

工、青工和童工的雇用事宜一并置诸工厂条例的章程管辖之下”。[①]

改革家并不是说这两种工业是特别有害的，虽则各有其弊端，
而纯粹因为它们是最接近纺织工业本身的一些工业，也就是最容 413
易占领的领域。由于邻近工业的感染，它们已经往往赋有工厂的习惯。索耳福德的染商兼整理商德佛特号，“这个行业中最大的”一家，在 1854—1855 年是按照工厂的时间开工的，并且很少加班加点。[②] 可是在商人急于装船，整理业赶活的时候却无异是整个行业的一段加班加点时间。但工厂并不雇用超过正常比例的女工和童工。它们都是由很能赚钱的“一个非常可尊敬的工人阶级”[③]配备起来的。雇主，特别是比较大的漂布商和染商，并不是同章程的趋向相敌对的一个集团。他们解释其原因并指出下述的事实来证明他们偶尔的长时间劳动并不是没有理由的：一则劳动的步调不是由机器规定的；再则在一天之中有很多“歇手”的时候，而且工人都是非常健康的，尤其是漂布业者。对于这些事实是没有争论的；但是由于逻辑和地理的缘故，不允许为纺工订定一套现行章程而为漂布和染布业者另行订定一套。因而有 1860 年的维多利亚，第 23、24 年，第 78 章。詹姆斯·格里姆那位皮尔的传统和维多利亚中叶的国家的正直化身，正是在这项法案的辩论中宣布了他对

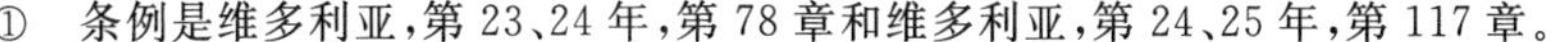

① 条例是维多利亚，第 23、24 年，第 78 章和维多利亚，第 24、25 年，第 117 章。

② 《奉命调查（工厂条例）适用于漂布厂至如何程度为相宜的调查委员报告书》（*Report of the Commissioner Appointed to Inquire How Far It May Be Advisable to Extend* 〔*the Factory Acts*〕*to Bleaching Works*），1854—1855 年（第 18 卷，第 1 号），第 17 页。

③ 同上书，第 7 页。

“工厂原则”的皈依。[①]

在1860年，花边工业实行这位标准政治家所准备应用的管制方法的时机已恰好成熟。当童工调查委员会在四十年代进行调查时，半数以上的花边机是用手力在私人家里操作的。此外还有真正手工编织的花边。工厂不占主导地位，从而这项工业被认为不宜于适用章程。这项困难，特里门黑尔在1861年报告说，“现在可以说已经不存在了”。机制花边已经变成一种工厂产品。在三千至四千台机器之中，“用手力在私人家里运转的”不过九十台，而且都是旧式的。[②] 所以，只要作一些不重要的调整，为“被保护人”制订的那部纺织法典就可以适用于这项工业，事实上也确是适用了。

414 到了这个时候，很多改革家对于童工的具体弊害都不像对于童工之成为教育的一般妨害那样注意。六十年代的调查委员在1863年至1867年之间所发表的有关“法律未予规定的行业和制造业”中的童工的一系列报告中，教育方面是突出的一面。[③] 同样突出的是“在私人家里”在最不卫生的条件下，以及在一切儿童可以合用的地方继续使用甚至年龄极小的儿童从事劳动的情形。花边制造业的未受限制的部分提供了不堪入目的证据。织袜业、草帽辫业以及其他的轻工业亦复如此。开始从事针织手套缝缀工作

① 于1860年5月9日。《韩氏国会实录》，第3集，第158卷，第984页。

② 《关于工厂条例适用于花边制造业是否相宜的报告书》(*Report on the Expediency of Subjecting the Lace Manufacture to the... Factory Acts*)，1861年(第22卷，第461号)，第6页。

③ 通常是作为儿童就业调查委员会加以引证的。报告书是1863年，第18卷；1864年，第22卷；1865年，第20卷；1866年，第24卷；1867年(农业)，第16卷。

的一般年龄是五岁，有一位证人曾经看到"很多小至"三岁半。[①] 进入草帽辫"学校"的年龄通常是四岁，而三岁半或三岁也并非不普通。枕头花边"学校"的情形大同小异[②]，在整理机制花边的拥挤不堪的"女雇主的房间"里也没有什么两样。[③] 活计愈重，对年龄极小的儿童的需求愈少。在伯明翰的各行各业中，虽然开始劳动的年龄有时是七岁，但九岁或十岁却普通得多。[④]

儿童开始工资劳动较晚，并不是防范无知、劳动过量、劳动条件恶化或劳动时间过长的一道保障。在陶瓷业中有一天十二小时在气温一百至一百二十度之下——在冬季则是在火和冰的涤罪所中——负重跑进跑出的可怜的小铸模搬运工；在"私人家里"有制钉童；在制砖厂中有野童；此外有挥舞力所不及的重锤而弄得发育不正常的制链童。考虑到教育问题的调查委员们正是在米德兰的五金工人当中和在设菲尔德提出了得到下述答复的一些问题——"广有钱财的人是大王"[⑤]；"善良的人是魔鬼；我不知道他住在哪里"；"当他们被埋葬的时候，都躜进洞去；他们始终没有能再走出来或重获生命"。[⑥]

在陶瓷业、在伯明翰地区、在除工程业的比较现代部门以外凡 415
可看到冶金各业的所在以及在工业领域的其他很多点上，由于工

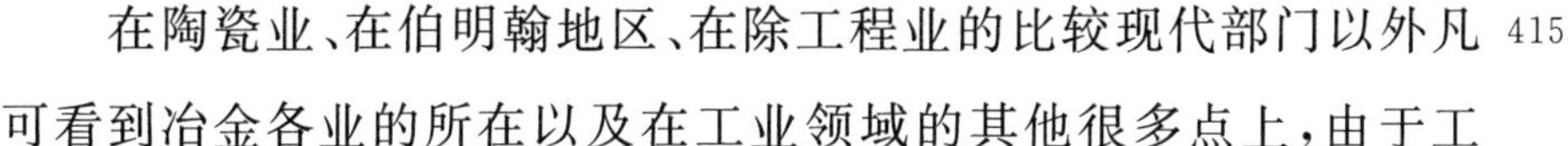

① 《第二次报告书》，1864 年，第 36 页。

② 同上书，第 39 页。

③ 《第一次报告书》，1863 年，第 184 页。

④ 《第三次报告书》，1864 年，第 10 页。

⑤ 《第四次报告书》，1865 年，第 15 页。

⑥ 《第三次报告书》，1864 年，第 17 页。

人而不是企业的普遍雇用童工，使国家的管理难以实行。[①] 深碟、小碟和浅碟制造者都雇用铸模搬运童。雇主说他们不能“加以纠正而不遭到引起骚动的危险”。[②] 在伯明翰的各行各业之中，大多数童工和很多“青工”都是“成年件工”雇用的。[③] 在铁工厂中，炼铁工、木瓦工和锻工都录用童工。在制链、制钉、制锁和鞍匠铁器业中，企业很少雇佣儿童；“在小工厂中也从来没有”。[④] “我们雇用制锚匠而他们再成伙或成帮地去招雇”[⑤]乃是证词中的一个典型部分。兰开郡的锅炉钉缀工亦复如此。而在设菲尔德，“甚至在工厂中对他们的雇主还保有大部分旧有独立性的工人，事实上本人就是更加具有小雇主身份的”。[⑥] 设菲尔德的工人向来就如此，今后依然会如此。

但是在调查委员们的第一批报告书源源递送进来的时候，已经有了立法。第一次报告书揭露出保护扫烟囱儿童的旧法律在大多数地方是形同具文的，“只有首都和其他一些城镇是例外”。[⑦] 很多起儿童在爬进烟囱时烧伤致死的惨案暴露出来了。这里有贩卖儿童的奴隶贸易。在“坏女人不胜其多的”利物浦，一位扫烟囱的雇主这样说，“可以要多少有多少”。[⑧] 根据那一报告书，查尔

① 参阅本卷，第 128 页。

② 《第一次报告书》，1863 年，第 28 页。

③ 《第三次报告书》，1864 年，第 11 页。

④ 同上书，第 12 页。

⑤ 同上书，第 19 页。

⑥ 《第四次报告书》，1865 年，第 2 页。

⑦ 《第一次报告书》，1863 年，第 83 页。参阅上卷，第 577—578 页。

⑧ 同上书，第 88 页。

斯·金斯莱写成了他的《水婴儿》一书，并让格兰姆斯先生那位扫烟囱者永远装在一个烟囱里。国会立即接受了沙甫慈伯里勋爵的限制法案（维多利亚，第27、28年，第37章），但是两年之后第五次报告书证明了这项限制的无效。它估计扫烟囱儿童的这支被煤烟污染炙伤的队伍总有二千人。[①] 甚至在1875年，在另一项法律公布之后，一位正从事其事的扫烟囱者认为“在大城镇中还有很多儿童爬进烟囱”。[②] 根据1864年的第二项条例（维多利亚，第27、28年，第48章），首先查报的包括有毒的黄磷火柴制造业在内的六个行业已经置诸工厂法的管辖下。因为其中之一的麻布裁剪业不是工厂工业，所以就这六种行业而论，工厂一词被解释为“人们从事雇用劳动的场所”。[③] 这个新定义没有遭到任何异议。在1847年曾经以工厂条例同谷物法相比较的《经济学家周刊》写道，凡是知 416
道它们“在兰开郡和约克郡实施情况”的人“现在对于那些办法的明智都是没有任何怀疑的”。它对于过去原则的唯一的让步就是把它们叫作“儿童工厂条例”[④]，实则它们并不是。

为调查委员们所想望的那种法律的一般扩大，道路已经廓清了。这项工作是由1867年的一项错综复杂的条例（维多利亚，第30、31年，第103章）进行的，那项条例把一一列举的一长串工业，连同在任何制造过程中雇用五十名以上工人的所在，一并置诸工

① 《第五次报告书》，第21页。

② 《工厂和作坊条例实施情况皇家调查委员会》（*R. C. on the Working of the Factory and Workshop Acts*），1876年，第29卷，附录丁，第149页。

③ 这个问题的讨论，见赫琴斯和哈里逊：前引书，第155页。

④ 《经济学家周刊》，1864年5月21日号。

厂法典和内政部视察员的管辖下，但附有很多例外和保留条件，以及对妇女和儿童在玻璃熔解和金属碾磨之类的危险工序中劳动所设的一些特殊禁令。[①]

同工厂条例相联系的是适用于在雇主“有权出入或管理”的“任何房屋或地方”从事手工艺的“不论是否支领工资”的一切儿童、青年和妇女的一项作坊条例（维多利亚，第30、31年，第146章）。因此它适用于一个雇主的眷属而不适用于他的厂外加工工人。工作时间规定得比工厂较有伸缩性；管理和监督工作则委托给地方卫生当局。这项条例不但是空泛的而且不过是任意的。地方当局因循苟且，乡区固然一般如此，很多城镇也是一样。它们所承担的任务是沉重的，但却往往甚至不予正视。三年之后，在一位主任工厂视察员的辖区所查报的三百五十二个地方当局之中，有一百七十二个根本没有采取任何措施来执行法律，只有一百一十个对作坊的经常检查作了安排。[②] 1871年，为了纠正这种玩忽事情，作坊的监督工作而不是卫生管理权移交给内政部人员了，这样，内政部人员就变成为大约十一万个，而不仅仅是三万个各种类型和各种规模的劳动场所不胜繁忙的检查员了。[③]

当他们正在为这项沉重的职责而奋斗的时候，1870年的福尔
417 斯特教育条例，连同1872年的相应的苏格兰条例，已开始采用直接强迫入学这项对童工的唯一普遍救治办法。在这期间，北部的

① 据认为例外和保留“使章程所可能有的好处丧失了一半”。赫琴斯和哈里逊：前引书，第169页。

② 《作坊条例实施报告》，1870年，第54卷，第555页。

③ 赫琴斯和哈里逊：前引书，第230—231页。

纺织工会正在妇女的衬裙背后为五十四小时工作周而努力，他们在1874年得到了五十六小时半的工作周。最后的一批空想家还在主张法律不应触及成年人、纵使是成年女子的自由。主张女子应有权同不受控制的成年男子相竞争的人们支持他们的意见。像六十年代的《经济学家周刊》一样，他们是就儿童工厂条例的意义进行考虑的。但是他们的国会领袖、剑桥大学政治经济学教授亨利·福西特在动议从1874午的纺织工厂法案中"删去妇女一词"时，却遭到失败。由于他们的努力，这项法律刚刚岔出了久已确定的一条路线。①

这是重要的，因为在1878年工厂法合并成了一项大工厂作坊条例（维多利亚，第41、42年，第17章）。② 这项工作已经由1875年指派的一个调查委员会作好了准备。它的证词和报告书充满了行政问题，而像早期询问案中连篇累牍的那种重大弊害只不过随处约略一提。但其中最恶劣的一种至少已经加以制止，并且"以惊人之微弱反对通过了的……""直接强迫"入学办法已经"产生了令人满意的结果"。③ 法律的轻微偏差是关于成年女子方面的，正如福西特和他的赞助者所想望的那样。"删去女子一词"的修正案固然逐款被否决，但是调查委员们建议不妨在一点上予现行法律以修正：根据现行法的规定，凡有妇女和儿童从事手工艺的家庭，应一律加以监督。他们认为在这一点上把妇女一并包括在内，法律

① 这段穿插在赫琴斯和哈里逊：前引书，第9章中有详尽的描述。

② 它废止了直溯至1802年皮尔的学徒健康和道德条例的十九项条例或条例的一部分。

③ 《报告书》，第56页。

未免太过分了。这一项修正是由条例中的这样一项条款予以实行的，根据该款的规定，凡是“按照不使用儿童和青年的一种制度经营的”作坊，一律免予监督——这是为使用妇女的洗衣匠和女服裁缝的利益计的。

现在适用于几乎全国所有“厂内加工”制造业的这项法律的一些要素，自从在三十年代为纺织厂拟定以来，就一直没有很大的改
418 变。关于卫生和安全的一般简略规定为视察人员向所争取的改良水平仍留有余地。标准日包括十小时劳动；星期六六小时半。在大多数工业中，这个标准日必须是在上午六时至下午六时或上午七时至下午七时之间。不满十四岁的人是儿童，不满十八岁的人是青年。十至十四岁之间的儿童，如果参加劳动，必须是“半工半读的儿童”，这是一代的立法工作已经规定了的一种类型。[①] 但是雇主保证工厂儿童以一半时间受教育的责任，是“作为一种特权”保留下来的，“而不是作为一种负担强加于他们的”。[②]（国家已下定决心使人人受到教育，所以这项特权会不断地受到挑衅。）有少数几种职业妇女和儿童依然被排斥在外[③]，但是名单并没有再加长。除冶金业中的一些“年轻男子”外，她们也不许作夜工。除开不受法律保护的那个妇女集团外，在自己家里从事劳动的妇女和儿童也不包括在内，如果不使用任何动力并且没有任何雇用人员

① 自 1844 年条例以来。参阅上卷，第 576 页。

② 引自 1876 年的《报告书》，第 56 页。

③ 对所有妇女来说，是煤矿采掘业和玻璃制造业；对十六岁以下的幼女来说，是制砖业；对十二岁以下的男童来说，是玻璃制造业；对十一岁以下的儿童来说，是绒布剪裁业和金属轮磨业。一个非常武断的名单。

的话。依照 1867 年条例的规定，这类人却并未排除在外。厂外加工工人本身依然都是不受法律保护的。

在 1878 年以后，国家自认为成绩良好，因而这类立法工作停顿了五年。自 1844 年以来还不曾有过这样长时期的停顿。作为结束的 1883 年的一项法律，是属于这套旧法律的。维多利亚后期的一套新法律则直到 1886 年方才以“规定车间童工和青工劳动”的一项条例开始。[①] 1875 年的调查委员们已经瞥见了这类劳动，但是有意地予以忽视。[②]

但是在工厂立法停顿下来的时候，国会在最有切身利害的人们敦促下，曾经在就业法中写下了新的一页。在习惯法上，雇主对公众所负的责任和他对自己职工所负的责任是迥不相同的。如果他的职工造成第三者的损害，纵使这个职工的所作所为是他已经嘱咐不可这样做的，雇主也必须负责。但是如果采取了合理的安全预防措施，那么职工如果伤害了另一个人，雇主就毫无责任了。1880 年的雇主责任条例（维多利亚，第 43、44 年，第 42 章）是开始 419 把职工的地位和公众的地位等同起来的那个过程的一个开端。在铁路那个极端案例中，这个过程已经完成。一个疏忽的司机使一个转辙工和使一个旅客丧命，在新法律看来并无不同。对于其他的职业，法律还没有发展到那样的地步。至于海员、家庭佣仆和非雇用于体力劳动中的人，则概未触及。[③]

① 维多利亚，第 49、50 年，第 55 章。

② 《报告书》，第 23 页。

③ 参阅《政治经济学词典》，“雇主责任”条。

实际工资率，除开公务员的以外，格拉德斯通的政府从来没有想去触及。它也没有加强现行法来防止以实物工资制去侵渔工资。在1831年条例和像前一年的车间条例一样属于维多利亚后期的那套劳动法的1887年条例之间，没有一般的实物工资制条例。[①] 在1871年对实物工资制所进行的一次广泛的虽非详尽的调查[②]的唯一立法后果，就是1874年的一项条例，而这一条例所要遏制的并不是实物工资制本身，而是在厂外加工的针织工业中同针织机租金有关的一些老弊端。[③] 在诺丁汉和德尔比边境上大约有一千二百名工人的这项工业中，仍然有实物工资制的残余；但是这个残余，连同威尔士铁工厂的公司车间、拉纳克郡煤厂的商店和其他地方的许多公开或隐蔽的实物工资制，都一并留给时间和旧法律去解决了。[④] 在像针织业和制钉业那样分散的厂外加工的行业中少数残存的实物工资制的中间商，往往就是以他们的房屋为交货地方的那些酒店主。[⑤] 他们在1883年受到了沉重的打击，因为自1842年以来已经成为煤矿法一部分的那项禁止在酒馆给付工资的规定，也就是“工人的工资一律不得在任何酒馆、啤酒馆或出售烧酒、葡萄酒、苹果酒或其他含酒精或发酵饮料的地方，或其写字间、花园等地方发给”的那项规定[⑥]已推行于每一种职业，

① 参阅上卷，第410、562页及以下。

② 《实物工资制皇家调查委员会报告书》，1871年，第36卷。

③ 参阅上卷，第563—564页。

④ 《1871年报告书》，第30页（织袜业）并散见各页，另参阅本卷，第456页及以下。

⑤ 《报告书》，第27、30页。

⑥ 酒吧间的服务员当然不在此例。这项条例是维多利亚，第46、47年，第98章。

甚至推行于农业了。

1842 年艾希利勋爵的煤矿条例是无关竖井和作业的一项劳动法。五十年代的煤矿条例虽是别无其他规定的安全法，但却是具有无穷价值的。到 1885 年，有了为各种矿场制订的一般章程和为每一种矿场制订特殊章程的规定。[①] 直到准备这最后一项章程 420
时，视察员方始了解各种矿场所需要的进一步保障是什么。到 1860 年(通过维多利亚，第 23、24 年，第 151 章)，方始采取了超过艾希利条例的一项温和的措施。过去不满十岁的儿童不得下竖井。现在除领有能读能写的证书者外，非满十二岁不得下井。操纵起重机的人必须年满十八岁，而根据 1842 年条例，操纵起重机的一个十五岁的孩子就掌握工人的性命了。对于将来最关重要的字句载在第二十九节，根据该节的规定，每一个矿场中的挖煤工都有权"在指定……过秤的地点派驻一个工人(必须是这类……矿场的雇用人员)……以便核计重量"，并保证他们在按重量计酬时，得到公平的薪给。在这一条款的背后有约克郡的一番激烈斗争。[②] 自 1860 年以后若干年来，这一直是煤炭所有主所斗争或规避的。1872 年的一项条例虽稍稍加强了核秤员的地位；但是直到 1887 年这项法律才使矿工们心满意足。[③] 然而在 1860 年单单一位工人代表间接过问工资表的权利的第一次被承认就不失为具有决定性的一件历史大事。

① 参阅本卷，第 100 页。这一系列条例是以维多利亚，第 13、14 年，第 100 章为开始的："所以为煤矿视察制订条款是相宜的"等等。

② 参阅韦伯夫妇：《英国工会运动史》，第 289—292 页。

③ 根据合并条例，维多利亚，第 50、51 年，第 58 章。

自从作为先驱的1848年公共卫生条例在霍乱和伤寒流行时通过以来，国家就以一整套杂乱无章的条例对疾病展开了毫无组织的战争。[①] 因为国家既不信任而又过分信任作为它战术代表的地方当局，以致战略受到阻挫。在国会中有辉格党对不久以前声名狼藉的自治市所抱的怀疑。在行政中枢有幕僚长埃德温·查德韦克所宣传的边沁学派对专家的信仰。但是像自十八世纪相沿下来的那一整套地方政府的传统，却赞成任意性的而非强制性的立
421 法，赞成国会地方条例多赖以产生的市创制权。由于辉格党人对于市财政的不信任，1835年的自治市条例已经制订得非常严密，而且是按照法律上范围日益扩大的越权原则从严解释的。如果有人建议一个旧式的未改革的市为一座喷水池支出一笔市款，想来普通法是不会加以妨害的，但是在四十年代为使"城镇居民(能)通过市议会供给他们自己以清洁的手段"，却认为有专门制订沐浴和洗濯所条例的必要。[②] 如果没有这样一项条例，不论一般的还是地方的，这类明显的支出都可能被认为是越权行为。[③]

① 关于卫生方法头绪纷繁的历史，详见《皇家卫生调查委员会第二次报告书》，1871年(第35卷)，第7页及以下。关于1848年条例，参阅上卷，第545页。

② 《皇家卫生调查委员会第二次报告书》，第15页。

③ 根据布赖斯：《越权论》(Brice, S., *A Treatise on ultra vires*)(1893年版)，弁言，这项原则是"现代产物"并且是"1846年在平衡法上……第一次明显提出的"。起初这项原则主要适用于铁路公司。罗布逊：《地方政府的发展》(Robson, W. A., *The Development of Local Government*)(1931年版)，第194—196页，似乎是认为1835年的自治市条例(威廉四世，第5、6年，第76章)任由自治团体对凡"于居民公共福利有益"的用途自由支用款项和自由征税(第92节)；并认为对它们适用越权原则是牵强附会的。在我看，条例的第92节是比较有限制的，虽则它似乎是给予凡有丰厚的地租和利润收入而无须征收捐税的市以很大的支出自由。这是有待法学家去断定的。

1848 年的中央卫生委员会，即查德韦克和艾希利的那个委员会，是济贫法三人委员会的一个特许的翻版——“以贵族二人和律师一人充之，以维护生者的健康”，正如据说的那样，“继而，经过一年左右令人怀疑的成功之后……又增设医生一人来办理死者的葬埋事宜”[①]；因为在 1850 年的首都埋葬条例有效期间，只增加了骚斯伍德·斯密博士一人。律师和医生是有给职。中央委员会一上来是通过济贫法监理员来工作的。[②] 它只能强迫自治市代各自的市议会接受地方卫生委员会的职能，或在某一地区的死亡率异乎寻常之高时强迫它选举出这样一个卫生委员会。通常的程序是要城镇自行申请适用这一条例。在五年之末，只有二百万城市人口受到这一条例的管辖。[③] 二十多年来，除城市和城市化的地区外，这一条例简直是无声无嗅的。在 1868 年，萨福克只有三个地 422
方卫生委员会，全都是在城镇中；威尔士各郡，包括格拉摩根在内，平均不到三个；赫勒福德只有两个；北安普敦和杭廷顿只各有一个。[④]

直到 1854 年第一个中央卫生委员会已渐成过去而查德韦克的宦途也随之而告终时，他和艾希利和骚斯伍德·斯密还不断地努力，在他们所不能支配的地方提出忠告，散发传单，并先后提出

① 腊姆济博士：《国家医学论文集》(Dr. H. W. Rumsey, *Essays on State Medicine*)，转引于西蒙：《英国卫生机构》，第 214 页。

② 参阅它的《第一次报告书》，1849 年(第 24 卷，第 1 号)。“立法机关打算把济贫法联合区……作为主要的地方行政机构”，第 24 页。

③ 《1854 年报告节》(第 35 卷，第 1 号)，第 14 页。

④ 《地方委员会报告书》，1867—1868 年(第 58 卷，第 789 号)。

公共寄宿舍法案、埋葬法案以及一系列下水道和自来水工程的次要法案，来确认卫生委员会的那些临时指令。如果查德韦克能以在他所有这些战役中获胜，卫生委员会对于全国埋葬事宜就会取得完全的管理权，而伦敦不仅在下水道而且在给水方面也会有一个统一的体系。但是正如卫生委员会在它的最后报告中所说，“广大的利益集团”“无可避免地受到了”它的计划的“妨害”——诸如承办殡葬业者、墓园公司、自来水公司和工程师等。[①] 查德韦克是一个既不能令又不受命的人。他后来的长官都攻击他的政策。国会对于集中化也渐感不安，于是将委员会取消。一个没有给职的朝不保夕的一人委员会取代了它四年之后，在 1858 年由内政部的一个司予以接管[②]，在 1871 年又为地方政府事务部所取代。

576

在查德韦克离职之后，步伐放慢下来。不是专制的，专心一志的和拙于写作的那位不尊敬任何人的卫生学者，而是擅长社交的托姆·泰勒被提升为秘书。他在卫生事务百忙之中还能偷暇编写剧本[③]，并死于《幽默周刊》的编辑任上。查德韦克的同盟者，虽然知道他的一切弱点，却在他垮台时认为他们是在目睹“一艘救生船

① 《1854 年报告书》，第 48 页。这个报告书是自我辩护，自以为是和非常查德韦克式的。

② 医务工作在 1858 年改隶于枢密院的一个委员会。参阅秘书托姆·泰勒的证词，见《皇家卫生调查委员会第一次报告书》，1868—1869 年（第 32 卷，第 303 号）。

③ 《我们的美国弟兄》（*Our American Cousin*）在 1858 年问世。在 1857 年，他在社会科学大会上宣读了题为《关于城镇改良工程的中央和地方措施》（*Central and Local Action in Relation to Town Improvement*）的一篇论文，对集中化加以批评。

的失败和覆没”;[①]但是1855年的一批卫生条例,包括为伦敦设立首都工程委员会的那项条例(维多利亚,第18、19年,第120章)在内,都不失为一种安慰。在不到几年的工夫,这个首都委员会就接 423
办了伦敦四通八达的下水道,并且开凿了直抵巴京和普拉姆斯太德沼泽地的南北大入海口的沟渠。

十一年之后,国家重又向前移动了,霍乱的再度出现使它想起了卫生的需要。包括伦敦在内的1866年卫生条例(维多利亚,第29、30年,第90章)把卫生检查订定为地方当局的义务,把人口过分拥挤的情形视为一种公共妨碍,并第一次授权一位阁员于收到控诉时得强迫地方当局消除妨碍并提供沟渠和水的供应。“公共卫生立法的语法上具有了一种命令式的新特性”。[②] 这是恰合时宜的。

六十年代后期的卫生法散见于地方条例、工厂条例、埋葬条例以及寄宿舍、种痘、碱质、煤烟和食品掺杂掺假等条例,而它的纲领则载在变更了地方委员会组织和权限的1848年公共卫生条例和1858年地方政府条例[③]中。行政机关既互相重叠,又不能照顾全局。沟渠当局通常是教区委员会,妨碍物当局则是济贫法监理员。甚至最大的地方机关也会是抱冷淡态度的。利物浦先承国会之

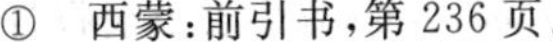

① 西蒙:前引书,第236页。

② 西蒙:前引书,第300页。应该补充一句,这项法案是任枢密院委员会医官的西蒙和当时任内政副大臣,后封阿伯德尔勋爵的布鲁斯在1864年霍乱流行以前拟订的。

③ 这一条例,维多利亚,第21、22年,第98章,“应与1848年的公共卫生条例合并成为一个条例”。

意，在 1847 年任命了不列颠的第一个卫生医官[1]，曼彻斯特在二十一年之后方始照办。特别是在工业问题上，正如作坊视察史所表明的那样，对于这样一种卫生法的采行有一种显然勉强的情绪；虽则在六十年代早期就可以看到这样一种可耻的现象，有一些不卫生的小城区和乡区，为了逃避最近的一项公路条例，而采纳了地方政府条例及其向所玩忽的卫生职责，并且把它们原不拟予以注
424 意的道路也保持在自己手里。[2] 1869—1871 年的那个非常有作为的皇家卫生调查委员会建议"为推行城乡卫生工作，各地均须有一负责地方机关掌有必要的权限"[3]，但是这个理想迄今尚未完全实现。

这个委员会的报告书不但成为建立地方政府事务部的那项 1871 年条例（维多利亚，第 34、35 年，第 70 章）的基础，而且也成为集中卫生权限于该部之手的随后各条例以及 1875 年统一公共卫生条例的依据。不幸地方政府事务部为了卫生工作不但吸收了旧济贫法委员会而且在卫生方面还为它所左右。这时济贫法委员会的卫生成绩是很糟的。四年以前它才刚刚从它玩忽卫生的"长眠"之中觉醒过来。[4] 它的制度是形式主义和官僚主义的。它把

① 侯普：《卫生初阶》（Hope, E. W., *Health at the Gateway*），利物浦的卫生史（1931 年版），第 43 页。

② 罗布逊：前引书，第 43—44 页。参阅 1867—1868 年的《地方委员会报告书》，其中包括有人口不满二千人的二十九个区。

③ 《报告书》，1871 年（第 35 卷），第 3 页。

④ 钱斯：《比较好的济贫法行政》（Chance, Sir W., *The Better Administration of the Poor Law*）（1895 年版），第 7 页。参阅韦伯夫妇：《英国济贫法》，第 2 编，第 319、622 页，并散见各页。

总部的医药顾问一律置于行政官吏之下。它所依赖的区视察员都缺乏医学知识，但在节约方面却训练有素。[1] 虽然地方政府事务部现在不能不到处设置卫生医官，但是它却默认了从济贫法继承下来的那套制度。它的职员照例是“兼职的”，而他们的往往极其菲薄的薪金，当可用以衡量他们尽心职守的多寡。无论匮乏还是疾病的预防政策，在旧济贫法的空气中都没有开花结果。如果七十年代的地方政府事务部当真充分利用了1871—1875年立法所给它的权限和当时所可利用的医学知识及调查方面的便利，那么二十世纪在国家防疫工作上还可以看到的那些宽阔的缺口，三十年前就未始不可以弥合了。当1884年霍乱从埃及向西北蔓延时，该部下令对看上去似乎不应那样隔膜的沿海防疫设施迅速进行调查，这才发现了一些办事不力的地方当局“自从组织成立以来就根本没有作过任何有效的工作”，而且其中有一些“对于本区的卫生要求，甚至根本不想去好好体会一下”。[2] 为了教导它们和在必要时强迫它们照办，就需时十二年之久。1884—1886年的检查工 425
作还没有办理完毕就作罢了，但是在以霍乱始而以霍乱终的这个时代告终时，国家比往常卫生得多了，不过远没有达到它未始不可以达到的程度，如果行政当局能够做到法律现在所允许的一切的话。

以其传统支配了地方政府事务部的早期时代的那个济贫法委

① 依据西蒙：前引书，第387页及以下。西蒙曾目睹他看作是他本人所创始而可能对地方政府事务部过分艰巨的那种政策倒退下来的情形，但是他的威权很高。

② 巴拉德博士的报告书，转引于西蒙：前引书，第404页。

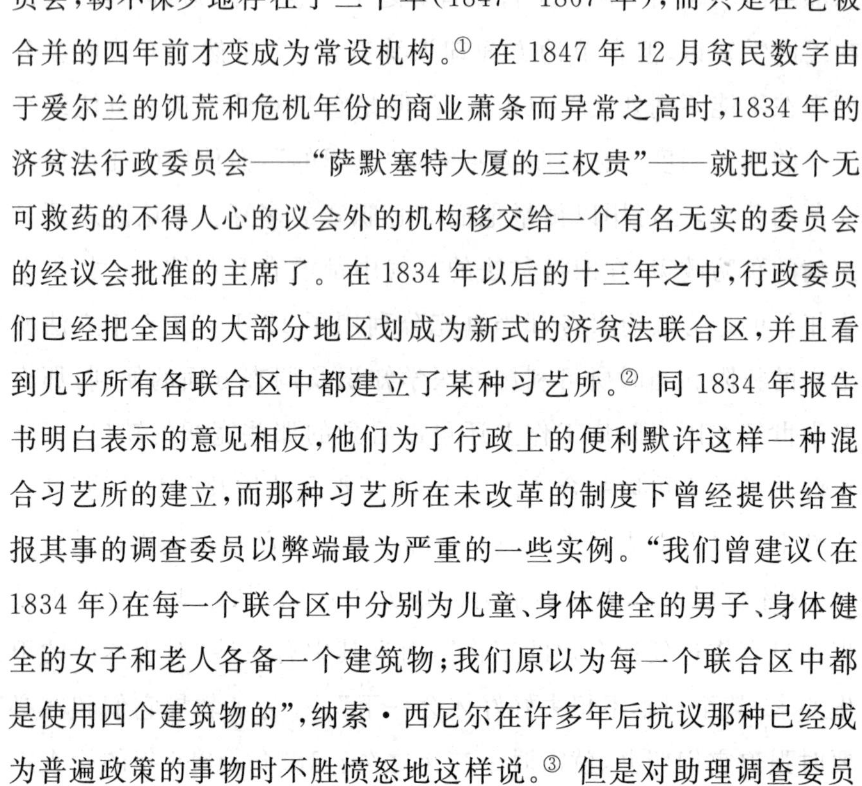
员会，朝不保夕地存在了二十年(1847—1867 年)，而只是在它被合并的四年前才变成为常设机构。[①] 在 1847 年 12 月贫民数字由于爱尔兰的饥荒和危机年份的商业萧条而异常之高时，1834 年的济贫法行政委员会——“萨默塞特大厦的三权贵”——就把这个无可救药的不得人心的议会外的机构移交给一个有名无实的委员会的经议会批准的主席了。在 1834 年以后的十三年之中，行政委员们已经把全国的大部分地区划成为新式的济贫法联合区，并且看到几乎所有各联合区中都建立了某种习艺所。[②] 同 1834 年报告书明白表示的意见相反，他们为了行政上的便利默许这样一种混合习艺所的建立，而那种习艺所在未改革的制度下曾经提供给查报其事的调查委员以弊端最为严重的一些实例。“我们曾建议(在 1834 年)在每一个联合区中分别为儿童、身体健全的男子、身体健全的女子和老人各备一个建筑物；我们原以为每一个联合区中都是使用四个建筑物的”，纳索·西尼尔在许多年后抗议那种已经成为普遍政策的事物时不胜愤怒地这样说。[③] 但是对助理调查委员

① 这里一般可以参考韦伯夫妇：《英国济贫法近百年史》，第 2 篇(1929 年版)。对于下一代，它将是经典性的记述。在它以前的最好著述是 1888 年第一次出版的普列斯顿－托马斯所译的阿施罗德：《英国贫民的性质》(Aschrott，P. F.，*Das Englische Armen-Wesen*)一书的英文本。下文所参考的是 1902 年英文本第 2 版。我认为有些地方阿施罗德的著作比韦伯的更为有用。

② 参阅上卷，第 465—466、581—582 页。参阅上卷，第 582 页，第 8 行，1848 年户外贫民的数字应是一百五十七万一千而不是一百八十七万七千。

③ 证词，见 1861 年的《济贫委员会》(1862 年，第 10 卷，询问案第 6905 号)。在韦伯的前引书第 129 页中，他被引证作为“另一个为病人”而不是“为老人”：无疑结果是差不多的。1834 年的调查委员对于“各占一建筑物”的明白主张见《报告书》，第 306—307 页。

来说,要得到单独一座建筑物自然比较容易一些(少数现有的乡间 426
济贫院对于所建议的任何用途都证明是合用的),而且对监理员来说,这样更易管理。何况,原希望身体健全的人根本不要进习艺所,所以为他们配备两座分开来的建筑物似乎是浪费的。固然在证词之中也有片言只语提到负责地方工作的助理调查委员从来就没有认真考虑过按房屋分类的政策,中央机构也没有作过任何努力去督促其事,但是他们依照章程实行了"所"内的分类,结果是为害至巨,尤其是对于儿童和病人。[①]

除收容于习艺所外,对身体健全的人一律不加救济的政策,在伦敦生活的现实和北部工业区的顽强抵抗面前破产了。1847 年的新委员会在试办五年之后,证实了它的破产。1852 年 8 月 25 日的一件通函上说,"即使就身体健全的人来说,绝对禁止户外救济"也是"不相宜的"。[②] (1834 年原则的最极端主张者也从来没有建议对最便于在家里接受救济的孀妇和其他丧失工作能力的贫民取消户外救济。)在随后每十年之中,适用这项禁令的联合区的数目都有所缩减,而不适用这项禁令的那些联合区的人口却增加起来。[③] 在三十年代曾经认为是国家政策的东西,到了七十年代已经变成为只适用于拥挤的农村联合区的居民的一种政策了——甚至在农村联合区里也有例外。无疑这种政策对于把农业工人变成

① 直到帕斯菲尔德勋爵和悉尼·韦伯夫人写出它的历史时为止,历史家一直忽视同"1834 年原则"的这种决定性的分歧。

② 《济贫法委员会第五次年度报告书》,第 22 页,引证于韦伯,第 151 页注。

③ 禁令是 1844 年 12 月 21 日的那一项,适用于城镇的比较缓和的禁令是 1852 年 12 月 14 日的那一项。参阅阿施罗德:前引书,第 165 页。

为土方工人、城市载货马车的车夫、铁路员工、警察和移民是有所贡献的。[①] 下一代的人已经懂得了给予流动性和职业调整以不充分鼓励的那种救济制度的风险。但是要想以每星期九至十一先令的工资、靠面包和干酪活命的工人为唯一的代价来避免这种危险,却是难以办到的。

在整个五十年代中,贫民救济的统计情况有了稳步的改进。在1850年以同时接受救济的一百万人或英格兰和威尔士人口的5.7%这一个适中的数字为开始,而在1860年以八十四万五千人
427 或4.3%为结束。其中户内救济的人口依然是特别稳定的,约在十一万至十二万五千人之间。[②] 由于在法律和政策方面没有重要的变更,我们可以得出这样一个结论:统计上的改进可以约略地从反面表示出最不幸者在成为这十年之标志的改善了的国民福利中所占的份额。监理员已经安于他们的地方行政和救济政策(并不一致,虽则有调查委员会或济贫法委员会的训令),而且这种政策已渐渐变成惯例。工资劳动者及其家属,尤其是在城镇中,仍然把"济贫院"视为畏途;也还没有改变他们在缓急之际想领取户外救济的意愿。选任的监理员默认了这种户外制度,而中央当局纵使有强制他们的决心,也无能为力。对于住在自己家里的年老贫民一星期给以一二先令的这种非常普通的惯行办法,从未遇到任何

① 济贫法当局对于移民出境的直接鼓励是无足轻重的。本卷,第233页。

② 整个这段时期的数字都扼述于阿施罗德,附录2。1849年以来的数字(例如上卷,第711页所引证的数字)由于依据的基础不同,所以是无法比较的。(参阅尼科耳斯:《英国济贫法史》,麦凯,增订卷,附录,第603页。)这里所用的数字是以各年1月1日和7月1日的冬季和夏季报表为依据的。

异议。结果，在新济贫法实施二三十年之后，领取“户外”救济的平均数依然约为受“户内”救济的七倍。

在受“户内”救济的人们之中包括有三十年代的报告书和立法刚刚承认其存在的那个人数愈来愈多的阶层，也就是职业性的或临时性的游民阶层。[1] 身体健全的游民（游民通常是有劳动力的，虽则往往是不合用的）像其他任何无以为生的身体健全者一样，有“济贫院”可供栖身。如果他是陷于赤贫的一个寻找工作的人，他的投靠会是不得已的；如果是一个职业游民，则会是求之不得的。从一个联合区习艺所到另一个联合区习艺所，是从容步行一日的路程；在终点上设有职业游民认为完全满意的收容设备。在首都地区甚至无须短短一日的步行。在原来调查委员会的后期和济贫法委员会的初期，曾经作过种种的努力，想用法律和行政命令来对付这种情况，但是殊无结果。少数联合区创办了后来所谓的临时 428
收容所，但是大多数只不过是把游民安置在“习艺所”的男子部过宿而已。尤其是在伦敦，在五十年代，济贫法委员会为习艺所挤满了不肖游民而大伤脑筋。在1857—1858年，为创办首都专门的“无家可归的贫民收容所”曾拟订种种计划，但是当时都一一成为泡影。[2]

在1860年年底贫民救济的数字已达到最低限度时，泰晤士河

① 参阅韦伯，第402页及以下和尼科耳斯—麦凯，第3卷，第371页及以下。在1834年的《报告节》中游民问题占了两页篇幅（第338—340页），它只是建议“中央当局对举办游民救济一事，应制订章程并照章执行……”。

② 参阅爱德华·特威斯累顿由于对这项规定的忽视而对四十年代的苏格兰改良济贫法所作的批评，第1卷，第587页。

封冻，又降了一次大雪。户外工作持续了一个月之久(1860 年 12 月 17 日至 1861 年 1 月 19 日)，这是在英国气候中很少见的。据后来计算，当代人士照济贫法界笼统的说法称之为“首都贫民”的人有了四万名不正常的增加。[①] 慈善人士展开了工作；在伦敦市长官邸开始发放赈济金；伦敦很多济贫法当局的鄙吝、无能、腐化和傲慢受到了公开的斥责[②]；济贫法业经破产的议论甚嚣尘上。从议会非常认真地提出的济贫法委员会及其种种命令正是弊恶的主要泉源的那个说法之中，可以听到对行政集中化的那种旧有的但仍然很强烈的厌恶心的回声。取消它，人们这样主张，同时扩大济贫法行政单位，那就会有足够的有能力、有公益心的人起而接办并改革这种制度。[③] 我们应该记得的是，济贫法委员会这时还没有建立在永久性的基础上：它只不过成立了五年，而且还一直是作为一种相当成功的实验周期地予以展期的。

三年来，以查尔斯·维伊埃、罗伯特·娄和罗伯特·塞西耳勋爵为主要成员的一个强有力的国会委员会审查了这项法律及其实
429 施情况，特别注意伦敦的问题。在这个委员会存在期间，美国内战在兰开郡造成了新的问题，但是委员会把这些作为特殊的意外问题，未加处理。

① 《济贫法审查委员会报告书》(1864 年，第 9 卷，第 157 号)，第 3 页。在 1861 年，第 9 卷中有一些初步报告节和证词。

② 关于伦敦贫民救济的错综复杂情形和地方条例，参阅阿施罗德，第 71 页；尼科耳斯—麦凯，第 3 卷，第 486 页；韦伯，散见各页。

③ 参阅 1861 年 2 月的辩论，见《韩氏国会实录》，第 3 集，第 161 卷，第 237 页，埃尔顿先生的发言。埃尔顿赞成取消一切教区的独立性而把权力集中于联合区。

棉纺区的早期失业困难是由宽纵的户外救济机关应付的，而北部为了保留这个机关曾经同调查委员进行过斗争。[①] 济贫捐在兰开郡一向很低，所以暂时还有抽征的余地。但是单一教区不久就对它们的负担开始发出怨言——评论家认为未免太快了；因为，正如查尔斯·金斯莱在给《泰晤士报》的信中说的，汉普郡济贫捐比兰开郡重得多。[②] 但是兰开郡在议会中拥有发言权。早在 1862 年 8 月就已经根据维多利亚，第 25、26 年，第 160 章有了这样的决定：在任何一个教区的济贫捐提高到完税价值每镑三先令以上时，联合教区中的其他教区应一律均沾。如果联合教区的济贫捐达到五先令以上，济贫法委员会得命令其他联合教区分润，但以棉纺区的联合教区为限，也就是说以兰开郡、柴郡或德尔比郡的联合教区为限。甚至在伊丽莎白法律中就已有这种协济捐的拟议。[③] 但是在 1862 年的这项条例中，应科布登和兰开郡议员之请，列进了一项新原则。负担捐税的联合区得到了紧急借款权。以前任何地方为济贫事宜都未有过依法的借贷。

继而出现了 1863 年的公共工程条例（维多利亚，第 26、27 年，第 70 章），根据这一条例，财政部和公共工程贷款委员得为排水和

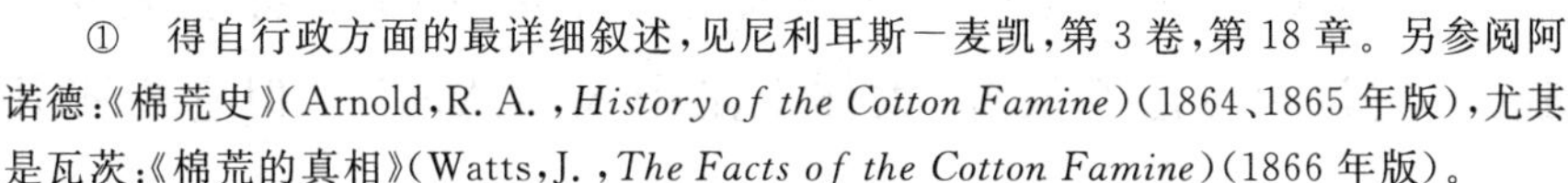

① 得自行政方面的最详细叙述，见尼利耳斯—麦凯，第 3 卷，第 18 章。另参阅阿诺德：《棉荒史》（Arnold, R. A., *History of the Cotton Famine*）（1864、1865 年版），尤其是瓦茨：《棉荒的真相》（Watts, J., *The Facts of the Cotton Famine*）（1866 年版）。

② 1862 年 11 月的《泰晤士报》上载有很多通信。金斯莱比较激烈并且准备应付论辩。《泰晤士报》本身在以《兰开郡的疾苦和财源》为题的一文中（11 月 13 日）温和地指出西南部有七个郡的济贫捐的负担比兰开郡高 120%。

③ 参阅伊丽莎白，第 39 年，第 3 章（1597 年）。第 2 节中规定，同属一个小邑的其他教区得为一贫困教区的需求而征收济贫捐，或者由郡来救济某一小邑。据我们所知，这种权力一直很少加以利用。

其他永久性公用事业贷款给联合教区和地方当局，以便供应失业者。帮同建造这种新排水道的棉纺工人并没有多少。在 1864 年 1 月在所有辅助性公共工程方面的棉纺工共总不到二千三百人，
430 在 12 月不到四千人。[①] 联合教区在济贫法委员会的许可下，为许多工人采取了以脑力劳动而非体力劳动为条件而给予救济的那项兰开郡非常引以为荣的著名计划；每星期有很多小时的教育。在许多私人慈善事业的辅助下，并应它的先知者之请尽量地应用一切不干涉原则，危机渡过了，虽则 1863 年至 1864 年全国贫民数字比 1860 年超出二十万人。到了 1866 年，它虽然没有回到 1860 年的准确数字但已回到占人口 4.3％的比率了。

在这期间，委员会审慎地提出了报告，根据它的建议采取了审慎的行动。它声称“一个中央机构的继续存在”是重要的，并且希望看到那个中央机构能建立“在一个永久基础上”。[②] 因而济贫法委员会在 1867 年以及接办其事的 1871 年的地方政府事务部变成常设机关。委员会更进而认为法律在 1860—1861 年并没有破产；为补其不足而举办慈善事业的企图却流弊丛生；何况伦敦联合教区本来就未必不能掌握意外事件，虽则并非易事。它看不出有任何理由要干涉医药救济的现行制度，虽则济贫法医官在委员会中曾对以“固定款项去应付变动很大的工作量”的那种办法大发牢骚。[③] 它认为习艺所教育“大体上是令人满意的”[④]，但它主张凡

---

① 瓦茨：前引书，第 320 页。其中纺工等恐怕不多，大抵是纺织厂中的普通工人、火夫和搬运工等。

② 1864 年的《报告书》，第 11 页。

③ 罗杰斯医学博士的证词，询问案第 13334 号。

④ 《报告书》，第 36 页。

是有可能单另设立济贫法学校的地方都应该设立这种学校。事实上已经有了几所。关于习艺所中的宗教纠纷和罗马天主教徒的不平之鸣，它颇多议论。它建议关于“扩大济贫捐征收区的一般问题”，也就是由联合教区而不是由教区征收济贫捐的政策，应“由下院进一步予以考虑”[①]；它坚决主张对这项法律范围所及的混合大众进行更彻底的分类，并建议首都游民的负担由整个首都来承担。[②]

委员会就联合教区征收济贫捐所提的建议，在兰开郡应变制度下相对于教区捐的联合教区的令人满意的经验，以及在用遏制 431
庐舍的方法来减少对贫民所负的责任的那种闭关教区中，社会弊恶的主要原因即教区的啬吝这一尽人皆知的事实，终于导致具有决定性的1865年联合教区捐税征收条例（维多利亚，第28、29年，第79章）的公布。[③] 联合教区自始就为某些一般用途备有一项公共基金。自1834年以来，加诸联合教区的种种开支已经有所增加。现在联合教区变成了一切用途的财政单位。任何教区都不能再设法使潜在的贫民从济贫捐较高的邻近开放教区步行到本区来做工，借以规避本区应负的一份贫民负担了。这项条例正是1834年联合教区政策的一种合乎逻辑的发展。

1864年**报告书**的一个更加迅捷的结果就是那一年的首都无

① 《报告书》，第44页。就其具体范围而言，这项建议只适用于伦敦的联合区。

② 这些不过是比较重要的建议。

③ 因“户籍”而发生的问题是1850—1870年的济贫法改革家最感兴趣的一些问题。参阅例如帕施利：《贫民和济贫法》（Pashley, R., *Pauperism and the Poor Laws*），1852年版。

家可归的贫民条例（维多利亚，第27、28年，第116章），根据这一条例，建立了一项首都公共基金，准贫民监理员为给临时收容的贫民和游民作特殊和适当的供应而随时支用。这是一个成功。明智人士极力主张了那样久的“贫民”分类，终于成为事实。1867年的首都贫民条例（维多利亚，第30年，第6章）以及后来的补充条例帮助了它的推行。公共基金已经可以用于收容所、施种牛痘和热病医院、济贫法学校、教练船以及其他专门救济机关和行政支出。首都收容所建立了起来，随即开始进行具有最高社会价值的工作。[①] 不论患哪种病的贫民向由其他贫民来照顾的那种习艺所诊疗室和疗养室中令人厌恶的情况，已经在《刺络针》一书中被揭露出来；委员会主席格桑·哈迪曾经在1867年在下院中声称，病人并不是传统的寓炯戒于救济的习艺所政策的“适当对象”。“我们应绝对坚持”，他这样说，“在病人医疗方面……按照完全另一套办法办事”。[②] 委员会的最后一位主席戈申在他的最后一项报告书
432 中，甚至主张把“免费医药救济（推行到）真正贫民阶级以外”。[③] 可见在这个新运动的背后是有官方的推动力的。但是在首都以外，联合教区是难以推动的。习艺所疗养室的改善在1869年已彰明较著，但是直到1886年甚至最大的城镇和联合教区在专门机构方面也还没有多少进步。

六十年代的贸易萧条带来了贫民统计数字的些微增加。受

---

① 参阅韦伯：前引书，第321页。

② 《韩氏国会实录》，第3集，第185卷，第163页。引证于韦伯，第319页，但以“不同的办法”一词代替了“另一套办法”。

③ 引证于韦伯，第322页。

"户内和户外"救济的人的四年(1868—1871 年)平均数是刚刚超过一百万或人口的 4.6%。受"户外"救济的身体健全的男子的平均数,游民不计在内,仍然和习艺所全部人口差不多相等。① (在五十年代,平均数照例是大一点,在艰难的六十年代早期则大得多。)平均数字的保持不变对于很多个人主义的思想家和公务人员是一个经常的挑衅,这些人总希望经济、社会和道德的进步有朝一日能使济贫法成为多余的事物,并且认为通过某种消除贫民的过程,也可能是激烈的过程,至少把身体健全的男子的户外救济取消乃是他们明显的责任。1870 年,亨利·福西特正在剑桥教书,1871 年他在《贫穷的原因和救治办法》一书中对国人说:"把济贫法整个废止远比维持现状要好得多。"②他自己的目标并不是要废止济贫法,而是要"以渐进的步骤遏制并终于取消户外救济"。③ 在这一点上他是合乎 1834 年的严格传统那种颇具影响力的号召的;1834 年的传统已经被思想家和济贫法执行人推崇得比过去所奉行或理解的要神圣得多。至少在这个场合,它得到了正确的解释。

鼓舞了福西特的这种精神,也鼓舞了七十年代的地方政府事务部和它的视察员。于是开始了所谓反对户外救济的十字军。④

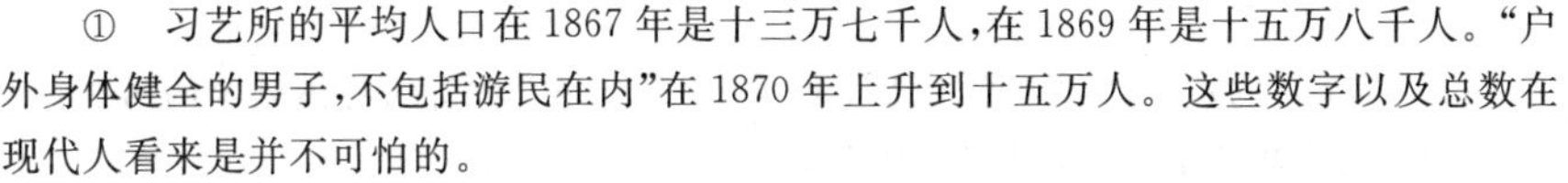

① 习艺所的平均人口在 1867 年是十三万七千人,在 1869 年是十五万八千人。"户外身体健全的男子,不包括游民在内"在 1870 年上升到十五万人。这些数字以及总数在现代人看来是并不可怕的。

② 《贫民》,第 41 页。

③ 同上书,第 24 页。

④ 威廉·斯马特教授语,见 1908—1909 年的皇家调查委员会所草拟的济贫法的历史综览,第 12 卷(1910 年,第 51 号)。关于参考书目的详尽讨论,见韦伯:前引书,第 435 页及以下。

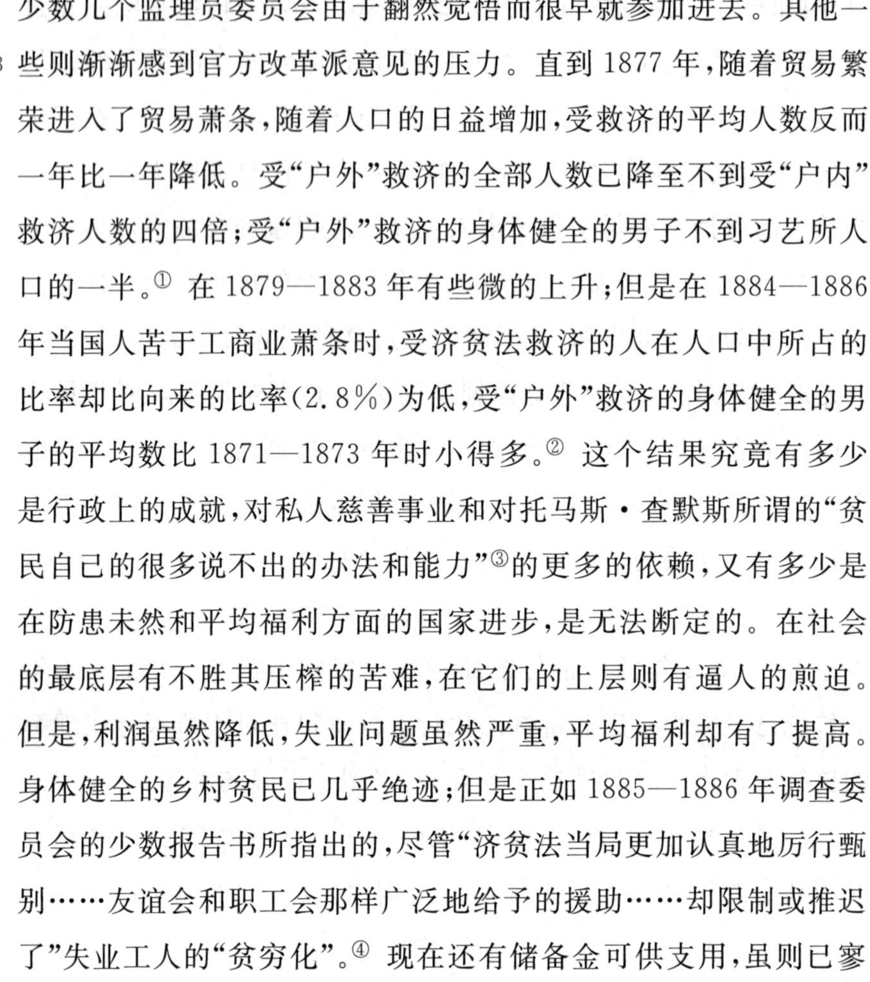

少数几个监理员委员会由于翻然觉悟而很早就参加进去。其他一
433 些则渐渐感到官方改革派意见的压力。直到 1877 年，随着贸易繁荣进入了贸易萧条，随着人口的日益增加，受救济的平均人数反而一年比一年降低。受“户外”救济的全部人数已降至不到受“户内”救济人数的四倍；受“户外”救济的身体健全的男子不到习艺所人口的一半。[①] 在 1879—1883 年有些微的上升；但是在 1884—1886 年当国人苦于工商业萧条时，受济贫法救济的人在人口中所占的比率却比向来的比率(2.8%)为低，受“户外”救济的身体健全的男子的平均数比 1871—1873 年时小得多。[②] 这个结果究竟有多少是行政上的成就，对私人慈善事业和对托马斯·查默斯所谓的“贫民自己的很多说不出的办法和能力”[③]的更多的依赖，又有多少是在防患未然和平均福利方面的国家进步，是无法断定的。在社会的最底层有不胜其压榨的苦难，在它们的上层则有逼人的煎迫。但是，利润虽然降低，失业问题虽然严重，平均福利却有了提高。身体健全的乡村贫民已几乎绝迹；但是正如 1885—1886 年调查委员会的少数报告书所指出的，尽管“济贫法当局更加认真地厉行甄别……友谊会和职工会那样广泛地给予的援助……却限制或推迟了”失业工人的“贫穷化”。[④] 现在还有储备金可供支用，虽则已寥

① 1877 年的数字是：“户外贫民”，十五万，受“户外”救济的身体健全的男子，七万三千人，全部贫民在人口中所占的比率 2.9%。

② 1886 年的数字：总数，七十八万一千；户内，十八万六千；户外身体健全的男子，七万八千。

③ 参阅上卷，第 367 页。

④ 《少数报告书》，第 49 页。参阅本卷，第 602 页。在福西特对贫民问题的讨论中，忽略了失业问题。

寥无几。

真正的游民则依然很难处置，虽则在中央当局和1871年的一项法律①的支持下，伦敦以外的监理员自1867—1868年以来一直予以特别注意并组织着临时收容所。不幸的是没有作过任何适当的努力试图把四处流浪、寻找工作的贫民从职业游民之中筛选出来。临时收容所是像习艺所一样令人视若畏途的。所以在这整个时期，监理员于贸易萧条时在全国各地开办的那些劳动场所往往 434 以一种照例令人厌恶而又不太有用的劳动作为换取些许救济的条件。在另一方面，监理员如果宽纵，这种劳动场所就可能并且确实变成救济的一个单纯的借口——也就是七十年代的视察员群起而攻之的那种情况。

在1886年的失业期间，约瑟夫·张伯伦正是为了设法避免这些同样反社会的最后手段，由地方政府事务部发出了一项著名的通函，建议市议会创办像棉荒时期的卫生事业那样真正有益的救济工作。② 这项通函没有得到立竿见影的效果。张伯伦不久就忙于他事了。但这却是不大合乎格拉德斯通口味的新自由主义所放出的一个信号。

正在这个时候，一个委员会对所谓的国民节约保险已开始进行调查。在1874年查报友谊会的调查委员曾经把一批非常有名的人提交给他们的那项计划称作全国友谊会，这项计划建议把通

① 维多利亚，第34、35年，第108章。参阅尼科耳斯—麦凯：前引书，第3卷，第384页和韦伯：前引书，第411页及以下。

② 《地方政府事务部的十六次年度报告书》，第3页。1886年3月15日的通函。参阅韦伯：前引书，第367、644—648页。

过邮局向政府购买年金的那项现有但很少加以利用的便利予以扩大，使人们可以同样地自愿购买疾病、养老和丧葬的保险。这项计划是要给节约提供完全的国家保证，以代替大多数无保障可言的现存友谊会。调查委员无法使他们所提建议的方法保持不变，因而没有做出什么重要的成绩。[①] 继而在 1878 年 11 月，在《十九世纪》杂志上出现了以《国民保险》这个有预见性的题目为题的一篇论文。它的著者，那位汉普郡的教区长，后来任某大寺院掌祈祷式的牧师的布莱克利，第二年又在《当代评论》上继续发表《作为贫穷救治方策的强迫节约》一文。1882 年他建立了国民保险同盟来进行宣传工作。不到几年的工夫，“几乎没有一个重要城市中的一个
435 讲坛他没有站过”。[②] 所以在八十年代，国民节约保险无异就是通称的布莱克利计划，也就是这样一项比较粗浅的建议，根据这项建议，十七岁至二十一岁的青年，应一律由雇主从工资中强制扣除十

① 《互济会皇家调查委员会报告书》，1874 年(第 23 卷，第 1 篇)，第 196 页。备忘录载附录 9。它是由两个大主教、六个主教、十七个世俗贵族和三十五个下议员等签署的。关于这个时期的友谊会，参阅本卷，第 471 页及以下。

② 布莱克利：《节约和国民保险》(Blackley, M. J. J., *Thrift and National Insurance*)(1906 年版)，其所提及的几篇论文的纪要和翻版。国民友谊会是 1886 年约翰·艾克兰：《使贫民不依附于公共捐助的计划》(John Acland's *Plan for Rendering the Poor Independent on Public Contributions*)的一部分。1887 年，约瑟夫·唐森在他的《论济贫法》(*Dissertation on the Poor Laws*)一书中建议将友谊会定为普遍和强制性质的。另外还有几个类似的计划。托姆·潘恩的养老金计划使老年人的公共赡养观念始终保持了下去。当时对于这个问题的兴趣已经渐渐消失。在 1837 年，兰斯当勋爵盛赞公共退休金计划。在 1867 年，梅杰尔·科兰斯主张由国家给友谊会以补助〔参阅拉蒙德：《苏格兰济贫法》(Lamond, R. P., *The Scottish Poor Law*)，1892 年版——原版是 1870 年，第 282 页〕。在 1878 年以前，《泰晤士报》的约翰·瓦尔特下议员主张强迫保险，《经济学家周刊》，1877 年 11 月 6 日号。

镑，并由国家通过邮局加以管理。[1] 男女两性和各个阶级都应按照他们对国民需要的贡献取得同样的报酬，但只有工资劳动者得于患病时每星期领取八先令，年满七十岁的人每星期领取四先令。保险会计员说这个计划是不健全的，他们多半不错。官员们说它无法实行，他们无疑是错误的。[2] 强制办法和所建议的不会身受其惠的人们的捐助都是和当代的一般意见相忤的。这整个计划也不受自愿节约的友谊会这个既得利益集团的欢迎。1885—1887年的委员会对布莱克利表示了谢意，但决定等待“舆论的进一步发展”。[3] 进一步的发展是会出现的，但是当它携同国民保险和养老金一并出现的时候，这位先驱牧师和他的同盟早已几乎湮没无闻了。[4]

苏格兰济贫法直到1845年才由非常保守的人予以修正。[5] 它随即碰到了高原和西群岛的饥荒以及工业区贸易萧条的紧张局面。“合法”或“登记”贫民和“临时”贫民之间的陈腐的区别依然保存。“临时的”贫穷想来是由于疾病、意外事故或其他暂时的丧失 436

① 计划随时有变化。这是它在1885—1887年的形式。在阿施罗德：前引书，1902年版的普列斯顿-托马斯的第3篇，“养老金”中有一简短扼要的记述。

② 他们的见解经罗伯特·吉芬爵士予以重申，见《劳工皇家调查委员会（全体大会）》，1893—1894年（第39卷），询问案第7015号及以下。

③ 《国民节约保险报告书审查委员会》，1887年（第11卷，第1号），第9页。这个委员会在1885年开始工作，但是被爱尔兰自治危机和普选耽搁了一段时期。

④ 韦伯：前引书，第615—621页论国民保险的那短短一节的脚注中甚至把他删掉了，这可能加速了他的湮没。这样归功于“俾斯麦立法的示范”（第615页），对于英国先驱者未免是不公平的。这个脚注亦复如此。

⑤ 参阅上卷，第365—369、585—588页。

劳动力；但是在1848年那个不幸的年份，苏格兰监督委员会曾经受到法律上的劝告："无可避免地被迫失业的身体健全的人……可以视为临时贫民，并得给以临时救济。"[①]这项意见还没有被认真地利用，法庭就宣布它无效了。试验案件在1852年的判决是：凡是身体健全的人"在任何情况下"都没有享受教区救济的权利；他们的未和父母分居的子女也没有这种权利。所以苏格兰的法律在这整个期间都是继续有效的，这一点为了解其事的英格兰消灭贫穷的激烈主张者所艳羡。[②]

在下这些试验性判决的同时，为苏格兰提供济贫院的工作正在进展。大部分工作已经在1848年至1865年之间完成，但是济贫院以前的制度的残余在1870年依然存在。在这项法律修改之前，在最大的城镇中医院和济贫院也寥寥无几。教区当局通常的办法之一是租赁普通房屋来收容患病和失去劳动能力的"登记贫民"，或者把他们和贫困的儿童一并寄宿在别人家里。在1861年仍然有很多这类恶劣的、人满为患的、设备既差而又男女混杂的教
437 区寄宿舍，虽则到了1870年"已经很快地消失着"。[③] 把不论孤儿、弃童还是同品德恶劣或失去劳动能力的父母分居的儿童寄养在别人家里的办法却实施得很好，尤其是在农村区域。在济贫院建立之后这种办法依然通行，虽则并不普遍。小农成为最好的养

① 见上卷，第588页。

② 即麦克威廉对亚当斯和林塞对麦克提尔一案。原来的判决是1848年作的，但上诉问题一直拖到1852年方始结案。麦奎恩：《苏格兰的上诉报告书》(Macqueen, J. F., *Reports of Scotch Appeals*)，第1篇，第120、155页。

③ 《苏格兰贫穷儿童寄养问题报告书》(*Report on the Boarding Out of Poor Children in Scotland*)，济贫法视察员亨莱撰，1870年(第58卷，第73号)，第8页。

父母，由于苏格兰最贫穷人家的能读能写使儿童能以受到教育，所以很多苏格兰济贫法儿童在各方面都比通常的英格兰济贫院的儿童更为可取。[①] 到 1870 年，英格兰对这个问题进行调查，看能否加以仿行。在这以前，英格兰监理员也有时实行这种寄养的办法。由于 1869 年的调查和前此的博爱运动，官方才不能不鼓励在英格兰予以实行，但是直到 1889 年，古老而优良的苏格兰制度方始由地方政府事务部“诚心诚意地、永久地加以采用”。[②]

济贫法联合教区一直没有强行实施于苏格兰。苏格兰的教区除开为建立后来所谓的联合济贫院外从没有为任何目的而联合起来。由于建立较晚，这些济贫院，据来自英格兰的观光视察员在 1870 年报告说，并没有“在济贫法刚刚通过之后建立的那些英格兰济贫院令人望而却步的面貌”。[③] 在 1870 年，在整个苏格兰只有二十六个教区有它们自己的济贫院。这些济贫院几乎都设在爱丁堡和格拉斯哥及其附近。[④] 苏格兰总共有六十三个济贫院，其中大多数是为全郡或各郡的大部分地区服务的“联合济贫院”，但是就它们所服务的人口来说，用英格兰的标准判断，规模之小是难以置信的。在 1871 年，塞德兰有人口二万四千人。郡联合济贫院在波廷利克只有容纳五十个人的位置。在苏格兰的另一端，克库

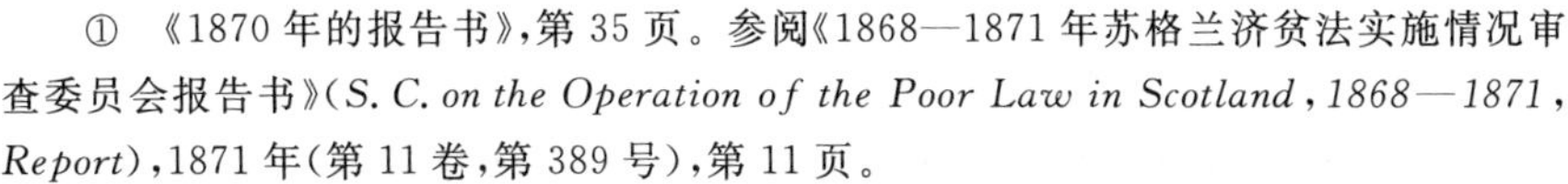

① 《1870 年的报告书》，第 35 页。参阅《1868—1871 年苏格兰济贫法实施情况审查委员会报告书》(*S. C. on the Operation of the Poor Law in Scotland, 1868—1871, Report*)，1871 年(第 11 卷，第 389 号)，第 11 页。

② 韦伯：前引书，第 275 页。关于寄养问题的文献，参阅韦伯：第 271—272 页。

③ 《报告书》，第 7 页。

④ 详情见《苏格兰济贫法报告书》，1868—1869 年(第 11 页，第 1 号)，附录 16 和 1870 年(第 11 卷，第 1 号)，附录 15。

布里联合济贫院只能在三万六千人的人口之中收容二百五十人。因为苏格兰人，尤其是乡下人，无论是高原的或低地的，对于济贫院及其所蕴含的一切生来厌恶，所以甚至连这一点点收容设备都没有充分加以利用。济贫法当局一直利用这种厌恶心理来裁减户外救济。申请人会像在英格兰一样地得到"入院"救济的建议，他们既怕进院，他们的申请权就丧失了。"啊，先生，他们不愿意住进来，"达尔基茨济贫院院长在被问以为何院内那样空空荡荡时这样说。"啊，送到这里来的人很多，但是他们刚从这边门进来又从那边门出去了。"[①]

这个政策和类似政策的结果是，从 1850 年至 1870 年在日益增长的人口之中同时受救济的临时贫民的人数一直显然地稳定于 438 七万至八万之间，在 1886 年还降到了五万九千人。[②] 此外还有他们的妻子儿女这个依附者集团，这一集团平均为登记贫民的半数以上。另外还有少数临时贫民和他们的依附者，他们的人数一直被严格的苏格兰法律保持得很低，在 1870 年以前在任何一个时候都平均不过七千人左右，在 1870 年以后降至不到五千人。尽管英格兰法和苏格兰法的原则和应用情形迥然不同，但是在 1870 年以后两者都得到加强时，净结果却非常相似。在英格兰，到了 1886 年，同时受救济的平均人数，根据官方数字，已缩减至人口的

---

① 约翰·麦克尼耳爵士的证词(1868—1869 年，第 11 卷，询问案第 1382 号)，引证于拉蒙德：前引书，第 114 页。

② 在第一次《苏格兰济贫法报告书》，1868—1869 年，附录 3 和《联合王国统计摘要》中的数字。对它们的批评见拉蒙德：前引书，第 129 页注。就统计而言，这些数字并不是很可靠的。

2.8%,苏格兰已缩减至2.5%。[1]

在六十年代后期贫民救济的些微增加在英格兰已经产生了福西特的《贫民》一书和视察员的十字军,苏格兰的反应则是乞灵于查尔默斯的名字和力主恢复古老的自愿教区救济制度的运动。[2]爱丁堡的慈善人士建立了一个贫民状况改进会并且捐助基金给查尔默斯的贫穷问题演讲会。他们也争取到一次对苏格兰济贫法实施情况的国会调查,希望能废止济贫法。在1871年进行查报的那个委员会对于济贫法及其大部分的实施情况却备加赞许,虽则发现苏格兰的临时医药救济制度是不令人满意的,并且是不如英格兰制度的。[3] 但是它力主更加严格地实行济贫院的试验,并且它"不准备同意各方面所提出的这样一种建议:在商业萧条时期给予教区委员会以应否从济贫捐中发给身体健全的贫民以救济金的便宜行事权"。[4] 这样它就给成为这个时代在苏格兰,一如在英格兰的结束标志的那种行政的加强提供了一个正式的基础。

值得注意的是,在八十年代早期赫伯特·斯宾塞所引以为憾和斯坦莱·杰文斯以公正的批判态度注视着的[5]这个对个人自由 439
屡屡侵犯的国家竟会设法把它最古老的"社会主义"活动局限于这样一个最最狭窄的范围以内——在任何一个时期不到"贫民"3%

① 这两项数字中没有一项是很令人满意的。英格兰的数字是夏季的一天和冬季的一天的一个平均数,苏格兰的数字则是5月14日的数字。

② 拉蒙德书原来是为反对这个运动而写的。

③ 《报告书》,1871年,第10页。

④ 同上书,第11页。

⑤ 本卷,第389页。

的范围以内。要做到这个地步,如上文所述,非有严格的行政不可。实行改革的行政人员虽则看上去似乎严厉到专横的程度,但是他们对于自己的责任却抱有一种高尚的想法。但是就几万名可以为他们保留下习艺所的那些不幸失去劳动能力的人来说,他们认为日益增长的财富,日益增长的个人节约——两者事实上都在增长[①]——以及对救济金的有效拒绝终于会使济贫法成为多余的。他们对待这项法律和格拉德斯通在七十年代对待所得税的态度很相像。再繁荣一点,再节约一点,加之他们所保证的私人慈善事业组织再好一点,[②]据他们想,就会把其中最坏的一切消除掉;正如在格拉德斯通看来,只须再有几年的和平,再撙节一下,那种恶税就可以完成任务一样。

像他们那样按照"贫穷"和"1834年原则"的意义去考虑问题。他们对于或许不用压力就可以除掉"贫穷的烙印"的那些新政策,并不是毫无偏见的。其中最好的政策就是使他们认为是社会上合法被保护者的少数——青年、老年和病人——能得到比较说得过去的救济条件;而对于身体健全的人,虽然有张伯伦的最近失业问题的通函,在严格的济贫法界和政界,却只有寓炯戒于救济的方法是可以承认的。布莱克利牧师所开辟的前景并没能吸引他们。赫伯特·斯宾塞写道,"济贫法已经把浪费的习惯养成了几代之久,已经使浪费者能以倍长增多,而现在又建议由强迫保险来应付这

① 参阅本卷,第450、477页。

② 慈善组织协会的历史在韦伯:前引书,第455—468页中有一篇不甚同情的叙述。关于另一方面,参阅洛克:《慈善组织》(Loch, C. S., *Charity Organisation*)(1892年版)。协会创立于1869年。

种由强迫慈善所造成的弊恶了”[①]，他们或许是同意他的看法的。那的确是俾斯麦那个军国主义者和自命为左翼和平改革家的一些英国人的一项建议，正如斯宾塞以厌恶的心情注意到的那样。有待国家占领的一个新领域还正在开辟之中。

① 《人对国家》，第 28 页。

440 第十一章　工业英国的生活和劳动

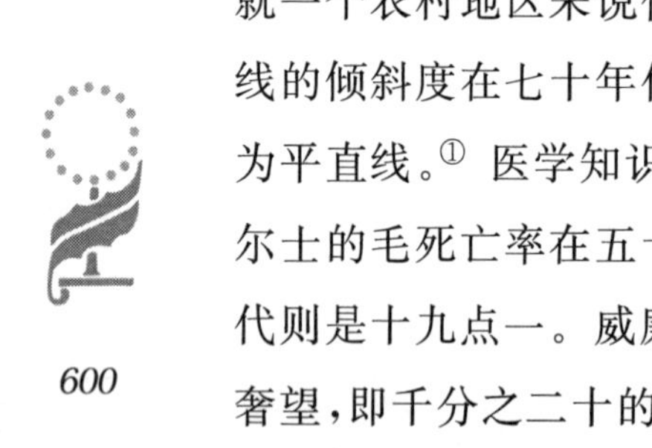

1851 年的英国已经似乎人满为患了。但是这个密集的人口在此后三十五年之中加速地稠密起来。在爱尔兰地广人稀，虽则就一个农村地区来说仍嫌人口过多的时候，不列颠一路上升的曲线的倾斜度在七十年代就已渐渐大起来，在八十年代则几乎变成为平直线。[①] 医学知识和卫生法律已经推迟了死亡。英格兰和威尔士的毛死亡率在五十年代曾经是千分之二十二点二，在八十年代则是十九点一。威廉·法尔在 1854 年所抱的那个不为过分的

奢望，即千分之二十的城市死亡率[②]，已经几乎达到。伦敦在 1883 年就降到了二十一以下，虽则十年之后克莱尔市场和其他一些黑地段的死亡率还几乎高此一倍。[③] 这些数字虽然比在法国、比利时或普鲁士所能看到的好些，但却没有未始不可做到的那样好，如

---

① 这里所利用的事实在《1909 年公共卫生和社会状况统计备忘录和图表》(*The Statistical Memoranda and Charts... Relating to Public Health and Social Conditions of 1909*)(敕令第 4671 号)中有一很合宜的汇纂。

② 《公共卫生法案和撤除有碍公益事物补充法案审查委员会》(*S. C. on Public Health Bill and Nuisances Removal Amendment Bill*)，1854—1855 年(第 13 卷，第 413 号)，法尔的证词，询问案第 1554 号，他认为千分之二十是"切实可行的"。

③ 在 1891—1892 年，克莱尔市场中一部分的死亡率是四十一点三二，即每英亩八百人。杰夫森：《伦敦卫生方面的演变》(Jephson, H., *The Sanitary Evolution of London*)(1907 年版)，第 363—364 页。

果行政一直是同医学知识和法律齐头并进的话。而且幼童死亡之速仍和二十年前几乎不相上下。[①]

这一部分是因为生命的洪流还没有放慢下来。在1871—1875年出生率已经达到空前未有的最高点(英格兰和威尔士是三十五点五,苏格兰是三十四点九),此后虽然开始了或许迄今尚未终止的下降,但是直到八十年代后期它的后果还简直觉察不出。在1880年前后那几年之中,岛上没有一个重要城镇的出生率在三十以下,甚至布赖顿也不例外,而且一些工业城镇的出生率竟高达四十左右。出生率和死亡率之间的差距几乎到处都很大。在真正市民占居民三分之二左右的这个国家里,平均自然增长,即单纯出生超过死亡之数,每年都在千分之十四以上。城镇至少已渐渐可 441
以居住了。它们不再像十八世纪那样,夭折的人比出生的人还多,从而不断地吸纳着外来的移民。

爱尔兰先是由于饥荒和痨疫,后来又由于移民船的缘故,一直是地旷人稀;但是不列颠出境的移民,甚至在每年将近二十万人的时候,像在八十年代早期贸易萧条时那样,也没有为新生命腾出一半的空余。那时,出生之数总是每年超过死亡之数四十多万。随着新人口长成到工作年龄,这个工业国家,这个只由一只无形的自私自利的手所领导的工业国家,就靠了自发作用为他们提供职业,而且大体上具有惊人的成功。(陆上职业的数目却是停滞不动或日趋减少的。)有一些是毫无出路的职业,也有一些廉价劳动,但是制造业和分配过程的扩大和无穷无尽的变化提供了很多全非这两

① 关于大陆和婴儿的死亡率,参阅《统计备忘录和图表》,表2和表5。

种形式的新职业。因而为了1881年的人口调查，不能不编制一部包括“一万一、二千个……各有其名称”的新的、大加增广的职业词典了。[①] 这部词典以全能手(all-rounder)、画工(bambler)、鞣工(barker)和印坯工(bat-printer)为开始。最后则是西部人(westernman)、楔轮工(wheel-glutter)、废毛清洁工(whim-driver)和白师傅(whitster)。[②]

对英国出境移民稍稍起了一些抵消作用的入境移民，在七十年代和八十年代有了相当的增加，这些外国移民在少数狭窄地区最卑微的职业方面引起了新的竞争。到六十年代，除爱尔兰人外，移民已经差不多都是实业界出类拔萃的人物或有技术的工匠，都是十八世纪的李嘉图、安格尔斯坦因、范米耶罗普和罗思柴耳德以及伏利亚米和巴托洛季斯的继承者了。[③] 这些德国人、希腊人、瑞士人、各种国籍的犹太人、间或一些法国人和像乔治·皮鲍迪之类的美国人乃是英国方面人的资本一笔至可宝贵和迅即同化的额外

442 增加。少数比较卑微的人始终是有的，尤其在伦敦移民区；但是从国民经济的观点来看，他们却无足轻重。在1871年人口调查时，整个不列颠申报的外国出生者只有十万五千人。其中有三万四千名德国人，包括德籍犹太人在内，和一万八千名法国人。到1881

① 《1881年的人口调查：总报告书》(1883年，第80卷)，第26页。

② 全能手，即制靴业中能从事任何一种工序的人；画工一词不载于《新英文字典》或1927年的《职业名称词典》中，鞣工，树皮或皮革的鞣工；印坯工，不载1927年词典，或许和瓷窑制“坯”工作有关；西部人，即载领港出海的船夫；楔轮工，即接合车毂和装车辐的人，也是填补金属轮上小V形空穴的锻工；废毛清洁工，即翻造毛工厂中的收拾废毛的人；白师傅，即漂布工头。

③ 参阅上卷，第289页。贾斯廷·伏利亚米是乔治三世的制钟匠。

年总数还没有超过十二万四千人，其中有六万人在伦敦。俄籍犹太人，也就是波兰籍犹太人以一万五千人而和已经衰减的法国人同居第二。在1881年以后，随着中欧和东欧排犹太人运动的出现而人数陡增。[1] 伦敦犹太人监理委员会在应付赤贫方面，财力已感支绌。[2] 对于以低生活水平为基础的廉价竞销，在这种无法抵拒的竞争特别恼人的一个时候，从东头的非犹太教徒当中发出了怨言。感到这种压力的人主要是面包师、雪茄烟制造者和裁缝，尤以裁缝为最。这个令人不安的社会问题，伦敦不能不加以正视。曼彻斯特和利兹的裁缝区也有同样的问题，不过规模不大。但是没有全国性问题出现。整个苏格兰只有几千名外国人，其中最重要的一部分就是以航海为业的斯堪的纳维亚人；但是在1886年英国全部外国出生人口似乎也比不上单单那一年的英国出境移民；在东头的犹太人中间，虽则现正成长的第二代会倾向于仍别成一族，但是会比第一代更加同化于它的经济环境。

在1851—1853年和1881—1883年之间伦敦死亡率大约千分之三的降低，乃是沙甫慈伯里在1884年八十三岁诞辰的那一年最后一次在一个皇家调查委员会中作证时称之为那三十年房屋和卫生条件"巨大"[3]改进的一个统计上的计量。他仍然时时回忆到他早年的一些发现：四个角落各住一家的那种房屋；紧靠在地板下面就有一个无盖的污水坑的那种房屋；夜间夫妇须轮流看守从地板

① 参阅《入境移民备忘录》(*The Memorandum on the Immigration of Foreigners*)(考尔克莱夫特撰)，1887年的第112章。

② 同上书，第11页。

③ 《工人阶级房屋皇家调查委员会》，1884—1885年(第30卷)，第4页。

直通阴沟的一个洞孔，以免婴儿被老鼠伤害的那种房屋。[①] 在五
443 十年代之初他任职于第一个卫生委员会时，他曾亲眼看到过这种情况，在那个年月，尽管城里的污水坑已清除尽净，但是甚至“在西头的大宅第里，污水坑还和酒窖同样被看作是神圣的”[②]；尽管在几年之后一个酷热的夏季——即 1858 年夏季——“从泰晤士河发出的疠气”变得那样令人无法忍受，以致发生了“国会迁移会址的问题”[③]，但是伦敦的一些自来水公司还是把它们的水管入口装在特丁顿水闸的下面。[④] 当时，首都工务委员会正开凿活水沟，以便把伦敦的污秽排泄出去，从而解决国会的困难[⑤]；但是在 1860—1861 年，汉默斯密斯仍然被死水沟环绕着。其中还有“一片方圆数英亩的沼地……没有任何出口，承纳着远近一带的污秽，所发毒气不能不认为是极有碍于卫生的”。正如一位医官所说的那样。[⑥] 伦敦仍然有很多人饮“城镇泉水”，而这位朔尔迪奇的官员在 1860 年说，他“只要取出一点水样在夏日的炎热天气中晒几小时，就不

① 《工人阶级房屋皇家调查委员会》，1884—1885 年，沙甫慈伯里的证词，询问案第 36—38 号。

② 西蒙爵士：《英国的卫生机构》(Simon, Sir. J., *English Sanitary Institutions*)(1897 年，第 2 版)，第 252 页。

③ 马姆兹伯里伯爵：《一个前阁员的回忆录》(Malmesbury, Earl of, *Memoirs of an ex-Minister*)，1858 年 6 月 23 日的日记。在 6 月 27 日下面有这样一个脚注：“虽然里斯托里夫人……欢喜闻这种味道，说这种味道让她想起了她亲爱的威尼斯。”

④ 杰夫森：前引书，第 71 页，维多利亚，第 15、16 年，第 84 章规定把人口安置在水闸上面。

⑤ 杰夫森：前引书，第 90 页；另本卷，第 423 页。

⑥ 同上书，第 101 页。杰夫森是以卫生医官报告书为依据的，现存伦敦郡议会图书馆。

会看不到它变成为腐水”[①]。1856年，威斯敏斯特养猪之风还颇盛行，福拉姆则有使包芬先生发财致富的那种山积的垃圾堆。卫生改革家认为这些都是“一种最有害、最讨厌的有碍公益的事物”。[②]所有这些有碍公益的事物只是逐渐消除的。这位医官在1863年所查报的伊斯令顿有两个大院是“幼童不能居住的。所有出生在这里或带到这里居住的幼童，注定不出两年就得夭亡”。[③] 1866年 444
的霍乱报告书揭露出骚斯瓦克—窝克斯赫尔自来水公司“对于公共安全的漠不关心已经到了犯罪的程度”。[④] 在1871年，屠宰场、牛栏、猪圈和私营肥料拌合厂的邻近住宅区，正使尼文顿区圣玛丽的卫生官员苦恼不置。[⑤] 七十年代新沟渠之糟有时和旧沟渠不相上下。在旧垃圾堆上正建盖着简陋的房屋，正如建筑在垃圾堆前面的大学院和海德公园的花园一样；甚至在闻咨卫司已经有一个小小的城镇在垃圾填成的六七英尺深的地面上发展起来了。[⑥]

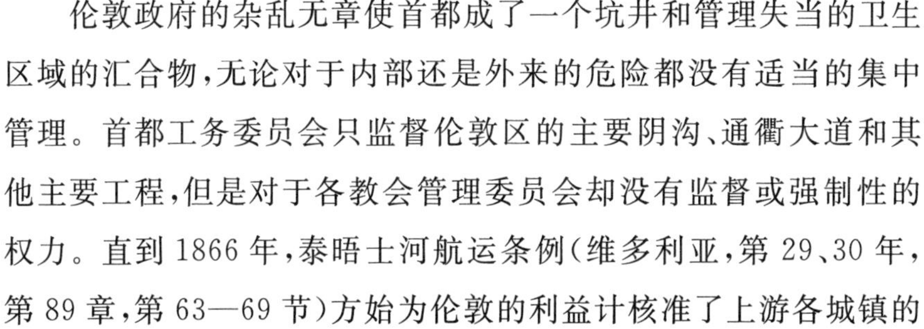

伦敦政府的杂乱无章使首都成了一个坑井和管理失当的卫生区域的汇合物，无论对于内部还是外来的危险都没有适当的集中管理。首都工务委员会只监督伦敦区的主要阴沟、通衢大道和其他主要工程，但是对于各教会管理委员会却没有监督或强制性的权力。直到1866年，泰晤士河航运条例（维多利亚，第29、30年，第89章，第63—69节）方始为伦敦的利益计核准了上游各城镇的

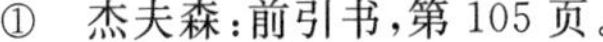

① 杰夫森：前引书，第105页。

② 同上书，第115—116页。

③ 同上书，第177页。

④ 1869年西蒙博士的报告书；转引于杰夫森，前引书，第192页。

⑤ 同上书，第246—247页。

⑥ 同上书，第228页，引证肖里迪奇的医官，参阅上卷，第539页。

排水章程。直到1878年(根据维多利亚,第41、42年,第32章),委员会才受权发布关于地基和建筑材料的一般章程,以便消除简陋房屋。然而却有过行动。在1864年7月20日长堤就在白教堂坡附近奠定了基石。但是长堤非特没有给这条河一次更彻底的清除,而且没有给伦敦一条体面的公路。它遮盖住一条低于水平线的大阴沟,这条阴沟接通了一切高于它的各种坡度的沟渠。根据七十年代的立法,委员会开始了各卫生区的清理工作;除最最坏的地方当局外,进步舆论对于一切行政都起了作用。死亡率朝着威廉·法尔的理想降低下去。但是婴儿的死亡一如往昔,而且随着伦敦的发展,新的卫生问题又陆续出现。到了八十年代中期,泰晤士河的沟渠设备重又发生麻烦,这一次是关于一代以前所建造的宣泄口的问题。当1884年有几位皇家调查委员在乌里治上船时,这条河"整个河面都布满了黑色的腐烂污物,它们并不像是混合和掺杂进去的。臭气难闻之至"。他们认为这是"首都和文明的一个耻辱"。[①] 所以不能不配备沉淀器和驳运污泥出海的船只。

445 直到1891年的伦敦公共卫生条例通过之后,久已适用于全国各地的一些卫生章程方得普遍适用于新郡会议的辖区。向有单一中央机关的各城镇对于普通卫生立法,可立刻加以利用,因为这类立法有很多是任意性的,也就是奖励它们本身的地方条例的。在约瑟夫·张伯伦主持下的伯明翰就是一个切题的实例。[②] 大多数

---

① 《首都污水排泄进泰晤士河的后果皇家调查委员会》(*R. C. on the Effects of the Discharge of Metropolitan Sewage into the Thames*),1884—1885年(第31卷,第341号),《第二次报告书》,第9页。

② 参阅本卷,第492页。

大城镇已经积极地掌握了它们水的供应。利物浦曾经同原来就没有建造好而又充满了不太卫生的爱尔兰移民的一个港口中特别困难的清洁卫生问题进行过坚决的斗争。[①] 但是在大多数制造业城镇中，工业方面的考虑很容易压倒卫生方面的考虑，不但对于如何减少煤烟漠不关心，而且由于交通工具的缓慢还有设法让工人住在工作地点附近的强烈愿望。在这些城镇之中没有一个有像伦敦那样大，那样舒适和那样比较卫生的住宅区。有很多城镇的位置是比较棘手的。伯明翰位置高旷，合乎卫生的排水工程是不大困难的；纽卡斯耳有太恩河的潮水可达，格拉斯哥也为克来德河的潮水所及；但是西莱定和兰开郡境内奔宁山脉一带的城镇，却位于既狭窄而两侧又极坚硬的峡谷之间，当，或如果，想要变更它们的计划，或决定不再将污秽排泄进卡尔德河、埃尔河、当河或艾尔维尔河那些小而清澈的河流，却大非易事。在曼彻斯特上面，艾尔维尔河先已流经半打左右的小镇和城镇。在八十年代热天的时候，它在那里发出的臭味想来也不亚于 1858 年 6 月泰晤士河在威斯敏斯特所发出的。[②] 卡尔德河和埃尔河也散发臭气，虽则也许不像早几年夏季那样厉害。[③] 但是议会向来没有在这些城镇中的任何一个城镇旁边开过会，因而它们的臭气在《一个前阁员的回忆录》中是无案可稽的。

① 参阅侯普：《海口的卫生》(Hope，E. W.，*Health at the Gateway*)(1931 年版)，散见各页；本卷，第 493—494 页。

② 据一个儿童的记忆，这个儿童有时在它旁边一个令人兴奋的地方玩耍，那里有一条小小的清澈溪流，在红沙石上切成了一条深达八英尺的峡谷之后，在林木下面流进了那个污流。

③ 一位利兹的老住户在 1903 年说埃尔河的臭味在前半世纪中已大有改善。

所以，尽管市政府至少有提高卫生效能的机会，但是在 1880 年前后，除伯明翰和布利斯托尔外，没有一个较大城镇的死亡率低于代表伦敦的伊顿、克莱尔市场和老肯特路的复合死亡率。纽卡
446 斯耳、设菲尔德、利兹和累斯特只差几个小数点；曼彻斯特、格拉斯哥和利物浦则肯定更糟。然而英国的城镇还居于世界上最卫生的城镇之列，并且肯定是旧大陆最卫生的城镇。纽约的死亡率比曼彻斯特高；巴黎和柏林的死亡率比利物浦高；而维多利亚朝人称之为圣彼得堡的那个地方全城死亡率比之像克莱尔市场那样一个挑选出来的伦敦小小黑区的死亡率还要高。从 1891 年的人口调查中将可看出英格兰和威尔士人口的 11%以上和将近 20%的伦敦人是两个多人一间房屋，照当时官方的定义来说，是“处于过分拥挤条件之下的”。[①] 外国各首都没有可供比较的数字；但是如果把数字搜集起来，除纽约可能除外，无疑会更坏一些。英国的卫生改革家向不以此为满足，这是对的；但是当生于 1800 年的埃德温·查德韦克在 1890 年逝世时，五十年来的成绩却不无可观。

“已有的一切机械发明是否减轻了任何人的日常劳苦，迄今仍不无疑问。”穆勒在 1847 年这样写道，在八十年代他写的《原理》大众版的正文中仍未加删改。[②] 只有“公正的制度和（对于人口增加

---

① 参阅本卷，第 490 页及以下。

② 第 4 编，第 6 章，第 2 节。这是他常常被人引证而不注明日期的许多名言之一。他一直到死还让这句话原样保留在这里，并不能证明他曾重新加以考虑。他在他的各种版本中都把美国说成是“保护原则日趋没落，但迄仍未完全放弃的”一个国家（第 5 编，第 10 章，第 1 节）。

的）审慎指导”，据他想，才能解决这一问题。在1883—1886年，这种审慎指导尚无多少踪迹可寻。制度确已制订得多多少少地比较公正了。日常的劳苦到底又减轻了多少呢？不管在执笔时是否允当，但这一个问题照原样保留在穆勒的大众版中是否会引人误解呢？

自从他执笔之初，一些笨重的，甚至累死人的活计已经被机器淘汰掉或几乎淘汰掉了。“下手锯匠”已所剩无几；十五年来因使用大粗锯而弄得筋疲力尽的木匠也为数不多了。[①] 锯木机必然地减轻了无数的日常劳苦。照管一部走锭精纺机总比把一台旧式手 447
力精纺机的游架推来推去要自在些。动力织机车间是声音嘈杂的，而且织机也加速起来；但是在这里面劳动比之唯一完全被取代了的三四十年代进行织造的那种低级手力织机的弯腰弓背、无尽无休和不卫生的单调动作，以一天比一天，肯定要轻松些。割稻是一种高贵的艺术，但是总不能说割一整天的稻比管理一整天的收割机省力些；也总不能说在一个没有机械化的铜矿或铅矿中劳动一天比在一个完全机械化的煤矿厂中劳动一天省力些。

但是尽管机械发明淘汰了一些笨重的活计，它却也产生了或正产生着另一些——在暴风中或在红海上的加煤和堆煤工作；搅炼工作，以及鼓风炉和钢炉上的一切费力的工作；信号手或火车司机的时间既长而责任又重的工作；以及在煤气厂、化工厂和工程车间的几十种既劳累而又往往危险的工作。在福思河桥的防水框中

① 关于绱鞋底工，参阅上卷，第548页。大粗锯是艾尔弗雷德·马夏尔的一个得意的例子。

或肱杆上工作一小时很可以说比在伦尼手下在滑铁卢桥上工作一小时累得多。诸如此类，不胜枚举；但是却无法扯平。因为在早期的棉纺厂中按“铁轮”步调动作的十二小时半劳动，对于一个儿童来说，是否比各种发明以前他所可能分派的十二小时半的许多不同的苦役要重些，甚至都不能十分肯定。[①]

在有各种发明以前儿童十二小时的苦役究竟普通到怎样的程度，很难断言。在有发明以后，在纺织厂中倒的确是普通的；而这也正是那些工厂法所引以为据的理由，对于那些工厂法，虽然在穆勒执笔时十小时工作条例已经通过，他却仅仅给以一页的篇幅，而且这一页篇幅几乎完全用于反对以这些法律适用妇女的一项抗议，其中并无任何资料可寻。使纺织厂童工的工作日同平均成年工资劳动者的习惯工作日更接近于划一，曾经是早期条例的目的之一。[②] 卡姆·霍布豪斯在1825年曾经对下院说，从他所进行的调查之中，可以看出十小时工作日，以及冬季在某些场合下的八小时半工作日，乃是“机器制造工、机器铸模工、造房子的木匠、细木匠、石匠、砌砖匠、铁匠、水车匠”和其他许多手艺人的普通工作
448 日。[③] 另一些行业则有较长的正规工作日；有由意愿和需要决定工作日长短的各种厂外加工；有十二小时轮班的继续不断的工序，以及各种各样应急的安排。但是对于在雇主指挥下，或者在雇主场所操作的男工或女工来说，十小时半上下的工作日却是正常的。

① 参阅上卷，第371、565页。十二小时半是二十年代“管理最好的”工厂的工作日。《韩氏国会实录》，第13卷，第643页。

② 上卷，第377页。

③ 《韩氏国会实录》，第13卷，第1008页。

直到1848年以后还依然如此。这种工作日的持续不变，连同和机器有关的工作的加倍紧张，或许正是穆勒有此痛心的发问的原因。[①]

在五十年代早期，在一切重要职业中，较长的工作日是正常的，而不仅仅以工资劳动者为然。除为妇女采行了法定的六十小时工作周外，规定于星期六下午二点以前一律停工而真正创始了英国工作周的，正是那项别无重要规定的1850年工厂条例（维多利亚，第13、14年，第54章）。[②] 随着纺织工厂法典的推行于其他各行业，星期六的半日休假变成了定例。向不适用工厂法的建筑各业，在六十年代通过谈判和罢工也逐渐争取到了工厂法。[③] 但是直到1854年，甚至像劳埃德船舶事业和海上保险组合那样一个资本主义性质的机构在星期六下午还是照样办公的。[④] 那时，木匠和细木匠，还是和1825年差不多，按季节的不同，每星期工作五十二至六十四小时。砌砖匠亦复如此，建筑业其余各行也不相上下。伦敦的排字工全年都是每周六十三小时。机械工和翻砂工的工作周也是一样。纺织、建筑、金属加工各业都大体差不多，只是受国家保护的纺织业，虽一度远远落后，却因为法律和女工及童工

① 没有理由认为穆勒曾真正研究过这个问题，他只不过随便提出他的建议。

② 根据1844年的条例（维多利亚，第7、8年，第15章），受保护的人在星期六下午四点半钟停工。

③ 参阅《1867—1869年工会皇家调查委员会》所载的证词；阿普耳加思，代表木匠，询问案第192号；寇耳森，代表砌砖匠，询问案第2295号；威尔逊，建筑业者，询问案第4396号。

④ 赖特和费尔：《劳埃德咖啡店史》，第356页。

的关系而已稍稍领先了。[①]

449 纺织业的六十小时工作周继续实行了二十四年之久。继而在1874年，根据维多利亚，第37、38年，第44章，削减至五十六又二分之一小时。在这段期间，有一些行业曾经通过谈判、罢工和罢工的威胁而逐一地赶过了纺织业。英国建筑业各行虽然无论在1874年以前还是以后都没有设法把它们的夏季工时压低到六十一又二分之一小时或六十一小时，但是它们已经把冬季工作周减至四十八小时以下；如果打上不可避免的天气关系的停工，它们的平均数已将近或不到五十五小时。1872年适当地利用了对各种劳动的迫切需求，它们把它降到了五十四小时，并且在这个水平上停留下来。机械工和翻砂工，必然还偕同广大车间劳动的五金工人，在1861年以前就已经共同把他们的标准工时降到五十七小时。经过一度停顿之后，继而当1872年机械工联合会平均只有0.9%失业会员，而锅炉制造工那个组织严密的小小工会平均只有0.6%时，他们便利用这个千载难逢的机会，从满手订单的雇主方面争取到已成为他们整个行业集团的标准的五十四小时工作周。[②] 在苏格兰，机械工把工作周压低到五十一小时，但是他们没有能保持在这个水平上。当1879年萧条到来时，雇主又夺回了苏格兰赶过英格兰的那每日半小时。在各金属加工工会的失业数字

① 各行各业的工时史扼述于《1887年工会统计表和报告书》(*The Statistical Tables and Report on Trade Unions of 1887*)；《伯纳特报告书》(*Burnett's Report*)(第89卷，第715页)。另参阅伍德：《1860年以来工人阶级进步的一些统计》(Wood, G. H., *Some Statistics Relating to Working Class Progress since 1860*)，《统计学报》，1899年，第640—642页。

② 失业数字另见《1887年的报告书》，并屡经复制。

自 11%到 22%不等的条件下，工人是无法进行斗争的。有代表性行业的这些工会在七十年代所奠定的五十四或五十四又二分之一小时的工作周，有很多年没有变化。这种工作周并不是普遍的，在贸易兴隆的时候自然会因加班加点而延长，在贸易不振的时候，则会因开工时间缩短而减少，尤其在纺织工业方面。但是这种工作周在十九世纪第四个二十五年之具有典型性，正如六十三小时工作周在第一和第二个二十五年中具有典型性一样。人类的日常劳苦至少有了这样程度的减轻。对人口增加的指导和它毫不相干：这种缓和剂，英国以它那种强有力的国际地位，迄今也还没有取得。在幕后，由于逐渐提高了可分的国民红利的关系，机械上的发明却和它大有关联。从表面上看，变得比较公正的制度和法律既 450
是纺织厂所树立的榜样的直接原因，也是工会或半有组织工人团体所以能比较容易地为缩短工作日而进行谈判或斗争的部分原因。在工作日问题上，法律或工会比在工资问题上更为重要。在供求平衡肯定对工资劳动者有利时，工资会“自行”提高。在 1850 年和 1886 年之间，棉纺织工业中几乎完全无组织的女工的工资，据计算，是以五十九至九十八的比率上升的；毛纺工业中更加无组织的女工的工资是以六十二至九十八的比率上升的，诺森伯兰完全无组织的农业女工的工资则是以六十七至一百的比率上升的。[①] 在

① 伍德：《参照工人工资来考虑的工厂立法》，《统计学报》，1902 年，第 284—320 页。诺森伯兰的数字是 1850 年至 1883 年这段时期的，1886 年无数字可供利用。自然在所有这类计算上都有误差的余地。纺织业的工资尤其棘手。但是误差的余地相对地说并不大，而且统计学家对于这段时期的工资总趋势的看法非常接近于一致。这正可以作为正文中简明叙述的注解和根据。

私人之间进行的工资讲价中，工人会要求更多的报酬，雇主也会出更多的报酬以吸引工人。至于工作周的缩短则无论私人的要求还是雇主的建议，虽然不是不可能或向无所闻，却远不是那么切实可行和那么普通的。

和工时的缩短偕以俱来的女工工资的上升，即在棉纺织业中据估计为66%的那一次上升，只不过是把1850—1886年这段时期同一般工资几乎停滞不动的1830—1850年那段时期标志出来的普通工资上升中的一个特殊事例而已。[1] 在1850年以后的上升之中，既有间断也有倒退。在1874年和1886年之间，固然多数行业有轻微下降，而且某些行业还有急剧的令人苦恼的下降，但是如果把全国各种重要职业一并计算，再打上工人从报酬较差职业向报酬较丰职业的不断转移，据估计在十二年之间所谓的总工资率的下降是不会按照大于从一百五十六降至一百四十八的比率的。[2] 这只不过削减了1850年和1874年之间所获得的进益的一
451 部分，因为相当于1874年的一百五十六的1850年的数字是一百，也就是计算的基准线。何况1874年以后的下降，由于生活费的同时下降，甚至还得到补偿而有余——这是平均来说，自然不是就每

① 上卷，第458、561页。

② 这项计算是伍德：《1850年以来实际工资和享受标准》(Wood, G. H., *Real Wages and the Standard of Comfort since 1850*)，《统计学报》，1909年，第91—103页中的计算。这篇论文总结并绍继了伍德先生和鲍莱教授前十年中在《统计学报》上以及在鲍莱教授的《联合王国的工资》(1900年版)一书中所进行的工作。这篇论文即本卷，第572页上的曲线图的依据。鲍莱教授把1874年至1886年的下跌计算得比较大——按照从142跌至130的比率。

一个人来说的。

这些数字是统计家加权的指数，是以包括农业在内的一切已知有代表性的、可靠的工资率系数为依据的。从国民福利的观点来看，这些所以是可靠数字，至少是可供利用的最可靠数字，是因为它们把逐期挣取不同工资率的不同人数一并考虑在内。[①] 既然不断有从报酬较低职业向报酬较高职业的移动(与其说是工资劳动者个人的移动毋宁说是他们子女的移动)，这就是一项至关重要的考虑了。举一个突出的例子来说，在1886年报酬比较差的农业工人在全体工资劳动者之中所占的比例比在1850年就小得多，所以要准确地讨论国民福利，给予他们前一个年份和后一个年份的低工资以同等的权衡，自会是不适当的。但是假设有同等经常性的工作，其收入在1850年和1886年之间是以大约自一百至一百四十八的比率上升的"平均工资劳动者"，却不是一个血肉之躯的人。这个"平均工资劳动者"乃是以所讨论的各种职业中工资劳动者的估计数除所支付工资的估计总数而得出的一个商数；这是一个极重要的数字，但并不是具体的人。

自大博览会起在同一个行业一直工作到维多利亚女王六十周年庆典前夕而没有失去任何工作效能的一个人，并不能像这个"平均工资劳动者"一样，在他的每周工资上显示出48%的上升，虽则年轻时就离开农庄去干某种城市工作的一个人所显示的很可能还

① 《1909年的统计备忘录和图表》的图表4开列了未加权的工资平均数，即未将工资收入集团规模上的变动考虑在内的平均数字。鲍莱在1900年用与伍德颇不相同的方法和颇不相同的材料计算出来的加权平均数，差不多相同，但所得出的1850—1886年的上升却稍稍小一些(《联合王国的工资》，第132页)。

不止此数。一直停留在他所出身的那个生活岗位上不动的人，平均来说，已经活着看到自己每周或每小时的工资率有了大约30%的上升。不同的行业和工作就是波动于这个数字上下的。

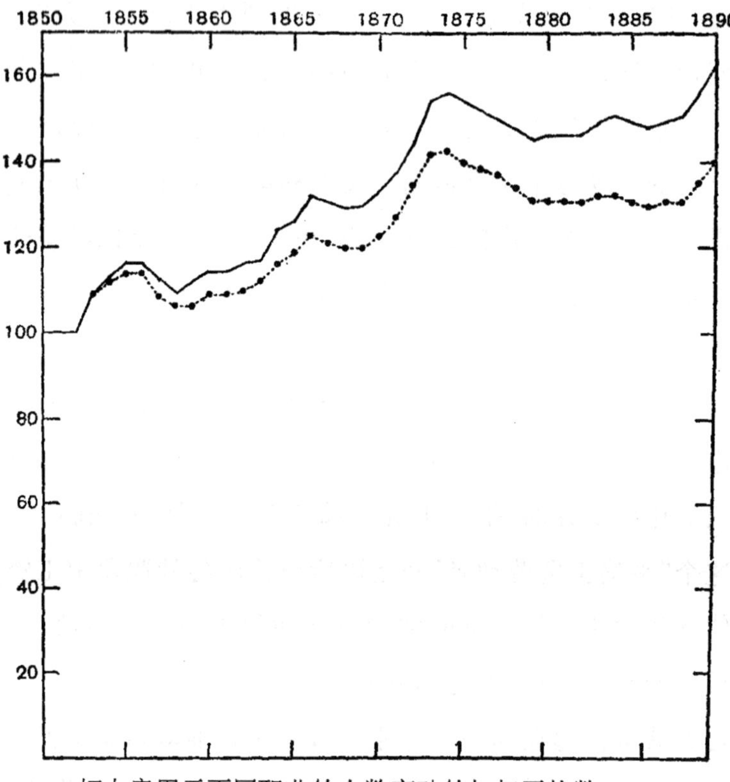

——打上雇用于不同职业的人数变动的加权平均数
……等级未变动的一个工资劳动者的平均数
按1850年平均数百分比计的工农业平均工资的趋势。根据伍德：《1850年以来的实际工资和标准享受》一文，载《统计学报》，1909年。

1850—1890年工农业平均工资趋势图

英格兰的农业工人比等级没有变动的工资劳动者的总平均数还要高一点。他们的上升是40%。设非1877年以后的急剧下

降,未始不会超过 48%。像印刷业和机械工程业那些报酬早已相当不错的行业,在 1850 年所取得的进展则比较小:前者只有 16% 的上升,后者只有 25%。[1] 所有重体力劳动的行业都显得很坏,因 452
为在 1886 年铁和煤受到了特别沉重的打击。有一种计算只有矿工得出 8%的上升[2],但是却一致同意他们的工资在 1874 年已超过 1850 年水平的 60%至 70%。[3] 还没有接触到机器而工作日既 453
比较短,根据一般同意的说法,操作又比较慢的建筑业各行在这同一个时日也设法把它的标准工资提高了大约 50%。[4]

尽管统计不易,尽管机械的惯行办法不断变化,棉纺织业,所以能显示出无论男工还是女工都有远超过 30%的全国平均数的上升,大部分是因为工作名同实异的缘故。只有职能没有变化而工资从二十七先令上升到三十二先令(即上升 21%)的棉纺厂机械工不到那个水平。各种珍妮纺机或精纺机男纺工——单位大小不等的一个集团——的平均工资,在曼彻斯特区从一镑上升到一镑十五先令,也就是上升了 75%。[5] 但是工作没有什么变化而报酬自始就不错的梳棉看管工却从二十七先令上升到三十九先令十便士,也就是上升了 47.5%。就整个棉纺织工业的男工、女工和童工来说,把报酬较优集团规模的不断扩大一并考虑在内,平均工

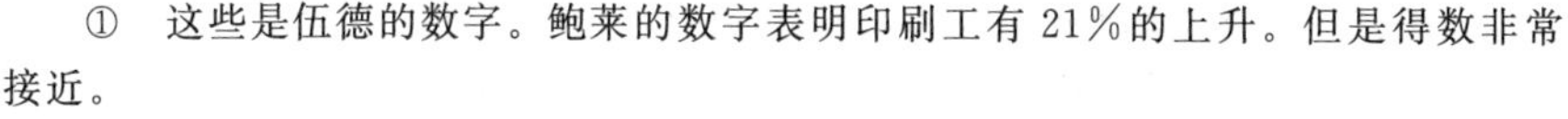

① 这些是伍德的数字。鲍莱的数字表明印刷工有 21%的上升。但是得数非常接近。

② 伍德。这里在统计结论上有比较重要的差异,因为鲍莱的数字是 20%。

③ 在 1886—1891 年有一次几乎,虽然不是完全地达到 1874 年水平的非常迅速的上升。这是 1886 年数字不具有代表性的事例之一。

④ 依照伍德的计算。鲍莱所得出的是 42%,这可以证明在这些计算上的接近于普遍一致。关于建筑业的步调,参阅本卷,第 159 页。

⑤ 原文如此。——译者

资的上升估计为59%；其他计算方法得出过甚至更高的数字。[①]至少可以肯定的是，作为一个整体来说，庞大的棉纺织工业——一个各种工业等级的复合体，而不是像砌砖业那样一个单纯的职业——曾经取得不下48%的改善，而这正是英国的加权数字。

无论就总体来说还是就个人来说，工资劳动者的处境，可能比工资率的计算所表明的稍稍差一点，特别是1886年和1850年相比。1886年有大量的失业。除1879年外，它是由于工会失业津贴数字日益齐备而开始有了缜密讨论的便利的后一段时期中最严重的一年。在1886年，翻砂工工会平均有13.9%的会员领取失业津贴；铁工联合会有14.4%；锅炉制造工和铁船建造工有22.2%。这些都是极端的数字。机械统一工会以及木匠和细木匠

454 联合会则各有7%强，就十九世纪后期的这类记录来说，这已经是较高的比例数字了。[②]

照当时的标准来说，1850年的确是一个繁荣的年份。历来有这样一种意见，认为证以工会记录[③]，那一年的失业总数可假定为4%，而1886年则为9.5%。但是工会的失业数字充其量，那就是

---

① 59%是伍德的数字(《统计学报》，1909年)，这一数字"是以一种全新方法为基础的，它撇开……各个职业的劳动收入不计，而只考虑像埃利森等所估计的从事各该项工业的全体职工的平均劳动收入"。鲍莱在《联合王国的工资》一书中得出了72%的上升。

② 机械工联合会(即现代的机械工统一工会)1860—1890年这三十年的平均失业数字是4.35%。

③ 伍德于前引《统计学报》，第102页。假定1850年为4%是有疑问的，为1851年提出的3.9%却不容怀疑。这也是《1909年的统计备忘录和图表》第44页中所列的数字。关于1850年的繁荣，参阅屠克和纽马奇：《价格史》，第6卷，第249页及以下。

说自1875年以来，也是很不完备的。愈往前推，数字就愈少，也就愈没有代表性。自五十年代起一直有数字保存至今的工会已寥寥无几。甚至七十年代和八十年代的数字，在纺织工业中任何具有重要性的系列现已无一存在；至于在会员很少参加工会的厂外加工工业中，在矿工中，以及在农业工人、临时工、非熟练工人和女工的整个范畴中，当然更只字不存。多半在工会的行列中，尤其在早期，只包括了各自行业中一批挑选出来的幸运者；而首先遭雇主解雇的却会是把原可缴纳工会会费的钱也许用以买醉的一个疲塌工人，或对工会运动不发生兴趣的一个能力低的懦弱工人。从1869年起直至1886年以后，裁缝联合会的平均失业数字从没有一次高达0.6%。在七十年代和八十年代，这个工会和它一万二千至一万五千名挑选出来的会员固然至可钦佩；但是可否认为1879年那个异常令人鼓舞的0.46%的失业数字能给其中大多数是厂外加

工工人的英国男女裁缝在那个萧条年月中的失业和就业不足的可 619
能数量提供一丝半缕的消息呢？①

在十九世纪第四个二十五年中，纺织厂和矿场是很容易靠缩短开工时间和减少班次去应付萧条的。关于这一点，所可利用的数字提不出任何说明。这虽不是一种新办法，但早年间完全停工
却比较常见。在1847—1848年极度萧条时，这两种方法都曾见诸 455
使用。在1847年6月，在曼彻斯特的四万名纺织厂工人之中，有一万二千人的纺织厂停工。另有多少厂缩短了开工时间，却不得

① 1881年的数字是——裁缝，在英格兰和威尔士，十万八千人，在苏格兰，二万一千人；女裁缝，在英格兰和威尔士，五万三千人，在苏格兰，三千人。《1881年的人口调查》(1883年，第80、81卷)。

而知。霍尔纳那位北部大工厂视察员在 1848 年 6 月报告说，“因为许多纺织厂已经关闭，而大部分又缩短了它们的开工时间”[1]，十小时工作法正相当顺利地付诸实施。

在五十年代，纺织业比在八十年代相对地更为重要。其中仍有大量的厂外加工工作；在成衣业中更多得多。在五金业的各重要部门中，厂外加工工人和小工匠师傅是有代表性的。[2] 就厂外加工工人和小工匠师傅来说，就业不足的现象，也就是这里做一点工那里做一点工而报酬全不适当的那种现象，甚至在完全失业很少见的景气时期，也往往是普遍的。农业工人在社会中所占的比例在 1850 年比在 1886 年大得多，无疑他们失业的机会也比较大；虽然现在没有这两个年份农业工人的失业统计数字。所以，像 1850 年和 1851 年那样五十年代的景气年份，就失业和就业不足的总数来说，或许同后来像 1886 年那样的萧条年份，比之根据寥寥无几的现存早期工会数字的任何计算所反映出来的情况要接近得多。

五十年代的一个萧条年份可能的确是很坏的。甚至以工会数字为基础，1858 年，即大商业危机之后的那一年也比 1879 年或 1886 年更坏些；1851—1858 年这八年的平均数只比失业和萧条已弄得满城风雨的 1881—1888 年的平均数略好一点。所以，纵使 1886 年这个特定的年份比 1850 年这个特定的年份更坏，正如很可能有的情形那样，我们也没有任何理由设想在五十年代和八十

---

① 伍德引用于《统计学报》，1902 年号，第 314 页，那里也引用了纺织厂的数字。

② 参阅上卷，第 126、131 页。

年代的平均失业数有类似的增加从而给这两段年份之间出现的工资上涨打一个折扣。当艾尔弗雷德·马夏尔在1888年对一个皇家调查委员会说他深信“失业的人数在最近十年中(并不)比在其他任何一连十年之中更大”时，他们不禁为之愕然[1]；纵使他所说的那十年把1879年以及1886年一并包括在内，他也多半是正确 456
的。统计上的可靠性过去是，而现在依然是不可能的。

在四十年代时，尽管有威廉四世的实物工资制条例和很多先驱条例，实物工资制的工资支付在某些行业和地方，还一直无异是给名义工资真正打一折扣。[2] 这种制度，即使没有严重地滥用，也是工资劳动者视为对自由的侵害而普遍厌恶的，尤以他们的妻子为甚。这种制度慢慢地消灭了。在1863年，矿工如此激烈地反对这种制度，从而反映出它的普遍残存。[3] 虽然在七十年代和八十年代无论腐败的还是在经济上，纵非在法律上，有词可说的实物工资制都依然存在，但是两者都不足以影响从货币工资的趋势中所可得出的任何一般结论。只是在一个地区，而且是一个很僻远的地区，直到1871年实物工资制还是“一种一般的压榨方式……”[4]——即设得兰群岛，那里的农民、编织工和渔民，既不懂

① 《黄金和白银皇家调查委员会》(*R. C. on Gold and Silver*)，马夏尔的证词，询问案第9828号。大概当他说数字更大时，他的意思是指更大的比例数。

② 参阅上卷，第409—410、562—565页。

③ 《大不列颠全国矿工联合会会讯》(*Transactions of the National Association of Miners of Great Britain*)，1863年，第11页，引用于韦伯夫妇:《工业民主制》，第317页注2。

④ 《实物工资制皇家调查委员会》，1871年(第36卷)，第44页，设德兰群岛方面的证词占皇家调查委员会报告书整整一卷(1871年，第37卷)。

货币也不懂价格，而任由商人随意摆布，以劣“货”发给他们作为工资，恰如英格兰的中间商和跑四方的商人过去用以而这时仍间或用以支付制钉匠和编织工工资的办法一样。[①] 据 1871 年的计算，米德兰有一万四千名制钉匠是由中间商“用实物支付工资的”。实物工资制条例“全然被置若罔闻”[②]，而且这种实物工资制从各方面看来都是腐败的。实行实物工资的中间商，往往即小酒店主，以质劣而价昂的货物支付工资，并同老实的工匠师傅进行廉价竞销。他手下的制钉匠不敢援引法律。但是在针织业中，在同一个时期，这种制度则已几近绝迹。在北诺丁汉郡和德尔比郡的边境上，据说只有少数几个中间商的店铺为一千一二百个编织工服务。新兴
457 针织厂的记录则是清清白白的。[③] 在米德兰和西南部的一些“包开煤矿业者”和“包开煤矿业者的地下经理人”仍然实行一种腐败的实物工资制。[④] 这种制度在诸如手套制造业和花边制造业之类情况同制钉业和编织业近似的厂外加工工业中间或也可以看到，正如原可料到的那样。在僻远的地方，几乎任何一种工厂为方便起见都会偶尔开设一个商店，一个“以货品代工资的商店”，而这个商店的经营也可能渐渐腐败起来。[⑤] 但是在 1871 年，则只是在二

① 上卷，第 564 页。

② 《实物工资制皇家调查委员会》，第 25 页。

③ 同上书，第 30 页。

④ 同上书，第 25 页。对“包开煤矿业者”以酒给付矿工工资的怨言。见前引《1863 年的全国联合会会讯》。

⑤ 《实物工资制皇家调查委员会》，第 79 页。在克莱德河畔斯提文造船厂中由工人在他们的雇主帮助下创立的这个商店，因准许店主从工资中扣还账目，已经堕落成为一种实物工资制商店。早在 1871 年就关闭了。

十年前这种制度就已经司空见惯的那些煤铁区域中还有大规模的残存。

很早以前，在南威尔士和蒙默思郡偏僻陡峭的峡谷中，公司商店曾经是一种幸事，一位矿场视察员在那一年这样说。[①] 很多雇主认为到今天还是这样的。他们并不以货物支付工资，因为那是非法的。但是因为货币工资是按很长的间隔发给（在埃布·佛尔是按月发给；在来姆尼则有时每隔十二个星期才发给一次），所以准工人在店里记账购货。小心谨慎的工人对于记账和成为诟病的主要根源的这种商店都避之唯恐不及。有些商店是公司直接经营的，有一些是出包的。在比较大的商店里，所供应的货物虽一般质量尚好，但却价格昂贵。昂贵的理由是这些商店可以赊账，而外面的商贩却要求现款。如果发放工资的日期相距不那样长，如果所有工人都能厉行节约，那么赊账就未见得是必要的。工人，不问节约与否，自然都是希望缩短工资支付期的。

在拉纳克郡和埃尔郡的煤铁工厂中，这种商店也是常见的；双周薪或月薪都很普通。在 1871 年，那个地区中身受其害的工人恐怕有二万五千人。[②] 其所以要常常照顾这种商店，有时是真正迫不得已；但照例是长期间隔的工资为它招徕了顾客，正如在威尔士的情形那样。价格照例很高，而货物至少有时是次货。所有最好的工人和他们的妻子都痛恨这种买卖。而他们所以没有诉诸法律，就是因为实物工资制条例没有真正适应苏格兰的法律程序。

---

① 《实物工资制皇家调查委员会》，第 5 页。

② 同上书，询问案第 8575 号。亚历山大·麦克唐纳的证词。苏格兰方面的证词曾在《报告书》第 15 页及以下予以讨论。

不然受害方是不会不起诉的。所以这项条例“完全在停止实施中”。[①]

这种煤铁实物工资，或半实物工资，究竟腐败，侵渔工资和不
458 得人心到怎样的程度，很难断言。固然有一些腐败的地段，但也有广大的健全区域。若说故意用这种商店来获取廉价劳动，像在制钉匠当中那样，却证据不足。当1871年的调查委员们声称，纵使这类商店照旧维持，按星期支付工资的办法也可以将几乎所有附带的弊端一并予以克服时，他们无疑是对的。始终没有任何这种意义的法律公布，甚至建议过，而且直到1887年为止（维多利亚，第50、51年，第46章），实物工资制条例也没有任何修正。但是按较短间隔支付工资的办法却比较普通了。公司商店已趋衰落。到1886—1887年，实物工资制本身已经变得无足轻重，虽则在诸如契耳特恩丘陵制椅村落之类的荒僻地方还有少数“以货物代工资的商店”。同实物工资制本身的疾苦相似的一些疾苦，一直残存到已废的维多利亚实物工资制条例公布后方予以处理——诸如雇主对工人所使用的原料、动力、粉或蜡烛索费过多，以及在恶棍手里会成为有系统的扣除工资办法的那种对犯规或过失行为的罚款。但这些都是偶尔一见和有限度的弊恶。[②]

在整个这段期间，厂外加工工业中一部分就业不足和失业的情形是同把它们逐一变成为工厂工业的技术革新有关的；但是究

① 《实物工资制皇家调查委员会》，第20页。

② 关于这段时期之末的残余，参阅《政治经济学词典》，“实物工资制”条。在九十年代的劳工皇家调查委员会中很少听到实物工资制了。

竟在哪个特定行业或哪个特定日期，这种“技术性”失业严重到哪种程度，却极难断定。自二十年代起直至四十年代，在棉、麻、毛丝的手织机织工当中，这种“技术性”失业一直非常严重。在五十年代和稍晚期间，在他们中间无疑也很多。但是在1860年以后，就无关重要了，因为这时手织机只用于织造特种织物或稀奇织物；即使用来织造这类东西，它也逐渐被摈弃了。在呢绒和织绸业方面，从手力到动力的过渡是拖延得如此之长，以致大规模的失业得以避免，死亡和年轻一代的转业解决了问题的大部分。[①] 在铁钉铁链制造工、手织花边工和手工编织工中间，随着机器慢慢地征服他们的行业，可能出现了一些技术性的失业[②]；在其他每一个特定的工业革命中，都一定会有一些。但是在这些年的最显著革命中，却 459
没有任何证据证明其数量是具有重要性的；在革命进行缓慢时，最后的转变到机器很可能对于关系人来说反而成为一种幸事。成衣业的变成为工厂工业既是那样渐进，那样一部分一部分的，而成衣工厂对于缝纫妇和缝纫女童来说又是那样的一种幸事，以致从来没有任何负责人把这个行业中的一些确凿而重大的弊恶同工厂的降临联系起来，反而把它们同工厂的迟迟其来联系起来了。虽则在某些地方手工制鞋匠曾以罢工反对机器，而且结果也许深受其害，但是整个来说，机器对于这些“坐凳人”(seat men)，照他们过去的称呼，所造成的损害却不大。“最胜任的机器工人”是“不断

① 参阅本卷，第28、83页。

② 关于锁链制造业中工厂的发展，参阅《劳工皇家调查委员会》，1892年(第36卷，第2篇)，询问案第16890号及以下。其中没有提及失业问题。

地”从他们当中“招募的”。[①] 适应力差的人也还有各种各样的半机器工作可做。随着轻便工序转到女童手里，男制鞋匠听从了同情者向他们提出的健全忠告，慢慢地把他们自己的人数压低下来。[②] 英国的这项工业整个说来已经扩张到足可把那些本不想放弃旧业但是因为能力差而未始不会被迫放弃的制鞋匠，如果还不曾被淘汰的话，一并加以吸收了。手艺最好的工匠一直有承接订货这一行可做，正如在裁缝业中一样。在机器渐渐渗入的那段时期，手工制鞋匠的工资的确有了上升，果真机器使他们有任何相当数量的人成为多余的话，这自然是他们无法办到的。随着工厂在米德兰五金业中的推广，小工匠师傅似乎没有跨越过什么一般的失业鸿沟就转进了工厂。在五金业，一如在成衣业，举凡就业不足、极尽剥削之能事和污秽不堪的劳动条件以及一切罪恶情形，在这段时期之末，都是在最后残存的厂外加工工人之中最为常见。他们是一小批厂外加工的锁匠，这类锁匠，在1892年，一旦接到活计，就“在寝室……洗衣房等处”“从早上六点钟一直(工作)到深夜十点钟，星期五则通宵工作”[③]，以便使他们的雇主可以同有适当设备的工厂进行廉价竞争。对于这类锁匠来说，一次最终的工业革命是非常求之不得的，纵使会带来更多的正式失业的风险，但看来不会。

① 利诺:《靴鞋制造的艺术》(1885年版)，第7、210页。

② 同上书，第210页:“从业人员听从《鞋业之神》(*St Crispin*)杂志上的忠告……严格缩减他们的人数。”利诺曾经是《鞋业之神》的编辑，也曾经是《靴鞋匠》(*The Boot and Shoe Maker*)的编辑。

③ 《劳工皇家调查委员会》(1892年，第36卷，第2篇)，戴伊的证词，询问案第18128、18229号。

虽然工业工资劳动者从五十年代直至八十年代的完备的或具 460
有科学准确性的生活费指数还没有编制出来，彰明较著的事实却不容怀疑。任何特定标准的货币生活费，包括租金在内，没有显著上涨一节，是可以肯定的。从可供利用的证据中反映出：可能还有些微下降。面包价格已经大跌。[①] 在 1850—1859 年这十年中，伦敦人购买四磅重的面包的平均价格是八又二分之一便士。1880—1886 年这七年的数字却是六又四分之三便士强。甚至在 1870—1876 年高物价和高工资的那七年之中，也只不过八便士。在 1887 年已跌至将近五又二分之一便士。（在维多利亚登极时，即这段时期中一个低廉的年份，平均价格曾经是八又二分之一便士。）在对

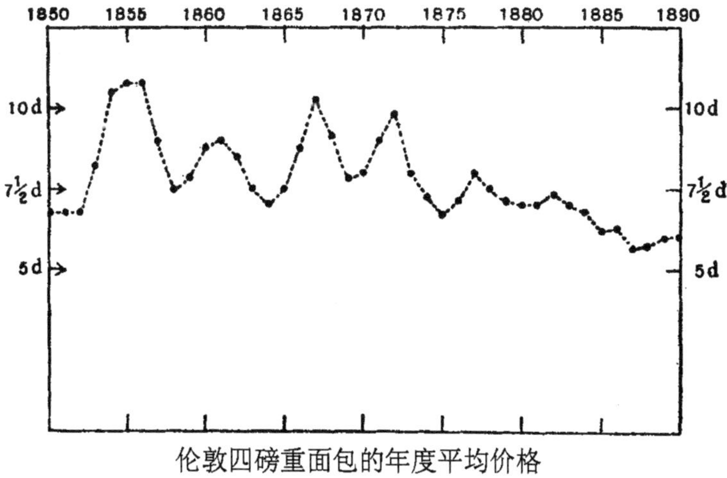

伦敦四磅重面包的年度平均价格

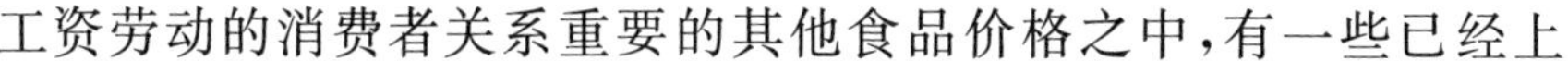

工资劳动的消费者关系重要的其他食品价格之中，有一些已经上

① 一般的统计讨论见前引伍德：《1850 年以来的实际工资和享受标准》，《统计学报》，1909 年，本段记述即以此为据。这里所用的面包价格是《第八次劳动统计摘要》（1926 年）第 143 页中所开列的价格。

涨，如肉类，但是腌猪肉却已下跌，食糖和茶叶也已降低。整个说来它们反映出了肯定的下跌。如果就包括面包在内的一切有连续记录可查的普通消费品的价格计算，在1850—1859年这十年中平均值十七先令八又二分之一便士的一批杂货，在1880—1886年似乎用十六先令二又二分之一便士就可以买到了。如果没有克里米亚战争和五十年代的价格上涨，差距未必会这样大。在1851—
461 1852年，这批货物原是可以用十五先令六便士买到的。但甚至这样低的一个数字也还是高于1886年的数字（十四先令七便士）；1886年的数字在十九世纪的下余期间却也从没有被打破。当1897年行将举行维多利亚女王第二次庆典时，四磅重面包在伦敦是五又二分之一便士，而同样一批普通消费品的价格则已降至十三先令八又二分之一便士。工会的失业人数是3.5%。国民已经得到了选举权：他们为维多利亚女王而欢呼，他们大多数人投保守党的选票。这是不足为奇的。上帝的磨盘，靠了人的一点点监管，纵使没有磨出预言家所指望的一切，毕竟也磨出了一些值得保存的非常有营养价值的物质。

零售物价的下跌究竟被城市租金的上涨抵消了多少，由于数字缺乏，是更加难以估计的。[①] 房屋方面的变化，使估计益形错综复杂。八十年代普通工资劳动的市民住得比他们父辈多少好一些。据所知道的来说，租金已经有从每周四先令左右到大约五先

---

① 租金的讨论也是遵从伍德：《1850年以来的实际工资和享受标准》，第95页的，鉴于基础的贫乏，我也并不比他更有所据。我不知道对这一问题还有其他的论述；虽则供更详尽讨论的材料总该是可以得到的。

令六便士的上涨。[①] 历来有这样一种看法，认为这项上涨之数的大约一半体现为较好的居住条件——即面积大一些，设备多一些——的代价；另一半则体现为城市土地租价的上涨和主要由于建筑业工人工资提高和劳动条件改善而造成的建筑费用的增加。如果这种看法是几近正确的，那么租金方面无可避免的上升——也就是，不比五十年代平均房屋好的房屋的额外费用，约计为九便士一星期——就不至于把面包和其他消费品上的净收益吸取得一干二净[②]；所以货币工资的上升可全部用来改善生活标准，包括比较好的房屋在内，除非失业情形恶化，而这至少是不显著的。可能
作出的更加准确的计算对于这一结论似乎也不会有多大修改。大 462
体上这正是所有有观察力的当代人所得出的结论。[③]

在小租户需要增付租金的那些设备之中，除自来水和煤气装置外，还有直接或间接对他有利的一整套公用企业，而所有这些企业都是在1848—1852年公共卫生、公共浴室、公共宿舍和公共图书馆条例公布后新兴或改进的。向小租户抽收附有其他捐税的济贫捐的苛扰在十九世纪之初既为法律所承认，向房主而不向租户抽收捐税的办法也一直为法律所许可。[④] 这种复合制度恰恰在

① 后一数字自然比前一数字可靠得多。二十年后所进行的一次详尽调查(《工人阶级生活费报告书》，1908年敕令第3844号)表明：例如在有人口64%居住于四间一幢的房屋的奥耳德姆，这种标准居住设备的平均租金即在五六先令之间。在伦敦以外，这样一幢房屋的最高租金在所查报的六十三个城镇之中只有八个超过六先令。自1886年以来价值只有些微上涨。

② 这些估计和假定也都是伍德的。

③ 参阅本卷，第284—287页关于农业劳动收入的类似作证。

④ 根据乔治三世，第59年，第12章，第19节。

1850 年新市政活动刚刚开始时由大杂院房屋条例(维多利亚,第 13、14 年,第 99 章)予以推广。[1] 凡每年可租价不满六镑的大杂院房屋,征收当局均得向房主抽收。最后,根据 1869 年的一项条例(维多利亚,第 32、33 年,第 40 章),因第二次选举改革法以及纳捐义务同选举权的联系而使之成为必要的这种划一复合制已推行于整个英格兰和威尔士各地。准许适用复合制的最高可租价,伦敦提高至二十镑,利物浦十三镑,曼彻斯特和伯明翰十镑,全国其他各地八镑。[2] 可租价的低于租价,无异是说到处租用房屋的普通工资劳动者并没有为靠捐税协济的各项事业多付出分文租金——诸如警察和救火队;卫生和施种牛痘;街道的保养和照明;一天多似一天的公园、广场、图书馆和公共浴室的供备;全部济贫业务;在少数最大城镇中靠捐税发展起来的专科医院;以及这样一种新教育制度,这种制度,虽然在福尔斯特提出 1870 年的法案时,无意之中把它所花费的济贫捐估计为在大多数场合下远不到每镑三便士[3],但是十五年之后,却给予地方财政的在英格兰和威尔士已达
463 五百五十万镑,在苏格兰已达一百三十六万镑这样一笔似乎不胜其庞大的款项了。[4]

[1] 作为《1845 年大城镇和人口稠密地区状况皇家调查委员会》建议的一个结果,参阅上卷,第 544 页。

[2] 参阅阿希罗特和普列士顿—托马斯:《英格兰济贫法制度》(Aschrott and Preston-Thomas, *The English Poor-Law System*),第 80、183 页。

[3] 坎南:《英格兰地方捐税史》(Carnnan, E., *History of Local Rates in England*),第 137 页。

[4] 同不列颠六千二百万镑的总支出和联合王国不到九千万镑的国家支出比较而言。

相当有效的地方政府、清洁和秩序的措施以及一些休息和受教育的机会，乃是城镇对市民所应尽的最低义务。这项义务纵使没有完全履行，至少也比一代以前履行得切实得多了。在五十年代开幕的曼彻斯特为纪念已故的自由贸易派领袖而建造的皮尔公园[①]和伦敦东头的维多利亚公园，或许都不是规模宏伟的；但是对于这些以及其他城市中的一些公园却应该以1845年调查委员会的报告书为背景来进行评断，据那项报告书说："利物浦、曼彻斯特、伯明翰、利兹和其他很多大城镇，目前都还没有任何公园。"[②]

中央政府除为这个经济体提供政治安全和秩序的保障外，还以拨赠专款协助特定地方事业的办法来分担它们的一部分开支。[③] 保守党皮尔派和格拉德斯通派财政的胜利是在于这项办法在这整个四十年之中一直是在对纳税人，尤其是对工资劳动的纳税人所加压力愈来愈轻的条件下进行的。据1882年所作的估计，虽然自1842年以来"在中上阶层中"，平均财富有幅度大得多的增加而每人平均纳税额仅仅增加10%，但是在"工人阶级"中却有5%的降低。[④] 鉴于工资的上升，那么根据估计，这就无异是说，在1842年曾经以本人收入16%完税的一个有眷属的平均工资劳动者在1882年只支付百分之七又三分之一了。当所得税在斯福塔

① 事实上是在索耳福德。

② 引用于上卷，第545页。

③ 在八十年代中期不到五百万镑。

④ 累昂·李维教授于《统计学报》，1884年3月号。这项估计充其量是约略的，不能追问的；但是克莱教授曾经在《经济季刊》1927年3月号中作为相当可靠的数字加以利用。

德·诺思科特任内是每镑二便士时，非工资劳动家庭的处境或许
464 是同样的惬意；但是在1882年，格拉斯德通内阁却无情地把所得税提高到六又二分之一便士来支付狄斯累利的帝国主义和它本身的意外军事义务。[①] 这正是英国趋赴埃及的那一年，也正是马朱巴丘陵事件的后一年。即令如此，"中上阶层"每人完税额的些微真正增加也一定是和它在家庭收入中所占的百分比的减少相一致的，虽则减少之数不像"工人阶级"那样大。

女工的工资，如作为独立公民的生活费来看的话，尽管还是那样菲薄，但是在女工充作工业或农业正规全日工工资劳动者的场合下，却已经按照和男工工资几乎完全同等的方式和比率上升了。的确，在八十年代初期，女工工资的情形似乎比男工的情况还相对地好些。自从七十年代的物价暴跌以来，一切工资都有了下降；但是因为在煤炭业、铁业或造船业中没有女工劳动，所以她们躲避掉了一些最急剧的下降。[②] 家庭佣仆的工资也有了或许按同等比率的上升；在1881年，一如在1851年，在受雇的妇女和女童为纺织各业加在一起的两倍以上的这个大行业中，工资的支付是那样变

① 照帕斯菲尔德的说法大有助于使急进分子变成社会主义者的帝国主义和帝国主义的义务，韦伯夫妇：《英国的社会主义》，第16页。

② 参阅作为赫琴斯和哈里森：《工厂立法史》(1903年版)，附录甲刊印的伍德：《十九世纪女工工资的趋势》一文中的详尽研究，连同参考书目。伍德所作图表式的讨论表明女工工资"大体上……并没有"像男工工资那样地"波动"。他又补充说："这或许是由于不雇用女工的煤、铁和钢等项工业中工资变化迅速的缘故。"(第283页)他也表明了女工工资，就所知道的来说，在1883年比1886年稍稍高一点(约为5%)。这项小小的损失在1888年得到了部分的补偿。

化多端和莫可计量，以致统计学家迄今仍无法着手。究竟主妇为女仆所供备的伙食、房屋和待遇是不是按照和货币工资相同的比率改善，又有谁知道呢？[①]

在千差万别的专业和兼业厂外加工工作之中——在各种不同的缝纫业以及诸如制盒业、制刷业或人造假花业等其他二十几种行业之中——究竟有了多大改善，简直无法计算。这些行业是或 465
许一部分靠济贫金为生的完全无依无靠者和想要补助家庭收入的主妇的荟萃之所。衬衫整理工"一般都是老、弱、赤贫和寡妇……她既懦怯而又胆小，会按照所出的不论什么价格接受活计。……有正规职业的小职员的年轻妻子从她在家里作姑娘时劳动所在的栈房里把海豹皮披肩取回家来"。[②] 这些行业中一定劳动时间的报酬所以一直不能像纺机上相应劳动的报酬同样地上升，很可能就是由于有这类人竞争的缘故。但是这些行业中年轻、手快而又强壮的全日工也能挣到和八十年代伦敦贫苦手艺人阶层标准女工工资不相上下的工资了——即十或十二先令一星期。政府给白厅

① 在1886年进行了一次试图搜集统计数字的努力。从大家庭中只得到了五百六十七项申报数字。十三年后的一次比较详尽的调查所得出的户内家庭佣仆的平均工资，伦敦是每年十七镑十六先令整；苏格兰的三个主要城镇是十七镑六先令；伦敦以外的英格兰和威尔士各地是十五镑十先令。因为"特别困难"，所以对膳宿和寄宿没有试图估价。《家庭佣仆货币工资报告书》(*Report on the Money Wages of Domestic Servants*)(柯勒特女士撰)，1899年(第92卷，第1号，第3页)。

② 柯勒特女士语，见布思：《伦敦人的生活和劳动》，第4卷，第259、295页。1888年所进行的调查和这里引自布思的一切数字都适用于那一年。但是自1886年以来一直变动很小；何况这里的目的并不是求那一特定年份统计上的十足准确，而只是要说明八十年代的一般情况。

杂役女佣的工资是十二先令，虽则伦敦老城的普通工资是十四先令，甚至十五先令也不是无所闻的。[①]

无论在工厂还是在家庭中劳动的任何普通女工，最高工资是大约二十先令一星期。兰开郡照管四台织机的织工有时超过此数。在奥耳德姆，这样一个织工可以挣到二十二先令八便士；但是这一区的平均劳动收入却是从每星期十三先令到十九先令；曼彻斯特区从十三先令到十五先令。[②] 在约克郡毛纺和毛丝纺城镇中，高于十八先令的工资，是向无所闻的。在布莱德福，有代表性的工资是“准备工”的十先令九便士和织工的十四或十五先令。诺丁汉花边业的“剪截工”和“扇面剪截工”以及附近一带环行编织机
466 编织工的最高数是每星期一镑。在斯塔福德郡，陶器工的件工工资以每日三先令为最高额，每个工作日的标准工资不过是一先令四便士。[③] 在东伦敦的工厂中则从未超过二十先令的最高额。[④] 就全国杂项工厂工业来说，自书籍装订、糖果以至于胞衣、火柴、麻绳和雨伞等业，这些工厂是完全具有代表性的。除东头最低级的行业皮毛缝缀业外，普通的全日工工资自八先令至十先令不等，而在厂内工作的制伞工或比较上层的裁缝机械工则为十先令至十八

① 《伦敦人的生活和劳动》，第 4 卷，第 260 页；第 8 卷，第 270 页。

② 这些是 1882 年和 1886 年的工资率，引证于鲍莱：《十九世纪的工资》，第 119 页。

③ 取材于《1830 年和 1886 年之间所公布的工资报告书》(*Return of Wages Published between 1830 and 1886*)(1887 年，第 89 卷，第 273 号)。所引用的羊毛、花边、针织和陶器的工资都是指 1883 年而言。

④ 布思：前引书，第 4 卷，第 318 页，一个表式总结。

先令不等。在厂外加工工人当中,虽然一位上年纪的缝纫妇做满一星期的累活只能挣几个先令,但是有人在“订活”好的季节(自复活节至8月)也能挣到二十先令之数。[①]

所以在伦敦和典型制造业城镇之间并没有明显的鸿沟。广大的全日女工到处都挣十至十四先令一星期。[②] 只是从边远制造业区的小城镇来的报告中有肯定更低的工资——诸如在斯特劳德的毛纺厂中就是六至十五先令,在肯达耳是六先令六便士至十一先令六便士。在斯特劳德,这个最大集团的劳动收入多半不到十先令,在肯达耳则肯定不到。小城镇的厂外加工工人和乡区残存的工业厂外加工工人无疑会有相应等级的工资,但是这两类工资一直没有加以记录,或者没有加以调查。

在1881年,工资劳动的广大妇女仍然像在1851年一样地集中在家庭服务业、纺织工业、缝纫工业和洗衣业之类的这些大职业集团中。[③] 包括农庄在内,在业的人数占全部女性人口的11%,而过去则是10%。无论纺织工人还是缝纫妇的增加都远不如人口增加快,而女裁缝工人的增加却快得多。原因在于机器。无论在主要工业或杂项工业中,妇女的新工业职业都发展得很慢,虽则家 467
庭工作和厂外加工工作已渐渐转到工厂中。但是少女,当可记得,已证明能充作胜任的电报员;到这十年之末有大约二万三千名女

① 布思:前引书,第4卷,第258页。

② 成为该年度一切工资统计之依据的贸易部于1886年进行,于1889年以后陆续公布的《工资普查》开列的女工平均工资为十二先令八便士,女工和女童工合并计算为十一先令三便士。所搜集的数字几乎都是得自纺织业的,但是它显然可以作为一般女工工资的一个良好范例。参阅前引伍德:《女工工资的趋势》,第260—261、280页。

③ 本卷,第23—25页。

职员，而1851年却只有一万九千名。[①]

工厂条例和教育条例已经使最年幼的儿童不能参加劳动，从而使家庭收入有所减少。但是减少之数不至于很大。根据1880年的国民教育条例（维多利亚，第43、44年，第23章），凡是领有证书的十岁儿童和年满十三岁的任何儿童均得开始工资劳动。早期的工厂条例曾将标准年龄定为九岁，在1844年又将半工半读的年龄限制减至八岁。在其他工业中，在四十年代时，开始正式劳动的年龄照例在七八岁之间。虽然在当时和后来都有编织花边、草帽辫和针织品的幼儿，但是在某些行业和地方也有十二至十四岁的男童还没有参加正规劳动。在六十年代伯明翰的各行各业之中，九岁或十岁是普通的劳动年龄；但是在兰开郡不满十三岁的儿童受雇于大工程工厂的却寥寥无几，虽则无疑有一些到那里去做见习生的男童是先听候差遣的。[②] 伦敦向来没有多少正规工作可给不满十岁或十二岁的儿童去作。[③] 所以送儿童进学校的义务不大会影响一般伦敦人的家庭经济。在儿童工资劳动年限的缩减中最受影响的是农业工人。而在所有各阶层之中，农场主也一直是对新的强制入学制最抱批评态度的。1876年条例（维多利亚，第39、

① 《1891年的人口调查》，职业，1893—1894年（第106卷，英格兰和威尔士；第108卷，苏格兰）。从数字中可以看出，女职员在苏格兰比在英格兰普通。关于电报员，参阅本卷，第209页。

② 《童工就业调查委员会第二次报告书》，第36页（花边和针织业），第39页（草帽辫业）；《第三次报告节》，第10页（伯明翰各行各业），第186页（兰开郡机械工程业）。

③ 参阅上卷，第567页。

40 年，第 79 章）中准许儿童每年以六个星期的时间从事于农业劳动的那项条款，恐怕是有关各方面都可以接受的。

关于八十年代的家庭劳动收入，甚至像本世纪较早时期给手织机工整个家庭提出了最高额的那种“可怜的”统计数字都无法获得。但是从这十年之末起开始进行的计算和逐户调查却反映出一 468
些过去的情况，因为这类情况在短短几年之内不会有很快的变化。只有逐户调查才能提供完备的记录。在八十年代到处都有很多已婚妇女从事于全日劳动，尤其是在纺织区；但是普通统计数字却反映不出其中有多少是没有子女的，又有多少是病人或百无一用者的妻子。这些数字也反映不出有多少是在家中进行的副业，又有多少是得自在外面进行的洗衣工作或杂役工作的收入。超学龄儿童的劳动机会因地而异，在纺织城镇中机会最多，而在采矿业村落中，对少女来说，机会最少。在任何阶层之中，完全工资劳动的儿童通常都不会在家中住多少年，这一事实是自这十年之末起进行的历次调查所证实的。在一切工资劳动集团之中最大的一个，参加工作的少女，自己用自己的工资。“制火柴的少女、制小儿外衣的少女和制麻绳的少女……一般都住在家中”[1]；至于伦敦的各行各业，家长以外的工资劳动者在九十年代初期则约自每个家庭0.55%的最低额至仅仅 2.15%的最高额不等。对于从机械工程业、印刷业、铁路服务业和警察之类报酬丰厚的行业中选出的一批行业所作的计算，表明额外的家庭劳动收入平均可达男性家长劳

① 布思：《生活和劳动》，第 9 卷，第 380—381 页。这本书在 1897 年方始问世，但是它的依据却是 1888—1891 年所进行的调查。

动收入的25%至30%之间。[①] 当1899年首次在约克对四万六千七百五十四人的一批人口在非常不同的工业气氛中进行逐户调查时，似乎每一种额外劳动收入，不包括寄宿者所付的房钱等在内，都几近作父亲的收入的30%（只差小数点儿）。[②] 在纺织和轻金属加工区域，所占的比例似乎也不会少一些。在煤厂区，一个住在家里的劳动青年都会有同样多的贡献。介于它们之间的伦敦和约克两地可以作为全国大多数杂项职业的代表，而且约克的调查一直进行到了社会的最低层。这次调查和以完全不同的、远不是那样直接的方式进行的伦敦调查的接近于一致，可以表明在英格兰城
469 区，占到工人阶级家庭男性家长的劳动收入的25%至35%的另一个成员的额外收入可能差不多是正常的。乡村的情形也多半一样，但这一点是更加不能肯定的。

男童或女童的参加真正工资劳动，往往是偶然的，而且照例是非正式的。自从1842—1843年的儿童就业调查委员会对学徒制的活力和流弊获得那样深的印象以来[③]，流弊已的确减少，学徒制也已趋于没落。但是在若干特别需要某种正式准备阶段的职业中，学徒制却又在几乎完全没有法律或官方核准的修正形式下持续下去或成长起来。曾经使中世纪的市政当局和伊丽莎白时代的立法者大伤脑筋的"学徒充斥"这一社会问题，在维多利亚后期仍令人不胜其烦。

---

① 布思：《生活和劳动》。得出的真正平均数是26.9%。

② 朗特里：《贫穷：城镇生活的研究》（Rowntree，B. S.，*Poverty，a Study of Town Life*）（1901年版），第83页。事实是在1899年秋季搜集的（序，第9页）。

③ 上卷，第571页。

在整个纺织业以及其他许多行业中，尤其是在粗具规模的工厂业中，正式学徒已几近绝迹。[①] 线轴调换童零碎地学得自己的简单工作之后，就变成为接线工，运气好的则变成纺工。运气是不可少的，因为纺工照例雇用两个接线工并负担他们的工资。一个年轻的女工在离开纺织厂之前，她的姐妹就先站在她的织机旁边学习，然后把工作接过去。青年男工不是由重五金工业中管理分包工帮的工人雇用的，就是跟着自己的父亲参加进去的。在另一方面，历史比较悠久的设菲尔德各行各业厂外加工的散匠，即一种工匠师傅，都订有录用学徒的严格规章，而这些规章一般都是照顾自己子弟的；其他一些没有变革的小手艺行，诸如马车制造匠、篮筐制造匠和箍桶匠之类，也都订有这类章程。[②] 保守的船匠甚至还没有放弃正式合同，虽则它已渐趋消灭。[③] 在工程车间的制模工中间，学徒制是普遍的，以五年为最低额，并且往往延长到二十
一岁时为止。[④] 海军部仍在一切海军机械工中坚持七足年的学徒 470
制[⑤]；但是在一般机械工和锅炉制造工中间，则以一段不大正式的

① 但是在像整经工、熨料工和监工之类同纺织各业有关的技术人员之中仍有其残余。参阅韦伯夫妇：《工业民主制》（1897 年版），第 460 页注，第 463、478 页。论学徒制的那一节，第 454—481 页，详尽地讨论了这个问题的工会方面。

② 关于设菲尔德，参阅《劳工皇家调查委员会》（1892 年，第 36 卷，第 2 篇），询问案第 19772 号；韦伯夫妇：前引书，第 458 页；本书，上卷，第 571 页。关于其他手艺行，参阅韦伯：前引书，第 462 页注，但所论及的主要是录用章程所加的人数限制而非学徒条件章程。

③ “直到最近……我们的大部分学徒惯常都是立有契约的”，韦尔基的证词，见《劳工皇家调查委员会》（1893 年，第 32 卷），询问案第 21462 号。

④ 《劳工皇家调查委员会》（1893 年，第 32 卷），莫塞斯，询问案第 22449 号。

⑤ 同上书，询问案第 24548 号。这是在 1890 年废止的。

试用期为原则，通常是两年，并像工厂学徒一样，加上同样一段见习时期。[①] 关于学徒和满师职工人数之间的比率问题，经常不断地同雇主有争执。在苏格兰，青工是那样地急于参加车间工作，以致有些雇主竟倾向于采取工人理应认为是一对二的非法比率，来过多地使用学徒。[②]

不断地变化着而且愈来愈容易照管的机器，已经把机械工保留像他们的前辈水车匠那样的学徒制的企图给粉碎了；虽则机械工联合会仍然为保护相对于"非法"工人的学徒出身的工人的权利而继续进行无效的斗争。[③] 凡是机器已经触及老手工艺的行业，情况莫不如此。最优秀的细木匠仍然是学徒出身的；但是在伦敦，随着机器制家具的出现，学徒制已渐趋消灭。满师的手艺人，纵有所需要，也是由地方上培养出来的。但不论在伦敦还是其他任何地方，所需要的都寥寥无几。[④]

建筑业和印刷业，果不出所料，非特在形式上保留了学徒制，而且在事实上也有一定程度的保留。年轻的石匠是雇主的学徒，他们几乎全都是石匠的儿子而被他们的父亲很快提拔起来。石匠工会章程中所描述的学徒制是正式得多的一种制度，但当时这种制度只适用于其余的人们。在其他建筑手艺行，情形也大同小异，

① 《劳工皇家调查委员会》，锅炉制造工奈特的证词，询问案第 20683 号。

② 同上书，格拉斯哥的林塞的证词，询问案第 23288—23289 号。这些争执是由 1893 年的合同予以调整的，韦伯：前引书，第 457 页。

③ 斗争"大抵"一直继续"到 1885 年"。韦伯：前引书，第 472 页。

④ 代表家具制造匠的证词，见《劳工皇家调查委员会》(1892 年，第 36 卷，第 2 篇)，询问案第 19178 号及以下。那时伦敦的学徒据说已经绝迹，询问案第 1973—1975 号。

但甚至更不严格。在工会中有五至七年训练阶段的这样一种理论和一些惯例；但是对于自己那一行多少零碎学得了一点技术的非学徒出身的工人，见习是没有多大困难的，尤其是如果在他们没有零碎学到一点技术的行业中去见习的话。[①]

在印刷业中，学徒制却正式得多，也正规得多。排字工说它是 471
普遍的。的确这是工会所要求的。[②] 最好的雇主也同意这种要求。但是有很多排字工站在工会以外，另有无数小印刷工师傅，他们对于凡能按照他们的较低标准操作的人，都会加以录用。工会对工人的录用完全不能控制：只零碎学会了一点技术的工人不但可以参加小车间，甚至可以参加工会。

除开泰晤士河驳船夫的素以“人数过剩”和训练不足著称的学徒的少数残余[③]和大航运公司的体面学徒外，这种制度在一切运输业中都已绝迹。青工可以升迁到他所能升迁的地位，比如说，从蒸汽机清洁工升到火夫，再升迁到司机台，如果他能开车而又为上面选中的话。在煤矿方面，没有任何一种学徒制，矿工工会对它也不比棉纺工工会更感兴趣。恐怕大多数工会会员都抱这种漠不关心的态度，甚至没有作过有名无实的努力来控制工人的录用。[④]

① 请以《劳工皇家调查委员会》(前引书)，询问案第18512—18513号一位雇主所提出的关于比较合理的政策的证词，同本段所依据的韦伯：前引书，第460—461页中关于制度运行的记述作一比较。

② 《劳工皇家调查委员会》(1893—1894年，第34卷)，询问案第22624—22625号，石印工联合会的凯利；询问案第22799号及以下，排字工联合会的斯累特提到了伦敦有很多非正式的“学徒”。关于伦敦方面的工会的弱点，参阅本卷，第169页。

③ 关于这些人，参阅《劳工皇家调查委员会》(1892年，第35、36卷，第2篇)，询问案第7469号及以下和询问案第14081号及以下。

④ 参阅韦伯：前引书，第473—474页。

在工会以外还有熟练的和学徒出身的工人；但甚至在工会会员中也很少有人准备为之奋斗的这种制度，已经完全失去了全国重要性。当然男童和女童还必须学习，但是大多数儿童究竟怎样学习，学习人员同见习人员的关系又应如何，那就既不是国家的事情也不是任何较小的社会组织的事情了。

甚至在严酷的四十年代，很多工资劳动者，无论农业方面还是工业方面的，也设法参加了某种乡村互助会或城镇丧葬会，或如果更幸运的话，参加某种时而兴起时而分裂，并以特别快的速度从城镇流行到乡间的友谊节约会。[①] 兰开郡棉纱区是丧葬会的苗圃，

472 是募捐友谊会的发祥地[②]，是四十年代因其结构不合乎友谊会法而仍然是一个未登记组织的曼彻斯特联合共济会那个有代表性的共济会的大本营。上院的一个委员会在 1848 年询问过联合互济会的一位姓斯密的会督之后，对于它的力量不禁大吃一惊。“这个共济会”，他们报告说，“规模已经如此之巨，声誉已经如此出人意外，以致它对于工人阶级中的青年一代似乎具有极大的吸引力，大有一举而取代所有这类较小组织之虞。”[③]他们听说它有二十六万会员[④]和三十四万镑的收入。他们虽没有任何现实的理由去怀疑

---

① 参阅上卷，第 588—589 页。

② 《友谊会皇家调查委员会》，1874 年（第 23 卷，第 1、2 篇），第 91 页。

③ 《节约组合欺骗行为预防办法法案上院审查委员会》（*S. C. of the H. of L. on the Provident Associations Fraud Prevention Bill*），1847—1848 年（第 16 卷，第 249 号），第 4 页。

④ 依照后来的统计著作，这个数字应该是二十四万九千，尼耳森：《友谊会支部的一些统计数字》，《统计学报》，1877 年 3 月，第 45—46 页。

共济会的忠诚，但这正是一个革命年，所以他们深感不能不指出，“拥有这样的财力的（这样）一个分支机构遍布的组织……设使一旦背离合法的目的，势必变成非常危险的组织”。要描绘扮演法国雅各宾党人或意大利烧炭党人角色的那些兰开郡往往称之为共济会会员的人们，即使在 1848 年，也是不容易的；但是上议员采取了眼光远大的看法。他们进而指斥这个组织的一些“殊属不合的”习惯——诸如“使用秘密标识，巡回演讲和葬后举行的丧仪演讲等”。大会督一直不十分了解他们何以要为这些事情操心。

这次调查是同终于能以根据维多利亚，第 13、14 年，第 115 章，把这个组织纳入法律范畴以内的一些立法建议不无关系的。[①] 曼彻斯特联合会完全赞同，它因为没有法律地位，最近曾经在一个盗用公款的秘书手里损失了四千镑。[②] 现在它的支部只要“背离它们的合法目的”，就逃不过自 1848 年至 1870 年任友谊会登记员的约翰·提德·普腊特的耳目[③]。但事实上这个组织过去是，这
时依然是特别不知革命为何物。甚至在 1848 年，还有 15%至 473
20%的共济会会员是“有放弃他们（对基金）的权利主张这种社会地位的人”[④]，是本人绝非一种负担的捐助人，是职工、一些医务人

① 早期的友谊会法只对单一的友谊会作有规定，并提出登记办法，而并未对 1850 年以后划为“拥有支部的友谊会”那一类组织作有任何规定。曼彻斯特联合共济会是在 1851 年登记的，参阅上卷，第 590 页注。

② 斯密的证词，见前引《上院审查委员会》，询问案第 87 号。

③ 登记员的令人难忘的名字是于友谊社有益的一个力量：“你要是这么办，留神提德”，他们这样说［布拉布鲁克：《节约会和工业福利》（Brabrook，E. W.，*Provident Societies and Industrial Welfare*），1898 年版，第 12 页］。他是一位著述很多的作家，一位文学会会员和改革俱乐部的创始人。

④ 《上院审查委员会》，第 5 页。

员和许多乡间的教士。既作为赞助人又作为朋友的这些人夹杂在构成为广大群众的工匠和手艺人这类上层工资劳动者之中。可以相当肯定的是:这些支部,连同它们的仪节,"它们的宝石和服饰",鼓励了现代莫斯科所谓的资产阶级思想。[①]

丧葬会在五十年代是很普遍的,但是在棉纺织区以外不很重要。[②] 在这个区域以内,它们的影响却非常之大。在1853—1854年,在斯托克波特济贫法联合区的八万居民之中有四万九千多人是保丧葬险的。在威根至少有四十六个区会。在一个议会委员会中曾经有一位证人代表利物浦拥有九万名会员的一些丧葬会发言。[③] 稍晚一些时候,在整个英格兰大约七十五万名丧葬会会员的总数之中,创于1839年的布拉克本恩慈善丧葬会在1850年已拥有会员四万五千名,在七十年代早期已拥有十三万名——出生十六个星期的儿童即可入会。[④] 舆论不时惊于骇人听闻的被保险儿童的谋杀案,曾要求法律预为之计,但始终没有证明谋杀是普通的,也没有证明它是儿童保险的一个特殊产物。[⑤] 谋财害命的事或许是没有一种年龄的人没有遭到过的。

因为也是保死亡险,所以同丧葬会有密切关联的是一般的募

---

① 关于宝石的比较出色的参考资料,见《1874年的皇家调查委员会》,第34页。签署人大多数拥有勋章和朝服。

② 由登记员报告书编纂而成的1850年的一览表,见沃福德:《保险全书》(Walford,C.,*The Insurance Cyclopaedia*),第4卷,第565页。

③ 《友谊会法案审查委员会》,1854年(第7卷,第127页),询问案第1395号(斯托克波特),询问案第1080号(威根),询问案第1321号(利物浦)。

④ 《1874年的皇家调查委员会》,第93、100页;关于1850年的数字,参阅前引沃福德书。

⑤ 《1854年的审查委员会》,第4,5页;《1874年的皇家调查委员会》,第133页。

捐会，其所以这样称呼是因为它们缺乏村庄社交俱乐部或共济会支部那种人与人的情谊。利物浦是它们的发祥地，1850 年的皇家居民会(Royal Liver)是它们的典型组织。再在它们之上，把工资劳动者的节约和普通保险会联系在一起的，是像万全保险公司那种营利性的公司，万全公司在 1854 年开始举办工业保险，并且是 474
保婴儿寿险的第一家公司。到 1872 年，它征求自许多阶层的会员已经超过了一百万人。①

直到那时，乡村互助会、分摊会——俗称公摊——和酒店“逍遥会”一直是保险会计知识的一个小小的托词。情谊是基础，有计算的节约只不过是一个不重要的上层建筑。据说七十年代的乡村工人不能容许一个互助会“没有啤酒，没有盛馔，没有焰火”。② 募捐会的财政和管理一般也不令人满意。它们的财政在很大的程度上取决于有无“失误”；它们热衷于借口捐助人有失误以逃避责任。③ 在四十年代还没有完全摆脱情谊阶段时所受的那种保险会计方面的非难，在 1850 年和 1875 年之间，甚至一些大的共济会仍多所难免。④ 曼彻斯特联合共济会在 1870 年以前已开始正式估价，发现就技术上说，无论它的支部还是区部都很少是健全的。⑤

① 《1874 年的皇家调查委员会》，第 128 页及以下。

② 同上书，第 21 页，录自助理调查委员会乔治·杨爵士的报告书。

③ 同上书，第 109 页。

④ 参阅上卷，第 591 页。

⑤ 《1874 年的皇家调查委员会》，第 37 页。参阅贝恩赖瑟尔：《英国工人的组合》(Baernreither, J. M., *English Associations of Working Men*)(英译本，1889 年版)，第 273、383 页。到 1886 年有了很大的改进。参阅《国民节约保险审查委员会》，1887 年(第 11 卷，第 1 号)，第 7 页。

规模仅次于曼彻斯特联合共济会的植林者共济会，直到1875年甚至还没有查明本身的缺点。以募捐或削减福利来应付破产之虞，往往是它勇于使用的救治办法。它采取这种作法时总是以急功好义、克己和互助是一个友谊会至关根本的条件作为辩护之词。

但是最好的友谊会的相对无保障、竞争、阴谋诡计和最坏的友谊会的真正欺骗行为，使政府一直深感不安。国家久已插手保险事业，通过储蓄银行和储蓄会来提供适合于国民需要的年金。但很少人加以利用。在1864年，格拉德斯通在统计学家维廉·法尔的鼓舞下，曾经设计了一整套的年金和保险制度，拟通过邮局予以实施。格拉德斯通的一项财政计划单单在这个时候失败了。它在国会中遭到裁减，在地方上也很少被利用。[①] 但是格拉德斯通对

475 友谊会的多少带点夸张的批评却刺激了共济会的改革。从1871年一直存在到1874年的一个皇家调查委员会所作的深入调查“倒是吓住了”[②]最要不得的募捐会，并导致了一番整顿。调查委员会的工作引出了1875年的统一友谊会条例（维多利亚，第38、39年，第60章）。它比任何早期法律都更完全地承认了共济会的联合性质。它淘汰了很多不能遵守本身章程的各种类型的腐败的友谊会，并且导致了残存的友谊会在财政和管理方面的改进。[③]

---

① 沃福德：前引书，第5卷，第478—479、483页。沃福德刊印了法尔的备忘录。贝恩赖瑟尔：前引书，第340页；《韩氏国会实录》，第3集，第163卷，3月4日和7日的辩论。

② 《1874年的皇家调查委员会》，第125页。

③ 《友谊会登记员（拉德娄）1885年报告书》（1886年，第61卷），《友谊会审查委员会》，1888年（第12卷，第119页），拉德娄的证词，尤其是询问案第9号：布拉布鲁克：前引书，第60页。

联合共济会到处都以早期立法所袒护的酒店、教室、非国教教堂和营业场所中的纯地方式友谊会为牺牲而奠定基础。甚至在条例公布以前，地方互济会就实现了 1848 年上院委员会的那项预言，它们说："我们实无法同(共济会)抗衡。"[①]在条例公布后的那十年之中，有九千二百八十三个登记的友谊会改组成为共济会的登记的分支机构。[②] 植林者共济会是主要受惠者。它们吸收了九千个地方互助会。到 1886 年，它们已拥有五千多个"分会"(court)和六十六万七千多名会员。[③] 曼彻斯特联合共济会当时的规模还没有那样大，但是会员也已在六十万人以上。1886 年，甚至在苏格兰，每有一个旧式地方互助会登记，就有八个起源于英格兰的一般共济会的分支机构登记——诸如植林者共济会、曼彻斯特联合共济会、禁酒会和牧人会等。苏格兰在英格兰方面的伸张只见诸一个官方出版物上占几页篇幅的一张酒店一览表，在这个表中可以看到苏格兰橡树独立共济会(the Grand Independent Order of Loyal Caledonian Corks)的分支机构。这个共济会想来是同 1871 年调查委员会曾经报称"据说完全是宴乐式的"皇家前洪水期水牛共济会(the Royal Antediluvian Order of Buffaloes)相似的。在八十年代早期，工人的互助会，不论是宴乐式的还是政治性的，一概作为友谊会登记。在所有这些友谊会中纵情狂饮究竟 476

① 《1874 年的皇家调查委员会》，第 24 页。

② 《1885 年报告书》，第 3 页。

③ 植林者共济会在 1848 年有会员八万四千人；1858 年，十三万五千人；1868 年，三十四万九千人；1876 年，四十九万一千人；尼森的论文，见《统计学报》，1877 年号，第 60 页。1886 年的数字见贝恩赖瑟尔：前引书，第 372—373 页。

受到鸾凤戒酒女儿共济会(the Order of Total Abstinent Daughters of the Phoenix)多大的限制,报告中没有提及。①

真正的共济会和一般的友谊会在疾病津贴和意外事故上所用的钱远比用在丧葬津贴上的多,如曼彻斯特约为三倍。② 只是在八十年代它们才开始对养老津贴审慎地加以研究。③ 在组织上它们是自治的;在精神上,顾名思义,是友谊性质的。在另一方面,募捐会只以死亡为务。在七十年代和八十年代的登记员拉德娄看来,这些是"不可少的弊恶";其所以是弊恶,因为它们既缺乏自治,又有一个"庞大的正式组织网",而且同儿童保险常常混杂在一起;其所以是不可少的,因为它们满足了没有足够的储备去应付万一死亡的那些社会下层阶级的需要。④ 许多因陋就简的老式丧葬互助会已经消灭;但是这个名称却在布拉克本恩残存下来,布拉克本恩的慈善丧葬互助会同皇家居民互助会、利物浦维多利亚互助会和皇家伦敦互助会共同享有超过,远超过十万会员的盛名。其中四分之三是住在兰开郡的,这一点下文还要说到。⑤

1885—1887 年的募捐会共有"会员"三百万以上;单独的旧式互助会肯定不止二百万;联合共济会则约有一百七十五万。这是

① 这些细节取材于《1885 年报告书》和《1874 年的皇家调查委员会》,第 31 页。

② 支出是尼森加以分析的,见《统计学报》,1877 年号。指出共济会(曼彻斯特联合会)在 1848—1852 年发出的"旅行卡"是四千七百二十一张,而在 1868—1872 年则仅二千二百零四张这一点,是耐人寻味的。据我想,同工会职工的这种重叠迄今尚未加以研究。

③ "仍处于幼稚阶段",贝恩赖瑟特:前引节,第 423 页。

④ 前引拉德娄在 1888 年的证词,询问案第 8、75 号。

⑤ 利物浦和兰开郡一般丧葬会的特别成功和在所有这类调查的证人之中爱尔兰姓名的屡屡出现,表明它们多有赖于爱尔兰贫民陪尸的愿望。

英国的数字。此外还有泛滥到各自治领、各殖民地以至外国去的会员。[①] 数字难免有重复之处，因为友谊会运动同其他运动是有 477
重叠的。一个植林者共济会会员可能为他的家庭成员在皇家居民会保险。一个曼彻斯特共济会会员也很可能是一个合作社社员和一个工会会员。至少可以肯定的是：有将近四百万人是会社活动的积极参加者，其中大多数是工资劳动者；而且还有很多，可能不下几百万人，有条件以保险的方法为他们自己或他们的儿女作正式的万一之备。此外还有这些人或类似的人把大笔款项放进储蓄银行、建筑会社和工会福利基金之中。以弗里德里希·恩格斯所描述的四十年代英国为背景来考察八十年代英国的外国观光者写到"很多英国工人生活上的全面革命……"和"超过甚至一代以前以全副精力投入这项工作的人们最大胆希望的一种改进……"[②]关于这项革命和这项改进，友谊会既是一个明证，也是一个原因。

一个有代表性的工资劳动者在进步、自助和格拉德斯通式财政的这一代之中，对于社会的经济秩序和自己所处的地位，究竟怎样想（也许应该说怎样感觉），甚至要猜测一下，也大非易事。一个

---

① 关于因友谊会对登记员申报的疏忽或间断而不完全明确的统计情况，参阅《主任登记员 1886 年报告书》(1887 年，第 76 卷)，《1887 年报告书》(1889 年，第 71 卷，第 1 和第 2 篇)，《政治经济学词典》，"友谊会"条。其所以一直没有作任何努力去试图描绘建筑会社或储蓄银行这类相互关联的运动，一部分纯粹是由于篇幅的缘故，一部分是由于上卷，第 592 页论储蓄银行时所提到的原因。同友谊会互相交叉的合作运动和工会运动则已于其他各处予以讨论。

② 贝恩赖瑟特：前引书，第 5 页。

友好的调查家在前一代的贫苦手艺人——即宪章运动时代的一般工人——中间走动时，听到不止一个人“一千次以一千种方式”说：“他既帮同把社会提高到这样的状况——建立了他自己享受不到的更高的平均享受，那他就有权要求改善条件。”[①]这正是一般工人阶级的意见或直觉的朴素而健全的素材，基于这种素材，那一代散处各地的思想家曾经以李嘉图的经济学为工具，以帕特里克·科胡恩所作的工资劳动者仅仅得到国民收入的四分之一这项估计为量具，创造出那些价值论，创造出那些工人有权取得全部生产品的原理，这些原理后来又被马克思纳入晦涩的辩证形式中。[②] 无
478 疑，对于曾经供给宪章运动那样多的生力军的新济贫法的敌人来说[③]，这种改善条件的要求，往往不过意味着济贫金的要求为一种权利。托姆·派恩和科贝特就是这样教导的。他们说，人民对于从他们手里夺去的土地有权要求赔偿。这种赔偿已经可以由济贫捐偿付一部分。但是它应以无条件的支付予以补足，派恩这样论证说，俾使穷人得以安身立命并有以养老，而这笔款项则应出自地产上的死亡税。[④] 这种声音究竟把现代学者常常称作李嘉图社会主义者的那些作家更加洗练的论证传播得怎样远或怎样清晰，这

① 泰勒：《游兰开郡制造业区杂记》(Taylor, W. C., *Notes on a Tour in the Manufacturing Districts of Lancashire*)(1842年版)，第155页。

② 一般参阅门格尔：《对全部劳动产品的权利》(Menger, *Right to the Whole Produce of Labour*)，福克斯韦耳序；比尔：《英国社会主义史》；杜良：《宪章运动》(Dolléans, E., *Le Chartisme*)(1913年版)；霍佛耳：《宪章运动》(Hovell, M., *The Chartist Movement*)(1918年版)，尤其是第3章：《反资本主义经济的兴趣》。

③ 参阅上卷，第583页。

④ 派恩：《公平农田》(Paine's *Agrarian Justice*)。

是不能肯定的。[1] 鉴于他们的书籍和小册子的缺乏，看来范围不广，听来也不清晰。但是不论直接还是间接，派恩和科贝特都的确“开始得”很好，因而是不难“致”远的。

宪章运动的思想家布朗太尔·欧博莱恩也多半如此，因为他曾经为半打著名杂志撰稿并且能举行公共集会“长达四五小时之久”，虽则“他通常占用的时间约（仅）三小时”。[2] 早在蒲鲁东铸造那句他后来又加上限制词的光辉灿烂的语句以前，欧博莱恩就说过财产是盗贼这样的话语。欧博莱恩曾经把资本叫做积累的劳动。他曾经认为法国大革命是一次失败，因为地租仍然是缴付给个人而不是缴付给国家的。他曾经主张只能由国家决定哪个人或哪个家庭应持有多少土地，并且问道，为什么因矿山的开采和城镇的建设而造成的增殖应该由个人而不是由公众取得？[3] 像所有 479
爱尔兰人一样，他最注意农田社会主义，在宪章运动政治瓦解很久以后，他还一直在《雷诺斯报》(*Reynolds' Newspaper*)上撰写有关

① 《劳工的辩解……或资本不生产性的证实》(*Labour Defended... or the Unproductiveness of Capital Proved*)(在 1825 年以无名氏的名义出版)著者霍奇斯金的论证由他在伦敦机械学会的演讲予以很好的宣传。参阅哈勒维:《托马斯·霍奇斯金传》(Halévy. E.,*Thomas Hodgskin*)(巴黎,1903 年版)。

② 加米季:《宪章运动史》(Gammage, R. G.,*History of the Chartist Movement*)(初版 1854 年),第 77 页。欧博莱恩在《贫民卫报》(*The Poor Man's Guardian*)、《北极星报》、《国民改革家》(*The National Reformer*)、《英国政治家》(*The British Statesman*)、《雷诺斯报》和或许其他报刊上的著述。

③ 他对这些问题的意见在杜良:前引书,第 1 卷,第 84、98、99 页中有详尽的说明。他所宣传的并不是没收土地,而不过是在买卖时由国家收购。他的稳健主张和托马斯·奥吉耳维:《贫民地权论》(Thomas Ogilvie's *Essay on the Right of Property in Land*)(1781 年版)中的主张相似。

这个问题的论文，直到1864年死于贫困时方始置笔。[①] 但是他曾经以差不多同样的热情为欧文的这样一种观念进行辩护：货币应以劳动单位为基础，贵金属只应保留作为一种国际便利的物品，直到劳动生产力各处相等，劳动报酬也各处相等这样一个时日为止。[②]

直到四十年代唯一惯于用“社会主义”这个形容词的小小欧文教派一直保持着与其他改革家迥然不同的社会信仰，虽则对于它们往往是抱同情态度的。在它坐落于污秽街道上的那幢科学大厦中，信徒们曾经唱出第一百二十九首赞美诗[③]：

社会，这个令人欢悦的声音
　　社会乐队高歌入云，
把神圣的热情传播远近
　　将在大地上永存。

在《新道德世界》(*The Book of the New Moral World*)，第五编(1844年版)中，这位从不心灰气馁的老先知者曾经一面宣传这个旧信仰，一面又加上了这样一项富于想象的建议，主张由国家收买新铁路和铁路两旁的宽阔地带，俾使愉快的社会不致与旧世界

① 比尔：《英国社会主义史》：前引书，第2卷，第240页；多雷昂：前引书，第2卷，第486页；关于他的农田社会主义，参阅尼赫斯：《英国土地改革学说史》(Niehuus, H., *Gesch. der englischen Bodenreformtheorien*)(1910年版)，第99页及以下。

② 参阅《北极星报》1845年3月29日版中的这篇论文，引用于多雷昂：前引书，第1卷，第104页。

③ 波德摩：《罗伯特·欧文传》，第2卷，第472页；这首赞美诗录自1840年的赞美诗全书。参阅《罗伯特·欧文传》，威尔士书目提要编纂会，1914年版。

一刀两断就那个地方创造出新世界。但是这个教派渐渐地衰败了。人们已经通过它而进入其他的教派。他们对于它的特殊教旨已兴味索然，虽则他们对这位先知者的敬爱是始终不渝的。到1846年，它的早期发祥地之一，约翰街上的社会学院已经变成为图书馆和科学研究机关。[①] 从那年起到1861年为止由霍欧克主编的《论辩者杂志》对功利主义的道德、共和主义和现世主义比对社会有更多的论辩了。甚至1848—1854年的合作工场，在欧文和 480
自称为基督教社会主义者并在1852年向机械工联合会宣传"工会的生产……"[②]的另一批先知先觉者下面学习过的工人曾经投入热情——和金钱——的那些合作工场，那些像欧文设想的那样的，但因此迄仍似乎更可能持久的复杂社会的不完全体现，已经显现出令人沮丧的不稳定。[③] 但是合作商店的简单二层建筑物却仍高耸着，屹立着。在这方面是把社会信仰的工具用在明确的有限的用途上，而不是要在以不顺手的材料立刻建造一座理想城市的意图下把工具拼命使用到断裂。小活计一旦竣工，大活计马上会交到手里。整个合作共和国应该在商店的周围拓展，并以商店为起点，但当务之急却是先设法把它们建造起来。[④]

当欧文在1858年逝世时，自称为社会主义者的人恐怕所余无几了，虽则以开路先锋期待于他的合作运动者愈来愈多。宪章运

① 波德摩:《罗伯特·欧文传》，第2卷，第581页。

② 拉德娄论文，见《经济评论》，1892年4月号，引用于雷文:《1848—1854年基督教社会主义》(Raven, C. E., *Christian Socialism, 1848—1854*)(1920年版)，第299页。

③ 参阅雷文:前引书，和本卷，第144—145页。

④ 参阅本卷，第308页及以下。

动的领袖们非星散即死亡。许多人已经迁移出境。有些是讲师、新闻记者、医生和律师——都是民主主义者,但又不属于同一类型。有过这种主张的人对于任何主义或社会改造的迅速成功,都已不抱希望。其中最高贵的一位,威廉·罗维特一直活到1877年,他前半生是“半欧文主义者,半霍奇斯金主义者,和一个彻头彻尾相信财产积累在私人手里乃是一切现有弊恶的造因的人”。①因为他始终了解一个新道德世界未必能出现于文盲之中,所以他或许把他的晚年全付诸民众教育事业而无所悔。在这期间,广大的老宪章运动者已同左翼自由主义者和激进主义者一起行动,并对有待赢得的民主征服比对多半可能随之而来的任何社会秩序的变革更多地加以考虑。宪章毕竟是一个政治纲领,在社会原则上
481 从未有过任何一致的见解。在格拉德斯通时代,政治目的一一达成;通过年景好好坏坏有格律的起伏,经济进步是彰明较著的。仍然有恶法尚待打倒;有恶弊尚待清除;有格拉德斯通欣然愉快地进行合作的一切除旧布新和“开窗”工作尚待办理。② 在工资劳动者和他们的朋友当中几乎所有最有头脑的人都像他一样忙于这项任务而不遑他顾。他们也正像他一样满怀信心和希望地工作着,因为虽则年华老大的宪章运动者会以一个老战士的悔恨心情回顾训练、监禁和总罢工的“神圣月份”的英勇当年,但显而易见,不管如今怎样不好,过去的日子总不胜似今天。行动是有了,既有了行

---

① 弗朗西斯·普雷斯对他的描述,录自普雷斯手稿,引用于霍佛耳:前引书,第56页。另参阅他自己的《威廉·罗维特的生平和斗争》(*Life and Struggles of William Lovett*)(1876年版;新版,托尼编,1920年)。

② 参阅本卷,第404页。

动，正如一切迹象所表明的那样，直到七十年代商业崩溃时止或以后，一般工业工资劳动者也就相当满意了。他们向来不是生成的革命者。宪章运动者始终认为伦敦在政治上的态度是冷淡的——因为工资太优厚，据他们这样想。[①] 在1848年以后的三十年间，各种急进改革家一定往往会注意到全国各地类似的冷淡情形。无疑卡尔·马克思也注意到了这一点，不问他对于工资的看法如何。

伦敦作为马克思的大本营有二十五年之久。[②] 在大英博物馆，在几百年的蓝皮书和经济文献丛中形成了《资本论》。但是第一卷直到1867年方以德文本问世，在1873年又以法文本问世。[③]恩格斯的英文本第一版序言所署的日期是1886年11月5日。他总不会说拿签署日期来开一个冷酷的玩笑吧。无论恩格斯还是马克思都是没有幽默感的；而恩格斯却在序言中重申马克思的意见说："英国是唯一可以完全通过和平的和合法的手段来实现不可避免的社会革命的国家。"[④]因为他注意到了马克思"从来没有忘记附上一句话：他并不指望英国的统治阶级会不经过'维护奴隶制的叛乱'而屈服在这种和平的和合法的革命面前"[⑤]，所以他很可能

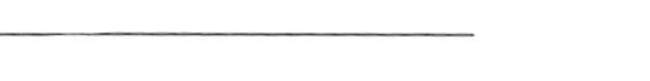

① 参阅上卷，第584页。

② 他在1883年逝世。

③ 法文本是"entièrement revisée Par l'aufeur"（完全是由著者修订的），在此后十二年中英国人就靠这部法文本阅读他们的马克思。这部书的其余各卷在1885年方始以德文本问世。我怀疑直到今天，英国自命的经济学家或社会主义学者每五位之中是否有一位读过后几卷。这几卷对于英国社会主义是没有任何影响的，于1909年方始在芝加哥译成英文。

④⑤ 中译文见《资本论》，第1卷，《马克思恩格斯全集》，第23卷，人民出版社1972年版，第37页。——译者

482 认为英文本是一枚爆炸物。在四十年代他曾预料英国不出三年将发生革命，在 1886 年，他确信“人们憧憬的繁荣时期将不再来临”。[①] 如果他确实认为他碰着了火药，那他就错了。马克思在英国人的思想上没有发生过多大（甚至间接的）影响；在英国人的行动上则几乎丝毫没有。七十年代和八十年代早期的马克思的原文本只是想一穷大陆经济学之究竟的寥寥可数的学者和人们阅读过。没有一个人在穆勒的社会主义的讨论中加上一篇论马克思的附录。当年轻的经济学家撰写成卷的原理时，不是像西季威克那样，对他不加理会，就是像后来的马夏尔那样，注意到他在离经叛道、倨傲不逊的独白之中的种种舛误。[②]

在马克思侨居英国的整个期间，没有一个英国人对于专门的社会主义思想作过具有任何重要性的贡献。[③] 远不到社会中间线的工人当中那种本能的社会主义，也被比较好的日子冲淡了。工会领袖们忙于打破藩篱，以促进他们在现有社会中的群体利益。他们已经不暇顾及可能变成的那种社会了。但是在这期间，远比任何社会主义教条更能有效地使工人思想接受各种社会变革的可能性的穆勒的影响，正在一切有头脑的人们中间扩展着。对于工业社会的强烈的、混淆视听的批评跟着也由卡莱耳、金斯莱和腊斯

① 中译文见《资本论》，第 1 卷，《马克思恩格斯全集》，第 23 卷，人民出版社 1972 年版，第 37 页。——译者

② 西季威克的《原理》（1883 年）没有索引；我想在正文中没有提到马克思的地方，在马夏尔的《原理》（1890 年版）中有三个地方简单地提到，这表明在加以驳斥以前曾对马克思的论证作了一番独具特色的彻底思考。

③ 比尔：前引书，第 2 卷，第 189 页声称理查德·琼斯在他的《演讲教科书》（*Text-Book of Lectures*）（1852 年版）中承认资本主义“只不过是人类经济发展中的一个阶段”，一个具有相当利害关系的贡献，但这不能说是专门意义上的社会主义思想。

金这些时代的先知们扩展开来。没有一个人比穆勒自己更具有批评眼光，而这种批评眼光是以后来为人民大众所出的廉价版中可供利用的那些整齐段落的有克制的情感表达出来的。他对个性的照顾（即“给予人类天性以在无数矛盾着的方面自行扩张的完全自由对人和社会……的重要性”[①]）使他同一切刻板的、权力主义形式的社会主义及其“过分的统治”誓不两立；但是正如他的《原理》的后几版所表明，以及 1873 年出版的他的《自传》和 1879 年出版 483
的他的遗著《论社会主义》(*Chapters on Socialism*)[②]更清楚地表明的那样，他整个一生一直是力图在“照顾到人性的最终前景之下愈来愈接近于一种有限制的社会主义的”。[③]

他的土地原理和继承原理，以当代的一般标准来判断，本身就是革命的；同时他对于财产分散的社会价值的坚信不疑，他对合作运动的热心，以及他对永远以工资为支付和以工资为收入的前景的厌恶，使他对工资劳动者中间三个最强大的行动主流，即由友谊会和建筑会、合作运动者以及工会代表的行动主流始终具有同情。但是在考虑到未来时，他却为马尔萨斯的阴魂所迷惑；并且差不多直到他逝世时为止，他所教导的一种工资原理不但是工资劳动者莫可名状地厌恶的，而且也是错误的，一如他自己曾经以他照例的坦率所承认的那样。[④] 那种学说和那种公然反悔都有助于在工资

① 《自传》，第 253 页。

② 发表于《双周评论》。

③ 《自传》，第 191 页。在 231—232 页中对有限制的社会主义信仰有更加坚决的承认。但是《论社会主义》和所引用的词句是一致的。

④ 关于似乎给增加工资运动的效能树立了严格限制的旧工资基金论，参阅《政治经济学词典》，“工资基金”条。

劳动者中间产生一种对经济学家十年以后所写的“传统政治经济学”“理直气壮的轻蔑”。[①] 这种轻蔑由于包括穆勒本人在内的经济思想家写到马尔萨斯的学说和工资的关系时常用的那种方式，而更变本加厉。[②] 所以穆勒对于所有各社会阶层的思想家的间接影响尽管是那样大，他对于工人世界的直接影响却是障碍重重。在工人世界中，人们认为政治经济学和穆勒所教导的一切，正是各有产阶层的下愚之士暗示它们去教导的，也就理所当然了。[③]

在 1879—1880 年，在世界上，的确在整个不列颠的世界上出现了一位以福音济世的新先知者。1879 年初版于纽约，1880 年又在那里两次再版的亨利·乔治的《进步与贫困》，在 1881 年至 1884 年之间在伦敦发行了十版。这位先知者踵随他的书籍而来，并且证明了其言语的动人正不亚于文字。宗教复活的迹象已一一具备。《进步与贫困》，一位不同情的当代人这样写道，像“一种新

484 天道约书一样地(传布流行)。会社组织起来了，为宣传它的救世学说也筹办了杂志，忠实信徒们并为阅读和阐释计结成小组，举行定期集会”。[④] 在他以前的穆勒和在他以后的马克思在英国都不曾有过这样的殊荣。虽然拿所得税报告书去作五分钟的简单计算就可以把乔治学说弓形门上的拱心石撤除掉，但是由于他的工资劳动者的记录、崇高的热情、对贫者和无继承权者的公正关怀、天

---

① 西季威克:《原理》,第 6 页。

② 从穆勒得出工资在日益增加的人口中不能增加的这样一种推论，是很容易的，虽则是不正确的。

③ 如本卷第 395—396 页所概述的那样。

④ 雷伊:《现代社会主义》(Rae,J.,*Contemporary Socialism*)(1891 年第 2 版),第 441 页。

启的美国式辩才和对马尔萨斯的毫不容情，连同他的理论弓形门的光滑而高拱的曲线，他到处都有了门徒，纵使有很多门徒是滥竽充数的。“世界上人口的极限只能是空间的极限”[①]：马尔萨斯的说法不过如此而已。“所以我作为一项简单但大有效验的妙方而提出的可提高工资，增加资本收入，根除贫民，铲除贫困，给凡愿就业的人以报酬丰富的职业，给人力提供自由发挥的机会，减少犯罪，提高道德、风度和智慧，纯化政府并把文明发展到更崇高水平的建议，就是——以征课分派地租。”[②]这就是他的弓形门。而拱心石则是——“除对土地价值的征课外，取消一切征课”。[③] 土地价值是否特别应该征税，是实用经济学上一个相当简单的问题。对于这个问题，穆勒始终具有明确的看法。要是认为一个欧洲国家可以单单靠这一种征课为生，那自然是荒唐的。但是乔治曾经注意到加利福尼亚土地价值的魔术般增长和赌徒式的分配。他曾经看到不动产投机商的左邻右舍的贫困情形。这些情况使他莫知所措。的确十九世纪的美国在社会方面所创造的土地价值，如果能明智地、及时地加以控制的话，对于维持甚至一个联邦也未始不能作出一点贡献。

乔治在英国的功能是一种酵母的功能。单一税派从来不过是一个支派，正如他们以前的纯粹欧文派一样。但是这支十字军却使人们想到了不平等，激起了许多从不以门徒自居的人们的旧回

① 《进步与贫困》(1884 年版)，第 94 页。

② 《进步与贫困》(1884 年版)，第 288 页，着重点见原书。

③ 同上书，着重点见原书。

忆。托马斯·斯宾斯[①]和托姆·派恩,科贝特和早期的社会主义
者,宪章运动者,各式各样的急进分子,穆勒自己,约瑟夫·阿奇和
485 约瑟夫·张伯伦,都曾经是这一种或那一种土地改革家。弗格
斯·奥康讷曾经为宪章运动最后的和比较不幸的产物国民土地公
司向艰苦的工业工资劳动者募款——这些工业工资劳动者,也许
他们本人,也许他们的父辈就是从乡间来到工业中的。"在高原上
任凭风吹雨打的"[②]几小块持有地仍然残存在牛津郡的明斯特—
洛维耳地方作为它的纪念物。在1880—1881年,穆勒曾经创立地
租改革协会,并且在它的纲领中列进这样一段:"有一部分积极而
又有影响力的工人阶级曾有这样一种看法,认为土地私有制是一
种错误。"[③](他自己并不这样看,但确信土地私有制一直是被滥用
的。)他始终像乔治本人一样想用征课的办法把不劳而获的增殖部
分收归社会,但是他对于它的数量不存任何幻想。在乔治第一次
周游英国的那一年(1882年),艾尔弗雷德·鲁塞尔·华莱斯发表
了他献给英国工人阶级的那本关于土地国有化的小书[④],并且会
同一半以上对于工资劳动者的生活比乔治更加缺乏经验的少数几
个朋友,创立了一个土地国有化协会。也在第一次周游的那一年
(但同周游毫无关系),那位曾经读过马克思的著作并且想同他结
识的海恩德曼,将斯宾斯关于《人的真正权利》的讲稿重行刊印。

① 参阅上卷,第313页。

② 杰布:《英格兰的小持有地》(1907年版),第121页。在1907年持有地仍然保持在那里。

③ 引自比尔:前引书,第2卷,第241页。

④ 它在1882年发行了三版;有大约二百五十页篇幅的第三版售价是八便士。

一年以后，在1883年9月，海恩德曼在1881年帮同建立并且把土地国有化列进它的纲领的那个民主联合会[1]，改组成为社会民主联合会，不久它就变成了宣传社会主义的一个强有力的组织。

它的领袖们所鄙视的并不是乔治本人，而是他的体系，正如半马克思主义者和创立人对穆勒学说中的社会主义因素很会采取的那种态度。在第二次周游时(1884年)，海恩德曼在圣詹姆斯堂就社会主义与单一税问题同乔治展开了公开争辩。没有这位来自加利福尼亚的先知，社会主义者是很难得到这样大，这样体面的一个传声板的。而乔治所制造的酵母对于威廉·摩里斯的社会主义联盟，对于新创立的费边社，以及对于其他比较不著名的组织也都是同样有用的。在他们那些"小小的宣传组织中……"亨利·乔治见 486
解的附和者"在很多场合下都渐渐发展成为彻头彻尾的社会主义者"。[2]

自皮尔时代以来，"在很多英国工人的生活中"已经有了"一次全面的革命……"[3]这是外国人不难注意到，统计学家不难证明，而老工资劳动者犹可回忆的事情。但是在最低层，龌龊、贫穷和困苦的情形依然存在。1878—1879年剧烈的失业危机使照例在最低层以上活动的技术工人有了堕入最低层的可能性。当乔治第一

① 但不是其中的一个突出部分。

② 韦伯，悉尼：《英国的社会主义》(1890年版)，第21页。根据比尔：前引书，第2卷，第245页，"在八十年代有大约五分之四的英国社会主义领袖曾经受过亨利·乔治的训练"。我无法核对这个比数，但是它所要给人的印象肯定是正确的。

③ 本卷，第477页。

次访问英格兰时，工会会员的失业数字恰巧异常之低；但是从他第二次访问的那一年起到维多利亚六十周年纪念的那一年止，失业数字却持续地、异乎寻常地高。恩格斯深信这不过是资本主义的一种痼疾，正以一种令人沮丧的满意心情预言“人们憧憬的繁荣时期将不再来临”[①]；甚至以最快慰的心情期待工资劳动者处境改善的那些人也只能说“友谊会和工会这种博施广济的援助……限制了或推迟了”各自成员在失业时的“贫穷化”。[②]（对于友谊会和工会会员所不会达到的最低层，是没有失业统计数字可查的。）虽然没有充分的理由认为，照听惯了的悲观主义的论调，富者日富，贫者日贫；虽然统计学家正作这样的估计，认为在1883年英国整个国民收入的十二分之五以上为体力劳动各阶层所取得，而五十年前则远不到三分之一[③]，但是这项估计份额——如果他们对它一

487 致同意的话——在曾经认为对国家的进步有所贡献因而“有权要求改善条件”[④]的宪章时代的那些工人的现已受过教育，有了选举权的子侄辈看来，似乎很会是完全不适当的。他们的子侄辈既无须阅读或相信马克思的价值辩证法，也不必是革命者，就很会抱这

① 事实上，1889—1890年是工会失业数字最低的时候，仅仅2%强。

② 本卷，第433页。

③ 吉芬爵士：《再论工人阶级的进步》（Giffen，Sir R.，*Further Notes on the Progress of the Working Classes*），《统计学报》，1886年号，重刊于《财政论文集》，第2集。吉芬估计1883年大不列颠的国民收入为十一亿九千八百万镑，“体力劳动阶级”的收入为五亿一千五百万镑。（在拥有大约十万本销额的1883年版的《社会主义浅论》一书中，民主联合会说工人在十三亿镑之中占三亿镑）。他对1843年以前这段时期的相应估计数是四亿三千二百万镑和一亿二千二百万镑。科胡恩对1812—1815年所作的估计是仅仅四分之一。

④ 本卷，第477页。

样一种看法。这种看法可能，而且往往的确，只不过在一次工资斗争或者在他们的领袖以外交手腕进行的一次工资谈判中，有助于使他们坚强起来而已。

世界上仍然充满了不平等。各种不同的民主主义者对于约瑟夫·张伯伦的痛骂那些“既不劳苦也不纺绩”的旧统治阶级，报以微笑，对于他所主张的累进所得税也表示欢迎。不问亨利·乔治所未能做到的是什么，他已经清楚地证明（虽然不是第一次），至少在一个很大的领域内，不平等并不是驾凌一切的经济力量的结果，而只是一种可改变的人为的财产法所致。在这期间，格拉德斯通正在下院对一位耄耋之年的保守的英格兰银行总裁开着非同儿戏的玩笑，这位总裁二三十年来一直以一切收入并非同样是“劳动收入”为理由，而力主所得税的差别待遇[①]；而格拉德斯通的政敌以及他新近的一些同盟者却正为他在1881年的爱尔兰土地条例中非常缩手缩脚地，虽则也许不是非常聪明地处理财产权的办法而加以斥责。[②]

到1886年，有代表性的工资劳动者还不曾开始自称为社会主义者，远没有这样自称。但是很多政治上积极的工资劳动者却已经开始自称了，尤其在伦敦。急进主义的货色中一些更加具有社

① 本卷，第401页。

② 参阅例如洛克－兰普森：《在十九世纪中对爱尔兰国的一种考虑》（Locker-Lampson，G.，*A Consideration of the State of Ireland in the Nineteenth Century*）（1907年版），第15章。阿盖耳公爵和贝德弗德公爵就是因这项条例而同格拉德斯通分驰的。

会主义性质的物品正从思想的上一层货架上搬取下来。狄斯累利派的保守主义和托利党的民主主义可以弃自由放任如敝屣而不否
488 认自己的过去。城乡的新选民，虽然在很多事情上是保守的，怕也不会再用他们的选票长此维护七十年代一般中等阶级思想所理解的私有财产权，和格拉德斯通所以为满足的那种对"不劳而获的"大宗私人收入的些微征课了。选民的思想，不问他们是属于哪一个社会阶层的，并不都是聪明的，有远见的，或者会始终不自相矛盾的。虽然在各阶层之中都有缜密的独立思想家，也会有公正无私的选民，但是大多数人对于经济秩序，对于选民在其中所处的地位以及对于即刻必需的变革所取的态度，却会取决于摆在他们面前的政治纲领，和全世界的经济力量——因为这些力量都在英国发挥了作用——对个体选民所会施加的压力。这时可以肯定的是：随着时日的推移，会有愈来愈激烈的要求改革的建议列进政治纲领，虽则在爱尔兰自治法案争论时，英国的经济问题被暂行搁置。外界对英国的压力是异常剧烈的，在1886—1887年，还看不出短期内有缓和之望。在这个时候，恩格斯可能证明是对的。繁荣可能会不再来了。纵然如此，一般工资劳动者关于社会的思想也未必就会以英国思想历来转变的那种速度从右向左转。

第十二章　英国的面貌，1886—1887年 489

在维多利亚女王六十周年庆典渐渐到来时，英国大多数人都是处于日间可以听到城镇轰隆声的范围以内了。纵使不在这个范围以内，除非是住在高原线以北，很多人在夜深人静时也还是可以听到火车的奔驰声。新建的铁路不多，所以这种奔驰声往往听来并不是夜间一种陌生的声音。但是在有些地方它却是陌生的，先于这种声音而来的是同以未晒干的砖块建造的高架桥相连接的山腰或堤堰上的一条崭新的深长切痕——这是三四十年前常见的景象。在大多数地方铁路已经和风景融成一片，正如铁路以前的驿路和运河一样。它带进视听之中的一切一切都已变成既有的事物，和不断扩展开来的城镇隆隆声一样为人们所熟悉。城镇不但成为“大部分不列颠族”的出生地，一如威廉·法尔在1851年所逆料的那样，而且成为它的主要部分的出生地。[①] 它的批评者把这个种族叫作街道产。纵使这些街道不真正是英格兰，可是在大多数英格兰人看来却似乎如此，何况伦敦街道之为英格兰已经达到了每七个人就有一个英格兰人的程度。所以在我们观察田野、丘

① 上卷，第537页。

陵以至海岸之前，应先看一看街道。

1884年沙甫兹伯里勋爵在工人阶级房屋皇家调查委员会中作证时说过这样一段话：“在伦敦和其他各大城镇始终有这样一个宏愿，希望人人自己有一幢房屋……这会是一件大幸事。但在伦敦这样偌大的一个城市里，这几乎是不可能的。”[①]他的意向主要在于不久就会横亘其间写上他自己名字的那个伦敦人口密集中心，像另一位证人报告中所说的五家住六间房屋大约是平均数的那些地区。[②] 但甚至在伦敦，沙甫慈伯里的理想也远比他的言语所提示的更近于实现，或许比他所了解的都更近于实现，因为他一生所面临的是最恶劣的情况，而且一切悲惨的景象又无不汇报到
490 他那里。[③] 在他说这段话时，固然伦敦有五分之一以上的人口在按照后来的定义来说过分拥挤的条件下居住，也就是一间房屋住两个人以上[④]，但是只要离开中心区和其他人口特别密集的地区，连同它们那些快要倾圮的又大又老的房屋，就立刻呈现仍然是英

① 《工人阶级房屋皇家调查委员会》，1884—1885年(第30卷)，询问案第40号。

② 同上书，询问案第1948号。很多证词表明，在这类地区，过分拥挤的情形在八十年代早期的确是变本加厉的。

③ 参阅本卷，第442页。

④ 下文所有提及过分拥挤情形之处，概指首次搜集统计数字的1891年而言(《1891年的人口调查》，1893—1894年，第106卷)。1886—1887年的情况当大致相同。其所以使用“两个人以上”一个房间这项人口调查的定义，是因为就大多数城镇来说，别无其他定义可供利用，查尔斯·布思的“两人或更多人”一个房间的定义也无法利用，但是为了便于同《伦敦生活和劳动新览》(*The New Survey of London Life and Labour*)中所载布思：《生活和劳动》，第1卷(1930年版)，第150、169等页比较，这项定义也予以保留。

格兰城区的那些毫不可人意的长长街道——“两道平行的砖墙，上面穿成一个个的门洞”。[①] 在这些街道上，一个有家眷的人会有一幢这样的房屋。因为在整个伦敦每幢住房既合不上八个人，而无论杂院房屋还是富人和相当富有之家连同他们的佣仆所住的房屋又往往不止住八个人，所以住五六个人的房屋显然是最普通的[②]。

这样一幢房屋可能是极不令人满意的，像克拉根维尔和白教堂的任何一幢杂院房屋那样的邻居逼仄而又过分拥挤，可能是伦敦腹心区的情形。在东伦敦腹心区，夹杂在又老又大的房屋当中的，有“三个房间的房屋、两个房间的房屋和一个房间的房屋——这些房屋都是背靠墙或背对背的，门前可能面临一条狭坡，两端用柱支撑，下面当中是一条窄沟。”[③]在伯蒙德塞有很多两个房间的房屋，上下各一间。人们宁取这种房屋而不取杂院，它虽则也是老房，却“很少是背对背盖的”。[④] 在米多塞克斯那面的新建地区中，“对于分成个别杂院的房屋，只有很小的需求”。[⑤] 同无一技之长的真正贫民窟无业游民和半犯罪人口的需求相对待的工匠的需求，却是四个房间或五个房间的房屋，尤其是四个房间的房屋。有

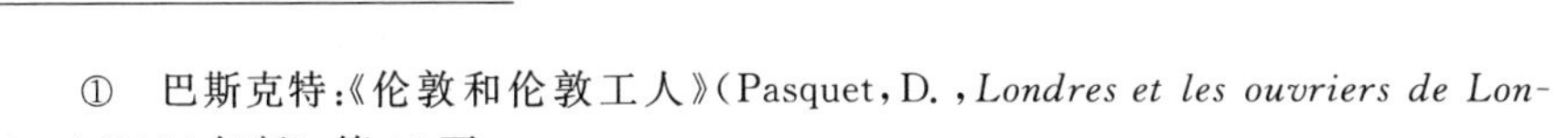

① 巴斯克特：《伦敦和伦敦工人》（Pasquet, D., *Londres et les ouvriers de Londres*）（1914 年版），第 45 页。

② 《人口调查》中所说的“房屋”是“一个建筑物外部界墙之间的全部地位”；所谓“杂院房屋”是各户分住的房屋（参阅上卷，第 669 页）。在整个伦敦，每个家庭的人口平均数，1881 年为 7.82 人，1891 年为 7.72 人。

③ 布思：《生活和劳动》，第 1 卷，第 30 页。

④ 《1884—1885 年的皇家调查委员会》，询问案第 4622 号。

⑤ 同上书，询问案第 12203 号。

491 一家公司试图供应工匠以其所希求而又负担得起的房屋，它发现最受欢迎的莫过于“我们四个房间的小庐舍”。它也发现他们的比较大的房屋，包括一些四个房间的在内，“几乎照例是分租给寄宿者的”。①

伦敦会逐渐发展成怎样的一个伦敦，以及伦敦人如有房屋又是怎样住法，在类似西哈姆这样的地方可以最清楚地看出，虽则西哈姆就专门意义来说并不是伦敦。作为一个城区，它是在1850年以后方始诞生的。它的统计数字一直没有因为有富裕家庭而太复杂化。它还太新，既不能有很多一度兴旺而现已分成大杂院的米多塞克斯式的老房，也不能有很多一楼一底的伯蒙德塞式的老房。它不曾吸引到慈善家或有良心的建筑公司。它是一个“建造商的”城镇，是供工资劳动者和小城市工人——“三十先令的小职员”——居住的一个城镇。这里居住在“过分拥挤条件下”的人口不过10％左右，有代表性的住房差不多住整整六个半人。这样一幢房屋至少有四间，否则就会拥挤不堪，我们最好把它描绘成为只住一家和一个或几个寄宿者。“我们的寄宿者”在柯克尼生活中的正常几无异于在柯克尼韵文中的常见。如果这幢房屋有六七间，它就可能住两家。②

在伦敦中心区既然不可能人人自己有一幢房屋，因而就产生了同乔治·皮鲍迪和悉尼·沃特娄的名字有关的模范住宅运动。

---

① 《1884—1885年的皇家调查委员会》，询问案第12062、12124号。

② 坎宁镇船坞区的一般办法是两家一幢房，每家三间，另有公共厨房等。《工匠和工人住宅审查委员会》，1882年(第7卷，第249页)，询问案第1430号。房屋的统计数字，如未另作说明，均引自《1891年的人口调查》。

他们大约同时（1861—1862年）开始建造在今天看来无异是“大而呆板的成排的杂院房屋”。[①] 皮鲍迪的董事会在他于1869年去世以后继续进行这项工作。沃特娄自1863年以来，就一直努力通过改良工业住宅公司来证明卫生房屋是可以赚钱的。他以每间二先令一又四分之一便士的每周平均租金而获得了成功。到1884年，他的公司已经为二万五千人建造了或建造着杂院房屋。[②] 皮鲍迪董事会则以一先令十一又二分之一便士的租金供应着两万人的需求。[③] 沃特娄的成功引起人们的效法，正如他所希望的那样。在 492
伦敦工人阶级腹心区一带，在拥挤的“花园房屋”和“出租房屋”的上面，建造着一排排“模范房屋”。但是这种房屋只是容纳了一小部分伦敦人。这类房屋的建造，查尔斯·布思这样写道：“作为设法使拥挤无害于卫生的一种努力，是一个巨大的进步，但是它不过以一种拥挤代替了另一种拥挤而已，而且这些成排的房屋……无论从卫生观点还是从道德观点来说也并不都是值得称道的。”[④]

在伦敦以外，一个英格兰城镇愈是完全在十九世纪环境的压力下形成的，就愈会是无数小房子和合乎沙甫兹伯里的一人一房理想的一个地方。但是这种压力如果主要是这个世纪较早时期施

① 伍德：《西欧房屋方面的进步》（Wood, E. E., *Housing Progress in Western Europe*）（纽约，1923年版），第13页。

② 沃特娄的证词，见《1884—1885年的皇家调查委员会》，询问案第11905号及以下。

③ 同上书，询问案第5063、11570—11571号。参阅《1882年的审查委员会》，询问案第1897、2589号。

④ 《生活和劳动》，第1卷，第30页。在第3卷中有对“模范房屋”的详尽研究。

加的，除非新近已有一个积极的市政当局在发挥作用，那么用十八世纪的标准来判断，这些房屋要供工人和他们的眷属以及临时寄宿者居住，就很有不够住的危险。在这个世纪的很早时期，伯明翰"每一个工人都有自己的一个家"。[①] 那里"向来没有任何真正过分拥挤的情形"，张伯伦在1884年以不无理由的骄傲心情这样说，"我们没有分租房屋或地下室"。"工人阶级家庭也不常常招揽寄宿者"，他又补充说。正是在他的指导之下，这个城市在1875—1876年就已经利用当代的立法去贯彻最早的一个清除贫民窟的计划了，它也取得并且大大改进了水的供应，完成了排泄系统，而且提出了一套新的严格的建筑细则。[②] 它每幢房屋平均只住五个人，从而没有什么专门意义的过分拥挤情形。

在利物浦，市政当局所承继的遗产要坏得多。它很早就采取了措施。甚至在1860年，它就已经开始"用我们自己的市有地产建造一大排一大排的住宅了"。[③] 后来根据地方条例和国家立法，它不断地把坏的杂院房屋作为有碍公益的事物而加以查封，开列了不卫生地区的名单，并征购房屋来进行拆毁。但是在四十年代，
493 在有效的卫生立法刚刚开始，在这个城市尚未通过适当的建筑细则以前，建筑商就已经在二千五百个龌龊的大院中为它建造了一万四千五百幢房屋——这些房屋都是相隔十或十二英尺而面面相

① 上卷，第37页。

② 张伯伦的证词，见《1884—1885年的皇家调查委员会》，询问案第12359号及以下。

③ 《1884—1885年的皇家调查委员会》，询问案第13421号（一位利物浦前市长的证词）。

对的，并且背靠着同样的一些房屋。[①] 这类房屋照例有一个阁楼、两个房间和一个地下室，这类地下室直到 1871 年为止都常常是一个杂院，并且至今仍有时是“私下占用的”。[②] 这类杂院房屋之中最坏的已经被当局清除掉一千四百幢，大多数是在 1882 年以后。尽管有很多残余，这个年轻而又生气勃勃的城市还是取得了每幢房屋不到六人和过分拥挤情形的百分比或许不过 12％的成绩。[③]

在曼彻斯特、索耳福德、布拉克本恩、博耳顿、奥耳德姆、普雷斯顿、哈利法克斯和哈德兹菲尔德等北部纺织城镇中，以及在诸如利兹、设菲尔德、诺丁汉和累斯特等其他有代表性的工业城镇中，房屋平均居住人数都在五人上下。但是在原来石建因而不容易改造的约克郡峡谷一带城镇之中，庐舍的房间是如此之少，以致它们无一不在英格兰过分拥挤情形最严重的地方之列——布莱德福、哈利法克斯和哈德兹菲尔德两个人以上住一个房间的人口所占的比例数甚至比伦敦还稍稍大一些。[④] 在这些地方，两个房间和三个房间的“住房”数目显然还很大。过分拥挤的情形，在利兹要好些，在设菲尔德好得多，在各棉纺织城镇更好得多。普雷斯顿显然没有什么过分拥挤的情形，甚至仍有很多从弗里德里希·恩格斯

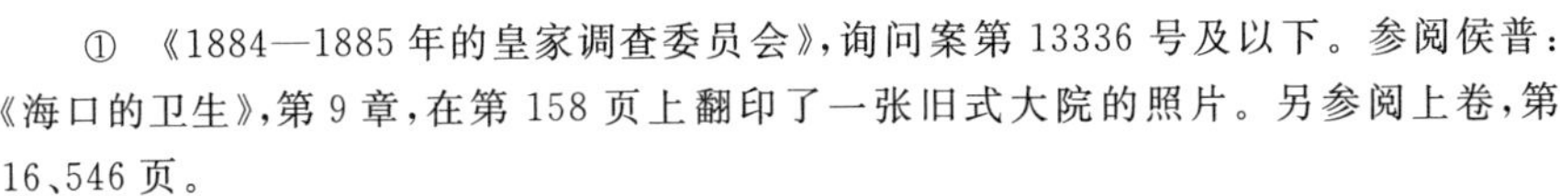

① 《1884—1885 年的皇家调查委员会》，询问案第 13336 号及以下。参阅侯普：《海口的卫生》，第 9 章，在第 158 页上翻印了一张旧式大院的照片。另参阅上卷，第 16、546 页。

② 同上书，询问案第 13467 号（另一证人）。

③ 1891 年“过分拥挤”的人口所占的比例是 10.9。每间房间的人数在 1881 年是 5.99，在 1891 年是 5.68。从这项比较迅速的变动中可以看出，过分拥挤的情形在 1886 年显然可能比 1891 年更糟。

④ 1891 年，伦敦是 19.7，哈德兹菲尔德，19.9，布莱德福，20.1，哈利法克斯，21.3。

所描述的苦难时代残存下来的建筑物的曼彻斯特－索耳福德，也比西哈姆好些。[①] 兰开郡那边的难看的石板顶小红砖房，在低垂而阴沉的天空之下，住着大体上舒适而他们自己和他们的郡也颇以为满意的一批居民。

494 就房屋平均居住人数和过分拥挤情形的标准来判断，其中最舒适的是比较起来没有大受第一次自流人口移动和试图供给他们以房屋的那项努力影响的一些城镇，诸如德尔比、诺丁汉和累斯特。这三个城镇的房屋居住人数平均不到五人，过分拥挤房屋不过占2％至4％。鉴于十九世纪初期爱尔兰移民对于居住习惯和居住条件所起的决定性抑低作用[②]，值得注意的是：1851年兰开郡人口的9％是真正爱尔兰出生的，德尔比郡的相应数字是一点五，诺丁汉零点九，而累斯特郡则仅仅零点七。[③] 累斯特不但免于这种社会病症，而且对于它的这种免疫也曾善加利用，1884年在利物浦那些不卫生的大院中，“大多数居民”是爱尔兰人。如果一个革新的市政当局在清晨开始冲洗这些大院，到中午它们就又成为垃圾堆了。[④]

布里斯托尔和纽卡斯耳所继承下来的是难以应付的位置和历史上著名港口的类似伦敦的那些分割为杂院的古老房屋。离开其

---

① 曼彻斯特，8.2；西哈姆，9.3关于恩格斯笔下的曼彻斯特，参阅上卷，第559页。关于一些残余，参阅马尔：《曼彻斯特和索耳福德的居住条件》（Marr，T. R.，*Housing Conditions in Manchester and Salford*）（1904年版）。

② 参阅上卷，第62页。

③ 《1851年的人口调查，职业等》，第1卷，第295页。

④ 《1884—1885年的人口调查》。法里斯的证词，询问案第13463号及以下。引文录自询问案第13626号。

中有些地段“比白教堂更糟”的中心区[①]，布里斯托尔也继承了很多双间的小庐舍，因为西部的居住标准无论在城镇还是在乡村都一直很低。像伦敦一样，它也开始建造模范住宅——在 1884 年已经有了两排共一百三十一套“分租房”。这并没有多大帮助，双间的庐舍还是把它的两种测验数字一并推升上去。[②]

在提兹河以北，不独在纽卡斯耳，而且在格茨黑德和散德兰以及整个诺森伯兰和达拉姆，那些数字都是非常糟的，但是实际情况反而比数字好些。东北部继承下来的城镇房屋，不是已经变成杂院的大房屋，就是为作杂院而建造的两层楼的较小房屋——“每一
层楼本身就是一个完备的小房”[③]——也可以说是诺森伯兰矿工 495
和农业工人单间或双间庐舍的某种变格。这里过去是，这时依然是和典型的苏格兰式的居住条件很相似。城镇中每幢房屋居住的人数几乎同伦敦不相上下，而两个人以上住一间屋的习惯却更加普遍得多。同南部农业区相比，房间平均起来可能大些，一如在苏格兰城镇中多半是而在诺森伯兰城镇中肯定是大一些。好坏却差不多，因为居住在“过分拥挤条件下”的人在全部人口中所占的百分比，散德兰是 32%强，纽卡斯耳是 35%强，格茨黑德是 40%强。第一次调查这个问题的人口调查员，因为不充分了解地方的特点，所以一旦在诺森伯兰和达拉姆发现它们的数字在把所有城镇不包

① 《1884—1885 年的人口调查》。询问案第 7018 号。白教堂是八十年代居住条件恶劣的同义语。

② 同上书。询问案第 6947、7018 号；另参阅上卷，第 547 页。关于西南部的乡村房屋，参阅本卷，第 510 页。

③ 同上书。询问案第 7452 号。关于苏格兰和北部的房屋，参阅上卷，第 27—32 页。关于北部或苏格兰较大的房屋，参阅询问案第 13396 号和上卷，第 29 页。

括在内时比包括在内时显出更加过分拥挤的情形——以三人一个房间或五人两个房间的场合居多——简直莫名其妙。[①] 但诺森伯兰单间或双间的旧居住方式在煤井和峡谷中间所以改变最少，自是理所当然的。

苏格兰城区的旧居住方式还很少被触及，无论爱丁堡和斯特林的高楼大厦，或格拉斯哥隔成一条条小巷子的三四层楼的房屋，或阿伯丁灰花岗石建的类似房屋，或纽卡斯耳那种在小城中常见的往往分成两套房间的二层楼房屋，或连接城镇与乡村并麇集在煤矿和铁工厂附近的那种“单间”(single end)或“里外间”(but and ben)式房屋，无不如此。[②] 苏格兰的居住方式乃是沿袭古代乡村习惯以应古代城镇需要而产生的，所以是一种单间或双间式的，非常粗陋但不容易毁损，正如房屋四面的十八英寸或二英尺厚的石墙一样。“单间制”，1885 年的调查委员以不太容易了解的字句报告说，“似乎是和苏格兰工人阶级的城市生活并存的一种制度”。[③]

在爱丁堡，一个技术工人的住宅——苏格兰证人把它叫作住宅，虽
496 则英格兰调查委员会说是杂院——“通常是一屋一厨”[④]；有时是两屋一厨。非技术工人则只有一个房间。这个城市中有一万四千所“单间房”和一万九千所只有一个带窗房间的“房屋”，虽则还有

① 《1891 年的人口调查：最后报告书》，第 22 页。在提兹河以南，这原会是一个惊人的结果。官员们注意到“过分拥挤的百分比”从达拉姆的 34 直线下降到西莱定的 16.5。

② 参阅《1917 年的苏格兰房屋报告书》，第 41—42、47、49 页。

③ 《1884—1885 年的皇家调查委员会：苏格兰》(1884—1885 年的第 31 卷)，第 4 页。

④ 《1884—1885 年的皇家调查委员会》，询问案第 18594 号。

同一类型的双间房五千所。[①] 格拉斯哥全部人口的大约四分之一是住单间“房”的。布里季顿区是杰作。在1881年，它共有自独居的孀妇起各种大小不等的家庭八千九百四十六户。其中有两个以上带窗房间的只有八百八十二户。[②] 1886年以后，格拉斯哥市政当局在清除贫民窟和修筑道路方面已经作了一些殊可钦佩的努力，但是却不能改变这种制度。[③] 因为拉纳克郡的全部城区，在十七万六千户之中，只有四万二千户，即不到24%的“房屋”是有两个以上带窗房间的。在阿伯丁的花岗石街道上人口却不那么密集，几乎有40%的家庭居于那种优惠地位。敦提的人口则比较稠密，具有这种优惠条件的家庭不到24%。这都是1881年的数字，但是就事情的性质而论，情况改变得很慢。[④] 1891年的苏格兰人口调查所以没有仿效英格兰方面用每个房间的人数作为衡量过分拥挤与否的标准，是不足为奇的。算术的答数会是不幸的。城区人口的一半以上会显得过分拥挤，虽则1884年一位格拉斯哥的官员以立方英尺为标准，曾经说格拉斯哥的房屋可以称作过分拥挤的不过5%。[⑤]

皮鲍迪董事会的专家们深知他们的模范房屋“如果建造在郊

① 引自《1881年的人口调查》，见《1884—1885年的皇家调查委员会报告书》附录。

② 同上。

③ 前引《1882年的审查委员会》，询问案第736号。

④ 到1917年，变化一直较小。

⑤ 《1884—1885年的皇家调查委员会》，询问案第19508号。

区，有一些就会住不满”[①]；值得注意的是，在这十年之末，工人阶级的一排排杂院房屋在德特福德比在威斯敏斯特住得还满得多。[②] 城西的压力是如此之大，以致供小康阶层使用的一排排分租房屋也在建造。“同威利夫妇一起进餐”，约翰·布赖特在 1883
497 年 4 月 10 日的日记上写道：“他们在维多利亚街上的房间或分租房不像整幢房屋那样可人意。”[③]在 1880 年以前这种建筑物还很罕见，虽则伦敦腹心区始终为每一个社会阶层供备寓所并且专门为单身绅士供备寝室和公寓。伦敦普通小康之家，也像郊区工资劳动者一样，有一排排标准化的房屋，但不是在低洼的街道上，而是在高高的不可人意的街道上、广场上和花园中——照例有地下室、回廊、水泥或砖建的屋面、四层楼和女仆居住的阁楼，以及附有马厩和有的屋角上的一个小巷。这种式样在很多英格兰城镇的腹心住宅区又翻出了种种不同的花样，但愈往北去愈罕见，这一则是因为工业城镇的腹心区不大适合也不大欣赏舒适的住宅，一则是因为在不太远的地方就可以得到更加宽敞的居住方式。

在伦敦，比较宽敞的居住方式只有在真正的郊区才容易得到，但是从日益提高的机动性的标准来看，有些地方却是交通闭塞的，虽则郊区之所以产生正是由于交通——由于辐射状的铁路。全国各地的郊区都大同小异。那里有真正的花园，纵使是那样小，以及冬青和水腊栽成的庭树和篱笆。如果是一个老郊区，那里就会有一些整齐，对称，在整体和窗户安排上照例呈长方形的，红砖或涂

① 《1884—1885 年的皇家调查委员会》，第 30 卷，询问案第 11701 号。

② 布思：前引书，第 3 卷，第 5 页。

③ 《约翰·布赖特的日记》(*The Diaries of John Bright*)(1930 年版)，第 498 页。

灰泥而屋顶不显眼的房屋，这些房屋都可以远溯自铁路铺设和《威尼斯的石头》问世（1851—1853 年）以前。但不论是老郊区还是新郊区，都是受建筑商一建筑师从哥特式复兴和约翰·腊斯金所得出的平均意见支配的。石板顶和山形墙是千篇一律的。石板上可能有图案。在山形墙的顶端可能有一个木制或铁制的顶饰，也许再冠以机器制的网状饰物。后来半木制的山形墙渐占优势。可能有角楼，而且几乎肯定有弧形窗并有意避免长方形。真正哥特式窗既难看也很少见，但是有些窗会盖成圆顶，另一些会带有小方格。为了美观和有变化起见，会以种种不同的方式把精工石块同普通砖块混杂在一起，虽则只不过是用在半隔开的小小别墅的单个弧形窗上，或是用在沿着真正郊区和城镇之间一排排成长串的房屋一眼望去愈来愈看不清的弧形窗上。人们已经注意到了镶大
理石板的墙幕这种威尼斯式的装潢[①]，从而才会有白砖上的红砖 498
图案和红砖上的蓝砖图案。门廊给哥特式的花边以大可施展的余地，因为门廊是无须舒服的。[②] 正是在一个门廊上，在伊灵一家酒馆的门廊上，腊斯金在 1873 年曾经看到那样的砖工，“如果把它放在韦罗纳，会同坎·格兰德墓毫无不调和之处”。[③] 但是同意大利最杰出的哥特式建筑物的不调和却始终没有能普遍地避免。

郊区是没有边界的。它们渐渐同乡村融成一片；甚至远离伦敦的村庄，就乡绅的标准来说，也往往都市化了。“大城镇和火车

---

① 参阅《威尼斯的石头》（*The Stones of Venice*），腊斯金序。

② 曾被咨询过的一位建筑师写到这个时期的平均设计时说——“所有房屋都有尽所能堆砌上去那样多的山形墙和尽设计师所能汇集的那样多花色的建筑材料”。

③ 腊斯金：《威尼斯的石头》1873 年版序，第 6 页。

站附近地价的大幅度上涨”，乔治·布罗德里克在1881年写道：“有时会给大地主以不由得要出售土地的诱惑。大地产的孤立部分……就这样……由土地经纪人买下来，再分成小块卖给退休的小本商人。面临着不成行的大道，背后各有一两英亩自由持有地的这类来自城镇的移民的别墅，乃是很多乡村独具的一种特色，在英格兰农村的一般描述中多未予以理会。”[①]通常描写的村庄也并没有绝迹。它有大厦和牧师住宅和或许另一两幢房屋，这些住户和“来自城镇的移民”不同，“都积极为郡的利益而活动”。[②] 但是必须深入乡村才能看到这种村庄。在看到的时候，它的房屋可能还没有太为哥特式的复兴所触及，除非牧师住宅新近已经改建，或者一座朴素无华的大厦已经为山形墙和弧形事物所取代，可能还装上了彩色玻璃和脂松的楼梯。[③]

499　除开城镇和郊区、矿井和工厂以及铁路和铁路产物的明确侵蚀外，乡村本身，如果作为一片风景来看，溯自科贝特策马周游各地，一面痛斥食税人和以货样售货的商人，一面哀怜贫民的命运时起，就一直没有多大变化。甚至科贝特在世的时候，在乡村中就愈来愈不容易看到有“公用地这种难看东西”的景色了。[④] 在很少几处地方还有一点点小块“难看东西”的残余，直到一条铁路干线横

① 布鲁德里克：《英格兰的土地和英格兰的地主》，第154页。“但是这个阶层”，他补充说，“对于选举代理人虽具有很大的重要性，但是在一个英格兰郡的农业经济以至社会生活中不占什么地位。”

② 布鲁德里克：《英格兰的土地和英格兰的地主》，第154页。

③ 参阅上卷，第36页所引证的科贝特论哥特式复兴最早期的房屋。

④ 上卷，第20页。

穿它的地面、地头和三角地时为止。[①] 现在从任何干线望去都看不见这种公用地了。只有见闻广博的人才知道哪里间或还可以找到一些保存下来的标本。在原封未动的赫布里底群岛上自然有比较多的条地这种苏格兰类似物的残余；在爱尔兰也有一些条地；在威尔士则或许有少数田庄分割成为“小翮”。在英格兰，过去在敞田制度那些“不方便的成规之下持有和经营农田”并了解“这个名称的意义和种种反常细节”的人们，有些虽“依然健在”[②]，但甚至对这一切的印象都已渐渐淡忘。这种东西在英格兰的景色中已一去不复返了。

残存的公用地和旷地，在看上去似乎不会不随敞田制度一并淘汰的时候，却由于一些出乎审慎方针的措施而一直保持在七十年代所落到的那种衰落的和严加规定的状态之中。在全国真正肥沃的地区中，很少具有任何重要性的地方曾经逃避掉十九世纪第一个二十五年之末的圈地运动。在沙质土壤上，残余的数目最多，面积也最广。少数已经变成高尔夫球场。更少数还一直保持着它们过去的很多经济性质。在英格兰的一般公用地上，已不大有人拾柴割草，喂养的猪羊也不多。郊区往往已经发展到它的周围，正

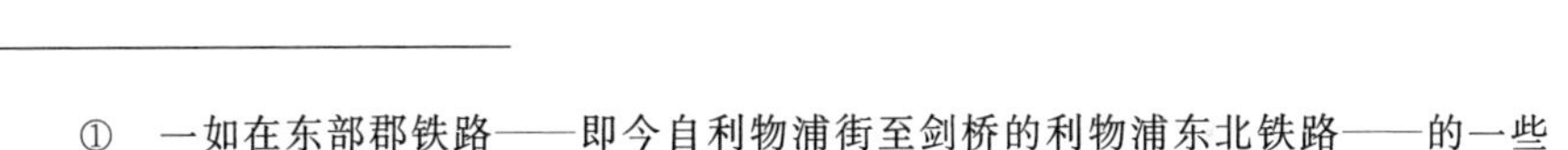

如已经发展到北部工业区一些几乎不可辨认的“泽地”周围一样。[③] 在郊区之中，公用地是适合它的需要的，但已不是旧有的需

① 一如在东部郡铁路——即今自利物浦街至剑桥的利物浦东北铁路——的一些早期计划中所看到的那样。

② 引自西博姆：《英国村落社会》(F. Seebohm, *English Village Community*)(1883年版)，第14页，绪论。

③ 在克萨耳泽地(曼彻斯特)上仍然有一点石南属植物；在伍德豪斯泽地(利兹)上，据我想，是一点没有了。

要了。远在郊区以外，吉卜赛人仍然可以在公用地上找到露营之所，但是流浪生活已经受到了很多限制和监督。彼得·贝尔不再
500 躺在他的毛驴旁边。到 1881 年乔治·博娄逝世时，那位补锅匠旅行和奋斗于其间的露天社会已经所余无几。[①] 那里既有了郡警探也有了公用地保存协会。

西部和北部的丘陵公用地虽已经过调整和分派，但此外却没有很大的变化。沃斯戴耳山以一道铁丝网同埃内戴耳山分割开来；但是在较低的山坡上，圈地一直没有取得任何进展——纵使有过，自峡谷出入比较方便以来也重又丧失了。“尽管直到尼维斯峰和赫耳韦林峰的极顶，土地丰饶得像一座花园一样……”[②]但进行开垦，却丝毫不作此妄想了。是否因为从下面城镇中跑上来的家畜以及松鸡就应该对金德尔·斯考特多所考虑，是否羊群和牧羊人或鹿群和看鹿人最有权使用克尔恩戈姆斯——对于这类问题曾有讨论，可是不会再有了。在真正的高原上，除规定的时间外，在“七座山峰、七个峡谷和七处山区沼泽”[③]的幽静之中更少人迹。在奔宁山脉方面，自金德尔·斯考特至克罗斯山一路，荒野随处可见，虽则铁路已横穿丘陵而柴郡和兰开郡的煤烟也被西南风吹到了它们的南脉。

两百多年来，英国一直缺少森林。英格兰的风景中虽树木遍布，但甚至林地都是异常空空荡荡的。尽管有树篱、路旁树木、公

① 大部分是在苏格兰，那里还有跑四方的“补锅匠”残存。

② 马考莱：《论骚锡关于最终社会的讲话》(Macaulay's *Essay on Southey's Colloquies on Society*, *ad finem*)。

③ 卡特里昂娜·麦格雷戈，后来有斯的戴维·巴耳弗的妻子的得意叠句。

园、花园和杂树林，供应木材的地方却不到全国面积的 5%。在苏格兰，不到 4%。在 1820—1830 年这十年之后，苏格兰在十八世纪着手的植林工作[①]，已经受到了遏制。当铁路时代到来时，有一条路线横贯埃梭耳、巴登诺奇和斯特腊斯佩这些最好的林区，很多矗拔的树木被伐作枕木。据说苏格兰的森林到 1872 年已经比滑铁卢前夕减少了二十万英亩。后来有过一些重新造林的工作。对森林的兴趣正在恢复。斯科恩、布累尔一埃梭耳和斯特腊斯佩的 501
树木是可观的，参天大树很多。但是森林所受的损失始终没有得到弥补，也终始缺乏管理，正如一位训练有素的林业家所理解的那样，所以在一位前来观光的大陆专家看来，地既广而气候又宜于造林的苏格兰，似乎错过了无限良机。[②]

在英格兰机会固然少得多，但是遇有机会，却也未能善加利用。国家对橡木已不感兴趣，因为它不再具有直接的军事利害关系。国家还没有足够的明智来以远大眼光对任何木材予以积极的关心。在 1851 年的所谓鹿群迁移条例之后，新森林的重新造林计划，由于下议员和公众的反对而归于失败。下议员无疑是短见的，但是为他们那一代计，倒也不失为聪明。至于就未来的几代着眼，则公众很可能是明智的。英格兰是那样的满满实实，以致它不能不在森林和“空地”之间求一平衡。但是在汉普郡却未始不可多造一点现代林。实则威廉的大约四万英亩的猎场还闲置在那里，“寸

① 参阅上卷，第 13—14 页。

② 《森林审查委员会》，1884—1885 年（第 8 卷，第 779 页），询问案第 319 号及以下（苏格兰的作证），第 45 页及以下，南锡的包培先生关于英国森林的报告书。

草不生，毫无生产”，虽则不失其为美观。[①] “不久**这里就会没有猎场**了”，包培先生那位来自南锡的森林视察员在1885年这样写道，“一位林学教授……愿在这里幕宿。”他只是在德安森林中看到了王室领地上一点有技术的管理。[②]

凡是在埃平那样有城郊铁路环绕森林而行的地方，向空地的过渡总是无可避免的。艾塞克斯老森林的另一部分，即埃诺森林，是在1851年砍伐的，它的鹿群也像新森林的那些一样地被迁移或驱除掉了。它已经和普通的农地融成一片，只有一点剩余还保留着一些古代林地的平静，一直残存到变成二十世纪的空地。埃平曾经被非法的圈围侵夺去不少。当七十年代伦敦自治市对于它的前途开始关心时，空地已仅仅剩下三千英亩。1878年公布了**埃平森林的砍伐及其未圈围部分作为空地保存和管理条例**（维多利亚，
502 第41、42年，第213章），结果是：经过长期仲裁之后，维多利亚女王在1882年5月6日从海比奇宣布准由她的人民随意予以决定。为了得到这块地方，伦敦老城花费了二十五万多镑。[③]

至于其余各地，则植林工作这里有所得而那里又有所失，而其不经济却几乎是一样的。在诺丁汉，自瑟武德林砍伐尽净以来，林地已有所增加，并且有增无已。但是正如后来几乎可适用于全国各地的一句话所说的那样，增加的林地“几乎完全是由于……森

① 《维多利亚地方志，汉普郡志》，第2卷，第454页。

② 前引他的《报告书》。

③ 《维多利亚地方志，艾塞克斯志》，第2卷，第623—624页。埃诺森林是像七十年代和八十年代所描述的那样一个引人入胜的地方。

林、树木和树丛的奢侈性价值”[①]，而不外是把它作为风景的修饰物和竞技场的掩蔽物。在苏塞克斯公园、新森林或萨韦尔内克还有少数古代林的残余，也栽种了一些土生土长的林树，但十九世纪所栽种的却大多数是针叶树那种英格兰树木中的珍品。[②] 这类珍品已经闯进了上流社会，变成了英格兰的一部分。不久诗人就会像他们想到威耳明顿的高个儿人一样地常常想到苏塞克斯的松树，而忘记这类珍品在郡中的历史并不比布赖顿大厦更为悠久。

在种植林和树篱中间使英格兰看上去那样青翠，那样树木遍布的榆林，自谷物法废止以来，从本身即一片青翠的地平线上看去，已从西部——从“非农民之乡而是牧畜者之乡”[③]——慢慢拓展过来。如果一个人能在第一次选举法案时，再在克里米亚战争时，重又在第二次改革法案时飞翔在它的上空，他的视官的概括印象会是差不多的。在剑桥郡附近低地的上空，除非是在庄稼未成熟的时候，他甚至会注意到在他第三次飞翔时已不如他第一次飞翔时那样的绿色葱茏了：现在可以稳当地用蒸汽和抽水机排水的科贝特的很多“木球场”[④]已经耕成良田。在他第二次飞翔时，他会看不见惠特耳西湖上千英亩的积水中反射出的闪光了。它刚刚
在一次伟大斗争和一次失败之后变成为可耕地：在 1853 年，上面 503
已经有了小麦的幼苗，一代之后，它又按照正式的轮作出现。[⑤]

---

① 《维多利亚地方志，诺丁汉志》，第 1 卷，第 380 页；另参阅上卷，第 9—10 页。

② 参阅上卷，第 9 页及以下。

③ 科贝特对于约克郡峡谷和西北部其他各地的描述，引证于上卷，第 50 页。

④ 参阅上卷，第 8 页。

⑤ 威尔斯：《惠特耳西湖的排水》，在《皇家农业学会学报》，1860—1861 年。关于直至 1886 年全国从耕地改成牧场的数量，参阅本卷，第 284、504 页。

自最后一批敞田被铲除之后，岛上外表的模式无论在图案上还是在规模上，都一直没有很多变化。圈地末期的大的、合理化的、多少带几分长方形的"分隔开的"田地，不需要任何根本变更，也根本不曾有过。自四十年代以来，在较早或古代圈围的地区中，农业改革家反对不必要树篱的运动一直是激烈而有效的。[①] 这个运动使得模式稍稍扩大了一点，也稍稍划一了一点。但是还有整个整个郡和整个整个地区，只掘除了很少一点树篱。根据严格的农业经济学家和农业机械学家的标准来判断，没有一个过去田制不合理的地方已经彻底合理化。只是稍稍方一点，稍稍大一点，"棱棱角角"[②]略少一点而已——此外在模式上也就再没有什么变化了。

这里同英格兰已经变成为，正如腊斯金所说，"戴铁面罩的人"那个时代相适应的一种变化，就是在造成模式的篱围上铁丝的涌现。在1864年约翰·利奇和罗伯特·斯密·塞提斯逝世时，这还几乎是无所闻的。利奇的布里格斯先生并不曾为此发愁，在塞提斯狩猎的故事中也没有听到"留神铁丝"的呼声，虽则最后一个故事提到了用一点铁丝修补一个破篱围的农场主。在七十年代，据这位狩猎老手的回忆所及，铁丝已开始是一种障碍物了。到了八十年代已渐渐普通，间或还装有钩刺。[③] 它对于已经加围的地方

① 本卷，第267页。

② 充满了棱棱角角——"愿意卖出我的公国领土
在多棱角的阿耳比恩岛上
买下一个潮湿而龌龊的田庄。"
《亨利第五》，第3幕，第5场。

③ 关于狩猎的材料和塞提斯的材料，皆得自剑桥英王学院的马考莱先生。

不像对于草原和牧羊场地方那样有用；但是人们不会走很远而碰不到或作为主要篱围或作为辅助篱围的这种东西。凡是像在坎伯兰石山上那样新加围的地方，它的这种单薄的经济分界线可能长达数英里远近。

除开小麦种植面积在1874—1877年和1884—1887年之间有 504
九十万英亩的缩减，谷物种植面积有更多的缩减外，充实英国模式的作物比之模式本身更少变化。因为鞍匠和盆罐包装业者仍需要裸麦秆，所以还种植一点裸麦，但是裸麦久已不复是一种英国作物了。计有三种标准粮食作物；三种主要块根作物；三叶草，各种轮作草类，大巢菜和紫花苜蓿，以及很少一点其他作物。亚麻已减至仅仅二三千英亩，此外没有其他具有任何重要性的工业作物了。马铃薯的英亩数有增无已，但不如人口增长之速。它还远不到耕地面积的2%，比之毗邻的欧洲国家也相对地少得多。有很少的，几乎确定的英亩数种植啤酒花；有几千英亩种植白菜和其他杂项作物；另以同样的亩数用来作果园。在很多地区中果园一直没有拓展，而且果园的经营办法一直是既落后而又不当心的，正如西南部的大多数果园那样。但是在全国范围内，种果树的面积却在慢慢地增加。[①] 格拉斯通德对受到萧条打击的农业家所提出的应该靠制果酱为生的忠告可能与此有关，虽则面积的增加已开始于萧条以前。

就它的总面貌而论，作物栽培是异常简单的。但是除主要产品外，各种作物都一直是被忽视的。在主要产品没有危险的时候，

① 这一时期农业统计的一个口头扼述。

这种制度已经长成。1875—1879 年以后已经威胁到某些主要产品的危险，也还没有导致任何具有重要性的调整，除开使永久性牧场增加了大约二百万英亩这一显著事例。牧场的增加只不过是一个现有过程的加速进行而已，这起初运行得很慢的过程，在 1850 年和 1886 年之间已经把英国总面积的大约 5％和耕地面积的 9％变成新增的草场。靠了这个数量的增加，全国的面貌已经永远变得更加一片青绿了。

虽然在某些郡中，郊区已深深地拓展进乡村，英格兰的大房屋——都铎朝的，詹姆一世朝的，而以汉诺威朝和辉格党时代为主的大房屋[①]——自辉格党开始改革工作以来，仍牢牢地矗立在它
505 们的公园中而很少被委弃。富于空想的人会以为它们抱着纯粹狼狈而并非恐惧的心情倾听着人口稠密的、钢铁的和民主的时代的嘈杂声。“我们的土地法是由土地利益集团为土地利益集团的利益而制定的”，有人听到出身于这个集团的一个人在几年之后说：“我们现在已经来到或很快地来到劳动法将由劳动利益集团为劳工的利益而制定的一个时代了。”[②]这不一定意味着布楞恩大厦的濒于倒塌，甚或改斯透大厦而为学校。伦道夫·丘吉尔是由于一时的感情冲动。他可能是把事情的时间计算错了，也可能是完全错误的。看上去变革仍然真像是渐渐来临。是不是甚至倾毁都有可能呢？

---

① 上卷，第 35—36 页。

② 伦道夫·丘吉尔语，于 1892 年；《传》，温斯顿·斯潘塞·丘吉尔撰，第 2 卷，第 459 页。

在六十年之中大房屋建造得很少，连第二流的房屋也不多。新巴耳莫拉耳大厦已经由“小城堡”发展而成，它本身是新建的，“有很多小角楼，并且刷成为白色”，这是1848年艾伯特亲王在那里看到的。[1] 还有少数几个贵族的城堡已经按照某种哥特式建造或改建而成。比较低一级的有皮尔的德雷顿庄园之类的地方，那里有一幢“既非意大利式，也非伊丽莎白式，但在它的轮廓上却浮露出塔和角楼”的房屋，曾经继承了旧德雷顿大厦的平排窗和短而方的烟囱。[2] 其他的一些庄园和大厦已经感到了时代精神的力量，但这只是少数。只是在别墅这个水平上，他发现了这种精神力量表现得相当明确的一个方面。

因为农业繁荣，所以有了大量的农场宿舍和农场建筑物。在本土各郡，“东倒西歪不成样子的”[3]房屋现在剩下来的不多了，在任何一个生气勃勃的农业郡中，无论是像柴郡那样以牧业为主的，还是像诺福克和林肯那样以耕地为主的，也都不多了。如果一个重要的农场宿舍是旧有的，它通常总是适合于附有现代建筑物的现代农场总部的一座庄园主的宅邸。除此之外，在较大的农场上任何地方都没有很多早于圈地末期的房屋，而老农场建筑物比老房屋更加罕见。甚至在较小和最小的农场上，房屋也几乎都已改 506
建，或多少加以现代化，虽则这一点对西部不像对东部那样适用。

① 《配偶亲王传》，第2卷，第109页。这是后来封授阿伯丁勋爵者的兄弟罗伯特·戈登爵士建造的。

② 在帕克的《皮尔传》第2、3卷中都有画图。引文引自墨莱：《斯塔福德郡指南》(Murray's *Guide to Staffordshire*)(1874年版)。

③ 上卷，第34页。

但至少威尔士是这样的，那里在农场宿舍和庐舍之间并没有明确的界线。在农场和庐舍的分界线上或分界线以下的庐舍当中到处可以看到最古老的住宅和住宅式样。这类住宅以随后通称为塞尔特的边缘一带地方为最多。[①]

在它最远的边缘上的就是刘易斯的“黑房子”：“牲畜占一端……墙厚达三至六英尺，是以两层石块中间夹一道泥草之法建成的。屋顶是蓬蓬松松的茸草……在大多数场合下是泥地。住人的部分照例分成为一个‘里间’和一个‘外间’。在起居室里，炉灶砌在地当中，因为没有烟囱，所以烟只能尽量向四处乱冒。……在住牲畜的一端，粪便终年任其堆在那里，直到需要时为止。……房屋往往是互相连接的和背对背的。”[②]

这是一个不错的黑房子。在最坏的黑房子中，则人畜住“在同一个不加分隔的地方”。[③] 这种式样的变格散见于高原和群岛的很多地区；但是在本土上，据说在 1884 年就“渐渐绝迹了”。[④] 在 1870 年，甚至在东南苏格兰仍有少数“旧泥草房”[⑤]；登佛里斯到处都是带有睡箱式床铺的单间苏格兰式石头房屋，埃尔郡则到处都

① 据说是 1892 年巴耳弗的用语，见《泰晤士报》，1930 年 3 月 24 日。

② 这是二十世纪所存在的“黑房子”，《苏格兰房屋皇家调查委员会》，1917 年（敕令第 8731 号），第 211 页。在《1884 年高原和群岛小佃农和公权农报告书》（*R. on the Crofters and Cottars in the Highlands and Islands of 1884*）（第 32 卷）第 48 页中也有同样的叙述。

③ 《工人阶级房屋皇家调查委员会：苏格兰》（1884—1885 年，第 31 卷），第 9 页。

④ 同上。

⑤ 《农业中的儿童和妇女第四次报告书》（1870 年，第 13 卷，第 177 号），第 19 页。参阅上卷，第 29 页。

是所谓的草棚。[1] 二十年后，虽然泥草房在低地上似乎已经绝迹，但是“在一些较老和较差的住宅中，不论南北，事实上都只有一个大房间”。[2]（在同一个年份，苏格兰很多矿工的房屋也都只有一间。[3]）就整个苏格兰而论，三个房间的住所可能比单间的多些。507 标准工人房屋到处都仍然是一“外”一“里”两个房间的一层楼房屋，正如刘易斯的那些一样，除开它，用赫布里底群岛的话来说，是“白的”——也就是说石建的——而不是“黑的”。同英格兰的房间相比，苏格兰的房间大，而且这些房屋也多半比英格兰最坏的房屋还好些，例如比萨默塞特泥墙的一层楼草棚就好一些，这种草棚有“各三码见方的房间两间”，一位盛怒的改革家在 1872 年这样描述说[4]，它在八十年代可能依然存在。苏格兰人是按照古法利用他们的地方的。“在起居室放一两张床的习惯已根深蒂固，一定要背弃这种习惯，那是不胜其遗憾的。”[5]有一些其他的东西，他们也始终不懂得如何使用，对于厕所的经常滥用，如果有这种设备的话，一直大大地妨碍了这种设备的供备。但是据说较好的庐舍“被认为是里外都很舒服的”。[6]

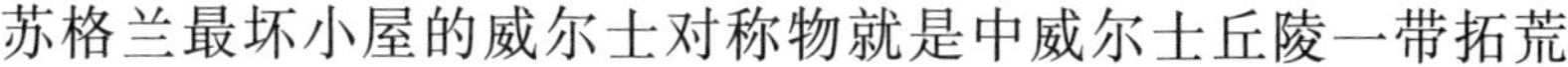
苏格兰最坏小屋的威尔士对称物就是中威尔士丘陵一带拓荒

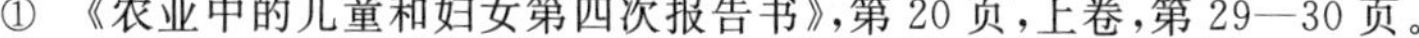

① 《农业中的儿童和妇女第四次报告书》，第 20 页，上卷，第 29—30 页。

② 《劳工皇家调查委员会》，1893—1894 年，第 36 卷，第 9 页。

③ 参阅克尔·哈迪愤激的证词，见《劳工皇家调查委员会》（1892 年，第 36 页，第 2 篇），询问案第 12482 号及以下，和煤矿厂职员所提出的在他的那个公司建造双间房屋时租户分租一间的证词，询问案第 13458 号。

④ 希思：《英格兰的农民》（Heath，F. G.，*The English Peasantry*）（1874 年版），附有小屋图。

⑤ 前引《劳工皇家调查委员会》，1893—1894 年，第 24 页。

⑥ 同上书，第 24、33 页。

者的所谓墨水瓶式房屋，即居中装有一个烟囱的单间简陋建筑物，这种房屋即以此得名。这类房屋虽已渐渐罕见，但是在西南部仍然有带树枝和胶泥砌成的烟囱的单间泥墙庐舍，在安格尔西岛仍然有“方盒形”的单间石头庐舍，这些全都备有旧式的碗橱床（cupboard beds）。总起来说，威尔士庐舍不但比英格兰庐舍更差，似乎也不如苏格兰庐舍宽敞。庐舍住户还有些东西尚待学习。甚至相当不错的庐舍，烟囱也会被住户堵塞起来，污水也会泼在门外。[①]

在英格兰，单间庐舍在提兹河以南已几乎绝迹，虽则双间庐舍仍然是常见的。诺森伯兰和达拉姆有少数庐舍只有单独一间二十四英尺长十六英尺宽的大房间和上面的一个小阁楼。这种式样的庐舍直到1848年前后还在不断地建造，并且据说二十年后建造的
508 还要多得多。在这个时候（1867—1869年），由于地主的积极建造庐舍，情况很快地有了变化，在北部工人中间最流行的房屋式样就是有两间可分隔的大平房的所谓“前后间”，一如苏格兰的“里”、“外”间。[②] 这正是二十年代使科贝特大为烦恼的一种没有楼的房屋。[③] 到了八十年代，这种式样，和南部房间比较多的“楼房”式样，在提兹河以北已渐渐普遍起来。[④]

① 前引《劳工皇家调查委员会》，第22—23页。参阅道伊尔的威尔士报告节，载《农业萧条皇家调查委员会》，1882年，威尔士的庐舍一般比其他各地更糟，有时只不过是草棚。

② 《农业中儿童……和妇女就业报告书》（1867—1868年，第17号），第65页。亨莱的诺森伯兰和达拉姆报告书。

③ 参阅上卷，第31页。

④ 1890—1892年，在诺森伯兰的格冷德耳联合区中，住小杂院（即不到五间的杂院房屋）的人口有67%是住在一两间的杂院房屋中的。《（农业）劳工皇家调查委员会》，1893—1894年（第27卷，第2篇），第100页。

在洛蒂昂也取得了同样迅速的进步。早在 1870 年就有一个苏格兰专家认为英格兰任何一个郡的“房屋平均说来”都“比不上伯里克郡的那些”。[①] 我们没有任何理由否认他的证词，因为苏格兰的真正旧式小房是那样简陋，以致处于生气勃勃的四邻之中简直无法幸存；英格兰的式样在当时固略胜一筹，但几乎到处都一直残存到八十年代大受指责而后已。从林肯郡和东安格利亚一直到康沃耳一带，英格兰典型的最低级庐舍几乎在每一个农村区域，虽则不是在每一个村庄上，都可以看到。它是“由烂泥、胶泥块或板条和灰泥建成的”。[②] 起居室大约九英尺见方。只有一间寝室，也许是一间带睡间的房间。在最坏的庐舍中——幸而这类庐舍不多——天花板只有六英尺高，上下供睡眠之用的阁楼需用扶梯。常常没有厕所；像样的厕所更从未有过。[③]

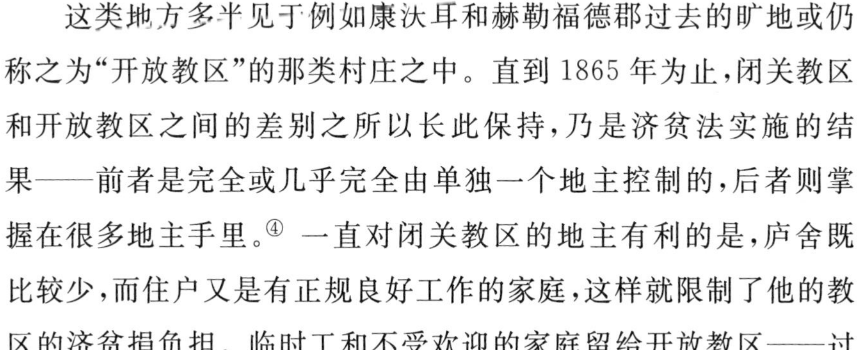

这类地方多半见于例如康沃耳和赫勒福德郡过去的旷地或仍称之为“开放教区”的那类村庄之中。直到 1865 年为止，闭关教区和开放教区之间的差别之所以长此保持，乃是济贫法实施的结果——前者是完全或几乎完全由单独一个地主控制的，后者则掌握在很多地主手里。[④] 一直对闭关教区的地主有利的是，庐舍既 509
比较少，而住户又是有正规良好工作的家庭，这样就限制了他的教区的济贫捐负担。临时工和不受欢迎的家庭留给开放教区——过

① 《农业中的儿童和妇女第四次报告书》(1870 年，第 13 卷，第 177 号)，第 19 页。

② 《(农业)劳工皇家调查委员会》，1893—1894 年(第 35 卷)，第 33 页。查普曼对英格兰三等庐舍所作的描述。

③ 同上。

④ 参阅本卷，第 431 页和上卷，第 467—468 页。

剩的工人，在闭关教区有需要时，会从那里徒步去做工。1865 年的联合教区课征条例（维多利亚，第 28、29 年，第 79 章）由于把济贫捐的负担均摊于整个联合教区，消除了设法减少教区中庐舍数目的主要动机，加之价格和租金都很合宜，使 1854 年至 1879 年这二十五年变成了一个非常活跃的"地产庐舍"建造期。早在 1850 年以前，贝德弗德公爵之类的地主就已经树立了榜样[①]，广为人所效法，正如在诺森伯兰和达拉姆的情形那样。但即使有善良的意愿和某种经济动机，这种业务的转变也一直是缓慢的，并且依然没有完成。因为建造好庐舍在任何时候都是不划算的。

1868 年，有一位调查委员在诺福克、萨福克、艾塞克斯、苏塞克斯和格拉斯特访问过三百个教区，其中只有两个教区使他完全满意。[②] 他发现最低级的单间寝室房屋事实上在很多地方是风行的。最坏的一种，据他报告说，是属于拓荒者、投机商或教区的那一种——这些都是业经济贫法改革予以废弃而未加拆毁的最后一批济贫法庐舍。在其他各地，文人所谓的农民手里的古代自由持有或凭券持有的庐舍，即除赖以为生的土地外别无所有的小乡绅自置的庐舍[③]——总而言之，那些老英格兰的庐舍——也都在最坏庐舍之列。1867—1869 年的一位比较幸运的调查委员在林肯、诺丁汉和累斯特报告了很多好建筑物，但是那里大多数开放村庄

① 上卷，第 472 页。

② 福莱塞牧师（后任曼彻斯特的主教）所作的报告，载《农业中的儿童和妇女调查委员会》，1867—1868 年（第 17 卷），第 11 页及以下。

③ 关于第一类，参阅波伊尔的报告书，见《农业中的儿童和妇女》，1868—1869 年（第 13 卷），第 128 页；关于第二类，参阅约瑟夫・阿奇：《传》，第 127 页。

也都有最低级庐舍的残存。[①] 在北安普敦的很多闭关教区中——对于常驻地主是一个有吸引力的郡治——庐舍往往既新而又精美，并以三间寝室型的居多数。在开放的村庄中，庐舍是各种各样的，有一些非常简陋。剑桥、贝德弗德、巴金汉郡，老实说串特河以南的大多数郡也大同小异；除在不宜绅士居住或不宜讲求卫生的 510
剑桥附近一带低地上简陋庐舍占一很高的比例，在西南部，尤其在萨默塞特，也占一很高的比例。[②] 在 1868 年从萨默塞特传出了或许原不出所料的令人沮丧的消息："最坏的庐舍……一般都是房主自己居住的小自由持有产业。"[③]

在 1867—1869 年南英格兰的一般情况经在萨里、威尔特郡、沃里克、伍斯特和赫勒福德进行调查的一位调查委员总结如下：地主建造的"和他们正在建造的很多"庐舍"几乎普遍都是不错的"。[④] 这里有这样一种甚至合理的怨言：最大的地主，凭由他们的城乡租折和他们的 de grand seigneur（大贵族）政策，树立了一个别人办不到的优良标准，以致小乡绅，像萨默塞特住自己房屋的自由持有人一样，由于贫穷而备遭诋毁。

在串特河以北，德尔比郡有很多新庐舍，而且高于英格兰的平

① 斯塔诺普：《农业中的儿童和妇女》，1867—1868 年，第 17 卷，第 91 页及以下。他的八个最坏的村庄计有三间寝室的庐舍二十四幢，两间寝室的庐舍一百九十三幢，一间寝室的庐舍一百七十八幢。住一间寝室庐舍的平均人数占三又二分之一。

② 引证自各式各样的《助理调查委员报告书》，1867—1868 年，第 17 卷和 1868—1869 年，第 13 卷。

③ 波伊尔，于前引《报告书》，1868—1869 年，第 13 卷，第 128 页。

④ 诺曼，于前引《报告书》，1868—1869 年，第 13 卷，第 69 页。

均标准。在这一带的大部分地区都有“非常舒适的庐舍”[①]，且不提花园和牛栏。在北兰开郡亦复相同；在坎伯兰和韦斯特木兰比较差些，但是这两郡既是小持有地之乡，以供宿为常例，那么少数体力劳动者的房屋也就是一个从属问题了。[②]

在1870年前夕进行的这些调查，得出了同兰开郡和萨默塞特极其不同和背驰的倾向——一幢三间寝室的庐舍，除非房主禁止转租，很可能在第三寝室中有一个寄宿者。但是因为农业繁荣，三间寝室和其他式样的庐舍仍不断地进行建造，并且在萧条开始时还没有完全停止。在十九世纪中叶的一些地产庐舍上有一些哥特式复兴的气味，或许有一个弧形窗头，或一个稍加文饰的烟囱；但大多数新庐舍，不论是不是地产庐舍，都是平砖的小屋或双间房，
511 有些地区是瓦顶，大多是石板顶，很少是草顶。草顶唤起了人们痛苦的回忆。从威尔士或韦斯特木兰很容易靠铁路进行分配的石板，已经变成进步的象征。约瑟夫·阿奇在1862年逝世时，留给了他的儿子一幢自由持有的庐舍，约瑟夫不但装上了窗户（大概是切合实用的窗户），而且“换掉了旧草顶……把它装修得像今天一样的漂亮和舒适”。[③] 约瑟夫在各方面都不失为他那个时代的人物。

苏格兰仍然保有它那种供农场未婚工人居住的简陋宿舍，但是这种宿舍已趋于没落。在农场较小的西部，这种宿舍从未常常使用。洛蒂昂、佩思、法夫、福尔法尔和金卡丁曾经是它们的大本

① 波特曼，于前引《报告书》，1867—1868年，第17卷，第105页。

② 特黑门黑尔，于前引《报告书》，1868—1869年，第13卷，第142—155页。

③ 阿奇：《传》，第57页。

营；在更北部，默里湾沿岸的可耕地区则是它们的集中地。原来是十分不舒适的，到了 1870 年至少有一些是以非常舒适著名了，尤其是有一个已婚妇女负责烹调和照料的那些。[①] 到八十年代之末，这种制度据说“在洛蒂昂已无所闻”，在法夫也已没落。[②] 未婚妇女的简陋宿舍，在哈丁顿和爱丁堡迟至 1870 年还是司空见惯的，在其他各地间或也可以见到，但这时似已绝迹。在还有这种宿舍的时候，住宿舍的人往往是从爱丁堡的爱尔兰人中间招募来的。尽管简陋宿舍制度一般已趋于没落，很多供男工居住的最坏的一种简陋宿舍却一直残存到九十年代而被贴上了“龌龊杂乱之窟”和“苏格兰之耻”的标签。[③]

在七十年代和八十年代的统计工作完成之后，在 1891—1893 年搜集的有关英格兰和威尔士的一些统计材料，以算术式的概略描绘出农村庐舍的状况。在 1891 年人口调查时，对大杂院曾作了计算，并给小杂院下了定义，把它同大杂院区别开来。不满四间房屋的杂院房屋称作小杂院。在乡间，杂院房屋和庐舍几乎是同义语：那里没有任何城市所理解的那种正式杂院式的住所。稍晚一些时候搜集的标本数字[④]反映出，住在不是小杂院，而是五间以至六间庐舍中的人数占相当大的百分比。这些数字是得自像林肯和萨默塞特相隔那样远的六个广为分散而又具有代表性的地区的；

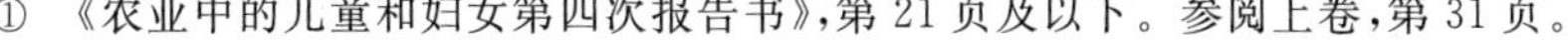

① 《农业中的儿童和妇女第四次报告书》，第 21 页及以下。参阅上卷，第 31 页。

② 《（农业）劳工皇家调查委员会》，1893—1894 年，第 36 卷，第 28 页。

③ 同上。

④ 《劳工皇家调查委员会，英格兰和威尔士农业劳工总报告书》，季特尔撰（1893—1894 年，第 27 卷，第 2 篇），第 99 页及以下。

512 但是因为其中不包括威尔士和提兹河以外的“前后间”庐舍，所以，无疑这些数字把按照人口调查所下的定义列入的那种“杂院房屋”在庐舍中所占的比例多少张大了一些。据这些数字算出的比例是19%强。就特威德河以南的整个地区来说，15%或16%可能是近于正确的。农村地区小杂院的人口调查统计数字反映出，住在一间或两间杂院房屋中的“小杂院人口”为14%强。由于有五间或六间的庐舍，所以小杂院农村人口比农业劳动人口大约少20%，因为人数最多的家庭一般会住在较大的庐舍里。何况英格兰和威尔士的杂院还包括北部的宽敞和投人所好的“前后间”住房在内。所以住在英格兰中部和南部或威尔士坏的、狭窄的双间和很少数单间的庐舍中的农业劳动人口或许不过11%或12%左右。纵使这样一幢房屋，如果条件尚好，一对年轻夫妇，一对老夫老妻或者类似的小家庭还可以勉强居住，百分比也未免太大。但毫无问题，如果是在任何较早的人口调查时计算的，百分比未始不会更高一些，在1851年人口调查时则会高得多。使1872年的改革家不胜愤慨的萨默塞特式的草棚只住一个老人，而四十年代的住户则是一对夫妇和六个孩子。①

自奥古斯塔斯·彼得曼把1851年人口调查的结果绘成地图以来②，仅就其对就业的影响而言，英国工业地理分布的重要变化很少，具有头等重要性的变化则几乎没有。大多数工业已经扩大，

① 希思：《英格兰的农民》，第48页。

② 参阅卷尾的地图。

但照例是在各自旧有的大本营内部和以那里为起点而扩大的。棉
纺织区、产煤区、毛纺和毛丝纺织区、伯明翰区和伦敦各式各样的
工业区，都更加扩大了，也更加密集了。在它们的内部组织和结构
方面有了重要变革。少数城市工业不独在当地衰落了，甚至一般
地也衰落了，但其中没有一个是大工业，而且它们的衰落也不曾影
响各该区的生活或国家的外貌。有一些农村工业已经消散，或者 513
随着机器生产的拓展而集中到城镇和制造业村庄，或者一部分分
散而一部分集中，但是这类分散和集中都是相对小的。不过其中
比较重要的也具有全国重要性。

在针织业中，向工业村庄和城镇的集中仍然是不完全的，但别
无其他重要变化。在 1851 年以前它的大本营就已经确定；1891
年的从业人数和四十年前极其相近。（产量自然大为提高。）草帽
辫和花边这种农村家庭副业既有分散，也有集中。直到 1870—
1880 年为止，农村草帽辫业，在彼得曼加以标志的自巴金汉起直 697
至萨福克这一带地方，始终维持得很好。迟至 1874 年，在希钦还
建造了一个公所，以便于乡村工人运进他们的草帽辫。[①] 这使人
不禁想起早期农村工业的一些中央棉麻布公所。在 1851 年和
1881 年之间，草帽辫和草帽混合工业在数目上似乎有了缩减，但

① 海恩：《希钦史》（Hine, R. L., *The History of Hitchin*）（1929 年版），第 2 卷，第 431 页。这个大厦在 1898 年售出。1867 年，在南贝德弗德和北巴金汉，“所有妇女”和很多男子都编结草帽辫。《农业中的儿童和妇女》，1867—1868 年（第 17 卷），第 134 页。在六十年代编结业在哈尔弗德是非常重要的，埃弗谢德：《哈尔弗德的农业》（Evcrshed, H., *The Agriculture of Hertford*），载《皇家农业学会学报》，1864 年。在西南萨福克受雇于这个行业的妇女和女童在 1871 年仍然有二千多人，在 1881 年仅仅七百八十一人，在 1891 年已无一人。《维多利亚地方志，萨福克志》，第 2 卷，第 248 页。

是可利用的数字却不是完全可以比较的。[①] 可以进行严格比较的1881年和1891年数字就反映出八十年代的显著缩减，当时，这项农村工业面临意大利和日本草帽辫的进口而江河日下，而城市工业却愈来愈具有工厂性质，正如卢敦的情形那样。在九十年代，希钦的草帽辫公所已经变成一个教堂。

1851年在巴金汉、得文、北安普敦和其他这项制造一度也算是一种工业的郡中，乡村花边制造已几乎完全绝迹。在1851年和1891年之间，从事花边制造的人数，无论是手工织或机器织，都降低了将近一半。在后一年份中，从事这项制造的三万五千人之中有三分之二以上是在诺丁汉这个城镇，所余一小部分则大多数是在北米德兰的其他各城镇，虽则仍有相当数量的家制花边来自得
514 文。在显出数量下降的其他工业之中，主要是麻丝两业。麻布业久已从英格兰集中到了阿尔斯特方面。到1891年，它已经变得完全无足轻重了，甚至在苏格兰也已经不再是一种大工业。[②] 这项转变是那样的继续不断，以致几乎不可察觉：它不曾留下任何重要的鸿沟，很少工厂倒闭，也没有一个过去的工业区很快退化成为农业区。手织机织布业已几乎消逝，大多数麻纺厂也已另作他用或改建作其他用途。手织机织绸业的衰落虽不那么彻底，但却部分地说明了何以这项工业有了数量上的缩减；在某些部门和地区也已经有了可称之为制造力量的绝对衰退。但是在每一个郡，虽非每一个地方，仍然有一点丝绸织造，正如彼得曼所看到的那样。[③]

① 这两年人口调查的分类不是根据同一基础的。

② 本卷，第85页。

③ 参考表明这一时期末情况的《1891年的人口调查》。

这项工业在伦敦方面虽然缓慢但现已几乎完全的绝迹以及它最近在西莱定的发展[①]这两项地理分布上最重要的变化,毕竟不过是工业地图上被城镇的煤烟和发展掩蔽了的既小而又模糊的景象而已。

手织机织呢的绝迹和向格拉斯特郡科次窝尔德少数峡谷的集中,在西部旧呢绒工业中留下的痕迹,也是既模糊而又小的。在威尔特郡和格拉斯特以西的各郡之中,全部从业人员从大约二万四千人缩减至大约一万人为时达四十年之久。这次缓缓的退潮在一片青翠的西部峡谷中留下了一些可供他人使用的织工庐舍和若干毛纺厂,但其中大部分已改作新的,往往奇妙的用途——它们制造雨伞、发针或体育用品;少数则陷于破产,这在这种环境之中倒也未始不是深可庆幸的。威尔士在每一个郡中都仍然有它减缩的农

村毛纺厂和可以叫做毛布和法兰绒工业的一种东西,虽则它的全 699
部织呢人口——工厂工人和残存的庐舍织工——可以很容易地安置在约克郡一打中等规模的毛纺厂中。[②] 苏格兰也保存了一种分
散的家庭和半家庭工业连同多半是 1851 年时原有所在地的重要 515
工厂集中,在工业地图上却没有任何根本变革。[③]

全岛最大的变革是在一个旧工业区碰不大见的那一种形式的变革——即基本冶金工业向铁矿资源和沿海的转移。在彼得曼的

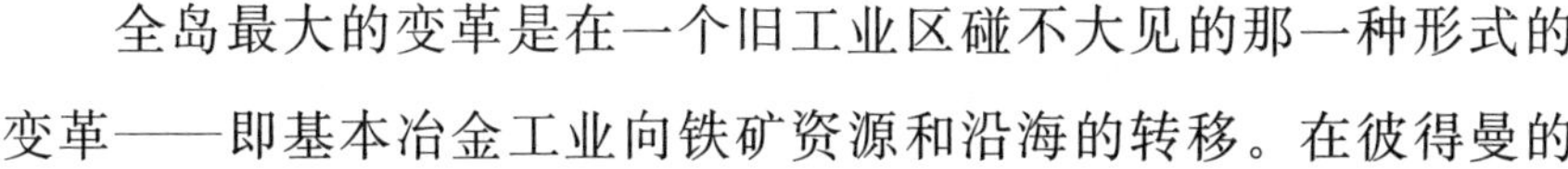

---

① 本卷,第 87—88 页。

② 当 1901 年威尔士各郡仍然有少数毛纺工人时的分布状况,见克拉潘:《羊毛和毛丝工业》上的地图。

③ 但是在 1891 年,整个苏格兰只有四万四千名毛纺工人,而在约克郡却有二十万三千名。

地图上，无论米德耳兹布勒或巴罗都没有被标识出来，弗罗丁干更加没有，虽则米德耳兹布勒在1851年未始不可以叫作城镇。从地图上也看不出在加的夫或纽波特有重要的铁工业。到了八十年代后期，四分之一以上的铁矿工是在克利夫兰丘陵区劳动的，三分之一的英国铣铁是米德耳兹布勒及其附近生产的。或许比以往的工业变革创立的任何社会都更加高度专业化的一个社会，已经在它的鼓风炉周围发展起来了。[①] 新近另一种矿工业已经出现。早在1859年，在提兹河以南盐井已经用钻挖掘到一千二百英尺，在1874年，在提兹河以北，则已经挖掘到一千一百二十七英尺。到1882年，工程上的困难已经掌握，盐卤正在抽出，盐斤正在制造。十年之后，年产量将远超过二十万吨。[②]

巴罗—因—弗内斯的成长由于更加变化多端，一直比米德耳兹布勒的成长更加引人注目。直到1844—1846年，造就了这个地方的铁路方始铺设。当时为了往斯塔福德郡和南威尔士装运，坎伯兰的赤铁矿正在开采[③]；在弗内斯山仍有少数几座焦炭熔铁炉在苟延残喘。在1867年巴罗船坞开幕时，当地矿石的一个重要部分是在巴罗和沃尔金顿熔炼的，到1875年则全部在那里熔炼了。1880年，除"大东号"外迄所着手建造的最大铁轮船正在巴罗建造。到1885年，坎伯兰和弗内斯正生产着总"产量"六分之一以上

① 参阅本卷，第三章，散见各页。关于这个社会，参阅贝尔夫人：《在工厂中》(Lady Bell, *At the Works*)。

② 格里格：《论米德耳兹布勒的制盐工业》(Grigg, R., *On the Middlesbrough Salt Industry*)，载《英国机械工程学会会报》，1893年；《维多利亚地方志，达拉姆志》，第2卷，第293页。

③ 本卷，第49页和上卷，第50、189页。

的铣铁，巴罗则正忙于它的钢铁制造、船舶制造和海事工程。[①]

沿着造成克利夫兰财富的黑侏罗世构成中的那些铁矿层的矿 516
脉而南，首先在北林肯郡一个农业地区中看到矿石的开采(或毋宁说露天开采)，继而在斯康梭普和弗罗丁干田野中看到现代鼓风炉的建立。再往南去，在累斯特、腊特兰、北安普敦和甚至牛津，先后顺序莫不如此；只是在北安普敦，炼炉尾随于矿石开采之后，并使凯特林和韦林伯勒附近一带的农村区域有了铁时代的特征。到八十年代中期，它的产量已落后于林肯郡不远。其他各郡则把它们的矿石往北和往西分别运到很早以前成为铁时代之标志的各区，这些地区大部分虽作为制铁区现已趋于衰落并已开始撤除古老的鼓风炉，但并未因此而丧失其工业和冶金特性或造成英国面貌上的深刻变化。[②] 少数新被委弃的地段连同它们的"废铁渣、老雨水潭、苔藓丛生的废料"，在充其量不过呈现出一种骇人的地狱之美的风景中异常触目。这类地方在浓烟低垂的各郡之中是司空见惯的。迄今还没有设法补救，虽则随着时日的推移常常为它们某些地区的煤烟制造找出某种新用途。

在制铁业和现在同它相结合的制钢业维持得很好的南威尔士和蒙默思，任何被委弃的地段都是位于内地的丘陵区，制铁业并未消灭，而是移往沿海一带。土矿石已几乎不再往山上搬运，把煤从

① 参阅本卷，第 49 页图表，斯太耳曼：《论巴罗一因一弗内斯的船坞和铁路孔道》(Stileman，F. C.，*On the Docks and Railway Approaches at Barrow-in-Furness*)，载《英国机械工程学会会报》，1880 年，巴罗的历史记述，见《工商业萧条皇家调查委员会》，1886 年，询问案第 2183 号及以下。

② 关于基本事实，参阅《矿产报表》。

上面运到格拉摩根和蒙默思郡的峡谷比把先是坎伯兰煤继而主要是西班牙的海运煤拖曳上去要省力些。1885年有一些高峡谷的铁工厂还继续熔冶矿石，但大部分熔冶工作却是在从加的夫附近的斯温西至纽波特一带沿海地方进行了。埃布－佛耳、里姆尼和布累内方的峡谷铁工厂现在都在纽波特进行熔冶了。在这期间，连同蒙默思高峡谷中的那些，格拉摩根每五个熔炉之中，冷却的已经有四个以上，而在纽波特，在三十八个现代大熔炉之中则有二十一个在鼓风。①

在1882年英国的铁矿已达到了它们产量的最高额。踵随而来的降低，证明并不是一种起伏，而是向多少低一点的水平的一种
517 永久转移。但是它并没有影响工业的新地理。现在开工的地区之中却没有一个有被委弃的危险。“半贵”金属开采的情况却大不相同：1870年以来采锡业的停滞，1877年以来采铅业的急剧缩减和采铜业的几乎完全破产，已使国家的面貌瘢痕累累。没落的或被委弃的铅矿工地所留下的瘢痕大部分是隐蔽在威尔士或奔宁山脉丘陵地带的褶曲中。被委弃的地段迄今仍不很多，因为产量从最高额的下降还不到40％，而这40％的下降还是由大多数矿场拼合而成的。但是在维多利亚六十周年庆典的那一年，从英国矿石得出的全部精铜的产量是八百八十九吨，在1860年，曾经是一万三千五百四十吨。② 康沃耳旧有的各著名地区由于被委弃的矿场和

① 《1886年的矿产报表》。

② 1887年的产量是绝对最低额：在1886年是一千四百七十二吨，在1888年是一千四百五十六吨。1856年，单单康沃耳一郡就生产了一万三千二百七十四吨，这是产量最高额。

贫穷化的村庄而弄得满目凄凉。依然开采的矿场都朝不保夕。锡矿业还维持得不错，但并无发展。康沃耳一片暗淡，它的矿工纷纷往海外去施展他们的技艺了。[①]

失之于铜业的，康沃耳在它漫长的双重海岸线上也曾得到了点补偿。渔业仍相当地生气勃勃，运往伦敦的鲭鱼和绯鲵鱼已经弥补了输往地中海的桶装鲱鱼出口方面的损失。[②] 在近海处进行开采并使田野变成一片白色的瓷土，用甚至可以驶入康沃耳最小口岸的船只，以日益增长的数量，从沿海和海外输入。[③] 马铃薯栽培和市场菜圃的经营现已在南海岸某些选定的地点相沿成习。供应市场的花卉种植刚刚从它在锡利群岛上原来的大本营移至本土，而这种花卉种植在锡利群岛上直到 1880 年左右方初初有利可图。[④] 或许更加重要的却是康沃耳在为休养和卜居而迁往沿海的那些大规模移民之中所占——虽然还不很大，但对它颇有价值——的份额，这类移民在铁路时代以前曾充斥于布赖顿和马尔加特[⑤]，并借助于社会各阶层劳动收入和储蓄的增加，而由铁路运往全岛各处去按照当代式样建设或改建村落或口岸。

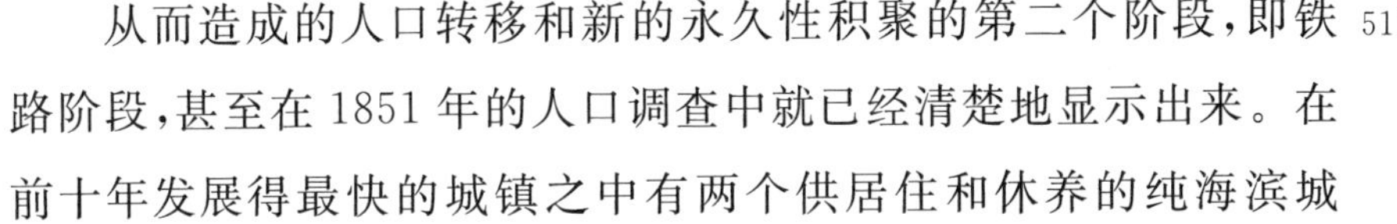

从而造成的人口转移和新的永久性积聚的第二个阶段，即铁 518
路阶段，甚至在 1851 年的人口调查中就已经清楚地显示出来。在前十年发展得最快的城镇之中有两个供居住和休养的纯海滨城

① 本卷，第 104 页，詹金斯：《康沃耳的矿山》(1927 年版)，《维多利亚地方志，康沃耳志》，第 1 卷，第 570 页。

② 《维多利亚地方志，康沃耳志》，第 2 卷，第 582—586 页。

③ 同上书，第 2 卷，第 577—578 页。

④ 《维多利亚地方志，康沃耳志》，第 2 卷，第 578 页。

⑤ 参阅上卷，第 8、9 页。

镇，骚思波特和托尔基。[①] 自 1851 年以来，历届人口调查在这一类别中都登记了一些新的地方。它们的兴起往往是以码头公司的建立为标志之一。自乔治四世时起，布赖顿就已经有了吊链码头的设备，没有一个野心勃勃的"休养地"没有一些这类附带设备而能称作是完善的。骚思波特在 1859 年有了它的码头公司连同一百一十七个发起股东。三年之后，又创立了一个公司，用建造码头的方法，"在兰开郡布拉克普耳地方海上满潮处"供备"一个宽广而又可人心意的运动场"。再一年之后——这类东西是有传染性的——又为利撒姆发起了一个公司。[②] 兰开郡恰恰在继位战争阻碍了它的繁荣时，把它的一部分繁荣投资到了运动场。一旦恢复，它就在布拉克普耳建造了第二个码头，连同其他种种设备。这时在英国东、西、南三面，凡是海底不太陡陷和暴风雨不太多的地方，新式码头都靠了铁柱的支撑而伫立于海中。在它的顶端，标准的"非为赢利而建造的铁制运动场码头"[③]一直伸展到海面，上面支着一个大帐篷。布赖顿也有一个大帐篷，虽则是在陆上。1856 年的马尔加特第二个码头也没有伸展到海面。[④] 1871 年以后加以扩

① 维贝尔：《十九世纪城市的发展》(Weber, A. F., *The Growth of Cities in the Nineteenth Century*)(纽约，1899 年版)，第 55 页，把骚思波特和托尔基与伯肯黑德、加的夫和格林斯比——都发展得很快——同归为海口类；但这不是说明。

② 《自从维多利亚，第 18、19 年，第 133 章，1864 年(第 58 卷，第 291 页)公布以来，根据 1859、1862、1863 年条例组织和登记的全部股份公司报表》(*Return of all Joint Stock Companies Formed or Registered since 18 and 19 Vict. c. 133. 1864* (L VIII. 291): *under 1859, 1862, 1863*)。

③ 《港口当局：最近二十年来所进行的工程报表》(*Harbour Authorities: Return of Works Executed within the Last Twenty Years*)，1883 年(第 62 卷，第 433 页)。港口是按字母顺序排列的。引文系指斯克格内斯而言。

④ 关于第一个码头，参阅上卷，第 8 页。

建，“以满足游客的需要”[①]，并且在伸展出去的部分建造了一个适当的休息所。码头之为考古学家所谓的文化事物的表征，与斧头、实验玻璃器和人类手工艺等其他耐久产品并无二致。它们伫立在那里。凡是到岛上来的观光者都会恋恋不舍。与航海业最不相干的岛国人，目睹观光者的船只从那里驶过，主人翁般的愉快心情也会油然而生。

英国的海上资源和海上领土从没有这样的彰明较著，甚至对 519
无所知的瞭望者来说。它的浅海樯帆云集。联合王国的帆船吨位虽然在下降，但是在1885年仍和1850年不相上下，而汽船吨位则增加将近四百万吨。单单汽船吨位就是六十年前全部商船队容积的差不多两倍，运输力量则是许多倍。大概全世界远洋船舶的三分之一，全世界远洋汽船的将近八分之五是英国注册的。[②] 最上等最精良的快船也是英国注册的。

为了帮助这些船舶，德特福德·斯特朗德的三一兄弟行，照官方语言现仍使用的称呼，和北部灯塔委员会正改进它们的照明设备和浮标。现在很少可以利用的建筑物或配置未加利用。在北部海面，斯克里沃尔灯塔已于1843年竣工。在英吉利海峡，比肖普岩和伍耳夫岩已先后于1858年和1869年开始照明。比老灯塔更加牢固和安全的新艾狄斯东岛灯塔已于1882年付诸使用。泰晤士河河口三角地带，在北福尔兰灯塔和贡福利特及努累的灯塔船之间，浮标、灯塔和警标久已星罗棋布。[③] 那里的灯光投射在云集

① 前引《工程报表》，马尔加特项下。

② 《商船进步示意图》，1902年(敕令第329号)，第48—51页。

③ 参阅上卷，第7—8页，关于例如新艾狄斯东岛，另参阅《德特福德·斯特朗德的三一兄弟行和北部灯塔调查委员……报告书》，1883年，第62卷，第211页。

的帆船和小船上面；因为每有一艘驶往伦敦口岸的轮船，仍然有两三艘帆船，大多数是小的沿岸贸易船，所以装载货物驶入泰晤士河的各种船只的平均大小仍不过是大约二百三十吨。在利物浦，情况则迥然不同，而且一年比一年悬殊。在1873年，使用这个口岸的汽船和帆船仅仅在数目上是相等的。在1884年，比例已是二比一，到1889年则将是三比一了。载同货物进口的船舶平均大小远不止五百吨。在加的夫，约为四百吨。事实上，泰晤士河的贸易仍保有早期的特征，而加的夫和利物浦的贸易则一改旧观。[①]

520 虽然已不再常常谈到伦敦和“外港”，仿佛这已无关重要，但是伦敦依然是英国和全世界最大的口岸——根据除开一个以外的一切标准来判断。进出的吨位比默尔西河大50%至60%，贸易总额也更加重要，但是作为英国产品的输出港，伦敦现在却远远落后于利物浦了；因为棉织品仍然占英国出口货的四分之一以上，而且主要由默尔西河装运的出口货还不止棉织品一项。但伦敦各式各样的大量进口和复出口贸易，连同船舶的日益增大，已经使泰晤士河的船坞体系有必要作一长系列的增建。经过二十几年没有进行任何重要工程的一段时期之后[②]，在自由贸易时代之初，利河河口下面的维多利亚船坞已开始动工，在1855年揭幕。在1864年罗瑟海斯的商业船坞有了扩建，并且已同毗邻的萨里船坞合并经营。

① 关于八十年代港口、船坞和口岸的实况和统计，参阅哈克特：《港口和船坞》(Harcourt, L. F. V., *Harbours and Docks*)(1885年版)，和多恩：《世界航行记》(Dorn, A., *Die Seehäfen des Weltverkehrs*)(1891年版)，两卷装，非常完备。各口岸的详细贸易数字，见年度《贸易报表》，所有比较重要口岸的概括数字，见《联合王国统计摘要》。

② 自1828年圣卡塞临船坞开幕以来(上卷，第5页)。后几个船坞的日期见哈克特：前引；多恩：前引。

狗岛上的密尔瓦尔船坞已经建成，船坞北面一条现有的运河到1870 年已经变成西南印度船坞。在一度停顿之后，维多利亚和加利昂河区之间的艾伯特船坞在 1880 年开幕。它的开幕导致了大英轮船公司的船舶从南安普敦向泰晤士河的转移。最后，沿艾塞克斯海岸长达数英里的提尔贝里船坞已在查德韦耳泽地挖掘而成，并于 1886 年开放。尽管合并，仍然有四个不同的船坞公司：这种向下游的移转乃是拥有维多利亚和艾伯特船坞的伦敦圣卡塞临公司和以提尔贝里船坞同艾伯特船坞相抗衡的东西印度公司之间，争取近海和争取大船光顾的竞赛中的一些步骤。[①]

在默尔西河船坞港口委员会那个非为利润而努力的企业联合
的有力垄断之下，一长串的利物浦船坞已经随着 1881 年朗顿一亚
历山大船坞在北端的开放而抵于河口。柴郡那一边的独立船坞在
四十年代已开始兴建；但是这个刚刚创始的伯肯黑德体系在 1855 521
年就同主要的体系合并了，自从那一年起经营管理就统一起来，工程却继续进行。在 1846 年和 1881 年之间，单单在兰开郡海岸就增加了二百五十英亩的船坞，并且“在坚牢和耐久同金字塔不相上下的巨大防波堤那个人类意志和力量向所建造的同类工程中最了不起的工程上”，终于又增加了七英里多长的“不朽的花岗石，花岗石是从企业联合本身在苏格兰（临河）的采石场中开采的”。利物浦的一位史学家曾经这样不无理由地加以描绘。[②] 靠了这个全长

① 其他的公司是萨里商业公司和密尔瓦尔公司。在自由贸易时代关于伦敦口岸的官方材料奇少。关于 1795—1801 年，国会文件很多：有一项 1823 年船坞报告书和一项 1836 年伦敦口岸状况报告书。接下去的一个报告书就是 1902 年的报告书。

② 腊姆齐·缪尔：《利物浦小史》（Ramsay Muir, *A History of Liverpool*）（1907 年版），第 301 页。

尚未修足的防波堤，整个联合王国四分之一的进口货——按价值计——和三分之一以上的出口货已随潮水的涨落而进出了。

在1886年，利物浦仿佛正对它那项“最了不起的工程”踌躇不决，想看一看久经讨论、又经过了尖锐斗争并已于那一年开始的一项竞争事业——曼彻斯特商船运河的工程——结果如何。[①] 它显然是以利物浦的船坞业务为目标的。它的完成，据很多人这样想，会是利物浦经济和地理扩张的伟大时代结束的标志。

像利物浦一样靠大西洋贸易为生的格拉斯哥，却没有这类的忧虑。不同于利物浦的是，格拉斯哥，连同郊区和姐妹城镇，拥有自己的工业**腹地**。在还不肯定工程技术能否使现代船舶行驶到布鲁米埃劳时，它就为它自己建造了格拉斯哥港。但是格拉斯哥港不复需要了。由于在疏浚、加宽和筑堤的工作上合理使用通常的重体力劳动进行的赶工，工程师以整整一百年的努力已经把直到格拉斯哥桥为止的那一段克莱德河变成了这样一种事物，它可给外国观光者以“一条宏伟运河的印象”[②]，在满潮时宽可一百五十码，深可二十四英尺。顶头有一对船坞，但是河本身，连同它的码头，就是格拉斯哥港。它所不能不担心的竞争是来自下游的，那里
522 克莱德河无须加深，而格里诺克的詹姆斯·瓦特船坞新近的完工已经把船舶吸引进去。但是格里诺克，尽管位置好而又生气勃勃，

① 它的历史属于下一世纪。

② 多恩：前引书，第2卷，第1015页。克莱德航运企业联合董事长雷伯恩所写的一篇格拉斯哥口岸的简明历史，载布腊西：《海军和船舶年鉴》(Brassey's *Naval and Shipping Annual*)(1928年版)。另参阅麦格雷戈：《格拉斯哥小史》(Macgregor, G., *A History of Glasgow*)(1881年版)。克莱德企业联合的总经理也提供了一些材料。

却还不成其为连同郊区有十倍于格里诺克人口的格拉斯哥的劲敌。

从格里诺克到格拉斯哥南岸的码头和北岸的当巴尔顿一带，有很多有效的，并由于在那里所进行的先驱工作的价值因而占支配地位的克莱德河造船厂——诸如纳皮尔厂、埃耳德厂和丹尼厂等。它们享有煤、铁和熟练而坚忍的劳动方面的机会，享有詹姆斯·瓦特传下来的工程传统和牢牢奠定在木材上的船匠手艺的传统等各方面的机会，并且这些机会没有一个被忽视。联合王国汽船吨位的三分之二是在克莱德河建造的或装置蒸汽机的。大多数轮船也是如此，特别是外国使用的邮船。在 1881—1886 年，联合王国所建造的六分之一的吨位是外国订货，这项贸易的大部分是克莱德河承接的。

在约克郡的门户和英国第三大港（根据贸易的价值判断，格拉斯哥仅居第四）的赫尔，船坞建筑对贸易的重要关系和利物浦的情形无异。没有船坞，恒比尔河的装卸就只能用驳船。老城镇周围半圆形的内地小船坞组列在 1830 年已经完成。四十年代和五十年代沿河的增建——一个铁路船坞和其他一些船坞——到 1863 年已经把船坞的面积提高到四十八英亩。从那一年到城镇以东的亚历山大船坞完工，也就是 1885 年为止，英亩数几乎增加了三倍。[①]

首都区、西部的北工业区、东部的北工业区和苏格兰工业区这四个大港，曾经吸取了全国日益扩大的贸易的一个异常之大的份

① 多恩：前引书，第 2 卷，第 988 页；哈克特：前引；《工程报表》，赫尔。

额。铁路和巨船的出现对于沿海的很多港口来说，意味着停滞和
没落，其中有一些港口在五十年前曾经为真正重要的地区服务，另
一些也曾经为对它们本身重要的地区服务。在1863年，使用惠特
比港的船舶，渔船不计算在内，每星期仍然有一千三百吨，在1882
年则仅仅有五百吨了。[①] 波士顿和利恩这两个沼泽地的港口，纵
523 未真正衰落，但自铁路侵入沼泽地以来，也大大地丧失了全国重要
性。[②] 在1883年，据传二十余年来在波士顿港口工程上所用的款
项没有一笔是值得一提的。每星期进口的"单桅帆船、双桅纵帆
船、双桅帆船、三桅帆船和暗轮轮船"有五百至六百吨。[③] 往来于
北诺福克这个小小沙质港口的供应和分配线已经被一条沿海铁路
切断。1863年，在萨福克沿海，每星期开往骚思沃耳德的船只仍
有大约两艘，在1882年则两星期没有一艘了。据认为这是来自赫
耳斯沃思的铁路和洛斯托夫特的改良工程所造成的，虽则促成它
的毁灭，大自然也不无力量。[④] 对于五港[⑤]中的某一些来说，大自
然久已是不友好的：温彻尔塞和海瑟已经搁浅了若干世代，——

> "在沙洲对岸远近一带，
> 农夫扶犁吹着口哨。"[⑥]

---

① 前引《工程报表》，1883年，惠特比。

② 参阅本卷，第199页。在1831—1891年这六十年间，利恩口岸所利用的吨位增加不到40%，波士顿则仅仅30%。

③ 《工程报表》，波士顿。

④ 同上书，骚思沃耳德。

⑤ 原指英国南海岸的五港，即多维尔、散迪奇、赫斯廷兹、罗姆内和海瑟。后来又将温彻尔塞和拉伊一并列入。——译者

⑥ 约翰·戴维逊：《南岸五港》(John Davidson, *A Cinque Port*)。

大自然所未尽之功，现正由大船或铁路予以完成。大船现在不复在拉伊建造了。它的贸易吨位已不到惠特比业经降低到的吨位的一半。[①] 像惠特比和其他处于退化环境中的港口一样，拉伊也正在学习如何靠招徕房客谋生了。

在布里斯特耳湾上，迈恩黑德和西萨默塞特郡其他小口岸的贸易，自从来自唐顿的铁路在 1874 年竣工以来，已经“大为减少”。[②] 到 1875 年，格拉斯特—伯克利运河方面的贸易已经大为下降，但是那一年运河河口沙普内斯船坞的开放使它渐复旧观。布里斯托尔的贸易从来没有衰落过，事实上在铁路通车以后还有了稳步的发展，但是这个城市却不能不同它的上游位于英格兰相对人口稀少和非工业地区中的困难处境作斗争。1860 年以后，在河港工程方面已经取得了很大的改进。在 1877 年，有一家公司已经以几乎两倍于原估计的成本完成了埃房默思船坞的工程。后来市政当局同波提斯赫德的船坞也发生了利害关系。但是八十年代往来于这个口岸的船舶总吨位约仅为赫尔的一半，从事国际贸易的吨位不到四分之一；至于在现居优越地位的各口岸所习见的那 524
类贸易方面，则“很难看出”布里斯托尔“曾一度是大不列颠的第二大口岸”。[③] 虽然既非衰落也非停滞不振，像二十年代杜宾访问它时曾经有过的情形那样[④]，但它并不是在铁路时代以后，而是在这

① 本卷，第 67 页和《工程报表》，拉伊。

② 《工程报表》，迈恩黑德。

③ 哈克特，前引书，第 1 卷，第 530 页。参阅多恩，前引书，第 2 卷，第 1062 页和《工程报表》，埃房默思。

④ 参阅上卷，第 6 页。

时代以前就已经落伍的。

由于沿海铁路和邻近各大口岸所进行的分配工作的便捷而受到遏制的那些小口岸的故事，可以一一讲述到威尔士、英格兰和苏格兰的西海岸——诸如卡马尔森、兰开斯特、埃尔和特隆。阿伯腊斯特威思的贸易在八十年代只不过是二十年前的四分之一；卢恩河口格拉松船坞的挖掘并没有挽救兰开斯特的一个类似的但不那么陡然的衰落。[①] 像东海岸贸易不振的口岸一样，西海岸的口岸也往往开始了作为避暑地的新生涯；但是兰开斯特有实力雄厚的强邻进行这项业务，而它要顺利地从事其事，则位置无论如何也嫌太靠上游了。利物浦所依附的那个首埠亦复如此，虽则并非没有本身的经济生活，而且人口也比剑桥郡附近低地上那个半委弃了的海口金兹林稍稍多一点。

铁路所产生的贸易远比它所阻碍的为多，但并未产生多少口岸。在它所创造的比较少数口岸之中，有一些是凭空产生的，如弗利特伍德和巴罗。另一些是几乎凭空产生的，如在 1831 年人口调查和 1891 年人口调查之间人口增长了十四倍的格里姆斯比[②]，或增加达十三倍的加的夫。在并非兴建而是改建的口岸之中，以南安普敦为最重要。在十七和十八世纪远远落后于西部和北部各口岸的南安普敦，直到汽船出现时还发展得很慢。在 1840 年 5 月同伦敦的直达铁路交通已告完成。两年之后，皇家邮船公司和大英轮船公司又以南安普敦作为它们的大本营。[③] 那时船坞、码头和

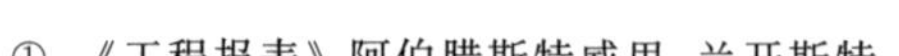

① 《工程报表》，阿伯腊斯特威思，兰开斯特。

② 人口在 1831 年是四千二百人，1891 年是五万九千人。

③ 谢林顿：《大不列颠铁路运输的经济》（Sherrington, C. E. , *Economics of Rail Transport in Great Britain*）（1928 年版），第 1 卷，第 24、42 页。

水道方面的真正工程不过刚刚开始。此后工程一直继续不断，由
铁路公司和船坞公司并肩进行。[①] 出口的吨位在 1851—1852 年 525
曾经是二十一万三千吨；在 1882 年则是九十万九千吨，虽则由于大英轮船公司的船舶转移到提耳伯里，它的扩展曾暂时受到遏制。但是在整个这后一段期间，在总吨位上，南安普敦已远远超过布里斯托尔，在远洋轮的吨位上则更远远地走在前面。

加的夫已经跃过纽卡斯耳而居于世界最大煤炭出口港的地位，单单就载同对外贸易货载结关出口的吨位而论，则列为英国的第三大港，因为煤炭是散舱货。“在加的夫，所看到的只是煤块、煤渣或煤所污染的面庞，所谈论的也不外是煤”，一位外国观光者这样说。[②] 拥有煤的布特家族在 1839 年已经开始了以他们姓氏命名的那种船坞的兴建，但船坞和港口的主要发展是在五十年代和六十年代，而煤炭出口贸易的巨大发展则是同七十年代和八十年代轮船在海上的胜利偕以俱来的。现在它的口岸设备已经胜过了加的夫，胜过了海湾对岸的佩纳思，更胜过了南威尔士其他港口差得多的设备。1884 年 11 月，为掌握不胜其多的煤斤，本世纪最大的建港事业的一项工程，巴里船坞铁路公司所进行的巴里船坞的修建已经在西南九英里处开始动工。[③] 巴里比加的夫更便于船只往来，但是还没有作好同它展开竞争的准备。

① 《工程报表》，南安普敦船坞。

② 多恩：前引书，第 1 卷，第 1048 页。

③ 当代的赞赏见哈克特：前引书，第 1 卷，第 525 页；多恩：前引书，第 2 卷，第 1050 页。斯温西和纽波特贸易的一般性质同加的夫相似，输出煤铁散舱货载，输入矿石、木材和粮食的散舱货载，三处都以散舱货为主。

造就了太恩塞德的并非铁路，而造就了铁路的却是太恩塞德。铁路也并没有妨害从东北往伦敦的煤炭贸易，虽则限制了它的扩展。太恩河沿海岸装运的煤炭每年仍约有四百万吨，主要是运往泰晤士河，而泰晤士河从太恩河和其他各地共输入四百七十五万吨。以沿岸和海外煤炭贸易合并计算，太恩河同加的夫极其相似。它的一般贸易则更加重要得多，它的贸易额也更加有价值得多。在1850年和1861年条例所组织的改良委员会之下，它已经进行了疏浚并且修建了码头，在下游也有了船坞的设备，并以一座吊桥代替了组
526 卡斯耳的旧式矮桥——无论阿姆斯特朗公司、帕麦尔公司还是韦格阿姆—理查逊公司放上去任何东西，都无不载负裕如了。在海口，于1856年兴工建造的两个大防波堤尚未竣工。尽管有暴风雨的危害，尽管计划变更和基金支绌，工程仍继续进行下去。[①]

对于沿海工程的这种深思熟虑与其说是一个地方委员会的习惯，毋宁说是国家的习惯；虽则用米德尔兹布勒铁渣和混凝土建造，于1863年由地方企业发起的提兹河南防波堤，需时达二十余年方始竣工。[②] 在早期铁路时代之末，当海军仍在出航而同法国的友谊谅解刚刚破裂的时候，国家就已开始在多佛尔、波特兰和霍利黑德兴建“国家的避难港和防卫港”。罚做苦工的人们从1849年至1871年一直在波特兰的碎石长防波堤上从事劳动，这种碎石

① 《工程报表》；太恩河改良委员会，哈克特：前引书，第1卷，第318页。散德兰和哈特耳普耳应该和太恩河各港划归一类，它们的联合贸易在八十年代在吨位上约为纽卡斯耳和南北希尔兹的三分之一，在一般性质上也相似。

② 哈克特：前引书，第1卷，第200页。1883年“接近完成的”南防波堤是在1886年以前竣工的。北防波堤在1882年方始动工。

向来是不大用于防卫港或避难港的。在霍利黑德，也是在 1849 年开始动工的那个碎石堤，则尚待凝固，而且还没有加盖细石工的上层建筑。这项工程是在 1873 年竣工的。它把在蒸汽时代具有有限价值的这个新港口包围了起来。多佛尔码头是设计成笔直的石墙的第一个大防波堤。它也开始于四十年代，而连同原计划的扩大部分一并于 1871 年竣工。但是港口的全面计划，"政府所发起的一切港口之中最重要的一项"，在 1885 年作这样的描述时，尚未实现。在所有港口之中它依然处于"最不完善的状态"。[1] 在英吉利海峡方面曾经有长期的和平，连同在格拉德斯通时代伴随和平而来的节约运动；在商船和皇家海军方面都有过革命；海军码头为 527
横渡海峡的运输提供了适当的服务。

这些老早设计的国家事业都是很少使用混凝土这种新建筑材料而实现的。它们原不应该忽视这种材料，因为它在港口工程方面的价值甚至在原设计时就已经是世所共知了。据说最初使用成袋的混凝土修补水底石工的是意大利人。三十年代，波伊里耳曾经使用于阿尔及尔，或成大块地置于水底，或作成人工块状物以代替碎石工防波堤上的石方。在 1841 年他以堂堂四开本的大书将

---

① 哈克特：前引书，第 1 卷，第 333 页。官方文献从《英格兰东北海岸和威尔士西北海岸所谓船只保护的不足报告书》(*The R. on the Alleged Deficiency of Protection for Ships on the North-East Coast of England and the North-West Coast of Wales*)，1836 年(第 17 卷)和《英吉利海峡避难港最适当情况报告书》(*R. on the Most Eligible Situations for Harbours of Refuge in the Channel*)，1845 年(第 16 卷)，历经《多佛尔等港口工程师季度报告书》(*Quarterly Reports of the Engineers on the Harbours at Dover, etc.*)，1850—1875 年，到《港口设备报告书》(*R. on Harbour Accommodation*)，1883 年(第 14 卷)，连同对苦役劳动的一些讨论和前引《工程报表》。工程本身的描述和讨论散见哈克特的前引书各页。

他的方法公布于世。[①] 尽管由于水泥的改善而减少了风险，但是英格兰也未免太不敏于取人之长了。[②] 到六十年代，混凝土已广泛地用于船坞的墙壁上，在八十年代中叶，所能谈及的防波堤很少是“完全不用混凝土建造的”了。[③] 在1883年完全用混凝土建造的一个防波堤已将近完工——即为保护现代港口工程体系而设计的自西南高地迤逦至锡弗德湾的那个纽黑文防波堤，这项工程的开始远溯自1862年的一项条例。[④]

在1870—1873年，在阿伯丁新南防波堤的工程上，混凝土是第一次大规模地，而且是在困难条件下使用于英国的，[⑤]为保护提兹河南面慢慢推展出去的矿渣筑成的防波堤面海斜坡的那道混凝土墙，则出现较晚。阿伯丁和东苏格兰的其他各口都不曾享有格拉斯哥或赫尔的那种商业机会。作为船舶建造者和船舶所有者，它们已随木船的没落而没落。但是贸易却有了增长，设备也随之而增加。设备的增加曾以福思河方面为最多。利思已经把它的两个码头分别加以扩展，现已各长达半英里以上。它拥有一个船坞体系，而这个体系像英国的几乎每一个船坞体系一样，包括一个维多利亚船坞和一个艾伯特船坞。它的贸易在价值上堪与南安普敦

① 波伊里耳：《海上工程报告书》(Poirel, M., *Mémoire sur les travaux à la mer*)。

② 参阅本卷，第44页。

③ 哈克特：前引书，第1卷，第141页；关于六十年代它在米耳沃耳的使用，参阅第1卷，第416页。

④ 《工程报表》，纽黑文，哈克特：前引书，第1卷，第134、345页。在1878年第二项条例之后，工程方始有效地开始。上卷第3页所提到的木制码头一直服务到六十年代。

⑤ 《土木工程学会会报》，第39卷，第127页和哈克特：前引书，第1卷，第131页。

媲美,并且像伦敦口岸一样,拥有占优势地位的进口和复出口贸易。[①] 控制福思—克莱德运河东端的格伦奇默思已经变成苏格兰 528
的主要木材港:它能通过水陆把波罗的海的供应品送到格拉斯哥,而省去斯堪的纳维亚人绕道彭特兰湾的航行。在福思河两岸都有为它和为其他港口进行的煤炭经营。

敦提一直把它沿特河两岸的码头和船坞保持得和它非常活跃的工业需要恰相配合——"安排得恰到好处,切合实用",外国人这样说,但又补充说,"除港口和工厂外,敦提显示不出其他值得注意的东西"。[②] 阿伯丁有它的新老防波堤以及一个宽广的维多利亚船坞作为第一流设备的一些主要因素,但是它的对外贸易殊不相称。照当日的标准来判断,它因为内地过于贫瘠,过于空空荡荡,以致无法成为一个头等的,甚至等次低得多的国际口岸。[③] 但是它的沿岸贸易却颇为繁忙——主要是花岗石贸易和牲畜贸易——这项贸易在往来于它的港口仍然很大的船舶吨位之中占八分之七。

在阿伯丁、布里斯托尔、纽卡斯耳、伦敦以及这里所未列举的一切较低级的口岸中那样至关重要的沿岸贸易,不应因为目前既未多加讨论,而又一直很少加以描述,就认作是平常或次要的事物。沿岸贸易始终是英国财富的一个主要来源,因为很少几个重要地方是远离海滨的。就整个联合王国而论——由于统计方面的

---

① 参阅多恩:前引书,第 2 卷,第 1006、1067 页。

② 同上书,第 2 卷,第 1009 页。

③ 维多利亚船坞只见于《统计摘要》的"其他口岸"之中。

原因，在这个问题上不能分成不列颠和爱尔兰——沿岸贸易货载的吨位比全部真正海外贸易还多少大一些。这主要是因为煤炭的沿岸贸易以及从英国的观点来看几乎可以视为对外贸易的英爱贸易的缘故。但除此之外，还有为量至巨的杂项沿岸业务，这项业务是由不著名的小“班船”，或在寻求有利可图的货载而进行的泛世界航行中加进一点内海运输业务的第二流“航线不定的蒸汽船”，或泰晤士河驳船，或开进大船所不能到的三等港口的那些“单桅帆
529 船、双桅纵帆船、双桅帆船和三桅帆船”[①]分别进行的。作为对自由贸易的信心和信仰的最后一种姿态，沿岸贸易已经对世界各国船舶一律开放，外国人并不曾争取到它的 0.5%。这项贸易依然培养了海员，正如它曾经培养出库克船长一样。

1875—1877 年，在真正的海外贸易方面，在载货驶入联合王国口岸的船只之中，整整三分之一曾经是外国船。到 1885—1887 年，这个比例则仅仅是四分之一了。其余，连同沿岸航行的船舶，则是英国的船舶。绕道合恩角运载羊毛的快船，在英吉利海峡进行临时工作的双桅纵帆船，从美洲口岸载运小麦、棉花或脂松而来的航线不定的蒸汽船，来自世界各大港口的班船无不应有尽有——如此丰富多彩，如此宏伟堂皇的海权壮丽景象是史所未有的。在十七世纪提到荷兰人和荷兰船舶所说的那句话，现在终于变得对英国人和英国船舶完全适用了——“除非他们开动船舶，人民就无以为食”。[②]

① 本卷，第 523 页。

② 本卷，第 22 页。

译名对照表

（第一个字按汉语拼音字母音序排列）

人　名

A

阿奇　Arch,J.
阿兰　Allan,T.
阿兰　Allan,W.
阿累维　Halevy,E.
阿普耳加思　Applegarth,R.
阿施罗德　Aschrott,P. F.
阿斯普丁　Aspdin,J.
阿斯特利　Astley
阿特金森　Atkinson,H. L.
阿特金森　Atkinson,J. J.
艾伯特　Albert
艾利斯　Ellis,A.
埃肯　Aiken,J.
埃耳曼　Heilmann,J.
埃耳默　Aylmer
埃弗谢德　Evershed,H.
埃耳顿　Eldon
埃耳斯特　Elster
埃利奥特　Elliot,G.
埃默里　Emery,H. C.
爱迪生　Edison
昂温　Unwin,G.
奥耳波特　Allport,J.
奥费腊尔　O'Farrell,H. H.
奥弗斯顿　Overstone
奥格耳　Ogle
奥格娄茨　O'Groats,J.
奥特利　Otley,A.
奥托　Otto

B

巴施　Baasch,E.
巴斯特　Baster,A. S. J.
巴斯克特　Pasquet,D.
巴纳德　Barnard,J.
巴托洛季斯　Bartolozzis
巴克赫斯特　Buckhurst
巴克斯顿　Buxton,S.

巴特勒　Butler,D. B.
鲍威尔　Powell,E. T.
贝恩赖瑟尔　Baerneither,J. M.
比德　Bidder,G.
比德韦耳　Bidwell
庇古　Pigou
博耳斯　Bolles,A. S.
博恩　Bone,A. A.
博恩　Burn,D. L.
博娄　Borrow,G.
博纳特　Burett,J.
伯尼　Burnie,R. W.
伯特　Burt,T.
伯茨　Botts
波耳　Pole,W.
波洛克　Pollock,F.
波特尔　Porter,G. R.
布莱克利　Blackley,M. J. J.
布莱克利　Blackley,Rev. W. L.
布莱克　Blake
布兰沙德　Blanshard
布腊默　Bramah
布腊西　Brassey,T.
布赖斯　Brice,S.
布里格斯　Briggs
布罗德里克　Brodrick,G. C.
布鲁姆霍耳　Broomhall,G. J. S.
布朗　Brown. J.
布鲁内耳　Brunel,I.
布吕纳　Brunhes,J.
布法罗　Buffalo
布耳曼　Bulman,H. F.
布特　Bute

C

查德韦克　Chadwick,E.
查普曼　Chapman,S. J.

D

达尔齐尔　Dalziel,G.
达夫　Dove,G.
达德利　Dudley,Earl of
戴尔　Dale,D.
戴伊　Day,C.
丹克斯　Danks,S.
丹尼　Denny,W.
当尼索普　Donisthorpe
道伊尔　Doyle
德维南特　Davenand,C.
德鲁伊特　Druitt,G.
德蒙尼埃　Thémonnier
登贝尔　Dumbell,S.
登纳姆　Dunham,A. L.
登雷文　Dunraven
迪尤　Dew,G.
迪尔克　Dilke,C.
狄骥　Duguid,C.
杜尔哥　Turgot
杜利特耳　Doolittle,W. H.
杜莫里埃　Dumaurier,G.

多恩 Dorn,A.
多克萨特 Doxat

E

厄兰格 Erlanger
厄克特 Urquhart,F. W. G.

F

法拉第 Faraday,M.
法尔 Farr,W.
法勒尔 Farrer,T. H.
法里斯 Farris,H.
法斯 Feis,H.
范·米耶罗普 Van Mierops
费尔金 Felkin,J.
费尔金 Felkin,W.
费兰提 Ferranti
费斯克 Fisk,J.
菲兹维廉 Fitzwilliam
非茨兰多夫 Fitzrandolph
菲利普斯 Phillips,M.
芬德利 Findlay,J. A.
福西特 Fawcett,H.
福赛特 Forsyte,S. D.
福赫斯 Fuchs,C. J.
弗利特伍德 Fleetwood,H.
弗朗西斯 Francis,J.
弗罗斯特 Frost
弗鲁林 Frühling
伏恩 Vaughan,J.
伏利亚米 Vulliamy

G

盖珀耳 Giepel,W.
格布哈特 Gebhardt,H.
格德耳斯顿 Girdlestone,E.
格莱尔 Glier,J.
格洛弗 Glover,J.
格兰维尔 Granville,Earl of
格兰姆斯 Grimes
格雷森 Grayson,T. J.
格林伍德 Greenwood,J.
格里尔森 Grierson,J.
格里格 Grigg,R.
格里姆斯顿 Grimston,R.
戈德施密特 Goldschmidt
戈申 Goschen,G. J.
古德伊尔 Goodyear,C.
古耳丁 Goulding,J.
古耳德 Gould,J.

H

哈德利 Hadley,A. T.
哈迪 Hardie,K.
哈迪 Hardy,G.
哈格里夫斯 Hargreaves
哈麦尔 Harmer,F. W.
哈诺特 Harnott,R.
哈巴克 Hubback,J. H.
哈伯德 Hubbard,J. G.

海斯　Hayes, G. L.
海恩　Hine, R. L.
海恩德曼　Hyndman, H. M.
汉布罗　Hambro
汉考克　Hancock, T.
汉德逊　Henderson, J.
汉弗莱斯　Humphries, E.
豪威耳　Howell, G.
赫德　Head, J.
赫尔什　Hirsch
赫斯特　Hirst, F. W.
赫德逊　Hudson, G.
黑耳普西　Helps, A.
胡德　Hood, T.
胡思　Huth
侯普　Hope, E. W.
华莱士　Wallace, A. R.
华尔特舒森　Waltershausen
华尔纳　Warner, F.
华金　Watkin, E.
惠特斯东　Wheatstone
惠特沃思　Whitworth, J.
霍尔　Hall
霍耳斯克　Halske
霍尔敦　Holden, I.
霍林斯　Hollins, M. D.
霍姆斯　Holmes
霍普金森　Hopkinson, J.
霍恩布娄　Hornblower, J.

J

吉芬　Giffen
吉耳克里斯特　Gilchrist, P.
吉洛特　Gillott, J.
吉贝耳　Guibal
吉斯利　Guisley
吉卜林　Kipling
季弗德　Giffard
杰克德　Jacquard
杰塞耳　Jessel, G.
基德吉尔　Kidger, J.
金斯莱　Kingsley, C.
金斯顿　Kingston, W. H. G.

K

卡耳文　Calvin, J.
卡尔威　Carvès
凯夫　Cave, C. H.
凯麦耳　Cammell
凯斯勒　Kessler, W. R.
凯恩斯　Keynes, J. N.
考克韦耳　Cawkwell
考尔克腊夫特　Calcraft, H. G.
考埃耳　Cowell
克拉克　Clarke, S.
克劳斯　Clowes
克里克　Crick
克里彻耳　Critchell, J. T.
克尔　Keir, H.

克尔　Kerr, B.
克特耳　Kettle, R.
科克里耳　Cockerill, S.
科林斯　Collings, J.
科林斯　Collins, J.
科皮　Coppee
柯尔曾　Curzon, E. C.
寇耳特　Colt, S.
寇耳森　Coulson, E.
康拉德　Conrad

L

拉布谢尔　Labouchere
拉恩　Laing
拉德纳　Lardner, D.
拉维尼　Lavergne, de Léonce
拉扎德　Lazard
拉伯克　Lubbock, B.
拉菲尔　Raphael
拉伊　Rye
腊提诺　Rathenau, E.
莱斯利　Leslie, J.
莱斯利　Leslie, T. E. C.
莱特富特　Lightfoot
赖特　Wright, C. D.
赖特顿　Wrighton
兰斯当　Lansdowne
朗斯戴尔　Lonsdale, Earle of
朗特里　Rowntree, B. S.
劳埃德　Lloyd, S.
劳斯　Lawes
劳逊　Lawson, J.
老约翰　John Elder
雷伊　Rae, G.
雷伯恩　Raeburn, W. H.
雷特　Rait, R. S.
雷文　Raven, C. E.
雷蒙德　Raymond, J.
雷德芬　Redfern, P.
雷德福德　Redford, A.
雷德梅因　Rodmayne, R. A.
利瑟姆　Leatham, W.
利奇　Leech, J.
利曼　Leeman
利诺　Leno, J. B.
利诺尔　Lenoir
利斯特　List, F.
利斯特尔　Lister, S. C.
李维　Levi, L.
理查兹　Richards, G.
刘易士　Lewis, J.
娄　Low
鲁塞尔　Russell, J.
鲁塞尔　Russell, S.
伦敦德里　Londonderry
伦道夫　Randolph, D. M.
洛　Lowe, R.
洛赫　Loch, S. C.
洛内斯　Lones
罗布逊　Robson, W. A.

罗利特　Rollit, A.
罗瑟海斯　Rotherithe
罗思柴耳德　Rothchild, N.

M

马金托斯　Macintosh, C.
马姆兹伯里　Malmesbury, Earl of
马克罗夫特　Mercroft, W.
马尔　Marr, T. R.
马夏尔　Marshall, A.
马提诺　Martineau, H.
麦克德默特　MacDermott, E. T.
麦克唐纳　Macdonald, A.
麦凯　Mackay, D.
麦凯　Mackay, R. C.
麦奎恩　Macqueen, J. F.
麦克罗斯提　Macrosty, H. W.
麦孔比　McCombie, H.
麦考密克　McCormick
麦格雷戈　McGregor, J.
麦诺特　M'Naught, W.
芒德拉　Mundella, A. J.
米耳恩一贝利　Milne-Bailey, W.
梅特兰　Maitland, J. G.
梅杰尔　Major, M. H. C.
梅奥　Mayo
门格尔　Menger
蒙哥马利　Montgomerie
蒙尼彭尼　Moneypenny
孟　Mun, T.
孟罗　Munro, J. E. C.
莫兹利　Mawdsley, L.
莫法特　Moffat
摩莱　Morley, J.
摩佩斯　Morpeth
摩里斯　Morris, W.
摩里逊　Morrison, K.
摩特　Mort, S. T.
默多克　Murdoch, W.
墨莱　Murray
缪尔　Muir, R.
穆勒　Mill, J.

N

纳皮尔　Napier, J.
纳皮尔　Napier, R.
纳希　Nash, R. L.
奈特　Knight, R.
内斯密斯　Nasmyth
内特耳福德　Nettlefold
尼柯耳森　Nicholson, J. S.
尼科耳　Nicolle, E. D.
尼赫斯　Niehus, H.
诺布尔　Noble
诺斯科特　Northcote, S.

P

帕尔格雷夫　Palgrave, R. H. J.
帕麦尔　Palmer, C. M.
帕麦尔　Palmer, R.

帕默斯通　Palmerston
帕克　Parker, J.
帕克斯　Parkes, J.
帕纳耳　Parnell, C. S.
帕斯利　Pashley, R.
派恩　Paine
佩金　Perkin, W.
佩里　Perry
佩托　Peto, M.
彭赖恩　Penrhyn
朋汤　Bontemps
皮斯　Pease, J.
皮得曼　Peterman, A.
皮克福德　Pickford
皮尔逊　Pierson, N. C.
平奇贝克　Pinchbeck, J.
普莱特　Platt, J.
普累费尔　Playfair, L.
普利姆索　Plimsoll, S.

Q

钱斯　Chance, W.
乔伊西　Joice, J.
琼斯　Jeans, W. T.
琼斯　Jones, J. H.
丘纳德　Cunard, S.

S

萨伊　Say
萨瑟兰　Sutherland, T.
萨克莱　Thackeray, W. M.
塞康　Sekon, G. A.
塞利格曼　Seligman, E. R. A.
塞威尔　Sewell
塞提斯　Surtees, R. S.
赛德　Seyd, E.
桑德斯　Saunders, P. T.
桑巴特　Sombart, W.
森克尔　Senkel
沙利文　Sullivan, E.
尚恩　Shann, E.
圣德尼　St. Denis
圣伦纳德　St. Leonard
施洛斯　Schloss, D. E.
施劳特　Schraut
舒尔采一格弗尼茨　Schulze-Gävernitz, G. Von
舒斯特　Schuster. F.
斯卡恰德　Scatcherd, R.
斯科特　Scott, W. R.
斯科里夫纳　Scrivernor, H.
斯卡达莫尔　Scudamore
斯内勒斯　Snelus, G. J.
斯潘塞　Spencer, E.
斯宾塞　Spencer, H.
斯派耶　Speyer
斯坦普　Stamp, J. C.
斯坦莱　Stanley
斯提文　Stephen, L.
斯太耳曼　Stileman, F. C.

斯特里敦　Stretton, C. E.
斯韦兰　Swaysland, E. J. C.
司徒特　Sturt, G.
索利　Solly, E.

T

塔布里　Tabouret
泰勒　Taylor, T.
泰勒尔　Tyler
汤林森　Tomlinson, W. W.
唐森　Townsend, J.
陶西格　Taussigg, F. W.
特耳福德　Telford
特里维廉　Trevelyan, G. M.
特娄　Trow, E.
特韦耳斯　Twells, L.
特威斯累顿　Twisleton, E.
透耳　Towle, J.
托尼　Tawney, R. H.
托玛斯　Thomas, G.
托德　Todd
托伦斯　Torrens, R.

W

瓦利　Varley
瓦格纳　Wagner, A.
瓦茨　Watts, J.
维伊埃　Villiers, C.
维尔思　Wirth, M.
威克菲尔德　Wakefield, G.
威贝尔　Weber, A. F.
威克斯　Weeks, J. D.
威尔斯　Wells, D. A.
威格腊姆　Wigram
威金逊　Wilkinson
威廉斯　Williams, J.
威洛克　Willock, H. B.
威尔逊　Wilson, G.
威瑟斯　Withers, H.
韦尔伯恩　Welbourne
韦耳斯巴赫　Welsbach
韦尔基　Wilke, A.
温特斯　Winters, T.
沃福德　Walford
沃颇耳　Walpole, K. A.
沃伯顿　Warburton
沃伦　Warren, J. G. H.
沃特娄　Waterlow, S.
沃森　Watson, S.
伍德　Wood, E. E.
伍尔夫　Woolf, A.

X

希思　Heath, F. G.
希思科特　Heathcot
希耳　Hill, R.
希利比尔　Shillibeer, G.
西博姆　Seebolm, F.
西尼尔　Senior, N.
西门子　Siemens, F.

西门子　Siemens, W.
西耳克　Silk, G.
西蒙　Simon
西蒙斯　Simons, J.
西蒙斯　Symons, J.
香农　Shannon, H. A.
谢林顿　Sherrington, C. E. R.
兴德斯道夫　Hindersdorf
辛格尔　Singer, I. M.
休伊特　Hewett, S.

Y

亚布罗　Yarborough
伊斯顿　Easton, H. T.
伊斯梅　Ismay, T. H.
英曼　Inman, W.
尤因　Ewing, J. A.

Z

泽特贝尔　Soetbeer, G. A.
詹金斯　Jenkins, A. K. H.
张伯伦　Chamberlain, J.
朱布　Jubb, S.
朱格拉尔　Juglar, C.

地　　名

A

阿伯腊斯特威思　Aberysthwyth
阿克林顿　Accrington
阿姆斯特丹　Amsterdam
埃梭耳　Athole
埃季瓦尔路　Edgeware Road
埃内戴耳山　Ennerdale Fells
埃诺森林　Hainault
艾尔维尔河　Irwell R.
奥塞特　Ossett

B

巴耳多克　Baldock
巴拉腊特　Ballarat
巴耳默拉　Balmotal
巴尔利海岸　Barbary Coast
巴尔福德　Barford
巴塔维亚　Batavia
巴特莱　Batley
巴罗一因一弗内斯　Burrow-in-Furness
拜斯沃特　Bayswater
板鱼坑　Sole Pit

邦德街　Bond Street
北福尔兰　North Foreland
本迪戈　Bendigo
比拉姆　Biram
比肖普岩　Bishop's Rock
波伊里耳　Poitel
波廷利克　Portinleek
博安　Bohain
伯兰布哥　Pernambuco
布拉克本恩　Blackburn
布拉克普耳　Blackpool
布拉克沃特　Blackwater
布累内方　Blaenafon
布里季顿　Bridgeton
布兰纳旺　Blaenavon
布里季候斯　Brighouse
布里克赛姆　Brixham
布罗姆兹格罗夫　Bromsgrove
布鲁米埃劳　Broomielow

C

查德韦耳泽地　Chadwell Marshes
查恩伍德　Charnwood

D

大渔夫堤　Great Fisher Bank
大银坑　Great Silver Pit
当河　Don R.
当卡斯特　Doncaster
敦菲尔姆林　Dunfemline
登斯塔布　Dunstable
杜金菲尔德　Dukinfield
都灵　Turin
多勒拉　Dhollerah
多京　Docking
多季尔堤　Dogger Bank
多亚特威奇　Droitwich

E

恩菲耳德　Enfield

F

法耳默思　Falmouth
法腊第山　Faraday Hill
菲尼斯特雷角　Finisterre
费拉德尔菲亚　Philadelphia
佛罗里达　Florida
佛得角群岛　Verde
福克兰群岛　Falkland Isles
福思桥　Forth Bridge
福拉姆　Fulham
弗罗丁干　Frodingham

G

高科特　Gawcott
高威康布　High Wycomb
格茨黑德　Gateshead
格冷德耳　Glendale
格兰纳达　Granada
格伦奇默思　Grangemouth

格兰顿　Granton
贡福利特　Gunfleet
狗岛　Dogs,Isle of
瓜利尔　Gwalior
果罗韦　Galway

H

哈丁顿　Haddington
哈拉姆夏　Hallamshire
哈特耳普耳　Hartlepool
哈德兹菲尔德　Huddersfield
海克雷文　High Craven
海瑟　Hythe
海参威　Vladivistock
汉默斯密斯　Hammersmith
赫耳斯沃思　Hailsworth
赫耳韦林峰　Helvellyn
合恩角　Horn
霍德巴罗　Hodbarrow
霍格斯骚普　Hogsthorpe
霍利罗德　Holyrood
火山岛　Tierredel Fuego

J

基德明斯特　Kidderminster
基布隆湾　Quiberon Bay
加拉设尔　Galashiels
加利昂河区　Gallions Reach
金门　Golden Gate
金德尔斯考特　KinderScout
金兹林　King's Lynn
金罗斯　Kinross

K

卡耳弗利　Calverley
卡文迪什　Cavendish
卡拉奇　Karachi
凯斯特尔　Caister
考比特　Cowbit
克尔恩戈姆斯　Cairngorms
克莱尔市场　Clare Market
克洛骚耳　Clothall
克劳埃德谷　Clwyd,Vale of
克莱德斯达尔　Clydesdale
克库布里　Kircubright
科尔曼街　Coleman Street
科孚岛　Corfu
肯达耳　Kendal
肯宁顿　Kennington
魁北克　Quebec

L

拉夫伯勒　Loughborough
拉德福德　Ludford
拉伊　Rye
兰多尔　Landore
兰茨·恩德　Lands end
兰德威—布雷菲　Llandewi-Brefi
兰斯　Rheims
兰格耳　Wrangle

劳雷耳山　Laurel Hill
老肯特路　Old Kent Road
利苏韦尔　Llyswere
利撒姆　Lytham
利河　Ree R.
里斯　Reece
里乌一廷土 Rio-Tinto
林恩　Lynn
卢恩河 Lune R.
卢昂　Rouen
芦敦　Luton
鹿特丹　Rotterdam
鲁贝　Roubaix
伦弗罗　Renfrew
洛林　Lorraine
洛斯托夫特　Lowestoft
洛特黑茨　Rotherhithe
罗讷河　Rhone R.
罗奇德耳　Rochdale
罗克斯伯罗　Roxburygh

M

马德拉岛　Madeira
马格德堡　Magdebury
马朱巴山　Majuba Hill
马耳他岛　Malta
马恩岛　Man I.
马萨诸塞　Massachusetts
马尼彭尼　Moneypenny
迈尔恩德　Mileend
迈恩黑德　Minehead
芒茨　Muntz
蒙农加希拉河　Monongahela R.
蒙斯　Mons
米德耳兹布勒　Middlesbrough
米洛姆　Millom
密尔瓦尔　Millwall
密苏里　Missouri
明兴巷　Mincing Lane
莫法特　Maffat
摩尔达维亚　Moldavia
摩尔佩斯　Morpeth
默里湾　Moray Firth
牟卢兹　Mulhouse

N

南卡罗利纳　South Carolina
楠塔基特　Nartucket
内银坑　Inner Silver Pit
尼文顿　Newington
尼维斯峰　Ben Nevis
纽瓦克　Newark
纽黑文　Newhaven
纽马奇　Newmarch
纽马克特　Newmarket
纽波特　Newport
挪威角　Naze of Norway
诺斯佛里特　Northfleet

O

欧马卡　Omaka

欧波尔图　Oporto

P

帕第阿姆　Padiham
派丁顿　Paddington
佩纳思　Penarth
佩思　Pesth
彭特兰湾　Pentland Firth
匹卡迪利街　Piccadilly
匹资堡　Pitsburg
皮克森林　Peak Forest
平利科　Pimlico
普劳恩　Plauen
普拉姆斯太德　Plumstead

Q

乔利区　Chorley
契耳特恩丘陵　Chiltern Hills

R

日德兰　Jutland
热那亚　Genoa

S

萨拉米斯　Salamis
萨德伯里　Sudbury
赛伦塞斯特　Cirencester
塞兰　Seraing
塞德兰　Sutherland
骚锡　Southey
骚思波特　Southport
骚思沃耳德　Southwold
瑟戈兰　Thurgoland
绍里姆　Shoreham
设得兰群岛　Shetland
圣加耳　St. Gall
圣盘克拉斯　St. Pancras
圣康坦　St. Quentin
施勒斯维希一霍尔斯坦因　Schleswig-Holstein
斯科恩　Scone
斯康梭普　Scunthorpe
斯科角　Skaw
斯克里沃尔　Skerryvore
斯土尔　Stour
斯透大厦　Stowe
斯特腊斯佩　Strathspey
斯特里特　Street
斯特劳德　Stroud
斯特鲁威　Struve
斯瓦法姆　Swaffaham
朔尔迪奇　Shoreditch
苏尔维　Solvay
苏瓦金　Suakim
索冷特海峡　Solent

T

塔维斯托克 Tavistock
坦圭　Tangye
特河　Tay R.

特隆　Troon
提佛顿　Tiverton
廷特恩　Tintern
土伦　Toulon
托尔基 Torquay

W

瓦拉基亚　Wallachia
韦耳兹伯恩　Wellesbourne
韦林伯勒　Wellingborough
维德内斯　Widness
威兹比奇　Wisbech
温彻尔塞　Winchelsea
温德豪森　Windhousen
沃斯伯恩　Osborne
沃尔索尔　Watsall
沃斯戴耳山　Wasdale fells
沃尔金顿　Workington
伍耳夫岩　Wolf Rocks
伍耳佛汉堡顿　Wolverhampton
伍德豪斯泽地　Woodhouse Moor
伍德斯托克　Woodstock
乌里治　Woolwich
乌干达　Uganda

X

希钦　Hitchin
希尔利威奇　Shirleywich
锡弗德湾　Seaford Bay
西哈姆　West Ham
西惠耳塞顿　West Wheal Seton
歇佩　Sheppy
谢尔伯恩　Sherborne
新巴耳莫拉耳大厦　New Balmoral
新不伦瑞克　New Brunswick
新喀里多尼亚　New Caledonia
新几内亚　New Guinea
新斯科夏　Nova Scotia
辛辛那提　Cincinnati

Y

亚丁　Aden
伊顿广场　Eaton Square
伊斯克河　Esk R.
尤维尔　Yoevil
犹他　Utak

企业名称

A

艾希顿沼泽煤矿　Ashton Moss Colliery
艾尔西克厂　Elswick Works
埃耳德造船厂　Elder’s

埃森人民银行　Peoples'Bank of Essen

B

巴里船坞铁路公司　Barry Dock and Railway Co.

北方煤矿公司　Northern Coal Mining Co.

北方电报公司　Northern Telegraph Co.

博耳科—伏恩公司　Bolckow-Vaughon Co.

布莱克威耳造船厂　Blackwall Yard

布朗·希普利公司　Brown,Shipley and Co.

D

大力神铁工厂　Atlas Works

达莱煤矿厂　Darley Main Colliery

达姆斯塔特商业银行　Darmstadt Bank for Trade

丹尼造船厂　Denny's

德意志银行　Deutsche Bank

德佛特厂　Dewhurst's

得文大整理公债矿场　Devon Greart Consols Mine

帝国土地公司　Imperial Land Co.

电气国际电报公司　Electric and International Telegraph

东印度铁公司　East India Iron Co.

东方郡铁公司　Eastern Counties

东部联合铁路　Eastern Union

东方船运公司　Orient Line

都灵—诺瓦腊铁路　Turin and Novare

F

费尔贝恩工程公司　Fairbairn Engineering Co.

福尔街货栈　Fore Street Warehouse

福克斯戴矿　Foxdale Mine

G

改良工业住宅公司　Improved Industrial Dwellings Co.

格拉松船坞　Glasson Docks

灌溉公司　Irrigation Co.

国民贴现公司　National,the

国民土地公司　National Land Co.

H

哈得逊海湾公司　Hudson's Bay Co.

汉弗莱号　Humphrey's House

荷兰—莱茵河铁路　Dutch-Rhenish

红十字轮船公司　Red Cross Line

红海印度电报公司　Red Sea and Indian Telegraph Co.

胡思号 Huth's
皇家丹麦铁路 Royal Danish
皇家邮船公司 Royal Mail Steamship Co.

K

凯麦耳公司 Cammell and Co.
克莱尔市场 Clare Market
克莱德斯达尔银行 Clydesdale Bank
科倍耳煤矿 Coppal
科林斯轮船公司 Collins Line of Steamships
库克森厂 Cooksons

L

劳埃德·萨默菲尔德铅玻璃公司 Lloyd and Summerfield's Flint Glass Works
朗茨·格林煤矿厂 Rounds Green
里昂信托银行 Crédit Lyonnais
里斯加煤矿 Risca
利物浦伦敦环球火险公司 Liverpool London and Globe
利物浦·纽约·费列德耳菲亚轮船公司 Liverpool New York and Philadelphia
联合王国电报公司 United Kingdom Telegraph Co.
伦敦·圣卡塞临马头公司 London and St. Katharine Dock Co.
伦敦区电报公司 London District Company
伦敦物产交易所 London Produce Exchange
伦敦街车公司 London Road Car Co.
伦敦国民地方银行 Nation Provincial of London
伦道夫大饭店 Randolph Hotel Co.
罗伯特·斯蒂芬逊公司 Robert Stephenson Co.
罗迪埃公司 Rodier, Firm of

M

麦加利银行 Chartered Bank of India
曼宁汉纺织厂 Manningham Mills
摩根公司 Morgan, J. S. and Co.
模范钢厂 Sample Steel Works

N

纳皮尔造船厂 Napier's
瑙威治棉纱公司 Norwich Yarn Co.
内特耳福德·张伯伦号 Nittlefield and Chamberlain
诺耳斯·安德鲁公司 Knowles, Andrew and Co.

O

欧克斯矿厂 Oaks

P

帕麦尔造船公司 Palmer's Shipbuilding Co.
皮鲍迪公司 Peabody and Co.
皮斯合伙公司 Pease and Partners

Q

恰特伍德保险箱公司 Chatwood's Safes
恰布锁厂 Chubb's
钱斯兄弟公司 Chance Bros.

S

萨里商业公司 Surrey and Commercial
骚斯瓦克·窝克斯赫尔自来水公司 Southwark and Vauxhaul Water Co.
沙普内斯船坞 Sharpness Docks
胜家公司 Singer Co.
斯波纳·阿特伍德公司 Spooner, Attwoods and Co.
斯塔福德郡轮轴公司 Staffordshire Wheel and Axle Co.
斯特夫利煤铁公司 Staveley Coal and Iron Co.

T

太阳纺织公司 Sun Mill Co.
特威斯达尔煤矿厂 Twisdale Colliery
通用联合公司 Union Generle
托德·麦格雷戈公司 Tod and Mac-Gregor

W

瓦尔那—鲁斯楚克铁路 Varna and Rustchuk Railway
威根煤铁公司 Wigan Coal and Iron Co.
韦格阿姆·里查逊公司 Wigham and Richardson

X

希思科特厂 Heathcot's Factory
西门子钢铁公司 Siemens Steel Co.
西弗尔公司 Silver, S. W. and Co.
西阿斯德莱煤矿厂 West Ardsley Colliery
西苏格兰银行 Western Bank of Scotland
肖特利·布里奇铁公司 Shortley Bridge Iron Co.
肖特铁公司 Shott's Iron Co.
兴业银行 Crédit Mobilier

Y

雅茅斯·瑙威治铁路 Yarmouth

and Norwich Railway

伊尔诺克煤矿厂　Earnock Colliery

伊丽莎白矿石电池厂　Elizabethan Mineral and Battery

英爱磁石电报公司　British and Irish Magnetic

英国—北美邮船公司　British and North America Mail Steam Packets

英国电报公司　British Electric Telegraph Co.

莱格兰不动产抵押银行　Crédit Foncier of England

约翰·布朗公司　John Brown and Co.

Z

詹姆斯·乔伊公司　James Joicey and Co.

图书在版编目(CIP)数据

现代英国经济史.中卷/(英)克拉潘著;姚曾廙译.—北京:商务印书馆,2017
(汉译世界学术名著丛书:120年纪念版:珍藏本)
ISBN 978-7-100-14201-4

Ⅰ.①现… Ⅱ.①克… ②姚… Ⅲ.①经济史—英国—现代 Ⅳ.①F156.195

中国版本图书馆CIP数据核字(2017)第141063号

汉译世界学术名著丛书
(120年纪念版·珍藏本)
现代英国经济史
中　卷
自由贸易和钢
1850—1886年
〔英〕克拉潘　著
姚曾廙　译

商　务　印　书　馆　出　版
(北京王府井大街36号　邮政编码100710)
商　务　印　书　馆　发　行
南京爱德印刷有限公司印刷
ISBN 978-7-100-14201-4

2017年12月第1版　　开本710×1000　1/16
2017年12月第1次印刷　　印张46¾
定价:225.00元